此書得到河南大學歷史文化學院學術著作出版經費資助

河南大學考古與文博研究叢書

Henan University Archaeology
and Cultural Museum Research Series

殷墟甲骨學概論

An Introduction to Oracle Bones in Yin Dynasty Ruins

［韓］ 具隆會 著

Author by Koo Yunghoi

中國社會科學出版社

圖書在版編目（CIP）數據

殷墟甲骨學概論／（韓）具隆會著 .—北京：中國社會科學出版社，2023.9
ISBN 978-7-5227-1978-8

Ⅰ.①殷… Ⅱ.①具… Ⅲ.①甲骨文—研究 Ⅳ.①K877.14

中國國家版本館 CIP 數據核字（2023）第 097272 號

出 版 人	趙劍英
責任編輯	安　芳
責任校對	張愛華
責任印製	李寡寡

出　　版	中国社会科学出版社
社　　址	北京鼓樓西大街甲 158 號
郵　　編	100720
網　　址	http://www.csspw.cn
發 行 部	010-84083685
門 市 部	010-84029450
經　　銷	新華書店及其他書店

印　　刷	北京明恒達印務有限公司
裝　　訂	廊坊市廣陽區廣增裝訂廠
版　　次	2023 年 9 月第 1 版
印　　次	2023 年 9 月第 1 次印刷

開　　本	710×1000　1/16
印　　張	32.5
插　　頁	2
字　　數	530 千字
定　　價	178.00 元

序

王宇信

（中國社會科學院榮譽學部委員）

  自 1899 年甲骨文被發現以後，經過幾代海内外學者默默地守護和"上窮碧落"地追求，在"衣帶漸寬終不悔"的孜孜探索中，甘於"冥行長夜"的冷清寂寞。學者們在"乍睹晨星"般的發現中，享受著"燈火闌珊"的快樂。幾代海内外學者的篤行不怠，堅韌不拔的努力奮鬥，從而使絕學不絕，冷門不冷，並使甲骨學的研究與現代科學技術發展同步，終於使一百二十多年來甲骨學成爲一門舉世矚目的國際性學問。

  甲骨學在經歷了其發展道路上的百年輝煌以後，自 2000 年進入了研究再輝煌的新世紀。特別是習近平同志 2016 年 5 月 17 日在"全國哲學社會科學座談會"上發表的重要講話中，強調"要重視發展有重要文化價值和傳承意義的'絕學'、冷門學科"。特別是"一些學科事關文化傳承的問題，如甲骨文等古文字研究等。要重視這些學科，確保有人做，有傳承"等等，從而將甲骨文置於中華文化傳承、發展和增強民族文化自信，實現文化復興中國夢的大格局中加以認識和提高，從而使"看上去同現實距離較遠"的甲骨文等古文字研究學者倍受鼓舞，紛紛以更飽滿的熱情和更自覺的使命感，勇毅前行投入了甲骨研究全面深入發展與弘揚新階段的研究熱潮中。

  正是在這大好形勢的鼓舞下，具隆會教授撰著的《殷墟甲骨學概論》一書訖，希望我先讀一遍提提意見，並要我給他這部著作寫一篇序文，我高興地答應了。這不僅因爲他是我的"關門弟子"，我爲他取得的新成果而高興，而且他還是一名專門研究甲骨學殷商史的外國（韓國）學者。山川異域，同研甲骨。説明世界文化遺產甲骨文爲實現人類文明交流互鑒的重大價值和作用。因而爲這部外國人宣傳甲骨文化的著作寫序，何樂而不爲呢！

衆所周知，從 1899 年王懿榮鑒定甲骨文之後，經過海内外學者的開拓創新，已形成和發展成一門國際性學問。吾師胡厚宣先生 1952 年出版的《五十年甲骨學論著目‧序》中，將甲骨學的發展階段分成八個時期：一、埋藏時期；二、破壞時期；三、藥材時期；四、古董時期；五、金石時期；六、文字時期；七、史料時期；八、考古時期。又把這八個時期分成兩個階段，即"甲骨的前期（埋藏、破壞、藥材時期）"和"甲骨的後期（古董、金石、文字、史料、考古時期）"，我把"甲骨的前期"又叫"甲骨學的先史時期"。

基於此八個時期，我在 1989 年出版的《甲骨學通論》中，又結合中華人民共和國成立以後，甲骨學研究取得的輝煌成就與長足的發展，進一步闡述和細化了甲骨學形成和殷墟考古學發展的各個階段：第一階段，甲骨文的非科學發掘階段和甲骨學的草創時期（1899 年至 1928 年）；第二階段，甲骨文的科學發掘階段和甲骨學的發展階段（1928 年至 1949 年）；第三階段，甲骨學的深入發展階段（1949 年至 1977 年）；第四階段，甲骨學的全面深入發展階段（1978 年至 1999 年）。而自甲骨學百年輝煌以後，進入了當代全面深入發展與弘揚的新階段（2000 年至今），也即第五階段。

胡先生分析的八個時期是從"不同時代的甲骨文字性質"的角度分析每個時期特點的，而我歸納分析的五個階段，是從"不同時代的甲骨學發展"角度，總結歸納每個階段的特點。

這次具隆會的《殷墟甲骨學概論》，既採用了胡先生和我分析的各個時期甲骨學發展階段的特點，又把"甲骨的後期"再分成兩個階段，即"甲骨學歷史時期的前期（1899 年至 1949 年）"和"甲骨學歷史時期的後期（1949 年至今）"，再將我分析的四個階段，分別歸屬於這兩個階段之下。經過他如此這般的分類處理，可以說一百二十多年來甲骨學發展的連續性和所經歷階段的概念更加準確而明瞭了。

其實，這部《殷墟甲骨學概論》（以下簡稱《概論》）是繼我撰寫的《甲骨學通論》（1989 年）、與楊升南先生共同主編的《甲骨學一百年》

（1999 年）、《中國甲骨學》（2009 年）、《新中國甲骨學六十年》（2013年）、《新中國甲骨學七十年》（2019 年）以及與具隆會合著的《甲骨學發展 120 年》（2019 年）等書之後完成的一部甲骨學概論性的專著。這三十多年期間，甲骨學研究又有了新的發展和深入。而且在新時期的新形勢下，需要有更適合甲骨文教學和甲骨學知識普及的新著作出版。具隆會的這部書正適應了讓甲骨學走入人民大眾中並深接地氣的時代要求。也許有朋友會問我：已經有了不少這方面的甲骨學論著了，具隆會的這部書，在內容和體例等方面會有什麼不同和新的特色嗎？

前些天，具隆會將書稿寄過來請我提意見。我看完之後，覺得雖然他論述甲骨學基礎方面的內容並沒有什麼全新的內容，但這也是在所難免的。因爲甲骨學基礎方面的內容前輩學者們基本上已經發凡起例，都整理好了。一百二十多年來，前輩學者們闡幽發微，洞其奧隱，已成爲學者們一致接受的規律性認識，並成爲我們前進的起點和文化財富。但學無止境，門生不斷豐富、完善、再發現中。具隆會《概論》中的有些內容，仍是當今甲骨學著作中尚未讀過的新內容。如：他利用端方在光緒二十五年九月（即 1899 年 9 月）的《奏章》（參見《端忠敏公奏稿》），論證有關王懿榮在 1899 年夏天確有生病的事實，因而具隆會認爲王懿榮在龍骨中發現甲骨文字的可能性應較大；又如有些學者關於在 1898 年王襄、孟定生第一個鑒定甲骨文的主張，具隆會從當年的鐵路建設情況、接觸甲骨文字實物時間、市場價格等角度分析，論證還應是王懿榮爲第一個鑒定甲骨文的學者。此外，由於出版較早，《甲骨學通論》等書中沒有反映出來的近年甲骨學成就的內容，在當前出版的《概論》中就盡量加以反映：諸如，2000 年以後考古發掘的新成果和出版的各種專著、甲骨著錄書的內容、特點等；又如殷墟發掘的朱書玉璋文字和石璋文字的介紹等；再如洹北商城的發現經過及其在殷商考古學以及商代考古編年框架方面的作用等；此外在該書 "附錄" 中整理出殷墟以外，全國各地歷年出土的卜骨和卜甲的情況、學者之間 "家譜刻辭" 真僞問題論辯的整理和自 1949 年中華人民共和國成立至 2016 年殷墟出土甲骨總匯表等。如此等等，這些此前《通論》等著作很少涉及或沒有來得及涉及的 "嶄新" 的內容，可謂與時俱進，及時反映了學界近年最新研究進展，堪爲此《概論》"內容上的創新" 和前進。集腋成裘，甲骨學基礎理論就是這樣在不斷發現和積累，補充和豐富中充滿活力和歷時常新的。

具隆會偶爾曾跟我説過："老師把您的《甲骨學通論》用爲本科生或初學甲骨文、甲骨學的研究生講課的教材還有些困難，因爲有些内容還是專業性太强了。"……具隆會是從 2009 年開始在安陽師範學院教書，後至 2016 年被聘爲河南大學黄河學者特聘教授，爲本科生和研究生專門講授甲骨學概論和甲骨文字概論。也可以説堪爲一位"老"教授了。他在爲初學甲骨學和甲骨文字的本科生和研究生授課當中，有時會出現在專業性和普及性之間找不到平衡的情況。他跟我合著的《甲骨學發展 120 年》是一部專門寫甲骨學學術發展史的著作，雖然我盡力做到適合多層次讀者使用，因而有一些内容可以在課堂上利用。但學生感覺此書還是學術性較强。因此，他結合十多年的教學實踐取得的經驗以及《甲骨學發展 120 年》合著的體會，在他學習、理解、研究甲骨學通論性著作的基礎上，再出發，完成了一部適合大學講課和學生入門參考的《殷墟甲骨學概論》。這對講好甲骨文的故事，讓海内外更多的人認識、喜愛甲骨文是大有裨益的。

具隆會教授是我在 2003 年中國社會科學院退休前夕招收的最後一位博士研究生。他 1997 年就來到中國留學，2000 年跟著姜廣輝先生學習中國古代思想史，攻讀碩士學位。後來，又對中國絶學甲骨文産生了深厚的興趣，2003 年跟著我學甲骨學殷商史，攻讀博士學位。經過他在中國五六年的努力學習，語言文字方面已有了很大的提高，但作爲一個外國人，在博士研究生學習期間，也還會遇到各種困難，在古文字方面更是可想而知的。連中國青年學子都望而卻步的甲骨文，外國人要學習它，難中之難，還是所面臨的語言文字的困難！詰屈聱牙的甲骨文字的字義要換成古代漢語，再轉換爲現代漢語，再者現代漢語用韓國人的思維和理解，對三千多年前甲骨文的本義進行整理、研究和思考，並再轉譯、理辭……其間要有多少轉換思維和轉變語言的過程……2007 年他完成了博士論文，獲得了歷史學博士學位。從 2009 年 12 月開始在安陽師範學院執教。在授課之餘，又對博士論文答辯委員會專家提出的意見進行論文的修訂、提高，終於在 2013 年出版了《甲骨文與殷商時代神靈崇拜研究》。自 2016 年至今，在河南大學歷史文化學院執教，期間與我合著《甲骨學發展 120 年》（2019

年）。這次又獨立完成《殷墟甲骨學概論》的出版。這些都是熱愛中國傳統文化的他，努力研究和追求的結果！

二十多年來，我看到具隆會教授懷著對甲骨文和甲骨學的無比熱愛之心，克服了一般人很難想象的困難，硬是勇毅追求著、奮鬥著，逐步走寬了自己的成功之路，我深感欣慰。願他能繼續爲中韓文化交流作出更多的貢獻。

總之，具隆會教授這部《殷墟甲骨學概論》，從大量甲骨、考古材料的全面系統整理、研究中而得出的一些新論斷，把《甲骨學通論》等前人研究成果向前又推進了一步，並有所細化、深入和創新，因而使人讀過之後，頗有一種全新之感。這部從外國人角度理解、認識甲骨文和深入甲骨學，並引導您步入甲骨學堂奧的著作，將會給關心殷墟甲骨學的研究者和學習者（特別是海外的甲骨學人）以啟示和教益。因此我竭誠地向廣大甲骨文研究者和學習者推薦這部值得一讀的好書！

2022 年 8 月 20 日
寫於方莊芳古園 "入簾青小廬" 寓所

自　序

—— 占卜是爲了生存與神靈對話的道具，
甲骨文是人與神之間對話的記錄

　　商王朝奴隸主統治階級，事事占卜，事事尊神，以得到神靈的答復後
纔能去辦事。其目的就很簡單，他們遇到了困境或者需要預測未來時，爲
了得到完美的結果而去占卜並以豐富祭品舉行"祭祀"，討好神靈，以祈
求神靈的幫助或解決問題以及美好的未來。《國語·周語》載："夫祀，國
之大節也。"在先秦時代國家的存亡大事莫過於"祭祀"，比戰爭還重視。
自古以來，討好神靈的最普遍性的活動，就是"祭祀"。從甲骨文記錄來
看，商王朝時代也不例外。科技文明尚未足夠發達的晚商時代，人類無法
掌握自己的命運，也就是說時時刻刻都會遇到自然界所造成的災害的威
脅，或者戰爭等人爲造成的危險，爲了生存人們不可能是束手旁觀（不僅
僅是指商王朝統治階級，商王朝的敵對勢力也肯定會遇到同樣的威脅和危
險，祇不過我們没有找到他們的直接文字記錄而已），該做的事都得去做，
克服困難。這就是人類文明一直發展到今天的動力。

　　又在《左傳·成公十三年》中記載："國之大事，在祀與戎"，所謂的
"國之大事"，侯外廬先生說："這些大事都是所謂'王事'，都要求助於
祖先神，也就是所謂'殷人尊神，率民以事神。'不要把'卜'看成輕舉
妄動，要知道這是先民的憲章，因爲氏族家長制的進步的宗教，在觀念上
是表現於'後嗣逢長'。崇拜祖先的宗教形態，是由自然物類的圖騰崇拜
變革而來的，起始可以說是革命的。"① 中國歷史上這些最早"革命"的記

---

① 侯外廬：《中國思想通史》第一卷，人民出版社 1957 年版，第 68 頁。

錄，就是甲骨文。原始社會是“天下爲公”的時代，從夏王朝開始進入“天下爲家”時代，即一個王朝就成爲一個家族的產業。從此，統治階級爲了解決眼前的困難依靠祖先神靈也是很自然的事，然而自然界所造成的危害，仍然是依靠自然神祈求避免困苦，這就表示他們時代的文明尚未足夠發達。甲骨文就是以商王爲主的商王朝奴隸主統治階級與祖先神（包括天神和其他一些自然神）之間對話的記錄①，即將“人問神答”的占卜記錄契刻或書寫在甲骨上的文字。這些甲骨文字隨著商王朝的滅亡，在歷史上消失了。到了清朝末年由一位金石學家王懿榮鑒定之後，重見天日並形成了一門新興的學科“甲骨學”。“甲骨學”就是將“人與神”之間對話記錄的甲骨文字作爲研究對象的學科。

眾所周知，“甲骨文”與“甲骨學”是不同概念，但卻是分不開的一個整體。

“甲骨文”是從商王朝時代晚期遺留下來的占卜用龜甲和獸骨上刻的或寫的字。“甲”是指“龜甲”主要是腹甲，亦有少數的背甲。“骨”是指“獸骨”主要是牛的肩胛骨，亦有極少數的虎骨、鹿頭骨、牛頭骨、人頭骨等。

“甲骨學”是古遺址所出土提供占卜用的有字龜甲和獸骨爲研究對象的學科。② 由於甲骨學所反映的是甲骨文自身的固有規律系統，所以甲骨文是祇有甲骨學的發展才能夠發揮其學術價值，但是沒有甲骨文，甲骨學是根本形成不了的。不過從本書的書名看讀者可能已經明白，本書的研究對象是殷墟出土的甲骨文，不考慮西周甲骨。因此，在書中說的“甲骨文”和“甲骨學”的概念都是以殷墟出土的“殷墟甲骨文”和其所形成的“殷墟甲骨學”爲限。

本書主要有四個部分構成，如下：

第一，甲骨學的基礎——從清代社會學術風氣著手分析甲骨文被發現

① 筆者註：雖然我們在甲骨文中祇看到“人問”的文字記錄，而沒有看到“神靈”回答的文字記錄，但是因爲“神靈”的回答是以“卜兆”的形式呈現。商王或貞人看了“卜兆”後判斷占卜結果的“吉凶”，以決定行止，因此筆者採用甲骨文是人與神之間“對話”的記錄的概念。

② 筆者註：如果說“甲骨”，那麼應該包括從原始時代到戰國時期占卜用的“龜甲”和“獸骨”，但是“甲骨文”是指晚商時代和西周時期統治階級施行占卜後在“龜甲”（主要是腹甲）和“獸骨”（主要是牛肩胛骨）上契刻或書寫的文字。由於本書不考慮西周甲骨，所以本書所說的“甲骨文”是指晚商時代商王朝統治階級所遺留下來的占卜後記錄的文字。

之前學術界的大體情形，進而討論有些學者不斷提出的甲骨文發現的年代和第一個發現甲骨文者的問題。再進行談論早期甲骨學家的探索、甲骨占卜的過程、甲骨文例等。

第二，甲骨學形成的過程——其時間段是隨從胡厚宣先生所分的埋藏、破壞、藥材、古董、金石、文字、史料、考古等八個階段，再隨從將王宇信師自 1899 年以來甲骨文非科學發掘階段（甲骨學的形成時期）、科學發掘階段（甲骨學的發展時期、甲骨學的深入發展時期、甲骨學的全面深入發展時期）等分析爲基，筆者再以 1949 年新中國建國前後爲主劃分甲骨學歷史時期的前期（1899 年至 1949 年以前）和甲骨學歷史時期的後期（1949 年至今），以此進行分析甲骨文字性質和甲骨學形成、發展的幾個階段的各種特點。

第三，甲骨文分期斷代研究的經過和目前爭論的所在——王國維先生在《殷卜辭中所見先公先王考》《續考》中提出以“稱謂”進行斷代研究之後 100 多年來，甲骨文分期斷代一直是爭論不休的重要學術問題。本書討論這些問題的來龍去脈，幫助讀者理解其問題的核心所在。

第四，1950 年以來殷商考古學的成就對甲骨學殷商史發展的貢獻——1928 年前中央研究院歷史語言研究所（以下稱史語所）殷墟科學考古發掘開始，甲骨學走上了發展的道路，其所得甲骨文才得到學術界的公認，有些懷疑甲骨文真實性的學者不得不承認其真實性，當年史語所的學者對甲骨學發展的貢獻是不可磨滅的。不過 1937 年“七七事變”發生之後，不得不停頓殷墟科學考古發掘工作。到 1950 年再開始進行殷墟科學考古發掘。之後，中國科學院考古研究所的建立纔讓中國田野考古工作走上發展之路；安陽考古工作站的設立，專門負責安陽殷墟考古發掘工作使殷商考古學的發展，以此甲骨學也得到更多的科學支持。因此，我們不得不討論1950 年以來殷墟科學考古發掘所取得的成果以及其意義。

甲骨學形成 120 多年來，其研究的領域和深度已經遠遠超越了甲骨文字領域，涉及到甲骨學殷商史、殷商考古學、殷商社會生活史、先秦時期的禮製、甲骨文到《說文》之古文字演變史、古代科技史、古代經濟史、古代服裝史、古代音樂史、古代體育史等。但是因爲我們所研究對象的甲骨文是占卜記錄，其記錄的方式與一般的歷史文獻有著不同的格式，所以我們較難把握其真正面貌。它固有的格式，由“敘辭”“命辭”“占辭”“驗辭”構成，但是很多卜辭都沒有這麼完整，有的沒有“驗辭”，也有的卜辭祇有"命辭"，而且晚商時代語言環境、禮製等與現代社會不同，就更難把握其真實的内容。而且晚商時代社會並不是一成不變，而是一直處在變化之中，因而不同時期的甲骨卜辭也有不同的特點，即用詞特點、字體特點、稱謂特點等文字性的特點，甲骨的整治、鑽鑿、甲骨文字的契刻、塗朱塗墨、卜兆、刻劃卜兆等占卜有關的程序特點，甲骨文例以及記事刻辭等文例的特點，都是屬於"甲骨學"研究的範疇。由此，在當今學術界出現了"歷組卜辭"時代問題、"卜辭的類型學"、"文字分類"、"兩系說"等爭論不休的學術論戰。這就是表明甲骨學的研究仍然在前進之中。

不過有些人認爲，甲骨文所見的這種占卜、祭祀行爲是荒唐謬誤的"迷信!"。如果說甲骨文中所見的内容是"迷信"，我們還有必要去研究它嗎？所以筆者反對這種說法，之所以如此，是因爲三千多年以前的社會，没有可靠的科技文明，他們祇好依靠人力來保護自己、民族、國家社會，要得到更多的經濟生産效益等等。其過程中，時時刻刻遇到天災、人災，人們祈求某種力量來幫助或解決自己所面臨的解決不了的問題，是人之常情。這是爲了生存而掙扎的，他們的腦子裏根本没有"迷信"這種概念，這反映的是他們的希望和相信。

現在學術界將商王朝時代的這些占卜和祭祀活動概括爲宗教。然而這些宗教的概念也祇不過是現代學科的概念而已。其實商王朝時代的這些占卜和祭祀活動，是他們時代社會生活中最重要的一個環節，也是從先祖所遺留下來的"先民的憲章"。從自然神崇拜發展到祖先神崇拜，都是有意的行爲。舉行"祭祀"之前施行占卜，占問爲了解決自己所面臨的問題向哪位神靈舉行哪種祭祀、需要多少犧牲等。其目的祇是希望並相信通過占卜所得到的神靈的啟示和崇拜神靈的祭祀活動能夠解決自己所面臨的解決不了的問題，爲此祈求得到某種力量的幫助。

因此，筆者認爲甲骨文所記錄的是他們時代的真實生活和他們面臨的現實苦惱。祇可惜經過三千多年的歲月裏被破壞、損失的甲骨不知多少。這是不可彌補的學術損失。雖然如此，筆者希望我們從剩下的甲骨文中進一步了解三千多年以前人們的生活和他們的苦惱。

2022 年 9 月 24 日
寫於河南開封勞動路蘋果園寓所"東向齋"

目　　錄

插圖目錄

插表目錄

第一章 甲骨文的發現

—— "一片甲骨"改變了近代中國人文學

第一節 偶然中的必然

王國維在《最近二三十年中中國新發見之學問》中指出，"古來新學問之起，大都由於新發見"，並以歷代幾次重要發現爲例，説："有孔子壁中書出，而後有漢以來古文字家之學。有趙宋古器，而後有宋以來古器物、古文字之學。晉時汲塚竹簡出土後，同時杜元凱之註《左傳》，稍後郭璞之註《山海經》，已用其説。"①不僅如此，《流沙墜簡》②《敦煌寫經》③《内閣大庫檔案》④以及 1899 年甲骨文等被發現之後都成爲舉世矚目的新學問。尤其是甲骨文的發現及 1928 年以來殷墟科學考古發掘，形成了甲骨學和殷商考古學的新學問，以改變了中國近代人文學的面貌。如今，甲骨學已成爲與古文字學、音韻學、歷史學、考古學以及古代藝術

---

① 王國維：《最近二三十年中中國新發見之學問》，《學衡》1925 年第 45 期；又在《甲骨文獻集成》第 37 冊，四川大學出版社 2001 年版，第 367—370 頁；又在《靜安文集續編》，載於《王國維遺書》第三冊，上海書店出版社 1983 年版，第 699—708 頁。

② 《流沙墜簡》爲中國近代考古學的著作，由羅振玉、王國維撰寫，共 3 冊，1914 年出版。主要收錄被盜掘的敦煌漢簡、羅布泊漢晉簡牘及少量帛書等，共計 588 件。

③ 《敦煌寫經》上起兩晉，下至宋元時代，其中相當部分爲唐代的寫經卷。從 1900 年在敦煌藏經洞發現後，密藏很長歲月的敦煌文獻隨即流散，目前中國國内收藏的敦煌寫經卷大部分收藏於國家圖書館，南京博物院亦有 30 餘件，相當部分仍然流散在國外。

④ 若按時代劃分《内閣大庫檔案》，雖然可分爲明清兩代，但是主要是清代的檔案。現存於中國第一歷史檔案館的明代檔案有 3000 多冊，清代檔案約有 1000 萬冊，另外臺北"故宮博物院"約有 200 萬冊的清代檔案：https://baike.baidu.com/item/%E5%86%85%E9%98%81%E5%A4%A7%E5%BA%93%E6%A1%A3%E6%A1%88/2522381?fr=aladdin。

史、生活史等學科有著密切關係的“顯學”。

我們一般認爲甲骨文在清末光緒二十五年己亥年（1899）偶然被發現。但是這些偶然亦有必然的歷史背景和過程。爲了説明這些必然的歷史背景，首先要瞭解清朝學術的風氣。

王國維在《沈乙庵七十壽序》中説：“我朝三百年間，學術三變：國初一變也，乾嘉一變也，道咸以降一變也。……國初之學大，乾嘉之學精，道咸以降之學新。”①這些話，既概括了清代學風的轉折，又規定了清代學術發展的趨向。

清朝初年的學風是大抵較晚明王學末流的“束書不觀，遊談無根”之弊。因此，黄宗羲、王夫子、顧炎武等明末清初的學者們提倡“竭力實事求是，易主觀爲客觀，改空談爲征實，處處要求證據，不尚空談”②的學術風氣，我們一般把這種學術風氣叫“經世致用”的學問。

到了乾嘉時期，清代學術達到了極盛時代。以錢大昕、崔述、王鳴盛等爲代表的乾嘉考據學，影響了清朝學風的發展方向。他們的主要治學方法是以小學（文字學、訓詁學、音韻學）考據爲工具，來研究古書的意義，以注意到“文字訓詁，全書義例，輿地沿革，職官制度，以及天算歷法”，以追求“避虛而求實，抱著實事求是的精神去整理它”。③

道咸以降，清朝的學術有所轉變。在道光時期清朝的政治、經濟開始發生了混亂，即所謂的“道光蕭條”。當然這些的經濟危機並不是從道光時期開始的，應該説是從乾隆末年開始的。但是，因爲乾隆時代屬於清朝的黄金時代，所以看不到或者不敢提起乾隆末年的民窮財盡的現實而已。到了道光中期以後，國家承受的經濟壓力越來越大，清朝逐漸衰落，特別是經過兩次鴉片戰爭之後。因而道光以後的學術主流是“談富強，講經世。在經學方面，由訓詁典章名物之學，轉而講微言大義，以求通經致

---

① 王國維：《沈乙庵七十壽序》，《觀堂集林·第二十三卷·綴林一》，河北教育出版社 2003年版，第 574 頁。
② 齊思和：《近百年來中國史學的發展》，《二十世紀中國史學史論》，北京大學出版社 2010年版，第 3 頁。
③ 齊思和：《近百年來中國史學的發展》，《二十世紀中國史學史論》，北京大學出版社 2010年版，第 4—5 頁。

用，遂要講今文，要溝通漢宋"。①王國維所説的在清朝學術三次的轉變大體如此。

一　19 世紀後半期古器物的出現與研究特點

清朝乾嘉時代興隆的"考據學"覆蓋了整個清朝時代的主流學風。清代的考據學家不僅對傳統儒家經典進行了全面的整理和研究，還對諸子百家和古籍進行了清理和爬梳。他們主要是通過校勘、辯偽、輯佚、註疏、考訂史實等各種手段，對傳統古代文獻做了"去偽存真""正本清源"等的工作，爲後來的研究者提供了較爲翔實可信的研究資料。簡而言之，清代的考據學的治學精神爲突破現實的"實事求是"、懷疑的"批判精神"、超越前人的"創新精神"以及反對抄襲的"學術規範"。

在乾嘉時期，隨著考據學的興隆，金石學亦很受到重視。不僅如此，在咸豐、同治、光緒年間，朝廷官員之間追求金石文物成了一種時尚。"'（李德祥②説）朝野學士大夫以談論金石爲時尚，遊覽廠肆（筆者註：指琉璃廠的古玩鋪）爲風雅'這一風氣之形成，同嘉慶、道光年間在陝西先後出土銘文較多的毛公鼎③、散氏盤④、大盂鼎⑤等文物有關，也是潘祖蔭、翁同龢、李文田、吳大澂、王懿榮等當代的名流學者提倡所致。那時任翰林清閒差事的文職官員，家中富有，無生計之累，終日便在廠肆消磨歲月，輾轉流連，這成了上層社會文化人的一種風尚……琉璃廠成了京師和外省士大夫必遊之地。他們以書鋪爲公共圖書館，以古玩鋪爲文物博覽館……"⑥朝廷官員和士大夫之間流行了這種時尚，使我們可以猜測

---

① 齊思和：《近百年來中國史學的發展》，《二十世紀中國史學史論》，北京大學出版社 2010年版，第 8 頁。

② 據陳重遠的《骨董説奇珍》（北京出版社 1998 年版，第 1 頁），李德祥是在琉璃廠做"複製、整修唐三彩的老工藝師"，光緒十二年（1886）出生在琉璃廠，20 歲開始分家另過，在琉璃廠從事修復唐三彩的。

③ 《毛公鼎》，道光二十三年（1843）出於陝西岐山，西周晚期的青銅器，由於做器者爲"毛公"而得名。其銘文接近 500 字，在所見的青銅銘文中最長的器物。

④ 《散氏盤》，又稱《矢人盤》，西周晚期的青銅器，乾隆年間出土於陝西鳳翔，所記的 357 字銘文。

⑤ 《大盂鼎》，又稱《廿三祀盂鼎》，道光二十九年（1849）出於陝西郿縣，西周早期的青銅禮器，所記的 291 字銘文。

⑥ 陳重遠：《骨董説奇珍》，北京出版社 1998 年版，第 85 頁。

到當年北京琉璃廠古玩行業的繁榮程度。既然古玩行業繁盛了，就必然需要適當的買賣品，即古董。

1840 年至 1842 年的第一次鴉片戰爭和 1856 年至 1860 年的第二次鴉片戰爭之後，清朝已處於半封建半殖民地狀態。連續戰爭的失敗，給老百姓帶來了很大的困苦。國家財匱力絀、民不聊生而大官貴族則並不如此。"當時的農民生活的窮困，達官貴人之豪富以及通都大邑古董商人無孔不入的尋求古物，從中奓取高利，構成了所謂'山川效靈，地不愛寶'的現象。農民們濫掘古墓取寶，以救一時之窮；市僧們（筆者註：指古董商）下鄉廉價收購以博取高利，達官們則以此爲私人玩賞之物兼作爲可以流轉的財富。如此的對待古物，實際上破壞了許多古墓，並把古物淪爲了私有的商品。"①古董商既張羅選購金石古玩的買主，又作爲中介者，與金石學家和其他學者打交道，是必然的現象。因爲在封建社會裏學識、名望越高其官職亦越大，所以古董商爲了生意，要伺候追求古玩陳設的官宦之家和爲"濃縮"資財而購買奇珍異寶的豪門巨富。

雖然如此，19 世紀後半期古器物的出現和研究比較過去時代有著不同的特點，陳夢家在《殷虛卜辭綜述》中分析了其特點，如下②：

其一，古物範圍的擴大，北宋以來所謂金石學是以銅器與石刻爲主的，而石刻者多爲秦以後的碑版，至此而有金石以外的古物的出現與被重視……金石學的範圍實際上已經發展爲古器物學。

其二，品類的專門化，許多附隸於金石範圍內的古物……至此已各個獨自地發展分門別類的蒐集與研究。

其三，數量與內容的豐富……許多私人大量地收藏古物並整理發表，其數目遠遠超過宋代著錄的古物。

其四，器物銘文與文字學、歷史學的聯繫，北宋時代的學者雖然利用銘文來解決禮儀制度的問題，雖然也考釋文字，但晚清時代的學者因爲有了乾嘉以來經學、小學極度發達的成果，更進一步地利用銘文來作爲文字發展條例與古代歷史制度的新資料，對於經典史料的著作時代也開始重新加以考訂。

其五，石印術和照相術的輸入……19 世紀的末葉，石印術與照相術的

---

① 陳夢家：《殷虛卜辭綜述》，中華書局 1988 年版，第 1 頁。
② 陳夢家：《殷虛卜辭綜述》，中華書局 1988 年版，第 1—2 頁。

傳入，大大增加了研究與刊印的方便。

這些特點打造了近代中國人文學學術發展的有利條件，尤其是歷史、考古、古文字等學科。即隨著古董成爲商品，而有條理地分類其體系，即青銅器、玉器、陶器、書畫等。從此更多的古董在市場上流通。加上大官、貴族收購古董，則使沉埋地下的更多文物逐漸問世並各種資料陸續出版，但是這個時期的古器物研究還停留在"古董"階段，尚未開始真正的歷史、考古學的研究。

二　甲骨文的發現擴大"中國信史的歷史時代"

清朝末年的國家政治、經濟處於極大的困境，但是在學術上出現陳夢家所述的種種原因，打造了甲骨問世的一種偶然中必然的條件。當年，全國各地若有古器物，各地的古董商積極地收買，之後再前往收購者處把它賣掉。在這種情形下，從未見過的骨版，而且其上有文字符號，在金石學很流行的清末時期，沒有理由不買賣。但是由於當年古器物的研究尚未達到文字學、歷史學、考古學等學科，因此甲骨文剛出現的時候祇能成爲某些人的古玩而已。之所以如此，是因爲最初被發現的甲骨成爲幾個收藏家書齋中的玩賞之物。因此，胡厚宣在甲骨學發展階段中將甲骨文被鑒定的1899 年劃分爲"古董"[①]時期。之後，經過學者們不斷的探索和研究，從中發現古文字、歷史、考古研究的價值，甲骨文逐步成爲研究商代歷史的第一史料並促進了甲骨學殷商史研究和殷商考古學的形成。

1898 年戊戌變法，康有爲發表的《孔子改制考》中提出了中國上古史"茫昧無稽"的觀點，說："孔子的時候偶就苦於夏朝和殷商的文獻不足何況三皇五帝的歷史。"從那時以後，疑古的風氣開始流行。1911 年辛亥革命之後，在中國一度流行了"新文化運動"，1919 年五四運動以後史學研究中出現的以"疑古辯僞"爲主旨的學派，即以顧頡剛、錢玄同爲代表的"疑古學派"推翻了傳統古史體系，否定了儒家經典。他們基本主張"東周以上無信史"的觀點，當然甲骨文剛被發現時其真實性也是被章太炎等一些國學學者否定了。然而從 1928 年開始對殷墟科學考古發掘後，

---

① 胡厚宣在《五十年甲骨學論著目》中甲骨學的發展分爲八個階段，即"埋藏、破壞、藥材、古董、金石、文字、史料、考古"時期，並把王懿榮發現甲骨文的那年分爲"古董"時期；參見本書第五章"甲骨文字性質和甲骨學形成、發展的幾個階段"。

有了確鑿的地層關係下出土的甲骨文和伴隨出土的文物證明，中國歷史中確實存在過商王朝，而且甲骨文中發現在古文獻中存在不確定的商朝先公之名：如，在《殷本紀》中沒有王亥之名，但在《山海經·大荒東經》中出現；在《殷本紀》中沒有王恆之名，但在《楚辭》中出現。如此等等，既提高甲骨文的史料價值，又具有確鑿地層關係的甲骨文與古文獻結合考證其記錄的真實性。由此，甲骨文的發現將"中國信史的歷史時代"推上去大約一千年。

如今，偶然中必然地出現的甲骨文就擴大並發展了許多相關學科，如歷史學、考古學、古文字學、音韻學以及古代科技史、醫學史、體育史、藝術史、生活史等研究時間範圍和其研究對象。

第二節　甲骨文的發現年代和最早
鑒定甲骨文者是誰

近些年來，在甲骨學界上一直爭論不休的幾個問題之一，就是甲骨文發現的年代和最早鑒定甲骨文者是誰。目前，在學術界普遍認為甲骨文是在 1899 年由王懿榮第一個鑒定，但是 20 世紀 50 年代王襄發表幾篇文章之後，80 年代一度出現了王襄、孟定生為第一個發現甲骨文者的主張，甚至有人提出第一個發現甲骨文的時間為 1898 年。

雖然胡厚宣在 1997 年發表的《再論甲骨文發現問題》中已經明確地論證了甲骨文是 1899 年由王懿榮鑒定，但是近年姚小鷗在《誰是甲骨文的最早發現者》[①]一文中，再提出表示疑問並主張"應當承認孟廣慧（筆者註：指孟定生）及王襄是最早鑒定與收藏甲骨文者，尤其對孟氏在甲骨文發現史上的地位，應當實事求是地予以書寫"。所以本書為讀者提供正確的資訊，不得不分析關於甲骨文之發現年代和第一個鑒定甲骨文者的問題。

姚小鷗的文章主要依據陳夢家的《殷虛卜辭綜述》和王襄的《題易稽園殷契拓冊》《題所錄貞卜冊》《孟定生殷契序》等幾篇文章，並在文中

---

① 姚小鷗：《誰是甲骨文的最早發現者》，《中國社會科學報》2020 年 7 月 16 日第 1968 期。

提出了幾個問題：第一，甲骨文怎麼被發現和誰發現；第二，學者首次接觸甲骨文的年代爲 1899 年秋天，那時孟定生費了數十百金購得巨大之邊條與凹形的骨數十片，比那時王懿榮買的多[1]；第三，因爲庚子（即 1900 年）冬孟定生摹寫過所藏的甲骨所以他是最早有記錄的甲骨文研究者[2]；第四，因爲王懿榮沒有研究過甲骨文所以應當承認孟廣慧及王襄是最早鑒定與收藏甲骨文者。[3]

我們梳理甲骨文發現的年代和最早鑒定者的目的，是由於"甲骨學術史發展"整理所需要的，並不是爲了區別誰勝誰輸的優劣。爲了討論關係到甲骨學史的最重要的一個問題，應該是需要更多的記錄互相參照，要慎重。

一　甲骨文的發現是 1898 年，還是 1899 年？

王宇信師在《甲骨學通論》中説："1899 年殷墟甲骨文的發現，是我國學術史上的一件大事，值得大書特書。而它的第一個鑒定和購藏者王懿榮，在我國近代學術史上，特別是甲骨學史上做出了重要的貢獻，理所當然地應受到人們的尊重和懷念。"[4]在甲骨學界關於最早鑒定和購藏甲骨文者，基本上公認的是在 1899 年由王懿榮鑒定並購藏甲骨開始的。但是由於早期甲骨學者之一的王襄在《簠室殷契·序》[5]中，提出了自己在 1898 年已開始認識甲骨文，説："世人知有殷契，自西元 1898 年始（即前清光緒二十四年），濰友范壽軒（筆者註：又稱范守軒）售古器物來言。河南湯陰出骨版中有文字……"就説 1898 年山東的古董商范壽軒來到王襄處，談收購甲骨的事。因此，王襄説世人知道甲骨文的存在的時間是 1898 年。之後，這一説法在甲骨學界一度出現了較大的分歧。

衆所周知，王懿榮並沒有留下有關甲骨文發現和研究的記錄，所以我

---

① 姚小鷗認爲學術界把王懿榮視爲第一個鑒定甲骨文者是因爲王懿榮的收藏比王、孟多。這是誤會，學術界判斷第一個鑒定甲骨文者，並不在於收藏之多寡。

② 這個主張非常有道理的。祇可惜我們找不到孟定生所摹寫過的甲骨著錄書。

③ 我們認爲，研究和鑒定是不同的步驟，我們不能説因爲王懿榮沒有研究過甲骨文，所以不可成爲第一個鑒定甲骨文者。

④ 王宇信：《甲骨學通論》，中國社會科學出版社 1993 年版，第 23 頁。

⑤ 王襄：《簠室殷契·序》稿本 1955 年，載於《甲骨文研究資料匯編》，北京圖書館出版社 2000 年版。

們無法從王懿榮本人手筆的第一手資料來分析此問題，而祇能是根據早期學者們記錄的第二手資料來推測王氏鑒定和購藏甲骨的時間，大體如下：

第一，劉鶚在《鐵雲藏龜‧自序》[①]中說："龜板己亥歲出土在河南湯陰縣屬之古牖裏城……庚子歲有范姓挾百餘片走京師福山王文敏公懿榮，見之狂喜，以厚值留之。後有濰縣趙君執齋得數百片亦售歸文敏。末歲義和舉亂起，文敏遂殉難。"劉鶚在《序》中說的是祇有庚子年（即1900年）的情況，但是如果王懿榮在庚子年第一次見到甲骨文怎能"見之狂喜，以厚值留之"呢？所以筆者判斷，王懿榮見之狂喜、厚值留之的原因，是因爲王懿榮已經知道甲骨的存在，而且很想收藏更多，但沒有辦法找到。到了庚子年（筆者註：據其他學者的記錄，可能是庚子春）古董商把甲骨帶來了，自然很高興。因此，我們可以推測王懿榮並不是庚子年第一次見到甲骨文。

第二，羅振玉在《殷商貞卜文字考‧序》[②]中說："光緒己亥年，予聞河南之湯陰發見古龜甲獸骨，其上皆有刻辭，爲福山王文敏公所得，恨不得遽見也。翌年王氏殉"，己亥年即1899年。

第三，王國維在《最近二三十年中中國新發見之學問》[③]中說："光緒戊戌、己亥年間，始出於河南彰德府西北五裏之小屯。……初出土後，濰縣估人得其數片。以售之王文敏。文敏命秘其事，一時所出先後皆歸之。庚子文敏殉難，其所藏皆歸丹徒劉鐵雲"，王國維說甲骨文開始出現時戊戌、己亥年間，即1898年、1899年，有所不確切，但從濰縣古董商手中收購甲骨的是王懿榮。

第四，容庚在《殷契卜辭附釋文及文編》[④]中說："光緒25年（筆者註：即己亥年，1899年）甲骨出土於安陽之小屯村，26年（筆者註：庚子年，1900年）福山王文敏公懿榮乃千餘片是爲收藏之始，至今35年

① 劉鶚：《鐵雲藏龜‧序》1903年，載於《甲骨文研究資料匯編》，北京圖書館出版社2000年版。

② 羅振玉：《殷商貞卜文字考》，1910年上虞羅振玉石印本，載於《甲骨文研究資料匯編》，北京圖書館出版社2000年版。

③ 王國維：《最近二三十年中中國新發見之學問》，《學衡》1925年第45期；又在《甲骨文獻集成》第37冊，四川大學出版社2001年版，第367—370頁；又在《靜安文集續編》，載於《王國維遺書》第三冊，上海書店出版社1983年版，第699—708頁。

④ 容庚、霍潤緇撰：《殷契卜辭附釋文及文編》，1933年北平哈佛燕京學社石印本，載於《甲骨文研究資料匯編》，北京圖書館出版社2000年版。

矣。"又在《卜辭研究》①第一章"發見"中説:"甲骨文字,清光緒二十五年發見於河南安陽縣城西北六裏之小屯村,洹水繞其東北。乃殷之古都……初恆出於濱洹水之農田中,土人拾之,稱爲龍骨,售於藥店,用以爲藥。二十六年,濰縣估人范維卿挾八百片至京師,王懿榮見之狂喜,以厚價留之。趙執齋得數百片,亦售歸王氏。五月,義和拳亂起,王氏以國子監祭酒任團練大臣。七月,聯軍入京,王氏殉難。"

第五,郭沫若在《卜辭中的古代社會·序》②中説:"1898 年與 1899 年之交,就是庚子八國聯軍入京的前一年……河南省安陽縣西北五裏的小屯,農民在安陽河畔耕種的時候,在黃土層中掘發了無數龜甲獸骨的破片。骨片上多刻有古代文字。……這件至可貴的古物的發現,完全是出於偶然;在其前或已屢有發現而不爲人所注意,但到庚子前一、二年的那一次纔爲人所注意了;注意到的是山東濰縣一位姓范的古董商人。這位商人視以爲奇貨,便運往北京市場。起初似亦不甚引人注意,後來才爲當時的顯貴福山王懿榮所購買。"

第六,明義士在《甲骨研究》③中説:"在 1899 年以前,小屯人用甲骨當藥材,名爲龍骨。最初發現的甲骨,都經過濰縣范氏的手。范氏知道最詳。……屢次向范氏和小屯人打聽,又得以下的小史。今按事實略説一下:龍骨,前清光緒二十五年以前,小屯有薙頭商名李成,常用龍骨面作刀尖藥。此地久出龍骨,小屯居民不以爲奇。乃以獸骨片龜甲板鹿角等物,或有字或無字,當時小屯人以爲字不是刻上的,是天然長成的,並説有字不好賣,刮去字跡藥店纔要。李成收集龍骨,賣與藥店,每斤制錢六文。按范氏 1914 年所言:1899 年(己亥,光緒二十五年)有學者王懿榮,到北京某藥店買龍骨。得了一塊有字的龜版,見字和金文相似,就問來源。並許再得了有字的龍骨,他要,價每字銀一兩。回家研究所得。王廉生是發現甲骨第一人。當年秋,濰縣范氏又賣與王氏甲骨十二塊,每塊銀二兩。……一九〇〇春,范氏又得了八百塊。亦賣與王氏。其中有全龜甲一殼,文五十二字。同年義和團起,北京大亂王廉生死,庚子范氏歸濰

① 容庚:《卜辭研究》1942 年燕京大學文學院鉛印及石印本,載於《甲骨文研究資料匯編》,北京圖書館出版社 2000 年版。
② 郭沫若:《卜辭中的古代社會》,《中國古代社會研究》,人民出版社 1977 年版;又載於《郭沫若全集》第一卷,人民出版社 1982 年版,第 187 頁。
③ 明義士:《甲骨研究》,齊魯書社 1996 年版,手寫影印本,第 6—8 頁。

縣時將所帶回的甲骨等物存行友趙執齋。"

從這幾位學者的記錄看，甲骨文被發現的時間是 1898 年或 1899 年等有所不一致。劉鶚、羅振玉、容庚、明義士認爲是光緒己亥年，即 1899 年。郭沫若説庚子八國聯軍入京的前一年，那應該是 1899 年 6 月前後，王國維認爲是光緒戊戌、己亥年間，即 1898 年和 1899 年。雖然甲骨文被發現時間上學者之間有所分歧，但是其收購者都是指王懿榮，而沒有其他人。等於是他們認爲最早購買並收藏甲骨的人是王懿榮，如果他們聽到第一個購買並收藏甲骨文者爲王襄，沒有理由偏偏要寫王懿榮之名。

當年給王懿榮售賣甲骨的人是"范姓"（按：劉鶚）、"趙執齋"（按：劉鶚、容庚）、"濰縣估人"（按：王國維）、"范維卿"（按：容庚）、"濰縣姓范"（按：郭沫若）、"濰縣范氏"（按：明義士）。這位叫"范維卿"或"范氏"或"姓范"的估價，把甲骨賣給王懿榮的時間，是戊戌、己亥年間數片（按：王國維），己亥年十二塊（按：明義士），庚子年八百塊（按：劉鶚、容庚、明義士）。按容庚之説，趙執齋也把數百片甲骨賣給了王懿榮。王懿榮從古董商收購甲骨之前，已經在藥店中買了一塊（按：明義士）。其價格是"厚值"（按：劉鶚）、"厚價"（按：容庚）、"每字銀一兩"（按：明義士）、"每塊銀二兩"（按：明義士）。這裏我們要注意的是，厚值、厚價是抽象的概念，暫不論，但是明義士説的"每字銀一兩"是王懿榮在藥店裏買龍骨時候的價格，"每塊銀二兩"是從古董商收購的價格。①

這是早期甲骨學家對甲骨出土年代和最早收藏甲骨之人記錄的大體概況。不過孟世凱在 1980 年出版的《殷墟甲骨文簡述》中關於甲骨文發現和發現者，提出了與以往傳統學説不同的看法，書中分析，説："早在一八九九年前幾年，在北京和天津的一些封建官僚和知識分子中就開始搜求甲骨文。不過古董商們認爲'奇貨可居'，要價愈來愈高，並且對出土地點是秘而不宣，無更多人知道。王懿榮……可算是一個金石學家。……一八九九年他爲了能搜求到更多的甲骨文，就按字論值，以每字二兩銀子的

---

① 王懿榮在己亥年藥店裏買有字的龍骨時，估計因爲一個小塊裏沒幾個字，因此以每字銀一兩的價格收購，但是後來濰縣范氏帶來的十二塊甲骨肯定比藥店裏買的龍骨大且字多，所以按每塊二兩銀子價格收買。

高價向古董商收買，於是古董商認爲有利可圖，就爲他四處奔走搜求甲骨文，因此社會上就流傳甲骨文是王懿榮首先發現的故事。實際上，在王懿榮出高價收買甲骨文的前一年（筆者註：光緒二十四年戊戌年，即 1898年），古董商已將甲骨文帶到天津出售。當時天津有兩個窮秀才，一個叫孟定生，一個叫王襄，他們已經將甲骨辨識出是古代的遺物，叫它爲'古簡'（牛胛骨骨邊上刻的卜辭很像古代的竹簡）。可是這兩個窮秀才出不起高價，沒有買到更多的甲骨文作進一步的研究。後來這些甲骨都被王懿榮收買去了，所以在甲骨學的研究中曾發生過是北京的京官首先發現甲骨文的呢？還是天津的秀才首先發現的呢？"[1]

孟世凱的這些論點前後有矛盾，既說 1899 年前幾年在北京和天津所在的官僚和知識分子已經開始搜求甲骨文，又說在 1898 年王襄、孟定生是第一個發現甲骨文的。按孟氏的話，早在 1899 年前幾年，有些人已經認識到甲骨文的存在，而且他們已經開始搜求，然而他還說1898 年王襄、孟定生是第一個發現甲骨文的，豈不是矛盾？孟世凱分析的 1898 年王襄、孟定生第一個發現甲骨文估計是基於王襄 1955 年出版的《簠室殷契·序》之上。其分析看起來很有道理，但是有兩個漏洞，如下：

第一，從甲骨實物接觸時間角度來分析：王襄在 1955 年出版的《簠室殷契·序》[2]中說："世人知有殷契，自西元 1898 年（即前清光緒二十四年）濰友范壽軒（筆者註：亦稱范守軒）售古器物來言，'河南湯陰出骨版中有文字'征詢吾人欲得之否。時有鄉人孟定生共話，極慫恿其往購，且言欲得之。孟氏意，此骨版爲古之簡策也。翌年十月，范君來，告之得骨版……既定其物，複審其文，知爲三古遺品……孟氏與襄皆寒士，各就力所能得者收之而已。"王襄又在《題易稽園殷契拓冊》[3]中說："當發現之時，村農收落花生果，偶於土中撿之，不知其貴也。濰賈范壽軒輩見而未收，亦不知其貴也。范賈售古器物來餘齋，座上訟言所見，鄉人孟定生世叔聞之，意謂古簡，促其詣車訪求，時則光緒戊戌（筆者註：

---

① 孟世凱：《殷墟甲骨文簡述》，文物出版社 1980 年版，第 26 頁。
② 王襄：《簠室殷契·序》1955 年稿本，載於《甲骨文研究資料匯編》，北京圖書館出版社 2000 年版。
③ 王襄：《題易稽園殷契拓冊》，《河北文物院半月刊》1935 年第 85 期，轉引自胡厚宣《殷墟發掘》，學習生活出版社 1955 年版，第 15 頁。

光緒二十四年，1898 年）冬十月也。翌年秋，攜來求售，名之曰‘龜版’。人世知有殷契自此始。”

據這兩篇文章的記錄，1898 年濰縣古董商范壽軒空手到天津，祇是向王、孟二位談售古器物的事，孟定生祇聽了范氏所説明，判斷這古器物爲“古之簡策”。雖然説孟定生將這些古器物判斷爲“古簡”，是非常有見識的，但是這並不能成爲他們是 1898 年鑒定甲骨文第一人的根據，當時他們也没見過真正甲骨的實物。范壽軒把甲骨實物帶到王襄之處的時間是“翌年十月”或“翌年秋”，即王、孟二人實際看到甲骨文的時間爲 1899 年“10 月”或“秋”。其原因是范壽軒自己也“不知其貴”，所以 1898 年没有攜帶。1898 年孟定生聽過范壽軒的説明，祇是猜測其爲“古簡”並催他收買，范氏第二年纔把甲骨實物帶過來。因此，在 1898 年王、孟二位根本没見過甲骨實物。由此，關於孟世凱認爲的 1898 年爲甲骨文發現第一年的主張，筆者並不贊同。

李先登在《孟廣慧舊藏甲骨選介》[①]一文中，説：“關於甲骨文最早發現的情況，一般認爲是在清光緒二十五年王懿榮最早發現的。但是，這種看法是不大全面的。實際上，在清光緒二十四年，甲骨文已經在小屯出土，並已引起古董商人的注意，而天津的王襄與孟廣慧（筆者註：孟定生）是和王懿榮同時最早鑒定與搜集甲骨的人。……（王襄在 1957 年寫的）《簠於室契文餘珠·序》（未刊）：‘昔濰友范壽軒來天津，攜有河南安陽所出之殷契。同仁等以爲人間未見之奇，遂奔相走告，咸至范君寓所（光緒己亥冬十月）。襄爾時讀書家塾，聞之，爲好奇之念鼓動，遂前去。孟定生世叔廣慧與餘有同情，不約會亦前去。至則見范，詢其所爲‘殷契’者果何以？范乃侃侃而談，論錯誤此物物色之匪易，且言發掘地主之居奇，及千方百計始購得此些許之骨片。比出其所得，朽敝之骨與沙塵雜然，一拂拭，沙去字顯，字之秀麗多姿，雄健無匹，的爲三古‘法書’。……問其值，鉅大之骨，每字一金，堅不稍貶。餘與定老皆寒酸，力不能逮祇有深惜而已。襄則取塊小之龜甲一包，論定其價，攜之歸，不虛所見云爾定老則流連不忍捨去。後聞之云，此次購得鉅大之邊條與凹形之骨數十片，費去數十百金。定老固非雄於資者，何得此項鉅金。蓋其叔

---

① 李先登：《孟廣慧舊藏甲骨選介》，《古文字研究》第八輯，中華書局 1983 年版，第 73—94 頁。

志青繼壎時官武昌鹽法道，適寄旅費至，欲其遊湖北，故挹彼住兹，以成其大願，所謂"千載一時"也。'……孟廣慧前後共收藏甲骨四三一片。"李氏又在 1983 年 11 月 5 日《光明日報》中發表的《也談甲骨文的發現》[①]一文中說："一八九八年濰縣古董商人范壽軒到天津去售古物之時，向王襄、孟定生等知識分子請教，而孟定生等判斷可能是古代簡策，促其前往收購。一八九九年范壽軒由小屯村購回甲骨，帶到天津，請王襄、孟定生等鑑定，始確定爲古代文物與古文字，甲骨文就是這樣被發現和鑑定的。"

李先登的這兩篇文章基本上肯定了 1898 年爲甲骨文被鑑定的時間。但是他忽略了最基本的因果關係，即王襄自己也說了在 1898 年因爲范壽軒根本不知道甲骨文的貴重，所以沒有把甲骨帶到天津，祇是向王、孟二位請教。王、孟二位聽到范氏的說明，推斷"古簡"並促范氏前往收購。事情過程是這樣，可以說這是"發現"嗎？王、孟等人真正看到甲骨實物，就是 1899 年 10 月（或說"秋"）。

我們再看王襄本人的其他記錄。王襄雖然在 1955 年出版的《簠室殷契·序》中，說："世人知有殷契，自西元 1898 年"，但是在 1925 年出版的《簠室殷契徵文·序》[②]中卻說："自清光緒己亥下迄民國紀元，此十四年間所出甲骨頗有所獲……"這句話也證明，王氏自己認爲甲骨文出現的時間爲光緒己亥年，即 1899 年。另外一些文章也明確說甲骨文出土之年爲"光緒己亥年"。如，1933 年在《題所錄貞卜文冊》[③]中，說；"前清光緒己亥年，河南安陽縣出貞卜文。是年秋，濰賈始攜來鄉求售。"從這兩篇文章記錄，王襄明確地說把甲骨文問世的時間爲光緒己亥年，且濰縣古董商來天津第一次求售甲骨文的時間也是己亥年秋天。

王襄的其他文章中沒有提出自己在 1898 年認識到甲骨文的事情。比如 1920 年出版的《簠室殷契類纂·序》[④]中祇說："安陽有殷代契刻

---

① 李先登：《也談甲骨文的發現》，《光明日報》1983 年 11 月 15 日。

② 王襄：《簠室殷契徵文·序》，1925 年天津博物院影印本，載於《甲骨文研究資料匯編》，北京圖書館出版社 2000 年版。

③ 王襄：《題所錄貞卜文冊》，《河北文物院半月刊》1933 年第 32—33 期，轉引自胡厚宣《殷墟發掘》，學習生活出版社 1955 年版，第 14—15 頁。

④ 王襄：《簠室殷契類纂·序》，1920 年天津博物館石印本，載於《甲骨文研究資料匯編》，北京圖書館出版社 2000 年版。

出，所記之文爲命龜之辭或占驗之兆，且備載其時王廟號自太甲至武丁諸世及其相臣伊尹，又有大邑商入於商之語，識者定爲殷代遺物"，1953 年撰寫的《殷代貞史待征錄》①中亦没有提出 1898 年認識到甲骨文存在的事情。固然隨著不同性質的專著寫了不同角度的序，是理所當然的。但是在早期其他甲骨學家專著的序中，基本上都寫出甲骨發現的年代和第一個發現者爲 1899 年由王懿榮發現。王襄到底爲什麼在自己早期的著作裏没提出這些問題，而到了 1955 年出版的《簠室殷契·序》纔開始提出這些問題呢？關於這件事我們可以這樣理解，估計是王氏本來不在乎甲骨文發現的年代和第一個發現者的問題，而祇追求自己研究過程中的喜悦。但是他在 1920 年出版的《簠室殷契類纂》是甲骨學史上第一部甲骨文字典，在撰寫過程中，肯定看過不少當年的甲骨著錄書和專著，若當時他在其他書中看到關於最早發現甲骨文的年代和發現者爲 1899 年被王懿榮發現的記載，而且自己明明是比王懿榮早一年發現的話，肯定要提出自己發現甲骨文的實況。因爲王氏本身也是學者，應該要糾正錯誤的信息，可當年他卻没有發表自己的意見。這就是我們不可理解的問題。

第二，從市場價格角度來分析：王懿榮從范氏把每塊甲骨以二兩銀子的高價收買的時間是 1899 年秋。②關於甲骨的價格，之前除了明義士的《甲骨研究》外没有任何記錄，據《甲骨研究》，以龍骨賣給藥店的時候，每斤纔六文錢。如果後來有古董商把甲骨文視爲貴重的遺物，可能會以稍高的價格收買甲骨。但是整體上其價格並不會很高，因爲剛發現龍骨上有文字符號的時候根本不知道其爲何物？如果是青銅器，肯定是有市場價格，但是尚未見過的甲骨文，肯定形成不了市場價格，即古董商人没有把握這些從未見過的帶有符號（文字）的龍骨在古玩市場上能夠買賣。王襄在《題易穭園殷契拓冊》③中也説："當發現之時，村農收落花生果，偶於土中檢之，不知其貴也。濰賈范壽軒輩見而未收，亦不知其貴也。"當年在安陽小屯村收購甲骨的范壽軒在剛看到甲骨時，因爲不知道其爲何

---

① 王襄：《殷代貞史待征錄》，1953 年稿本，載於《甲骨文研究資料匯編》，北京圖書館出版社 2000 年版。

② 明義士：《甲骨研究》，1933 年手寫影印本，齊魯書社 1996 年版，第 7 頁。

③ 王襄：《題易穭園殷契拓冊》，《河北文物院半月刊》1935 年第 85 期，轉引自胡厚宣《殷墟發掘》，學習生活出版社 1955 年版，第 15 頁。

物，所以没有收購。因此，王、孟二位第一個收購甲骨文的話，其價格不會很高。但是孟世凱在《殷墟甲骨文簡述》中，説："范維卿是最早在小屯村收買甲骨的，也是他最早將甲骨販賣到北京和天津。……向農民們收買甲骨是當'龍骨'，用紙價收買到北京、天津時賣古物的高價。到 1899 年他賣給王懿榮時，每片有字的甲骨是按字計算，每個字是賣二兩銀子。"①這些話中，我們又要提出幾個疑問：

其一，孟世凱説最早把甲骨販賣到天津和北京的是范維卿，但是王襄則是第一個從范壽軒手中收買甲骨的人，而且説從此"世人知有殷契"。孟氏是否將范壽軒和范維卿視爲同一個人？按孟氏所説，最早在小屯村從村民買甲骨的應該是范維卿，然而按王襄的《題易穭園殷契拓冊》記錄，1898 年范壽軒在安陽小屯並没有收買甲骨，到了 1899 年秋纔把甲骨帶來天津時，范壽軒出高價不肯便宜，王襄祇好以高價收購一二。因此，我們可以推測范壽軒和范維卿爲兩個不同的人，又可以猜測在 1899 年秋范壽軒再來天津時，范維卿曾把甲骨文賣給王懿榮，甲骨的身價已經千百倍了。

其二，早期學者的記錄中，尚未發現王懿榮之前没有人以高價收買甲骨，但孟氏卻説"（1899 年王懿榮買甲骨前一年，即 1898 年）兩個窮秀才出不起高價"，從來没見過的古簡的價格會那麼高嗎？固然對身爲"寒士"的王、孟二位來説這些古簡的價格可能也不便宜。但把甲骨視爲古簡，這也祇不過是孟定生的猜測而已，所以 1898 年尚未瞭解甲骨文是何物，其價格也不會那麼高。其價格在 1899 年被王懿榮鑒定後纔開始昂貴。從市場價格的形成角度來看，我們可以推測，甲骨文在王襄、孟定生1899 年秋收藏甲骨之前已經被王懿榮鑒定了，並成爲貴重的文物，所以纔能夠高價出售。李學勤也在《王懿榮集·序》②中説："至 1899 年秋，商人將成批甲骨賣到天津，售價一字一金，這肯定已在把數片甲骨賣給王懿榮事後了。"我們要注意的是"售價一字一金"，這個價格與王懿榮在藥店裏出"每字銀一兩"③是同樣的價格。

其三，范維卿和范壽軒的問題。鄧華在 2002 年發表的《甲骨文發現

① 孟世凱：《殷墟甲骨文簡述》，文物出版社 1980 年版，第 27—28 頁。
② 李學勤：《王懿榮集·序》，齊魯書社 1999 年版。
③ 明義士：《甲骨研究》，1933 年手寫影印本，齊魯書社 1996 年版，第 7 頁。

史上的另一樁公案》①一文中考證了，范維卿和范壽軒是兩個不同的人。他在文中糾正了范維卿之"卿"改爲"清"。二位姓范的古董商人，均爲山東濰縣西南三十裏范家莊人。據《范氏家譜》記載：范維卿，字緝熙，屬四支十七世；范壽軒，名叫范椿青，字壽軒，屬三支十五世。然而孟世凱的《殷墟甲骨文簡述》中沒有出現范壽軒的名字，祇有范維卿的名字。所以我們認爲把甲骨以"一字一兩銀子"的價格買給王懿榮的是范維卿，而且其時間早於 1899 年秋范壽軒來到天津把甲骨賣給王襄、孟定生。因此，孟氏的這些主張還不夠充分的論證。

除孟世凱外，還有一些人亦主張，王襄在 1898 年鑒定甲骨文。如，龔作家、劉炎臣的《殷墟文字專家王襄事略》②中，説："1898 年冬十月，有山東濰縣古董商范壽軒（亦名守軒），將龜甲獸骨攜來天津，求教於王襄"，不過王襄自己都説，1898 年范氏並沒帶甲骨到王襄處。其他還有一些的學者認爲，王襄在 1898 年"知有殷契"，1899 年第一個收購甲骨。如，王巨儒的《記父親王襄二三事》③中，説："1898 年冬十月，山東濰縣古董商人范壽軒來天津售古器物到父親家，談到河南湯陰（實際安陽）出骨版（實際甲骨）事"，"（翌年秋）僅於所見十百數中獲得一、二，意謂不負所見，藉茲考古而已"；李世瑜、王翁如的《懷念王襄老人》④中，説："甲骨自清光緒二十五年在天津被發現"；王巨儒、卞慧新、唐石父、王翁如校的《王襄年譜》⑤中，載："1898 年，二十三歲先父和孟廣慧（筆者註：指孟定生）知有殷契出土事。1899 年二十四歲秋，范壽軒來津，攜來甲骨求售。先父和孟廣慧各得若干。范賈隨即赴京，將所餘甲骨售與王懿榮。1900 年二十五歲六月，先父從濰縣古董商人范維卿手購得甲骨百餘片。……八個帝國主義國家聯合攻入天津。濰縣古董商人范維卿流散天津，將所攜甲骨約百餘片售與先父。"這些記錄與明義士在《甲骨研究》中的一些記錄符合，因此我們認爲明義士所説的范氏，很可

① 鄧華：《甲骨文發現史上的另一樁公案》，《尋根》2002 年第 5 期。
② 龔作家、劉炎臣：《殷墟文字專家王襄事略》，《天津文史資料選輯》第二十五期，天津人民出版社 1983 年版。
③ 王巨儒：《記父親王襄二三事》，《天津文史叢刊》第一期，天津市文史研究館 1983 年版。
④ 李世瑜、王翁如：《懷念王襄老人》，《天津文史叢刊》第一期，天津市文史研究館 1983 年版。
⑤ 王巨儒編輯，卞慧新、唐石父、王翁如校：《王襄年譜》，《天津文史叢刊》第七期，天津市文史研究館 1987 年版，第 198—222 頁。

能是指范維卿。

綜上所述，孟世凱等人主張的 1898 年爲王襄鑒定甲骨文的那年，則不符合實際情況。王襄本人和幾位學者也是說真正看到甲骨實物的時間是“光緒己亥年”。因此，鑒定甲骨文的時間爲“清光緒二十五年，即己亥年，陽曆 1899 年”，是不可動搖的事實。所以，我們可以確定甲骨文發現的時間爲光緒二十五年己亥年，即 1899 年。

二　王懿榮是第一個鑒定甲骨文者

胡厚宣在《再論甲骨文發現問題》[①]中指出了“殷墟甲骨文自從 1899 年開始發現，迄今已經有了近百年的歷史，究竟是什麼人首先認識和搜集的，自來都以爲是山東福山的王懿榮。學術界無異說”。

胡厚宣在該文中又強調，說：“要問到底是誰首先認識和收集之人，不是衹靠自己來說，要看同行和專家是怎麼說的。”[②]這就是強調客觀的重要性。

不過要討論關於最早鑒定甲骨文者的問題，我們必須要重視王襄的幾篇文章記錄。雖然王襄本人的記錄中有些內容是不明確的，比如，“世人知有殷契”的時間是 1898 年？還是 1899 年？但我們還是要重視他留下的記錄，是因爲最早收藏甲骨的記錄當中衹有王氏的記錄纔是親自經歷的。還有劉鶚的記錄也很重要，是由於他是從第一個收藏甲骨的王懿榮處得知甲骨的消息。除此之外其他人，如羅振玉、王國維、郭沫若、容庚、明義士等的記錄都是聽別人講述的。

（一）1899 年 10 月范壽軒手中的甲骨誰先收購？

本書已經論述了最早把甲骨文賣給王懿榮的古董商爲范維卿。目前爭論的所在，是 1899 年 10 月（或說秋），范壽軒手中的甲骨文是誰先收購的。

王襄在 1955 年出版的《簠室殷契·序》[③]中說：“翌年（即光緒己亥年，1899 年）十月，范君來，告之得骨版……既定其物，復審其文，知爲

---

① 胡厚宣：《再論甲骨文發現問題》，《中國文化》1997 年第 15、16 期。
② 胡厚宣：《再論甲骨文發現問題》，《中國文化》1997 年第 15、16 期。
③ 王襄：《簠室殷契·序》，1955 年稿本，載於《甲骨文研究資料匯編》，北京圖書館出版社 2000 年版。

三古遺品……孟氏與襄皆寒士，各就力所能得者收之而已。所餘之骨版，據云，盡售諸王廉生，得三千價，言之色喜。售王之骨版使人不能忘情者，即全龜之上半完整無缺。"

從這句話中，我們可以判斷 1899 年 10 月范壽軒所帶的甲骨，估計是先賣給王襄、孟定生，然後再去北京賣給王懿榮。其理由有以下兩點：

第一，有些學者根據王襄聽到了"售諸王廉生，得三千價，言之色喜"，認爲范壽軒已經去了北京王懿榮處把甲骨賣掉並得了三千金，很高興地告訴王襄，否則不可能説"言之色喜"，所以主張王懿榮比王襄早收買甲骨。但是筆者認爲，這是幾位學者的誤會。因爲王襄《簠室殷契·序》中所述的這些事，是 1955 年追憶往事而寫的，並不是 1899 年 10 月寫的，而且《序》中明確地説"所餘之骨版，據云，盡售諸王廉生，得三千價，言之色喜"，從"據云"這句話的語氣來看，事情發生後從別人的口中得到的消息，而不是當面聽的話。我們在早期學者的記錄中要注意的是，王懿榮 1899 年鑒定甲骨至 1900 年 8 月殉難之前先後搜集了 1500 片左右。[①]己亥年在藥店買了 1 片、經范維卿收購 12 片，在庚子年春從古董商范維卿買了 800 片，其他 700 餘片可能是庚子春至被任命京師團練大臣職之前收購。因爲，在八國聯軍攻打天津、北京的緊迫情況下，身爲京師團練大臣的王懿榮不會有時間去購買甲骨文。

據早期學者的記錄，王懿榮購買甲骨時，按每片 2 兩銀子價值算，1500 片甲骨正好 3000 兩銀子。當然王襄不曉得 1899 年 10 月之後王懿榮收購甲骨的情況，所以籠統地説所餘的甲骨賣給王廉生，"得三千價"。1899 年秋，范壽軒來天津時帶了上千片甲骨，"惜皆寒素，力有不逮，僅於所見十百數中獲得一二"[②]，其他的都是被王懿榮收購（筆者註："得三千價"，可能是八國聯軍攻打天津、北京時，流散到天津的范維卿所言）。雖然王襄説的十百數的數量和王懿榮在庚子春買的 800 塊的數量有些差距，但是王襄不可能逐一算過，所以大體來説，王懿榮在庚子春買的甲骨是己亥十月王襄在天津看過的甲骨。

第二，"售王之骨版使人不能忘情者，即全龜之上半完整無缺"，

---

① 胡厚宣：《殷墟發掘》，學習生活出版社 1955 年版，第 13 頁。
② 王襄：《題所錄貞卜文冊》，《河北文物院半月刊》1933 年第 32—33 期，轉引自胡厚宣《殷墟發掘》，學習生活出版社 1955 年版，第 14—15 頁。

這句話在陳夢家的《殷虛卜辭綜述》中也有記錄。1953 年，在王襄給陳夢家寫的信中，孟定生曾去北京在王懿榮處見到原屬范壽軒的"半個整甲"。[①]如果，1899 年 10 月，范壽軒不是先到王、孟之處，孟定生就不會知道這塊龜甲。因爲已經看過了"半個整甲"，所以説"不能忘情"纔去王懿榮處看，要不然不可能説"不能忘情"。這些話又可以證明，1899 年秋范壽軒之手的這批甲骨是王襄、孟定生先購買。

從上述分析，我們可以判斷 1899 年 10 月范壽軒手中的甲骨是王襄、孟定生比王懿榮早購買。但這並不意味著王、孟二人是第一個鑒定和收藏甲骨的人。

[附論]有的學者從天津的地理位置來解釋 1899 年 10 月范壽軒先到天津。那我們必須要瞭解一下當年北京、天津、河南的鐵路情况。

1899 年京漢鐵路（筆者註：北京前門到湖北漢口）尚未建成，所以朱彥民在《近代學術史上的一大公案——關於甲骨文發現研究諸説的概括與評議》[②]中，説："胡厚宣在《再論甲骨文發現的問題》一文中，對此問題（筆者註：安陽至北京和山東至北京時的交通問題）作了很好的解釋，當時京漢鐵路未通，河南、山東人來京，天津是其中必經之站，正可以不必再起疑心"，不過朱彥民的這些話，有所附會，胡厚宣在該文中説："從安陽到北京間的京漢鐵路那時尚未通車（清廷於 1889 年成立中國鐵路總公司，向比利時銀團——後改爲俄法比銀團，借款與建北京盧溝橋至漢口的盧漢鐵路，先由清政府建盧—保定和漢口—灄口兩端，通車後 1901年由盧展至京城前門，至 1906 年京漢全線通車），故人直接來京師不便，如由家鄉（筆者註：應該是指山東）轉來，山東北京間，天津是其中一站"[③]，胡厚宣沒有寫"河南、山東人來京"的表述。若按朱彥民説"河南、山東人來京"，會有人誤會當年河南人和山東人至北京必須都要經過天津。若從山東去北京，很可能天津是必經之站，因爲 1897 年 6 月

---

① 陳夢家：《殷虛卜辭綜述》，中華書局 1988 年版，第 648 頁。
② 朱彥民：《近代學術史上的一大公案——關於甲骨文發現研究諸説的概括與評議》，《邯鄲學院學報》2008 年第 2 期。
③ 胡厚宣：《再論甲骨文發現的問題》，《中國文化》1997 年第 15、16 期。

已經開通津盧鐵路①（筆者註：天津至盧溝橋段），所以從山東出發先到天津，換車再去北京，幾乎是肯定的。但是安陽至北京則不然，1897 年 4 月保定至盧溝橋段鐵路開工修築，到 1899 年 1 月完成鋪軌，1 月 22 日保定府站交付使用，2 月 1 日，保定府火車站正式啟用。②那麼，從那時以後，從安陽到北京，很可能是先到保定，再去北京。從安陽到保定是利用其他的交通工具（具體利用什麼樣的交通工具，實際上查不到資料）。1899 年冬十月，范壽軒去北京時從河南去？還是從山東去？這也是個需要解決的問題。

（二）王襄著作中的一些記錄

王襄在《簠室殷契·序》③中說：“世人知有殷契，自西元 1898 年（即前清光緒二十四年）濰友范壽軒售古器物來言，‘河南湯陰出骨版中有文字’征詢吾人欲得之否。時有鄉人孟定生共話，極慫恿其往購，且言欲得之。孟氏意，此骨版爲古之簡策也。翌年十月，范君來，告之得骨版……”我們要注意“骨版中有文字”的說法。王襄又在《題易穭園殷契拓冊》④中說：“范賈售古器物來餘齋，座上訟言所見，鄉人孟定生世叔聞之，意謂古簡，促其詣車訪求，時則光緒戊戌（筆者註：光緒二十四年，1898 年）冬十月也。翌年秋，攜來求售，名之曰‘龜版’。人世知有殷契自此始。”我們又要注意“龜版”之名。這兩篇文章中發現較難理解的幾個問題。

第一，1898 年認爲是“骨版”——因爲當年已經把甲骨叫“龍骨”，所以可以聯想到“骨版”，這也是我們可以理解的，但是“骨版中有文字”這些話，估計是後來王襄的添言而非范壽軒在 1898 年的說法。金石學很流行的清末時期，如果范壽軒當時認識到“骨版中有‘文字’”的話，應該起碼先買幾塊，帶來給王襄看。甲骨文被鑒定之前祇不過是一斤六文錢的“龍骨”而已。區區一斤六文錢的“龍骨”都不先買而空手到天

---

① 津盧鐵路：https://baike.baidu.com/item/%E6%B4%A5%E8%8A%A6%E9%93%81%E8%B7%AF/7016833?fr=aladdin。

② 《中國鐵路百年史》：https://www.guancha.cn/Science/2013_02_28_128925.shtml。

③ 王襄：《簠室殷契·序》，1955 年稿本，載於《甲骨文研究資料匯編》，北京圖書館出版社 2000 年版。

④ 王襄：《題易穭園殷契拓冊》，《河北文物院半月刊》1935 年第 85 期，轉引自胡厚宣《殷墟發掘》，學習生活出版社 1955 年版，第 15 頁。

津，是因爲范壽軒"不知其貴"①，所以纔空手來王襄之處"售古器物來言"而已。連甲骨文擁有什麼樣的價值都不知道的人，怎麼會知道"骨版中有文字"呢？據明義士《甲骨研究》記載，當年小屯村民認爲龍骨骨面上的痕跡是"天然長成"的。那麼是誰告訴范壽軒"骨版中有文字"呢？如果説是小屯村民告訴他，那麼已經是被王懿榮鑒定之後的事了。

第二，1899 年説"名之曰'龜版'"——王襄 1933 年在《題所錄貞卜文册》②中説："未久義和拳起，避地他鄉，不復講求此學。比歸鄉裏，定老（筆者註：指孟定生）出所藏貞卜文寫本見示，因假錄之爲一編，凡三百三十品。集予自藏者爲二編，凡二百二十品。三編十四品，錄自濰賈。最括五百六十四品，成書一卷。其文多殘闕，字猶簡古，不易屬讀，爾時究不知爲何物。"義和團起義的庚子年，即 1900 年孟定生將 564 塊甲骨卜辭摹寫過成書，肯定是甲骨學史上第一本摹寫甲骨書。這是在甲骨學史上非常重要的事，祇可惜這部書沒有留下，所以無法考證這部書的價值。不過在文中，王氏自己説了"其文多殘闕，字猶簡古，不易屬讀，爾時究不知爲何物"，看到孟氏摹寫本甲骨文的時候都不知道"何物"，祇是"字猶簡古"而已。如果説在 1899 年秋范壽軒説甲骨爲"龜版"的話，范氏已經得到了甲骨文有關的正確資訊，所以能夠告訴王襄甲骨的"名之曰'龜版'"。不過這個"龜版"的名字，絕不會是從小屯村民所出的。羅振常在《洹洛訪古遊記》中説："小屯在彰德城西五裏，乃出龜甲之地。土人不知龜甲爲何物，呼爲'帶字骨頭'省亦曰'骨頭'。"③1911 年羅振常在安陽小屯村收購甲骨文的時候，小屯村民仍然把甲骨叫"骨頭"。王襄也是在 1899 年收購甲骨文的時候還不知道其爲"何物"，後來王襄在"於京師高等實業學堂，甲辰、乙巳年間，日課餘閒，始治其文字，知此骨龜甲、象骨二種，乃古占卜之用品，文即卜時所記，所謂命龜之辭與占驗之兆也"④。就是到了甲辰、乙巳年間，即 1904 年、

---

① 王襄：《題易穭園殷契拓册》，《河北文物院半月刊》1935 年第 85 期，轉引自胡厚宣《殷墟發掘》，學習生活出版社 1955 年版，第 15 頁。

② 王襄：《題所錄貞卜文册》，轉引自《天津文史叢刊》第七期，天津市文史研究館 1987 年版，第 203 頁。

③ 羅振常：《洹洛訪古遊記》宣統三年二月十七日條，河南人民出版社 1987 年版。

④ 王襄：《題易穭園殷契拓册》，《河北文物院半月刊》1935 年第 85 期，轉引自胡厚宣《殷墟發掘》，學習生活出版社 1955 年版，第 14—15 頁。

1905 年的時候開始"治其文字"，纔知道甲骨爲"龜甲、象骨（筆者註：象骨實爲是牛肩胛骨）"兩種。所以庚子年（1900 年）王襄、孟定生把甲骨文摹寫時衹不過是認爲"字猶簡古"而已，並不是在那時詳細地瞭解甲骨文的真相。所以這個名字曰"龜版"，估計衹是後來王襄的添言而已。因此，衹憑這些記錄很難判斷王、孟二位是第一個鑒定、收購甲骨的人。

第三，1899 年 10 月，我們認爲范壽軒和范維卿一起來過天津——這個問題好像是沒有人提出過的。我們在《題所錄貞卜文冊》中發現另外一個問題，即"翌年（庚子），濰賈復來，所攜亦夥"，王襄的一些記錄中出現的濰縣古董商是"范壽軒"，所以我們一般認爲"復來"的"濰賈"，應該是指范壽軒。然而看《王襄年譜》①所記，"1900 年，二十五歲六月，先父從濰縣古董商人范維卿手購得甲骨百餘片。……八個帝國主義國家聯合攻入天津。濰縣古董商人范維卿流散天津，將所攜甲骨約百餘片售與先父"，《王襄年譜》中 1900 年來到王襄處的人是"范維卿"。這件事情，陳夢家説："1953 年王氏（筆者註：王襄）給作者（筆者註：陳夢家）的信，説光緒二十四年、二十五年去天津的是范壽軒，二十六年去天津的是范維卿"②，王襄自己都説范壽軒和范維卿是不同的兩個人。但是王襄卻説"濰賈復來"，若范維卿是庚子年第一次來王襄處，何以爲説"復來"？所以我們猜測，范壽軒和范維卿兩個人起碼在 1899 年 10 月一起來過天津。其理由爲二，如下：

其一，古董商攜帶的古物基本上都是很貴重的東西，去外地做生意時不可能是一個人帶古董去。兩位范氏既是同鄉，也是同行，這時候他們的主要生意是甲骨，他們一起行走，毫不奇怪。

其二，1899 年 10 月他們一起來到天津時，估計王襄認識的衹有范壽軒，因爲在《簠室殷契·序》中説："濰友范壽軒"，而沒有提到范維卿的名字。在王襄的記錄中，提范壽軒的名字有兩次，即 1898 年冬十月和 1899 年秋（或冬十月），而庚子年衹有提范維卿的名字，而且收購他手中的百餘片甲骨。可能這時因爲兵亂，范維卿一個人流落於天津。若王襄庚子年第一次見到范維卿，不可能説"復來"。而且前一年，即 1899 年 10

---

① 王巨儒編輯，卜慧新、唐石父、王翁如校：《王襄年譜》，《天津文史叢刊》第七期，天津市文史研究館 1987 年版，第 198—222 頁。

② 陳夢家：《殷虛卜辭綜述》，中華書局 1988 年版，第 648 頁。

月，因爲自己是"寒士"，所以范壽軒手中的甲骨祇能收買一、二（筆者註：這些話代表那時甲骨的價格已經很貴）。若王襄在 1900 年第一次見到范維卿，怎麼可能在兵亂中這麼容易收買陌生人手中的甲骨呢？

　　早期甲骨學家的記錄中第一次把甲骨賣給王懿榮的是范維卿，而且王懿榮收買的"有 52 字半個整甲"是范維卿手中的甲骨，但是這塊甲骨王襄、孟定生也看過。如果他們沒有一起來到天津，説明不了這塊"有 52 字半個整甲"[①]的來歷。因此，可以推測 1899 年 10 月兩位范氏是一起行走的。

　　那麼，1899 年 10 月王襄收買甲骨時價格怎麼會那麼高呢？這是因爲范維卿已經把甲骨以"每塊二兩銀子"的價格賣給王懿榮的經驗，所以范壽軒向王、孟提出"字酬一金"的高價。因此，我們認爲第一個鑒定並收藏甲骨的人是王懿榮。王襄和孟定生收購甲骨的時間，雖然可能比王懿榮晚些，但對甲骨學的形成和發展，他們二位的貢獻不比王懿榮小。

三　王懿榮是否在"龍骨"上發現甲骨文？

　　1899 年王懿榮鑒定並第一個收藏甲骨的事情，已經論證了。剩下的問題是，王懿榮怎樣認識到甲骨呢？是否在龍骨中發現？還是經過其他的路徑認識？目前，除了在龍骨上發現了甲骨文之外，無其他明確的記錄。

　　1931 年，一位筆名爲汐翁的人，發表《龜甲文》一文。這篇文章的原文很難找，不過 2007 年李學勤在《汐翁〈龜甲文〉與甲骨文的發現》一文中，把此文的原文錄入了。

　　《龜甲文》中的個別古字和錯別字，李學勤都有加註説明瞭，原文如下[②]：

　　　　光緒戊成（李註：戌字之誤）年。丹徒劉鐵雲。鶚。客遊京師。寓福山王文敏懿榮私弟（李註：第字之誤）。文敏病痁。服藥用龜版。購自菜市口達仁堂。鐵雲見龜板有契刻篆文。以示文敏。相與驚訝。文敏故治金文。知爲古物。到藥肆詢其來歷。言河南湯陰安陽。

---

　　① 參見明義士《甲骨研究》，1933 年手寫影印本，齊魯書社 1996 年版，第 8 頁；又參見陳夢家《殷虛卜辭綜述》，中華書局 1988 年版，第 648 頁。

　　② 汐翁：《龜甲文》，北平《華北日報》《華北畫刊》1931 年第 89 期；轉引自李學勤《汐翁〈龜甲文〉與甲骨文的發現》，《殷都學刊》2007 年第 3 期。

居民揥（李註：音 hú，掘也）地得之。輦載衒（李註：即衒字）粥（李註：即鬻字）。取直（李註：即值字）。以其無用。鮮過問者。惟藥肆買之。云云。鐵雲遍歷諸肆。擇其文字較明者。購以歸。計五千餘板。文敏於次年殉難。鐵雲以被劾。戍新疆。遇赦歸。到癸卯歲。乃以龜甲文之完好者千版。付石印行世。名曰鐵雲藏龜。此殷墟甲骨文字發現之原由也。藏龜行世。里安孫仲客（李註：容字之誤）。以數月之力。盡爲之考釋。箸（李註：即著字）契文舉例一書。甲辰書成。於是學者始加以研治。今則甲骨日出不窮。治之者亦不乏人。法日二邦。皆有專門研究者。爲我國古代文化上之一重大事件。世人所當注意也。

　　文中説劉鶚見到龜版中有契刻篆文，告訴王懿榮，並劉鶚自己遍歷諸藥店購買甲骨。按汐翁的文章，第一個發現甲骨文的是劉鶚，而且劉鶚一看就認出來“契刻篆文”。這些內容表示汐翁根本不清楚甲骨文發現的前後來歷。

　　1931 年，在甲骨學界關於甲骨文發現、研究的基本情況已經普遍認識，所以汐翁在《龜甲文》中寫，在“藥用龜版”上一看就能夠認得出來“契刻篆文”。不過他這篇文章裏的有些內容，如菜市口達仁堂藥店，已經被學者改爲鶴年堂藥店，又如王懿榮到藥店諮詢時“藥肆”怎麼會知道這些藥用龜版的出土地爲“河南湯陰安陽”，難道這時候北京藥店裏的所有龍骨都是河南湯陰的？很有疑問。而且 20 世紀 30 年代已經知道甲骨的出土地爲河南安陽小屯村，但汐氏還是説“湯陰”。這很有可能是因爲他祇抄寫《鐵雲藏龜·序》而自己沒有研究過甲骨的來歷，或者沒有關注學術界已公佈的研究成果。正是因爲汐翁在文中的基本資訊都不太準確，所以胡厚宣對這篇文章的評價説“徧歷諸肆”“不可盡信”[①]，雖然不少學者懷疑汐翁文章的可信度，但是我們這裏要注意的是名字叫“藥用龜版”的藥材。

　　我們在另一個材料中亦可以見到 1899 年夏天，王懿榮得了疾病的資訊。清末北京琉璃廠的古玩鋪中有一家名爲“清秘閣”。當年“清秘閣”的二掌櫃叫孫秋颿，陳重遠在《骨董説奇珍》中説：“孫秋颿跟國

---

① 胡厚宣：《殷墟發掘》，學習生活出版社 1955 年版，第 12 頁。

子監兩位祭酒都熟悉，另位祭酒王懿榮死了，他還痛苦祭奠過，他們是有真感情的……據說王懿榮的記性好，讀書過目不忘，他是做訓詁金石學問的，後又考證諸經典異同，很有學問又喜愛古董。一次，孫秋颿去看望他，正趕上他臥病，在病榻上王懿榮拿出一味中藥龍骨給孫秋颿看，這龍骨上有類似青銅器上的文字。他告訴孫秋颿説，他已買到一些龍骨，準備病好後研究。"①

孫秋颿是琉璃廠一座古玩鋪的掌櫃，清朝末年朝廷官員追求金石文物成爲一種時尚，在這種潮流之下孫秋颿和王懿榮之間有一定的交流，也不是不可能的。

陳重遠書中有些内容值得我們思考。孫秋颿的故事中記載了王懿榮生病一事。有一天，孫秋颿看望王懿榮的時候，王懿榮跟孫秋颿説："龍骨上有類似青銅器上的文字"並準備"病好後研究"。汐翁説的是"藥材龜版"，強調"龜版"，好像是爲了顯示自己的學識而寫"龜版"，實際上甲骨剛被發現時祇叫"龍骨"，沒有區別其材料的種類，"龍骨"作爲藥材時其爲獸骨還是龜版根本不重要。孫秋颿説王懿榮説是"龍骨"，這很符合我們所瞭解的情況。這句話告訴我們，王懿榮在治病過程中在龍骨上發現了"類似青銅器上的文字"的可能性很大。

陳重遠在另一本書《文物話春秋》中又説："光緒二十四年經王懿榮介紹，任直隸霸昌道的端方認識了孫秋颿。二人相識，談起金石文物滔滔不絶，論起碑文拓本所見相同，故而很快結爲好友。光緒二十五年，端方擢任陝西布政使，護陝西巡撫，上任前讓孫秋颿去看望王懿榮。因爲王老夫子在病中，他來不及向王辭行。"②陳重遠的這些記錄，並不是孫秋颿自己的記載，而是聽過古玩圈裏的傳説。因此，我們必須要考察，端方在光緒二十五年（1899）的行蹤。

端方的《端忠敏公奏稿》③第一卷中記載：

　　暫護陝西巡撫謝。恩摺（光緒二十五年九月）。奏爲暫護撫篆恭摺叩謝。天恩仰祈。聖鑒事，竊八月二十九日護撫臣李有棻聞訃丁憂

---

①　陳重遠：《骨董説奇珍》，北京出版社 1998 年版，第 93—94 頁。
②　陳重遠：《文物話春秋》，北京出版社 1996 年版，第 303 頁。
③　沈雲龍編：《端忠敏公奏稿》，臺灣文海出版社 1973 年版。

當經臣電請總理各國事務衙門代奏，並將巡撫關防敬謹封存九月初一日，欽奉電寄。諭旨陝西巡撫著端方暫行護理欽此於初二日准西安府知府童兆蓉撫標中軍參將祝鑑廷將關防……

據這份章奏，端方確實在光緒二十五年（1899）九月任陝西巡撫。估計是突然被任命，來不及向王懿榮辭行，所以讓孫秋颿替他向王懿榮辭行，這些奏稿記錄符合陳重遠書中的記載。孫氏來訪王懿榮時間應該是1899 年 9 月初，王懿榮得病的時間，肯定在孫氏來訪之前，應該是 8月，或者更早。總之，我們可以論定 1899 年夏或春夏之際，王懿榮生病的事實。

王懿榮是否在龍骨上發現甲骨文字？目前不少學者輕視或懷疑王懿榮在龍骨上發現甲骨文字的可能性。雖然上述所有的記載，不能作爲王懿榮在龍骨上發現甲骨文字的直接證據，但是可以證明 1899 年夏天或春夏之際，王懿榮得了病。那麼我們可以推測在王懿榮吃中藥的過程中，在龍骨上發現甲骨文字亦很有可能。

孫秋颿的這些話比王懿榮的次子王漢章的記錄更有可信度。王漢章在《古董錄》[1]中說：“迴憶光緒己亥、庚子間，濰縣估人陳姓，聞河南湯陰縣境小商屯地方出有大宗商代銅器……估取骨之稍大者，則文字行列整齊，非篆非籀，攜歸京師，爲先公述之，先公索閱，細爲考訂，始知爲商代卜骨，至其文字，則確在篆籀之前，乃畀以重金，囑令悉數購歸。”王漢章在王懿榮收購甲骨時，還不到十歲的孩子，不會這麼詳細地瞭解當時的情況。並且王懿榮自己也没有留下有關甲骨文發現和研究的記録。但是王漢章説王懿榮考訂甲骨文爲“商代卜骨，至其文字，則確在篆籀之前”。我們都知道“篆籀”文是春秋戰國時期的文字，清朝末年具有高水準的一位金石學家看到陌生的一種文字聯繫到商代卜骨，又認爲其文字則在篆籀之前，是完全符合情理的。但是我們没有辦法考訂這是否王懿榮的説法，所以陳夢家説：“（王漢章在《古董錄》中寫的）一切所述皆從其父執處聽來。”[2]然而孫秋颿説，王懿榮給他看的藥

---

① 王漢章：《古董錄》，《河北第一博物院畫報》1933 年第 50 期，轉引自胡厚宣《殷墟發掘》，學習生活出版社 1955 年版，第 12 頁。
② 陳夢家：《殷虛卜辭綜述》，中華書局 1988 年版，第 648 頁。

材中的"龍骨"①並説"龍骨上有類似青銅器上的文字"，則是在學術界一直流傳下來的王懿榮生病中在龍骨上發現甲骨文字的故事吻合，而且15 萬餘片的甲骨文中確實有類似青銅銘文的甲骨文字。（參見圖 1-1、圖 1-2、圖 1-3，這些甲骨文字刻得很粗，與青銅器的金文無差別）

（一）"不知其貴"的藥材"龍骨"

1899 年以前，小屯村民從什麽時候開始將甲骨視爲"龍骨"賣給藥鋪，我們不得而知。不過據《洹洛訪古遊記》的記錄，小屯村民大約 1880 年開始把甲骨文視爲"龍骨"賣給藥鋪。"此地埋藏龜骨，前三十餘年已發現，不自今日始也。……其極大胛骨，近代無此獸類，土人因目之爲龍骨，攜以示藥鋪，藥物中固有龍骨、龍齒。今世無龍，每以古骨充之，不論人畜；且古骨研末又愈刀創，故藥鋪購之，一斤纔得數錢。"②

---

① 這個叫"龍骨"的藥材，在傳統醫學中有什麽樣的效用？在古代醫學文獻中我們可以找到"龍骨"的記載。它本來是傳統中藥材中主要的藥材。關於"龍骨"在藥材中的效用，在明代李時珍的《本草綱目·鱗部·龍》中較詳細。"使用龍骨的症狀和治方"，如下：

症狀	治方
健忘	用白龍骨、遠志，等分爲末，每服一匙，飯後服，酒送下。一天服三次
夢遺	用龍骨、遠志，等分爲末，加煉蜜做成丸子，如梧子大，朱砂爲衣。每服三十丸，蓮子湯送下
暖精益陽	治方同上，但不用朱砂。每服三十丸，空心服，冷水送下
星即泄精	用白龍骨四分、韭子五合，共研爲末。每服一匙，空心服，酒送下
遺尿淋漓	用白龍骨、桑螵蛸，等分爲末。每服二錢，鹽湯送下
泄瀉不止	用龍骨、白石脂，等分爲末，滴水做成丸子，如事子大。每服看病人情況用適量，紫蘇、木瓜湯送下
老瘧不止	用龍骨末皿匙，加酒一升半、煮開三次，於發病前一時，趁熱服下，蓋上鋪蓋發汗，有效
熱病下痢	用龍骨半斤，研細，加水一門，煮取五程式，冷後飲服，得汗即愈
休息痢	用龍骨四兩打碎，加水五程式，煮取二升半，分五次冷服
久痢脫肛	用白龍骨粉撲患處
吐血、鼻血	用龍骨吹入鼻中
尿血	用龍骨研末，水送服一匙。一天服三次
小兒臍瘡	有龍骨煅過，研末敷塗
陰囊汗癢	用龍骨、牡蠣，共研爲細粉，撲患處

② 羅振常：《洹洛訪古遊記》宣統三年二月二十三日條，河南人民出版社 1987 年版，第 20 頁。

圖 1-1　《合集》11497 正部分

圖 1-2　《合補》11300 反，拓本

圖 1-3　《合補》11300 反，照片

　　1880 年前後，在這個時候小屯村民認爲這些甲骨祇不過是中藥材之
"龍骨"而已。明義士也在《甲骨研究》中説："在 1899 年以前，小屯人
用甲骨當藥材，名爲龍骨。……小屯有薙頭商名李成，常用龍骨麵作刀尖
藥。此地久出龍骨，小屯居民不以爲奇"①，董作賓和胡厚宣的《甲骨年
表》中亦有關於李成的記載，"村人有李成者，終其身，即以售龍骨爲
業，今已老死。所謂龍骨，多半皆爲甲骨文字，售法有零有整，零售粉骨
爲細麵，名曰'刀尖藥'，可以醫治創傷，每年趕'春會'出售。整批者
售於藥材店，每斤價制錢六文。有字者，多被刮去"②。

　　雖然郭沫若説："小屯之得以考證爲'洹水南之殷墟'是羅振玉氏，
而甲骨之第一發現者則當爲濰縣之范商，更廣義的説則當是小屯的農
民。"③然而這是太廣泛解釋"發現"的意思。因爲當年在古董商、小屯
農民的眼裏甲骨祇不過是一種"不知其貴"的名字叫"龍骨"的藥材而
已，並不能説"學術意義上的發現"。所謂的"學術意義上的發現"是指
經過學者對某些現象或物質的研究，從而找到某些規律或某種性質、其年
代、其價值等，並把這個資訊傳播到一定學術範圍内的，並不祇是用肉眼
看見的抑或祇有自己的體會。

　　范壽軒是在 1898 年在小屯村中看到龍骨時"不知其貴"，小屯村民
則祇是"把田間散落的廢獸骨作爲中藥材'龍骨'出售給當地藥鋪，或由
藥材商成批收購，再發往北路'龍骨'的最大集散地——河北安國和北京
的藥材市場"④而已。

　　從這些記錄來看，甲骨文被鑒定之前一段時間作爲"龍骨"，或以每
斤六文錢的價格成批出售給藥材商、藥店，或被磨成爲"刀尖藥"，在廟
會上擺攤出售。

　　李先登在《關於甲骨文最早發現情況之辯證》⑤中認爲，關於王懿榮
最早發現甲骨文除了發現時間之外還有兩個漏洞：第一，雖然當年小屯村

---

①　明義士：《甲骨研究》，1933 年手寫影印本，齊魯書社 1996 年版，第 6—8 頁。

②　董作賓、胡厚宣：《甲骨年表》，商務印書館 1937 年版，第 1 頁；董作賓在 1930 年發表的《甲
骨年表》增訂重編的。

③　郭沫若：《中國古代社會研究》，《郭沫若全集歷史編》第一冊，人民出版社 1982 年版，第
193 頁。

④　王宇信、具隆會：《甲骨學發展 120 年》，中國社會科學出版社 2019 年版，第 155 頁。

⑤　李先登：《關於甲骨文最早發現情況之辯證》，《天津師大學報》1984 年第 5 期。

民把甲骨作爲龍骨賣給藥店成爲"中藥"，但是藥店在收購龍骨時不要有字的，所以村民把骨面的字鏟掉後賣給藥店；第二，光緒年間北京菜市口並沒有一個達仁堂的中藥店，而且中藥店一般都是把龍骨搗碎後纔出售配藥。因此，在骨面上是無法發現文字的。

這兩個問題在表面上很有道理，但是仔細考慮，李先登的提問亦有兩個問題：第一，雖説藥店有符號的不要，但是藥材商一批一批買的時候，一塊一塊都能夠檢視嗎？如果，藥店或藥材商每次收購龍骨的時候祇買幾塊，就可以一塊一塊檢視骨面上有没有符號，如果是一批一批買，很難檢視所有的龍骨，很可能會漏一些。再説，藥材商成批收購龍骨時不會一個一個檢查骨面上有没有符號。所以，還是存在龍骨的骨面上留了甲骨文字的可能性；第二，藥店配方中藥的時候，龍骨並不是搗碎的麵。我們在抓好的中藥材裏面，會發現雖然是小的，但還是一小塊形的龍骨。所以，又有在龍骨的骨面上發現甲骨文字的可能性。

四　小結

我們根據明義士《甲骨研究》的記錄、陳重遠記錄中孫秋颿的故事、端方在光緒二十五年（1899）九月被任陝西巡撫等記錄中，可以猜測 1899 年王懿榮確實得了病，而且在藥店中抓來的藥材裏發現甲骨文的可能性較大。在學術界傳説的故事爲王懿榮得了瘧疾病。據現代醫學界的統計，瘧疾病的高峰期是 8 月、9 月，即農曆七月、八月。瘧疾病的普遍症狀是"寒戰高熱"[1]，使用"龍骨"的症狀中有"熱病下痢"[2]。如果王懿榮真的得了瘧疾病，他的藥材中肯定會有"龍骨"這味藥材，而且其時間很可能是 1899 年夏天或春夏之際（筆者註：這個時間與陳重遠所寫的孫秋颿替端方拜訪王懿榮時，王氏生病的故事很吻合）。從那時開始甲骨文被王懿榮鑒定，而且在藥店以"一字一金"的價買了一塊或一些甲骨，之後又從范維卿手中的 12 塊甲骨以"每塊銀二兩"[3]之價收購。所以我們認爲王懿榮第一次收購甲骨（也可能説帶字的"龍骨"）的時間應該是 1899 年夏天或春夏之際。

---

① 瘧疾症狀：https://m.baidu.com/bh/m/detail/vc_15325569792211764690。
② 參見明義士《甲骨研究》，1933 年手寫影印本，齊魯書社 1996 年版，第 27 頁腳註 1，"龍骨"在藥材中的效用。
③ 明義士：《甲骨研究》，1933 年手寫影印本，齊魯書社 1996 年版，第 7 頁。

　　1899 年 10 月（或秋），范壽軒來到天津之前已經從范維卿處瞭解王懿榮高價收購甲骨文的事，否則不可能前一年因爲"不知其貴"没收買甲骨而空手來到天津進行諮詢，而這次來到天津時突然高價出售不肯便宜。按理來説，這是很難做到的，上次來諮詢，這次來高價出售而且不肯便宜。這些事情表明范壽軒 1899 年 10 月來天津時對甲骨的買賣有一定的把握。

　　我們認爲兩位姓范的古董商，其中一人是范維卿，這次來天津之前已經把甲骨以高價給王懿榮出售過。據學者們的記錄，第一次出售甲骨給王懿榮的是范維卿，我們認爲范壽軒 1899 年 10 月來天津時與范維卿一起來也是合理的判斷。衹是因爲出價太高，估計范壽軒這次在天津没有賣好，所以再去北京王懿榮處把甲骨賣掉。

　　總之，我們没有理由否定甲骨文在 1899 年被王懿榮鑒定的事實，也没有理由否定王懿榮在龍骨上發現甲骨文的可能性。如果有確鑿的證據或有説服力的新材料，我們不必拘執甲骨文爲 1899 年由王懿榮第一個鑒定的説法。學術的發展並不在於執著過去的學説，而是在於接受新發現的材料所拿出來的新研究結果。但是我們從王襄的記錄和其他有些學者的研究成果中，卻没有找到確鑿的新證據。雖然説有些學者的懷疑是有道理的，但是他們卻没有拿出明確的證據或新材料，而衹是憑自己的觀點或推測，我們就很難接受他們的主張。再看明義士《甲骨研究》[1]中的一些記錄，"按范氏（筆者註：范維卿）1914 年所言：1899 年（己亥，光緒二十五年）有學者王懿榮，到北京某藥店買龍骨。得了一塊有字的龜版，見字和金文相似，就問來源。並許再得了有字的龍骨，他要，價每字銀一兩。回家研究所得。王廉生是發現甲骨第一人。當年秋，濰縣范氏又賣與王氏甲骨十二塊，每塊銀二兩。"這是 1914 年範維卿告訴明義士的王懿榮得到甲骨的故事，比沙翁寫的文章早十七年。明義士是一位加拿大籍的傳教士，在他的眼裏没有大官貴族和寒酸書生的差別。他衹是記錄聽過的故事而已，没有理由編故事的。

---

　　[1]　明義士：《甲骨研究》，1933 年手寫影印本，齊魯書社 1996 年版，第 7 頁。

第二章　早期甲骨學家的探索

　　從 1899 年甲骨文被王懿榮鑒定之後到現在已有 120 多年。現在我們一提起甲骨文，就會與河南安陽殷墟小屯村聯繫起來，而且其所處時代是中國歷史上第二個王朝——商王朝，其時間段爲晚商 273 年間。[①]但是因爲早就經典失載，古文獻中無人提出甲骨文，也沒有商朝時代占卜的記錄，所以三千多年間無人知曉。雖然甲骨文被發現，但是在剛被發現時學者們卻不知道甲骨的出土地和所屬時代及其名稱等，當面要解決的問題，堆積如山。

第一節　甲骨的出土地

　　1899 年甲骨文被發現之後較長時間內早期的甲骨學家並不曉得甲骨出土於何地。主要有以下兩個原因：

　　第一，早期收藏甲骨的大多數收藏家是在北京等大城市的官員、學者。他們祇在府上坐等古董商上門求售，不問此物出於何處。

　　第二，按羅振常的記錄（《洹洛訪古遊記》），當年北方古董商主要有"京估"和"東估"。"北方估客有北京、山東二派。京估概居旅店，候人持物來售，服用頗奢，恆留妓停宿。東估則甚苦，所居爲極湫隘之小飯店，或人家，日間則四處巡迴村落，謂之'跑鄉'。"[②]儘管"京估"和"東估"在生意上是競爭對手，但在行業上又是互相照顧的關係，他們

---

① 夏商周斷代工程小組認爲，殷墟時期爲 254 年。本書隨從傳統的 273 年的說法。
② 羅振常：《洹洛訪古遊記》宣統三年二月二十三日條，河南人民出版社 1987 年版。

把甲骨的出土地作爲商業的機密。之所以如此，是因爲古董商爲了牟取更多利益而不外傳甲骨的出土地，並傳出了種種假話，所以在早期學者的記錄中，甲骨出土地的種種説法，"多源於這些古董商之口"①。其説法有以下幾種：

其一，河南湯陰説。羅振玉在《殷商貞卜文字考·序》②中説："光緒己亥（筆者註：1899 年）予聞河南之湯陰發現古龜甲獸骨"；日本林泰輔於 1909 年發表了《清國河南湯陰發現之龜甲獸骨》一文。這些《序》和題目中，我們可以看到他們認爲"河南湯陰"爲甲骨出土地。河南湯陰縣往南三十裏處，有一個名叫"後小屯"的小村子，但是此地"從來未出過甲骨"。③

其二，河南湯陰羑裏説。劉鶚在《鐵雲藏龜·自序》④中説："在河南湯陰縣屬之古牖裏城"出土甲骨文，牖裏即羑裏；從日本富剛謙藏 1910 年寫的《古羑裏城出土龜甲之説明》一文的題目中可以看到，他們以爲"羑裏城"是甲骨出土地。傳説中的羑裏城爲周文王演易的地方，位於今河南安陽市湯陰縣城北約 4 千米處。此地文化層厚 7 米，下層爲龍山文化地層，中、上層爲商朝末年和周代初年的文化層。曾出土過灰色籃紋、方格紋、繩紋等陶片和白灰面房基以及灰、黑陶器殘片和夯土痕跡等。它的晚期文化層和甲骨文第五期，即帝乙、帝辛時代相當，但是此地從未出過甲骨。

其三，衛輝、朝歌説。羅振玉在《集蓼集》⑤中説："估人諱言出衛輝。"這部書在 1931 年出版，但是羅氏在 1908 年訪知安陽小屯村爲甲骨出土地之前，估計除了湯陰之外又聽過另外出土地爲衛輝（筆者註：所以《集蓼集》中的這些內容是在 1908 年以前寫的）。美國方法斂在《中國原始文字考》⑥中説："1899 年衛輝附近古朝歌城故址，有古物發現。"朝歌有一個傳説中比干被殺的地方，司馬遷《史記·殷本紀》載："紂愈淫

---

① 王宇信：《甲骨學通論》，中國社會科學出版社 1993 年版，第 44 頁。
② 羅振玉：《殷商貞卜文字考》，1910 年上虞羅振玉石印本，載於《甲骨文研究資料匯編》，北京圖書館出版社 2000 年版。羅振玉實爲 1908 年訪知安陽小屯爲甲骨出土地。
③ 王宇信：《甲骨學通論》，中國社會科學出版社 1993 年版，第 44 頁。
④ 劉鶚：《鐵雲藏龜》1903 年，載於《甲骨文研究資料匯編》，北京圖書館出版社 2000 年版。
⑤ 羅振玉：《集蓼集》（1931 年），載於《貞松老人遺稿甲集》，1941 年，第 31 頁。
⑥ 方法斂：《中國原始文字考》，載於《卡內基博物院報告》1906 年第 4 期。

亂不止。微子數諫不聽。……紂怒曰：‘吾聞聖人心有七竅。’剖比干，觀其心”，這地方就是著名的摘心臺。“（摘心）臺周長三百米，高十三米，爲一龍山至商周時期古遺址。遺址所出商周之際陶片正與甲骨文第五期，即帝乙、帝辛時期相當”①，雖然這個地方的文化層與晚商末年相當，但是朝歌從未出過甲骨。

關於甲骨出土地的問題，學者們之所以有上述幾種錯誤的說法，是因爲他們都上了古董商的當。原來一斤六文錢的“龍骨”，被王懿榮鑒定之後，其價日昂，如“每字銀一兩”“每字銀二兩五錢”“每版銀二兩”“以厚價留之”“得價三千金”等，所以古董商爲了牟取厚利，故意對甲骨的真正出土地秘而不宣，製造混亂，以至早期學者和收藏家都被矇騙了。

雖然如此，羅振玉經過多年的留意探尋，終於在 1908 年知道了甲骨文的出土地爲安陽殷墟小屯村。他在 1916 年出版的《殷虛古器物圖錄·序》②中說：“光緒戊申年，予既訪知貞卜文字出土之地應爲洹濱之小屯。”清光緒戊申年，即 1908 年（筆者註：前述的一些出土地的推測肯定是 1908 年以前的）。在甲骨文被王懿榮鑒定的十年後，到 1908 年纔確知其出土地爲河南安陽小屯村。

甲骨文出土地的考證，對甲骨學的研究和發展具有非常重要的意義③：

其一，減少了甲骨資料的損失，有利於研究工作的開展。古董商爲了求得“善價”，大部分搜集“骨大字多”的甲骨，而羅振玉 1911 年將弟羅振常派到安陽小屯村直接收購甲骨時特別囑託“去年恆軒（筆者註：指羅振玉的内弟范兆昌）至彰德，曾得若干，亦僅取龜甲之字多者，小而字少者亦棄之，苟非羈於職守，吾將至其地盡量收之，雖龜屑不令矣”④。之後，使許多字少片小的甲骨不至遭到毀滅，從而提供了不少“有新異之字”，減少了甲骨資料的損失。

其二，擴大了甲骨文的搜求，爲甲骨學研究提供了更多的資料。據羅振常《洹洛訪古遊記》的記錄，1911 年 2 月 17 日，到了彰德開始收購甲

---

① 王宇信：《甲骨學通論》，中國社會科學出版社 1993 年版，第 46 頁。
② 羅振玉：《殷虛古器物圖錄·序》，載於《羅雪堂先生全集續編·冊六》，大通書局 1976 年版，第 2367—2368 頁。
③ 參見王宇信《甲骨學通論》，中國社會科學出版社 1993 年版，第 47—51 頁。
④ 羅振常：《洹洛訪古遊記》宣統三年二月十五日條，河南人民出版社 1987 年版。

骨以後，分兩次把甲骨運輸到北京：第一次，1911 年 2 月 29 日，運甲骨六千七百餘塊。"早，送恆軒登車歸，復假寢片時。每日所得甲骨，皆記其數，至昨日止，共得六千七百餘塊。全數運北，不爲少矣。"①第二次，1911 年 3 月 17 日，運甲骨五千八百餘塊。"早，仍送恆軒登車。昨鉤稽賬目，龜甲獸骨兩次運京者，大小共得一萬二千五百餘塊，可云大觀。小屯存骨，信乎已罄，而此巨量之骨，其有助於考古甚大，斷可知也。"②僅僅一個月裏，羅振玉在安陽小屯村直接收購的甲骨是一萬二千五百餘塊，其中有所謂"塗滿硃砂的甲骨之王"者，"昨日所得，以小塊龜甲爲多，中、大者少，然得二大塊（筆者註：收錄於《殷虛書契菁華》第三、五頁）。尚有一塊，全骨滿字而塗朱者，索價過昂，未能購定。……恆軒去二三時，欣然歸來，隨一土人，提柳筐，臥大骨片於中。恆軒出骨於筐，如捧圭璧，蓋即昨日議價未成者也。（筆者註：收錄於《殷虛書契菁華》第一頁，現著錄於《合集》6057：參見圖 2-1）"③這片甲骨在十五萬片甲骨中確實是罕見的非常珍貴的甲骨。

其三，擴大了甲骨文以外出土文物的蒐求，爲考古學研究積累了資料。羅振玉與羅振常説："與龜甲同出土者，必尚有三代古物，其尊、彝、戈、劍之類，必爲估客買去，其餘估客所不取者，必尚有之。即不知其名，苟確爲古物而非近代之器，弟幸爲我致之。"④羅振常在安陽小屯村搜求甲骨同時收購甲骨以外的古器物。如，雕象牙片、蚌殼、骨柄、殷磬、骨簪、骨鏃、石刀、玉斧、石斧、石鑿等，這些器物基本上都著錄於《殷虛古器物圖錄》⑤中。這些古器物對考古研究很有意義。（參見圖 2-2、圖 2-3、圖 2-4）

其四，確知甲骨出土地爲河南安陽小屯村，對確定小屯村爲晚商都城和甲骨文爲晚商遺物的研究也有很大的意義。由於確定甲骨文在安陽小屯出土，自然提出了以下幾個問題：（1）爲何此地出土；（2）此地在歷史上屬於什麼時代的；（3）此地在歷史上的地位如何。基於這些問題，學

① 參見羅振常《洹洛訪古遊記》宣統三年二月二十九日條，河南人民出版社 1987 年版。
② 參見羅振常《洹洛訪古遊記》宣統三年三月十七日條，河南人民出版社 1987 年版。
③ 參見羅振常《洹洛訪古遊記》宣統三年二月二十八日條，河南人民出版社 1987 年版。
④ 參見羅振常《洹洛訪古遊記》宣統三年二月十六日條，河南人民出版社 1987 年版。
⑤ 羅振玉：《殷虛古器物圖錄》，載於《羅雪堂先生全集續編·冊六》，大通書局 1976 年版。

者們進行研究，終於確知甲骨文爲晚商時代遺物，小屯村爲晚商時期的都城，而且此地出土的遺物能夠作爲考古年代的標尺。

圖 2-1　《合集》6057 正

圖 2-2　石磬
（採自《殷虛古器物圖錄》）

圖 2-3　骨簪
（採自《殷虛古器物圖錄》）

圖 2-4　系璧
（採自《殷虛古器物圖錄》）

　　其五，甲骨文出土地的確定，進一步促進了 1928 年以後的殷墟大規模科學發掘工作，從而爲殷商考古學的形成和發展開了先河。1899—1928 年，大約 30 年時間甲骨出土已經有 10 萬片左右。[①]中央研究院歷史語言研究所（以下稱史語所）1928 年 10 月在廣州成立之前，在 8 月先把董作賓派到安陽進行實地考察。董作賓考察完便得出了"甲骨挖掘之確猶未盡"[②]的結論，因此史語所決定對殷墟進行科學考古發掘。

　　雖然 1926 年李濟在山西夏縣西陰村主持新石器遺址的考古發掘，是最早中國考古學者獨立進行的考古發掘，但是真正開啟中國田野科學考古，是從 1928 年 10 月 13 日殷墟科學考古發掘開始，到現在已有 90 多年的歷史。

　　目前，殷墟科學考古發掘所展現出來的殷墟的面貌，主要遺跡包括宮殿宗廟區、王陵區、洹北商城城牆基址、夯土建築基址、祭祀遺存、手工業作坊遺址、各種家族墓葬地、車馬坑、道路、灰溝、地穴和半地穴居住遺跡等。從 1928 年 10 月殷墟科學發掘以來，殷墟的總面積不斷地擴大。

　　20 世紀 60 年代初，根據當時的資料，殷墟的面積大約 24 平方千米。[③]之後，通過多年的考古發掘和調查，到了 90 年代能夠確定的殷墟範圍和其佈局所算的面積約 30 平方千米。[④]今天對殷墟的外緣邊界仍然沒有清晰地確定，其原因"主要是對南邊界的界定。有關殷墟的面積，或以東西 6 千米、南北 5 千米得出 30 平方千米，或以東西、南北各 6 千米得出 36 平方千米。實際上，已知殷墟遺址的形狀大致呈橢圓形，其面積肯定不能按最長與最寬之積來算，實際面積肯定要小於上舉的數據"[⑤]。

　　有的考古學家認爲殷墟範圍應該包括洹北商城，"1999—2000 年在殷墟範圍外的東北隅——洹北花園莊村、董王度村一帶，發現和確認了殷商

　　① 關於早期收藏家的甲骨收藏情況，參見胡厚宣的統計（《殷墟發掘》第 36 頁）：王懿榮收藏約一千五百片；孟定生、王襄約四千五百片；劉鶚約五千片；羅振玉約三萬片；其他中國收藏家約四千片；庫壽齡、方法斂約五千片；日本人約一萬五千片；明義士約三萬五千片。
　　② 董作賓：《民國十七年十月試掘安陽小屯報告書》，《安陽發掘報告》1929 年第 1 期。
　　③ 中國科學院考古研究所安陽發掘隊：《1958—1959 年安陽殷墟發掘簡報》，《考古》1961 年第 2 期。這個數據是 1961 年國務院公佈的數據。
　　④ 中國社會科學院考古研究所：《殷墟的發現與研究》，科學出版社 1994 年版，第 40 頁。
　　⑤ 牛世山：《殷墟考古三題》，《三代考古》，科學出版社 2021 年版。

時期的又一重要王都遺址——洹北商城。該城址面積約 4.7 平方千米。多數學者認爲 '盤庚遷殷' 即遷到洹北商城。因而，洹北商城也應是殷墟的重要組成部分。1961 年國務院公佈的殷墟範圍約 24 平方千米的範圍有所擴大。擴大主要包括兩部分，一部分主要在原保護區外的南部區域，面積約 12 平方千米；另一部分即洹北商城"[1]。這些學者主張殷墟的面積應包括洹北商城，總面積約有 40 平方千米。（參見圖 2-5）

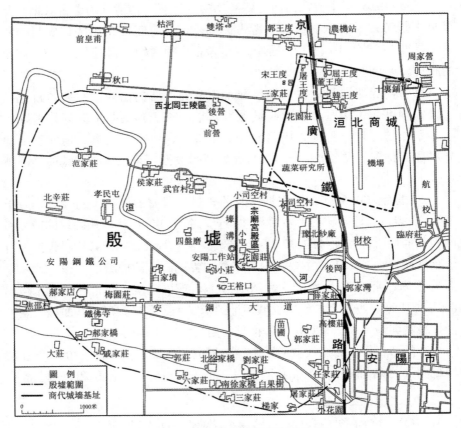

圖 2-5　"殷墟與洹北商城位置"圖

（採自《中國考古學·夏商卷》）

---

① 孟憲武、楊善清主編：《殷墟文化大典·考古卷·編寫説明》，安徽人民出版社 2016 年版，第 7—8 頁。

第二節　甲骨文所屬時代的確定

　　現在我們基本上都認爲，殷墟出土甲骨文是晚商時代盤庚遷殷至帝辛被周武王之滅的二百七十三年間之物。但是剛發現甲骨文的時候，學者們對它的所屬時代認識不同。這也是很自然的事情，對從未見過的古物的所屬時代，不可一時間就能辨別出來。早期甲骨學家的看法，大體如下：

　　第一，據王漢章的《古董錄》，王懿榮在開始鑒定並收藏甲骨時，就認爲"商代卜骨"[①]，不過這是王漢章根據傳聞所記，可信度較低，祇是作爲參考而已。

　　第二，劉鶚在 1903 年出版的《鐵雲藏龜・自序》中説："（甲骨文爲）殷人刀筆文字"[②]，即認爲甲骨文是商朝遺物。這是非常正確的看法，但是對這些從未見過的甲骨文字研究尚未真正開始，不僅對它的内容沒有把握好，而且所見的資料也甚少，當時學者們並不接受劉鶚把甲骨文所屬時代定爲"殷"的看法。

　　第三，羅振玉在《鐵雲藏龜・序》中，將甲骨文稱爲"夏殷之龜"，其時間範圍包括從西元前 21 世紀至西元前 11 世紀，不僅時間範圍非常廣，而且迄今尚未發現過一片相當於歷史上夏朝的甲骨文。

　　第四，孫詒讓 1904 年在《契文舉例・敍》中説："邇年河南湯陰古羑裏城掊土，得古龜甲甚夥，率有文字。……劉君（筆者註：劉鶚）定爲殷人刀筆書……兩月力校讀之，以前後復緟者，參互稾繹迤略通其文字大致與金文相近，篆畫尤簡消形聲多不具又象形字頗多，不能盡識所儺人名號，未有諡法而多以甲乙爲紀，皆在周以前之證。羑裏於殷屬王畿，於周爲衛地。據《周書》世俘篇，殷時已有衛國，故甲文亦有商周衛諸文，以相推諗知必出於商周之間。劉君所定爲不誣。"[③]孫詒讓基本上肯定了劉

<hr>

　　① 王漢章：《古董錄》，《河北第一博物院畫報》1933 年第 50 期，轉引自胡厚宣《殷墟發掘》，學習生活出版社 1955 年版，第 12 頁。

　　② 劉鶚：《鐵雲藏龜・自序》1903 年，載於《甲骨文研究資料匯編》，北京圖書館出版社 2000 年版。

　　③ 孫詒讓：《契文舉例・敍》，1917 年影印孫詒讓稿本，載於《甲骨文研究資料匯編》，北京圖書館出版社 2000 年版。

鶚的看法，但是《契文舉例》雖然寫的是 1904 年，可是正式出版時間爲
1917 年，所以早期學者們研究甲骨文的時候劉鶚的看法没有被肯定。

第五，羅振玉 1910 年在《殷商貞卜文字考·自序》中説：“詢知發
見之地乃在安陽縣西五里之小屯而非湯陰。其地爲武乙之墟，又於刻辭中
得殷帝王名謚十餘，乃恍然悟此卜辭者，實爲殷室王朝之遺物。”①根據
《殷虛古器物圖録·序》（1916 年）的記録，羅振玉“詢知發見之地”的
時間爲光緒戊申年，即 1908 年，確定甲骨文所屬時代時間爲宣統二年，
即 1910 年。

之後，羅振玉出版的書名都是以“殷虛”爲名，如《殷虛書契》
（1913 年）、《殷虛書契菁華》（1914 年）、《殷虛書契後編》（1916
年）、《殷虛古器物圖録》（1916 年）等，就表明羅氏承認甲骨文爲商
朝舊都所出，爲商王朝的遺物。羅氏經過研究，考證河南安陽小屯村爲
“徙於武乙，去於帝乙”的武乙、文丁、帝乙等三王時期的都城。雖然
這個考證並不是很正確，但是把甲骨文的時間範圍定爲商朝晚期，是非
常重要的。

通過羅振玉的探尋和研究，確定了甲骨文出土地爲河南安陽小屯村，
又據甲骨文中的帝王名謚考證了小屯村爲武乙、文丁、帝乙時期的都城。
那麽，甲骨文自然聯繫到商代晚期的歷史。

關於晚商時代都城“殷”，王國維在《説殷》一文中説：“殷之爲洹
水南之殷墟，蓋不待言。……今龜甲、獸骨出土皆在此地，蓋即盤庚以來
殷之舊都。……而殷墟卜辭中所祀帝王，訖於康祖丁、武祖乙、文祖丁。
羅參事（筆者註：羅振玉）以康祖丁爲康丁，武祖乙爲武乙，文祖丁爲文
丁，其説至不可易。則帝乙之世尚宅殷墟。……則商居殷最久，故亦稱
‘殷’。《詩》《書》之文，皆‘殷’‘商’互言，或兼稱‘殷商’，然
其名起於地名之殷，而殷地之在河北（筆者註：黄河之北）不在河南（筆
者註：黄河之南），則可斷也。”②

此後，經過其他學者，如董作賓在《殷虛沿革》③《甲骨文斷代研究

① 羅振玉：《殷商貞卜文字考》，1910 年上虞羅振玉石印本，載於《甲骨文研究資料匯編》，北京圖書館出版社 2000 年版。
② 王國維：《説殷》，《觀堂集林·第十二卷·史林四》，河北教育出版社 2003 年版，第 266—267 頁。
③ 董作賓：《殷虛沿革》，載於《歷史語言研究所集刊》第二本第二分，1930 年。

例》①，胡厚宣在《甲骨學提綱》②等文章中進一步研究，甲骨文的出土地安陽小屯村爲"殷代後半期從盤庚遷殷到紂亡國，八世十二王二百七十三年間的舊都"③。即"殷墟"爲盤庚遷殷後，小辛、小乙、武丁、祖庚、祖甲、廩辛、康丁、武乙、文丁、帝乙、帝辛所居的當年的殷都，是政治、經濟、文化的中心，當年的政治權力、經濟權利都集中於此。作爲統治階級政治服務的此地所出的"甲骨文"就是文化、文明權力的象徵。

羅振玉將"甲骨文"爲殷商王朝遺物的確定，大大提高了它的學術價值，從而"爲史料較少的殷商文化研究提供了一批時代明確的珍貴資料，也爲確定小屯村一帶爲商都的研究提供了可靠的證據。而關於小屯村爲盤庚遷殷後晚商都城的研究，不僅明確了甲骨文爲晚商之物，也進一步爲以後進行的分期斷代研究確定了具體的時間範圍"④。因此，戴家祥說："羅振玉的主要成就，是把甲骨出土的地點考證出來。過去收藏文物的官僚地主，都坐在家裏等著古董商人上門，很少注意這些文物的來處。"⑤即甲骨文出土地的考證爲羅振玉對甲骨學研究的最重要的成就之一。從羅振玉的一些記錄中我們也可以看到，他對殷墟的感情。據羅振常《洹洛訪古遊記》的記錄，羅振玉爲了晚年退隱安陽小屯村從事甲骨文研究工作，很想在小屯村買些土地，"……小屯無人來。因與旅店主人董姓閒話，問以鄉間地價，則言：'每畝約四十千'問：'小屯出骨之地，屬何人？'答言：'乃城內朱姓產'"⑥，"已免冠脫裘。是日得三兄書，又論購地事"⑦。最後因地價太貴，未能辦成。雖然辦不成買地，但是他在 1915 年春，親自到安陽小屯村踏訪，並記錄了安陽小屯的情況，是第一位訪問殷墟的中國學者。他說："三十日已深抵彰德……至小屯，其地在郡城之西北五裏，東西北三面洹水環焉。《彰德府志》以此爲河亶甲城，宋人《考古圖》載古禮器之出於河亶甲城者不少，殆即此處。近十餘年間，龜甲、

① 董作賓：《甲骨文斷代研究例》，載於《慶祝蔡元培六十五歲論文集》上冊，1933 年；又載於《董作賓全集甲編·第一卷》，臺灣藝文印書館 1965 年版。

② 胡厚宣：《甲骨學提綱》，載於《上海大公報》1947 年 1 月 15 日。

③ 胡厚宣：《殷墟發掘》，學習生活出版社 1955 年版，第 4 頁。

④ 王宇信：《甲骨學通論》，中國社會科學出版社 1993 年版，第 57 頁。

⑤ 戴家祥：《甲骨文的發現及其學術意義》，《歷史教學問題》1957 年第 3 期，載於《甲骨文獻集成》第 34 冊，四川大學出版社 2001 年版，第 101 頁。

⑥ 羅振常：《洹洛訪古遊記》宣統三年三月十一日條。

⑦ 羅振常：《洹洛訪古遊記》宣統三年三月十五日條。

獸骨悉出於此。詢之土人，出甲骨之地約四十餘畝。因往履其地，則甲骨之無字者，田中累累皆是。拾得古獸角一，甲骨盈數匊。其地種麥及棉，鄉人每以刈棉後，即事發掘。其穴深者二丈許，掘後即填之後復種植焉。所出之物，骨甲以外，蠃殼甚多，與骨甲等，往歲所未知也。"①

今天的安陽小屯村殷墟已被列入"世界文化遺產名錄"②，甲骨文亦被列入"世界記憶名錄"。③殷墟不僅僅是中國甲骨學家的學術故鄉，全世界甲骨學家也是把它當作學術故鄉，將所有甲骨學家將此地所出的甲骨文都視如瑰寶。1987年9月，在安陽召開"中國殷商文化國際研討會"，有120名國內外甲骨學家參加並成立了中國殷商學會。從此，甲骨學真正成爲國際性的"顯學"。

雖然有些學者懷疑"殷墟"在中國古代歷史上的地位。諸如，郭沫若在《卜辭通纂》中對"帝乙遷沬"之事，重加申述。他還在晚年對參加《甲骨文合集》編輯的學者要求，"到底有沒有帝辛卜辭④進行研究，以便證明帝乙是否遷都朝歌之事。除了郭沫若之外還有些學者主張帝乙、帝辛時期已經遷都朝歌⑤，有的學者認爲殷墟是從武丁開始建都，"盤庚把都城遷到了河南偃師……偃師古城的第二次修建很可能是盤庚時期所爲"⑥。其實盤庚遷殷的問題是發掘"洹北商城"後基本上解決了（參見第八章第三節"洹北商城的發現與發掘"），目前大部分學者都讚成《史記·殷本紀》和《竹書紀年》所記的"殷墟"在中國古代歷史上的地位。固然我們絕不能説"絕對"，所以對於"殷墟"的歷史地位，以後還是要不斷研究的一個重要的課題，加上我們也應該注意"朝歌"和"偃師商城"的歷史地位。目前來説，在這兩個地方沒有出土甲骨文那樣確鑿的證據，但是不可忽略文獻中的記錄。之所以如此，是因爲十

---

① 羅振玉：《五十日夢痕錄》，載於《雪堂叢刊》，第20—21頁：筆者註，羅振玉辛亥革命後，當年冬流亡日本，後來1915年2月下旬回國後五十多天，踏訪上海、徐州、曲阜、安陽、洛陽等地，該文爲1915年2月24日至4月17日所記的日記。

② 安陽殷墟在2006年7月13日，於立陶宛召開的第30屆世界文化遺產大會上被列入"世界文化遺產名錄"。

③ 甲骨文在2017年10月30日，成功入選"世界記憶名錄"。

④ 胡厚宣：《郭沫若同志在甲骨學上的巨大貢獻》，《考古學報》1978年第4期。

⑤ 田濤：《談朝歌爲殷紂帝都》，載於胡厚宣主編《全國商史學術討論會論文集》，《殷都學刊》1985年增刊。

⑥ 彭金璋、曉田：《試論河南偃師商城成》，載於胡厚宣主編《全國商史學術討論會論文集》，《殷都學刊》1985年增刊。

五萬片甲骨文中尚未找到（或者很少有）明確武丁以前的甲骨文記錄和帝辛時期的甲骨文記錄。（參見本章第四節）

第三節　甲骨文的命名

首先，要明確一下"甲骨文"的概念。"甲"是指占卜用的"龜甲"主要是腹甲，亦有少數的背甲。"骨"是指占卜用的"獸骨"主要是牛的肩胛骨，亦有極少數的虎骨、鹿頭骨、牛頭骨、人頭骨等。"甲骨文"就是占卜用的龜甲和獸骨上刻的或寫的文字。

《論語·子路篇》載："名不正，則言不順"，孔子説的"名正"，即"名符其實"，這是"國泰民安"的道理。學術也是一樣，"名正"纔能夠概括其學科的本質。中國古代歷史上從來沒出現過這些占卜用的文字（包括占卜有關的記事文字和與占卜沒有關係的記事文字），由於早期甲骨學家對甲骨文的觀察和研究的角度不同，其命名一度出現五花八門的情況。根據早期甲骨文的研究和著錄的書名，早期甲骨學家對甲骨文的命名，歸納起來有以下幾個方面。①

一　按甲骨質料命名

1. 把甲骨文稱爲"龜"。1903 年劉鶚出版的《鐵雲藏龜》，最早把甲骨文稱爲"龜"。之後劉鶚所藏其餘甲骨文，又分別由羅振玉著錄在《鐵雲藏龜之餘》（1915 年）、葉玉森著錄在《鐵雲藏龜拾遺》（1925年）、李旦丘著錄在《鐵雲藏龜拾零》（1939 年），仍然沿用"龜"之名，然而這些著錄書，是由於著錄劉鶚所藏甲骨之餘的，因此應該沿用"龜"之名。

從《鐵雲藏龜》之名，可以窺見劉鶚（筆者註：字"鐵雲"）所藏的甲骨文以龜版爲多，故把甲骨稱爲"龜"。甲骨文本身除了龜板之外也有不少的牛肩胛骨，還有些其他的獸骨。因此，這個名字片面而不能概括全面。

---

① 參見王宇信《甲骨學通論》，中國社會科學出版社 1993 年版，第 59—64 頁。

2. 把甲骨文稱爲"龜甲"。1910 年日本學者富剛謙藏發表一文的名爲《古姜裏城出土龜甲之説明》。

"龜甲"之名，亦祇能概括了"龜版"的，不能概括全面。

3. 把甲骨文稱爲"龜甲獸骨"。1909 年日本學者林泰輔發表的一文之名爲《清國河南湯陰發現之龜甲獸骨》、1915 年日本學者石濱純太郎發表的一文之名爲《河南出土之龜甲獸骨》、1924 年馬衡發表的一文之名爲《三千年前的龜甲獸骨》。

"龜甲獸骨"之名，概括了甲骨文的兩大質料，即龜甲和獸骨，但是有所複雜，而且這些占卜用的"龜甲獸骨"，除了殷墟之外的古代遺址中所出不少。如，山東大汶口文化遺址墓葬及其時代相近的南京北陰陽營青蓮崗文化遺址中曾出現了"龜甲"①；藁城臺西村商代遺址②；江蘇銅山丘灣商代遺址③；安陽殷墟遺址中亦出土過大量未刻字的占卜用龜甲。這些占卜用的龜甲，雖然是甲骨學家的研究對象，但是這些祇是質料，没有刻、寫的甲骨文字。

除了殷墟以外地方，占卜用的"獸骨"也有不少出土，蕭良瓊統計過全國各地歷年所出不同時期的卜骨和卜甲。④據這些表所見，全國各地各種文化遺址中出土占卜用的"獸骨"亦不少，但基本上没有文字，即使有了符號，這也不是甲骨文。因此，按甲骨文質料命名的方法是不太妥當的。

二 按文字書寫方法命名

1. 把甲骨文稱爲"契文"。1904 年孫詒讓完成了甲骨學史上第一部研究著作的書名爲《契文舉例》。"契"即契刻，"契文"即用刀刻的文字。

2. 把甲骨文稱爲"契"。1924 年葉玉森出版的書名爲《説契》《研契

---

① 參見中國社會科學院考古研究所編《新中國的考古發現和研究》，文物出版社 1984 年版，第 93 頁；南京博物院《南京北陰陽營第一、第二次的發掘》，《考古學報》1958 年第 1 期。

② 參見李學勤、唐雲明《河北藁城臺西甲骨的初步考察》，《考古與文物》1982 年第 3 期；河北省博物館等編，《藁城臺西商代遺址》，文物出版社 1977 年版，第 41 頁。

③ 參見南京博物院《江蘇銅山丘灣古遺址的發掘》，《考古》1973 年第 2 期。

④ 蕭良瓊：《周原卜辭和殷墟卜辭之異同初談》附表一、二、三，載於胡厚宣主編《甲骨文與殷商史》，上海古籍出版社 1983 年版，第 276—280 頁。

《枝譚》等。

3. 把甲骨文稱爲"殷契"。1920 年王襄出版的甲骨學史上第一部字典名爲《簠室殷契類纂》。之後，1933 年商承祚出版的《殷契佚存》，郭沫若出版的《殷契餘論》，葉玉森出版的《殷契鉤沉》，1937 年郭沫若出版的《殷契粹編》，1940 年、1941 年、1943 年于省吾出版的《雙劍誃殷契駢枝》《雙劍誃殷契駢枝續編》《雙劍誃殷契駢枝三編》等，都採用了"殷契"之名。

4. 把甲骨文稱爲"殷虛書契"。1911 年羅振玉出版的《殷虛書契》，1914 年出版的《殷虛書契菁華》，1916 年出版的《殷虛書契後編》，1933 年出版的《殷虛書契續編》等，羅振玉在 1910 年確認甲骨文所屬時代之後，以"殷虛書契"爲書名。

圖 2-6　《甲編》870 部分，
毛筆書寫的甲骨

5. 把甲骨文稱爲"殷商甲骨刻文"。1935 年曹銓發表的一文名爲《殷商甲骨刻文考》等。

由於大部分的甲骨文是用刀契刻在甲骨上的文字，這些"契""契文""刻文"等命名之法，有一定的道理，但是甲骨文並不全都是刀刻而成的，亦有用朱、墨書寫在甲骨之上的。（參見圖 2-6）因此，這些命名的方式也有所不妥當。

三　按甲骨文的用途命名

《禮記·表記》載："殷人尊神，率民以事神，先鬼而後禮"，殷人尊神信鬼的結果，就是天天占卜，事事占卜，以指導商王朝的國家大事和商王的日常行止。占卜以後，把與占卜有關的事情刻在所用的龜甲和獸骨之上，這就是甲骨文。因此，不少學者就是按照這一特殊的用途來命名的。

1. 把甲骨文稱爲"貞卜文字"或"貞卜文"。1910 年羅振玉出版的書名爲《殷商貞卜文字考》，1933 年王襄發表的一文的名爲《題所錄貞卜文字考》《題所錄貞卜文冊》等。

2. 把甲骨文稱爲"卜辭"。1917 年王國維發表的兩篇文章，即《殷卜辭中所見先公先王考》和《續考》，1917 年明義士出版的書名爲《殷虛卜辭》，1928 年董作賓發表的《新獲卜辭寫本》，1933 年郭沫若出版的《卜辭通纂》，1936 年唐蘭發表的《卜辭時代的文學和卜辭文學》，1944 年胡厚宣發表的《卜辭地名和古人居丘説》等，以"卜辭"概括甲骨文之名。

大部分的甲骨文是晚商時代統治階級施行占卜後記錄的文字，因此以其用途來命名是很有道理的，也就是説學者們已經把握甲骨文爲占卜用的文字，不過我們所見的甲骨文並不全部爲占卜文字。如，武丁時期的占卜有關的五種記事刻辭和甲骨文中的表譜刻辭、干支表以及與占卜無關的記事文字，即"義京刻辭"等。因此，把甲骨文一概稱爲"卜辭"或"貞卜文"也是不太全面的。

四　按甲骨文的出土地命名

把甲骨文稱爲"殷虛文字"。1926 年余永梁發表的一文的名爲《殷墟文字考》，史語所對殷墟科學考古發掘所得甲骨文著錄書名爲《殷虛文字甲編》《殷虛文字乙編》《殷虛文字乙編補遺》《殷虛文字丙編》《殷虛文字綴合》等。

這些命名之法，強調甲骨文爲殷墟所出的文字，然而歷年在殷墟出土文物當中有文字的並不僅僅是甲骨文，其他石器、玉器、石磬、蚌器、陶器，尤其是帶有銘文的青銅器等，都有文字發現。但是這些文字與占卜文字是没有關係的，亦非甲骨文所能包容的。所以，把甲骨文稱爲"殷虛文字"是較爲模糊的，不能反映甲骨文專門作爲占卜有關的記事文字的特點。此外，雖然是少數的，但是除在安陽殷墟之外的其他地區也出土過帶文字的甲骨，如，鄭州二里崗遺址、洛陽泰山廟西周甲骨文、山東濟南大辛莊有字商代甲骨等，所以把甲骨文稱爲"殷虛文字"，也是不太全面的。

五　按甲骨文的質料和用途命名

把甲骨文稱爲"龜卜"。1929 年董作賓發表一文的名爲《商代龜卜之推測》，就把甲骨文稱爲"龜卜"。

前文已説，甲骨文的質料並不僅僅是"龜甲"，還有"獸骨"，其用途也不僅僅是"占卜"，還有各種記事文字，所以這些命名之法，也是不太妥當。

六　按甲骨文的質料與文字命名

1. 把甲骨文稱爲"龜版文""龜甲文字"。1919 年日本學者後藤朝太郎發表一文的名爲《殷代龜版文之族字》，1928 年明義士發表一文的名爲《殷虛龜甲文字發掘的經過》。這些命名之法，不能包括甲骨文中的"獸骨"。

2. 把甲骨文稱爲"骨刻文"。1912 年英國學者金璋（Lionel Charles Hopkins）發表一文的名爲《骨上所刻之哀文與家譜》和 1933 年的《古代骨刻文中龍龜之研究》。也祇是強調"獸骨"一面，而不是全面的。

3. 把甲骨文稱爲"龜甲獸骨文字"。1921 年日本學者林泰輔出版的書名爲《龜甲獸骨文字》等。其命名之法，彌補了前所述各家之片面性，但是有些複雜。

4. 把甲骨文稱爲"甲骨文"。1921 年 10 月 25 日陸懋德在北京《晨報副刊》上發表一文的名爲《甲骨文之發現及其價值》。之後，學者們逐步沿用這個"甲骨文"之名。如，1924 年容庚發表一文的名爲《甲骨文之發現及其考釋》，1925 年王國維發表一文的名爲《殷虛甲骨文字及其書目》，1931 年郭沫若出版的書名爲《甲骨文字研究》，1933 年董作賓發表一文的名爲《甲骨文斷代研究例》等。

從上述所見各學者有關甲骨文命名之法，可以看出，甲骨文的命名與甲骨學研究的進步密不可分。在甲骨文剛發現時，祇有根據甲骨文的質料來認識，稱爲"骨""龜""龜甲""獸骨"等；或稱爲"契文""骨刻文"等。當甲骨文的所屬時代和出土地點被確定之後，稱之爲"殷虛書契""殷虛文字"等。但是以"甲骨文"爲命名，是"既包含了卜用龜甲和獸骨上的文字，又包含了非卜用龜甲和獸骨上的文字。既有卜辭，又有記事刻辭；此外，無論龜、骨上的契刻文字，還是朱書、墨書，都是甲骨文的一部分内容。甲骨文自然專指龜、骨上的文字，可將它與陶、石、骨、蚌、玉、銅器上的文字區別開來……"①即專指甲骨上刻的、寫的與占卜有關的文字和與占卜無關的記事文字，因此"甲骨文"之名被更多學者接受。

---

① 王宇信：《甲骨學通論》，中國社會科學出版社 1993 年版，第 63 頁。

第四節　對殷墟歷史地位的不同看法

——朝歌的歷史地位

　　20 世紀 30 年代有些學者開始主張，朝歌是商王朝最後一個都城的所在地。因此，我們必須要瞭解一下朝歌在歷史上的地位。

　　據文獻記載，因商紂王荒淫無道的統治，商朝滅亡了，司馬遷《史記·殷本紀》載："殷之大師、小師乃持其祭樂器奔周。周武王於是遂率諸侯伐紂。紂亦發兵距之牧野。甲子日，紂兵敗。紂走入登鹿臺，衣其寶玉衣，赴火而死。"即商朝的最後就在"牧野"告終。司馬遷《史記·周本紀》又載："二月，甲子昧爽，武王朝至於商郊牧野，乃誓。"《史記·周本紀正義》曰："《括地誌》云：'衛州城，古老云，周武王伐紂至於商郊牧野，乃築此城。酈道元註《水經》云：自朝歌南至清水，土地平衍，據皋跨澤，悉牧野也。'《括地誌》又云：'紂都朝歌在衛州東北七十三裏朝歌故城是也。本妹邑（筆者註：同沫邑，即指古朝歌之名），殷王武丁始都之。'《帝王世紀》云：'帝乙復濟河北，徙朝歌，其子紂仍都焉。'"即"衛州城"是周武王滅商後在牧野築成的城，當年商朝的國都在朝歌。也就是說，朝歌爲商王朝最後兩位王——帝乙、帝辛時期的都城。

　　關於"妹邑"之事，《周易·歸妹卦》載："帝乙歸妹，其君之袂，不如其娣之袂良。月幾望，吉。"《周易·象傳》曰："帝乙歸妹，不如其娣之袂良也，其位在中，以貴行也。""帝乙歸妹"即"商王帝乙嫁出少女"之義。《象傳》的意思是，這位少女雖然是正妻但她衣著不如偏房（筆者註：妾）的衣著好，她的身份尊貴而又守中不偏，以高貴的身份出嫁，所以說"吉"。

　　《括地誌》中的"妹邑"，在《周易》中釋爲"帝乙歸妹"，即帝乙嫁出少女爲解釋，但是在《帝王世紀》中記載的是，指帝乙遷都的地方。皇甫謐撰寫《帝王世紀》時是否參考《周易》，則不得而知，但是"帝乙歸妹"和"帝乙遷都朝歌"之事恰恰是相聯繫的。

　　郭沫若 1931 年在《戊辰彝考釋》①中說："卜辭乃帝乙末年徙朝歌以前之物"，就認爲帝乙時期遷都朝歌，又在《卜辭通纂·後記》②中說："有新舊史料之合證，帝乙末年必曾移徙其政治中心於朝歌，特安陽之舊都仍存，其宗廟存儲無改……"

　　羅振玉在《殷虛書契考釋·都邑》③中說："商自成湯至於盤庚，凡五遷都。武乙立復去亳徙河北，其地當爲洹水之陰（筆者註：古代'陰陽之陽'爲山南水北，'陰陽之陰'爲山北水南，因此'洹水之陰'應指'洹水之南'）。今安陽縣西五裏之小屯，即其虛矣。《方志》以爲河亶甲城者是也。《史記·殷本紀》正義引《竹書紀年》謂：'自盤庚徙殷，至紂之滅二百七十五年更不遷都。'然考之《史記·殷本紀》武乙立殷復去亳徙河北，《今本竹書紀年》武乙三年自殷遷於河北，十五年自河北遷於沫。王氏（筆者註：指王應麟）《詩地理考》引《帝王世紀》，'帝乙復濟河北徙朝歌'是盤庚以後至於末季再遷也。惟諸書均言徙河北不言何地。考《史記·項羽本紀》項羽乃與章邯期於洹水南殷虛上，《集解》引應劭曰：'洹水在湯陰界，殷虛故殷都也。'瓚曰：'洹水在今安陽縣北去朝歌殷都一百五十裏，然則此殷虛非朝歌也。'……《水經註·洹水篇》，'洹水出山東逕殷墟北'，又云'洹水自鄴東逕安陽城北'，又引魏《土地記》'鄴城南四十裏有安陽城，城北有洹水東流者也。'均謂洹水之南有殷虛，武乙所徙蓋在此也。……《（竹書）紀年》謂武乙十五年徙沫，《帝王世紀》謂帝乙徙沫④，二說不合。今以卜辭中所見帝王之名考之，直至武乙而止。據此可知遷沫必在帝乙之世。《竹書》誤而《世紀》所記爲得實也。"羅振玉亦認爲帝乙之時遷都朝歌。

　　20 世紀 80 年代，秦文生在《殷墟非殷都考》⑤一文中說："探討殷都，應當把朝歌城作爲重點之一。……我的結論是：盤庚未遷都於安陽殷

---

　　①　郭沫若：《戊辰彝考釋》，《殷周青銅器銘文研究》，人民出版社 1954 年版。
　　②　郭沫若：《卜辭通纂》1933 年東京文求堂石印影印本，載於《甲骨文研究資料匯編》，北京圖書館出版社 2000 年版。
　　③　羅振玉：《殷虛書契考釋》1914 年永慕園影印本，載於《甲骨文研究資料匯編》，北京圖書館出版社 2000 年版。
　　④　"沫"（mèi），春秋時期魏國的一個邑名——沫邑、沫鄉，指古朝歌，今河南淇縣。《詩經·鄘風·桑中》："沫之鄉矣"，作爲邑名時亦作"妹"。《書·酒誥》載："明大命於妹邦。"
　　⑤　秦文生：《殷墟非殷都考》，《鄭州大學學報》（哲學社會科學版）1985 年第 1 期。

墟，而是遷到了'河南之亳'，即今偃師商城。安陽殷墟是商王武丁至帝辛時期的陵墓區和祭祀場所，不是殷代晚期二百七十三年的都城。武丁至帝辛時期的都城一定還在安陽周圍，有可能是在淇縣朝歌。"也就是說，盤庚不是遷殷，而是遷到亳，即今偃師商城。後來他又在《殷墟非殷都再考》①一文中，把原盤庚遷到偃師商城的主張改爲遷到鄭州商城，具體活動地點是"鄭州市人民公園一帶"，秦氏由於以下四個原因堅持殷墟不是殷都的看法：第一，殷墟沒有城牆而鄭州商城由內外城牆構成；第二，殷墟的規劃和佈局實在不像王都；第三，安陽殷墟的宮殿宗廟區與偃師商城和鄭州商城的宮殿區性質不同，不像是商王、貴族居住和辦公的地方，而是一處重要的宗廟區和祭祀場所；第四，對"都"的不同理解，提出"都"指的是國王居住、辦公和國家政務機構的所在地，而不是"有宗廟先君之主曰都"（《左傳·莊公二十八年》），主張商代的所有居民區都稱"邑"，商都也稱爲"邑"，並沒有是否有宗廟先君之神主的區別。

秦氏的最後結論是，安陽殷墟與鄭州商城、偃師商城的性質不同。鄭州和偃師商城是商王居住和處理國家政事的王都所在，安陽殷墟不是商王居住和處理政事的王都，而是武丁至帝辛時期的宗廟區、陵墓區和大型祭祀場所。

秦文生的這些主張是從文獻記錄和考古發掘結合來看，也有道理，但是除了安陽殷墟之外沒有地方出過相當數量的甲骨，難道晚商時代王室的貞人在安陽殷墟施行占卜，其結果通報住在鄭州商城的商王。雖然鄭州商城出過幾片的甲骨，但數量遠遠不如安陽殷墟出土的，而且以小屯爲中心的殷墟的範圍，越來越明顯地擴大，目前確定的是大約 36 平方千米（一說 40 平方千米）。據目前考古發掘來看，商朝晚期的都城規模宏大，除了王陵區之外，有各種居住區、族群墓葬地、手工作坊、青銅作坊等。當然不能說祇有甲骨文的出土地爲殷都。之所以如此，是因爲商民族本身是不常厥邑的民族，雖然商族曾經遷徙的地方尚未發現甲骨文，但不能因爲沒有發現甲骨文，就說那些地方跟商族沒有關係。偃師商城、鄭州商城，肯定是在早期商王朝的發展過程中起了非常重要的作用。

雖然如此，在學術界有尚未解決的兩個問題：其一，在十五萬片的甲

---

① 秦文生：《殷墟非殷都再考》，《中原文物》1997 年第 2 期。

骨文中很少有武丁以前和尚未有帝辛對其父帝乙舉行祭祀的甲骨。我們在第五期甲骨卜辭中，較難區別帝乙、帝辛時期的卜辭。這種事實可以作爲郭沫若提出帝乙遷都朝歌可能性的間接證據，但是目前來説，在朝歌也没有出過甲骨；其二，在殷墟西北崗王陵區大墓中，有八座帶四條墓道的大墓。楊錫璋認爲，“可能祇有八座帶四條墓道的大墓，其形制和規模纔夠得上王陵，其餘四座，因祇有兩條或一條墓道，規模又小，可能是屬於王的配偶或其他人的……西北崗的大墓是屬於二、三、四期的，没有第一期的……因此，我們推測西北崗的祭祀坑是從武丁前期開始的”[①]。據楊錫璋的分析，殷墟西北崗王陵區的墓葬中没有盤庚、小辛、小乙的墓葬。祇有武丁、祖庚、祖甲、廩辛、康丁、武乙、文丁和帝乙八位商王的墓葬。由於“洹北商城”的發掘，基本上解決了盤庚遷殷的問題，但是從墓葬的角度來看，問題並不是完全解決了，所以關於盤庚遷亳的文獻記載，也是值得思考的一個重大的問題。楊氏還推測 M1567（筆者註：未建成的大墓）是帝辛的墓葬，商王大概是在生前修墓的，帝辛之墓並未修成，因爲亡國身亡，所以未埋入此墓内。

　　無論怎樣，我們該要重視朝歌的歷史地位，古文獻中的記錄不可能是憑空無據的。比如司馬遷的《史記·殷本紀》是商朝滅亡九百多年之後撰寫的，但是《殷本紀》中的商王世系與甲骨文的記載基本上都是對應的，其可信度很高。那麼，我們就不能忽略商朝末年帝乙時期遷都朝歌的可能性，祇是目前還没發現確實證據。尚不知將來可否在地下發掘出有力的考古資料，既然有可能性，就要挑戰。這個問題，今後應加以注意研究和考古發掘。這是一種找到古代社會真正面目的艱難路程，也是身爲歷史、考古、甲骨學家必須要走的路。

---

①　楊錫璋：《商代的墓地制度》，《考古》1983 年第 10 期。

第三章　甲骨占卜的過程

　　一般來說，古人施行占卜、卜筮和各種與神靈溝通的行爲都是一種迷信習俗。不過在尚未形成可靠的科學文明的古代時期，依靠迷信習俗（筆者註：這是現代人的觀念上的問題，對古人來說很重要的政治、社會活動來解決面臨的問題，也是很自然的）。《左傳‧成公十三年》載："國之大事，在祀與戎"，關於所謂的"國之大事"，侯外廬曾經在《中國思想通史》中說："包含有經濟的、政治的、軍事的、社會的各種大事……這些大事都是'王事'，都要求助於祖先神，也就是所謂的'殷人尊神，率民以事神'。"①從原始社會的"天下爲公"時代轉變到夏王朝"天下爲家"時代以後，經營國家就成爲"家業"，所以"王"依靠自己祖先神的力量解決在治理國家中遇到的困難，也是理所當然的。

　　商代時期統治階級尊神的主要對象爲祖先神和自然神，討好它們的主要方式爲祭祀活動。從十五萬片甲骨中記載的內容來看，商代統治階級舉行祭祀之前，基本上通過占卜與神靈溝通，祈求所面臨問題的解決方案和神靈的指示。即商代統治階級的占卜活動是先民的憲章，也是他們行爲的準則。他們也很相信這些占卜很靈驗，《史記‧龜策列傳》載："王者決定諸疑，參以卜筮，斷以蓍龜，不易之道也。……聞古五帝、三王發動舉事，必先決蓍龜。……聞蓍生滿百莖者，其下必有神龜守之，其上常有青雲覆之。……能得百莖蓍，並得其下龜以卜者，百言百當，是以決吉凶。"古代統治階級在國家運作中，卜蓍佔有非常重要的地位。因而，作爲他們與神靈之間的媒介物，即蓍草、靈龜，也不會是隨便選擇的，而且占卜的程式也很到位。

---

① 　侯外廬：《中國思想通史》第一卷，人民出版社 1957 年版，第 68 頁。

第一節　占卜所用龜甲的種類

商代人的占卜，基本上都是用龜甲和獸骨。雖然在文獻中沒有商人施行占卜時使用的龜甲、獸骨有關的記載，但是《周禮》等文獻中有關於周代占卜用龜甲的一些記錄，以窺見商代時期占卜用龜甲種類的一斑。董作賓在《商代龜卜之推測·辨相》中把有關古代占卜用龜甲列出，分別有"六龜""八名龜""十龜"，如下[1]：

第一，"六龜"。《周禮·春官》載："卜師掌開龜之四兆。一曰方兆；二曰功兆；三曰義兆；四曰弓兆。"卜師掌管的占卜書中的龜，其體爲一百二十，用四兆分別，即占兆之書分爲四部。"凡卜事，眂（shì：視）高。揚火以作龜，致其墨。""揚"鄭玄註"猶熾"，即卜師以龜高處示卜，灼龜明其兆。"凡卜，辨龜之上、下、左、右、陰、陽，以授命龜者，而詔相之。龜人掌六龜之屬，各有名物。"所謂的"六龜"，如下表3-1：

表3-1　　六龜之辨別

龜人六屬		鄭玄註		卜師，鄭玄註	《禮記·玉藻》孔穎達疏	爾雅	郭璞註
龜	屬	色	體	辨	用途	類別	狀態
天	靈	玄	俯者	下	祭天	俯者靈	行頭低
地	繹	黃	仰者	上	祭地	仰者謝	行頭仰
東	果	青	前弇	陽	春用	前弇諸果	甲前長
西	雷	白	左倪	左	秋用	左倪不類	行頭左痺
南	獵	赤	後弇	陰	（夏用）	後弇諸獵	甲後長
北	若	黑	右倪	右	（冬用）	右倪不若	行頭右庫

第二，"八名龜"。《史記·龜策列傳》中，列出八種名龜："記曰'能得名龜者，財物歸之，家必大富至千萬。'一曰'北斗龜'；二曰

---

[1]　參見董作賓《商代龜卜之推測》，《安陽發掘報告》1929年第1期。

‘南辰龜’；三曰‘五星龜’；四曰‘八風龜’；五曰‘二十八宿龜’；六曰‘日月龜’；七曰‘九州龜’；八曰‘玉龜’，凡八名龜。龜圖各有文在腹下，文云云者，此某之龜也。略記其大指，不寫其圖。取此龜不必滿尺二寸，民人得長七八寸，可寶矣。”

第三，“十龜”。《詩經·爾雅·釋魚》中，將龜分爲十種：“一曰神龜；二曰靈龜；三曰攝龜；四曰寶龜；五曰文龜；六曰筮龜；七曰山龜；八曰澤龜；九曰水龜；十曰火龜。”

明代醫者李時珍説：“山澤水火四種，乃因常龜所生之地而名也。其大至一尺以上者，在水曰寶龜，在山曰靈龜，皆國之守寶而未能變化者也。年至百千，則具五色，而或小或大，變化無常。在水曰神龜，在山曰筮龜，皆龜之聖者也。火龜者生炎地，如火鼠也。攝龜則呷蛇龜也。文龜，則蟕蠵（筆者註：紅色的大海龜），瑇瑁也。”[1]

董作賓認爲：“醫藥用龜，有所限制，故不如動物學中分類之多，而《爾雅》之十類，實則僅祇六類而已。蓋神、靈、寶之名，不過卜用龜之美謚，而筮龜一種，註稱‘常在蓍叢下潛伏’，考之龜策傳則又卜用龜之別名。”進而説“今以《爾雅》所列六類爲據，則卜用之龜一非文龜，文龜即蟕龜，其體長由三尺乃至五六尺，卜龜無如是之大也。二非攝龜，攝龜腹甲小，中心橫折，卜龜腹甲不如是也。三非山龜，以其僅長二寸四分彌補龜無如是之小也。四非澤龜，以其腹甲前爲彎形，後成截狀，今所見之腹甲不爾也。五非火龜，以其產於炎地，有如火鼠，非常見易得之物也。然則卜用之龜，舍水龜蓋莫屬矣”[2]。其理由有四：其一，體長五六寸至七八寸；其二，腹甲共九枚（筆者註：這九塊腹甲是刮去鱗片後纔能顯示）；其三，腹下之鱗片十二；其四，產於河湖池沼。

第二節　占卜所用龜甲和獸骨的各部位名稱及外形

用於占卜的龜甲、獸骨的外形有自己固有的名稱。爲研究甲骨占卜

---

[1] 《中華大字典》“龜部”，中華書局 1978 年版，第 2999 頁。
[2] 董作賓：《商代龜卜之推測》，《安陽發掘報告》1929 年第 1 期。

的過程，必須先瞭解龜甲、獸骨的各部位名稱及其外形，纔能較好地把
握占卜的過程。

一　龜腹甲外形及各部位名稱

1.龜腹甲的外形。刮去鱗片之前，龜腹甲分爲十二片。以龜腹甲中間
的中縫，即"千里路"爲界，分爲左、右兩部分，叫左、右龜甲。有三道
縱的盾紋和五道橫的盾紋。最長的一道縱的盾紋位於中縫處，兩道短的盾
紋位於左右甲橋處。五道橫的盾紋形態各異：第一道呈現 V 形；第二道近
直線；第三道近弓形；第四道近向下弧形；第五道近向上弧形。這五條橫
的盾紋把腹甲分爲左右六對，計十二塊盾片。從上到下的名稱爲喉盾、肱
盾、胸盾、腹盾、股盾、肛盾。[①]（參見圖 3-1）

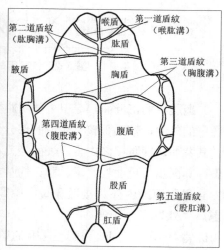

圖 3-1　龜腹甲的外形照片及示意圖

2.龜腹甲的各部位名稱。刮去鱗片之後，龜腹甲分爲九片。中甲之左
右，從上到下各有三道縱橫的齒紋，即中縫和左右甲橋處的竪縫。橫的齒紋
形狀各異：第一道齒紋從中甲的兩側角向上斜伸；第二道齒紋在腹甲之中
部，較平直；第三道齒紋在腹甲之下部，較平直。這三道齒紋左右對稱，將

---

① 王宇信、魏建震：《甲骨學導論》，中國社會科學出版社 2010 年版，第 64—65 頁。

龜腹甲分爲八塊，加上一塊中甲，共計九塊：中甲、右首甲、左首甲、右前甲、左前甲、右後甲、左後甲、右尾甲、左尾甲。（參見圖 3-2）

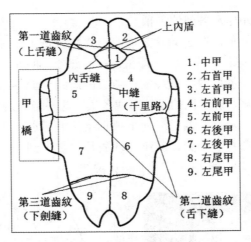

圖 3-2　龜腹甲的各部位名稱

3. 龜腹甲的正反面。龜甲主要用腹甲，很少用背甲。龜甲以腹甲下部，即腹甲的外面，較爲平整、光滑的部分爲"正面"，即占卜後呈現卜兆的一面。其背面，即腹甲之內裏，表面較爲粗糙，雖然經過刮磨，但仍不如正面平整，其面爲"反面"。鑽、鑿、灼基本上施於龜腹甲的"反面"。

4. 龜腹甲的內外。接近龜腹甲中間"千里路"部分爲"內"；接近邊緣處爲"外"。

5. 龜腹甲的上下。接近龜甲的首部爲"上"；接近龜甲的尾部爲"下"。

6. 龜腹甲的左右。從正面看，以龜腹甲"千里路"爲界，右邊部分爲"右龜甲"，左邊部分爲"左龜甲"。

二　龜背甲的各部位名稱[1]

1. 龜背甲的正面

背甲的外面隆起部分，其結構與龜腹甲有明顯差異。剖開之前背甲的

---

[1]　參見劉一曼《殷墟考古與甲骨學研究》，雲南人民出版社 2019 年版，第 92—93 頁。

表面有角質盾板 38 塊。其名稱和位置：頸盾（頸版）一塊，位於中部上方，呈四方形（圖 3-3 之右圖 A 部分）；脊盾（脊版）五塊，在頸盾之下，形體較大，呈六角形（B 部分）；肋盾（肋版）八塊（左右各四塊），在脊盾之兩側，上面的較大，下面的較小（D 部分）；邊盾（邊版）二十四塊（左右各十二塊），呈四方形（E 部分）。若將背甲從中部鋸開，則左右背甲各有盾板 22 塊（筆者註：頸盾分成兩塊，脊盾分成十塊，共十二塊，左右各有六塊；邊盾左右各十二塊；肋盾左右各四塊；因此，左右各有二十二塊）。

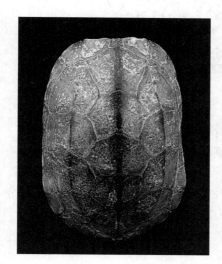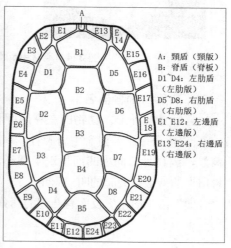

圖 3-3　龜背甲正面照片及示意圖

2.龜背甲的反面

剖開之前背甲的內層齒縫相連的骨版五十塊。其名稱和位置：頸甲一塊，位於中部上方，近六邊形，比正面上的頸盾大（A 部分）；脊甲（椎板）八塊，位於中部頸甲之下第一脊甲長方形，其餘爲六邊形（B 部分）；尻甲（臀板）三塊，位於脊甲之下，第二塊尻甲較大（C 部分）；肋甲十六塊（左右各八塊），位於脊甲之兩側，多近不規則的五邊形（D 部分）；邊甲（緣板）二十二塊（左右各十一塊），位於背甲之邊緣（E 部分）。若將背甲剖開以後，左右背甲各有骨版三十一塊。（參見圖 3-4）

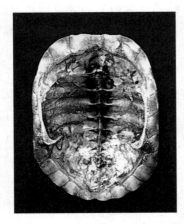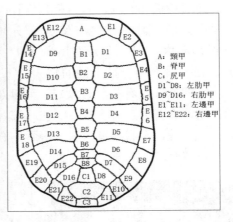

A：頸甲
B：脊甲
C：尻甲
D1~D8：左肋甲
D9~D16：右肋甲
E1~E11：左邊甲
E12~E22：右邊甲

圖 3-4　龜背甲反面照片及示意圖

三　肩胛骨的各部名稱

1.肩胛骨的外形。動物的左右肩胛骨皆可以使用。甲骨文中所謂"屯"（𡥀、𡥀），就是指"一對"牛肩胛骨。肩胛骨的上端爲"骨臼"，學名爲"關節窩"，因爲骨臼向內凹而呈現半圓形，所以小屯村民稱之爲"馬蹄兒"；"骨臼"的一邊有突起的叫"臼角"；"臼角"下部，即正面下部較寬的部分叫"骨面"；"臼角"反面有凸起的部分爲"骨脊"。（參見圖 3-5）

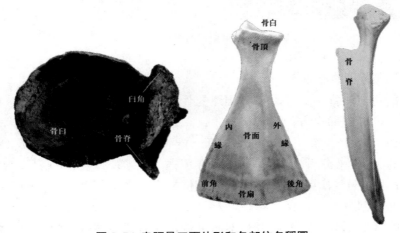

圖 3-5　肩胛骨正面外形和各部位名稱圖

2.肩胛骨的正反面。通常把無骨脊的較平滑的一面爲"正面"，而其背面，因爲鋸去骨脊和外緣隆起部分，所以骨面較粗澀，其面爲"反面"。與龜腹甲一樣，鑽、鑿、灼基本上施於反面（參見圖3-6）。然而康丁、武乙、文丁時期的肩胛骨中也有在"骨面"施鑿、灼的。[①]

3.肩胛骨的内外。"臼角"以下一側較薄的一邊爲"内緣"，其相對邊緣較圓而厚的爲"外緣"。肩胛骨的外緣，因爲其背面佈滿了鑽、鑿、灼，所以常斷裂成條狀，俗稱"骨條"。（參見圖3-7）

4.肩胛骨的上下。接近"骨臼"處爲肩胛骨的"上部"，其下面骨扇部分較薄，接近骨扇部分爲肩胛骨的"下部"。

骨脊

圖3-6　肩胛骨反面照片

5.肩胛骨的左右判別。從正面看，被切去的"臼角"方向爲其肩胛骨的左右。即切去的"臼角"方向爲左邊，就叫"左肩胛骨"，切去的"臼角"方向爲右邊，就叫"右肩胛骨"。（參見圖3-8）

圖3-7　骨條拓本
（《合集》139）

圖3-8　肩胛骨左右判別
（圖爲右肩胛骨）：左圖《屯南》2315爲正/右圖《屯南》2316爲反

---

① 中國社會科學院考古研究所：《小屯南地甲骨的鑽鑿形態》，《小屯南地甲骨》下册第三分册，中華書局1983年版，第1521頁。

第三節　占卜預備階段
——"甲骨"的整治

　　占卜所用的龜甲和獸骨，都必須要經過整治。這是占卜的最初階段，包括取材、削鋸、刮磨以及鑽鑿製作等工序。做這些工序時需要特定的工具。董作賓在《商代龜卜之推測》中説明了，甲骨整治所使用的工具：其一，鋸。其形是否如今制，已不可知。然於鋸痕之有層層橫紋，甚似其上有齒，鋸時又往來爲之。且鋸之跡寬 1.5 毫米乃至 2 毫米，則其刃之厚，當在 1 毫米左右；其二，錯，即"礪石"。殷墟出土之龜骨，多經錯治，凡文之交錯如織，即其遺矣；其三，刀。此爲刮治龜版之刀。龜骨在錯治之後，必刮治使光滑；其四，鑿。出土之骨，其平處蓋皆經鑿治者；其五，鑽。今日出土之卜用龜骨，其灼處必先鑿後鑽，鑿而不鑽者甚少。

　　但是我們必須要理解的是經過整治的甲骨並不一定能全用於占卜，再説，占卜用的甲骨是必須通過施灼（一般在甲骨的反面）後，在施灼的反面（一般在甲骨的正面）出現呈兆，這纔是占卜過的甲骨，即施灼呈兆的占卜用甲骨，則毫無例外地經過整治。即便經過整治，但沒有施灼呈兆的甲骨，祇能稱之爲"骨料"。

　　關於"甲骨"的整治，早期甲骨學家主要談到"龜甲"的整治，而幾乎沒有注意到"獸骨"的整治。如，董作賓的《商代龜卜之推測》[1]和陳夢家的《甲骨的整治與書契》[2]，《周禮》中也記載龜卜之事，但其內容過於簡單。關於"獸骨"的整治，到了 1973 年小屯南地甲骨出土後，學者們根據大量科學發掘所得的牛肩胛骨的研究，纔對獸骨整治過程有了進一步的認識。[3]

　　董作賓在《商代龜卜之推測》一文中較詳細地論述了"龜甲"的整治過程和方法。此文分爲十個方面進行論述，即取用、辨相、釁燎、攻治、類例、鑽鑿、燋灼、兆璺、書契、庋藏。而陳夢家在《甲骨的整治與書

---

[1]　參見董作賓《商代龜卜之推測》，《安陽發掘報告》1929 年第 1 期。
[2]　參見陳夢家《殷虛卜辭綜述》，中華書局 1988 年版，第 9—19 頁。
[3]　參見中國社會科學院考古研究所編《小屯南地甲骨》下冊第三分冊《小屯南地甲骨的鑽鑿形態》，中華書局 1983 年版。

契》一文中，以取材、鋸削、刮磨、鑽鑿、灼兆、刻辭、書辭、塗辭、刻兆等九個方面進行論述。王宇信師在《甲骨學通論》第五章第二節“甲骨的整治”[1]中，以取材、削鋸與刮磨、鑽鑿製作等方面進行論述。

一　取材

（一）龜甲

《周禮·春官》載：“凡取龜用秋時，攻龜用春時。各以其物，入於龜室。上春釁龜，祭祀先卜”，即萬物成時之秋天“取龜”，生機勃勃的春天“攻龜”，即殺龜。“攻龜”之前，先舉行祭祀。對此，陳夢家説：“《周禮》有龜人之官，取龜於春而攻龜（即殺龜存甲）於秋，以入於龜室，然後釁之。”[2]陳夢家的分析與《周禮·春官》相比，“取龜”和“攻龜”時間及“攻龜”與祭祀的次序都顛倒了。

據《周禮·春官》記載，“取材”（即取龜）有兩個概念，即把龜甲“收取”和“取命”。這是與古代醫學“生長化收藏”的自然界生長消亡過程思維有著密切關係的。秋天是萬物收穫的季節，過了夏天萬物的生命蓬勃生長，再過了長夏萬物的生命開始發生變化，即蓬勃生長的“龜甲”靈性到了長夏發展達到極高，再到秋天開始轉向向內回歸，即“龜甲”的靈性達到了極盛的秋天，收取龜甲，冬天其靈性蟄伏。到了春天生命再復蘇，即龜甲的靈性復蘇時殺龜，保留它的靈性，因此“秋取龜，春攻龜”。攻龜之前，即在“上春”舉行“釁”祭，之後攻龜。根據甲骨文記錄，晚商時代將占卜用龜甲“攻龜”之前亦舉行祭祀。

“燎龜……一牛”（《甲編》279）

“辛丑卜，燎龜戈三牢”（《佚》234）

“攻龜”之前用牛來舉行燎祭。這種祭祀與《周禮·春官》中的“上春釁龜，祭祀先卜”記錄吻合。關於此種祭祀，董作賓認爲“釁龜用牛，則春秋時猶存其説，《管子·山權數》篇有曰‘之龜爲無貲，而藏諸泰臺，一曰而釁之以四牛，立寶曰無貲’。此可證商人燎龜之‘三牢’亦即所以釁之也”[3]。

---

[1] 參見王宇信《甲骨學通論》，中國社會科學出版社 1993 年版，第 107—113 頁。

[2] 陳夢家：《殷虛卜辭綜述》，中華書局 1988 年版，第 10 頁。

[3] 董作賓：《商代龜卜之推測》，《安陽發掘報告》1929 年第 1 期。

《史記·龜策列傳》中亦有較詳細地記錄："於是（宋）元王向日而謝，再拜而受。擇日齋戒，甲乙最良，乃刑白雉，及與驪羊；以血灌龜，於壇中央。以刀剝之，全身不傷。脯酒禮之，橫其腹腸。"祭祀和攻龜結束之後，剔去血肉、內臟，使之成爲空殼。然後把這些空龜殼貯藏起來，以備占卜所用。這些空殼尚未經過削鋸、刮磨等工序，所謂的"原料"或"骨料"。（參見圖 3-9）

在殷墟科學考古發掘過程中，曾經發現不少龜甲空殼。董作賓在 1928 年 10 月第一次對殷墟科學考古發掘時聽當地農民說："前數年村北河岸，曾發現一儲藏龜料之所，大小數百隻，皆爲腹背完整之龜甲。"[①]這些"骨料"就是春天"攻龜"之後尚未經過削鋸、刮磨等工序而留下來的"空殼"。

圖 3-9　龜甲空殼

那麼，晚商時代占卜用的龜甲是從哪裏來的？

據古文獻記載，產龜主要是在南方。諸如，《尚書·禹貢》載："九江納賜大龜"，"納"就是貢入，是說"從九江進貢來的大龜"；今本《竹書記年》記載，在西周末年厲王時"楚人來獻龜貝"，楚地本身著名的產龜之地，《莊子·秋水》載，"吾聞楚有神龜"；直到漢代，長江中游是占卜用龜的主要產地，《史記·龜策列傳》載，"神龜出於江水中，廬江郡常歲時生龜，長尺二寸者，輸太卜官"；《逸周書·王會解》載，"伊尹受命，於是爲四方令曰……正西……神龜爲獻"。這些古文獻中除

---

① 董作賓：《新獲卜辭寫本後記》，《安陽發掘報告》1929 年第 1 期。

了《逸周書》所説的"西方獻龜"之外，其他的產龜地方都是南方。生物學家曾經鑒定了安陽殷墟出土龜甲的產地，説："此種中國膠龜僅產於南方，如福建、廣東、廣西、海南、臺灣等地。"①

然而，我們要注意的是著名的 YH127 坑中出土的一版龜甲（《乙編》4330），長達 0.4 米，是目前所得的龜甲中最大的一個。據學者的論證，此龜版與現在馬來半島產的龜是同一類的。②這片龜甲是怎樣從馬來半島過來的呢？怎麼會在安陽殷墟出土呢？這是我們值得思考的問題。這是研究晚商時代交通、交易和各個不同民族之間交流方面的重要問題。當然我們僅憑這一版龜甲，並不能説明安陽殷墟的商朝人和馬來半島人之間有直接交流。若是這樣，在殷墟要發現更多從馬來半島來的龜甲和其他遺物，同樣在馬來半島也要發現晚商時代從殷墟過去的遺物。但就目前來説，除了 YH127 坑中所出的這一版龜甲之外尚未發現其他的。

關於晚商時代占卜用龜甲的來源，胡厚宣總結説，"東方或北方產龜之記載，無有焉。此與卜辭所記正合。故吾人義爲殷代卜用之龜，大約即來自南方或西方也"③。

據甲骨文記載，商代時期占卜用的龜甲，大概是從南方或西方進貢來的。這些記録，也證實了古文獻記載的正確性。

"貞，龜不其南氏"（《合集》8994）

"有來自南氏龜"（《乙》6670）

"西龜，一月"（《合集》9001）

"氏（ǎ）"或"以（ǒ）"象攜物之形，即甲骨文中爲至送、貢納、進貢之義。第一、二條卜辭占問從南方進貢龜的事。第三條卜辭占問，"西龜"即指從西方來的龜。

（二）獸骨④

其主要來源是當地所產。商代時期的畜牧業已經很發達，是商代經濟中一個非常重要的領域。商代時期的"畜牧業是商人的傳統經濟行業。他

---

① 卞美年：《河南安陽遺龜》，《中國地質學會會志》十七卷一號，1937 年。
② 參見陳夢家《殷虛卜辭綜述》，中華書局 1988 年版，第 8 頁。
③ 胡厚宣：《殷代卜龜之來源》，《甲骨學商史論叢》初級第 4 冊，載於《甲骨文研究資料匯編》，北京圖書館出版社 2000 年版。
④ 因爲占卜用的獸骨，主要是牛肩胛骨，因此以下稱爲"肩胛骨"。

們有著經營畜牧業的悠久歷史和豐富的經驗，畜牧經濟中一些有關的重要
創制都與他們有關。尤其在商王朝建立後，畜牧業獲得了更大的發展，成
爲社會中一個獨立的經濟部門"①。

在文獻中，商民族的祖先以畜牧業出名，如《世本·作篇》載："相
土作乘馬"，即相土發明用馬拉車或者騎乘之技術，相土是商民族始祖契
的第三世後孫；《管子·輕重戊》云："殷人之王，立皂牢，服牛馬，以
爲民利而天下化之。""皂牢"即養牛馬的食槽和牢圈；《左傳·昭公七
年》在："馬有圉"，杜預註："養馬曰圉"，《說文》中"圉"有兩個
解釋，一爲"圉，囹圄，所以拘罪人"，是用來拘禁罪犯的牢獄。另一種
解釋爲"圉人，掌馬者"，王筠《句讀》云："《夏官·圉人》：'掌養
馬芻牧之事'。"即養馬之人稱之爲"圉"。契之第五世孫叫"曹圉"，
他所處的時代爲夏王朝，他的職務可能與以槽牢從事牲畜的飼養有關；
《世本·作篇》又云："胲作服牛"，"胲"王國維考證了"亥"，即甲
骨文中的"王亥"②，先公上甲微之父。

文獻中的牛、馬等不會是野生動物，應是飼養的家畜。這表明商民族
成湯建國之前，在畜牧業方面已經有一定的基礎和經驗，而建立商王朝之
後，畜牧業方面的技術水準肯定是提高了。

殷墟及其他商代考古遺址的各種祭祀坑中發現的祭祀犧牲的動物確實
很多，諸如牛、羊、豕、馬、犬等。早期殷墟發掘時，在西北崗王陵區發
現馬坑，一個坑中埋藏馬最多的有 37 匹③，1976 年在安陽武官村北地發現
30 個埋馬的祭祀坑④，共發現埋馬 117 匹，平均每坑 3—4 匹馬，據中國社
會科學院考古研究所安陽工作隊的探測，附近還有類似的祭祀坑大約 80
個。若以已發掘每坑 3—4 匹馬算，這裏埋馬可達到 240—320 匹馬。20 世
紀 50 年代末，在白家墳曾發現一坑中埋牛角，共有 40 餘隻⑤，換算過來

---

① 周自強主編：《中國經濟通史·先秦經濟卷·上》，經濟日報出版社 2000 年版，第 279 頁。
② 王國維：《殷卜辭中所見先公先王考》《續考》，《觀堂集林》卷第九《史林一》，第 212—
214 頁。
③ 胡厚宣：《殷墟發掘》，學習生活出版社 1955 年版，第 82 頁。
④ 中國社會科學院考古研究所安陽工作隊：《安陽武官村北地商代祭祀坑的發掘》，《考古》
1987 年第 12 期。
⑤ 中國社會科學院考古研究所：《殷墟發掘報告（1958—1961）》，文物出版社 1987 年版，第
115 頁。

就有 20 多頭牛。在大司空村、北辛莊等制骨作坊中發現的骨料亦非常多，如在大司空村發現骨料約有 35000 塊、在北辛莊發現約有 5000 塊骨料，能夠辨識出來的動物種類有馬、牛、羊、豬、犬、鹿等。①

甲骨文中出現的祭祀犧牲的動物種類較多者是牛、羊、犬、豬等，都是可以畜牧的。晚商時代祭祀神靈時被犧牲的牛、羊、犬、豬等，少則一頭，多則數十、數百頭，甚至有達千頭的，如"丁巳卜，爭，貞：降啚千牛/不其降啚千牛、千人"（《合集》1027 正）。又有用牛、羊、豬各 100 頭，小豬 50 頭的祭祀卜辭，"卜，貞。燎啚百羊、百牛、百豝、南五十"（《合集》40507）。"南（屮）"作爲甲骨文方位詞爲假借，其作爲祭牲被釋爲"豰"，指小豚。這次用牲共計 350 頭，是相當可觀的數目。

在殷墟發掘過程中曾經發現不少肩胛骨的"骨料"，"已經修治光滑之肩胛骨版，土人得之，往往售於肆估，用以僞造。其中有背面（筆者註：面）已鑿者，有鑿而復灼者，均爲僞刻者所喜。今所得此類'成料'，凡二千餘片"②。所謂的"成料"，可分爲兩種：第一種爲整治後未使用過占卜的，實爲"骨料"；第二種爲"有鑿而復灼者"，即實際上已經使用過占卜的，祇是沒有契刻甲骨文而已。因此第二種的"成料"是與真正的"骨料"不同的材料。

除此之外，董作賓還有整理肩胛骨的"原料"和"廢料"的概念："原料"爲"未經切鋸削治之大獸骨也，吾人得此等骨料至多，可數百斤"；"廢料"是"卜用之骨版，必經刮削，使底面平滑，易於鑿契。其廢棄之處較少。若制器之骨，則於兩端及邊緣多廢棄之。今所見有作半圓形者，有作長條者，有殘餘一段者。其截鋸之狀，甚爲顯然"③。"廢料"就是有意的"作廢"，而不是自然而廢的。

二 削鋸與刮磨

龜殼和肩胛骨等"骨料"，經過削鋸、刮磨等工序後，纔能施鑽鑿以備占卜用。

---

① 中國社會科學院考古研究所：《殷墟發掘報告（1958—1961）》，文物出版社 1987 年版，第 82、88 頁。
② 董作賓：《新獲卜辭寫本後記》，《安陽發掘報告》1929 年第 1 期。
③ 董作賓：《新獲卜辭寫本後記》，《安陽發掘報告》1929 年第 1 期。

（一）龜甲

首先從背甲與腹甲的連接處，即所謂的"甲橋"之處鋸開，並使一部分"甲橋"連在腹甲上（參見圖 3-10）。然後刮磨甲橋邊緣的突起部分，並成整齊的弧形，使腹甲較爲平直。一般占卜用的是"腹甲"，但是亦有"背甲"。因爲背甲不太方便使用，所以經過更多的加工纔能夠使用。將背甲從中脊鋸開，使之一分爲二。在鋸開以後，又鋸去中脊凸凹較甚的部分和首尾兩端，成爲"鞋底形"，有的時候中間有穿孔，這叫"改制背甲"（參見圖 3-11）。

"刮磨"時，先要刮去龜甲表面的鱗片，並把鱗片下面留有的盾紋刮平，以便看卜兆和刻辭。然後再磨錯龜甲正面和裏面（即反面）高厚不平的地方，使之匀平變薄，以便於呈兆。錯磨之後還要刮磨，使龜版平滑光潤。

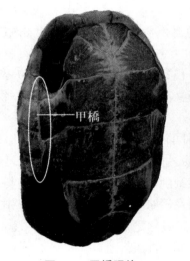

圖 3-10 甲橋照片

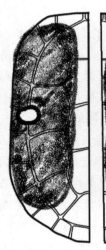

圖 3-11 改制背甲圖

（二）肩胛骨

牛的肩胛骨左右都可以使用。在整治時，先把骨臼從長的一面（臼角對面之處，即在向反面之處）切去一半或三分之一，使之成爲月牙形。然後再把突出的臼角部分向下向外切掉，成爲九十度的缺口。再把背面骨臼以下凸起的整個"骨脊"都削平。最後把骨臼下部分隆起的地方和外緣的

厚部分都削平。（參見圖 3-12）

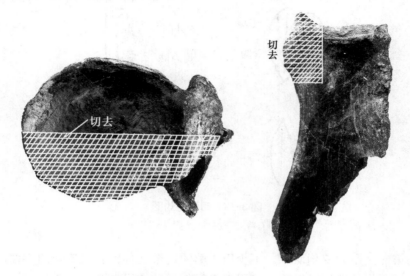

圖 3-12　骨臼和臼角切去圖

三　鑽鑿制作

經過削鋸、刮磨等工序之後，將其反面施以鑽鑿。甲骨的鑽鑿，一般施於龜甲和肩胛骨的反面，即背面，亦有少數施在正面者。施好的鑽鑿處較其他部位要薄，因此占卜時燋灼鑽鑿處，由於骨面厚薄不同，在薄處，即鑽鑿處的正面上容易呈現裂痕（即卜兆），以供判斷吉凶之用。

這些鑽鑿都是人工造作的。"'鑿'是指長方形、橢長形、棗核形凹槽，'鑽'是指圓形或半圓形的窪洞。鑽多附於鑿之一側，但也有一些圓鑽是單獨排列的。"[1]（參見圖 3-13）

（一）鑿的製作

根據學者對小屯南地甲骨鑽鑿形態研究，沒有發現鑿子的痕跡，因此認爲"鑿鑽不是用鑿子鑿挖而成的"[2]，製作鑿的方法有二[3]：

---

① 劉一曼：《殷墟考古與甲骨學研究》，雲南人民出版社 2019 年版，第 102 頁。
② 王宇信：《甲骨學通論》，中國社會科學出版社 1993 年版，第 110 頁。
③ 王宇信、具隆會：《甲骨學發展 120 年》，中國社會科學出版社 2019 年版，第 25—26 頁。

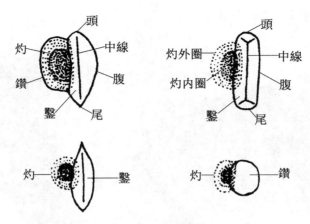

圖 3-13　鑽鑿施灼圖
（採自劉一曼《殷墟考古與甲骨學研究》）

第一，用刀挖刻而成。不少甲骨鑿的內壁上都留有很清晰的刀痕，有的是長方形的鑿挖成以後，又用刀繼續把鑿的邊緣加寬，內壁呈現出一圈凸棱，從平面上明顯看出內外兩圈。也有的鑿是在長方形的基礎上，修正並加寬鑿的外圈，外圈顯現出鼓腹的尖弧形，但鑿的內圈仍近似原來的長方形（參見圖 3-14）。

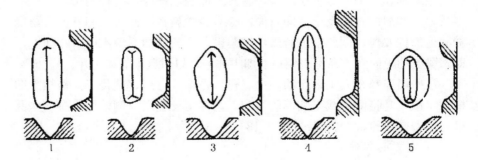

圖 3-14　用刀挖刻而成的鑿
1.《屯南》2166；2.《屯南》2666；3.《屯南》2307；4.《屯南》728；5.《屯南》3193
（採自劉一曼《殷墟考古與甲骨學研究》）

第二，輪開槽。這種鑿應是使用一種與現在砣輪近似的小輪開槽後製成的。劉一曼等學者通過實驗證明，小屯南地甲骨的輪開槽之鑿，有以下三種做法[①]：

其一，輪開槽後，不再用刀加工，或祇用刀加工鑿的邊緣而不加工底部，因而此種鑿的底部保持規則的弧形（參見圖 3-15：1、2）。

其二，輪開槽後，用刀將鑿之邊緣和底部稍作加工，故其底仍略近弧形，或可稱之爲弧平底（參見圖 3-15：3、4）。

其三，輪開槽後，底部加工較大，已不成弧形，有的底部爲平底，有的呈袋裝（參見圖 3-15：5、6）。亦有兩種方式，一種是輪開槽後不再用刀加工，或祇用刀加工槽的邊緣部分，而不加工底部，這樣的鑿縱剖面保持弧形；另一種是輪開槽後，底部用刀加工量較大，刀痕明顯，已看不出弧形。

（二）鑽的製作

指的是單獨的小圓鑽和鑿旁的鑽。甲骨上的“鑽”一般並非都用鑽子而成。據 1973 年小屯南地出土甲骨實物研究，復原了甲骨上施鑽的方法。製作鑿旁之鑽的方法有三[②]：

第一，用鑽子鑽成（參見圖 3-16：2），這種數量很少。

第二，先輪開槽，再用刀加工，使鑽內側與鑿鏈接。這種“鑽”之外側仍然保持弧狀（參見圖 3-16：3、4）。

第三，用刀挖刻而成。小屯南地所出的甲骨中，絕大多數鑿旁之鑽是用此種方法做成的。這種鑽的特點是平面很不規則，邊緣不整齊，鑽壁和底部往往留有刀痕（參見圖 3-16：5、6）。

另外，單獨的小圓鑽的製作，劉一曼等推測，“這類圓鑽的平面爲圓形，四壁及底部光滑。從而推測它是用實心的小圓棒在卜骨上迅速旋轉而鑽成的”[③]（參見圖 3-16：1）。

（三）龜甲上施鑽鑿

古文獻中有鑽龜和鑿龜的記錄。如《周禮·春官》載，“眂高。揚火以作龜”，鄭司農註：“作龜”，謂“鑿龜令可熱”；《韓非子·飾邪》載“鑿龜數筴，兆曰大吉，而以攻燕者，趙也。鑿龜數筴，兆曰大吉，而以攻趙者，燕也”；《荀子·王制》“鑽龜陳卦，主攘擇五卜，知其吉凶

---

①　劉一曼：《殷墟考古與甲骨學研究》，雲南人民出版社 2019 年版，第 103—104 頁。
②　劉一曼：《殷墟考古與甲骨學研究》，雲南人民出版社 2019 年版，第 105 頁。
③　劉一曼：《殷墟考古與甲骨學研究》，雲南人民出版社 2019 年版，第 104 頁。

妖祥"。有鑽龜者，亦有鑿龜者，都可以占卜。而在典籍中沒有鑽鑿並使者，但是安陽出土之甲骨，則有鑽鑿並使者亦不少。由此，我們可知晚商時代的卜法到西周以後已經改變了。

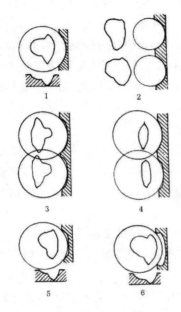

圖 3-15 輪開槽作的鑿

1《屯南》2771；2《屯南》2680；3《屯南》2525；4《屯南》3569；5《屯南》2671；6《屯南》4513+4518（採自劉一曼《殷墟考古與甲骨學研究》）

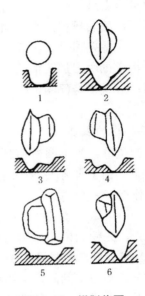

圖 3-16 鑽製作圖

1《屯南》751；2《屯南》2173；3《屯南》2777；4《屯南》4516；5《屯南》2612；6《屯南》2604（採自劉一曼《殷墟考古與甲骨學研究》）

董作賓認為"鑽鑿之先於灼，卜事之順序然也。然是否灼之時，隨用而隨鑽之，抑先鑽全龜以備灼用？是不可不一考研之。觀於龜甲，往往有既鑽鑿而未灼之處，可知非臨時鑽"，即龜甲的鑽鑿是提前做好後，占卜時使用之。

鑽之形態基本圓形，鑿之形態基本橢圓而尖長，如"棗核"形。在龜甲的反面作了鑽鑿，施灼（其位置，基本上在鑽處），在其反面，即在正面出現縱橫的裂痕。鑽之部分出現，橫裂，一般叫"兆枝"，鑿之部分出現，縱裂，一般叫"兆幹"。這就是所謂的"卜兆"。在上述龜甲的各部位名稱圖中（參見圖 3-2），中間的縱線爲"千里路"，以其爲軸左右對稱。右邊龜甲的鑽在鑿的左邊（註：正面上看左龜甲），左邊龜甲的鑽在鑿的右邊（註：正面上看右龜甲）。這樣兆枝都向內出現。（參見圖 3-17）

龜甲上鑽鑿的分佈，有其規律。董作賓以第一次殷墟科學發掘所得的十七版龜甲爲研究對象做過龜甲上鑽鑿分佈的規律[1]：

其一，凡龜版"左右對稱"之甲，其鑽數必相同。

其二，龜版之前左甲與後左甲，前右甲後右甲，其鑽數相同（間有前少於後一鑽者）。

其三，龜版首、尾、中共五甲（筆者註：首、尾各有左右兩個，中爲中甲一個），小者多不鑽，首、中三甲之不鑽者猶多。常見無字甲，首右甲八，首左甲六，尾右甲四，尾左甲十一，皆未鑽鑿灼用者。而尾左右拼之各不相合，知爲十五龜，則首尾甲不用者之多可知。

在龜版上鑽鑿基本上主要用爲左右前甲和左右後甲，其次爲左右尾甲，最少者爲左右首甲和中甲。

《莊子·外物篇》中有"七十二鑽"的記錄，"乃刳龜，七十二鑽而無遺筴（筆者註：策）"，董作賓說，"此所謂七十二鑽，乃舉大龜之最多數而言，非妄語也。所謂'無遺策'者，'策'即'冊'指龜版而言。遺，留餘也。言七十二鑽，使龜冊無留餘之地，則鑽之最多者"。董作賓認爲在龜版上鑽的分配，如表 3-2[2]：

表 3-2　　　　　　　　　　　七十二鑽分佈統計

總數	一 （中甲）	二 （右首甲）	三 （左首甲）	四 （右前甲）	五 （左前甲）	六 （右後甲）	七 （左後甲）	八 （右尾甲）	九 （左尾甲）
72	2	2	2	14	14	14	14	5	5

從表 3-2 來看，龜甲的鑽鑿大都分佈於左右前甲和左右後甲，其次爲左右尾甲，左右首甲和中甲爲最少。其分配的數據和董氏自己做的統計數據是基本上吻合的，如表 3-3[3]：

---

[1]　董作賓：《商代龜卜之推測》，《安陽發掘報告》1929 年第 1 期。
[2]　董作賓：《商代龜卜之推測》，《安陽發掘報告》1929 年第 1 期。
[3]　董作賓：《商代龜卜之推測》，《安陽發掘報告》1929 年第 1 期。

表 3-3   鑽鑿數據統計

龜版部位	各部位所可有之鑽鑿數	備註
中甲	0、2、3	"0"爲不鑽者
左右首甲	0、1	"0"爲不鑽者
左右前、後甲	1、2、3、4、5、6、7、12	
左右尾甲	0、1、3、4、5	"0"爲不鑽者

　　不過從殷墟出土龜甲的實物來看，72 鑽者並不是最多的。如《合集》151 反，鑽者明顯的有 120 多個，若加上殘破的部分，就更多。其鑽鑿分佈集中在左右前、後甲，其次爲左右尾甲，最少者爲中甲和左右首甲。關於龜甲的鑽鑿分佈規律，董作賓的分析無誤。（參見圖 3-18）

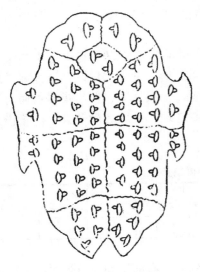

圖 3-17　鑽鑿分佈圖
（採自董作賓《商代龜卜之推測》）

圖 3-18　《合集》151 反

（四）肩胛骨上施鑽鑿

　　一般肩胛骨背面所施鑽鑿，多在肩胛骨外緣（與臼角相對的一邊）較厚處一側。中部削骨脊處鑿較少，往往排列零亂。從反面看，右胛骨的鑽在鑿的左側，左胛骨的鑽在鑿的右側。也有少數在正面施鑽鑿者。從正面看，右胛骨鑽在鑿之右，左胛骨鑽在鑿之左，這樣就兆枝向內緣（即原臼角方向）形成。

在肩胛骨上鑽鑿排列的方式，如下：

其一，一行排列：一行長排者。（《屯南》2295 反面，參見圖 3-19）

其二，二行排列：有四種方式。

第一種：內緣第一行與外緣第一行鑿平齊排列。（《屯南》1126 反面，參見圖 3-20）

第二種：內緣第一行第一鑿與外緣第二鑿平齊排列。（《屯南》2163 反面，參見圖 3-21）

第三種：內緣第一行第一鑿與外緣第三鑿平齊排列。（《屯南》728 反面，參見圖 3-22）

第四種：內緣第一行第一鑿與外緣第四鑿平齊排列。（《屯南》619 反面，參見圖 3-23）

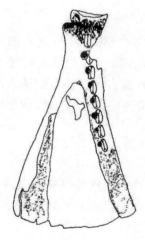

圖 3-19　《屯南》2295 反面

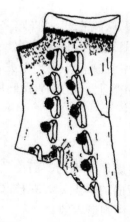

圖 3-20　《屯南》1126 反面

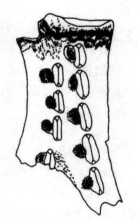

圖 3-21　《屯南》2163 反面

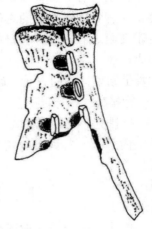

圖 3-22　　《屯南》728 反面　　　圖 3-23　　《屯南》619 反面

第四節　施行占卜與契刻甲骨文字階段

　　商代時期，統治階級無論在處理"國之大事"還是商王個人的行止，都"卜以決疑"，即通過占卜來決定一切活動。占卜時，把整治（包括鑽鑿的工序）好的甲骨拿來，施灼呈兆，判斷吉凶，然後把所占問之事契刻（或書寫）在甲骨上，這就是我們所說的甲骨文。這樣就完成了占卜的過程。

一　施灼

　　施灼時甲骨受熱，各處厚薄不同，而冷熱不均，故鑽鑿處率先爆裂，而在正面呈現出兆幹（背面的鑿處）、兆枝（背面的鑽處）。然後根據正面呈現的卜兆，即兆象，來判斷吉凶。

　　《周禮·春官》載："菙氏掌共燋契，以待卜事"，"菙氏"即掌管占卜時灼龜之木材的官吏。鄭玄註，"燋謂炬，其存火"，杜子春說："燋讀爲細目燋之燋，或曰如薪樵之樵，謂熱灼龜之木，故謂之燋。"《説文》載："燋，所以然持火"，《玉篇》載："炬火"又同"焦"，又載："焦，火燒黑也。""樵"《説文》，徐鍇《繫傳》云："散木也。"董作賓説："采來之散木爲樵，火燒而焦爲燋，炭則其異名而已。今所見殷墟出土之甲骨，同時有甚多之炭塊，則與所謂'燋'者，不能無相當之關係也。"①

《周禮·春官·菙氏》亦載："凡卜以明火爇燋，遂歙（古同吹）其焌契，以授卜師。""歙其焌契"，鄭玄註："謂以契柱燋火而吹之也。"《疏》"謂將此焌契以柱於燋火，吹之使熾也"，"燋火"即專用以爇焌契者。《儀禮·士喪禮》載："楚焞置於燋，在龜東"，"楚焞"即灼龜之荊木，置於燋，就柱於燋火，蓋置之炭火之上，燃以供卜師之用。②

二　卜兆

卜兆本身是施灼後正面上出現的裂紋，無論是用龜甲還是獸骨來占卜，都是根據卜兆來判斷吉凶禍福。所以卜兆是占卜中最主要的且不可缺少的，若没有卜兆，就無從占卜。因此，怎樣纔能使得所用的甲骨上裂出一種預示吉凶禍福的兆紋來，應該是占卜的第一要務。

（一）卜兆

——施灼而呈現

卜兆，原指在甲骨正面上出現兆幹和兆枝縱橫的"兆璺"之形，今甲骨刻辭中所有"卜"字，諸形，皆象兆璺之縱橫，即鑽鑿處所出現的裂痕。"卜"字的意義爲甲骨施灼之後的見兆，《周禮》註："問龜曰卜"，這裏的"問"指的就是施灼的行爲，其音爲象灼龜而爆裂之聲音。

《周禮·春官》載："凡卜，君占體，大夫占色，史占墨，卜人占坼。"《註》云："體，兆象；色，兆氣；墨，兆廣；坼，兆璺。體有吉凶，色有善惡，墨有大小，坼有微明。""坼"就是"卜兆"，即龜甲所裂縱橫之裂紋。

孫希旦在《禮記集解》云："凡卜以火灼龜，視其裂紋，以占吉凶。其鋸紋謂之墨，其細紋謂之坼。謂之墨者，卜以墨畫龜腹而灼之，其從墨

---

① 董作賓：《商代龜卜之推測》，《安陽發掘報告》1929 年第 1 期。
② 董作賓在《商代龜卜之推測》中，詳細地列舉了其他"燋灼"的過程和方法，包括"契合焌"之區別、"三一丸之灼用法"等。

而裂者吉，不從墨而裂者凶。故卜吉謂之從。裂紋不必皆從墨，以其吉者名之，故總謂之墨。"《周禮》鄭玄註："墨，兆廣也。坼，兆璺也。"則可知"兆"又分爲"墨"和"坼"。

卜和兆的差別是什麽？《說文》："兆，灼龜坼也。""兆之爲象形字，同於卜，其異點則在兆爲多數坼文之代表，卜則僅表一坼文而已。"

上述所見的文獻內容爲周代的方式，可能與晚商時代的方式有所差距。關於商代的卜法因失傳，現已無法證實。上述所周代的方式僅可參考。

（二）刻劃卜兆
　　　　——人工刻畫的卜兆

一般認爲卜兆是在甲骨的鑽鑿處施灼後，在其反面，即一般在正面上出現的裂紋，這就是所謂的"卜兆"，是因施灼而出現，所以是自然而然的痕跡。但在武丁時期的一些甲骨上發現有人工刻劃卜兆的現象，這是武丁時代所特有的一種現象。

YH127 坑出土的有些甲骨中有一種叫"刻劃卜兆"的非常特殊的情況，即在正面呈現的卜兆之上用刀再加以刻劃。董作賓說："爲的保存著卜兆的'神跡'史官們都是相當的敬重它書契卜辭必須避讓著卜兆。這是甲骨文中最普通的現象。這一坑裏（筆者註：指 YH127 坑）卻發現一種例外，在卜兆之上，再用刀加以刻劃。這是武丁之世，一個時期的特殊風氣……刻劃卜兆這件事，很明白是爲的美觀，當太卜看過裂紋，判定吉凶，得到答案之後，太史們便把卜辭寫在上面，卜兆的號數亦寫了，然後用刀刻字，覺著裂紋細微，不甚醒豁，於是順手也在卜兆上加以刻劃。"[1]（參見圖 3-24）

胡厚宣亦在《釋雙劍誃所藏龜甲文字》中也與董氏同樣的看法，説："（雙劍誃所藏之）三版龜甲有一共同點，即卜兆皆經刻過是也。考甲骨卜辭契刻卜兆之例，在已著錄之甲骨中，實前所未聞。諸家已從無注意及之者。據餘所見，中央大學、華西大學、束元民氏所藏各有一片。中央研究院第十三次發掘殷墟共得甲骨文字一七八〇四片，除經改造過之龜背甲、經刮削重刻之龜腹甲、牛胛骨、武丁以前之甲骨，共約數百版外，其

---

① 董作賓：《殷虛文字乙編·序》，"中研院"歷史語言研究所，1948 年；《中國考古學報》第四冊 1949 年，第 260 頁。

餘數千版乃至萬版龜甲，其卜兆皆經刻過。今此三版龜甲，其卜兆亦經刻過。……故疑與塗朱塗墨之例同，目的在使其顯赫，以求美觀。"①

我們從胡厚宣説法中可以瞭解到在武丁時期相當多的甲骨有"刻劃卜兆"的。我們認爲這是武丁時期占卜過程中的一種習慣，即占卜後和契刻文字之前，先要把卜兆用刀刻劃一遍。之所以如此，是因爲往往灼裂之兆在骨面上纖細不明顯，所以需要先用刀把兆紋加深，再刻甲骨文，以避免"犯兆"，並不是爲了美觀。

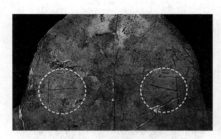

圖 3-24　刻劃卜兆《丙編》354 拓本和照片

（照片採自李宗焜《當甲骨遇上考古——導覽 YH127 坑》）

（三）犯兆

——守兆的特殊現象

王宇信師説："殷人每灼龜一次，就在兆枝的左（或右）上方刻下兆序，卜畢將所問之事刻在有關卜兆附近，也就是通常所説的卜辭'守兆'。在甲骨上，刻辭的走向一般是'迎兆'而不'犯兆'。換一句通俗的話説，就是刻辭的走向與兆枝恰好相對，但不能把字刻在卜兆上（筆者註：即避兆）。"②刻辭一般不犯兆，但是 YH127 坑出土甲骨中有不少的犯兆現象，是因爲施灼後正面出現的裂紋不甚。李宗焜説："史官在根據卜兆判斷吉凶後，就會把卜辭刻在卜兆旁邊，通常刻卜辭時都會避開卜兆，一般稱謂'避兆'。但 YH27 坑中的甲骨，有時可以看到卜辭刻在卜

---

① 胡厚宣：《甲骨六錄·釋雙劍誃所藏龜甲文字》，成都齊魯大學國學研究所 1945 年石印本，第五頁，載於《甲骨文研究資料匯編》，北京圖書館出版社 2000 年版。

② 王宇信：《甲骨學通論》，中國社會科學出版社 1993 年版，第 146 頁；又在《中國甲骨學》，上海人民出版社 2009 年版，第 153—154 頁。

兆上的情形，一般稱爲'犯兆'。"①他所舉的《乙編》867 片，卜辭明顯刻在幾個卜兆之上，是典型犯兆的例子。（參見圖 3-25）

《合集》5611（《乙編》867）犯兆的兩條卜辭各侵犯了四個卜兆，其卜辭和兆序，如下：

"丙子卜，韋貞，我受年。一、二、三、四、五、二告、六。"

"丙子卜，韋貞，我不其受年。一、二、三、四、五、六。"

那麼，卜辭契刻時何以會犯兆，劉源説："其所犯的是沒有兆序或刮去兆序的'廢兆'，同時其所守的卜兆則皆有兆序。"②即"犯兆"部位沒有兆序，而其與卜辭有關的"守兆"則都有兆序。

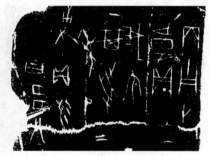

圖 3-25　犯兆《合集》5611（《乙編》867）部分拓本和照片

（照片採自李宗焜《當甲骨遇上考古——導覽 YH127 坑》）

張秉權曾經在《甲骨文與甲骨學》中關於"序數"即"兆序"中的一些論證，説："有一部分卜辭，不避卜兆，我們稱它們爲'犯兆卜辭'，而那些被卜辭所侵犯了的卜兆，大部分都是沒有序數的，或者刻了序數之後，又被剷除了的。"③即"犯兆"卜辭所犯之兆，基本沒有序數（兆序）。劉源很重視這個論斷，提出了"犯兆"是"守兆的特殊形式"④，雖説是"特殊現象"，但爲何出現這種現象，目前學術界尚未定論。

---

① 李宗焜：《當甲骨遇上考古——導覽 YH127 坑》，"中研院"歷史語言研究所，2006 年。
② 劉源：《所謂卜辭犯兆是守兆的特殊形式》，先秦史研究室網站，2018 年 1 月 1 日，http://www.xianqin.org/blog/archives/9658.html。
③ 張秉權：《甲骨文與甲骨學》，臺北"國立編譯館"1988 年版，第 168 頁。
④ 劉源：《所謂卜辭犯兆是守兆的特殊形式》，先秦史研究室網站，2018 年 1 月 1 日，http://www.xianqin.org/blog/archives/9658.html。

三　契刻甲骨文

在甲骨鑽鑿處施灼呈兆後，雖然占卜過程結束了，但是還要契刻判斷吉凶和有關所問之內容在甲骨上。這些甲骨上刻的字，就是現在我們所謂的"甲骨文"。在甲骨上這些有關占卜或者占卜有關的記事文字，大部分是刻上去的。

（一）契刻工具

1928 年以來，安陽殷墟科學考古發掘所出的青銅刀、錐亦不少。關於這些刀、錐的用處，董作賓曾經推測，"在第三次發掘大連坑附近大龜四版出土之地，我們曾發現過一把小的銅刀，甚似現世刻字者所用的，這大概就是殷人契刻文字的工具。"[1]1950 年在武官大墓發掘中，曾出土碧玉刻刀，其形狀爲長 9.1 釐米，直徑 0.6—0.8 釐米，寬 0.6 釐米。上半作竹節形，截徑橢圓，橢長處方向與鋒刃尖端一致，橢扁處夾兩指間，鋒刃自向前，琢磨頗巧。發掘者認爲"殆墓主人佩玉仿當日使用刻字刀而模制者，至今日鋒利可刻劃龜甲"[2]。1976 年，婦好墓中又出土玉質刻刀 20 多件。這些刻刀多爲動物形象，當爲實用的有價值工藝品。[3]玉刀能否在甲骨上刻字？趙銓等通過實驗認爲，"認識到用玉料磨成鋒刃也可以刻劃甲骨，不過普通玉料都比較脆，刃鋒極易折斷，很難掌握。且其磨制加工較之青銅刀的鑄造難度更大些。況且硬質玉料又不易得到，因而在鑄銅技術相當發達和用青銅刀刻字的條件已完全具備的情況下，玉刀即使曾被使用，也不會作爲主要的刻字工具"[4]。我們認爲趙銓等學者的實驗結果是較可信的。

（二）刻字方法

對於甲骨文的契刻方法大體有以下三種意見：

第一，"先寫後刻"。董作賓在《甲骨文斷代研究例》中説："卜辭有僅用毛筆書寫而未刻的，又有全體僅刻直劃的，可見是先寫後刻。……如果不寫而刻，那麼在每一個字的結構上，稍繁的便不易刻，何況每一筆

---

① 董作賓：《甲骨文斷代研究例》，《慶祝蔡元培六十五歲論文集》1933 年；又載於《董作賓全集甲編》，藝文印書館 1978 年版，第 458 頁。

② 郭寶鈞：《一九五〇年春殷墟發掘報告》，《中國考古學報》1951 年第 5 期。

③ 中國社會科學院考古研究所編著：《殷墟婦好墓》，文物出版社 1980 年版，第 145—146 頁。

④ 趙銓、鐘少林、白榮金：《甲骨文字契刻初探》，《考古》1982 年第 1 期。

劃，又須刻兩面刀鋒。一個字猶難先直後橫，何況全行？何況全版？"①
這些認識一度被學術界所尊崇。

第二，"直接契刻"。陳夢家在《殷虛卜辭綜述》中認爲："書寫的
字既然較刻辭爲粗大，且常與刻辭相倒，所以書辭並非爲刻辭而作的，更
不是寫了忘記刻的。刻辭有小如蠅頭的，不容易先書後刻，況且卜辭所常
用的字並不多，刻慣了自然先直後橫，本無需乎先寫了作底子。"②郭沫
若也在《古代文字之辯證的發展》一文中提出了，"甲骨文不是先書後
刻，而是信手刻上去的"③。

第三，兩種方法並用。胡厚宣認爲："惟習之既久，或不經書寫，而
直用刀爲。卜辭中之大字者，因須刻多次，使能完成，故必先寫而後刻
之。至其字小者，則往往隨刀一刻，即可成文。"④此種觀點，得到有些
學者的支持，如孟世凱在《殷墟甲骨文簡述》中説："在甲骨文中發現一
些每個字衹刻了直劃缺刻橫劃的卜辭，這種缺刻橫劃可能是不用這條卜辭
而不再刻了。這種缺刻的卜辭各個時期都有，從缺刻的部位上看來也毫無
先寫的痕跡。但是在早期的龜腹甲上，也確實發現了有用毛筆寫的大字。
有可能是刻大字卜辭，是先寫而後刻。"⑤

到了 20 世紀 80 年代，有的學者做模擬刻寫甲骨實驗後指出，
"估計一般不必書寫起稿，而是依靠熟練地技藝，以刀爲筆信手刻來
而成的"⑥。劉一曼在整理小屯村中南甲骨時注意到大字的刻辭，説：
"審視過多片大字刻辭，在這些字的刻槽之上和兩側槽壁，絲毫沒有
發現過書寫過的痕跡。所以我們不能以偏概全説甲骨文的大字都是先
書後刻的。"⑦

---

① 董作賓：《甲骨文斷代研究例》，《慶祝蔡元培六十五歲論文集》1933 年；又載於《董作賓全
集甲編》，藝文印書館 1978 年版，第 458—459 頁。
② 陳夢家：《殷虛卜辭綜述》，中華書局 1988 年版，第 1 頁。
③ 郭沫若：《古代文字之辯證的發展》，《考古》1972 年第 3 期。
④ 胡厚宣：《卜辭雜例》，《歷史語言研究所集刊》第 8 本 3 分 1939 年，第 401 頁；又載於
《甲骨文獻集成》第 17 冊，第 533—547 頁。
⑤ 孟世凱：《殷墟甲骨文簡述》，文物出版社 1980 年版，第 21 頁；陳煒湛也是在《甲骨文簡
論》（上海古籍出版社 1987 年版，第 53 頁）中持這種觀點説："董作賓先書後刻之説既然不能否定，
但是否甲骨文都是先書後刻的呢？那也不一定。筆者揣想，當時恐怕大字是先書後刻，小字則是直接刻
的，因爲刻辭確‘有小如蠅頭的，不容易先書後刻’。"
⑥ 趙銓、鐘少林、白榮金：《甲骨文字契刻初探》，《考古》1982 年第 1 期。
⑦ 劉一曼：《殷墟考古與甲骨學研究》，雲南人民出版社 2019 年版，第 129 頁。

（三）刻字奏刀的先後

甲骨文字契刻時奏刀先後的關係也是學者討論的焦點之一。

1. 先直後橫之法

董作賓認爲："這種先直後橫的契刻方法，也同於三千年後今日的木板刻字，工匠們爲著方便都是先刻了橫劃，然後補刻直劃（筆者註：二者固然是相反的，其實爲的是便利統一）。卜辭既經寫過，就一手執版，一手捉刀，爲的是版向著自己，所以先刻縱筆及斜筆，刻完了，橫轉過來，再一一補足橫劃。"[①]

2. 與今人書法筆順基本一致

彭邦炯在《書契缺刻筆畫再探索》[②]一文中，批判艾蘭的《論甲骨文的契刻》[②]一文，認爲"究竟甲骨文有無一定的書法慣例？……甲骨文的契刻既不同於一般的筆書，也不同於一般的篆刻藝術，它是介於這二者之間的一種當時的通用書法。它不是'先書後刻'，也不是'照抄一種底本'，書契者應該是書法純熟而高度技巧的書者以刀代筆的即席工作。或者是如艾蘭博士所說，可能是先輕劃，然後再作加工契刻。我以爲在這種比較研究缺筆字，當是解決甲骨文字書法筆順慣例的最好途徑。並由此可以看到我國漢字書法筆順慣例的形成歷史之悠久。"[③]

3. 不管橫豎，直線均爲推刻

趙銓等通過進行模擬甲骨刻字實驗表明，"刻時無論橫豎，凡直線均爲推刻而成。但推刻的順逆則根據骨料的形狀而定，以便於把握及運刀爲準，不收任何限制。如在骨料左下方邊部刻字，豎劃多由下而上推刻，橫劃多由左而右。在骨料右上方邊部刻字，豎劃多自上而下，橫劃多由右而左。在骨料中部刻字，順筆則可靈活掌握。……卜辭刻字基本上應是一字刻完再刻一字，而不是許多字先豎後橫地刻。爲了減少轉動骨板的次數而採取通篇或通行先豎後橫刻的流水作業法，不見得是普遍規律。作爲一門書法藝術，逐字逐句的刻下來比較易於掌握，利於做到結構嚴謹，形體美

---

① 董作賓：《甲骨文斷代研究例》，《慶祝蔡元培六十五歲論文集》1933 年；又載於《董作賓全集甲編》，藝文印書館 1978 年版，第 459 頁。

② 筆者註：此文收錄於《英國所藏甲骨集·附錄》，中華書局 1985 年版。

③ 彭邦炯：《書契缺刻筆畫再探索》，《甲骨文發現一百週年學術研討會論文集》，臺灣師範大學、"中研院"史語所，1998 年，第 191—201 頁，又載於《甲骨文獻集成》第 18 冊，四川大學出版社 2001 年版，第 529—531 頁。

觀，尤其一般並非採取先書後刻的方法，就更難以施行統統先豎後橫地刻了”①。筆者認爲，趙銓等的論證是最有道理的。

四　塗朱、塗墨處理

一些甲骨中發現，契刻完畢後還塗以硃砂或墨色，稱爲“塗朱”“塗墨”處理。這種作風也盛行於武丁時期。董作賓認爲：“硃墨當然是殷代重要的文具，寫字是一定要用的，但是契刻之後，就沒有用的必要了，所以在別的王的時期，通常是刻過的卜辭，不加塗飾；武丁時，也以不塗硃墨的卜辭爲多，所以我以爲塗飾硃墨，完全是史官們愛美，爲的好看，並不是一定的制度，也不是某類卜辭應該塗硃而某類應該塗墨。例如 13.0.14047〔筆者註：13 爲指第十三次發掘；0 指龜甲（2 指獸骨）；14047 爲第十三次發掘所第 14047 的甲骨〕這一版是龜甲的上半，在正面有一大字丙申一段卜辭，是㱿所寫的，卜的是乙巳日酒祭下乙，字畫中全部塗硃，而旁邊小字，也是㱿所寫的，記的是十天之後丙午所卜，甲寅日酒祭大甲，同是一人的書契，同是酒祭先祖，而大字的塗硃，小字的塗墨，這一版有三辭卜祭之辭，也是塗墨。反面有追記的三段，大字的屬於丙申一辭，塗硃。餘塗墨。卜兆是刻劃過的。因此我以爲塗飾硃墨，爲的裝璜美觀，和卜辭本身是沒有甚麼關係的。”②陳夢家則認爲是“填朱和塗墨是有區別的，並不是爲了美觀。同版之中，大字小字也是有區別的，所以往往大字填朱而小字填墨”③，不同意塗朱、塗墨爲美觀，但董、陳兩位認爲大字塗朱、小字塗墨的觀點是一致的。祇是陳夢家沒有具體說甲骨中爲何這樣處理的理由。後來，趙銓等經過模擬刻寫甲骨的實驗並認爲“書刻細小的文字時，有可能先在骨料上塗色，以便於字劃的觀察和掌握，然後擦拭，則字劃中填入顏色十分醒目。有些出土字骨上塗朱，可能出於某種宗教意識，以增加其神秘色彩，一般可能與刻字時塗色有關”④。

---

①　趙銓、鐘少林、白榮金：《甲骨文字契刻初探》，《考古》1982 年第 1 期。

②　董作賓：《〈殷虛文字乙編〉序》，“中研院”歷史語言研究所，1948 年；《中國考古學報》第四冊 1949 年，265 頁。

③　陳夢家：《殷虛卜辭綜述》，中華書局 1988 年版，第 15 頁。

④　趙銓、鐘少林、白榮金：《甲骨文字契刻初探》，《考古》1982 年第 1 期。

　　據學者們的論證，塗色的目的有美觀、大小字的
區別、宗教意識，這三種觀點在學術界仍不一致。

　　我們認爲，甲骨的“塗墨”處理是爲了刻字時
易於顯出白色筆畫，以區別刻字處與未刻字處。刻
完之後把墨色抹去，現出甲骨版的本色，而所刻的
字口裏自然又被抹時的炭黑填滿，而被契刻的文字
更顯得醒目，即爲了方便刻字而“塗墨”。甲骨的
“塗朱”處理與刻字的大小可能關係不大。因爲硃

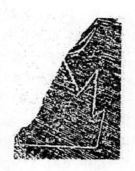

圖 3-26　山東大汶口遺
址出土“五峰山形陶片
拓本”
（採自《山東諸城縣前寨遺
址調查》）

砂紅色、熱烈、爲溫色。試想在刻字時，將甲骨滿
版都塗以硃砂，當然鮮艷耀目。刻字時必使人目眩
眼脹，所以刻字時不可能在甲骨版上塗以硃砂。那
麼，甲骨文大字塗朱者，多有重要內容，可能與某
種宗教意識或祭祀的特殊需要有關。

　　山東大汶口文化遺址的諸城縣前寨遺址中出土的一件陶大口尊殘片上
有一個字（筆者註：“五峰山形陶片”拓本——拓本祇有右邊的，左邊是
殘破的，但右邊的字形看，左邊的字形應該是“ᘰ”，所以此陶片字形爲
“五峰山”，參見圖 3-26），可能與山東莒縣出土的灰陶尊上的 字，上
部的○像日形、中部的 像雲氣形、下部的 像五峰山形[1]的“旦”字相
近，不同的是“在山峰和彎曲線中間都塗有紅色”[2]。據此，有學者推測
“陶尊是用於祭祀的禮器，現在又在這禮器上發現了與農事、天象有關的
刻文，而且有的刻文上又特意塗上紅色。那麼，這幾件陶尊會不會是用來
祭日出、求豐收的呢？”[3]固然僅據這些陶尊來判斷甲骨文中“塗朱”用
法是不太妥當，但是起碼從中找到武丁時期盛行的甲骨大字的“塗朱”現
象，應與一定的宗教信仰或祭祀意識有關的間接的證據。但其具體含義，
還是要等待更多的研究成果。無論怎樣，有些塗朱、塗墨處理的甲骨，經
過三千多年的今天仍然是很鮮明的。[4]

---

　　① 　參見于省吾《關於古文字研究的若干問題》，《文物》1973 年第 2 期。
　　② 　任日新：《山東諸城縣前寨遺址調查》，《文物》1974 年第 1 期。
　　③ 　邵望平：《遠古文明的火花——陶尊上的文字》，《文物》1978 年第 9 期。
　　④ 　本書因爲黑白排版，所以無法顯示甲骨片中塗朱的顏色。可以參見《中國國家博物館館藏文物
研究叢書·甲骨卷》第 36、56 片，上海古籍出版社 2007 年版。

五　界線（界劃）

YH127 坑甲骨中發現的又一個非常特殊的現象，即數條卜辭刻在同一版甲骨上常常見到一種橫的、直的，或彎彎曲曲的線條，綿延在卜辭之間，如《合集》1390。

關於這些現象，張秉權説："這種線條，我們稱它爲'界線'。界線的功用，在界分二條卜辭，或二組卜兆或序數（筆者註：兆序）的。"[1] 即幾條卜辭刻在同一版甲骨上，各卜辭之間容易造成混淆，所以爲了防止這些混淆有時刻一條線與相鄰的卜辭區域隔開。（參見圖 3-27）

這條線爲"界線"

圖 3-27　界線（界劃）甲骨（《合集》1390）

第五節　占卜後甲骨的處理

1928 年 10 月以來的殷墟科學考古發掘工作，不僅發現了大批甲骨文，也將占卜結束後的處理方法，即把其終結過程已從地下發掘出來了。占卜完的甲骨是不可能被扔掉的，而是用一定的方式來處理。董作賓在《殷虛文字甲編·自序》中較詳細地記述，"每一座版築，附近必有窖穴，甲骨文字大部分是出土在窖穴之中的埋藏的情形，可以分爲四

---

[1]　張秉權：《卜龜腹甲的序數》，《中央研究院歷史語言研究所集刊》第 28 本 1956 年，載於《甲骨文獻集成》第 17 册，第 29—40 頁。

類"①，如下：

第一類，"存儲"。有意的保存儲藏，如"第一次發掘的'第九坑'，包含一、二、五期；第三次發掘的'大連坑'包含一、二、三、五期甲骨，這兩個坑內，無疑的是在武丁時已用它存儲甲骨卜辭了，到祖庚、祖甲時繼續使用，以後各王或者不在此坑存儲，可是到了帝乙、帝辛時，又把卜辭存入了，所以這一、二、五期的甲骨文字，纔能同出於一坑，這第九坑、大連坑，都是復穴而兼有寶窖，甲骨文字就是存儲其中的"。即不同時期甲骨文字存於一坑，當是有意識存儲於此的證據。

第二類，"埋葬"。"這一類似乎是很少的，第十三次發掘得到了一萬七千多片龜版，在 H127 一個灰坑之中……此坑乃是復穴中的一個寶窖，開鑿的時期很早，初存穀物，後來廢而不用了，就用它埋藏龜版"，在 1973 年小屯南地甲骨發掘中也有這種情況，發掘者認爲"在幾個窖穴中發現有大量的卜骨和少量的卜甲集中地放置在一起，而其他的文化遺物，如陶片、牛骨則很少"。H17 內"卜骨、卜甲層層疊壓放在一起，沒有一定的規律……坑內共出卜甲、卜骨 165 片，其中有字的卜甲 2片，卜骨 105 片"。又如 H62"坑內埋藏 20 片經過整治、鑿、灼的卜骨，但無一片有刻辭。此外，還發現有以放置骨料爲主的窖穴"②。這些就爲發掘者所指出的商代時期甲骨文字"有意識儲存"的"埋藏"甲骨提供了新的例證。

第三類，"散失"。"在許多復穴內或者版築土中、灰土中，偶然發現幾片甲骨文字，都應該屬於這一類。"這可能是因爲使用過的甲骨版太多，在集中存儲或搬運過程中，被遺落所致的。"第六次發掘在一個地下室一復穴的土階旁發現一塊骨版上面有第五期的卜辭，大概是無意中的遺落。有些小塊甲骨文字，雜入灰土中，後來建築新宮室，就被打入版築層裏了。"凡是零星發現的甲骨文字，可以説是當時偶然散失的。

第四類，"廢棄"。"這種情形也不多，我們可以看見一塊骨版被鏟去了文字的一半改爲他物的，有時把使用過的骨版拿來作練習書契之用

---

① 董作賓：《殷虛文字甲編·自序》，商務印書館 1948 年版；又載於《中國考古學報》第四冊，1949 年，第 14—16 頁。

② 蕭楠：《1973 年安陽小屯南地發掘簡報》，《考古》1975 年第 1 期；又載於蕭楠《甲骨學論文集》，中華書局 2010 年版。

的，許多干支表，就是如此。在本編（筆者註：指《殷虛文字甲編》）中，拓本 2692、2693、2880、2881 四號，原是大甲骨一版，裂而爲二，正反兩面均有文字（參見圖 3-28）。可是在正面祇有十組卜辭伴著卜兆，是第三期貞人‘何’所記的，其餘的還有四十段卻都是初學的人仿抄貞人‘寧’的卜辭，作爲習字之用的。”這種供習刻用的甲骨，應是“廢物利用”的。此外，灰坑中被隨意拋棄的甲骨與陶片、碎牛骨等生活垃圾混雜一起，當是作爲“廢棄”之物處理的。

圖 3-28　《合集》27042 正反

（《合集》27042 正爲《甲編》2880 與 2692 綴合；《合集》27042 反爲《甲編》2881 與 2693 綴合）

第四章　甲骨文例

　　從 1928 年 10 月殷墟科學考古發掘開展以後，學者們對甲骨文有了更全面的認識，甲骨學纔能走上進一步發展的路。甲骨文本身是屬於金石學的範疇，所謂"金石學"之"金"爲"吉金"，包括青銅器上的銘文和器形，主要是青銅器上所鑄銘文以及度量器、刻符、璽印、錢幣、銅鏡等上面的文字和圖像等。"石"爲"樂石"，包括古代石刻上的文字及造型，主要是碑碣、墓誌、摩崖石刻、造像、經幢、柱礎、石闕等。無論是甲骨文（筆者註：主要指 1928 年以來殷墟科學考古發掘所得的甲骨文）還是金石資料，都是通過考古發掘手段取得的，所以說"甲骨學研究又是隸屬於近代田野考古學的一門分支學科"[1]。因此，甲骨學的一些用語，諸如"刻辭""分期"等用語是"移用金石學和考古學的。但是甲骨學由於具有獨特的研究對象和自身的規律，已成爲一門獨立的學科，僅僅移用金石學和考古學的專業用語已是遠遠不夠的了"[2]。

第一節　甲骨學基礎專業用語

　　甲骨文是晚商時代的占卜、記事文字，其文字呈現於龜甲和獸骨（主要是牛的肩胛骨，以下稱肩胛骨）之上。因爲文字分佈都有獨特的規律，所以掌握甲骨文例及甲骨學基礎專業用語，對通讀甲骨卜辭，進行資料的

① 王宇信：《甲骨學通論》，中國社會科學出版社 1993 年版，第 2 頁。
② 王宇信：《甲骨學通論》，中國社會科學出版社 1993 年版，第 126 頁。

搜集和研究，是非常重要的基礎學習。爲了甲骨文例的理解，掌握甲骨學基礎專業用語是首要的條件。（筆者註：關於“占卜用龜甲和獸骨的各部位名稱及其外形”參見本書第三章第二節）

一 兆序

商人占卜時，每灼甲骨一次，就在甲骨正面卜兆的兆枝之上方，接近兆幹部分，記下占卜的次數。這種次數表示所占卜次數的數目，就所謂的“兆序”，即兆之序數。根據研究甲骨實物，每灼一兆，就要刻一個序數字，用以表示此兆爲第幾次占卜所展現的。

兆序是占卜以後，契刻卜辭之前刻的。這些序數字有時被鏟去，關於其原因，張秉權説：“在甲骨上，常常發現有些序數字，在刻好之後，又被鏟去。這種痕跡，非常明顯。起先，我們不知道這是什麼緣故，後經仔細觀察，探求原因，纔知道它佔據了卜辭的位置，所以將它鏟去，或者鏟去以後，又刻到另外一個地方去，如果不是序數比卜辭先刻，那麼這種現像是不會發生的。”[1]

雖然兆序與卜辭有著密切的關係，但是由於在不少沒有刻寫卜辭的甲骨上，也佈滿了卜兆並在卜兆上方刻有兆序，因此無論是龜甲還是肩胛骨上的兆序都不是卜辭。

1. 龜甲的兆序

一般訂制，兆序刻在兆枝的上方接近兆幹，但不固定（有所靈活），即右龜甲的兆序刻在兆枝上方接近右邊兆幹部分，與其相對，即左龜甲，兆序刻在兆枝的上方接近左邊兆幹部分。

龜甲的兆序排列，基本上是自上而下的排列。龜甲的兆序與卜辭一樣左右相對。龜甲上的兆序由一至十，至十以後“仍由一起，絕不用十一、十二等類合文。此蓋因卜兆之旁，地位有限，除數字之外，尚須契刻卜辭及兆辭，如‘一告’、‘二告’、‘三告’、‘小告’、‘不玄’、‘不玄冥’之類，因恐合文佔地較多，故十之後仍由一起也”[2]。因此，十之後的卜兆依然是一、二、三……但是這表示第十一卜、第十二卜、第十三

---

① 張秉權：《卜龜腹甲的序數》，《中央研究院歷史語言研究所集刊》第 28 本 1956 年，載於《甲骨文獻集成》第 17 冊，第 29—40 頁。

② 胡厚宣：《卜辭同文例》，《中央研究院歷史語言研究所集刊》第 9 本 1947 年。

卜……胡氏統計過，一辭占卜最多至"十八卜者"。① 不過張秉權提出了不同看法，説："在殷墟的甲骨中，無論龜甲或獸骨上，標記卜辭的序數，從來沒有發現過'十'以上的。因此，如果我們斷定，殷人對於一件事情（即一個題目）的占卜，最多不會超過十次以上，那是離事實不會太遠的。"② （參見圖 4-1）

圖 4-1 《合集》10171 正
（《乙編》7793）：一辭十八卜之例

龜甲的兆序一般是左右對稱的，但亦有不對稱的，然而這祇是一些比較特殊的情形而已，爲數不多。主要是左右對稱的，其排列，主要有下述的幾種③：

（1）"自上而下"。分爲二："一行自上而下"（《合集》9013）和"二行自上而下"（《乙編》5279，參見圖 4-2：1、2）。

（2）"自内而外，自上而下"。這一類，是龜腹甲上最普遍的形式，又分爲二："多行自内而外，自上而下"（《乙編》3428，參見圖 4-3）和"二行自内而外，自上而下"（《乙編》3285，參見圖 4-4）。

（3）"複合式"。有些甲骨中有（1）（2）式同見於一版者，如《乙編》3343、3379、3404 等，都是屬於這類的形式的，那些都是比較大的龜腹甲，纔能有這種排列形式，如《合集》2002（《乙編》3343，參見圖 4-5）。

（4）"自外而内，自上而下"。在龜腹甲上很少見的，不常用的（《乙編》5605+5606，參見圖 4-6）。

---

① 胡厚宣：《卜辭同文例》，《中央研究院歷史語言研究所集刊》第 9 本 1947 年。
② 張秉權：《卜龜腹甲的序數》，《中央研究院歷史語言研究所集刊》第 28 本 1956 年（筆者註：對於同一件事情胡厚宣與張秉權提出了不同的意見，請讀者判斷）
③ 張秉權：《卜龜腹甲的序數》，《中央研究院歷史語言研究所集刊》第 28 本 1956 年。

圖 4-2　《合集》9013（左）；《乙編》5279（右）

圖 4-3　《乙編》3428　　　　圖 4-4　《乙編》3285

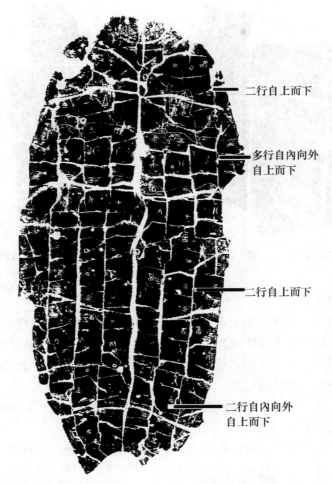

二行自上而下

多行自內向外
自上而下

二行自上而下

二行自內向外
自上而下

圖 4-5　　《合集》2002 正（《乙編》3343）

（5）"自下而上"。此類行式在牛胛骨上是很多的，但在龜腹甲上確實很少，而且祇是在甲橋部分，如《合集》14721（《乙編》2596，參見圖 4-7）。

（6）錯綜複雜，而沒有一定的排列規則。這是比較特殊的行式，此類兆序必須在比較完整的龜腹甲上，纔能看得清楚，但也是很少有的。

圖 4-6　《乙編》5605+5606　　　　圖 4-7　《合集》14721 正

2. 肩胛骨的兆序

左肩胛骨上的兆序刻在向左的兆枝上方，右肩胛骨的兆序刻在向右的兆枝上方。肩胛骨上兆序的排列與龜甲相反，基本上是自下而上排列的。

牛肩胛骨的兆序無論左胛骨還是右胛骨，因爲鑽、鑿多施於外緣，且其排列很整齊，其排列方式，大約以下三種①：

（1）"自下而上"（最普遍的排列方式）——《合集》24336（《粹》1211：參見圖 4-8）。

（2）"自下而上，轉行自上而下"——《粹》1328（參見圖 4-9）。

（3）"骨扇"部分——因爲卜兆較少且零亂，刻辭也較少，規律性不強，故無法找兆序排列的規律。

二　兆辭

兆辭，有的學者把兆辭叫"兆記"。兆枝上方常記"兆序"，在兆枝下方與兆序對應處常記有關卜兆的情況，如"×告""吉""茲用""不玄冥"等辭，這就是"兆辭"。

_____

① 王宇信：《甲骨學通論》，中國社會科學出版社 1993 年版，第 129—130 頁。

圖 4-8　《合集》24336　　　　圖 4-9　《粹》1328

關於其含義，胡厚宣説：“（兆序）旁記兆辭，或言‘不玄’、‘不玄冥’，或言‘一告’、‘二告’、‘三告’、‘小告’，惟其含義不詳。其次再記‘吉’，曰‘吉’、曰‘大吉’、曰‘弘吉’，其凶者則不記之。其次再記‘用’，或言‘用’、‘茲用’、‘茲不用’、‘茲毋用’，或言‘茲禦’、‘禦亦用’也。‘用’即施行，言按所占者施行也。”[1]

關於“不玄冥”的含義，楊向奎説“‘玄冥’即昏暗模糊之義，‘不玄冥’即指兆璺之不昏暗，不模糊……‘玄冥’二字一直到戰國秦漢時候，尚爲普遍習俗用語，《莊子·秋水》篇説：‘無東無西，始於玄冥，反於大通。’《淮南子·俶眞》篇説：‘處玄冥，而不闇’所有玄冥皆指

---

　　① 胡厚宣：《甲骨學緒論》，《甲骨學商史論叢》二集下冊 1940 年齊魯大學國學研究所專刊，載於《甲骨文研究資料匯編》，北京圖書館出版社 2000 年版。

黑暗幽冥言。‘玄冥’或作‘眩眠’，《史記·司馬相如列傳》大人賦云：‘視眩眠而無見兮。’，‘瞑’與‘眠’音義皆近。‘玄冥’又作‘冥玄’……”①“不玄冥”即“不模糊”兆象明晰之義。

三 卜辭

在貞人灼甲骨命卜之後，在甲骨上契刻有關占問的內容，一條完整的卜辭，包括敘辭、命辭、占辭、驗辭等四個部分。

“敘辭”，又稱爲“前辭”，包括占卜的時間和貞人名。

“命辭”，又稱爲“貞辭”，包括此次占卜所問的内容。

“占辭”，包括商王看了卜兆後所下的判斷。

“驗辭”，證驗之辭。占卜之後，對所問的結果並不當面契刻，有時過了若干時日，在現實中應驗，即其“結果”出現後，在甲骨的有關卜辭之末補刻。

如，《合集》6057 爲少見的完整的卜辭（參見圖 4-10，箭頭符號部分）：

> 癸巳卜，㱿，貞旬亡禍。王占曰：有祟其有來艱。迄至五日丁酉允有來艱［自］西。沚戜告曰：土方征於我東鄙，戋二邑。工方亦侵我西鄙田。

《合集》6057 卜辭中的“癸巳卜，㱿”爲敘辭。“貞旬亡禍”，是卜問將來一旬，即將來十天之内會不會發生災禍之事，爲命辭。“王占曰：有祟其有來艱”爲占辭，即商王看了卜兆後所下的判斷會發生“艱難的災禍之事”。“迄至五日丁酉……”以下爲“驗辭”，即商王判斷後的結果是五天后果然發生“災禍”，即實行占卜的第五天后丁酉日，在西方沚戜管轄的地方發生了災禍之事，沚戜報告説“土方征於我東鄙，災害兩邑”，然後又有災禍之事，即“工方侵擾我西鄙田”。“驗辭”就是占卜所判斷的結果，所以有“應驗”之後“補刻”的。

---

① 楊向奎：《釋不玄冥》，《歷史研究》1955 年第 1 期，又載於《甲骨文獻集成》第 18 册，第 51—52 頁。晁福林在 1986 年發表的《甲骨文考釋兩篇》中提出不同意見，説“其實際意義是表示儘管甲骨的正面還有空白，但卻不再使用了”。即釋爲“不再用”。目前在學術界一般從楊向奎説。

圖 4-10　《合集》6057 正

　　在殷墟出土甲骨文中如此完整的卜辭較少見，大部分沒有驗辭。也有的省去占辭和驗辭，有的還省略去敘辭，祇契刻命辭。但是卜辭中"以具有前辭（敘辭）和貞辭（命辭）者爲常見"[1]。

---

[1]　胡厚宣：《甲骨學緒論》，《甲骨學商史論叢》二集下冊 1940 年齊魯大學國學研究所專刊，載於《甲骨文研究資料匯編》，北京圖書館出版社 2000 年版。

第二節　甲骨文例研究

甲骨文是刻在甲骨上的文字，其契刻部位及行款有一定的規律，這就叫"甲骨文例"。所謂的行款是指文字刻寫的"左行、右行或向左右轉行"[①]。所謂的"甲骨文例"有兩種類型：一種爲"卜辭文例"；另一種爲"非卜辭記事文例"。

胡厚宣説："胡光煒作《甲骨文例》，爲最早肇（筆者註：同研）治卜辭文例之專書，惜誤謬甚多，無足觀取。其後董彥堂（筆者註：董作賓）作《新獲卜辭寫本後記》，於卜辭之款式塗飾，皆有解説。又作《商代龜卜之推測》，綜合龜甲中之可以認定其部位者其實分別排比，以索其通例，乃得龜甲文字所以左右行之由。其後又作《大龜四版考釋》，龜甲行文之例，由完整大龜與以鑿確之證明，遂成爲定説。"[②]

一　胡光煒的《甲骨文例》

甲骨學史上最早關於"甲骨文例"的研究，是胡光煒在 1928 年中山大學語言歷史學研究所考古學叢刊中發表的《甲骨文例》[③]，雖然説"誤謬甚多"，但是最早研究甲骨文例的專文，值得一提。在文中他把甲骨的文例分爲兩大類 31 個小類，進行整理，大體如下：

第一，行式篇（筆者註：即形式篇）：單字例、單字下行例、單列右行例、單列左行例、複列右行例、複列左行例、單複合右行例、單複合左行例、單列下行兼單右行例、單列下行兼單左行例、單列下行兼上行例、複右行兼單右行例、複右行兼單左行例、複左行兼單右行例、複左行兼單左行例、複左行兼單左行及單右行例、複左行兼複右行例、上下同右行

---

① 王宇信：《甲骨學通論》，中國社會科學出版社 1993 年版，第 131 頁。

② 胡厚宣：《卜辭雜例》，《中央研究院歷史語言研究所集刊》第 8 本 3 分，1939 年；又載於《甲骨文獻集成》第 17 冊，第 533—547 頁。

③ 據董作賓《商代龜卜之推測》記載，胡光煒的《甲骨文例》是 1928 年由中山大學語言歷史學研究所，刊入考古學叢刊。然而據《胡小石論文集三編》（上海古籍出版社 1995 年版）整理著按，由於《甲骨文例》寫成後未出過鉛印本，所以本書整理胡光煒的《甲骨文例》時，以余永梁手抄的中山大學語言歷史研究所 1928 年影印本爲底本。本書參見的是《胡小石論文集三編》中的《甲骨文例》。

例、上下同左行例、上下背行例、一方左行一方右行等 21 個行式。

第二，左右相背者及右左相向者：上行例、倒書例、上下錯行例、互倒例、斜行例、沾注例、疏密例、重文例、合文例、反文例等 10 個行式。

胡光煒雖然在《甲骨文例》中分析得非常精細，但是最大的錯誤，就是左右的不準確，此問題看下面董作賓的論證。

二　董作賓的龜甲“卜辭文例”

董作賓在《商代龜卜之推測》中，評胡光煒的《甲骨文例》[①]，説："胡氏本書分形式（即行式）、辭例篇，茲評其《形式篇》甲文之例。胡氏作此書，用力甚勤，惜材料不足以供用，而方法亦欠精密。今所見拓印之本之不可據以求文例……非有實物，固不易得其真象也。胡氏定左右之名，一依王觀堂（筆者註：王國維），王簠室（筆者註：王襄）諸人前例。餘謂左右之名倘由龜之本身言之，則吾人今所見之腹甲，以爲右者，實爲龜之左方。蓋左與右，適全體相反。然吾人寧可‘依人爲左右’不可依龜爲左右。本文中之左右，既本此原則而定。胡氏之所謂左右，或即以龜爲主，然實則違於習慣……"就是說，董作賓所說的龜之左右和胡光煒所說的龜之左右，是完全相反的。現在我們說的龜之左右是"以人所面對的正面（筆者註：龜腹甲的正面）爲主"，即從董作賓的。人面對龜腹甲正面的左右與把龜腹甲正面向下時的左右是完全相反的。即龜甲向下時的右部，人面對腹甲時成爲左部。而胡光煒說的是以龜甲爲主的，他說的左右是龜腹甲向下時的左右，即與董作賓所說的完全相反。胡光煒的説法導致了我們研究過程中左右分別的混亂。因此，董作賓說："（胡氏的《甲骨文例》）分類之詳盡，固屬甚善。然一則不別常例與例外；二則綱目不清；徒使讀者對於契文，益增繁難之感，爲可惜耳。"

董作賓在《商代龜卜之推測》中專門寫"文例"[②]一節，但在文中祇談"龜甲"，無談"獸骨"。在《文例》中説："餘曩蓄志拼集龜版，使成完全之腹甲，以覘其文之體例，今既不可能。乃就龜版中之可以認其部位者，凡七十。分別推比，以求其例，其結果乃發現商人書契文辭之公例，蓋如此研究之價值，實不減於拼成完全龜版也。"就當時在發現完整

---

① 董作賓：《商代龜卜之推測》，《安陽發掘報告》1929 年第 1 期。

② 董作賓：《商代龜卜之推測》，《安陽發掘報告》1929 年第 1 期。

龜甲不多的情況下，祇有七十塊能分別其部位者進行研究。

他在文中把龜版分爲九個部分：一、中甲；二、首右甲；三、首左甲；四、前右甲；五、前左甲；六、後右甲；七、後左甲；八、尾右甲；九、尾左甲。（參見圖 3-2）

1. 龜甲的各部行款走向

董作賓整理的各部爲龜甲的行款走向，如下[①]：

中甲：自中縫起，在右者右行，在左者左行。

首左右甲：首右甲，由右邊始左行，首左甲，由左邊始，右行。

前右甲：除前足叉之上，由右邊起者左行外，其餘各辭一律右行。

後右甲：除後足叉之下，由右邊起者左行外，其餘各辭一律右行。

尾右甲：自右邊起，左行。但尾甲不刻辭者爲多。

各部左甲行款走向與各部右甲行款走向相反。

2. 龜甲的左右對稱行款走向

此外，前左甲、後左甲刻辭與右方對稱，即其左右行款走向相反。按此規律，分析一下各部位龜甲的行款走向，如下[②]：

（1）中甲。如《合集》10374（《鐵》5.1 片）。右辭下行而右，從中間千里路向右轉行，即"辛亥卜，王，貞乎𤝜狩麋擒"；左辭下行而左，從中間千里路向左轉行，即"辛亥卜，王，貞勿乎𤝜狩麋弗其擒"（參見圖 4-11）。

（2）首左右甲。如《合集》13865（《鐵》72.1 片）。首右甲一辭，下行而左向內，讀爲"貞侑於庚三十小宰"；首左甲一辭下行而右向內，讀爲"己[巳卜]，貞好骨凡有疾"（參見圖 4-12）。

（3）前右甲。如《合集》16525（《鐵》261.3 片）。讀爲"庚申卜，王，貞往來亡禍"（參見圖 4-13）。

（4）前左右甲。如《合集》43（《前》7.3.1 片）。左右前甲均有兩條刻辭。右前甲第一條，在邊緣處，自上而下，從外向內左行，讀爲"戊辰[卜]，貞翌[辛]□亞乞氏衆人𠦪丁彔乎保我"；第二條近中間千里路，自上而下向外右行，讀爲"丁亥卜，□復□片祟□宰"；左前甲第一條，在邊緣

---

① 董作賓：《商代龜卜之推測》，《安陽發掘報告》1929 年第 1 期。
② 王宇信：《甲骨學通論》，中國社會科學出版社 1993 年版，第 133—135 頁。

處，自上而下，從外向內右行，讀爲"貞□於丁三牛"；第二條近中間千里路，自上而下，從內向外左行，讀爲"貞，□其□"（參見圖4-14）。

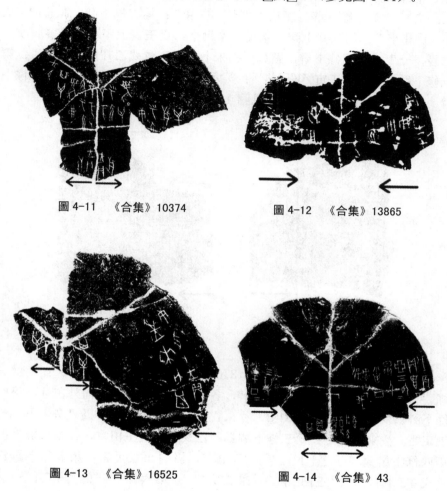

圖4-11　《合集》10374

圖4-12　《合集》13865

圖4-13　《合集》16525

圖4-14　《合集》43

（5）前左甲上部。如《合集》12（《前》4.30.2 片）。共有三條卜辭。第一條卜辭，在邊緣處，自上而下，從外向內右行，讀爲"貞惟小臣令眾黍。一月"；第二條卜辭，在中間千里路，自上而下，從內向外左行，讀爲"貞王心□亡來自□。一月"；第三條卜辭，在千里路和邊緣中間，自上而下，向外左行，讀爲"己□，貞□佣"（參見圖4-15）。

（6）前右甲上部。如《合集》35436（《前》2.25.5 片）。在上部一條、中部三條、下部三條卜辭等共有七條卜辭，各卜辭皆從上往下，自內向外右行。第一條卜辭，讀爲“叀羊，茲用”；第二條卜辭，讀爲“□辰卜，□其牢”；第三條卜辭，讀爲“辛巳卜，貞王賓上甲不至於多毓衣，亡憂，一”；第四條卜辭，讀爲“乙未卜，貞王賓武乙升伐，亡憂”；第五條卜辭，讀爲“壬寅□妥□羊”；第六條卜辭，讀爲“叀□”；第七條卜辭，讀爲“甲□武乙□牢”（參見圖 4-16）。

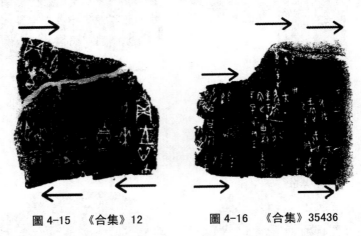

圖 4-15　《合集》12　　　　圖 4-16　《合集》35436

（7）後左甲上部。如《合集》37618（《前》2.30.2 片）。在上部三條、下部三條卜辭等共有六條卜辭，各辭從上往下，自內向外左行。第一條卜辭爲“丁卯卜，貞王田憲，往來亡災”；第二條卜辭爲“辛未卜，貞王田朁，往來亡災”；第三條卜辭爲“乙亥卜，貞王田宮，往來亡災”；第四條卜辭爲“壬子［卜］，［貞］王田□，［往］來亡災”；第五條卜辭爲“戊午［卜］，［貞］王田□，往［來亡災］”；第六條卜辭爲“壬□［卜］，［貞］王［田］□，［往］來［亡災］”（參見圖 4-17）。

（8）後右甲上部。如《合集》14553（《前》2.9.2 片）。共有三條卜辭。第一條卜辭，從上往下，自內向外右行，辭爲“乙未卜，方，貞今日其延雨”；第二條卜辭，從上往下，自內向外右行，辭爲“乙巳卜，爭，貞燎於河五牛沉十牛，十月”；第三條卜辭，從上往下，自外向內左行，辭爲“□□卜，貞□臣□在鬥”（參見圖 4-18）。

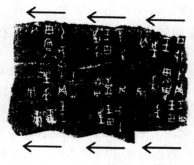

圖 4-17　《合集》37618

圖 4-18　《合集》14553

（9）後左甲下部。如《合集》5810（《前》2.4.3 片）。共有二條卜辭。第一條，從上往下，自內向外左行，辭爲“丙戌卜，貞弜自在先不水”；第二條卜辭，是爲“尾左甲”，從上往下，自外向內右行，辭爲“丁亥▢一尹▢”（參見圖4-19）。

（10）後右甲下部。如《合集》9638（《前》5.6.2 片）。共有三條卜辭。第一條卜辭，從上往下，自內向外右行，辭爲“己酉卜，▢出”；第二條卜辭，從上往下，自內向外右行，辭爲“己巳卜，貞令吳省，在南廩。十月”；第三條卜辭，是爲“尾右甲”，從上往下，自外向內左行，辭爲“庚寅卜，▢韋”。（參見圖 4-20）“韋”（guō）爲“郭”之初文，象城郭之形。

圖 4-19　《合集》5810

圖 4-20　《合集》9638

據上述的各例，龜甲卜辭文例的規律，就是"沿中縫而刻辭者向外，在右右行，在左左行。沿首尾之兩邊而刻辭者，向內，在右左行，在左右行"[①]。

三　董作賓的龜甲定位法

董作賓在《商代龜卜之推測》中，還說明龜版殘破的原因，"此九部分之全者固易辨識，而殘破者亦可審得其處，蓋甲版之面，處處示吾人以認識之法也。今甲至破者不外二種"[②]：一爲由天然接縫間而破，名之爲"縫"；二爲由卜兆之裂痕而破，名之曰"兆"。又説可以識別部位者復有二事：一爲周圍之邊緣，名之曰"緣"；二爲鱗片之間之紋理，名之曰"理"。

縫：自龜腹甲內部近肉處視之，其接縫鬥笥處，極爲顯然。其破裂之處，作鋸齒狀，一望可辨。

兆：因卜兆而破之處，皆峭直加削。背面復有鑽灼之跡，正面亦往往猶殘餘兆之一部分焉。

緣：即原龜之邊緣，或經錯治刮磨之處，圓滑廣潤，頗易看出。

理：即腹甲下鱗片十二枚揭去後殘餘之紋理。有已經刮磨者，然猶可仿佛辨識，見其宛曲起伏之形也。（參見圖 3-1、圖 3-2）

即完整的龜腹甲分爲"九個部分"，再把殘破的龜腹甲依此定其部位，即所謂的"定位法"。"乃取其同部位者排比之，其結果則同部位者其刻辭之例皆同，於是益信商人卜辭中體例之精嚴。"後來，第三次發掘所得的"大龜四版"，已完全證明董氏的龜甲定位所推斷的甲骨文例。

1930 年董氏在《大龜四版考釋》中説："甲文刻辭左行右行之例，我曾在《商代龜卜之推測》一文中，求得它的大概，彼時未見全龜，僅由各部分拼湊而成，得公例如此："中甲刻辭，由中縫起，在右者右行，在左者左行；首右甲，由右邊始左行；首左甲，由左邊始右行；前右甲，除前足叉之上由右邊起者左行外，其餘各辭一律右行；後右甲，除後足叉之下由右邊起者左行外，其餘各辭一律右行；尾右甲，自右邊起左行；前左

---

① 此觀點，除了董作賓之外，還有胡厚宣在《甲骨學緒論》和李達良在《龜版文例研究》（1972年香港中文大學聯合書院出版）等學者也採用。

② 董作賓：《商代龜卜之推測》，《安陽發掘報告》1929年第 1 期。

甲、後左甲、尾左甲刻辭皆與右方對稱，其左右行適相反。'，總括言
之，就是沿中縫而刻辭者向外，在右右行，在左左行。沿首尾甲之兩邊而
刻辭者向内，在右左行，在左右行。"①簡單地說，左右首甲、左右前甲
的上部、左右尾甲以及左右後甲的下部之邊緣開始的卜辭向内行，以千里
路爲開始的卜辭向外行。（參見圖 4-21）

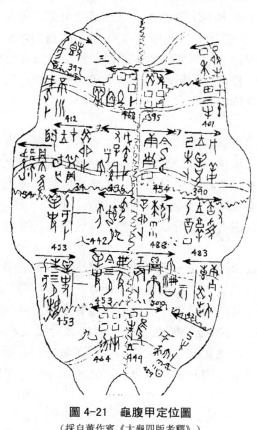

圖 4-21　龜腹甲定位圖
（採自董作賓《大龜四版考釋》）

後來第 13 次發掘所得 YH127 坑所出的 300 餘版完整的龜甲，更使董
氏提出的甲骨文例得到了檢驗和證實。近年黃天樹以甲骨形態學理論發

---

① 　董作賓：《大龜四版考釋》，《安陽發掘報告》1930 年第 3 期。

展了董作賓的"龜甲定位法"，並把它利用甲骨綴合方面工作取得了不少成果。

四　董作賓的肩胛骨卜辭文例

牛肩胛骨上契刻一般在正面，而刻辭多在其外緣，即左肩胛骨之右緣，右肩胛骨之左緣。這是因爲左右肩胛骨的外緣部分較其餘部分爲厚，並且骨質堅韌，所以占卜次數較多，自然刻辭也多。董作賓在 1935 年發表的《骨文例》[①]中據 211 件骨版之 489 條卜辭爲例，整理了牛肩胛骨上的卜辭文例。肩胛骨上的刻文基本在正面、反面以及骨臼處。"骨臼"刻辭，爲武丁時代一種特殊的記事文字，無鑽、鑿、灼、兆，因此我們可以斷定"骨臼"刻辭是非卜辭。

1. 鑽鑿

"鑽用鑽，鑿用鑿，工具不同，用法亦異。鑽處孔圓而較深，多施於胛骨一邊之厚處（由正面看，爲右胛骨之左邊，左胛骨之右邊）。鑿處孔橢圓，兩端作尖形如棗核，中爲直槽，多施於胛骨之薄處。有鑿與鑽並用者，即鑿，復鑽於一旁，與龜版上鑽鑿並施者相同，作 ◁ 或 ⏀ 形。總之，鑽、鑿，與鑿而復鑽者，皆所以使龜骨之易於見兆，有可使兆璺之縱橫皆整齊而已。"[②]

甲骨研究實踐證明，在一版甲骨上，鑽、鑿數量之多寡，"大抵視骨版之大小"，其行列"上半狹處有一行者，有兩行者，以下漸寬，行亦漸多"，背面鑿多者"至七十"，"卜用龜骨之鑽鑿並施者，頗與灼兆有關，因既鑽又鑿，則鑽必於鑿之一旁，而灼必於鑽處，兆璺即緣鑿而縱折；緣鑽而橫折，故兆之向有一定"。即鑽在鑿之左，則灼於左，而正面之兆璺即見於右方向。鑽在鑿右者反是。之所以如此，是因爲正背面之左右相反。

2. 灼兆

在骨版上並使鑽鑿者，右胛骨鑽施於鑿之左，左胛骨鑽施於鑿之右，灼於鑽處，則正面的兆璺，右胛骨者爲右向，左胛骨者爲左向。如果"骨版之但旋鑽或鑿者（筆者註："但"爲僅僅之義），灼之處，本屬可左可

①　董作賓：《骨文例》，載於《董作賓先生全集甲編》，藝文印書館 1977 年版，第 913—952 頁。
②　董作賓：《骨文例》，載於《董作賓先生全集甲編》，藝文印書館 1977 年版，第 915 頁。

右，但亦因胛骨之有左右而有別。在右胛骨，灼於鑿之左，正面則兆皆右向（筆者註：兆枝向內緣出現）；左胛骨，灼於鑿之右，正面則兆皆左向（筆者註：兆枝向內緣出現）；此爲灼骨見兆之常例"。

　　3. 文例

　　（1）胛骨之正反面刻辭之例。刻辭與鑽鑿兆璺有關，鑽灼之後繼以記貞卜之辭。雖然有多數卜而不刻辭者，但刻辭與卜兆仍有可以作正比例。"在一完整之骨版上，如爲右胛骨之背面，其右方之鑽鑿灼兆必多，左方次之，中部爲少。左胛骨即便相反。"（筆者註：右肩胛骨的外緣是從正面看在左邊，從反面看在右邊，所以在背面的右邊鑽鑿灼之痕多。左肩胛骨是相反的。）

　　根據董作賓的統計，在一塊完整的胛骨上，刻辭在外緣者最多，內緣爲其次，中部者最少。從正面看，左肩胛骨的右邊（即外緣）最多，左邊（即內緣）其次。右肩胛骨的左邊（即外緣）最多，右邊（即內緣）其次。從反面（即背面）看，左肩胛骨的左邊、右肩胛骨的右邊爲最多，如下表4-1：

表 4-1　　　　　　　　　　肩胛骨刻辭統計之例[①]

胛骨	正面部位	刻辭數	全版刻辭	百分約數（%）
左肩胛骨	右邊（外緣）	119		68
	左邊（內緣）	48	176	27
	中部	9		5
右肩胛骨	左邊（外緣）	251		80
	右邊（內緣）	45	313	15
	中部	17		5

　　據表 4-1，胛骨正面之刻辭，多在左胛骨之右，右胛骨之左，此兩部分佔全版刻辭十之七八。是因爲這兩部分就是胛骨之外緣，骨質最堅韌而緻密，故占卜之鑽鑿既多，刻辭自然又多。左胛骨之左，右胛骨之右，下半則較薄骨質鬆疏，故僅上半部可以刻辭，佔全版之刻辭十之二三。中部基本上不用，故刻辭不及十之一。

---

　　① 董作賓：《骨文例》，載於《董作賓先生全集甲編》，藝文印書館 1977 年版，第 917 頁。

（2）刻辭之下行及左右行（胛骨之上部接近骨臼處刻辭）。在卜辭中，因爲"每一卜兆之區域之獨立，故刻辭記事，亦限於固定之所在，有時字少，下行一行而已足，有時字多，則一行限於一定字數，於是即折而左，或折而右，即所謂下行而左，下行而右"。下行而左右之分，因刻辭之便利，及所刻辭之地位而不同。比如，接近骨臼處常有兩條，其下有兩個卜兆，其刻辭"每從中間起，在左者，下行而左，在右者，下行而右"[①]。如《合集》13926（參見圖 4-22），爲一牛胛骨之上部（爲左肩胛骨），卜兆向左。其反面未著錄，其摹本松丸道雄在《散見於日本各地的甲骨文字》之圖版，第 387（正）、388（反）號[②]。

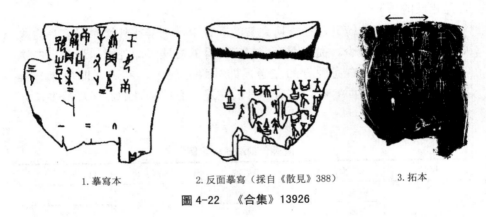

1. 摹寫本　　　　2. 反面摹寫（採自《散見》388）　　　　3. 拓本

圖 4-22　　《合集》13926

後來 1985 年胡厚宣在《記日本京都大學考古研究室所藏一片牛胛骨卜辭》[③]中，發表了此骨的正面拓本和反面摹本，並做有考釋。

正面有兩條卜辭，其左者，自上而下，向左，辭爲"丙子卜，㱿，貞婦好有子。三月。二"，其右者，自上而下，向右，辭爲"辛丑卜，㱿，貞祝於母庚。三"。

反面有占辭，辭爲"王占曰：☒其惟丙不吉。其惟甲戌亦不吉。其惟甲申吉"（參見圖 4-22：2）。

---

① 董作賓：《骨文例》，載於《董作賓先生全集甲編》，藝文印書館 1977 年版，第 917—918 頁。
② 松丸道雄：《散見於日本各地的甲骨文字》，劉明輝譯，《古文字研究》第三輯，中華書局 1980 年版。
③ 胡厚宣：《記日本京都大學考古研究室所藏一片牛胛骨卜辭》，《文物與考古》1985 年第 6 期。

（3）刻辭之下行、左行、右行在胛骨上之比較。董作賓在《骨文例》中説："在牛胛骨上之刻辭，左骨與右骨，亦略有不同。"以文例之下行及左右行比較之列表[①]，如表 4-2：

表 4-2　　　　　　　　　　文例之下行及左右行比較

胛骨	輯辭數	左行	右行	下行	下行而左	下行而右
左	176	2	12	37	28	97
右	313	7	7	69	196	34

據表 4-2，在左胛骨之文例，最多者爲下行而右，在右胛骨之文例，最多者爲下行而左。其原因是"因左胛之右，右胛之左，鑽灼卜兆爲多，故刻辭亦特別之多"。這是與"迎兆"（即"守兆"）有關係的。左胛骨的兆枝向左，右胛骨的兆枝向右，但是因爲刻辭的走向一般是與兆枝相對的，所以左胛骨之文例向右者多，右胛骨之文例向左者多。

董作賓依照四百八十七例胛骨刻辭之部位，定其行文之通例，如下：

> 凡完全之胛骨，無論左右，緣近邊兩行之刻辭，在左方，皆爲下行而左，間有下行及左行者。在右方，皆爲下行而右，亦間有下行及右行者。左胛骨中部如有刻辭，則下行而右；右胛骨中部反是，但亦有下行而右者。[②]

（4）大字長文之胛骨。一時期之特殊作風，有大字長文骨版，則皆武丁時代之物。

第一，正面之例，如下：

表 4-3　　　　　　　　　　大字長文骨正面

右胛骨	左邊	下行而左	右邊	下行而右	中部	下行而右
左胛骨	左邊	下行而左	右邊	下行而右	中部	下行而左

---

① 董作賓：《骨文例》，載於《董作賓先生全集甲編》，藝文印書館 1977 年版，第 919 頁。
② 董作賓：《骨文例》，載於《董作賓先生全集甲編》，藝文印書館 1977 年版，第 919 頁。

第二，背面之例，如下：

表 4-4　　　　　　　　　　　　　　　　大字長文骨背面

右胛骨背面	左邊	下行	右邊	下行而右	中部	下行而右
左胛骨背面	左邊	下行而右	右邊	下行而左	中部	下行而左

（5）骨臼刻辭之例。胛骨之上端骨臼，即小屯村人呼曰"馬蹄兒"之一部分，"有時亦有刻辭，此僅爲武丁時之一種風氣。其上並無卜貞字樣，又無鑽灼兆璺，故可以斷言此僅爲一種記事而非貞卜"[①]（參見本章第五節）。

五　肩胛骨刻辭排列

1."自下而上"排列

上述所《骨文例》中的説明是，一條一條卜辭的文例（以兆序爲主排列），並不是整體的卜辭排列。具體在牛胛骨上每一條卜辭的排列，則有著不同情況，就是"無論左緣及右緣，都很規整。多爲一辭一辭自下而上，排列有序"[②]。如《合集》5175，共有四條卜辭。（參見圖 4-23）

第一條爲"貞[辛]亥王入"。

第二條爲"於癸丑入"。

第三條爲"於甲寅入"。

第四條爲"於乙卯入"。

第一、二條卜辭相距兩日；第二、三條卜辭之間相距一日；第三、四條卜辭之間相距一日。四辭不同時間的占卜，但按期時間看刻辭自下而上排列有序。

2."自下而上，接著轉行自上而下"排列

有的胛骨上不同時間占卜的卜辭，先自下而上，再自上而下排列的。如《合集》26314（《粹》1345 片），據把臼角切去的方向爲右，當爲一片右肩胛骨。外緣處有五條卜辭，自下而上排列，內緣處有三條卜辭（下邊殘），是接著外緣第五條卜辭的時間，自上而下排列的。

---

① 董作賓：《骨文例》，載於《董作賓先生全集甲編》，藝文印書館 1977 年版，第 920 頁。

② 王宇信：《甲骨學通論》，中國社會科學出版社 1993 年版，第 137 頁。

（參見圖 4-24）

　　第一條爲"己亥卜，旅，貞今夕亡禍。在十二月"。

　　第二條爲"庚子卜，旅，貞今夕亡禍。在十二月"。

　　第三條爲"辛丑卜，旅，貞今夕亡禍。在十二月"。

　　第四條爲"壬寅卜，旅，貞今夕亡禍。在十二月"。

　　第五條爲"癸卯卜，旅，貞今夕亡禍。在十二月"。

　　第六條爲"甲辰卜，旅，貞今夕亡禍。在十二月"。

　　第七條爲"乙巳卜，旅，貞今夕亡禍。在十二月"。

　　第八條爲"丙午[卜]，[旅]，貞今夕亡禍。在[十二月]"。

　　3. "自下而上，相隔排列"，即爲"相間刻辭"[①]

　　内容完全不同的卜辭交錯刻在一起。如《合集》9465 片，共有六條卜辭，卜問三種不同内容。（參見圖 4-25）

圖 4-23　《合集》5175　　圖 4-24　《合集》26314　　圖 4-25　《合集》9465

　　第一條爲"乙卯卜，亘，貞勿錫牛"。

　　第二條爲"貞翌丙辰不雨"。

---

　　① 胡厚宣在《卜辭雜例》中把此類卜辭列爲"獸骨相間刻辭例"，參見胡厚宣《卜辭雜例》，《歷史語言研究所集刊》第 8 本 3 分 1939 年；又載於《甲骨文獻集成》第 17 册，第 533—547 頁。

第三條爲"貞錫牛"。

第四條爲"貞翌丙辰其雨"。

第五條爲"貞錫牛"。

第六條爲"☐史步[伐]工方☐"。

4."自上而下，左右對稱"

牛胛骨的卜辭多爲自下而上排列，或相間刻辭者，但是也有左右對稱的刻辭者。這左右對稱者是自上而下排列的。如《合集》12436（《佚》52 片），共個七條卜辭。（參見圖 4-26）

圖 4-26　《合集》12436 部分

第一條爲"戊子卜，沐，翌己丑其雨"。

第二條爲"戊子卜，沐，翌己丑不雨"。

第三條爲"己丑卜，沐，翌庚寅其雨。

第四條爲"己丑卜，翌庚寅不雨"。

第五條爲"庚寅卜，沐，翌辛卯不雨"。

第六條爲"翌辛卯其雨"。

第七條爲"丙戌☐"。

此版卜辭，第一、二爲一組；第三、四爲一組；第五、六爲一組，都是正反對貞。第七條卜辭是殘辭，不可知其內容，但按第一條至第六條卜辭，第七條也是有關下雨的卜辭。

5. "正反面相接"

無論是龜甲還是獸骨，有正反面相接的，如《合集》13926 片，爲肩胛骨。（參見圖 4-22）

其正面是敘辭和命辭：

第一條爲"丙子卜，殼，貞婦好有子。三月。二"。

第二條爲"辛丑卜，殼，貞祝於母庚。三"。

反面有占辭：

辭爲"王占曰：☐其惟丙不吉。其惟甲戌亦不吉。其惟甲申吉"。此條卜辭是某日吉不吉的占辭，很可能與"婦好有子"的卜辭是有關聯的。

又如《合集》5298 片正反，爲龜甲。（參見圖 4-27）

圖 4-27　《合集》5298 正反

其正面是命辭：

第一條爲"貞王聽惟禍"。

第二條爲"貞王聽不惟禍"。

其反面是敘辭：

第一條爲"戊戌卜"。即爲正面刻辭的敘辭。

第二條爲"雀入二百五十"。這是"甲橋刻辭"，即契刻"雀"這個人貢入 250 枚龜甲的記事刻辭，與"王聽惟禍"無關。

第三節　一事多卜和卜辭同文

一　一事多卜

古文獻中有一事多卜的記載，如《尚書·大誥》載："我有大事休，朕卜並吉"，鄭玄註："卜並吉者，謂三龜皆從也。"孫星衍疏："古人卜用三龜。"《論衡·卜筮》載："周武王不豫，周公卜三龜。"《春秋·襄公七年》載："三卜郊不從，乃免牲"，又在《春秋·襄公十一年》載："四卜郊不從，乃不郊。"《春秋·僖公三十一年》載："四卜郊不從，乃免牲"《春秋·成公十年》載："五卜郊不從，乃不郊"等皆記載占卜不衹一次。"筮"亦一樣，《小戴記·曲禮》云："卜筮不過三"《周易·蒙卦》："初筮告，再三瀆，瀆則不告。"凡"卜而不瀆，周人猶爲難能，況殷人尚鬼無事不稽之於卜者乎？"[1]

從甲骨文記錄看，在商代時期施行占卜，有時一事施行衹有一卜，但更多是一事施行多卜，甚至有"十八卜者"[2]（參見圖 4-1），"一事多卜"所占卜的次數，由兆序來判斷。

由此，我們可以知道晚商時代的"一事多卜"的習俗，對後世的占筮活動影響很深。

---

① 胡厚宣：《卜辭同文例》，《中央研究院歷史語言研究所集刊》第 9 本，1947 年；又載於《甲骨文獻集成》第 18 冊，第 8—29 頁。

② 胡厚宣：《卜辭同文例》。《中央研究院歷史語言研究所集刊》第 9 本，1947 年；又載於《甲骨文獻集成》第 18 冊，第 8—29 頁。

二　卜辭同文

晚商時代的一事多卜之後，有時同一卜辭刻在同一版甲骨上，稱之爲"同版甲骨上的同文卜辭"①，張秉權把這種卜辭稱爲"成套卜辭"②，指在同一版甲骨上的那些可以結合數條而成爲一套的卜辭。但是更多的卜辭"又有在不同之甲骨上爲之者，則同一卜辭，常刻於每一甲骨。即今所謂'卜辭同文'之例也"③。所謂的"卜辭同文"，實際上是一事多卜之後，將内容相同的卜辭刻在不同的甲骨上。有了兆序，這些卜辭之間可以聯繫而且亦可知它們之間的先後關係，因此，有的學者把這些甲骨稱爲不同甲骨上的"成套甲骨"。張秉權説："因爲序數對於卜辭的研究上，有著一種啟示性的價值，它啟示我們將同一或幾塊腹甲上的卜辭，彙集在一起來研究，它使我們發現了成套的卜辭和成套的腹甲。這樣可以使我們對於卜辭的文法及其所記載的史實，有了比較研究的資料。因而可以有一個更清楚更徹底的認識，序數字正似一根線索。它能將集中零星的、散漫的卜辭，連貫起來，成爲一宗更完整的、更有價值的研究資料。如果我們對於序數，不加深刻的研究，則這些資料，最高的價值，祇能被視爲'同文'而已，還是不能發揮它們的功用而去發現卜辭或龜甲的成套的關係。"④無論叫"卜辭同文"還是"成套甲骨"，有了兆序（筆者註：即張秉權説的"序數"）纔能聯繫起來。

關於"卜辭同文"，胡厚宣全面整理後發現"兩版或兩版以上之甲骨，有一辭相同者，有二辭相同者……有八辭相同者，有多辭相同者，有辭同卜序相同者，有同文異史者，有同文而一事之正反兩面者"⑤。

王宇信師在《甲骨學通論》中整理了卜辭同文之例，可參考。⑥

1. "一辭同文"

在不同的甲骨上，將"同一件事情"反復卜問，不同甲骨上所刻的卜辭文句完全相同，祇是兆序有別：

---

① 王宇信：《甲骨學通論》，中國社會科學出版社 1993 年版，第 148 頁。
② 張秉權《論成套卜辭》，《中央研究院歷史語言研究所集刊》外編第 4 種上册，《慶祝董作賓六十五歲論文集》1960 年 7 月；又載於《甲骨文獻集成》第 18 册，第 55—58 頁。
③ 胡厚宣：《卜辭同文例》，《中央研究院歷史語言研究所集刊》第 9 本，1947 年。
④ 張秉權：《卜龜腹甲的序數》，《中央研究院歷史語言研究所集刊》第 28 本 1956 年，載於《甲骨文獻集成》第 17 册，第 29—40 頁。
⑤ 胡厚宣：《卜辭同文例》，《中央研究院歷史語言研究所集刊》第 9 本，1947 年。
⑥ 參見王宇信《甲骨學通論》，中國社會科學出版社 1993 年版，第 147—148 頁。

第一，"二卜同文"，如《合集》6665 正（《後下》37.2）和《合集》40605（《庫》1596 片），"旬亡禍"卜辭（參見圖 4-28；4-29），"三日乙酉"以下爲驗辭。

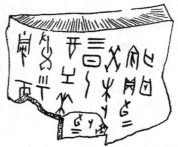

圖 4-28　《合集》6665 正爲第一卜　　圖 4-29　《合集》40605 爲第二卜

第二，"三卜同文"，如《合集》6319（《後上》16.8）和《合集》6320（《前》5.22.2 片），"征伐工方"卜辭，《合集》6319 爲第二卜、《合集》6320 爲第三卜的，應該還有第一卜的甲骨，但沒有著錄，或者尚未發現或未能保存下來（參見圖 4-30；圖 4-31）。

2. "二辭同文"

在不同甲骨上，將"同樣的兩件事情"反復卜問：

第一，"二卜同文"，如《佚》862 和《龜》2.24.5 片，卜問"王往""伐工方"之事。《佚》862 卜問兩件事都爲第一卜，《龜》2.24.5 所問兩件事與上一版相同（參見圖 4-32：1、2）。

第二，"三卜同文"，是一版上，卜問兩件事，需要用三塊甲骨，各進行占卜三次，與"二卜同文"同樣的方式。

图 4-30　　《合集》6319 爲第二卜

图 4-31　　《合集》6320 爲第三卜

图 4-32　1.《佚》862 部分爲第一卜

图 4-32　2.《龜》2.24.5 爲第二卜

　　第三，"四卜同文"，是一版上，卜問兩件事，需要用四塊甲骨，各進行占卜四次。《合集》6197（《福》11 部分）、《合集》6198（《前》4.24.1）、《合集》6199《後上》16.11）、《合集》6200（《前》4.24.3），關於"靈妃不死""工方侵略，王迎戰"之卜辭（參見圖 4-33：1、2、3、4）。

圖 4-33　1.《合集》6197 爲第一卜　　　圖 4-33　2.《合集》6198 爲第二卜

圖 4-33　3.《合集》6199 爲第三卜　　　圖 4-33　4.《合集》6200 爲第四卜

3."N 辭同文"

在一版甲骨上有 N 條卜辭，在不同甲骨上繼續占問相同的 N 件事：有四版同卜者，如《合集》3945（《續存下》388）、《合集》3946（《乙》6877）、《合集》3947（《乙》727）；雖没有第一卜的，但是已有二、三、四卜的，那麽應有第一卜的。（參見圖 4-34）

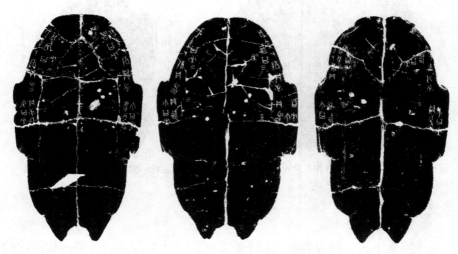

圖 4-34　1.《合集》3945　　圖 4-34　2.《合集》3946　　圖 4-34　3.《合集》3947
爲第二卜　　　　　　　　　　爲第三卜　　　　　　　　　爲第四卜

4.“同文異史”

在不同甲骨上占卜某件事，有的甲骨上刻辭爲“正問”，有的甲骨上刻辭爲“反問”，常由不同的貞人來完成，又叫“同文正反”。如《合集》540 爲貞人“殻”占卜（《續》3.2.3）和《合集》542 爲貞人“爭”占卜（《前》7.35.1）（參見圖 4-35）。

5.“異版同文”

一事多卜後，將内容相同的卜辭刻在不同的甲骨上，有了兆序的聯繫，知道它們之間的關係，即張秉權所説的“成套甲骨”。

成套甲骨現象表明，“成套的龜，大小基本相同，可能是平時將卜材的龜有意存放一起，卜時逐個使用的”[1]。

───────────────

[1]　王宇信：《甲骨學通論》，中國社會科學出版社 1993 年版，第 149 頁。

圖 4-35　1.《合集》540 爲貞人　　　　　圖 4-35　2.《合集》542 爲貞人
　　　　　　"殼"占卜　　　　　　　　　　　　　　　　"爭"占卜

6. "同版同文"

一事多卜後，將內容相同的卜辭刻在同一甲骨版上，即張秉權所說的
"成套卜辭"。同一版甲骨上的同文卜辭，既可以使我們用各條互校疑難
文字，又可以認識卜辭爲什麼有時"省略得出奇"。原來是"由於它處在
對貞或成套卜辭之中的關係，所以不必重複地將完全的句子寫下來，也可
以教人一望而知的"[①]。

第四節　龜甲左右正反對貞的問題

殷墟甲骨卜辭中我們可以看到，晚商時代統治階級施行占卜，一般對
於某一件事情，往往出兩方面的占問，即一個是正面所占問；另一個是反
面所占問，這叫作"正反對貞"。

從正面上去占卜若干次，又從反面上去占卜若干次，這些占卜的先後

---

① 張秉權：《卜龜腹甲的序數》，《中央研究院歷史語言研究所集刊》第 28 本 1956 年，載於
《甲骨文獻集成》第 17 冊，第 29—40 頁。

關係也是以兆序串聯起來的。因此，兆序不僅對於辨別部位、拼合甲骨成爲很重要的因素，而且對於"正反對貞卜辭"的定位也做出了很重要的幫助。

"正反對貞"卜辭，分別刻在龜腹甲的左右兩邊的對稱部分，如：

（1）"辛卯卜，由，貞我受年（右邊）／貞我不其受年（左邊）。"（《合集》9671 正）

（2）"壬寅卜，𣪘，貞河壱王（右邊）／壬寅卜，𣪘，貞河弗壱王（左邊）。"（《合集》776 正）

（3）"辛亥卜，爭，貞翌乙卯雨（右邊）／貞翌乙卯不其雨（左邊）。"（《合集》6947 正部分：參見圖 4-36）

（4）"貞王往於田（右邊）／貞王勿往於田（左邊）。"（《合集》635）

圖 4-36　　《合集》6947 正

這些都是正反對貞卜辭，一般來說"（正反）對貞卜辭，在甲骨上的部位，似乎是有一定的原則的，即正面的問題，常在腹甲的右邊，反面的問題，常在腹甲的左邊，所謂問題的正面和反面"①。我們一般用"隹（筆者註：惟）""其"等辭來卜問的是正問，用否定詞"不""弗""勿""弜"等辭來卜問的是反問。所以上述的四條卜辭的右邊卜問的是正問，左邊卜問的是反問。但是有些卜辭中看到恰好相反的問題，如：

（5）"己卯卜，𣪘，貞不其雨（右邊）／己卯卜，𣪘，貞雨（左邊）。"（《合集》902 正）

（6）"貞王不若（右邊）／貞王若（左邊）。"（《合集》2002 正）

（7）"貞不死（右邊）／貞死（左邊）。"（《合集》822 正）

---

① 張秉權：《卜龜腹甲的序數》，《中央研究院歷史語言研究所集刊》第 28 本 1956 年，載於《甲骨文獻集成》第 17 冊，第 29—40 頁。

　　這些卜辭在右邊爲反問，左邊爲正問。這是什麽緣故呢？張秉權認爲，"這是希望得到肯定的答案而做的"，這些卜辭"没有違反這個原則（筆者註：右邊正問，左邊反問的原則），因爲他們所希望的，仍舊是獲得一個肯定的答案，如文：'亡（筆者註：無）禍'，則希望的答案是：'是的，亡禍'，問：'不死'，則希望的答案是：'是的，不死。'他們雖是用否定詞來發問的，而其答案是肯定的，所以這一類的卜辭，還是應該屬於正面問題的卜辭，放在龜腹甲的右邊。因此我們對於卜辭的屬於正面或反面，不能僅從字面上去分別，而應看它所希望的答案是肯定的或否定的，看它在龜腹甲上的部位而定"①。即使用否定詞來占問，但期待的答案是肯定的，晚商時代人的思維邏輯與現代人一樣。張秉權的這些觀點，爲我們判斷甲骨卜辭的内涵提供了非常重要的思路。

第五節　　非卜辭記事文例

　　十五萬片甲骨文中絕大多數爲施行占卜的卜辭記錄，但亦有些甲骨文並不是卜辭，即所謂龜甲和獸骨上刻寫的"記事文字"，包括"有關準備卜材的記事刻辭、表譜文字和記事文字等；非甲骨上的記事文字包括人頭刻辭、鹿頭刻辭、牛頭刻辭、骨柶刻辭、虎骨刻辭等"②。

一　武丁時期五種記事刻辭

　　指甲橋刻辭、甲尾刻辭、背甲刻辭、骨臼刻辭、骨面刻辭等在甲骨之五個部位刻的與占卜有關的記事文字。這叫作"五種記事刻辭"③在武丁時期常用的記事文字，其他時期基本上没有。

　　1."甲橋刻辭"

　　龜腹甲中部之左右兩邊，有與背甲相接連之骨骼，因似自腹甲渡於背

----

　　①　張秉權：《卜龜腹甲的序數》，《中央研究院歷史語言研究所集刊》第 28 本 1956 年，載於《甲骨文獻集成》第 17 册，第 29—40 頁。
　　②　王宇信：《甲骨學通論》，中國社會科學出版社 1993 年版，第 139 頁。
　　③　胡厚宣：《武丁時五種記事刻辭考》，《甲骨學商史論叢初集》第三册，1944 年；載於《甲骨文研究資料匯編》，北京圖書館出版社 2000 年版。

甲之橋樑，故學者名之曰"骨橋"。武丁時之龜甲，在此種橋骨之背面多寫刻一種簡單之記事文字，名之曰"甲橋刻辭"。"甲"即龜甲，"橋"即骨橋，謂"刻於龜甲骨橋背面之一種記事文字也"（參見圖 4-37）。

胡厚宣在《武丁時五種記事刻辭考》中分析了 273 條例，主要辭例大體有三種，如下：

第一，貢納。"某入""某入若干""若干自某入""某來若干""來自某""某氏""某氏自某"等。辭例中的"入"爲"貢納"、"來"爲貢來、"氏（或釋爲以）"爲致送之義。刻辭所記的内容是有關占卜所用龜甲從何處進貢而來的。

第二，收取。"自某乞""乞自某""乞自某若干""某取自某"等。"乞"爲乞求、乞取，即徵收、收取之義。刻辭所記的内容是有關占卜所用的龜甲乃是某人從某地徵收而來的。

第三，檢視。"某示""某示若干"等，所記的"示"爲檢視之義。刻辭所記的内容是龜甲整治後，又經過某人之手檢視驗收之事。

2. "甲尾刻辭"

刻於龜腹甲正面之尾端。董作賓在《商代龜卜之推測》中謂"尾右甲"，唐蘭在《關於尾右甲卜辭》[1]中名之曰"尾右甲卜辭"。胡厚宣在文中分析了 37 條例，主要辭例有"某入""某來"等。此類刻辭與甲橋刻辭相比，較爲簡單，很少記所入龜的具體數字，其原因是"'甲尾'地位有限"。《合集》9334 刻有一例記某人"入二百二十五"的，這是甲尾刻辭數目最大的計數。（參見圖 4-38）

3. "背甲刻辭"

一個完整的背甲，因其中間高高突起，甲面不平，無論鑽鑿灼卜兆，或寫刻卜辭，皆不方便，故卜用龜背甲，往往從中縫剖開。武丁時之龜背甲，在背面近鋸縫之邊緣，亦常刻有一行與"甲橋""甲尾"刻辭相類似之記事文字，名之曰"背甲刻辭"。《合集》17598 刻有"入六十在☒丙寅⊞示四屯"（參見圖 4-39）。

---

① 唐蘭：《關於"尾右甲"卜辭》，《國學季刊》1935 年第 3 期；又載於《甲骨文獻集成》第 17 冊。

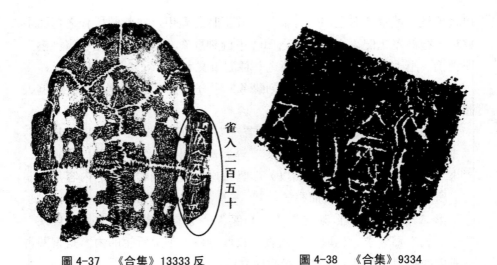

雀入二百五十

圖4-37 　《合集》13333 反　　　　　圖4-38 　《合集》9334

胡厚宣在文中分析了 13 條之例，指出此類辭例主要有"某乞自某""某乞自某若干""某乞自某若干屯""某入若干""某來若干"或"某示""某示若干""某示若干屯"等。[①]

4. "骨臼刻辭"

完整之牛胛骨，其窄狹之一端，轉節處，乃一渾圓之窠臼，在占卜之先，常在此圓臼鋸成半圓形，此一部分名之曰"骨臼"。武丁時之卜骨，在此種骨臼中，每刻一種與卜辭無關之記事文字，即所謂"骨臼刻辭"。《合集》9408 刻有"己丑乞自缶五屯。徣示三屯。嶽"（參見圖4-40）。

胡厚宣在文中分析了177 條例，指出此類辭例主要有兩類。如下：

第一，收取。"自某""自某乞""乞自某入若干屯""某乞自某若干屯""某自某乞若干屯"。

第二，檢視。"某示""示屯若干""某示若干屯""某示某若干屯""某示若干屯又一""某示若干屯又一凸"等，有的並記干支。

_____

① 胡厚宣在《武丁時五種記事刻辭考》中分析，記事刻辭中祇有在骨臼、骨面和背甲中有"屯"字。"屯"本來指左右"一對"。據此背甲上刻"若干屯"爲"背甲若干對"，即指改制背甲的左右"一對"。"某示若干屯"是祇有在背甲刻辭，甲橋、甲尾刻辭所不見。如果胡厚宣的分析是正確的，晚商時代向商王室貢納龜甲的時候，有的時候將背甲做好改制背甲後向商王室貢納。再說，所有的龜甲並不是都在商王室集中處理。

5. "骨面刻辭"

每刻於骨面之上。如刻於正面，則常在骨面寬薄一端之最下方。如刻於反面，則常靠近邊緣處。此亦利用偏僻地方，刻記與卜辭不相干之另一事件者，名之曰"骨面刻辭"，如《合集》9386 反"壬子殼乞[自]"（參見圖4-41）。

圖4-39《合集》17598　　　圖4-40《合集》9408　　　圖4-41《合集》9386 反

胡厚宣在文中分析了 26 條例，主要辭例有兩類，如下：

第一，從某人徵收。如"自某""自某若干屯""乞自某""乞自某若干屯""某乞自某""乞於某若干屯""自某乞""乞若干屯"。

第二，某人檢視。如"某示""某示若干""某示若干屯"等。

胡厚宣說："五種刻辭之時代由坑位、人名、字體及同版其他刻辭等，之其皆屬於武丁時期。由五種刻辭絕無'貞'、'卜'一類之字，又絕無所屬鑽灼卜兆之痕跡，知其乃卜辭以外一種特殊之記事文字。此類刻辭絕不見於祖庚以後之甲骨中，蓋此種記事刻辭乃武丁時所特有之風氣。……總之，五種記事刻辭所記者，凡兩事，一爲甲骨之來源。其來源分兩種：曰'進貢'，祇龜甲而然；曰'採集'則甲骨皆然。惟龜甲之由於採集者較少，牛骨則大部分皆有採集而來也。二爲甲骨之祭祀，蓋甲骨

在卜用之先，必須經過此種典禮也。"①（關於此種典禮，可參見本書第三章第三節）

6. 關於"五種記事刻辭"學者的錯誤看法

在胡厚宣之前，董作賓、唐蘭、郭沫若等學者曾經論述有關甲尾刻辭和骨臼刻辭的論證，但有不少誤謬之處，如下：

其一，"甲尾刻辭"方面。董作賓在《商代龜卜之推測》一文中論斷"甲尾刻辭"的"冊入"誤認爲"冊六"或"編六"，説"龜版即古之典冊"。近人仍有沿其誤者，認爲甲骨文是中國古代最早的書籍。甲骨文雖然是記錄當年占卜的記錄，即一種古代中國最早的國家檔案，但還不能稱之爲"書籍"。甲尾刻辭中的"冊入"，實爲指"冊這個人貢入（龜甲）之事"，即"冊"爲人名。

唐蘭在《關於"尾右甲"卜辭》②中，力辨董作賓所説的"冊六""編六"之誤，指出並認爲是"記事文字"。"記事文字"的看法是很正確的，但他誤認爲"尾右甲"中的"'入'和'來'是動詞，上面的字是名詞。這是一個人入，或來的事情"。是有所不通順，實爲是記錄貢納、進貢的事情，而不是記錄某個人入商或來商的事情。

其二，"骨臼刻辭"方面。董作賓在《帚矛説》③中認爲，這一類刻辭是"帚矛刻辭"，是"專門記載饋送頒發銅矛於各地、各國、各人及守衛者的文字"。"矛"實爲"屯"的誤解。1933 年，郭沫若在《骨臼刻辭之一考察》④中認爲，"卜骨之用牛髀者，每治畢二骨則合爲一包，積得若干包，由王或王之代理者加以省視而封存之。配觀之大卜或大史於骨臼刻記日期、省視者乃包數等以醒目。凡書'帚某'及刻辭骨臼之例均武丁時物，其前後均所未見"。郭氏所説的"包"即董作賓所説的"矛"，就是"屯"之誤解，但"二骨合爲一"之説法是對的。1936 年，唐蘭在《卜

---

① 胡厚宣：《武丁時五種記事刻辭考•結語》，《甲骨學商史論叢初集》第三冊，1944 年；載於《甲骨文研究資料匯編》，北京圖書館出版社 2000 年版。

② 唐蘭：《關於"尾右甲"卜辭》，《國學季刊》1935 年第 3 期；又載於《甲骨文獻集成》第 17 冊，第 521—523 頁。

③ 董作賓：《帚矛説》，《安陽發掘報告》1933 年第 4 期。

④ 郭沫若：《骨臼刻辭之一考察》，載於《殷契餘論》1933 年，又載於《古代銘刻匯考續編》1934 年，又載於《甲骨文字研究》，《郭沫若全集•考古編》第一卷，科學出版社 1982 年版，第 411—430 頁。

辭時代的文學和卜辭文學》①中認爲，卜辭中的"屯"乃爲"豕形的倒寫"，骨臼刻辭是"貞祭祀的卜辭"，1939 年在《天壤閣甲骨文存考釋》中，把"示"爲"人鬼"，説："帚□示者，諸婦之初卒而祭之也。"即"某示"者釋爲"向剛去死的某婦舉行祭祀"。這也是唐氏的誤解，應是"某人檢視"之義。

五種記事刻辭中的"示"爲檢視甲骨之義，而不是指祭祀。胡厚宣説："在中央研究院曾得發掘所得及其他公私所藏完整零碎甲骨兩三萬片細玩之，知甲骨中有卜兆而無卜辭者，絕無有卜辭而無屬之卜兆者"，即認爲骨臼刻辭是"記事文字"。胡厚宣全面研究甲骨所得出的有關"五種記事刻辭"的論斷，已在學術界普遍接受，成爲不易之論。

這些"五種記事刻辭"雖然不是占卜的記錄，但是爲我們今天研究甲骨文提供了不少重要的各種資訊。因此，不可忽略這些記事文字的記錄。

二　"史官簽名"

胡厚宣在《卜辭記事文字史官簽名例》②中説："甲骨文中除貞卜之史官，恆於卜辭之中記其名者外，記事文字之末，或龜甲之偏僻地方，亦常有記史之簽名"，即所謂的"史官簽名"。主要有三個地方，一爲"甲橋刻辭"之後；二爲"背甲刻辭"之後；三爲"骨臼刻辭"之後。

史官簽名可細分爲七例：一爲背甲刻辭簽名例；二爲甲橋刻辭簽名例；三爲骨臼刻辭簽名例；四爲骨面刻辭簽名例；五爲背甲頂端簽名例；六爲甲尾反面簽名例；七爲甲尾正面簽名例。

有些史官簽名與記事刻辭不在一起，另行分刻，主要在背甲頂端、甲尾反面、骨臼等。（參見圖 4-40《合集》9408，"嶽"爲"史官簽名"之例）

據胡厚宣的統計，第一期武丁時期簽名史官者多，達二十三名，第三期祇有一個"狄"者，其他王時期，都沒有史官簽名之事。胡厚宣在《卜辭記事文字史官簽名例》中認爲"此史官簽名，多於記事文字之末，知此官者，乃記事之官。而記史簽名之例，自殷代即已有之"。

---

① 唐蘭：《卜辭時代的文學和卜辭文學》，《清華學報》十一卷，1936 年第 5 期。
② 胡厚宣：《卜辭記事文字史官簽名例》，《中央研究院歷史語言研究所集刊》第 12 本，1948 年；又載於《甲骨文獻集成》第 18 冊，第 32 頁。

表 4-5　　　　　　　　　　　　　史官簽名統計表[①]

時期	史官	背甲	甲橋	骨臼	骨面	背甲頂端	甲尾反面	甲尾正面	統計
一期	殼	1	44	3		10	2		60
	嶽		1	37					38
	皀		8	22					30
	方		23	4					27
	敊		9	17					26
	小敊		1	25					26
	亘		10	13					23
	凹		1	5					6
	中		2	3					5
	率			4	1				5
	㘡			4					4
	辰			3					3
	内			3					3
	箙			3					3
	犬				1	1			2
	旬		2						2
	⟨			2					2
	𢀜		1						1
	阜		1						1
	若		1						1
	茲				1				1
	⟨				1				1
	缶							1	1
三期	狄							8	8
統計	—	1	104	148	4	11	3	8	279

＊“一期”爲“武丁”時期；“三期”爲“廩辛、康丁”時期。

---

① 參見胡厚宣《卜辭記事文字史官簽名例》《中央研究院歷史語言研究所集刊》第 12 本，1948 年；又載於《甲骨文獻集成》第 18 冊，第 32 頁。

三　"表譜文字"

主要有"干支表""家譜刻辭"及"祀譜刻辭"等，其爲備覽查閱之用。

1. "干支表"

如《合集》11730，是一版武丁時期的"干支表"。雖然下部殘斷，但按干支順序來看，可知刻六旬的干支表。（參見圖4-42）

圖4-42　《合集》11730，干支表

"干支表"是在各類甲骨著錄書中較常見的，有的學者認爲祇是練習用的習刻，但是郭沫若認爲，干支表是解讀古文字的核心關鍵所在，説："非任意契刻之説所能解釋。餘謂藉此可覘古代歷法之變遷。蓋古人和以十干紀日，旬甲至癸爲一旬，旬者遍也，週則復始。然十之週期過短，日份易混淆，故復以十二支與十干相配，而成複式之干支紀日法。多見三旬式者，蓋初曆月無大小，僅逮三旬已足。入後始補足爲六十甲子者也。以干支紀日則干支之用至繇（筆者按：繁）。故有此多數之干支表存在。此等表式與卜無關，然欲讀卜辭者必自此入手。"[1]

雖然説，在甲骨文中常見的"干支表"是新手的習刻，但是從歷法的角度來看，干支是非常重要的一部分。現在學術界所説"史學"的最基本、最重要的兩個組成部分就是"文字"和"歷法"。因此，我們絕不可忽略甲骨文中的干支表。

2. "家譜刻辭"

所記的是"商王家係"或"某貴族家係"，如《庫方》1506片的"家譜刻辭"。但是其真僞之辨，仍未結論，在爭論當中。于省吾認爲"我國現在僅此一見的我國三千多年前的寶龜譜牒史料"。然而胡厚宣認爲是僞片。（參見圖4-43）

---

[1]　郭沫若：《卜辭通纂考釋》，1933年東京文求堂石印影印本，第3頁；載於《甲骨文研究資料匯編》，北京圖書館出版社2000年版。

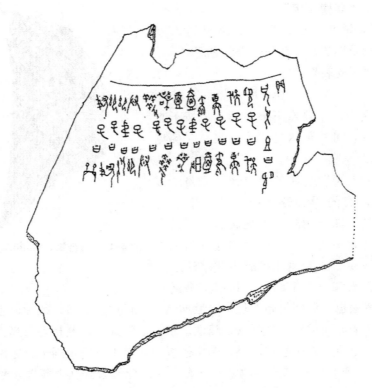

圖 4-43　《庫方》1506，"家譜刻辭"
（採自胡厚宣《甲骨文"家譜刻辭"真偽問題再商榷》）

　　關於"家譜刻辭"真偽問題的爭論尚不能完全解決，兩位老學者的論點比較尖銳。爲了幫助讀者判斷，在本書的"附錄二"中整理了胡厚宣、于省吾兩位的論點。

　　3. "祀譜刻辭"（"周祭祀譜"）

　　雖然其內容與占卜沒有直接關係，祇是專記晚商時代"周祭"先公、先王、先妣等受祭祖先神靈的祀典之次序，"具有備覽之譜牒作用"[1]，但是"周祭祀譜"具有非常重要的資訊，因爲在其祀譜中我們可以一目了然地瞭解商王室先公、先王、先妣的世次。

―――――――――――
① 王宇信、楊升南主編：《甲骨學一百年》，社會科學文獻出版社 1999 年版，第 254 頁。

所謂"周祭"，是晚商時代統治階級用"翌（日）""祭""壹（日）""𠂤（日）""彡（日）"等五種祀典對上甲以下先公、先王、先妣輪番周而復始地進行的晚商時代獨特的一種祭祀制度。這種祭祀一代接著一代連綿不斷地進行下去。一整套祭祀週期爲三十六旬或三十七旬。

周祭制度是董作賓在《殷曆譜》中首先提出的，之後陳夢家、島邦男、許進雄、常玉芝等學者專門研究周祭祀譜的問題。對有些問題學者之間有所分歧，主要集中在兩個方面：一是，祀典排序；二是，祭祀對象的範圍和旬序。

第一，祀典排序，各位學者的論點，如下[1]：

董作賓："彡（日）—翌（日）—祭—壹（日）—𠂤（日）"。

陳夢家："彡（日）—翌（日）和—祭—壹（日）—𠂤（日）"。

島邦男："祭—壹（日）—𠂤（日）—彡（日）—翌（日）"。

許進雄："翌（日）—祭—壹（日）—𠂤（日）—彡（日）"。

常玉芝論點與許進雄同。

第二，祭祀對象的範圍和祭祀旬序問題，各位學者的論點，如下[2]：

其一，董作賓排序的受祭先公、先王有 33 位，先妣有 24 位，祀序共有 12 個旬。

其二，陳夢家排序的受祭先公、先王有 34 位，先妣有 22 位，祀序共有 12 個旬。

其三，島邦男排序的受祭先公、先王有 33 位，先妣有 25 位，祀序共有 11 個旬。

其四，許進雄排序的受祭先公、先王有 33 位，先妣有 22 位，祀序共有 11 個旬。

---

[1] 關於各學者對"祀典排序"的不同看法，參見董作賓《殷曆譜》上編卷一，"中研院"歷史語言研究所 1945 年版，第 3 頁；陳夢家《殷虛卜辭綜述》第 391—396 頁；島邦男《殷虛卜辭研究》中譯本（溫天河、李壽林譯），臺灣鼎文書局 1975 年版，第 114 頁；許進雄《殷卜辭中五種祭祀的研究》，臺灣大學 1968 年版，第 55 頁；常玉芝《商代周祭制度·前言》，線裝書局 2009 年版，第 1 頁。

[2] 筆者註：關於各學者對"祭祀對象範圍和旬序"的不同看法，參見董作賓《帝乙帝辛時五種祀典祖妣祭日表》，載於《殷曆譜》上編卷三，"中研院"歷史語言研究所 1945 年版；陳夢家《周祭祀譜表》，《殷虛卜辭綜述》第 386—388 頁；島邦男《先王先妣序表》，《殷虛卜辭研究》中譯本，臺灣鼎文書局 1975 年版，第 99 頁；許進雄《先王先妣繫聯表》，《殷卜辭中五種祭祀的研究》，臺灣大學 1968 年版，第 48—49 頁；常玉芝《周祭中的商先王先妣世次》，《商代周祭制度》，線裝書局 2009 年版，第 109 頁。

其五，常玉芝排序的受祭先公、先王有 31 位，先妣有 20 位，祀序共有 10 個旬。

雖然各學者之間有這些分歧，但是他們共同認爲這五種祀典進行中，"彡""翌"是單獨進行而"祭—壹（日）—**名**（日）"等三個祀典是相互交疊進行的。

"周祭"本身是非常龐雜的祭祀系統，從上甲以下，用上述五種祀典輪番周而復始地進行，而且舉行祭祀的方式也很複雜，因此，備覽式的祭祀譜牒是相當重要的記錄，參見表 4-6：

表 4-6　　　　　　周祭祀譜復原表（以常玉芝排序的祀譜爲主）[①]

	第一旬	二旬	三旬	四旬	五旬	六旬	七旬	八旬	九旬	十旬
甲	上甲		大甲，示癸奭妣甲	小甲		戔甲	羌甲，祖辛奭妣甲	陽甲		祖甲
乙	報乙	大乙				祖乙			小乙	
丙	報丙		外丙，大乙奭妣丙							
丁	報丁	大丁			中丁		祖丁		武丁	康丁
戊			大丁奭妣戊	大戊						武丁奭妣戊；祖甲奭妣戊
己				雍己	中丁奭妣己	祖乙奭妣己	祖丁奭妣己		祖己	
庚		示壬奭妣庚	大庚			祖乙奭妣庚	南庚；祖丁奭妣庚	盤庚	祖庚；小乙奭妣庚	
辛			大甲奭妣辛			祖辛		小辛	武丁奭妣辛	康丁奭妣辛
壬	示壬		大庚奭妣壬	大戊奭妣壬	外壬					
癸	示癸				中丁奭妣癸				武丁奭妣癸	

① 常玉芝：《商代周祭制度》，線裝書局 2009 年版，第 91—94 頁。

四　"宜於義京"之"義京"刻辭

"宜於義京"之"宜"，甲骨文字作"🔲、🔲"。陳夢家在《殷虛卜辭綜述》中概括甲骨文中"宜"的用法，説："在武丁的特殊記事刻辭中，有一種記錄'宜'祭的……卜辭之宜作'🔲'亦即'俎'字。《金文編》以爲俎、宜一字，是對的。宜字在卜辭中有兩種用法：一是，祭名'貞：我一月酒，二月宜'（《前》1.39.2）、'其宜於妣辛一牛'（《上》19.15）；二是，用牲'燎於河十牛，宜十牛'（《上》24.4）、'甲辰宜大牢，燎小宰'（《甲》246），都是動詞。"[①]

方稚松在《殷墟甲骨文五種外記事刻辭研究》中提出："'宜'在甲骨文中除了用爲祭祀動詞外，有些也可以出現在動詞或介詞之後充當賓語，表現出名詞性。"[②]

（1）"貞：王左三羌於宜，不左。若。"（《合集》376 正）

（2）"貞：弗於宜奠。"（《合集》2137）

（3）"貞：祐大甲宜。"（《英藏》21）

（4）"辛卯卜：子𣶏宜，重幽鷹用。"（《花東》198）

"這種作爲名詞性的'宜'，其含義就是放置在俎案上的肉，而動詞'宜'的含義是指將肉放置於俎案上，不論是動詞還是名詞，其詞義的内涵都是一樣的，即所謂的名動相因。"[③]

"宜於義京"之"義京"甲骨文字刻辭爲"🔲、🔲"。歷代學者對此看法，如，孫海波認爲"從京從義，《説文》所無，人名"（《甲骨文編》第 246 頁），王國維疑爲"峨"，羅振玉謂"義京"，王襄認爲"義京二字的合文，是人名"（《簠室殷契徵文》第 4 編），郭沫若認爲"'宜於義京'以（《殷契粹編》）409 片'俎於中子'例之則'義京'當是人名。"（《殷契粹編考釋》第 415 片）等。從"俎於中子"的語法結構分析看"俎"爲祭祀動詞，"於"是介詞，"中子"是受祭對象，因此郭沫若等認爲"義京"是受祭對象。然而馬漢麟提出不同意見，説："'俎於'之後也可以跟地名，這時介詞'於'就當'在'講。其地名就是舉行

---

① 陳夢家：《殷虛卜辭綜述》，中華書局 1988 年版，第 265—267 頁。
② 方稚松：《殷墟甲骨文五種外記事刻辭研究》，上海古籍出版社 2021 年版，第 5 頁。
③ 方稚松：《殷墟甲骨文五種外記事刻辭研究》，上海古籍出版社 2021 年版，第 6 頁。

祭祀的處所。”①

最近學術界一致認爲“宜於義京”的“義京”是舉行“宜”祭的地點。對這個“地點”的概念，方稚松在《殷墟甲骨文五種外記事刻辭研究》中進行兩方面的分析②：第一，考察甲骨文“宜”祭所涉及的所有地點，通過比對確定“某京”類地點的性質；第二，據甲骨文中“某京”類材料，這些“某京”的性質是否一致。

方稚松在書中從“宜”的性質概括了“義京”的含義。“宜於殷京”，“殷京”或寫作“殷亯”，“宜”所舉行的地方除了“義京”“殷京”外，還有如下幾個場所：

（5）“己亥，貞：庚子酒宜於臺羌三十，十牢。”（《合集》32051）

（6）“甲子卜，行，貞：其宜於庚祼。”（《合集》26020）

（7）“丁未卜：酒宜伐百羌於官☒。”（《英藏》2466）

（8）“丙寅：夕宜在新束牝一。”（《花東》9）

（9）“辛卯卜：於庭伐／丁酉卜：於庭伐／辛丑貞：酒大宜於庭。”（《屯南》675）

（10）“己巳：宜牝一於南。”（《花東》270）

（11）“甲辰卜，貞：翌日乙王其賓宜於敦，卒，不遘雨。”（《合集》38178）

（12）“己卯：宜牝，在庐。”（《合集》7814 反）

（13）“癸亥：宜牝一，在入。”（《花東》240）

“{筆者註：上引例（11）—（13）中的}敦、庐、入，應是專有地名，這些辭例祇是説明當時占卜時占卜主體所在的地點，並不一定是宜所舉行的地點；{筆者註：例（10）中的}‘南’是方位名詞；{筆者註：例（6）中的}‘庚祼’應是爲日名爲庚的某位祖先而建的一種宗廟類建築；{筆者註：例（7）中的}‘官’應讀爲‘館’；{筆者註：例（8）中的}‘新束’之‘束’亦爲一種建築名稱；{筆者註：例（9）中的}‘庭’爲建築名稱；{筆者註：例（5）中的}‘臺’在卜辭中除了用於人名‘子

---

① 馬漢麟：《論武丁時代的祭典刻辭》，《南開大學學報》（人文科學）1956 年第 2 期。
② 參見方稚松《殷墟甲骨文五種外記事刻辭研究》，上海古籍出版社 2021 年版，第 22—32 頁。

亹'外，主要用作地名。"①他對"亹"的地點性質分爲"田獵地點"和
"祭祀地點"。

　　方稚松又通過"京"的字形分析，認爲"'宜'所在的地點多爲建
築名稱這一特點看，'義京''殷京'所指的應該也是建築名稱"②。李
學勤曾經提出過甲骨文中的"義京""殷京"可能是"臺觀的名稱"的
意見③，王獻唐亦認爲"古代亭形建築，由構木而起。取其高聳，所以避
水濕惡物，據而推釋高字本體，即爲亭形建築之一。……契文京作𩫖……
形體與高相合，惟下多一直。高字體象亭樓，下象左右亭柱支立。以形求
之，如今四柱亭式。此則於兩柱中間多加一柱，即今八柱亭式……京爲
八柱，面各三柱，故於下作三直象之（筆者註：即𩫖形）……京爲高大之
名，凡他物類高大者，皆可稱京"④。韋心瀅也提出了類似的看法，在
《殷代商王國政治地理結構研究》中説："甲骨文中所提到的'某京'，
可能是該地有人爲高大的宮室建築，而非一般所認爲該地有高丘。"⑤這
三位學者的主張頗有道理，甲骨文中的"京"字契刻爲"𩫖、𩫖、𩫖"，
一般用爲"地名"，然而從"義京刻辭"角度來看，更多時用爲人爲作
的高大的建築物。這種建築物，應該是祭祀用的。因此，甲骨卜辭中的
"某京"是"釋爲某類建築名"⑥。那麼對"義京"，我們可以理解爲建
於"義"地的"京"。"宜義京"刻辭即在"義"地的"京"中舉行
"宜"祭之義。

　　在這些"義京"刻辭辭末有"左、中、右"的記錄，如，"己未，宜
於義京，羌[三]人卯十牛，左"（《合集》386）、"己未，宜於義京，
羌三卯十牛，中"（《合集》388）、"癸卯，宜於義京，羌三人卯十
牛，右"（《合集》390）（參見圖4-44：1、2、3）。

　　胡厚宣認爲，"義京"刻辭爲商代占卜制度"卜用三骨"的佐

　　①　方稚松：《殷墟甲骨文五種外記事刻辭研究》，上海古籍出版社 2021 年版，第 23—24 頁。
　　②　方稚松：《殷墟甲骨文五種外記事刻辭研究》，上海古籍出版社 2021 年版，第 25 頁。
　　③　李學勤：《論賓組胛骨的幾種記事刻辭》，《英國所藏甲骨集》下編上冊，中華書局 1985 年
版，第 164 頁。
　　④　王獻唐：《那羅延室稽古文字》，齊魯書社 1985 年版，第 205—220 頁。
　　⑤　韋心瀅：《殷代商王國政治地理結構研究》，上海古籍出版社 2013 年版，第 195 頁。
　　⑥　方稚松：《殷墟甲骨文五種外記事刻辭研究》，上海古籍出版社 2021 年版，第 28 頁。

證。①他曾在致郭沫若信中，揭示其特點説："甲骨中有所謂牛胛骨
'宜義京刻辭'今發現共九例。末署三左三中三右，皆左中右爲一
組。有人按其七個日期，每日爲左中右一組，共排爲七組二十一
例。"另外又有兩版甲骨"每版龜甲或牛胛骨卜兆旁邊刻著序數，就
其卜兆序數看來，以一組三卜者爲多，三卜以上亦有不少三倍數之
例。此外殷墟發現石磬三個一組，銅鐃三個一組。侯家莊出土的三個
大方盉，其鋬內左中右三字，亦本爲一組。又銅器銘文中凡左中右三
字，並非人名、地名，乃左中右三個一組之銅器"。即在商代時期除
了占卜之外，還有石磬、銅器等器物亦有"三個一組"的現象。這正
是與郭沫若在 20 世紀 30 年代所猜測的"卜用三骨"的佐證。

圖 4-44　1.《合集》386 部分　　2.《合集》388　　3.《合集》390 正部分

除了這些牛胛骨之外，還有其他一些刻於甲橋、胛骨正面、胛骨正反

_____

① 郭沫若曾經在 1933 年出版的《卜辭通纂》之"別一·何十二片"考釋中提出"卜用三骨"之推
測，説"'習一卜'、'習二卜'，不識何意。《書金縢》：'乃卜三龜，一習吉'，《史記•魯世
家》作'乃即三王而卜，部人習曰吉'，《論衡》〈知實篇〉及〈死僞篇〉皆云'乃卜三龜，三龜皆
吉'。疑古人以三龜爲一習，每卜用三龜。一卜不吉，則再用三龜。其用骨者，當亦然。言'習一
卜'、'習二卜'者，疑前後共卜六骨也"。在 1972 年發表的《安陽新出土的牛胛骨及其刻辭》一文
中又提出了"卜用三骨"。在該文"追記"中記載，胡厚宣致信中"宜義京刻辭"的資料。胡氏文章中
的"義京"爲一個字"𥢶"，在本書中爲表示方便作"義京"。

其他部位上與占卜無關的記事刻辭，如陳夢家揭出了以下例①：

（14）"乙酉，小臣⊗堇。"《甲編》3913（《合集》28011）。

（15）"乙未，又歲於祖乙牡卅宰隹舊歲。"《甲編》2386（《合集》22884）。

（16）"己卯，媚子寅入宜羌十。"《菁》3（《合集》10405 正）。

（17）"王若曰羌，女曰▢。"《甲編》2504（《合集》32156）。

（18）"▢▢，宜於庚宗七羌卯廿牛。"《前編》1.45.5（《合集》334）。

（19）"辛▢，宜於殷京羌卅卯卅牛。"《前編》4.10.5（《合集》317）。

（20）"癸卯，宜於義京羌三人卯十牛。"《甲編》3361（《合集》390）。

（21）"庚辰，令犬隹來，犬以黽二若令。"《前編》8.8.3（《合集》21562）。

"第一例，刻在甲橋上，其他都刻在骨面上。《菁》3（16）、《甲編》2386（15）、3361（20）都和卜辭刻在一面，但《甲編》3361（20）刻在牛胛骨的左下段，則是有意的避開通常刻卜辭的地方。"②

關於"宜於義京"卜辭中的"左中右"的意義，董作賓認爲"俎於'義京'之辭，凡九見，記左、右、中者凡八，知每次舉行俎祭，必先分三組，列於左右及中部，而每組均有史臣記之"③，宋鎮豪師認爲"'宜義京'記事刻辭，專刻於牛胛骨卜骨的正面扇部下方，有一避開通常刻卜辭的地方……這類祭祀刻辭署胛骨分右中左，可能與'三卜制'的取用三塊一組牛胛骨來源之祭禮有關"④。

李學勤認爲："（'宜於義京'）刻辭都位於胛骨不施鑽鑿的部分，

---

① 陳夢家：《殷虛卜辭綜述》，中華書局 1988 年版，第 44 頁；筆者註，爲讀者查資料的方便，還記《合集》號。

② 陳夢家：《殷虛卜辭綜述》，中華書局 1988 年版，第 44 頁。

③ 董作賓：《漢城大學所藏大胛骨刻辭考釋》，載於《董作賓先生全集甲編》，藝文印書館 1977 年版，第 790 頁。

④ 宋鎮豪：《夏商社會生活史》，中國社會科學出版社 2005 年版，第 928 頁；又參見《論古代甲骨占卜的"三卜"制》，《殷墟博物苑苑刊（創刊號）》，中國社會科學出版社 1989 年版，第 138—150 頁。

這一特點與常見的記載卜骨來源的骨臼刻辭或骨面刻辭相同，也'絕無'貞''卜'一類之字，又絕無所屬鑽灼卜兆之痕跡，知其乃卜辭以外一種特殊之記事刻辭。'①……本文討論的記事刻辭又有一個獨有的特點，就是只見於胛骨，不見於龜甲，不像常見的那種記來源的骨臼或骨面刻辭那樣與龜背甲或腹甲上的刻辭相似。這暗示，刻辭所表達的應專與胛骨有關。……這些有記事刻辭的胛骨就是辭中所用牛的骨骼。這些刻辭，仍是說明卜骨來源的記載。"②

（22）"丁亥卜，永，貞：王比沚馘/癸卯宜於義京羌三人，卯十牛，又（右）。"（《合集》390 正）

（23）"王占曰：吉/逐豕獲。"（《合集》390 反）

（24）"戊戌婦喜示一屯。嶽。"（《合集》390 臼）

李氏說："《合集》390 是一版完整的胛骨……它的正面左下角有癸卯'宜於義京'刻辭。（在其骨臼、骨面、反面刻辭等）綜合起來考察，知道當時在癸卯日宜於義京地方，用牛十頭，經五十六日戊戌，由婦喜'示'（或說為卜用前的一種祭祀）過牛的一對胛骨，交卜官嶽收存，又經五十日丁亥，始有卜人永為王卜用。"③

趙鵬在《甲骨刻辭"又"及相關之字補說》④一文中，提出卜辭中"左、中、右"與"卜用三骨"實為無關。

（25）"己未宜〔於〕義京，羌〔三〕人，卯十牛，左。"（《合集》386）

（26）"己未宜於義京羌三，卯十牛，中。"（《合集》388）

（27）"癸酉宜於義京羌三人，卯十牛，又（右）。"（《合集》394）

趙鵬據安陽西北崗王陵區 1001 號大墓中出土的"左中右"盉視為

---

① 胡厚宣：《武丁時五種記事刻辭考》，《甲骨學商史論叢初集》第三冊，1944 年；載於《甲骨文研究資料匯編》，北京圖書館出版社 2000 年版。

② 李學勤：《論賓組胛骨的幾種記事刻辭》，《英國所藏甲骨集》下編上冊，中華書局 1985 年版，第 165—166 頁。

③ 李學勤：《論賓組胛骨的幾種記事刻辭》，《英國所藏甲骨集》下編上冊，中華書局 1985 年版，第 166 頁。

④ 趙鵬：《甲骨刻辭"又"及相關之字補說》，《古文字研究》第 30 輯，中華書局 2014 年版，第 89—93 頁。

"祭祀時擺放的位置有關"，認爲這些甲骨卜辭中的"左中右"是"祭祀時祭牲擺放的三個方位"：如（25）卜辭（《合集》386）表示，占卜所用之骨來源於己未日在已經舉行宜祭所用十頭牛中，擺放在左邊的一頭；（26）卜辭（《合集》388）表示，占卜所用之骨來源於己未日在已經舉行宜祭所用十頭牛中，擺放在中間的一頭；（27）卜辭（《合集》394）表示，占卜所用之骨來源於在義京舉行宜祭所用十頭牛中，擺放在右邊的一頭。她的論點比李學勤的理論有更進一步的發展，然而還是不夠充分，比如"十頭牛"中"左邊"和"中間"之間的一頭怎麼表達？籠統地說左邊的一頭？還是中間的一頭？因此，我們認爲"卜用三骨"和"義京刻辭"的"左中右"問題以後還是要更深入的研究。

五　非甲骨上的記事文字

龜甲、牛胛骨以外的獸骨和人骨上刻的記事文字。包括人頭骨、鹿頭、牛頭、骨柶、虎骨刻辭等。除此之外，還有石器、玉器、骨蚌器、銅器、陶器上的文字，但這些已經不在甲骨學研究的範圍，就不一一做介紹。

1. "人頭刻辭"

在人頭骨上契刻的文字。大抵屬於商王朝殺戮敵國酋長之首以獻祭先王而在其頭骨上刻辭。陳夢家在《殷虛卜辭綜述》中揭出六條人頭骨刻辭，並認爲這六條卜辭表明三件事[①]：第一，諸邦方的君長爲殷邦戰敗俘獲以後常殺之以祭於殷之先王。第二，所殺用的方伯的頭蓋骨上常刻辭記其事，它和史書所記的習俗可相比較。如《史記·大宛列傳》載："皆言匈奴破月氏王，以其頭爲飲器"，《戰國策·趙策》載："以知伯頭爲飲器"。第三，所謂"用"即殺之以祭，西周金文《令方彝》"用牲於康宮"、《刺鼎》"用牲於大室"、《召誥》"用牲於郊"、《左傳》"用牲於社"（莊公二十五年、三十年，文公十五年）等，凡此皆謂"用牲"。

1974 年，胡厚宣在《中國奴隸社會的人殉和人祭》[②]中說："征伐俘獲了方國的伯長，不但用以祭祀宗廟和祖先，而且砍下他們的頭顱，

---

① 參見陳夢家《殷虛卜辭綜述》，中華書局 1988 年版，第 326—327 頁。
② 胡厚宣：《中國奴隸社會的人殉和人祭》下篇，《文物》1974 年第 8 期。

還在頭骨上刻上銘文，以紀念勝利。這樣的人頭刻辭，據我所見，共有十一片。"20 世紀 80 年代，原英國劍橋大學葉慈舊藏中揭出 1 片人頭骨刻辭①，在 1993 年日本學者荒木日呂子介紹東京國立博物館藏 1 片人頭骨刻辭等，歷年殷墟出土的人頭骨刻辭，"迄今共發現 15 片"，現藏地點、著錄情況，如下②：

第一，北京圖書館藏 4 片："□丑用於□義友"（《合集》38762、《掇二》49、《京津》5282）；"方白用"《殷虛卜辭綜述》圖版 13. 右上（《合集》38759、《善齋》6191、《京津》5281）；"□又馘"《殷虛卜辭綜述》圖版 14. 上（《合集》38761、《善齋》305）；"白奂"（《合集》3435、《善齋》23929）。（參見圖 4-45）

1   2   3   4

圖 4-45　北京圖書館藏人頭刻辭

(1.《合集》38762；2.《合集》38759；3.《合集》38761；4.《合集》3435)

第二，故宮博物院藏明義士舊物 1 片："夷方白□祖乙伐。"《殷虛卜辭綜述》圖版 13. 右下（《合集》38758、《故宮》286）（參見圖 4-46：1）

第三，中國社會科學院歷史研究所藏 1 片："□[   ]白□。"（《合集》38760、《歷拓》1507、《存》上 2358）（參見圖 4-46：2）

第四，上海博物館藏 1 片："隹□。"（《合集》38764、《掇二》87）（參見圖 4-46：3）

第五，臺北"中研院"歷史語言研究所藏 1 片："□武□。"（《甲編》3739）（參見圖 4-46：4）

第六，日本東京的河井荃盧所藏 2 片：其中 1 片現歸於東京大學東洋文化研究所"□中凡□"（《東京》972）；另一片現在下落不明，可能

---

① 李棪：《殷墟斫頭坑髑髏與人頭骨刻辭》，《中國語文研究》1986 年第 8 期。

② 王宇信、楊升南主編：《甲骨學一百年》，社會科學文獻出版社 1999 年版，第 248—250 頁。

在 1945 年 3 月 10 日毁於戰火①，現存祇有拓本"□盧□伐□"（《合集》38763、《珠》298、《林》2.26.5）。（參見圖 4-46：5）

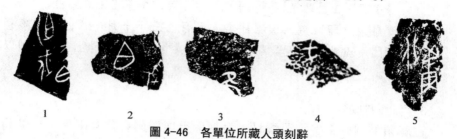

圖 4-46　各單位所藏人頭刻辭

（1. 故宮博物院所藏《合集》38758；2. 中國社會科學院歷史研究所所藏《合集》38760；3. 上海博物館所藏《合集》38764；4. "中研院"史語所所藏《甲編》3739；5. 日本東京的河井荃盧所藏《合集》38763）

第七，日本千葉縣習志野市小倉武之助原藏 1 片，今歸於東京國立博物館："□五封□封尚□。"（《日蒐》2.180）

第八，加拿大多倫多皇家安大略博物館藏 1 片："□大甲□。"（《懷特》1914）

以上 12 片之外還有 3 個拓本，其原骨今不知歸何處，僅有拓本，即陳夢家《殷虛卜辭綜述》圖版 13. 右中"用"、胡厚宣《續補》9069"白"、《續補》9070"田"等。

人頭刻辭的特點，均極簡明、短文，刻辭的基本內容"均是將俘獲的敵國方伯君長獻祭祖先"，但是人頭骨刻辭的性質，"完全是爲了祭典，是刻辭以報先人，不是留給活人看的，也非著重在紀念，而在旌揚先祖之佑之功，其人頭骨無一完整皆爲碎小片，可能在獻祭之際即已打碎"②。

2. "虎骨刻辭"

加拿大威廉·查爾斯·懷特（懷履光，William Charles White）舊藏虎骨雕花骨柶刻辭，"爲虎的右上膊骨，是殷墟出土唯一例虎骨刻辭"，現藏於加拿大多倫多皇家博物館。拓本見於《懷特》B1915。（參

① 參見松丸道雄《日本蒐儲殷墟出土甲骨》，《東洋文化研究所紀要》第 86 冊，第 7 頁，1981年；又宋鎮豪譯文《日本收藏的殷墟出土甲骨》，《人文雜誌》1988 年第 9 期。
② 王宇信、楊升南主編：《甲骨學一百年》，社會科學文獻出版社 1999 年版，第 250 頁。

見圖 4-47）

　　"辛酉王田於雞彔，獲大兕虎，在十月，佳王三祀，協日。"

　　"雞彔，即雞麓，田獵地名。爲帝乙三年十月辛酉，狩獵獲猛
虎，專門用虎骨製成宴饗場合的進食餐具骨杻，又在骨上刻辭銘功以
留紀念。"[1]

3. "鹿頭刻辭"

　　在鹿頭上刻有文字。殷墟科學發掘所得鹿頭刻辭共有兩件，一件爲
《甲編》3940，另一件爲《甲編》3941。

　　"己亥，王田邢壴，在九月佳王十☒。"《甲編》3941（《合集》
37743；參見圖 4-48：1）

　　"戊戌，王萬田☒文武丁必☒王來征☒。"《甲編》3940（《合集》
36534；參見圖 4-48：2）此兩條卜辭爲第五期卜辭。

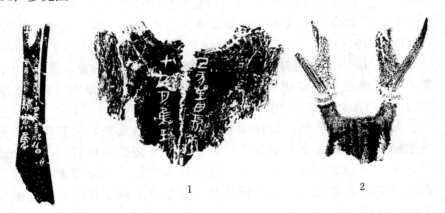

1　　　　　　　　　　　　　　2

圖 4-47　虎骨刻辭
（《懷特》B1915）

圖 4-48　鹿頭刻辭
1.《合集》37743；2.《合集》36534

4. "兕骨刻辭"

　　"壬午，王田麥彔，獲商戠兕，王賜宰豐寢小㠯觥，在五月，佳王六
祀肜日。"《佚存》518（參見圖 4-49）

---

① 王宇信、楊升南主編：《甲骨學一百年》，社會科學文獻出版社 1999 年版，第 250 頁。

　　這條刻辭是著名的"宰豐骨"刻辭，兩
行直書左行，是"出於旌功銘紀的信物，性
質與虎骨刻辭接近"①。郭沫若在《宰豐骨刻
辭》②一文中，指出"商戠兕"之"商"爲地
名，即"商河之名由得"，"戠兕"爲"當
是兕觵"。宋鎮豪師認爲"戠兕"指"赤黃
色之兕。'寢小楷覞'，因同辭有兕字，故
楷不應是兕之借字，疑是一種旨甜而汁渣和
合醴酒。'覞'讀如觥，一種青銅禮器，因
爲是飲酒器而非盛酒容器，故以小稱之"③。

　　5．"牛頭刻辭"

　　在牛頭上刻有文字。殷墟科學發掘袛得一
件，"☒刊倞，彔獲白兕，叙刊☒，在二月，
隹王十祀，王來正盂方白☒"（《合集》
37398、《甲編》3939）（參見圖4-50）。

　　"刻辭性質與虎骨刻辭同，旌紀帝乙十
年二月征伐盂方伯途中獵獲白兕之事。"④有
些學者認爲是"兕頭骨刻辭"，尚不確定。

　　6．"牛距骨刻辭"

　　"王曰：即大乙襄於白菉屑。宰豐。"（《合集》35501）（參見
圖4-51）

　　事關"即"祭於先王大乙。刻辭文例自上而下，由右而左，三行排
列。"已開中國後世傳統格式之先聲。"⑤

　　7．"牛胛骨記事刻辭"

　　帝乙時期的刻辭，《合集》36481 正/反。正面刻辭"☒小臣墙從
伐，禽危美☒人廿人四，而千五百七十……"反面刻爲干支字（參見圖

圖4-49　兕骨刻辭
（《佚存》518 正背）

---

　①　王宇信、楊升南主編：《甲骨學一百年》，社會科學文獻出版社1999年版，第250頁。
　②　郭沫若：《宰豐骨刻辭》，載於《郭沫若全集·考古編》第一卷，科學出版社 1982 年版，第405—410頁。
　③　參見宋鎮豪《夏商時期的飲食》，華夏出版社1999年版，第477—479頁。
　④　王宇信、楊升南主編：《甲骨學一百年》，社會科學文獻出版社1999年版，第251頁。
　⑤　王宇信、楊升南主編：《甲骨學一百年》，社會科學文獻出版社1999年版，第251頁。

4-52）。"刻辭的文例格式亦爲自上而下，由右而左，直行書殘存五行，上端殘缺。胡厚宣云：'由反面六十干支推算起來，全文約長一百五十至二百字左右'，這是征伐危方俘獲幾個伯長及大批戰馬、戰車、箭箙盾矢等戰利品而向先王獻祭戰俘的旌功慶典記事。"[1]

圖 4-50　牛頭刻辭
（《合集》37398）

圖 4-51　牛距骨刻辭
（《合集》35501）

圖 4-52　牛胛骨記事刻辭
（《合集》36481 正、反）

---

① 王宇信、楊升南主編：《甲骨學一百年》，社會科學文獻出版社 1999 年版，第 252 頁。

其他還有"骨符刻辭""鹿角器刻辭""骨器刻辭"等。

第六節　特殊文例的卜辭

由於甲骨文本身是占卜的記錄，所以其形式絕大多數有一定的格式，但是也有些卜辭在文字刻寫方面，或在單詞方面，或在行款方面以及契刻方面與通常的卜辭不大一樣。把握這些卜辭的特殊之例，也是研究甲骨文字過程中的重要環節。

一　文字方面

由於一些字小，卜辭契刻時"往往隨刀一刻，即可成文。因其不先經書寫，少一層校對功夫，故常有奪字、衍字、誤字之處；亦有發現有誤之處，乃刪，或刪而又添者。此例於各期卜辭中所見至多"①。

1. "奪字"

在契刻時漏了甲骨文字，因此在一條卜辭文意不全。如《合集》6413（《續》3.8.9），"共征土方"，應爲"共人征土方"，即漏了一個"人"字。（參見圖 4-53）

2. "衍字"

多刻了甲骨文字。如《合集》24272（《粹》1212），"在在自"，應該契刻"在自"，即多刻了一個"在"字。（參見圖 4-54）

3. "誤字"

在卜辭中刻錯了字。如《合集》35901（《契》275），"甲卯卜，貞王賓……"干支字的錯，"甲"和"卯"不可配合的，明顯錯刻。（參見圖 4-55）

4. 先"漏字"後又"添補"

如《合集》7288（《前》7.30.4），"[乙]酉卜，爭，貞乎婦好先共人於龐"，在"好"與"共"之間的"先"字是後來"添補"的字。（參

---

① 胡厚宣：《卜辭雜例》，《歷史語言研究所集刊》第 8 本 3 分 1939 年，載於《甲骨文獻集成》第 17 冊，第 533—547 頁。

見圖 4-56）

圖 4-53　"奪字"之例
（《合集》6413）

圖 4-54　"衍字"之例
（《合集》24272 部分）

圖 4-55　"誤字"之例
（《合集》35901 部分）

圖 4-56　先"漏字"後"添補"之例
（《合集》7288）

5. 刻完之後又刪去

如《合集》21445（《虛》634），"癸□甲"之"癸"字上面畫一圓圈，表示此字已圈去。（參見圖4-57）

6. "空字未刻"

卜辭甲骨文之間留有空處不刻甲骨文字。在卜辭中所空的地方"以地名爲多，人名次之，間亦有紀日之干支。由此乃知卜辭之例，不必盡在貞卜之當天，或亦在貞卜之後若干日以後。空而不刻，以待他日之填補"[1]。如《續》3.35.4片，"［辛］［　］卜，出，貞今夕亡禍"，在辭中"辛"後所空位當爲一個未刻待填補之地支字。（參見圖4-58）

圖4-57　"刻完又刪去"之例　　　圖4-58　"空字未刻"之例
（《合集》21445）　　　　　　　（《續》3.35.4）

7. "倒刻"

卜辭中個別字顛倒刻字，"最常見於廪辛、康丁時之卜辭中，尤以貞人'彭'，最喜寫倒字；武丁及帝乙、帝辛時之卜辭中，亦間或有之。而武丁時之'甲尾刻辭'，於入龜之人名字，亦每喜倒書"[2]。如《合集》

① 胡厚宣：《卜辭雜例》，《歷史語言研究所集刊》第8本3分1939年，載於《甲骨文獻集成》第17冊，第533—547頁。
② 胡厚宣：《卜辭雜例》，《歷史語言研究所集刊》第8本3分1939年，載於《甲骨文獻集成》第17冊，第533—547頁。

475 爲武丁時卜辭。（《後上》26.5；參見圖 4-59）

8. "側書"

有些甲骨文字爲側書。如《合集》28368（《甲編》2079）之"鹿"（參見圖 4-60）。這是第三期廩辛、康丁時期的"一種風尚，即於通篇皆正書之文字中，或以一字側書"[①]。有的"王卜辭"中的兆序中亦有側書，如《粹》1328 片，兆序五、六、七、八、九即是。（參見圖 4-9）

9. "析書"

個別甲骨文字契刻鬆散，好像兩個字，這就是所謂"一字析書"。如，《甲編》903 片之"洹"字，似分爲"亘"和"水"兩個字，但實際是一個字"洹"。（參見圖 4-61）

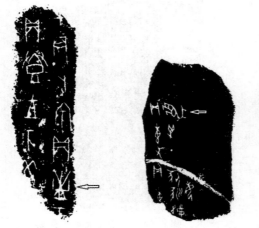

圖 4-59　"倒刻"之例　　　圖 4-60　"側書"之例　　　圖 4-61　"析書"之例
（《合集》475）　　　　　（《合集》28368）　　　　　（《甲編》903）

二　單詞方面

卜辭的人名或干支字都是有定制的。但有時人名前後顛倒，如《合集》33180（《粹》193）之"甲大"，實爲"大甲"的倒刻。這就是所謂的"人名倒稱"。（參見圖 4-62：1）

有的卜辭之後的干支字亦有這種現象，如《合集》7784（《佚》

---

① 胡厚宣：《卜辭雜例》，《歷史語言研究所集刊》第 8 本 3 分 1939 年，載於《甲骨文獻集成》第 17 冊，第 533—547 頁。

493）之"辰庚卜"，實爲"庚辰卜"的倒刻（參見圖 4-62：2）。還有《合集》8354（《前編》2.3.4）之"災亡"實爲"亡災"的倒刻。（參見圖 4-62：3）

圖 4-62　"倒刻"之例

1.《合集》33180；2.《合集》7784；3.《合集》8354

三　行款方面

1. "卜辭次序亂雜"

一條完整的卜辭，由敍辭、命辭、占辭、驗辭的次序來組成，但是有的卜辭卻與常例不同，有的敍辭、命辭亂雜，幾乎不能屬讀。如《合集》28107（《甲編》2773），"貞旬亡卜叀/癸丑禍"，實爲"癸丑卜，叀，貞旬亡禍"（參見圖 4-63）。

2. "卜辭橫行"

與一般的下行而左（或右）不同，有的自右向左橫行，如《合集》33130 "貞旬亡禍"（《後下》3.8）（參見圖 4-64）。

亦有的自左向右橫行，如《甲編》2333 片之"上甲、報乙、報丙、報丁"，即是。（參見圖 4-65）

3. "左右兼行"

一般的卜辭常例爲左行或右行。但有時因爲"甲骨餘地不足，左行者或轉而右行，右行者或轉而左行，或轉於左而右行"[①]。如《合集》28471

---

① 胡厚宣：《卜辭雜例》，《歷史語言研究所集刊》第 8 本 3 分 1939 年，載於《甲骨文獻集成》第 17 冊，第 533—547 頁。

（《佚》281），"辛巳卜，狄（居中），貞王其田往（居右）來亡災（居左）"，即是此例。（參見圖4-66）

圖 4-63　《合集》28107 部分

圖 4-64　《合集》33130

圖 4-65　《甲編》2333

4. "一辭分刻兩段"

在牛胛骨的左右邊緣部分，刻辭往往分段契刻，這是"因地位狹隘，刻字乃不能過大或過多。否則，一辭即不得已而分爲上下兩段"①。如《合集》5129（《前編》1.52.5），把一條卜辭的敘辭"壬寅［卜］殻"和命辭"貞王……"分刻爲上下兩段。（參見圖4-67）

5. "同一版上卜辭走向互有顚倒"

如《合集》27255（《甲編》2766），上半爲"卜，何，☑酚祖辛"，自上而下，正常的文例，但下半爲"貞其令乎射鹿。馭"全辭倒置，與常

───────────────

① 胡厚宣：《卜辭雜例》，《歷史語言研究所集刊》第 8 本 3 分 1939 年，載於《甲骨文獻集成》第 17 册，第 533—547 頁。

例走向相反。（參見圖 4-68）

圖 4-66　《合集》28471　　　圖 4-67　《合集》5129　　　圖 4-68　《合集》
　　　　　　　　　　　　　　　　　　　　　　　　　　　　　　　　27255 部分

　　如《甲編》2698 片，正面各辭走向都爲正常，而反面的二字，將骨倒置所刻。

四　占卜契刻之特例

　　有些卜辭的契刻與常例不同，但這些都不是文字、單詞或行款方面的錯誤，又不是設計不周密而出現的問題，而是與一定的占卜程式有關的。一般來說一條卜辭祇記一個貞人名，但也有記兩個貞人名字的，如《合集》16816（《粹》1424）貞人"爭"與"𠱾"同時出現（參見圖 4-69），其原因是"或其中之一史官爲後起，於占卜之事，尚不甚嫻熟，故常狹他史官以助之也"[1]。

五　"追刻"特例

　　一般情況下，每次實行占卜後，敘辭、命辭、占辭爲卜後當時所記的，祇有驗辭，是經過若干時日，所卜之事有了應驗後纔能刻上去的，即

---

[1]　胡厚宣：《卜辭雜例》，《歷史語言研究所集刊》第 8 本 3 分 1939 年，載於《甲骨文獻集成》第 17 冊，第 533—547 頁。

所謂“追刻”。驗辭的追刻是正常的，但是有的卜辭記貞卜之日的敘辭和
命辭中所記貞卜之日不同。如《甲編》697 片，敘辭爲“癸未”，但命辭
中記有“今乙酉”。癸未和乙酉相隔三天時間。因此，此辭當爲“癸未”
日占卜之後，過了三天，即“乙酉”日，追刻“今乙酉”。其原因尚不
明。（參見圖 4-70）

 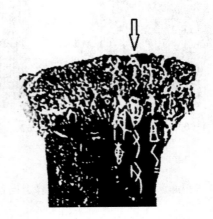

圖 4-69　　《合集》16816　　　　圖 4-70　　《甲編》697

綜上所述，甲骨文例是研究甲骨文過程中不可缺少的重要組成部分，
若沒有把握甲骨文例，就不會把握每條卜辭從哪裏開始讀，往哪個方向
讀，更何況同一片甲骨上有幾條卜辭甚至十多條卜辭呢？所以充分地掌握
甲骨文例是通讀甲骨文的第一步路徑。

第五章　甲骨文字性質和甲骨學形成、發展的幾個階段

　　甲骨文在 1899 年被王懿榮鑒定後，至今已有 120 多年的歷史。甲骨文所形成的甲骨學的發展，並不是一成不變的，而是經過幾個階段發展的。

　　首先我們必須要説明甲骨文與甲骨學的概念，是因爲這兩個概念是分不開的一個整體，但是又有不同的性質。具體如下：

　　第一，甲骨文，是占卜用龜甲和獸骨上刻的或寫的字。"甲"是指"龜甲"主要是腹甲，亦有少數的背甲。"骨"是指"獸骨"主要是牛的肩胛骨，亦有極少數的虎骨、鹿頭骨、牛頭骨、人頭骨等。自 1899 年至今積累了十五萬片左右的資料。古代中國歷史上第二個王朝，即商王朝晚期（公元前 14 世紀至前 11 世紀）遺留下來的珍貴文物和史料。

　　第二，甲骨學，是以古遺址所出土提供占卜用的有字龜甲和獸骨爲研究對象的一門新興專門學科。它反映的是甲骨文自身的固有規律系統。[①]本書主要探討的對象是安陽殷墟出土甲骨文。

　　據此，我們可以知道，甲骨文與甲骨學是兩個不同的概念。固然，若沒有甲骨文，就不可能形成甲骨學，不過甲骨文的學術價值，祇有甲骨學的發展纔能提高。所以這兩個概念是渾然一體的。

　　隨著甲骨文的發現，不僅形成了甲骨學，還形成了殷商考古學。中國近代田野考古學是從 1921 年 10 月，瑞典的地質學家安特生在河南澠池縣仰韶村遺址開展考古發掘開始的。之後，於 1926 年李濟在山西夏縣西陰村新石器遺址考古發掘，是中國田野考古學史上第一次中國考古學家自行

---

　　① 　其規律主要在本書第三、四章中已詳述，不再敘述。

主持的考古發掘。西陰村遺址發掘面積約 40 平方米，從 1926 年 10 月 15 日開始至 12 月初，總計 40 多天，就是説 1 天發掘 1 平方米左右，這是很不尋常的。究其原因，李濟發掘此遺址時，"首先，此次發掘的目的是'在詳細的研究'，所以'動手挖掘的時候，就沒有想把這遺址完全掘開'，而是'把精力集中在一段很小的面積'。其次，這樣做可以盡可能減少對遺址的破壞。李濟後來曾動情地回憶道：'三年前我做考古工作，太重要的地方不敢去發掘，因爲不小心就要毀壞不少的材料，遺後來無窮的追悔，所以選擇的區域在山西……我怕經驗不夠，毀壞了固有材料，擇的地點很小'"①。雖然李濟在山西夏縣西陰村進行的考古發掘是中國學者第一次自主發掘的，但其性質並不是全面考古發掘，而是一種試掘性發掘。不過從 1928 年 10 月開始的安陽殷墟遺址科學考古發掘則不一樣，可以説真正由中國考古學家主持的全面開展田野考古發掘，就是從殷墟大規模科學考古發掘開始的。所以説，殷墟培育中國近現代田野考古學至今。

當年史語所對殷墟進行科學考古發掘的首要目的，就是爲了甲骨文的發掘，所以應該説，由於 1899 年鑒定了甲骨文，促進了中國近代田野考古學的形成和發展。隨著中國田野考古的發展，甲骨學得到考古發掘所得的資料的科學支援而發展，將來甲骨學的發展也是與考古學同步而發展。目前甲骨學已經成爲與歷史學、考古學、漢字語言學、古文字學、古代科技史、古代藝術史、古代體育史等多學科有著密切關係的"顯學"和世界性的學問。

第一節　甲骨的前期
——甲骨學的先史時期

研究歷史的時候，我們必須要看某個歷史事件的縱橫關係，這樣纔能把握其中縱向性的因果關係和同時代橫向性的發展，能夠貫穿歷史事實發展規律變化。甲骨學的產生和發展的學術史亦如此。

---

① 參見國家文物局網站，許丹陽《李濟與西陰村遺址的發掘》，《中國考古百年》2021 年 4 月 9 日，網址：http://www.ncha.gov.cn/art/2021/4/9/art_2465_167074.html。

　　胡厚宣 1952 年出版的《五十年甲骨學論著目‧序》[①]中説："我們先不要説甲骨文是中國最古的文字，因爲有它的發現，使一千八九百年以來千萬學者所萃力研究的中國文字的歷史，提早了一千四五百年。我們也先不必提甲骨文是商代最可信的直接史料，在兩千四五百年以前，連殷人之後的孔子，都嘆殷禮之不足徵，而我們現在倒可以大講特講。祇單就材料的豐富來説，已經是大可以驚人了。……殷代的甲骨文字，自從三千三四百年以前埋在地下，以致最近的發掘和研討，按照它的性質又可以分成八個時期：一、埋藏時期；二、破壞時期；三、藥材時期；四、古董時期；五、金石時期；六、文字時期；七、史料時期；八、考古時期。"

　　自晚商至 20 世紀 50 年代，胡厚宣將"甲骨文字的性質"分成八個時期來説明每個時期的特點。[②]其中埋藏、破壞、藥材時期是由於沒有人認識到甲骨是殷代的東西，更不知道甲骨上還刻著晚商時代統治階級的占卜之辭和與占卜有關的記事文字。這些都是 1899 年以前的事，因此可以稱爲"甲骨的前期"。

　　從 1899 年被王懿榮鑒定了甲骨文之後人們纔認識到甲骨文爲古代的文字，開始形成了所謂的甲骨學。從此，甲骨文字的性質分屬於古董、金石、文字、史料、考古五個時期，可稱之爲"甲骨的後期"。[③]

　　王宇信師據此基礎之上，將胡厚宣所説的"甲骨的前期"稱爲"甲骨學的先史時期"[④]，又進一步闡明瞭 1899 年以後的甲骨學形成和發展的各階段[⑤]，如下：

　　第一階段，甲骨文的非科學發掘階段和甲骨學的草創（形成）時期（1899 年至 1928 年）。

　　第二階段，甲骨文的科學發掘階段和甲骨學的發展時期（1928 年至 1949 年）。[⑥]

---

　　① 胡厚宣：《五十年甲骨學論著目‧序》，中華書局 1952 年版。
　　② 胡厚宣所説的"甲骨文字的性質"，並不是指甲骨文字本身物理性的性質，而是指甲骨文被鑒定以後學者們對甲骨文來歷的認識和研究發展的程度。
　　③ 胡厚宣：《五十年甲骨學論著目‧序》，中華書局 1952 年版，第 18—19 頁。
　　④ 王宇信：《甲骨學通論》，中國社會科學出版社 1993 年版，第 66 頁；胡厚宣是從甲骨文字的性質來分析，王宇信師是從甲骨學發展階段的角度來分析。所以詞語方面有所不同的，但其本質是相同的。
　　⑤ 參見王宇信《甲骨學通論》，中國社會科學出版社 1993 年版，第 71—102 頁。
　　⑥ 從此以後至今，甲骨文的發掘都是屬於科學發掘階段。

第三階段，甲骨學的深入發展時期（1949 年至 1977 年）。

第四階段，甲骨學的全面深入發展時期（1978 年至今）。

胡厚宣先生所謂的"甲骨的後期"，即古董、金石、文字、史料、考古五個時期，我們把這段時期稱爲"甲骨學的歷史時期"，即屬於甲骨學的形成和各個發展階段。

一　甲骨文的"埋藏"時期

該時間段爲自西元前 13 世紀至春秋末。在三千幾百年以前，晚商時代的統治階級將占卜完的甲骨有意地保藏起來。商朝最後一位王紂（即帝辛）被周武王討伐後，晚商時代王都隨之變成了廢墟，所以甲骨文"完全被埋在所謂殷墟的地下。殷亡以後，殷墓很可能被周人挖掘。安陽小屯村是殷墟，也有墓葬。在殷墓被周人挖掘的時候，無意中掘出甲骨，這是極可能的事"[1]。但是由於文獻中並未記錄這類事情，可能"失國霾卜"後再沒有人知道甲骨文的存在。雖然殷墟之地免不了屢有動土，但基本上這些晚商時代王室的占卜記錄，在深深的地下檔案庫裏被"原封不動"地保存下來。

二　甲骨文的"破壞"時期

該時間段爲自戰國至清朝末年。從戰國時期開始，封建統治階級提倡厚葬。厚葬之風反映了私有制的發展所導致的一種社會文化現象，古來有"事死者如事生"[2]"孝子事亡如事存"[3]的説法。在當時厚葬之風"在人們的意識中，當財富成爲盛世炫耀的光榮的同時，似乎也可以成爲死後生活的保障"；而"在宗法制度下，政治權力及社會權力的繼承者要明確正統身份，維護正統地位，喪葬禮儀也是表明'尊尊'　'親親'之關係的重要形式。於是，傳統社會的道德秩序，規定了'厚葬'的合理性"[4]。

而厚葬的結果，如《呂氏春秋·孟冬紀·節喪篇》所言："國彌大，家彌富，葬彌厚。含珠鱗施，夫玩好貨寶，鐘鼎壺濫，輿馬衣被戈劍，不可勝其數，諸養生之具，無不從者。……奸人聞之，傳以相告，上雖以嚴

---

① 胡厚宣：《殷墟發掘》，學習生活出版社 1955 年版，第 5 頁。
② 《禮記·祭儀》。
③ 《漢書·外戚傳下·定陶丁姬》。
④ 王子今：《中國盜墓史》，中國廣播電視出版社 2000 年版，第 24—25 頁。

威重罪禁止，猶不可止。"

　　就是説，隨著厚葬之風的盛行，盜墓之風亦逐漸盛行起來。從此，也會有地下檔案庫裹的甲骨文字被翻動，在殷墟發掘的各類墓葬幾乎都曾被盜過，很少有未被盜過的墓葬，如 1976 年發掘的"婦好墓"。所以胡厚宣説："也許在戰國時代，也許在漢朝，或者宋朝，當有大批的甲骨被掘出，但因爲没有人認識，隨著就又把它毀棄了。這樣又經過了一個很長的時間，不知毀掉了多少寶貴的史料。"①

　　除盜墓之外，在正常的埋葬儀式中也可能毀損甲骨文字。據近些年考古發掘證明，西周時期就有人埋葬於殷墟古地，在挖墓坑或填土時，會有甲骨文出土的可能。在殷墟，西周時期的墓葬主要分佈於"（殷墟劉家莊北地）發掘區的西部，形成相對集中的若干個小群，形制均爲長方形竪穴土坑"，墓葬一般有"木棺而無木槨"，主要出土陪葬品爲"陶器、銅器、玉器及其他"②。

　　胡厚宣在《殷墟發掘》中説："有人説秦漢時代曾發現過甲骨"，並在腳註中記載了提出這些主張的學者和發表文章題目，即吳昌綬在《鐵雲藏龜序》（1903 年）、衛聚賢在《秦漢時發現甲骨文説》（《説文月刊》1939 年一卷四期）、何天行《甲骨文已現於古代説》《陝西曾發現甲骨文之推測》（《上海學術》1940 年第一輯）等。③

　　漢代以後全國各地經常有銅器出土，統治階級視此爲祥瑞，一度流行挖墓找銅器。許慎在《説文解字·敘》中説："郡國亦往往於山川得鼎彝，其銘即前代之古文"，即漢代時期，各郡縣、諸侯國往往從地下發掘出前代的銅器，此中的銘文就是古文。在全國各地不斷挖出來銅器的時候，在殷墟也會挖出銅器。北宋的呂大臨作的《考古圖》中，他所收錄宋代出土銅器中，得於河亶甲城④的有《乙鼎》《亶甲觚》，得於鄴的有《商兄癸彝》，得於洹濱亶甲墓的有《足跡罍》（參見圖 5-1—圖 5-4）

---

　　① 胡厚宣：《五十年甲骨學論著目·序》，中華書局 1952 年版，第 18 頁。
　　② 中國社會科學院考古研究所安陽工作隊：《河南安陽殷墟劉家莊北地殷墓與西周墓》，《考古》2005 年第 1 期。
　　③ 胡厚宣：《殷墟發掘》，學習生活出版社 1955 年版，第 5 頁腳註。
　　④ 所謂的"河亶甲城"是宋人之誤，把殷墟誤認爲商王河亶甲所都的相，實爲安陽殷墟。參見附錄一，表四"殷墟沿革表"。

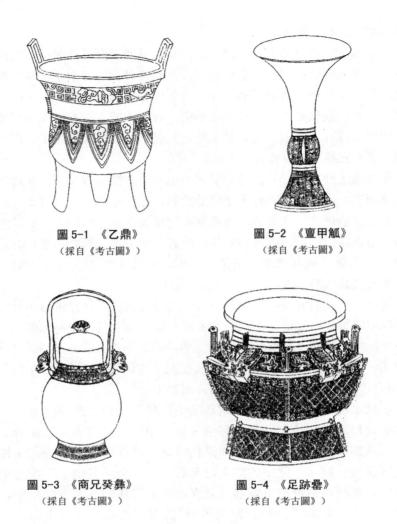

圖 5-1 《乙鼎》
（採自《考古圖》）

圖 5-2 《亘甲觚》
（採自《考古圖》）

圖 5-3 《商兄癸彝》
（採自《考古圖》）

圖 5-4 《足跡罍》
（採自《考古圖》）

　　元納新作的《河朔訪古記·卷中》記錄宋代出土殷墟銅器的情況頗爲詳細，文中載：“父老云，宋元豐二年先霖雨，安陽河漲，水齧塚破，野人探其中，得古銅器，質文完好，略不少蝕，衆恐觸官法，不敢全貨於市，因擊破以鬻之，復塞其塚以滅跡。自是，銅器不復出矣。”①

　　按理來說，在殷墟盜掘銅器時，很可能甲骨文也是伴隨出來的，但他

_____

　　①　（元）納新撰：《河朔訪古記·卷中》，永樂大典本。

們要的是銅器，而不是腐朽的龜殼、骨頭，所以即使在殷墟挖掘了甲骨文，可能再次被遺棄。

此外，安陽殷墟曾經作爲墓葬地和居住地。董作賓《殷墟沿革》[①]中列出了歷代殷墟的地名沿革（參見附錄一，表四“殷墟沿革表”），並整理了每個王朝時期殷墟被利用的情況：如，在隋唐時期，殷墟成爲“叢葬”之地，爲了埋葬屍體，必須要挖土；相傳，明朝初年胡大海大屠殺安陽人以復仇，安陽居民十死七八，有人會在殷墟被埋葬，這時會出土甲骨文；明初洪武年間，由洪洞移民來，明中葉纔有在殷墟附近造屋居住的，是爲小屯村建立的開始。即明中期以後開始有人移民到安陽小屯村，直到清朝。爲了居住，不斷地建房、挖井，開墾農地，修墓，不出甲骨就奇怪了。但當地農民的眼裏，腐朽的龜殼、骨頭，祇是妨礙莊稼生長、幹活，是没有用的，因此“小屯村民將田地裏星散的這些獸骨撿起，或集中堆於田間地頭，或傾倒於枯井之中。年復一年，不知有多少甲骨文被遺棄毁壞”[②]。

由此可以推測，自戰國至清末，被遺棄的甲骨是不可勝數的。正如胡厚宣所説：“可惜幾千年來，所謂‘甲骨文’者，從没有見於任何古書的記載。也許因爲古代盜掘的人們祇知道要鼎彝銅器，不曉得這甲骨上面還刻著極寶貴的殷代的卜辭，因而就把它和陶、骨、蚌、石一類殘碎的器物一同毁棄掉，或者把它當作別的用途。”[③]

三　甲骨文的“藥材”時期

所謂的“藥材”時期，實際上是“破壞”時期的延續。與破壞時期不同的是，在“破壞”時期人們爲了挖出銅器、開墾農田、建房、挖井、修墓等無意中翻出甲骨，而在“藥材”時期甲骨成爲“龍骨”之後，人們就有意地挖出“龍骨”賣錢。大肆搜挖，給甲骨文造成了不可估量的破壞和損失。

據董作賓和胡厚宣編著的《甲骨年表》[④]載：“遠在本年（筆者註：指 1899 年）以前，河南省安陽縣小屯村北濱洹之農田中，即常有甲骨發

---

①　董作賓：《殷墟沿革》，《中央研究院歷史語言研究所集刊》第 2 本 2 分，1930 年；又載於《甲骨文獻集成》第 28 冊；又載於《董作賓全集甲編》，臺北藝文印書館 1977 年版，第 1013—1030 頁。

②　王宇信、具隆會：《甲骨學發展 120 年》，中國社會科學出版社 2019 年版，第 154 頁。

③　胡厚宣：《殷墟發掘》，學習生活出版社 1955 年版，第 8—9 頁。

④　董作賓、胡厚宣：《甲骨年表》，商務印書館 1937 年版，1899 年欄記。

現，小屯村人以爲藥材，檢拾之，售於藥店，謂之龍骨。村人有李成者，終其身，即以售龍骨爲業，今已老死。所謂龍骨，多年皆爲甲骨文字，售法有零有整，零售粉骨爲細麵，名曰'刀尖藥'，可以醫治創傷，每年趁'春會'出售。整批則售於藥材店，每斤價制錢六文。有字者，多被刮去。"（筆者註：李成，就是明義士在《甲骨研究》中提到的剃頭匠，關於將甲骨視爲藥材"龍骨"的問題，參見本書第一章第二節）

總之，這三個時期長達三千幾百年。這是甲骨學形成以前的歷史，稱之爲"甲骨的前期"或"甲骨學的先史時期"。這段時期人們無意地毀掉、有意地入藥煎服的甲骨，不知多少，祇能説給學術發展造成了不可彌補的損失。

第二節　甲骨的後期

—— 甲骨學的歷史時期的前期（1899 年至 1949 年）

胡厚宣説："1899 年，也就是清光緒二十五年，王懿榮在北京因爲害病吃藥，纔發現了那藥中'龍骨'上所刻，乃是古代的文字。從此以後，慢慢的纔有了所謂甲骨之學。就著研究的性質，也可以分爲五個時期：先爲古董時期，把甲骨文看成古董，這可以王懿榮、劉鶚作代表。其次爲金石時期。把甲骨文看作金石學的一門，這可以馬衡、陸和九作代表。其次爲文字時期。專研究甲骨的文字，這可以孫詒讓、羅振玉、唐蘭、于省吾作代表。其次爲史料時期。把甲骨文當作史料，由這些直接史料，以考論古代的歷史，這可以王國維、郭沫若、董作賓、胡厚宣作代表。其次爲考古時期。用考古學的科學方法，發掘甲骨，探討甲骨，以甲骨文字與殷虛發掘的居址、墓葬遺跡、器物等合起來研究，這可以前中央研究院李濟、梁思永、董作賓、石璋如、胡厚宣等爲代表。"[1]按胡厚宣所分的八個時期當中，甲骨文的"古董、金石、文字、史料、考古"時期，就屬於甲骨的後期，我們將這時期叫"甲骨學的歷史時期"階段。今天我們説的"甲

---

[1]　胡厚宣：《五十年甲骨學論著目·序》，中華書局 1952 年版，第 18—19 頁。

骨學"，就是甲骨文從 1899 年被王懿榮鑒定開始形成而發展起來的。

這時期甲骨文的發掘，可以分成兩大階段，即非科學發掘階段和科學發掘階段。

一　甲骨文的非科學發掘階段和甲骨學的草創（形成）時期（1899 年至 1928 年）

非科學發掘階段，指自 1899 年至 1928 年 10 月殷墟科學發掘之前，約有 30 年時間。因爲甲骨文被鑒定之前祇不過是"一斤六文錢"的"龍骨"，被鑒定之後是身價漲千百倍的"貴族"，所以小屯村民爲了賺錢，競相挖掘甲骨。有人因爲這一時期挖掘甲骨與挖墓盜寶無異，所以把這一時期稱爲"盜掘時期"。也有人爲了與 1928 年 10 月以後公家（即史語所）主持科學發掘殷墟相區別，稱爲"私人挖掘時期"。

1. 甲骨文的"古董"時期

從 1899 年王懿榮鑒定並購藏以後，一些學者也開始收購甲骨。甲骨文剛被發現的時候，雖然王懿榮鑒定爲篆籀之前的古文字，但甲骨文並没有成爲學術的公器，而是一些收藏家書齋中的寶物，於是將這幾年稱爲甲骨文的"古董時期"。

2. 甲骨文的"金石"時期

1903 年，劉鶚出版了甲骨學史上第一部甲骨著錄書《鐵雲藏龜》，"擴大了甲骨文資料的流傳範圍，一些古文字學家纔得以研究。這部書的出版，標誌著甲骨文從學者書齋中的'古董時期'進入'金石時期'"[①]。從此，甲骨文成爲學術的公器。1904 年，清末著名經學家孫詒讓對《鐵雲藏龜》進行專門研究，寫出了甲骨學史上第一部研究著作《契文舉例》。後因書稿失蹤，無法於當年出版，"1913 年在上海找到，1917 年正式出版發行"[②]。

3. 甲骨文的"文字"時期

1910 年，日本學者林泰輔把 1909 年撰寫的《清國河南湯陰縣發現之龜甲獸骨》一文寄給羅振玉。羅振玉深感此文"足補正予曩序（筆者註：指羅振玉寫的《鐵雲藏龜‧序》）之疏略，顧尚有裹疑不能決者"。爲

---

① 王宇信：《甲骨學通論》，中國社會科學出版社 1993 年版，第 76 頁。
② 王宇信：《甲骨學通論》，中國社會科學出版社 1993 年版，第 77 頁。

此，他全面研究了當時所能見到的甲骨文，"乃以退食餘晷盡發所藏拓墨。又從估人之來自中州者，博觀龜甲獸骨數千枚。選其優殊者七百"，進一步認識到甲骨文"其而文字雖簡略，然可正史家之違失，考小學之源流，求古代之卜法。爰本是三者，以三閱月之力，爲考一卷。凡林君（筆者註：指林泰輔）之所未達，至是乃一一剖析明白"①。羅氏在 1910 年出版的《殷商貞卜文字考》就是在這樣的背景下完成的。

羅振玉見到孫詒讓 1904 年完成的《契文舉例》稿本之後，說："仲容故深於倉雅周官之學者，然其劄記則未能闡發宏旨，予至是始有自任意"，進行甲骨文字考釋研究。但是因爲自己"彼時年力甚壯，謂歲月方久長，又所學未遂"，所以"斯書（筆者註：指《鐵雲藏龜》和 1911 年出版的《殷虛書契前編》3 卷《國學叢刊》本②）既出，必有博識如束廣微者（筆者註：指西晉時代文學家束晳，汲塚竹書的整理者），爲之考釋闡明之，固非曾小子所敢任也"③。但是"群苦其不可讀"，所以爲了改變這種情況，羅振玉"發憤爲之考釋"集中精力，杜門謝客，"發憤鍵戶者四十餘日，遂成《殷虛書契考釋》六萬餘言"（《殷虛書契考釋·自序》）。

1914 年，羅振玉撰寫的《殷虛書契考釋》是在《殷商貞卜文字考》的基礎上完成的。《殷虛書契考釋》的出版標誌著甲骨文研究從金石時期進入"文字時期"。在書中考證了帝王 22、先妣 14、人名 72、地名 193、文字 485 個字。在 1927 年羅振玉又出版《殷虛書契考釋增考》，考證了帝王 23、先妣 16、人名 90、地名 230、文字 560 個字，增加了不少甲骨文字的考釋。

在羅振玉"導夫先路"的工作，即《殷虛書契考釋》及《增考》所開創的甲骨文"識文字，斷句讀"的研究基礎上，學者們陸續發表其研究成果。如，王國維在 1915 年發表《殷虛卜辭中所見地名考》、1917 年發表

---

① 羅振玉撰：《殷商貞卜文字考·序》1910 年，載於《甲骨文研究資料匯編》，北京圖書館出版社 2000 年版。

② 羅振玉出版的《殷虛書契》系列甲骨著錄書：第一，《殷虛書契前編》的出版情況：又稱爲《殷虛書契》。此書有兩次出版，第一次在 1911 年《國學叢刊》三卷本，共收錄 294 片拓本，第二次在 1913 年重編《殷虛書契前編》八卷本出版，共收錄 2229 片拓本；第二，《殷虛書契菁華》一卷本，1914 年出版，共收錄 68 片拓本；第三，《殷虛書契後編》二卷本，1916 年出版，共收錄 1104 片拓本；第四，《殷虛書契續編》六卷本，編輯各家所藏甲骨拓本選爲 2016 片，1933 年出版。

③ 羅振玉撰：《殷虛書契前編·序》，1912 年。此書出版時間爲 1913 年，載於《甲骨文研究資料匯編》，北京圖書館出版社 2000 年版。

《殷卜辭中所見先公先王考》和《續考》以及《戩壽堂所藏殷虚文字考釋》、1919 年甲骨文字研究論文《釋星》《釋旬》《釋物》；日本學者林泰輔在 1917 年發表的《龜甲獸骨文字·附鈔釋二卷》中對該書所收甲骨文進行了文字釋讀；王襄在 1920 年出版甲骨學史上第一部字典《簠室殷契類纂》，此書載當年可釋的甲骨文字 873 個字，董作賓推崇此書說："爲纂輯文字之第一書。"①此外，葉玉森 1923 年出版文字考釋專著《殷契鉤沉》、1924 年出版《說契》《研契枝譚》《殷虚書契前編集釋》；1923 年商承祚出版《殷虚文字類編》等。

在孫詒讓撰寫《契文舉例》時，因爲認識的甲骨文字甚少，難免釋讀錯誤的字多，一般卜辭的内容很難通讀。但是從《殷虚書契考釋》出版以後，甲骨文字研究者基本上可以通讀、斷句讀。

自孫詒讓開始，經過羅振玉、王國維、王襄、葉玉森、林泰輔等學者們的大力開拓，甲骨文字研究走出了"'苦其不可讀'的茫然狀態，基本可以'識文字，斷句讀'，並利用甲骨文材料研究商代歷史了"②。

4.甲骨文的"史料"時期

在文字考釋的基礎上，將甲骨文作爲商代歷史研究的史料，以王國維的貢獻爲最大。王國維不僅在文字考釋方面做出了不少貢獻，而且對商周的禮制、都邑、地理等方面進行了研究，並得到了非常可觀的成就。1917 年發表的《殷卜辭中所見先公先王考》和《續考》將甲骨學研究推向了一個新階段。這兩篇文章的發表，標誌著甲骨文從文字時期進入了"史料時期"。

王國維在文中考證了甲骨文中出現的先公、先王、先父、兄長之名，並糾正了一些古文獻所記錯的史實。

第一，商代先公的順序。"自上甲至湯，《史記·殷本紀》《三代世表》《漢書·古今人表》有報丁、報丙、報乙、主壬、主癸五世，蓋皆出於《世本》。"③然而，他根據《殷虚書契後編》卷上 8.14 卜辭，提出了"卜辭以報丙、報丁爲次，與《史記·殷本紀》及《三代世表》不同"，

---

① 董作賓、胡厚宣：《甲骨年表》，商務印書館 1937 年版，1920 年欄記。
② 王宇信、具隆會：《甲骨學發展 120 年》，中國社會科學出版社 2019 年版，第 274 頁。
③ 王國維：《殷卜辭中所見先公先王考》，《觀堂集林》卷九史林一，河北教育出版社 2003 年版，第 217 頁。

又與《戬壽堂所藏殷虛文字》1.10 卜辭綴合（筆者註：綴合後爲《合集》32384），説：“哈氏拓本（筆者註：即《戬壽堂所藏殷虛文字》甲骨著錄書）中有一片，有田、匕、示癸等字，而彼片有囜、囗等字，疑本一骨折爲二者。乃以二拓本合之，其斷痕若合符節，文辭亦連續可誦，凡殷先公先王自上甲至於大甲，其名皆在焉。其文三行，左行，其辭曰：‘乙未酒滋品田十、匚三、囜三、匚三、示壬三、示癸三、大丁十、大甲十’……據此一文之中，先公之名具在，不獨田即上甲，匚、囜、匚，即報乙、報丙、報丁，示壬、示癸即主壬、主癸，胥得確證，且足證上甲以後諸先公之次，當爲報乙、報丙、報丁、主壬、主癸，而《史記》以報丁、報乙、報丙爲次，乃違事實。”[①]（參見圖5-5）

圖 5-5　《合集》32384

圖 5-6　《後上》5.1復原摹寫圖

（採自王國維《殷卜辭中所見先公先王續考》）

---

① 王國維：《殷卜辭中所見先公先王續考》，《觀堂集林》卷九史林一，河北教育出版社 2003年版，第224—225頁。

　　第二，先王“祖乙”之父問題。“《史記·殷本紀》《三代世表》《漢書·古今人表》所記殷君數同，而於世數則互相違異。據《殷本紀》，則商三十一帝（除大丁爲三十帝），共十七世。《三代世表》以小甲、雍己、大戊爲大庚弟，（《殷本紀》大庚子），則爲十六世。《古今人表》以中丁、外壬、河亶甲爲大戊弟（《殷本紀》大戊子）。祖乙爲河亶甲弟（《殷本紀》河亶甲子），小辛爲盤庚子（《殷本紀》盤庚弟），則增一世，減二示，亦爲十六世。今由卜辭證之，則以《殷本紀》所記爲近。”[①]

　　王國維根據《後上》5.1 片拓本（《合集》1474），説：“卜辭中又有一斷片，其文曰‘……大甲、大庚……丁、祖乙、祖……一羊一南’。”此片拓本，雖然殘斷，但是在大甲與大庚之間没有沃丁，中丁和祖乙之間没有外壬、河亶甲之名。“一世之中僅舉一帝……惟據《殷本紀》則祖乙乃河亶甲子，而非中丁子。今此片中有中丁而無河亶甲，則祖乙自當爲中丁子，《史記》蓋誤也。”[②]

　　王國維復原了此版中的先王世系，“大丁、大甲、大庚、大戊、中丁、祖乙、祖辛、祖丁、牛一羊一，南庚、羌甲”（參見圖 5-6）。

　　在封建社會，儒家學者都尊崇《史記》《漢書》《世本》等古文獻，不敢隨意刪改，而王國維的這兩篇文章，利用在甲骨文中商代先公、先王的世系，糾正了兩千多年一直流傳下來的古文獻中的錯誤，大大提高了甲骨文字在商代歷史研究中的價值。

二　非科學發掘時期甲骨的出土、收藏、流散情形

1.非科學發掘甲骨出土和收購情形[③]

　　1899 年至 1903 年，在小屯村北劉姓二十畝地有幾次挖掘甲骨也是最

---

　　① 王國維：《殷卜辭中所見先公先王續考》，《觀堂集林》卷九史林一，河北教育出版社 2003 年版，第 227—228 頁。

　　② 王國維：《殷卜辭中所見先公先王續考》，《觀堂集林》卷九史林一，河北教育出版社 2003 年版，第 228—229 頁。

　　③ 關於“非科學發掘時期”甲骨的發掘和收購情形，可以參見胡厚宣《五十年甲骨文發現的總結》（商務印書館 1951 年版，又載於《古代研究的史料問題、五十年甲骨文發現的總結、五十年甲骨學論著目、殷墟發掘》合本版，復旦大學出版社 2015 年版）；董作賓、胡厚宣《甲骨年表》（商務印書館 1937 年版）；陳夢家《殷虛卜辭綜述》（中華書局 1988 年版，第 1—3 頁）；王宇信、具隆會《甲骨學發展 120 年》（中國社會科學出版社 2019 年版，第 159—174 頁）。

早出有字甲骨之地①，通過古董商轉售，賣至王懿榮、劉鶚等人處。

1904 年冬，小屯村地主朱坤，率領佃農在自己田中大肆挖掘甲骨，村民搭棚，起爐灶，工作甚久，所得甲骨亦頗多。但是因爲有村人與姓朱的之間爭挖掘的地界，械鬥成訟。從此縣官命令禁止，不許再挖掘甲骨。

1909 年春，在張學獻地，發現有字甲骨。這批甲骨多爲羅振玉所得。

1917 年，小屯村有大批甲骨出土，爲王襄、霍保祿購得。

1920 年，華北五個省大旱成災，鄉人迫於饑寒，村民在小屯村北河畔挖掘甲骨，附近的村人亦多參與。

1923 年春，張學獻家菜園內的有字大骨二版。

1924 年，小屯村人因築牆，發現一坑甲骨文字，爲明義士所得。

1925 年，小屯村人大舉私掘於村前大路旁，得甲骨盈數筐，胛骨有長至尺餘者，多售於上海估人。

1926 年春，小屯村張學獻菜園中大舉私掘，發掘的胛骨甚多，多歸於明義士。

1928 年春，因北伐軍作戰安陽，駐軍洹水南岸，村人因廢農作。四月，軍事結束，村人與地主相商，得甲骨以半數與之，乃大肆挖掘於村前路旁，所得甲骨，多售於上海、開封估人。

2. 非科學發掘時期甲骨文的收藏及流散情形②

這一時期，國內收藏甲骨的情況，大體如下：

其一，王懿榮。1899 年從范維卿收購甲骨十二片；1900 年春，從姓范的估人收購一百多片；後來從范賈收購八百片；從濰縣的另一個古董商趙執齋收購幾百片。總計王懿榮前後所得約有一千五百片。王懿榮殉難後，大部分甲骨賣給劉鶚，一小部分贈給天津新學書院。

其二，王襄、孟定生。王孟二人最初收購，有五六百片；後來王襄在京津兩地陸續購買，約有四千五百片。解放後，王襄手中三千多片的甲骨都歸於中央文化部社會文化事業管理局。

其三，劉鶚。從 1901 年開始蒐集甲骨，方藥雨曾經從范維卿收買甲骨三百多片，後來都爲劉鶚所得；1900 年王懿榮殉難後，在 1902 年他的

---

① 董作賓：《甲骨文斷代研究例》，載於《董作賓全集甲編》，臺北藝文印書館 1978 年版。
② 關於"非科學發掘時期"甲骨的收藏情形，參見胡厚宣《殷墟發掘》，學習生活出版社 1955 年版，第 13—35 頁。

長子王翰甫爲了還債出賣家藏的東西，其中一千多片的甲骨賣給劉鶚；濰縣估人趙執齋替劉鶚奔走齊、魯、趙、魏之郊，買得甲骨三千餘片；劉鶚將第三子劉大紳派到河南搜羅，又得了一千多片甲骨。總計劉鶚前後所得約有五千片。

1910 年他流死在新疆後，所藏的甲骨中有一千多片，歸其中表卞子休，後來賣給上海英籍猶太人哈同（Silas Aaron Hardoon）的夫人羅氏。哈同死後，在抗戰期間，這批甲骨先賣給上海武進同鄉會，後歸誠明文學院。解放後，這批甲骨歸於上海文管委會，現藏上海博物館；又一千三百片歸葉玉森，葉氏故後流出，先歸周連寬，後售與上海市歷史博物館，解放後一並由上海博物館保存；幾十片歸美國人福開森；百餘片歸吳振平；剩下的二千五百片左右，在 1926 年由商承祚和幾個朋友合購。其中一部分歸前中央大學，一部分歸束世澂，1947 年讓與上海暨南大學，解放後先歸上海停辦高校聯合辦事處，最後撥歸復旦大學；一部分歸陳中凡；一部分歸王瀣，王氏故後，1948 年歸史語所；一部分歸沈維鈞，後歸蘇州蘇南文管會，今歸江蘇博物館；一部分歸酈承詮，今歸杭州浙江文管會；一部分歸胡光煒；一部分歸柳詒徵；解放前胡厚宣蒐集了一些。

其四，羅振玉。1906 年開始蒐集甲骨。1909 年小屯村張學獻地裏發現甲骨，得骨臼和骨條不少，都賣給羅振玉；1910 年從中州來的估人收購七百片；1911 年把弟羅振常和婦弟范兆昌派安陽直接收購甲骨，據羅振常寫的《洹洛訪古遊記》記錄，從安陽兩次運送北京，共一萬二千五百餘片甲骨。

1940 年羅氏逝世後，所藏數萬片的甲骨，多散失。解放後，一千餘片歸濟南山東古代文管會；一部分歸旅順博物館；一部分歸瀋陽東北博物館；少數部分歸吉林博物館和長春東北師範大學歷史係等。

其五，經過范維卿收購甲骨的人：端方，1904 年這一年收買一千片。一部分的拓本今藏北京圖書館、黃心甫，約購六百片。不久就又賣掉、徐坊，約購一千四百片，後來賣給燕京大學、又一小部分賣給福開森、方地山，收購約三百片；此外方藥雨、沈曾植、王瓘、盛昱、黃仲慧、劉季纓等先後各有所獲，但下落未詳。

其六，1920 年華北旱災，農民迫於饑寒，相約挖掘甲骨。此次出得甲骨，大半都賣給霍保祿和王襄。霍保祿的四六三片甲骨，於 1922 年捐贈給北京大學研究所國學門。

這一時期，外國人收藏甲骨的情況，大體如下：

其一，方法斂［美］、庫壽齡［英］。1903 年開始從濰縣合夥購買甲骨。曾經把四百片轉賣給上海英國人所辦的亞洲文會博物館；將七十片讓給濰縣英美教會所辦的廣文學堂校長柏根，後歸濟南英美教會辦的廣智院。解放後廣智院改爲自然博物館；1904 年冬，小屯村地主朱坤，率領佃農在自己田中大肆挖掘甲骨幾車，都由庫方二人一批一批買了下來。1906 年，方法斂把一一九片甲骨賣給了美國普林斯頓大學；1908 年方法斂又代英國駐天津總領事金璋在山東蒐求甲骨約八百片；1909 年方法斂將四三八片甲骨賣給美國卡內基博物館，同年庫壽齡將七六十片甲骨賣給蘇格蘭皇家博物院；後來二人又收買了四八五片甲骨，於 1911 年賣給英國大英博物院；1913 年方法斂又把四版大片甲骨賣給美國菲爾德博物院。

其二，威爾茨［德］。在青島買了七一一片，後歸德國柏林民俗博物院。

其三，衛禮賢［德］。在青島買了七十二片，其中七十片現存瑞士巴騷民俗陳列館，一片歸德國佛朗佛中國學院，一片散失。

其四，據范維卿所述，日本人當中最早搜購甲骨的，是天津日日新聞主筆日本人西村博；又據日本河井荃盧所說，三井源右衛門所藏的三千多片甲骨，其"所得蓋在上虞羅氏前，遣專足自安陽輦來者"。

其五，1905 年日本東京文求堂購得一百版，其中十片賣給林泰輔。林氏後來又買到六百片。1918 年林氏親自到安陽小屯村調查殷墟，蒐掠甲骨；1922 年日本大山柏亦來到安陽調查。自此以後，日本人開始蒐藏甲骨的，三五十片，一兩百片，或多片至幾千片的，就不可勝數了。

其六，明義士［加］。1914 年來河南安陽作長老會的牧師時，聽說殷墟出甲骨文字，就常常騎著一匹老白馬徘徊於洹水南岸，考察殷墟古物出土的情形開始搜購甲骨。[①]他經常在殷墟調查蒐求，不斷地打著劫掠的主意，故所得甲骨頗多。搜購初期，他對甲骨文字毫無知識，他自己都說最初所買的大甲骨，都是假的。之後，努力研究，漸漸地纔略能分辨出來，

---

① 可參見明義士《殷墟卜辭自序》1917 年，轉載於胡厚宣《殷墟發掘》，學習生活出版社 1955 年版，第 32 頁。

後來被譽爲甲骨研究的"西方學者第一人"①。

在 1917 年編撰《殷墟卜辭》時，他自稱所藏甲骨已有五萬片，加上 1923 年至 1926 年的幾次大批收購，他所得的甲骨不可算。然而，根據吳金鼎説，明義士早期所得甲骨，曾被軍隊毀掉了一些。

1937 年，抗日戰爭全面爆發，那時在濟南齊魯大學教書的明義士，倉皇回國。臨行前，把一部分甲骨放在南京加拿大大使館，一部分存在齊魯大學。解放後，1951 年 2 月，南京加拿大大使館結束，明義士舊存的甲骨一箱，歸屬於南京博物院。1951 年 1 月，中央人民政府接管了齊魯大學。據齊魯大學傅爲方説，清理校產時，在一所住宅的地下室，發現了明義士埋藏的一百四十箱古物，但没有甲骨文，到 1952 年一萬多片的甲骨，纔從地下挖出來。

非科學發掘時期，國内外收藏家的大體收藏情形，如表 5-1②：

表 5-1　　　　　　　非科學發掘時期國内外大體收藏情形*

1 王懿榮	約 1500 片	2 王襄、孟定生	約 4500 片
3 劉鶚	約 5000 片	4 羅振玉	約 30000 片
5 其他中國藏家	約 4000 片	6 庫壽齡、方法斂	約 5000 片
7 日本人	約 15000 片	8 明義士	約 35000 片

* 大宗收藏的情況大約如上所述，這時期挖掘甲骨片有十萬片左右。這些甲骨文發掘情況與李濟所説的"三十年來，甲骨出土的不下十萬片"③的情形大體符合。但是我們認爲，其中也有些部分是重複的。如，劉鶚所藏的五千片中有一千多片是從王懿榮之後裔處收購的。1900 年王懿榮殉難後，在 1902 年他的長子王翰甫爲了還債，出賣家藏的東西。此時，一千多片甲骨賣給了劉鶚。所以由於資料的限制我們很難正確地把握，也許這時期發掘的甲骨或少或更多，所以我們祇能説"大約"的數字而已。

3. 非科學發掘時期出版的甲骨著錄及研究成果

非科學發掘時期出版的甲骨著錄書有十二種，大體情況，如表 5-2④：

---

①　1948 年 4 月 23 日，董作賓致明義士的信，轉載於方輝《明義士和他的藏品》，山東大學出版社 2000 年版，第 108 頁。

②　胡厚宣：《殷墟發掘》，學習生活出版社 1955 年版，第 36 頁。

③　李濟：《小屯地下情形分析初步》，《殷墟發掘報告》1929 年第 1 期。

④　參見胡厚宣《殷墟發掘》，學習生活出版社 1955 年版，第 36—37 頁。

表 5-2　　　　　　　　　　　非科學發掘時期國内外甲骨著錄書情形

編著者	著錄書名	出版年度/年	著錄拓本數量/片
劉鶚	《鐵雲藏龜》	1903	1058
羅振玉	《殷虚書契前編》	1913	2229
羅振玉	《殷虚書契菁華》	1914	68
羅振玉	《鐵雲藏龜之餘》	1915	40
羅振玉	《殷虚書契後編》	1916	1104
羅振玉	《殷虚古器物圖錄》	1916	4
[加]明義士	《殷虚卜辭》	1917	2369
姬佛陀	《戩壽堂所藏殷虚文字》	1921	655
[日]林泰輔	《龜甲獸骨文字》	1921	1023
王襄	《簠室殷契徵文》	1925	1125
葉玉森	《鐵雲藏龜拾遺》	1925	240
羅福成	《傳古別錄第二集》	1928	4

　　此十二種著錄書，共收錄了 9919 片。發表的材料，"雖然衹佔全部出土甲骨文字的十分之一，但重要的材料，已經公佈不少，這對開展甲骨文的研究，有很大的作用"①。

　　非科學發掘時期出版的研究著作，胡厚宣在《殷墟發掘》中分爲十類，如下②：

　　第一，總論甲骨卜辭的一般知識，及其發現著錄和研究的大概情形。並特別指出這種新學問在古文字學、古史學上的重要意義，如表 5-3：

---

　①　胡厚宣：《殷墟發掘》，學習生活出版社 1955 年版，第 37 頁。
　②　胡厚宣：《殷墟發掘》，學習生活出版社 1955 年版，第 38—41 頁。

表 5-3 非科學發掘時期國內外甲骨文字研究總論性成果

作者	成果名	發表年度/年
[日]林泰輔	《清國河南湯陰縣發現之龜甲獸骨》	1909
[日]富剛謙藏	《古㚋襄城出土龜甲之説明》	1910
武龍章	《安陽洹上之特產及其發現物》	1911
陸懋德	《甲骨文之歷史及其價值》	1923
容庚	《甲骨文之發現及其考釋》	1924
馬衡	《三千年前的龜甲和獸骨》	1924
聞宥	《甲骨文之過去與將來》	1928
蕭炳實	《殷虛甲骨文之發現及其著錄與研究》	1928

第二，這一時期甲骨著錄情形，參看表 5-2。

第三，殷代的文字、卜法、文化、禮制等方面研究成果，如表 5-4：

表 5-4 非科學發掘時期發表的甲骨文字、卜法、文化、禮制等方面研究成果

作者	成果名	發表年度/年
孫詒讓	《契文舉例》	1904（出版時間爲 1917 年）
羅振玉	《殷商貞卜文字考》	1910
羅振玉	《殷虛書契考釋》	1914
葉玉森	《殷契鉤沉》	1923
葉玉森	《殷契枝譚》	1924
陳邦懷	《殷虛書契考釋小箋》	1925
陸懋德	《由甲骨文考見商代之文化》	1927

第四，編錄甲骨按片逐條的作釋文成果，如表 5-5：

表 5-5 非科學發掘時期發表的按片逐條作釋文的成果

作者	成果名	發表年度/年
王國維	《戩壽堂所藏殷虛文字考釋》	1917
葉玉森	《鐵雲藏龜拾遺考釋》	1925
王襄	《簠室殷契徵文考釋》	1925

第五，專考甲骨文字成果，如表 5-6：

表 5-6　　　　　　　非科學發掘時期發表的專考甲骨文字成果

作者	成果名	發表年度/年
孫詒讓	《名原》	1905
柯昌濟	《殷虛書契補釋》	1921
葉玉森	《説契》	1924
商承祚	《殷虛文字考》	1925
余永梁	《殷虛文字考》	1927
陳邦懷	《殷契拾遺》	1927
余永梁	《殷虛文字續考》	1928
聞宥	《殷虛文字孳乳研究》	1928
陳邦懷	《殷虛薶契考》	1928

第六，殷代歷史研究成果，如表 5-7：

表 5-7　　　　　　　非科學發掘時期發表的殷代歷史研究成果

作者	成果名	發表年度/年
王國維	《殷虛卜辭中所見地名考》	1915
王國維	《殷卜辭中所見先公先王考及續考》	1917
王國維	《殷周制度論》	1917
王國維	《古史新證》	1925
王國維	《殷卜辭中所見先公先王考附註》	1927
王國維	《説殷》	1927
王國維	《説亳》	1927
王國維	《殷禮徵文》	1927

第七，殷代社會經濟研究成果，如表 5-8：

表 5-8　　　　　　　非科學發掘時期發表的殷代社會經濟研究成果

作者	成果名	發表年度/年
[日]小島祐馬	《殷代的產業》	1925
程憬	《殷民族的社會》	1928
程憬	《殷民族的氏族社會》	1928

第八，甲骨卜辭所見的行例、字例、辭例和成語研究成果，如表 5-9：

表 5-9　　　　　非科學發掘時期發表的行例、字例、辭例和成語研究成果

作者	成果名	發表年度/年
胡光煒	《甲骨文例》	1928
丁山	《殷契亡尤說》	1928

第九，甲骨文字典的成果，如表 5-10：

表 5-10　　　　　　　　非科學發掘時期發表的甲骨文字典成果

作者	成果名	發表年度/年
羅振玉	《殷虛書契待問編》	1916
王襄	《簠室殷契類纂》	1920
商承祚	《殷虛文字類編》	1923

第十，與甲骨文伴隨出土的殷代器物編錄成果，如表 5-11：

表 5-11　　　非科學發掘時期發表的與甲骨文伴隨出土殷代器物編錄成果

作者	成果名	發表年度/年
羅振玉	《殷虛古器物圖錄》	1916
[日]林泰輔	《殷虛遺物研究》	1919
羅福成	《傳古別錄第二集》	1928

在非科學發掘時期三十年時間裏，五十多位學者發表了一百多種成果，包括了方方面面的研究。每一篇的成果，都在甲骨學發展中起了非常重要的作用。雖然到現在看來，有些內容被刪改了，但這是因爲剛被發現

的甲骨文字正處於由尚不徹底的認識到徹底把握的過程之中，所以有所錯誤是難免的。今天甲骨學者所得到的很豐富的研究成果，就是在前輩學者們這些刻苦努力的成果之上繼續努力而得到的學術發展的成果。

綜上所述，在 1899 年甲骨文被鑒定到 1928 年 10 月進行殷墟科學發掘的這段時間，"甲骨學研究所經歷的識文字、斷句讀階段，再加上初期研究者對甲骨文的出土地的探尋、其年代和安陽小屯村爲殷墟的確定，大致經歷了三十年。由於大量甲骨資料的積累、著錄和研究，甲骨學已初具規模，完成了它的'草創時期'"[①]。

三　甲骨文的科學發掘階段和甲骨學的發展時期（1928 年至 1949 年）

一般說的殷墟科學發掘階段，是指 1928 年 10 月至 1937 年 6 月由史語所主持考古發掘殷墟的時段，即胡厚宣所說的甲骨文的"考古時期"，但是實際上自 1928 年 10 月至今，在殷墟發掘出甲骨及各種遺物都屬於科學發掘階段，而且在發掘的理論上、方法上以及發掘出來文物的保護和管理上，也越來越科學。

1. 甲骨文的"考古"時期

1928 年 10 月至 1937 年 6 月，史語所在殷墟前後進行了 15 次考古發掘，歷時長達十年之久，取得了非常豐富的成果。與此同時，"由於近代考古學的科學方法引入了甲骨學的領域，甲骨學研究突破了傳統金石學和史料學的局限"[②]，進入甲骨文的"考古時期"拉開甲骨學的發展時期。

1928 年 10 月，史語所在廣州建立前，就先派董作賓前往安陽殷墟進行調查甲骨文出土的情況。董作賓到了安陽以後，調查大體情況如下[③]：

第一，當地文化人調查。"抵安陽之日，爲八月十二。……訪河南省立十一中學校長張天翼（尚德）……（民國十四年情形）甲骨出土地，在城西北五裏之小屯村，村北裏許，即洹水經流處，濱洹農田，皆出甲骨。……張君並言近年出土者仍陸續有之，某君尚獲有一完全之龜甲雲。"

第二，走訪安陽城內古董店。"十三日雨，城內古董肆訪求甲骨。……西門內張姓古董鋪，有殘甲骨大如指甲者數粒，問以出土地及最

---

① 王宇信：《甲骨學通論》，中國社會科學出版社 1993 年版，第 79 頁。
② 王宇信：《甲骨學通論》，中國社會科學出版社 1993 年版，第 79 頁。
③ 董作賓：《民國十七年十月試掘安陽小屯報告書》，《安陽發掘報告》1929 年第 1 期。

近出土之情形，多稱不知。他古董商人亦然，蓋以餘爲他鄉人而不肯實言也。至鐘樓巷遵古齋，肆主王姓，尚誠實，爲餘言民國初年出土者甚多。最近如九年（筆者註：指民國九年，即 1920 年）、十四年，及本年皆有大宗出土。……出其所藏數十片……又出仿刻者示餘，謂是藍葆光君所作。……其壁間懸掛之骨版纍纍，皆新出土之無字者，預備仿刻者也。又聞安陽賣出之甲骨，每次皆有僞品羼雜……"

第三，走訪安陽小屯村。"次日……向小屯行。……至小屯購得甲骨數宗，共百餘片，價三元。皆爲婦孺攜來者，如張君所説。……由此可證甲骨之出土者多，村人幾於家家有之。"

顧一幼童，導吾等至村北，求甲骨之出土地。……餘細審此沙丘之西面，近於棉田之處，有新掘而復填之坑十，於一坑之旁撿得無字之骨版一塊，確爲卜用之骨版……

非科學發掘時期，最重大的問題是小屯村人挖掘甲骨文衹是爲了賣錢，與甲骨文伴隨出土的遺物、各種遺跡現象、地層關係等，都無人顧得上，因此非常嚴重地破壞了科學資料的完整性。尤其是這時期挖掘的甲骨與地層關係相脫離，其科學價值大大降低。董作賓這次調查之後，得到了安陽殷墟的"甲骨挖掘之確猶未盡"的結論，因此史語所決定大規模殷墟科學考古發掘。除了以科學考古方法發掘甲骨文外，還有以下幾點目的。

第一，防止瑰寶的損失，以保留學術價值。"民國以來，如肆估所説，則挖掘而大獲者已不止一次。張君十四年（筆者註：1925 年）調查，亦雲農田之內，到處多有。而吾人於村中親見之品，又皆新進出土者。凡此，皆可爲殷虛甲骨挖掘未盡之證。……甲骨既尚有留遺，而近年之出土者源源不絕，長此以往，關係吾國古代文化至鉅之瑰寶，將爲無知之土人私掘盜賣以盡，遲之一日，即有一日之損失，是則由國家學術機關以科學方法發掘之，實爲刻不容緩之圖。"[1]這就是史語所決定大規模科學發掘殷墟的重要目的之一。

第二，防止瑰寶的外流，以免歷史、文化上的損失。1928 年 10 月以前，大量的甲骨流到國外人的手裏。如，方法斂、庫壽齡、威爾茨、衛禮

---

[1]　董作賓：《民國十七年十月試掘安陽小屯報告書》，《安陽發掘報告》1929 年第 1 期。

賢等在估人手中收購大量的甲骨並轉賣給各國的博物館、高校，日本林泰輔、加拿大明義士到安陽殷墟直接蒐求甲骨等，在歷史、文化上造成了不可估算的損失。因此，"保護民族文化珍品，不讓甲骨繼續外流"①。是要在安陽殷墟科學發掘甲骨文的重要目的之二。

第三，以科學發掘，保證學術價值。非科學發掘甲骨文，雖然文字可供學者研究，但是"殷商文化全體說，有好些問題都是文字中所不能解決而就土中情形可以察得出的。這裏面顯而易見的幾個問題，如：這個地方究竟是什麼地方？忽然埋藏這些帶文字的甲骨？又爲何而被遺棄？"②等，就是爲了學術研究提供更全面的科學資訊和資料，是科學發掘殷墟的重要目的之三。

第四，建立中國田野考古學的標尺。雖然從 1921 年 10 月瑞典的學者安特生在河南澠池縣仰韶村新石器時代遺址考古發掘開始，誕生了中國近代考古學，但是因在發掘時破壞了地層關係，得出了灰陶文化早於紅陶文化的錯誤的論斷，即安特生的判斷不能作爲中國田野考古學的標尺。正因如此，傅斯年說："年來國內發掘考古地方，每不能確定時代，如安特生、李濟諸君所作，雖生絕大之學術問題，而標年之基本工作，仍不免於猜度。（筆者補充：安陽殷墟是學者們考證清楚，它爲晚商時期的都城，所以）如將此年代確知之墟中所出器物，爲之審定，則其他陶片雜器，可以比較而得其先後，是殷墟知識不啻爲其他古墟知識作度量也。"③是要科學發掘殷墟的重要目的之四。

2.殷商考古學的開端和中國田野考古新紀元

1937 年 6 月，第 15 次殷墟考古發掘結束之後，因爲盧溝橋事變，歷時十年的殷墟科學考古發掘被迫中斷了，但其成果非常豐碩。

這 15 次科學發掘，由於發掘的目的、方法、技術和取得不同成果等因素，又分爲三大階段：第一次到第九次爲第一大階段；第十次到第十二次爲第二大階段；第十三次到第十五次爲第三大階段。其中第一大階段又分成三個時期：第一次到第三次爲第一時期；第四次到第六次爲第二時期；第七次到第九次爲第三時期。各期發掘時間和發掘主持人概

---

① 王宇信：《甲骨學通論》，中國社會科學出版社 1993 年版，第 81 頁。
② 李濟：《現代考古學與殷墟發掘》，《安陽發掘報告》1930 年第 2 期。
③ 傅斯年：《本所發掘安陽殷墟之經過》，《安陽發掘報告》1930 年第 2 期。

況，如表 5-12[①]：

表 5-12　　1928 年 10 月至 1937 年 6 月，史語所殷墟科學考古發掘概況

階段	時期	發掘次數、發掘時間、主持人
第一大階段	第一時期	第一次：1928 年 10 月 13 日至 30 日，董作賓
		第二次：1929 年 3 月 7 日至 5 月 10 日，李濟
		第三次：1929 年 10 月 7 日至 21 日/11 月 15 日至 12 月 12 日，李濟
	第二時期	第四次：1931 年 3 月 21 日至 5 月 12 日，李濟
		第五次：1931 年 11 月 7 日至 12 月 19 日/11 月 10 日至 12 月 4 日（後崗），董作賓
		第六次：1932 年 4 月 1 日至 5 月 31 日，李濟
	第三時期	第七次：1932 年 10 月 19 日至 12 月 15 日，李濟
		第八次：1933 年 10 月 20 日至 12 月 25 日（小屯村北 D 區）/11 月 15 日至 21 日（四盤磨）/11 月 15 日至 1934 年 1 月 3 日（後崗）/1934 年 1 月 15 日至 24 日（後崗），郭寶鈞
		第九次：1934 年 3 月 9 日至 4 月 1 日（小屯村北 D、F 區）/3 月 15 日至 4 月 1 日、4 月 10 日至 20 日（後崗）/4 月 2 日至 5 月 31 日（侯家莊）/4 月 30 日至 5 月 22 日（武官村南霸臺），董作賓
第二大階段		第十次：1934 年 10 月 3 日至 1935 年 1 月 1 日（侯家莊西北崗）/1934 年 11 月 1 日至 12 月 5 日（秋口同樂寨），梁思永
		第十一次：1935 年 3 月 15 日至 6 月 15 日，梁思永
		第十二次：1935 年 9 月 5 日至 12 月 16 日，梁思永
第三大階段		第十三次：1936 年 3 月 18 日至 6 月 24 日，郭寶鈞
		第十四次：1936 年 9 月 20 日至 12 月 31 日（小屯村北）/10 月 24 日至 12 月 10 日（大司空村），梁思永
		第十五次：1937 年 3 月 16 日至 6 月 19 日，石璋如

　　這十五次殷墟科學發掘過程中重要概況[②]，如下：

　　（1）第一次發掘（1928 年 10 月 13 日至 30 日），發掘主持人爲董作賓。

---

①　中國社會科學院考古研究所：《殷墟的發現與研究》，科學出版社 1994 年版，第 8—13 頁。

②　殷墟科學考古發掘期間伴隨出土文物亦不少，但是因爲本書主要討論的是甲骨學，因此以甲骨文爲主介紹出土遺物情況。

第一次發掘是試掘性的發掘，在 1928 年 10 月，史語所派董作賓、趙芝庭、李青昱去安陽小屯村試掘甲骨文，所外人員參加的是張錫金、郭寶鈞。

發掘地點爲小屯村北洹河邊上、村北、村中等 3 處，發現有字甲555、字骨 299 片，共計有字甲骨 854 片。

發掘之後，學者們建立了"殷墟漂没的學説"，"殷墟範圍之大，就所知者而言，已自河畔直達村中，一裏之内，皆殷墟遺物所在之地也。……而殷墟遺物如甲骨之類在地下之形状，又確可斷定其爲漂流淤積所致"①。

（2）第二次發掘（1929 年 3 月 7 日至 5 月 10 日），發掘主持人爲李濟。

第二次發掘工作開始之前，即 1928 年 12 月，史語所建立了考古組，李濟擔任考古組主任。第二次發掘時在洹上村設立了辦事處。工作人員有董作賓、董光忠，王慶昌、王湘，所外人員有裴文中。

發掘地點爲小屯村中廟前和村北、村南共 3 處，發現有字甲 55 片，字骨 685 片，共計有字甲骨 740 片。在小屯村中在廟的西南，以縱、横、斜、連爲坑名，在村南以 A、B、C 等爲坑名，在村北以 T、U、V 爲坑名，"進一步應用了近代考古學的方法"②。

（3）第三次發掘（1929 年 10 月 7 日至 21 日/11 月 15 日至 12 月 12日：小屯村北和西北，分兩期進行），發掘主持人爲李濟。

參加發掘工作的有李濟、董作賓、張蔚然、王湘，發掘地點在小屯村北高地、村西北的霸臺等 2 處，發現字甲 2050 片，字骨 962 片，共計有字甲骨 3012 片。

"大龜四版"出自本次發掘的"大連坑"（其位置參見圖 6-4 "殷墟科學發掘時期甲骨出土區域圖"），另外發現獸頭刻辭 2 版（牛頭、鹿頭各 1 件）。董作賓在《大龜四版考釋》（載《安陽發掘報告》第 3 期）及《"獲白麟"解》（載《安陽發掘報告》第 2 期）中，首次將大龜四版及牛頭刻辭 1 件、鹿頭刻辭 1 件公佈。

第三次發掘結束後，因與當時的河南省政府發生爭執，中間停頓了一

---

① 董作賓：《民國十七年十月試掘安陽小屯報告》和《新獲卜辭寫本後記》，《安陽發掘報告》1929 年第 2 期。

② 胡厚宣：《殷墟發掘》，學習生活出版社 1955 年版，第 53 頁。

年多①的發掘工作。

依此次發掘，李濟初步定論殷墟的範圍問題，"殷墟的範圍，實超出小屯村境界以外。……殷墟不能專以出字骨定；出字骨的地方祇是殷墟的一部分。要是商朝的都城在此祇佔小屯村那麼小一塊地方，豈不小得没道理？反過來説商都所在的地方也決不會全出字骨。所以出字骨的小屯祇是商都一個特別的區域，要定商都的範圍，祇可用陶片定。若以陶片爲標準，我們至少可以説商都的面積遠超過現在小屯的領土之外"②。經過九十多年的現在，雖然學者之間有不同看法，但大體説來殷墟的面積爲 36 平方公里左右。估計以後還會在更大面積上發現商朝王都的痕跡。

（4）第四次發掘（1931 年 3 月 21 日至 5 月 12 日），發掘主持人爲李濟。

參加工作人員有李濟、董作賓、梁思永、郭寶钧、吳金鼎、劉嶼霞、李光宇、王湘、周英學等。此外還有參加者關百益、許敬參、馮金賢、穀重輪和河南大學實習生石璋如、劉耀（尹達）。

①小屯村北發掘（1931 年 3 月 21 日至 5 月 12 日），開始把小屯遺址分爲 A、B、C、D、E 等五個區域（參見圖 6-10 "殷墟出土甲骨文字坑位" 略圖）。出土甲骨文 782 片，其中有字甲 751 片、有字骨 31 片，包括 "鹿頭刻辭" 1 片，此片鹿頭刻辭公佈於董作賓《甲骨文斷代研究例》（1934 年）和郭沫若《卜辭通纂》（第 579 片，1934 年）中。

②四盤磨發掘（1931 年 4 月 1 日至 4 月 30 日），發現殷代墓葬。

③後崗發掘（1931 年 4 月 16 日至 5 月 12 日），發現一塊字骨，這是 "小屯村以外地區第一次發現的甲骨文"③。

此次，在後崗發掘中發現，所謂的 "三層文化" 現象，即小屯、龍山、仰紹文化的堆積。梁思永説："上層所包含的是白陶文化（即小屯文化）的遺物。中層所包含的是黑陶文化（即龍山文化）的遺物。下層所包含的是彩陶文化（即仰紹文化）的遺物。每層所包含的遺物裏，不但有它所代表的文化的普通器物，並且有那文化的特殊製品。這簡單的事實，是城子崖黑陶文化發現後中國考古學上一個極重要的發現。在這發現之前，

① 傅斯年：《本所發掘安陽殷墟之經過》，《安陽發掘報告》1930 年第 2 期。
② 李濟：《民國十八年秋季發掘殷墟之經過及其重要發現》，《安陽發掘報告》1930 年第 2 期。
③ 胡厚宣：《殷墟發掘》，學習生活出版社 1955 年版，第 60 頁。

我們祇知道中國在石器時代東部曾有一種黑陶文化，而於這文化與其他文化的關係是一無所知的。在這發現之後，我們纔知道他的時代和地位，以及它與白陶文化和彩陶文化的關係。"①還有發現黑陶時期祭天用的白灰面，也是以前没見過的新發現。

（5）第五次發掘（1931 年 11 月 7 日至 12 月 19 日/11 月 10 日至 12 月 4 日），發掘主持人爲董作賓。

參加工作人員有董作賓、郭寶钧、劉峴霞、王湘等，此外還有李英柏、張善、石璋如、劉耀（尹達）等。

①小屯北地發掘（1931 年 11 月 7 日至 12 月 19 日），小屯村發掘原 5 個區域外增開 F 區（參見圖 6-10），發現有字甲 275 片、字骨 106 片，共計 381 片。包括"牛肋骨刻辭"1 片。

②後崗發掘（11 月 10 日至 12 月 4 日），梁思永、吳金鼎參加，發現字骨 1 片。

第五次發掘，在遺跡方面又有一個新的結論，"村中發掘證明地下堆積爲廢棄狀況，不是如先前所説漂流來的。……重新考察這裏（筆者註：即指第一、二次發掘時有字甲骨出土的幾個舊坑）狀況，知道存文字的甲骨原在地顯係堆積而非漂没"②，以前發掘所假定的殷墟甲骨漂流淹没的學説，在這次發掘，基本被推翻了。在後崗發掘中，還發現龍山時期的"白灰面"和同時期的夯土墙。

（6）第六次發掘（1932 年 4 月 1 日至 5 月 31 日），發掘主持人爲李濟。

參加工作人員有李濟、董作賓、吳金鼎、劉峴霞、李光宇、王湘、石璋如、周英學等。

①小屯北地（1932 年 4 月 1 日至 5 月 31 日），發現字骨 1 片及 30 米×10 米的殷代版築基址一處。

②高井臺子發掘（4 月 8 日至 16 日），發現三層文化疊壓的現象。

③王裕口和霍家小莊發掘（4 月 14 日至 5 月 10 日），發現殷代居住遺址和墓葬。

---

① 梁思永：《後岡發掘小記》，《安陽發掘報告》1933 年第 4 期。
② 李濟：《安陽最近發掘報告及六次工作之總估計》，《安陽發掘報告》1933 年第 4 期。

在小屯北地發現的版築基址是"其上並有行列整齊的柱礎石。另外還有'三座門'的痕跡，現在也僅存柱礎。這裏無疑是殷代的宮殿遺址"[①]，還有殷代爐灶的發現，以前發掘所未有的，又"這季發掘所得，與殷墟歷史最有關係的事實爲坑內套坑的現象。這是殷墟曾經有過長久居住的最好的物證"[②]。

在高井臺子發掘中，發現了幾層文化堆積的情況，有的上層爲灰陶，下層爲黑陶；有的上層爲灰陶，下層爲彩陶；有的上層爲灰陶，中層爲黑陶，下層爲彩陶，又得到了在後崗發現的"三層文化"的時代先後的證明。

在王裕口發掘中，墓葬爲數最多，此處大約均在殷墟之外郊，"就出土物而論，灰土層中，多出灰陶片，與小屯略同。無文字之甲骨等物亦相似。其深處之綠灰土中，時見厚片之黑陶，並有帶刻紋者"[③]。

（7）第七次發掘（1932 年 10 月 19 日至 12 月 15 日），發掘主持人爲李濟。

參加工作人員有李濟、董作賓、李光宇、石璋如等，發掘地點爲小屯村北，A、B、C、E 四個區域：出土甲骨文 29 片，其中有字甲 23 片、有字骨 6 片。還發現黑書"祀"字的陶片一塊（參見圖 5-7）。在地層上有清晰的小屯期和龍山期上下兩層堆積的情形，還發現九座隋代墓葬。

圖 5-7　黑書"祀"字陶片
（採自胡厚宣《殷墟發掘》）

（8）第八次發掘（1933 年 10 月 20 日至 12 月 25 日：小屯村北 D 區/11 月 15 日至 21 日：四盤磨/11 月 15 日至 1934 年 1 月 3 日、1934 年 1 月 15 日至 24 日：後崗），發掘主持人爲郭寶鈞。

參加工作人員有郭寶鈞、李景聃、李光宇、石璋如、劉耀（尹達）、尹煥章等，另有馬元才。

①小屯北地（1933 年 10 月 20 日至 12 月 25 日），發現有字甲 256 片、字骨 1 片，共計有字甲骨 257 片。

① 胡厚宣：《殷墟發掘》，學習生活出版社 1955 年版，第 63 頁。
② 李濟：《安陽最近發掘報告及六次工作之總估計》，《安陽發掘報告》1933 年第 4 期。
③ 吳金鼎：《摘記小屯迤西之三處小發掘》，《安陽發掘報告》1933 年第 4 期。

②四盤磨發掘（1933 年 11 月 15 日至 21 日），發現殷代墓葬一座。

③後崗發掘（1933 年 11 月 15 日至 1934 年 1 月 3 日、1934 年 1 月 15 日至 24 日），在後崗東區發現殷代的夯土小墓葬兩座，在西區發現帶兩條墓道的殷代大墓一座，此大墓四隅中發現殉葬人頭 28 個，此乃首次發現殷代殉人的遺跡。

（9）第九次發掘（1934 年 3 月 9 日至 4 月 1 日：小屯村北 D、F 區，3 月 15 日至 4 月 1 日、4 月 10 日至 20 日：後崗，4 月 2 日至 5 月 31 日：侯家莊，4 月 30 日至 5 月 22 日：武官村南霸臺），發掘主持人爲董作賓。

參加工作人員有董作賓、石璋如、劉耀（尹達）、李景聃、祁延霈、李光宇、尹煥章等，另有馬進賢。

①小屯村北發掘（1934 年 3 月 9 日至 4 月 1 日），發現有字甲 438 片、字骨 3 片，共計有字甲骨 441 片。

②洹北侯家莊發掘（1934 年 4 月 2 日至 5 月 31 日），在小屯村北發掘期間，侯家莊的農民侯新文於 3 月 29 日在侯家莊南地掘出幾十片甲骨，要去古董店"求善價而估之"，董作賓知道此事後，"趕緊找他把掘到的甲骨交出，計字甲一、字骨三十及無字卜骨數十片，付一代價十元，並讓他指出出甲骨的地方。於是馬上停止了小屯村的工作，把全體人員都調往侯家莊南地發掘。從 1934 年 4 月 2 日開始到 5 月 31 日停止，工作六十天。……最重要的發現爲'大龜七版'，腹甲六，背甲一，大體完整，滿版都是文字，爲廩辛、康丁時同一史官'狄'貞卜並記錄的大龜。另有小片字甲一、字骨八，連向農民徵購的較重要的甲骨二十六片，共計大小四十二片。……在安陽出土甲骨文的地方，除了小屯村、後崗兩處之外，有增加了這第三個地方侯家莊"[①]。此次在侯家莊出土的甲骨共 42 片，有字甲 8 片、字骨 8 片，農民手中購得 26 片。這批甲骨董作賓在《安陽侯家莊出土之甲骨文字》（《田野考古報告》第一冊，1936 年）中發表。

③後崗發掘（1934 年 3 月 15 日至 4 月 1 日）、武官村南霸臺發掘（4 月 30 日至 5 月 22 日），在後崗發掘中，又發現殷代夯土小墓兩座，並有殉葬的銅爵觚等。

石璋如在《河南安陽後崗的殷墓》中說："殷代的墓葬是這兩次發掘

---

① 胡厚宣：《殷墟發掘》，學習生活出版社 1955 年版，第 71—72 頁。

後崗的絕大收穫，雖然被擾亂了，雖然沒有殘遺，但是給我們以巨大的啟示和肯定的信念，認識安陽這個地方不僅是殷都所在，而且也有爲殷陵所在的可能。從此便精心調查，到處尋找，洹北侯家莊西北崗殷代墓地的發現與發掘，便是這個種子的發芽。"①

據石璋如、劉耀（尹達）在各處調查偵查結果，從 1934 年秋到 1935 年冬，史語所發掘團全體人員由洹水南岸的小屯村遺址移師到洹水北岸侯家莊西北崗，開始了世界考古學史上重大的發掘。展開殷墟第十次到十二次的大規模王陵區發掘工作，證實了這裏就是商代晚期的王陵。

（10）第十次發掘（1934 年 10 月 3 日至 1935 年 1 月 1 日：侯家莊西北崗，1934 年 11 月 1 日至 12 月 5 日：秋口同樂寨），發掘主持人爲梁思永。

參加發掘人員有梁思永、劉耀（尹達）、石璋如、祁延霈、尹煥章、胡厚宣以及馬元才等。

①在西區發現有四條墓道的大墓（M1001、1002、1003、1004），在西北崗以崗頂爲起點，分東西兩區發掘。結果發現西北崗地區正是殷代的墓葬地，"探溝的情形看來，其範圍約有五六十畝"，在西區發現了帶有四條墓道的四個大墓。最大的是 1001 號墓，其次爲 1002 號、1003 號墓，最小的是 1004 號墓。"四墓的南北軸方向差不多都是北偏東十四度至十六度，又都經過古代即近代的兩次盜掘"②，在東區發現了密集的小墓葬，共六十三座，其中發掘三十二座。

②秋口同樂寨發掘（1934 年 11 月 1 日至 12 月 5 日），發現仰韶、龍山、殷代文化之堆積。

（11）第十一次發掘（1935 年 3 月 15 日至 6 月 15 日），發掘主持人爲梁思永。

參加發掘人員有梁思永、劉耀（尹達）、石璋如、祁延霈、李光宇、王湘、尹煥章、胡厚宣、夏鼐以及馬元才等，主要發掘工作是繼續發掘第十次發掘所未發掘完的大墓，還發掘出漢代磚墓 1 座和東區的 411 座小墓。

這次確定的西北崗殷代墓地的整個範圍，在西南、東南和東面都擴充

---

① 石璋如：《河南安陽後崗的殷墓》，《六同別錄》上冊 1945 年，載於《歷史語言研究所集刊》第十三本，1948 年。

② 胡厚宣：《殷墟發掘》，學習生活出版社 1955 年版，第 75 頁。

到第十次所知範圍以外，總面積 60 餘畝。在西區繼續發掘第十次所開的四座大墓，全部挖掘到底，其概況大體如下[①]：

其一，1001 號墓，墓室口大底小，墓底南北長 15.9 米、東西長 9.15 米，四條墓道呈坡狀，東墓道長 14.3 米、西墓道長 11 米、南墓道長 30.7 米、北墓道長 19.5 米，佔面積約 712 平方米。墓底有 9 個小坑，每坑內埋一人、一犬（其中一坑無犬）、一戈，墓底正中坑內爲石戈，其餘爲銅戈。

墓室平面作“亞”字形，中部有一長方形“正室”，東西兩面各出一長方形“耳室”。“正室”南北長 9.7 米、東西寬 6 米，正室與兩耳室總面積爲 78.48 平方米。從地面下 8 米，在墓室中心發現亞形槨，槨高 4 米，由整木砌成，從地面 12 米到底。

墓中殉人分爲四類：第一類，墓坑底殉人 9；第二類，正坑內木室外側殉人 1；第三類，木室頂面層上殉人 11；第四類，墓道夯土中殉人 2，等等。共有 23 人及無祭祀坑的殉葬者（人牲）無頭人牲肢體骨 59 具，人頭骨 73 個，成年人較少，約有 23 人，15 歲左右的較多。

墓底中心有一個方形“腰坑”，內埋一人一犬，八角各有一個殉葬坑，內埋一個蹲踞張口的人。（參見圖 5-8）

其二，1002 號墓，四條墓道完整，墓室深而道短，所以坡度陡。由於多次被盜掘，殘留隨葬品極少。墓室爲方鬥竪穴形，口大底小，底的形狀近正方形。墓室上口南北中線長 19 米，東西中線長 18 米，佔面積約 359.1 平方米。墓底南北中線長 10.8 米、東西中線長 10.6 米，墓室底實際面積約 127.86 平方米。墓口至墓底深度約 12.5 米，四條墓道平面皆梯形，南墓道長 20.4 米、北墓道長 13.05 米（共 33 級臺階）、東墓道長 7.7 米（共 31 級臺階）、西墓道長 9.5 米（共 31 級臺階）。

墓室底建有木槨葬具，木質已朽化成灰藍土。在早期盜掘坑的亂土中，距地面下 9.4 米深，近盜坑東壁處出土朽化的木質 3 段，木質朽痕所現文理顏色相同，其長方形橫切面約 500 平方釐米。地面下 11—12.5 米，即地下潛水面下，無法把木槨室地板排列清楚。墓底中心有一個“腰

---

① 參見王宇信主編《殷墟文化大典·考古卷》，安徽人民出版社 2016 年版，第 325—404 頁；以下王陵大墓的概況不再註明。

坑"，已被盜一空，但墓形保存最完好（參見圖 5-9）。

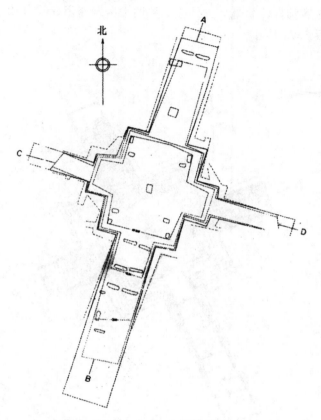

圖 5-8　王陵區 1001 號大墓平面圖
（採自王宇信主編《殷墟文化大典‧考古卷》）

其三，1003 號墓，墓室爲方鬥豎穴形，口大底小，墓壁上口南北中線長 18.1 米、東西中線長 17.9 米，面積約 323.99 平方米，墓室底南北長 11 米、東西長 9.8 米，面積約 107.8 平方米。東西南北墓道分別爲 14 米、15.6 米、36.2 米、11 米。

從地面下 8 米露槨痕，槨高 4 米，從地面 12 米到底。墓地中心有"腰坑"，埋人骨一具，在西墓道北壁中發現石殳斷耳一個，其銘文有兩行，12 字，"辛丑，小臣𢆶入𠨘，𥄂在曹，吕殳"（參見圖 5-10）。墓室的二層臺上，發現若干被盜擾的盾痕遺跡；在南墓道底面發現兩處車輿及鯨魚的右肩胛骨、肋骨。另外從翻葬坑中發現殘留異物 1.2 萬餘件，其中無字龜版 5674 片。

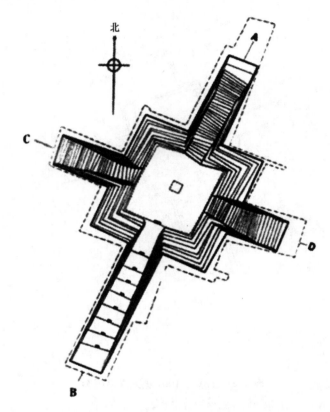

圖 5-9　王陵區 1002 號大墓平面圖
（採自王宇信主編《殷墟文化大典・考古卷》）

其四，1004 號墓，墓室內有木槨葬具，平面呈亞字形，地板用長木條鋪疊成，槨室四壁塗漆，雕刻花紋，上有綠松石及豬牙制的鑲嵌片，佔面積約 320 平方米。從地面下 9 米露槨痕，從地面 13 米到底。

此墓多次被盜掘，但在南墓道底及墓室南部靠近墓道處有一處未經盜擾的填土中發掘出重要的隨葬品。器物的放置大致分四層，最上一層爲禮器，下三層爲武器裝備。禮器中有大型的銅鹿鼎和牛鼎及石磬，還有銅戈 72 件，銅矛 731 件，銅盔 100 餘件，另外發現一堆盾和“皮甲”遺痕，殉人是全副武裝的衛士。

墓坑因早已被盜破壞，其中部有殉坑 1 個，無遺物。坑中發現人頭骨 5 個，北道中發現人頭骨 7 個，墓坑東側 1 殉坑，東西長 2.6 米、南北寬 1.2 米，上口在地面下 1.3 米，坑内人骨 1 具，頭朝東，俯身。坑底有殉狗骨 1 具，坑西北角另有狗骨 1 具，隨葬物品有銅戈 3 件、銅刀 1 件、銅鏃 3 件、弓形銅器 1 件、長短銅管各 1 件、石簪 1 件、石劍形器 1 件、骨觽 1 件、骨圈 1 件，殉人是全副武裝的衛士。（參見圖 5-11）

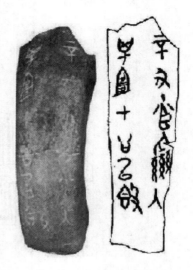

圖 5-10　1003 號大墓出土石毄
（採自胡厚宣《殷墟發掘》）

（12）第十二次發掘（1935 年 9 月 5 日至 12 月 16 日），發掘主持人爲梁思永。

參加發掘人員有梁思永、石璋如、劉燿（尹達）、李景聃、祁延霈、李光宇、高去尋、尹煥章、潘愨等。本次發掘大體上是前兩次發掘工作的繼續，仍分東西兩區進行，在西區發掘三座四條墓道的大墓（M1217、M1500、M1550），一座未建成的大墓（M1567），在東區一座四條墓道的大墓（M1400），兩座帶兩條墓道的大墓（M1443、M1129），785 座小墓（大部分爲祭祀坑）等。此外，在范家莊、大司空村進行發掘。

①在西區發掘大墓大體情形

其一，1217 號墓，墓室爲方斗形，口大底小，口底基本都是正方形，佔面積約 330.14 平方米，墓坑底部的面積約 163 平方米。東西南北各有一條墓道，從地面下 9.7 米處到達水面，13.5 米到底，墓室的東西南北四壁的中部各出一墓道呈坡狀。

潛水面以上全部挖清，沒有發現殉葬人的骨骸，亦沒找到一件遺物，唯一在西墓道内發現未被盜擾的夯土中的遺跡和遺物。（參見圖 5-12）

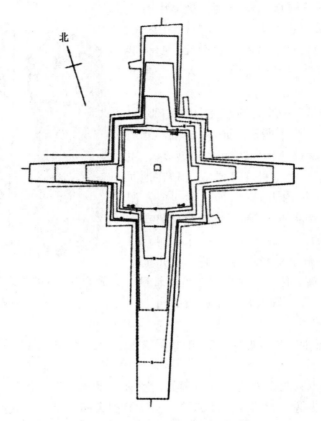

圖 5-11　王陵區 1004 號大墓平面圖

（採自王宇信主編《殷墟文化大典・考古卷》）

　　其二，1500 號墓，墓室爲方斗形，口大底小，口底都呈正方形，自口到底 13.2 米深，南北口長 18.45 米、東西口長 18.05 米，佔面積約 333 平方米，南北底長 10.35 米、東西底長 10.38 米，坑底面積約 107 平方米。東西南北四壁中部各出一條墓道。

　　墓內填土中有人殉和人牲的頭骨，在墓室南邊東段與南墓道東壁交角處有兩個殉人墓，已被盜擾。在墓道及墓室填土中共有 114 個人頭骨，其中 111 個在夯土中，未被盜擾，另有 3 個在盜坑中。此墓多次被盜掘，在南墓道和西墓道的夯土層中發現一些未被盜擾的遺物和遺跡。其中南墓道夯土中發現 6 件石龍、牛、虎圓雕石獸，兩兩成對，東西並列，面向墓室，類似後代墓前的翁仲像生。在西墓道中還發現大理石門臼一雙和一些儀仗類木器鑲嵌遺跡。（參見圖 5-13）

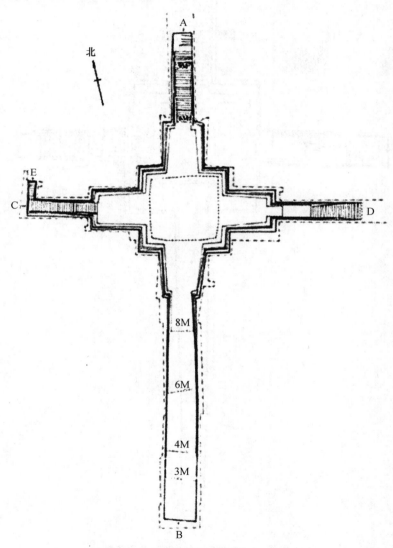

圖 5-12　王陵區 1217 號大墓平面圖
（採自王宇信主編《殷墟文化大典・考古卷》）

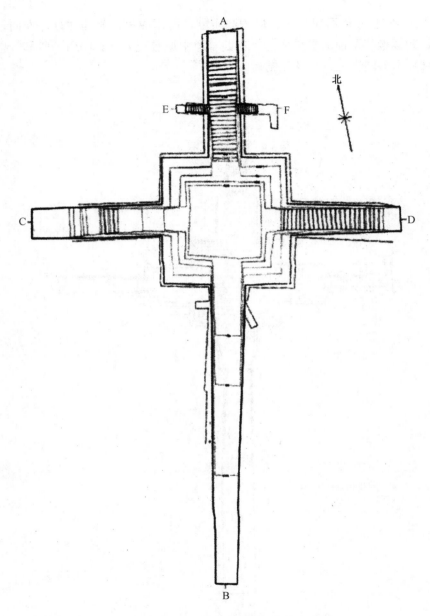

圖 5-13　王陵區 1500 號大墓平面圖

（採自王宇信主編《殷墟文化大典·考古卷》）

其三，1550 號墓，墓室爲倒置的長方斗形，口大底小，四壁不整齊。此墓特點是口作長方形，底呈不規則的亞字形，口底的形狀不同。梁思永認爲，築墓室時曾發生過"塌崩之難事"，因此墓穴上口作長方形，墓底作不規則的亞字形。

從地面下 9.5 米墓室中部發現槨的朽木痕跡、10 米到水面、10.9 米到底。墓坑口南北長 17 米、東西寬 13.6 米，佔面積約 231 平方米，坑底南北長 14.9 米、東西寬 12.9 米，其面積約 192 平方米。墓坑東西南北各有一條墓道，南道爲 18.1 米、北道爲 12.25 米、西道爲 9.5 米、東道爲 6.9 米。南道底爲平坡，直通到坑底。

墓坑底的中心有槨室，木槨的中心在"腰坑"之上，槨南北長 6.2 米、東西寬 5.6 米。"耳室"的面積，東耳室 2.5 米×2.3 米，西耳室 2.5 米×2.3 米，南耳室 3.1 米×2 米，北耳室 2.1 米×2.1 米。（參見圖 5-14）

此墓雖多次被盜掘，但仍在墓坑的東北、東南、西南三隅發現未被盜過的 4 個殉葬坑，分別出土小型的銅戈、鏟、鑿以及白玉戈、玉雕佩飾等。在北道口草席上發現羊腿、牛腿等祭祀遺跡，在翻葬坑中出土大理石虎首人身獸爪圓雕的建築裝飾構件以及石磬、石塤等。

其四，1567 號墓是沒有葬人的假大墓，墓室平面作方形，佔面積約 510 平方米，無墓道，墓中遺物有石刻、雕骨、銅器、玉器等。

②在東區發掘大墓大體情形

其一，1400 號墓，墓室爲長方斗形，與耳室並和呈現亞字形，口大底小，從地面下 9 米到水面、11.8 米到底。墓室上口南北長 18.3 米、東西長 15.7 米，佔面積約 287 平方米。

四條墓道正對墓室的中央，呈梯形或坡狀（南墓道），東西南北墓道分別長，15.01 米、18.16 米、36.8 米、18.97 米。（參見圖 5-15）

該墓的上層，雖被盜擾，但未被盜擾的夯土中，發現人頭骨 29 個。在南墓道北段的潛水面下有殉葬人，在東墓道西段、南墓道中段還發現兩組共 16 件銅器（包括青銅人面具，M1400：1116）、5 件陶器。

其二，1443 號墓，墓室爲長方斗形，口大底小，自口至底深 8.45 米，墓室上口南北長 7.66 米、東西長 6.8 米，佔面積約 52 平方米，南北兩邊各有一條墓道，南墓道長 23.54 米、北墓道長 9.95 米。木槨室上口於 7.4

米出現，內部完全掏空。槨室中心有一個"腰坑"。此墓近代盜掘危害較大，共有 12 處盜坑，墓內葬品幾乎已被全部掏空，墓內僅在地面下 6.74 米處夯土層中發現人頭骨 1 個和早期盜坑的亂土中發現人頭骨 6 個。

其三，1129 號墓，墓坑大致爲正方斗形，口大底小，坑壁向外傾斜，南北兩邊各有一條墓道。坑上口約 10 平方米，南墓道長 16 米、北墓道長大約 3 米（未挖到最北端）。

第二大階段發掘結束後，全體發掘人員再回到小屯村，繼續發掘工作。

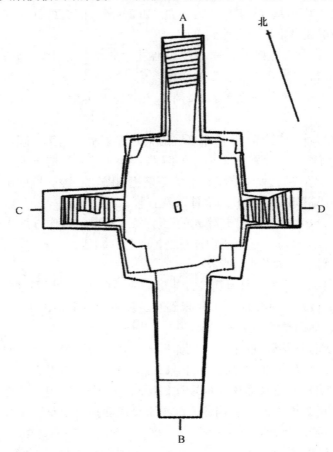

圖 5-14　王陵區 1550 號大墓平面圖

（採自王宇信主編《殷墟文化大典・考古卷》）

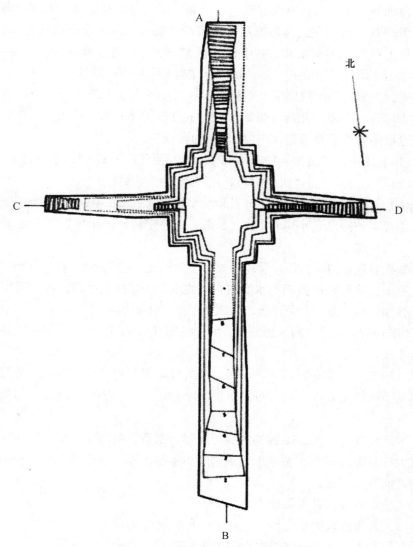

北

圖 5-15　王陵區 1400 號大墓平面圖
（採自王宇信主編《殷墟文化大典・考古卷》）

（13）第十三次發掘（1936 年 3 月 18 日至 6 月 24 日），發掘主持人
爲郭寶鈞。

参加發掘工作人員有郭寶钧、石璋如、李景聃、祁延霈、王湘、高去尋、尹煥章、潘慤和河南地方孫文清等。主要發掘區域是小屯村北 B、C 區。出土甲骨文 17804 片，其中有字甲 17756 片、有字骨 48 片，包括著名的 YH127 坑甲骨 17096 片，此坑中有完整的龜甲 300 餘片。

從此次發掘開始採用了"平翻法"，以 100 平方米爲一小單位，打破了歷次坑位的局限。此次在版築基址之下發現了 60 米長的水溝。在這次發掘過程中尤爲重要的是"YH127 坑"的發現"。

（14）第十四次發掘（1936 年 9 月 20 日至 12 月 31 日：小屯村北/10 月 24 日至 12 月 10 日：大司空村），發掘主持人爲梁思永。

参加工作人員有梁思永、石璋如、王湘、高去尋、尹煥章、潘慤等，主要工作地點爲小屯村北 C、I 區、大司空村，出土甲骨文有 2 片有字甲。

本次發掘在遺跡方面，發現版築基址 26 處，窖穴 122 處，墓葬 132 座，第十三次發掘所發現的水溝曲折地經過若干地區的情形。在大司空村發現戰國時期的墓葬，墓形近方，人骨拳屈，殉葬物多屬陶器等。

（15）第十五次發掘（1937 年 3 月 16 日至 6 月 19 日），發掘主持人爲石璋如。

参加工作人員有石璋如、王湘、高去尋、尹煥章、潘慤等，主要發掘地點爲小屯村北 C 區，出土有字甲骨 599 片，其中有字甲 549 片、有字骨 50 片。

本次發掘時，在 331 號墓中發現銅器、玉器、白陶等，在 332 號墓中發現大理石雕，在 318 號墓中發現白陶和漆器，而在 385 號墓中發現的陶奴俑是前所未有的。

3. 史語所殷墟考古發掘的終結

（1）各大階段的小總結——以甲骨文發現爲主

①第一大階段——《殷虛文字甲編》

在第一階段，即第一次至第九次發掘所出的甲骨文，"字甲 4411、字骨 2102 片，總計 6513 片"①。其中選出有字甲 2467 片、有字骨 1399

---

① 參見胡厚宣《殷墟發掘》，第 73—74 頁。筆者註：共計 6513 片的數目，沒有加算後崗發掘的 2 片字骨和侯家莊農民手中購得的 26 片甲骨，應該共計 6541 片。

片，共 3866 片，編入拓本號數爲有字甲 2513 片、有字骨 1425 片，共 3938 片，加上牛頭刻辭一片編爲 3939 號、二件鹿頭刻辭編爲 3940 號和 3941 號、一件鹿角器編爲 3942 號，共 3942 片拓本，在 1948 年編爲《殷虛文字甲編》，由商務印書館出版。

據《殷虛文字甲編·自序》，《殷虛文字甲編》共有三次付印，其情況如下：

第一次付印——第一次至第九次殷墟科學發掘，即第一大階段發掘結束之後，由於第二大階段在侯家莊西北崗王陵區發掘，不出甲骨，所以把小屯村九次發掘所得甲骨文字（原來 1934 年冬已經拓本完畢），編輯付印，1935 年春，開始剪貼編選的工作，1936 年和商務印書館簽訂合同。1936 年春，印成了八十頁樣張送到南京，這是第一次付印。七七事變發生後，商務印書館這批圖版被存在滬東的印廠中，滬東被日本侵佔，最終無法出版。

第二次付印——1938 年 9 月史語所搬遷到昆明後，在 1939 年再次與商務印書館訂約，把原稿拓本寄到香港，重新照像，製版，趕於一年之內印成。1940 年秋，《殷虛文字甲編》圖版，正式出版，出版社的定價每部一百二十元。那時，如果從香港用航空寄一部到昆明，郵費就要三百元，所以在昆明的董作賓等始終沒有看見這本書。1941 年 12 月，日本侵入香港，商務印書館遭受重大的損失，第二次付印的《殷虛文字甲編》，也犧牲在第二次世界大戰的劫運之中。

第三次付印——1946 年 10 月從李莊回到南京之後，傅斯年告訴董作賓，準備第三次史語所付印《殷虛文字甲編》，這是第三次付印，1948 年《殷虛文字甲編》終於出版。[①]

②第二大階段——侯家莊西北崗王陵區

在第二大階段（第十次至第十二次）在侯家莊西北崗王陵區所發掘的墓葬，有 11 座大墓（其中 1 座，即 1567 爲未建成大墓），其墓室平面有三種，即"亞字形""長方形""方形"，帶有四條墓道的墓葬墓道是東西南北各有一，帶有二條墓道墓葬的墓道方向爲南北，"槨有亞

---

① 因爲《殷虛文字甲編安》付印幾次，所以有的學者認爲第二次付印的出版年度爲《殷虛文字甲編》1940 年，如胡厚宣《五十年甲骨文發現的總結》，不過大多數學者認爲，最後完成出版的時間是 1948 年。本書也採用了《殷虛文字甲編》出版年度爲 1948 年。

字形、方形兩種，高 1.4 米到 4 米，都用整木疊壘而成，四角木頭相接的地方都向外多出一段，如井字形……墓深 8.4 米至 13.5 米到底……'腰坑'内埋一人，或一犬，或一人一犬，或一人及兵器……（墓底）小方坑内各葬一個活埋的張口蹲踞的人，也有的没有……殉葬器物通常放在棺槨之間，也有的放在槨頂的二層臺上。（除此之外）一般又放置與墓主人親近的殉葬人，殉葬人或分男女成行排列……由二層臺往上，則隨著填土打夯，同時埋一些殉葬的奴隸，常常是十個一排，有的祇有頭顱有的身手切斷，有的雖全人而背縛雙手，一個大墓被殺殉的人多的有到一二百人以上者。每次盜坑都打中中心，墓内精華都已罄盡，但所剩殘餘，仍有不少有價值的東西"①，在中國近代田野考古學、中國古代史上，都是非常重要的發現。"因爲過去九次發掘的是殷都，而這三次發掘，卻發掘了殷陵，殷陵出土的東西比殷都出土的更豐富，更珍貴，由於這些重要的遺跡遺物的發現，我們就可以解決考古學、殷墟學、古史學上的一些問題。"②

第二大階段在王陵區還發掘的小墓有 1228 座③：第十次在東區發掘 32 座，第十一次在東區發掘 411 座，第十二次亦在東區發掘 785 座。這些墓葬的形制可分爲 24 種，墓葬裏出土的遺物可分爲 14 種。胡厚宣認爲這些小墓葬是王陵區大墓的附屬墓葬。這些 11 座大墓，從規模、氣魄、内容以及殉葬人的情況看，絕非平民甚至一般貴族所能有的。墓中所出的各種遺物，無論是銅、石、玉、骨，以前僅發現於小屯村的殷代帝王的首都宫室，而此次在大墓中發現的遺物之精粹遠過之。乃知此大墓必爲殷代帝王的埋葬之所。

第二階段發掘工作集中於侯家莊西北崗王陵區，所以第二階段發掘時没有出土甲骨文。

③第三大階段——《殷虚文字乙編》

在第三階段，即第十三次至第十五次發掘所出的甲骨文，共 18405 片，有字甲 18307 片、有字骨 98 片。其中遴選和經過綴合，著錄 9105 片甲骨，編爲《殷虚文字乙編》，1948 年至 1953 年陸續出版，共三冊（筆

---

① 胡厚宣：《殷墟發掘》，學習生活出版社 1955 年版，第 92—93 頁。
② 胡厚宣：《殷墟發掘》，學習生活出版社 1955 年版，第 96 頁。
③ 胡厚宣：《殷墟發掘》，學習生活出版社 1955 年版，第 93—96 頁。

者註：上冊在 1948 年、中冊在 1949 年、下冊在 1953 年出版）。在《殷虛文字乙編》所未收錄的甲骨，由鐘柏生編成《殷虛文字乙編補遺》，於 1995 年在臺灣接續出版。

此外，第十三次科學發掘所得甲骨中，通過綴合使之完整後編號收錄《殷虛文字丙編》共 632 片。此書，由張秉權編著，上中下三輯，每部有二冊，共六冊（筆者註：上輯一冊在 1957 年、二冊在 1959 年；中輯一冊在 1962 年、中輯二冊在 1965 年；下輯一冊在 1967 年、下輯二冊在 1972 年出版）。此套書雖然"收片標準以'完整'爲主要考量，往往收錄在前冊的甲骨，因爲張氏發現又可加以綴合，使之更加完整，故加綴後以新標號收在後冊中，而形成《丙編》'自重'的問題"①。關於"自重"的問題，主要原因是，各冊之間的出版時間相差太遠，因而在所難免。

（2）史語所殷墟考古發掘的大總結

第一，發掘總面積約 46000 平方米。自 1928 年 10 月至 1937 年 6 月，殷墟科學大規模發掘期間，在小屯村發掘有 12 次、侯家莊西北崗王陵區發掘有 3 次、大司空村發掘有 2 次、侯家莊南地發掘有 1 次、范家莊發掘有 1 次、四盤磨發掘有 2 次、王裕口及霍家小莊發掘 1 次、後崗發掘 4 次、侯家莊高井臺子發掘有 1 次、秋口同樂寨發掘有 1 次、五官南霸臺發掘有 1 次等，在殷墟發掘期間，洹水兩岸共發掘了 11 個地方。（參見圖 5-16）

除了以上所述 11 個地方之外，花園莊、五道溝等在河南安陽縣發掘了 41 處。在湯陰縣 5 處，內黃縣的河亶甲墓 1 處。此外淇縣、滑縣的莊丘寺、新鄉縣魯堡、沁陽的西向村、孟津的蘭家寨、南陽的望城崗、商丘的青崗寺、永城的曹橋，河北邯鄲涉縣的先農壇和沿頭村、武安縣的小河底，山東日照的秦官莊等 5 處，安徽壽縣的魏家郢子、彭家郢子等 12 處，山西大同的古城村等 2 處，內蒙古呼和浩特 2 處、包頭的加爾平 1 處等，在殷墟科學發掘期間，除了殷墟之外還有各省、自治區進行考古發掘和調查：4 個省、1 個自治區、17 個縣，共 86 處。

第二，在遺跡方面，發現了大量的殷代灰坑、窖穴、半地穴房

① 張惟捷：《〈殷虛文字丙編〉校訂稿》，中國歷史研究所先秦史研究室網站，https://www.xianqin.org/blog/archives/1496.html。

子、大型夯土基址（主要分佈在小屯村東北地）、水溝以及龍山文化
時期的房子、窖穴，夯土圍墙一處（在後崗），還有一些仰韶、龍山
文化遺址等。

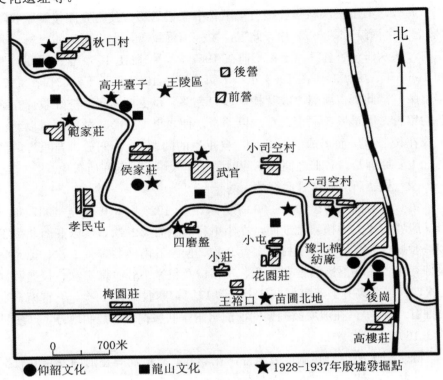

圖 5-16　史語所 "殷墟主要發掘地點"

第三，在墓葬方面，共發現了 8 座帶四條墓道的殷代大墓，3 座帶兩
條墓道的大墓（筆者註：1 座在後崗發掘），1 座未完成的大墓
（M1567），1200 多座的祭祀坑、殉葬坑，數百個的小型墓葬。此外還發掘
了近百座的戰國、隋唐時期的墓葬。

第四，出土文物方面，甲骨文共發掘 24918 片，數以萬計的青銅器、
陶器、玉石器、角器、牙器、骨器和蚌器，還採集了大量的人骨、獸骨等
標本——這些遺跡和遺物爲研究晚商社會的政治、經濟、歷史和文化等，
提供了極其重要的科學發掘考古資料。

第五，殷墟遺址的發掘，特別是侯家莊西北崗王陵區和小屯宮殿宗廟的發現，引起了海內外學者的極大重視。

總之，從 1928 年 10 月開始的殷墟大規模科學發掘工作，不僅爲甲骨學、商代史、殷商考古學和中國近代田野考古學研究提供了大量的甲骨文和伴隨出土的各種遺物等科學資料以及豐富遺跡現象，而且因爲近代考古學方法的引入，甲骨學研究的方法也是煥然一新的，取得了很大的進步和成就，完成了甲骨學發展時期的使命。

我們應該要記得當年在艱難的環境之下爲了尋找地下的真實性，前輩學者們的刻苦努力研究、保護文物的精神和犧牲。他們付出的這些刻苦努力和犧牲，奠定了如今甲骨學的發展和中國田野考古學"黃金時代"的基礎。

4. YH127 坑的發現與發掘經過[1]

（1）取出 YH127 整個灰土柱

當年參加殷墟考古發掘人員，常開玩笑説，"發掘近結束時都會有一個新發現，向我們招手，讓我們下一次早點來"。

原定於 1936 年 6 月 13 日結束的第十三次殷墟發掘工作前一天，即 12 日下午王湘負責的小屯村北 C 區 YH127 坑壁上發現一片小甲骨。王湘等認爲很快就完成這些甲骨發掘的工作，"原本想先做完就是，就算沒做完的話，就跟以前處理灰土坑一樣下次再來，並不把小坑看成一回事，可是並沒有這麼簡單，到天黑時仍然出甲骨。我們便把出來的東西先收起來。因爲害怕像西北崗一樣晚上有竊賊來偷，便先行封起來，並請老工友魏善臣寫上蒙文作封記"[2]，決定第二天繼續發掘。

13 日，其他地方已經收工，祇有 YH127 坑的工作仍在進行。在坑中仍然不斷出土甲骨，灰坑空間不夠大，所有的工作人員坐在坑口，祇有王湘一個人在坑裏面剝剔甲骨。"王湘説一板一號，預備日後回歸整板，就這樣一板一包地放到筐子內。筐內還放入棉花避免板子碰撞，所以每一板佔了不小的面積。……沒想到我們第二天帶去三四個工人用的大筐子很快的就裝滿了。"[3]待筐子裝滿之後已近半夜，發掘人員決定不

---

①　參見王宇信、具隆會《甲骨學發展 120 年》，中國社會科學出版社 2019 年版，第 194—205 頁。

②　陳存恭、陳仲玉、任育德：《石璋如口述歷史》，九州出版社 2013 年版，第 113 頁。

③　陳存恭、陳仲玉、任育德：《石璋如口述歷史》，九州出版社 2013 年版，第 113—114 頁。

封坑，全體留在工地看守。發掘人員冥思苦想如何保存好這批甲骨。第一不安全；第二甲骨上泥土本身有濕度，出土後經陽光照射，水分蒸發，很快就會碎裂。所以有人提出擴大甲骨坑周邊範圍，以形成一個甲骨灰土柱，把它裝入特製的大箱，整體搬運到南京，可以維持甲骨的完整，再進行發掘的方法。

14 日，由 30 名工人向甲骨灰土周邊擴坑，把灰坑變灰土柱，挖之1.7 米深後暫停，再探測，"因爲甲骨本身是傾斜的，所以坑的深度並不一致，直到出甲骨少的地方就暫停，然後得再挖深一點以保留空間。再到城內請木匠，木匠一看就要做兩公尺寬方、一米二高的大木箱，並無現成的柳、槐木制的板子……等晚上木匠回來後，便先做底板……先從中間挖一個洞，然後把中板穿過去，兩頭用磚支起來，再做兩旁的板子。最後的難度就高了，工人就先從邊上往裏頭串，再做中間的兩根支架……在工作進行過程中又發現了不少甲骨，所以我們知道甲骨坑還沒有到底，箱子的高度並不代表涵括所有東西，於是我們另行收存、記錄是屬於底部的甲骨"①。底部解決了，套裝箱子也是一個大的問題，設計的箱子是方形的，甲骨灰土柱是圓形的，因此，套箱子時，先把灰土柱外圍包上油布，套好箱子外緣的空間填土，以免灰土柱晃動破壞。

15 日凌晨，潘慤將 YH127 坑灰土柱取出並裝入木箱之事寫信給在南京史語所的董作賓、李濟、梁思永三位（參見圖 5-17）：

> 彥堂、濟之、思永三先生：
> 昨晚想已寓目矣。新獲龜甲之完整，誠自有甲骨文發現以來未嘗有也。且爲數之夥殆無法估計。第一批千餘版已於昨日運城，繼續出土龜版積疊有序。是蓋有意之埋葬，且有人爲守，當即貞人歟；同人日夜工作，石、李、王、高四君已兩夜未睡。夜即坐守坑旁，毫無倦怠，精神上至爲興奮。生雖未能參加工作，然亦過夜狂喜，竟亦兩夜未眠矣。
> 現用起花土方法，整個起出，以免本身秩序凌亂。下層是否還有，尚不敢知。昨夜找木匠連夜趕赴工地工作，今日能否作完，尚不

---

① 陳存恭、陳仲玉、任育德：《石璋如口述歷史》，九州出版社 2013 年版，第 114 頁。

可知。裝箱工作即將完畢，均百箱。生連日忙迫異常，故未能作詳函。先此奉聞，敬請研安。

生潘愨

六月十五日晨六時

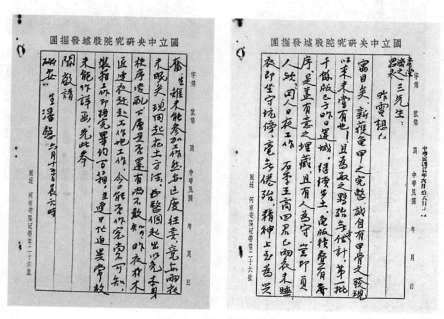

圖 5-17　潘愨致南京的書信

（採自董作賓《平廬影譜》）

　　將甲骨灰土柱套裝好後，從坑中拉出到地上，先借來的小鐵路鋪設起來，再加上大的推車，想從小坑那裏將箱子往上推，"可是箱子很重，祇能往上推一段距離無法再前進，檢查後纔發現修鐵路時還有木頭墊在鐵路地下，於是再加墊木頭，一天就這樣結束了"[①]。把木頭墊好之後，次日，坑下用推車上推，坑上用繩索綁著絞輪慢慢往上拉，費了九牛二虎之力，終於將灰土大木箱拉到了地上。（參見圖 5-18）

[①]　陳存恭、陳仲玉、任育德：《石璋如口述歷史》，九州出版社 2013 年版，第 115 頁。

底部板子

磚子

圖 5-18　YH127 坑裝箱圖

（採自董作賓《平廬影譜》）

（2）搬運到火車站

將甲骨坑灰土柱從工地挖掘出來後搬運到火車站，首先採用了袁世凱下葬安陽時的"六十四抬"運靈柩的辦法搬運甲骨大木箱。即大箱兩邊各綁一大木槓，是爲主槓，再在其下綁副槓 4 根，在每根副槓下綁 2 個支槓，即 8 根支槓，在每一根支槓組織 4 個組，共 32 個組，每組有 2 人，共用工人 64 名（參見圖 5-19）。再加上替手 6 人，總計 70 人來抬箱。但"起步"的時候主槓斷了。

發掘人員把斷槓改換爲榆木槓，並採用了"十字穿法"，即在大箱中間"十字"方向各一綁大木槓，是爲主槓，前後各處主槓下綁兩根副槓，左右兩旁主槓下綁各一根副槓，總計 6 根副槓，在每一根副槓下綁 2 個支槓，共 12 根支槓，在每一根支槓下再組織 2 個組，共 24 個組，每組有 2 人，總計 48 名工人（參見圖 5-20），試抬成功了。

第二天從早晨出發，走走停停，用一天時間到距火車站還有一半路程的薛家莊南地。就地夜宿，發掘人員嚴加監守。薛家莊南地附近有小溝，用了七十個工人輪班，另外也進行修路工作，由於箱子很寬，無法走一般的路，得走田裏，將農田凸凹不平處，修成平道，遇水溝搭便橋。等到太陽西斜後走到鐵路附近。當年鐵路上過往的火車稀少，所以把木箱放在鐵軌上，順勢一推，十分輕鬆，很快就推至安陽火車站。這時天氣漸漸轉陰，箱子蓋上油布，以防下雨受潮。

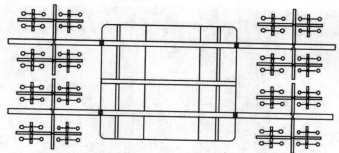

圖 5-19　"六十四抬搬運"圖

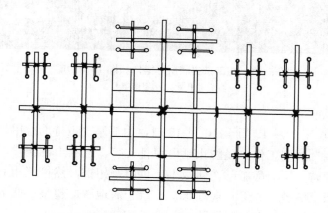

圖 5-20　"十字穿法搬運"圖

　　下雨數日，等到天氣放晴，與鐵路方面交涉撥借專車廂。甲骨大木箱裝上車，由發掘團李景聃、魏善臣押車並把車門貼上封條。不準他人上車。火車經安陽至鄭州（平安路），再由鄭州轉至徐州（隴海路），從徐州至南京（津浦路），鐵路運輸順利到南京，再從火車站搬運到南京雞鳴山下的史語所。

（3）在南京史語所進行"室內發掘"

把整坑甲骨從安陽殷墟考古發掘工地取出，搬運到千里之外的南京，在史語所進行室內清理、發掘工作，這種發掘過程在世界考古學史上應該是首創的。（參見圖5-21）

圖 5-21　在南京史語所"室內發掘 YH127 坑"
（採自董作賓《平盧影譜》）

從 1936 年 7 月 12 日至 10 月 15 日，由胡厚宣主持進行甲骨灰土柱的"室內發掘"清理工作。爲防止剔傷甲骨文字，把灰土柱倒置，以使甲骨向上。清理時先用硫酸紙貼在龜版上，再用筆拓畫，然後照相並畫圖，在圖上、龜版上編號，一層一層地畫，一層一層地啟，整整三個多月的時間纔把甲骨灰土柱在室內發掘完畢。①

（4）YH127 坑的情形及意義

坑口圓形，徑約 1.8 米，上口距地表 1.2 米，深約 6 米，中間一層約 1.6 米滿填甲骨。（參見圖5-22）

_____

① 關於 YH127 坑發掘詳細情況，參見《石璋如訪問記錄》，"中央研究院"近代史研究所編《口述歷史叢書》，2002 年，第 131—137 頁；又見郭勝強《董作賓傳》，江蘇文藝出版社 2010 年版，第 105—111 頁。

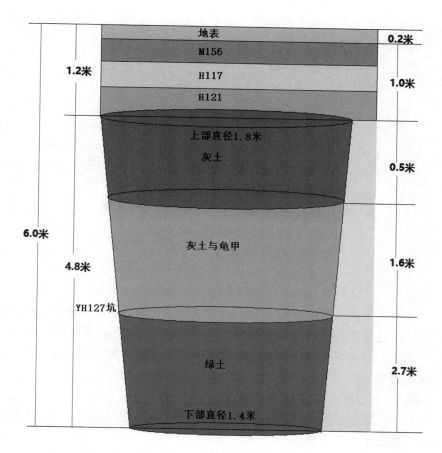

地表

M156

H117

H121

0.2米

1.2米

1.0米

上部直径1.8米

灰土

0.5米

6.0米

灰土与龟甲

4.8米

1.6米

YH127坑

绿土

2.7米

下部直径1.4米

圖 5-22　"YH127 灰坑"剖面圖

　　甲骨排列不整齊，正反不一，大小雜置，北部堆積較高，向南成斜坡狀傾斜。在甲骨坑北壁中發現一個綣曲側置的人骨架，下肢被甲骨掩没，僅頭和上軀露出甲骨之外。（參見圖5-23）

　　此坑是甲骨文被鑒定以來發現甲骨最多的灰坑，坑中甲骨在研究甲骨文、考古學、殷商史方面具有幾個非常重要的特點，如下[1]：

　　其一，時代屬於盤庚到武丁，尤以武丁時的爲多，知爲武丁時所埋藏。

---

[1]　參見胡厚宣《殷墟發掘》，學習生活出版社 1955 年版，第 100—101 頁。

其二，多有朱筆書寫的卜辭，知甲骨文是先寫後刻，晚商時代確已有書寫的顏料和毛筆。

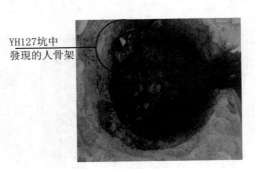

YH127坑中
發現的人骨架

圖 5-23　YH127 坑內人骨架
（採自董作賓《平盧影譜》）

其三，文字刻劃裏塗朱、塗墨的例子特別多。

其四，卜兆有許多曾經用刀子刻在甲骨上。知道甲骨刻辭在當時不但記實，而且要求其美觀。

其五，有很多把背甲改造成有孔的橢圓形。從這點可以知道甲骨也可能穿成書冊。

其六，記龜甲來源的刻辭特別多。

其七，又多特大的龜甲，當爲南方所入。這就使我們解決了晚商時代龜甲來源於南方的問題。

其八，這坑甲骨，總計起來，龜甲 17088 片，牛骨 8 片，共計 17096 片。在這巨大的數量中，牛骨卻祇有 8 版，這一坑幾乎全是龜版。把過去第三次發掘所得的"大龜四版"、第九次所得的"大龜七版"、這次本坑以外的 B 區一號小穴的骨版，以及以後第十五次 YH251 坑的龜多骨少、YH344 坑的骨多龜少與這 YH127 坑幾乎全是龜版等情況合而觀之，可知殷人卜用甲骨或有分別埋藏起來，也或者是甲骨異地埋藏。

其九，殷墟甲骨文字發現雖多，然大部分都是"字紙簍中的碎紙與垃圾堆中的廢物"之類，有意埋藏的不過數坑，而像這次 YH127 坑的甲骨不但是有意埋藏的，而且其數量之多，實爲前期所未有。

其十，因大部分甲骨都是當時用過後的廢棄之物，所以多是碎片，出在灰土坑中。完整的龜甲，以前祇有第三次發掘所得的大龜四版和第九次發掘所得的大龜七版。現在在 YH127 坑 17096 片中，完整的龜甲將近三百版之多。這是殷墟發掘，甚至從甲骨文出土以來空前未有的盛事。

　　YH127 坑的甲骨確實不同尋常，不僅甲骨數量之多，而且坑中的各種現象亦非常豐富，如"改制背甲"、三百餘版完整的龜甲、龜骨分別埋藏、殷人"有意儲藏"占卜完的甲骨等。有了 YH127 坑的甲骨，學者們對商代的各種歷史問題，如宗教、政治、經濟、婚姻家族、農業、醫學、氣候等方方面面進行研究，陸續發表了各種成果。

　　5.河南省政府和史語所之間的糾紛

　　史語所第三次科學發掘殷墟時期，由於河南省政府和史語所之間發生糾紛，因此在 1929 年 10 月 21 日，河南省政府派河南省圖書館館長何日章至安陽"聲言拒絕中央研究院工作"並招工自行發掘。雙方對峙，史語所的發掘祇好停工，直至 11 月 15 日復工，至 12 月 12 日結束，所以第三次發掘時中間有 25 天停工時間。

　　第三次發掘工作結束後，1929 年 12 月傅斯年赴當年河南省會開封，與河南省政府協商，議定解決糾紛"五條"，如下[①]：

　　第一，為謀中央學術機關與地方政府之合作起見，河南省政府教育廳遴選學者一人至二人參加中央研究院安陽殷墟發掘團。

　　第二，發掘工作暨所獲古物均由安陽殷墟發掘團繕具清冊，每月函送河南教育廳存查。

　　第三，安陽殷墟發掘團為研究便利起見得將所掘古物移運適當地點，但須函知河南教育廳備查。

　　第四，殷墟古物除重複者外，均於每批研究結後暫在開封陳列，以便地方人士參觀。

　　第五，全部發掘完竣研究結束後，由中央研究院與河南省政府會商分配陳列辦法。

　　但是後來河南省政府不顧成約，準許何日章派人再赴安陽小屯發掘，史語所的發掘工作又停頓，何日章派人從 1930 年 2 月 20 日至 3 月 9 日和

　　① 傅斯年：《本所發掘安陽殷墟之經過》，《安陽發掘報告》1930 年第 2 期。

4 月 10 日至月底，開工兩次。

何日章率民工發掘殷墟共兩個月，獲字甲 2673 片，字骨 983 片，共 3656 片。其中關百益在 1931 年《殷虛文字存眞》中公佈 800 片，孫海波在 1938 年《甲骨文錄》中公佈了 930 片。這批甲骨文現藏在臺北"中央博物館"。

6.戰爭年代殷墟文物的保護和研究[1]

1937 年 7 月 7 日，發生了七七事變，中國進入全面戰爭時期。安陽殷墟科學發掘也迫不得已停頓下來。國民政府在 1937 年 8 月 13 日開始的"淞滬會戰"失利後，11 月 18 日決定遷都重慶。各機關、學校紛紛投入西遷行動去四川，部分前往武漢、長沙等地。當年史語所先搬遷到長沙，後來又遷至昆明，再遷至四川宜賓李莊。值得注意的是，在艱苦的戰爭年代，學者們仍然堅持研究和保護殷墟出土的珍貴文物。

（1）在長沙

七七事變之後，1937 年 7 月，中央研究院爲了搬遷已經開始進行裝箱工作，據《中央研究院歷史語言研究所七十年大事記》[2]中《民國二十六年七月條》："本所（筆者註：指史語所）隨本院（筆者註：指中央研究院）西遷，先選裝最珍貴中西文圖書，雜誌及善本書共六十箱，首批運往南昌農學院，其餘一千三十三箱分批運長沙。但部分殷墟出土的人骨、獸骨及陶片等，限於運輸工具，暫留原址。"《八月條》："本院組織長沙工作站籌備委員會，本所遷入長沙聖經學院，所長傅斯年仍暫留南京，派梁思永籌備會常務委員。"

一千零三十多只箱子陸續運到下關之後，分裝好多條船，預備運往長沙。有些人員坐船去長沙，有些人員坐火車自行去長沙。船到了長沙後，將箱子運到聖經學校。從長沙碼頭到聖經學校沒有汽車，祇好靠獨輪推車，一車裝兩箱或頂多三箱。經過千辛萬苦，史語所人員入住聖經學校，這時同住者還有北京大學、清華大學、南開大學等三校的師生和營造學社人員等。

在長沙聖經學校稍事安排就緒，10 月 12 日起學者們就開箱取出發掘

---

[1] 參見王宇信、具隆會《甲骨學發展 120 年》，中國社會科學出版社 2019 年版，第 219—236 頁。

[2] "中央研究院"歷史語言研究所大事記編輯小組編：《中央研究院歷史語言研究所七十年大事記》，1998 年。

文物和材料，繼續進行研究工作：董作賓繼續整理 YH127 坑甲骨，爲《殷虛文字乙編》專輯做準備，同時開始《殷曆譜》的撰寫；梁思永繼續整理殷墟西北崗大墓材料；石璋如整理青銅器陶範；楊廷賓和一位繪圖員則把梁思永、石璋如整理出來的東西"繪製成圖"。

當南京大屠殺的暴行傳到長沙，不少年輕學者決心投筆從戎，奔赴抗日前線。當時身爲史語所代所長的董作賓考慮"國寶"和同仁的安全，史語所研究通過原則性意見，以後可隨史語所走，亦可自找門路。一旦搬遷穩定後，可再返回史語所。但無論怎樣，在離所之前，每人務必完成手頭工作，統一上交研究所，以便將來由本人或他人續作。

當年的"殷墟考古十兄弟"中，李景聃、石璋如、劉耀（尹達）、尹煥章、祁延霈、王湘離開了史語所，李光宇、胡厚宣、高去尋、潘慤留了下來。

（2）搬遷至昆明

1937 年年底，中央研究院總辦事處指示，在長沙的各研究所即刻向重慶、桂林、昆明等地撤退轉移。史語所、社會學所、天文所等決定撤往昆明。

從長沙到雲南之路，先經過越南河內中轉向北，經老街至河口進入雲南，顛簸北上，終於到達了昆明。史語所租住青雲街靛花巷 3 號大院爲研究室，1938 年 9 月 25 日，因日軍飛機的轟炸，在當地造成了巨大的傷亡，損失嚴重，在這種困難的情況下史語所學者繼續開展研究工作。董作賓、胡厚宣等人繼續整理甲骨文，後來返回史語所的石璋如在昆明郊外調查民間工藝，天文所召開了"中國天文學會第十五屆年會"，等等。（參見圖 5-24）

日軍的轟炸越來越多，爲了躲避日機轟炸，史語所從青雲街搬到郊區龍頭村響應寺內的龍頭書塢，董作賓、胡厚宣繼續整理甲骨文。與此同時，董作賓繼續進行《殷曆譜》的研究。（參見圖 5-25）

1940 年夏天開始，日軍從南北方向加緊攻勢，北線的日軍發動棗宜戰役，南線佔領越南，對重慶、成都、昆明加強轟炸。受到戰局的影響，昆明已經無法立足，因此史語所和在昆明的其他機關、學校決定再次搬遷。傅斯年、董作賓、梁思永等商定，選定了四川宜賓李莊。

圖 5-24　1938 年 9 月 25 日 "中國天文學會第十五屆年會" 照片
（採自董作賓《平廬影譜》）

圖 5-25　在昆明龍頭村整理甲骨文
（左圖爲董作賓；中圖爲胡厚宣和高去尋；右圖爲楊若芝拓印：採自董作賓《平廬影譜》）

（3）再搬遷至四川宜賓李莊

史語所在昆明僱用 20 多輛大汽車和一輛帶篷客車，全所人員押著箱子，五輛汽車編爲一組分批出發，家眷 30 餘人坐客車隨車隊同行。

從雲南昆明到四川宜賓，要沿滇黔公路北上，經雲南東部宣威進入貴州，再經西部的赫章入川，過敘水到瀘州，從瀘州乘輪船逆水西上宜賓，再由宜賓換乘小船回頭，順流而下至李莊碼頭。千辛萬苦，終於到達了李莊。

史語所住在離李莊 4 千米的板栗坳，俗稱"栗峰"或"栗峰山莊"。家眷安頓好，辦公室亦安排好後，研究工作又開始啟動了。

在李莊昏暗的煤油燈下完成了不少傳世名著。如，董作賓完成了《殷曆譜》、陳寅恪完成了《唐代政治史論稿》、趙元任完成了《湖北方言調查報告》、勞榦完成了《居延漢簡考釋》、梁思成完成了《中國建築史》等。

中央研究院社會學所、中央博物院、營造書社、同濟大學等單位，都在李莊找到了安息之地。一瞬間，李莊成了抗戰時期全國最重要的學術中心。

1941 年 6 月 9 日，中央研究院成立十三週年紀念會及展覽在板栗坳舉行，當地官員、社會名流以及老百姓參加祝賀。（參見圖 5-26）

1943 年秋，董作賓從長沙就開始撰寫的《殷曆譜》，經過多年的刻苦鑽研，終於完成了，但是限於條件，在李莊無法鉛印，於是就準備石印。董作賓又用了一年八個月的時間，於 1945 年 4 月親自用毛筆繕寫完成，以中央研究院歷史語言研究所專刊名義，石印二百部出版。（參見圖 5-27）

圖 5-26　1941 年 6 月 9 日，中央研究院成立十三週年紀念會留影
（採自董作賓《平廬影譜》）

　　《殷曆譜》就是在如此艱難的條件下出版了，在學術界引起了強烈的反響。傅斯年在 1945 年 2 月 15 日寫的《殷曆譜·序》[1]中説：“彥堂之外，卒無一人焉欲憑此無盡史料建設殷年代學者。或曰商人矇昧，其月皆三十日；或曰此漫不可記，欲於甲骨今文求古曆年斷不可能。前者造逞臆斷，後者未下功夫，先作答案，誠所謂‘今日適越而昔至’也。若試之而散亂無紀，猶可説。不試而曰不可試，亦學術中之‘敗北主義’矣。今彥堂之書出，集文獻之大小總匯，用新法則厥盡精微，曆日與刻辭戡不合，曆法與古文若符契，殷商二百七十三年之大紀。粲然明白而不誣矣。於是中國信史向上增益將三百年，孔子歎爲文獻無徵者，經彥堂而有徵焉。”

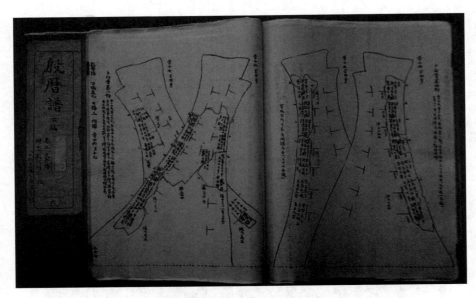

圖 5-27　石印本《殷曆譜》

（採自董作賓《平盧影譜》）

　　胡適曾爲《殷曆譜》題詞，説：“彥堂這部書真可以説是做到了，大膽的假設，小心的求證的境界，佩服佩服”（參見圖 5-28）；陳寅恪致董作賓信中亦評價此書，説：“學術著作當以《殷曆譜》爲第一部，絕無疑

---

① 參見《董作賓全集·乙編》第一冊《殷曆譜·序》，藝文印書館 1977 年版。

義也。"①當年學者們對《殷曆譜》都給予非常高的評價，絕非過譽！！

（4）抗戰結束，回南京

1945 年 8 月，日本接受《波茨坦公告》，宣佈無條件投降，抗戰結束。1946 年 4 月 30 日，國民黨政府頒發了"還都令"。史語所全體人員於 10 月中旬乘"長遠號"輪船告別了生活六年的李莊，回到南京。臨行前，董作賓親自指揮雕刻了《留別李莊栗峰碑》，此碑由董作賓用甲骨文撰刻碑額"山高水長"，陳磐撰碑文，書法家勞榦書丹。立在板栗坳碑坊頭的《留別李莊栗峰碑》，成爲抗戰年代史語所在板栗坳渡過艱難歲月的歷史見證。（參見圖 5-29）

圖 5-28　胡適爲《殷曆譜》題詞
（採自郭勝強《董作賓傳》）

圖 5-29　"山高水長"，栗峰碑文
（採自郭勝強《董作賓傳》）

7.殷墟考古發掘的"四大導師"和"殷墟考古十兄弟"

1928 年 10 月至 1937 年 6 月，殷墟科學考古發掘取得了輝煌的成績。

① 轉引自郭勝強《董作賓傳》，江蘇文藝出版社 2010 年版，第 190 頁。

歷時十年，發掘甲骨 24918 片，另外與甲骨文相當重要的發現是洹水以南宮殿宗廟區的甲、乙、丙三組共 53 座建築基址①和洹水北岸侯家莊西北崗王陵區的大墓和祭祀坑的發掘以及數以上萬的青銅器、玉器、陶器、骨器等遺物，可稱中國近現代田野考古學的搖籃。

　　中國近現代考古學，就是"從安陽誕生、形成、成熟、發展，爲今天的考古學黃金時代奠定了堅實的基礎。與此同時，結束了金石學範疇的甲骨學研究，被納入考古學研究領域，並成爲歷史考古學的分支學科"②。因此，我們應該將當年參加發掘殷墟的"四大導師"和年輕的"殷墟考古十兄弟"永遠紀念和學習（參見圖 5-30）。

圖 5-30　"四大導師"和"殷墟考古十兄弟"照
（採自王宇信《中國甲骨學》）

（1）四大導師

1928 年 10 月開始的殷墟科學考古發掘，是中國田野考古學史上第一

---

　　①　目前對殷墟建築基址最詳細的研究著作是杜金鵬的《殷墟宮殿區建築基址研究》科學出版社 2010 年版。
　　②　王宇信、具隆會：《甲骨學發展 120 年》，中國社會科學出版社 2019 年版，第 208 頁。

次由中國學者獨立組織進行的大規模田野考古發掘工作。不僅奠定了中國近代考古學的基礎，促進了中國現代考古學的發展，並且爲中國近現代古學培養出一批傑出的中國考古學家。學術界把傅斯年、董作賓、李濟、梁思永等四位學者稱爲"殷墟考古發掘的推動者、主持者和指導者"，並授予"殷墟考古工作的四大導師"①稱號。

傅斯年（1896—1950），山東聊城人。1919 年畢業於北京大學中國文學系，是新文化運動旗手和五四運動的學生領袖。1926 年德國柏林大學畢業，受聘中山大學教務長。1928 年 5 月被任命爲史語所代理所長，提出"振興國家學術，與西方諸國爭勝"的學術宗旨和方針。在史語所提出"上窮碧落下黃泉，動手動腳找東西"的考古發掘實踐方向。

董作賓（1895—1963），河南南陽人。字"彥堂"，別署"平廬"，"甲骨四堂"之一。1923—1924 年入北京大學研究所國學門爲研究生，1928—1946 年在史語所工作。1948 年當選爲中央研究院第一屆院士，1949 年兼任臺灣大學教授。1928—1934 年，曾八次主持或參加殷墟考古發掘，成爲中國近代考古學的拓荒者和甲骨學一代宗師。

李濟（1896—1979），湖北鐘祥人。1918 年畢業於清華學堂，1920 年入哈佛大學人類學專業，1923 年獲哲學博士學位。1925 年任清華大學國學研究院講師，1926 年主持發掘山西夏縣西陰村新石器時代遺址，爲中國考古學家第一次主持的科學考古發掘。1929 年受聘爲史語所考古組主任。從第二次殷墟考古發掘開始參加殷墟考古發掘工作，注意發現和培養田野考古人才，使殷墟等遺址考古發掘走上科學軌道，成爲中國近現代考古學的奠基人，號稱"中國考古學之父"。

梁思永（1904—1954），原籍廣東新會，出生於日本橫濱。1923 年畢業於清華學校留美預備班後，入哈佛大學攻讀考古學和人類學，1930 年獲碩士學位，回國後進入史語所考古組工作。之後，主持發掘山東城子崖遺址、兩城鎮遺址、殷墟侯家莊西北崗王陵區遺址、後崗遺址等，爲中國田野考古學走上科學軌道和考古人才的培養做出了貢獻。

（2）殷墟考古十兄弟

當年參加殷墟考古發掘的弱冠之年的年輕人，後來奠定了中國現代考

---

① 王宇信、具隆會：《甲骨學發展 120 年》，中國社會科學出版社 2019 年版，第 208 頁。

古學的基礎。在十五次考古發掘工作中，他們在"四大導師"的指導下成長起來。他們的"座次"先後論生年，"資歷"晚者居後邊，如，老九高去尋和老十潘慤。

老大李景聃（1900—1946），安徽舒城桃溪鎮人。曾就讀於清華學校高等科，後考入南開大學，1923 年畢業後接任其父創辦的桃溪高等學堂校長之職。1929 年赴上海，修讀李濟之課程並得器重。1933 年經李濟推薦，入史語所，先後參加殷墟考古第八、九、十二、十三次發掘工作。

老二石璋如（1902—2006），河南偃師人。1931 年爲河南大學三年級學生，以實習生的身份參加第四次殷墟考古發掘。1934 年研究生畢業留在史語所，1949 年任研究員，1952 年任臺灣大學兼職教授，1978 年任中央研究院院士，1979 年任史語所考古組主任，2006 年逝世，享年 105 歲，被尊稱爲"考古人瑞"。

石璋如從參加第四次發掘後，歷次參加殷墟考古發掘，並主持第十五次發掘工作，成爲繼董作賓、李濟、郭寶鈞、梁思永之後第五位殷墟科學考古發掘主持人。

老三李光宇（1904—1991），湖北鐘祥人。1930 年 11 月參加了山東城子崖考古發掘，其後參加了第四、六、七、八、十一、十二次殷墟考古發掘工作。1949 年去臺灣，任史語所保管部主任，爲殷墟考古和文物的保護作出了貢獻。

老四劉耀（化名尹達）（1906—1983），河南滑縣人。1931 年爲河南大學三年級學生，以實習生的身份參加了第四次殷墟考古發掘。先後參加了第四、五、八、九、十、十一、十二次殷墟考古發掘工作。在 1932 年還參加了浚縣辛村西周墓地發掘，並主持賓店遺址的發掘工作。抗戰爆發後離開史語所，劉耀改從母姓，化名尹達，奔赴延安，走上了革命之路。1950 年任中國人民大學研究部副部長，1953 年任北京大學副教務長，1955 年任中國科學院哲學社會科學部學部委員。

老五尹煥章（1909—1969），河南南陽人。1928 年入河南大學預科，1929 年經董作賓推薦入史語所史學組，在徐中舒指導下，整理內閣大庫檔案。1931 年九一八事變後，史語所爲預防清檔案遭日寇劫毀，精選了一批檔案並於 1932 年 11 月派尹煥章從北京押運南京。

1933 年尹煥章調至史語所考古組，被派安陽殷墟發掘實習。當年 10

月又在浚縣辛村考古實習。從 1934 年 3 月至 1937 年 6 月，參加了第九次至第十五次殷墟考古發掘工作。1937 年 11 月離開史語所，回到南陽。1939 年 8 月，通過李濟、董作賓的安排，任職於中央博物館籌備處，負責保管文物。抗戰結束後，留任南京博物院。之後，曾任治淮文物工作隊副隊長、安徽組組長、華東文物工作隊副隊長等職。

老六祁延霈（1910—1939），山東濟南人。1928 年考入北平師範大學地理系，1930 年以翁文灝之名重考清華大學入地理系。1933 年畢業後，受聘史語所，參加殷墟第九、十、十一、十二、十三次發掘工作。1936 年還參與調查山東岩海古遺址、益都青銅時代墓葬及藤縣安上村和日照兩城鎮遺址的發掘，著有《山東益都蘇埠屯出土銅器調查記》。1938 年夏，祁延霈被選派新疆工作，化名祁天民，任新疆學院秘書兼教育系主任。

老七胡厚宣（1911—1995），河北望都人。1928 年考入北京大學預科，後升入史學系。1934 年被傅斯年選入史語所，參加了殷墟第十、十一次發掘工作。之後，專業從事整理歷次發掘所得甲骨，與董作賓編《甲骨年表》，並做《殷虛文字甲編釋文》，主持在南京"室內發掘"YH127 甲骨坑。

1940 年史語所遷至李莊時，應顧頡剛之邀，胡厚宣離開史語所任教於時遷成都的齊魯大學。1940 年至 1949 年，完成了甲骨論文 18 篇和專著 8 部。其間搜集的甲骨材料，後來都收入於《戰後寧滬新獲甲骨集》（簡稱《寧滬》）、《戰後南北所見甲骨錄》（簡稱《南北》）、《戰後京津新獲甲骨集》（簡稱《京津》）、《甲骨續存》（簡稱《續存》）等著錄書中。

1949 年中華人民共和國成立之後，繼續從事甲骨學殷商史教學、研究工作。1956 年調至北京，任職於中國科學院歷史所，從事《甲骨文合集》（簡稱《合集》）編輯工作。

胡厚宣在工作中強調"出成果，出人才"，自己也培養了大批研究甲骨學的人才，如，裘錫圭、孟世凱、王貴民、王宇信、楊升南、常玉芝、張永山、羅昆、宋鎮豪等。

老八王湘（1912—?），河南南陽人。雖年齡"最小"，但參加殷墟發掘工作資歷"最老"。1928 年參加了第一次發掘工作之後，第二、三、四、六、十、十一、十二、十三、十四、十五次殷墟發掘工作。是"考古十兄弟"中參加殷墟發掘次數最多者。尤其是 YH127 坑，即為王湘主持發掘。在 1931 年 10 月還參加了城子崖第二次發掘工作，1932 年參加了安徽壽縣一帶的史前遺址調查。

1938 年，王湘投筆從戎，赴延安，化名元一。1949 年初任職於中南重工業部，後調至北京國家科學技術文員會任職。2008 年，爲安陽召開的"紀念殷墟發掘八十週年大會"題詞——"安陽科學考古精神的發展永存！"

老九高去尋（1910—1991），河北安新人。1929 年入北京大學預科，1931 年入史學係本科。大學期間曾發表《殷周青銅器之探討》，1935 年畢業時被傅斯年選入史語所。同年 9 月參加了第十二次殷墟發掘，因爲是新人，被梁思永派去發掘小墓葬。後繼續參加第十三、十四、十五次發掘工作，也是 YH127 坑發掘人之一。

1949 年去臺灣，同年升任研究員，1954 年開始撰寫西北崗發掘報告，1976 年完成，並出版《侯家莊》七本，爲殷墟考古學的發展做出了很大貢獻。1966 年當選爲中央研究院院士，1972 年任史語所考古組主任，1978 年任史語所所長。

老十潘愨（1906—1969），1930 年入史語所，在北京整理内閣大庫檔案。從 1935 年 9 月開始參加安陽殷墟考古發掘工作，參加了第十二、十三、十四、十五次發掘工作。先後在侯家莊西北崗、小屯村北工作點擔任繪圖員，並參與 YH127 坑的發掘。並參與了 1936 年山東藤縣考古調查和發掘。1949 年去臺灣，曾參與了大馬璘遺址發掘工作，負責測量和繪圖等工作。

總之，當年"這群年齡相近的青年人親執鋤鏟，躑躅洹濱，朝夕與共，志趣相投，情同手足，相互以老大、老二……老十相稱。殷墟考古'十兄弟'"[1]，成爲中國現代田野考古學的拓荒者和一代宗師。

8. 戰爭年代殷墟的破壞

1937 年七七事變後，政府機關相繼搬遷，史語所殷墟科學發掘工作也被迫停止。

戰爭年代，不僅有些本地人乘機盜掘，"聽説發現頗爲不少。敵僞漢奸，互相鉤結，也常有計劃的開發，聽説很有大批的流到國外"[2]。而且日本的各機關先後組織了各種"調查團""研究班"等，在東北、華北一帶進行

---

① 王宇信、具隆會：《甲骨學發展 120 年》，中國社會科學出版社 2019 年版，第 211 頁。
② 胡厚宣：《五十年甲骨文發現的總結》，載於《古代研究的史料問題、五十年甲骨文發現的總結、五十年甲骨學論著目、殷墟發掘》合本版，復旦大學出版社 2015 年版，第 81 頁。

了考古調查。其中"人數最多、經歷最廣、規模最大的要算東京帝國大學；其專在河南考古的，則有華北綜合調查研究所等機關。至於私人的史蹟探察和考古旅行，那就更難計算"①。後來，胡厚宣在整理戰爭年代和戰後文物流失的情況時發現，這些祇不過是大體而已，實際上的損失很難准確地計算。

（1）在抗戰時期，日本調查安陽殷墟的大體概況。②

第一，1938 年春，慶義應塾大學文學部組織了"北支學術調查團"，由大山柏率領來安陽進行調查。

第二，1938 年秋，東方文化研究所的水野清一和岩間德也等人來安陽侯家莊考察發掘。

第三，1940 年至 1941 年，東京帝國大學考古學教室來安陽發掘。

第四，1942 年至 1943 年，駐河南的日軍利用奸匪大事盜挖，出土古物不少，都運往日本。

（2）抗戰前後，美國搜購的古物和古書大體情況。③

第一，在 1945 年以前，美國通過"山中商會"④等日本人經營的中國文物古董商會，搜購中國的文物。

第二，1945 年 8 月，抗戰結束之後，在南京、上海、北京等地，常駐的美國各博物館、圖書館、高等學校和研究機關的人員，大量搜購中國的古物和圖書。雖然國民黨政府頒布了禁止古物出口的法令，但通過免驗的特許，成千上百箱的古書和古物還是被偷運了出去。

第三，在抗戰時期日本劫去了不少中國文物，戰爭結束了美國佔領日本。當年美軍總部文物部門的負責人 "郝利思"，是以克利夫蘭美術館東方部主任的身份調去日本的。他經常帶著古物往來於東京和紐約之間。估計在這段時間，在日本搜購的中國文物亦不少。

在"抗戰以後，由於日美帝國主義者的盜掘和搜購，殷墟遺物已經受到了極大的破壞，有了很大的損失"⑤。

---

①　胡厚宣：《殷墟發掘》，學習生活出版社 1955 年版，第 117 頁。
②　參見胡厚宣《殷墟發掘》，學習生活出版社 1955 年版，第 117—118 頁。
③　參見胡厚宣《殷墟發掘》，學習生活出版社 1955 年版，第 118—119 頁。
④　"山中商會"（Yamanaka & Co. INC）是日本人山中定次郎在 19 世紀末日本大版領袖的古美術商會；1895 年在紐約開分店；1899 年在波士頓開分店；1900 年在倫敦開分店；1917 年在北京開辦事處；1928 年在芝加哥開分店。
⑤　胡厚宣：《殷墟發掘》，學習生活出版社 1955 年版，第 119 頁。

（3）安陽當地人盜挖（流散情況不太清楚的）。

不僅外國人盜掘和搜購殷墟出土文物，而且安陽當地有些人也乘亂盜挖起來，先後出土的青銅器、石器、玉器、骨蚌器、陶器等不少文物流到國外。有的也在國內流著，略見著錄於《鄴中片羽》[①]（初集、二集、三集）、《古玉圖錄》初集[②]、《雙劍誃古器物圖錄》[③]《癡庵藏金》[④]《嚴窟吉金圖錄》[⑤]等。

（4）抗戰時期盜掘所出甲骨情況。

1937 年 7 月全面抗戰爆發直到 1949 年 10 月中華人民共和國成立之前，殷墟科學考古發掘工作被迫暫停。在這一段停止科學發掘時期，小屯一帶私人盜掘之風又開始盛行。盜掘出來的甲骨，有的流到國外，有的流到北京、上海等地。其大體情形，如下[⑥]：

其一，輔仁大學得了一百九十五片（現藏北京師範大學）。

其二，李泰棻得了一千多片（現藏北京圖書館）。

其三，于省吾得了一千多片（現藏清華大學）。

其四，上海孔德研究所得了二百九十五片（現藏上海博物館：多爲第三、四期物，當爲小屯村中出土[⑦]）。

其五，上海中國古玩社得了一百多片。

除此之外，1945 年抗戰結束後又有一批新出的甲骨，天津陳保之得了一百多片，北京徐宗元得了三百餘片，上海郭若愚得了八十多片，南京前中央圖書館得了四百片，還有上海市文物管理委員會購藏一千五百五十片（現藏上海博物館）等。這批甲骨的出版著錄情況，參見本節（十）"甲骨學發展時期的各種成果"。

9. "司母戊鼎"的發現及"司"與"後"之爭論

在侯家莊西北崗王陵區東區有個"吳家柏樹墳"，有五座墳，周圍有

---

① 黃濬：《鄴中片羽》初集二冊在 1935 年，二集二冊在 1937 年，三集二冊在 1942 年出版。
② 黃濬：《古玉圖錄》初集四冊，在 1939 年出版。
③ 于省吾：《雙劍誃古器物圖錄》二冊，在 1940 年出版。
④ 李泰棻：《癡庵藏金》一冊，在 1940 年出版。
⑤ 梁上椿：《嚴窟吉金圖錄》二冊，在 1943 年出版。
⑥ 王宇信：《甲骨學通論》，中國社會科學出版社 1993 年版，第 90—91 頁。
⑦ 胡厚宣：《五十年甲骨文發現的總結》，載於《古代研究的史料問題、五十年甲骨文發現的總結、五十年甲骨學論著目、殷墟發掘》合本版，復旦大學出版社 2015 年版，第 47 頁。

柏樹一百多棵。在殷墟第二階段西北崗發掘時"曾探得在這柏樹墳地下會壓著'殷陵'，祇因阻於習俗，未曾動手。在日本侵略時期，墳上柏樹被砍伐淨盡"[1]。

　　據陳夢家的《殷代銅器三篇》[2]記載："司母戊鼎"在 1939 年 3 月，武官村村民吳玉瑤田中所出。此地在 1950 年發掘的武官大墓西南隅 80 餘米處（筆者註：指 84M260 大墓處）。出土後，擬鋸斷運出，但鋸了一足，未能鋸下，又恐日寇掠取，遂復掩埋。1946 年 6 月重新掘出，失去一耳，重一千四百多斤（筆者註：目前測爲 842.84 公斤），是目前出土大鼎中世界上最大、最重的（參見圖 5-31）。高至口 104 釐米，口長 106 釐米，寬 71 釐米，足高 46 釐米，足徑 15 釐米，壁厚 6 釐米。耳向外一面上鼎正中有一人頭，它的形狀和西北崗的人面具很相似（參見圖 5-32）。腹內長壁上有銘文三字"司母戊"（參見圖 5-33），"母戊"是一位殷王的配偶。鼎的周圍以雷紋爲地，上有龍紋蟠繞，四角爲饕餮紋。

圖 5-31　司母戊鼎

（採自陳夢家《殷代銅器三篇》，附圖 64 甲）

圖 5-32　司母戊鼎側面

（採自陳夢家《殷代銅器三篇》，附圖 64 乙上）

---

[1]　胡厚宣：《殷墟發掘》，學習生活出版社 1955 年版，第 119 頁。

[2]　陳夢家：《殷代銅器三篇》，《考古學報》第七冊，1954 年。陳夢家的記錄和現在普遍認識的吳培文發現"司母戊鼎"的記錄有所差距，需要再進一步調查。

圖 5-33　"司母戊"銘文

（採自陳夢家《殷代銅器三篇》附圖 64 丁）

邵慎之在 1946 年 10 月 27 日上海《申報》上採訪安陽的一文《安陽探古：殷代祭器出土記》中，對該鼎的介紹，説："日本投降後，國共兩軍在這一帶交錯對峙，安陽成爲戰區。1946 年吳玉瑤向縣政府報告大鼎埋藏地點，時任姚縣長征得當地駐軍同意和協助，於 7 日（按，約在 14 日晚）在吳玉瑤花園中挖出，用大馬車遠至縣古物保存文委會，陳放大殿之中展示，最初稱'爐'，後稱'鼎'，時代推斷爲周或殷。"①該鼎在 1959 年由南京博物院移交給中國國家歷史博物館（現爲中國國家博物館）。

由於司母戊鼎是村民挖出來的，没有清楚的地層關係，亦没有伴隨出土的遺物，更没有其他遺跡現象的資料。因此，給時代的判斷帶來了困擾。但後來學者們根據器形和銘文，定在武丁時代或者武丁晚期，而祖庚、祖甲時期卜辭中有"妣戊"，因而推斷此鼎爲祖庚或祖甲爲其母"妣戊"所作的祭器。

2011 年 3 月 6 日中午 12 點，中央電視臺新聞頻道《新聞 30 分》播發了一條文物新聞時，主持人和記者把"司母戊鼎"稱爲"后母戊鼎"，在社會上引起了極大的反響。這個"后母戊鼎"的名字，在 2011 年 3 月底，中國國家博物館重新開館時，在"中國古代青銅藝術"專題陳列中，把"司母戊鼎"正式更名爲"后母戊鼎"。

後來，因爲安陽殷墟申報世界文化遺產名錄，司母戊鼎在安陽殷墟博物苑和中國文字博物館先後展出：國博標名爲"后母戊"，安陽殷墟博物院和中國文字博物館標名爲"司母戊"。

據 2011 年 11 月 7 日，中國新聞網的《國寶更名再起爭議："司母

---

① 　轉引自中國社會科學院考古研究所網站《司母戊鼎研究歷程初覽（上）1949 年以前》，http://www.kaogu.cn/cn/kaoguyuandi/kaogusuibi/2015/0623/50632.html。

戊鼎”還是“后母戊鼎”》①報道中記者寫到，2011 年 11 月 4 日，安陽市政協“思辨堂”舉辦了“司母戊”還是“后母戊”的辯論會。参加辯論會的學者有王宇信（中國社會科學院）、葛英會（北京大學）、王震中（中國社會科學院）、于成龍（時任中國國家博物館館員）4 名專家。在會議上王宇信師説：“現在没有人敢拍著胸口説讀‘司’就一定錯了，衹是説讀‘后’可能（也衹是可能）更合適，既然這樣就没有必要改，改了會帶來一連串不必要的社會問題。”于成龍説：“國家博物館此次對國寶更名，是經館學部委員會一致同意並徵求了相當一部分專家的意見後纔進行更名的。更名引起的社會反應是我們始料不及的，但學術研究應當實事求是，知錯就改，如果將來學術界發現‘后’也是錯誤的，到時也必須要改。”王宇信師的話是比較保守的觀點。于成龍的話是較開放的。

關於司母戊鼎的命名，尚無正式的記録可查，但一般學術界公認的是由郭沫若所定的。因爲該鼎銘文有三個字，即“司母戊”。過去一般學者都認爲，“司者，祀也”。“戊”是廟號，“司母戊”即“祭祀母親戊”。相當長時間内，對此没有人提出異議，以往很多學者，如羅振玉、商承祚、王襄、董作賓、于省吾、胡厚宣等，均認爲“司”與“祀”“祠”音義相近。“司母戊”即“祭祀母親戊”之義。後來有學者認爲甲骨文“𤔲”應釋爲“后”而非“司”。兩種觀點如下所述。

（1）甲骨文“𤔲”爲“后”之考釋

羅振玉云：“商稱年曰祀，亦曰祠。《爾雅·釋天》：‘商曰祀’徵之卜辭，稱祀者四，稱司者三，曰‘惟王二祀’，曰‘惟王五祀’，曰‘其惟今九祀’，曰‘王廿祀’，曰‘王廿司’，是商稱年曰祀又曰司也。司及祠同，《爾雅》：‘春祭曰祠’郭註：‘祠之言食’，《詩》正義引孫炎云：‘祠之言食’，爲郭註所本。是祠與祀音義俱相近。在商時殆以祠與祀爲祭之總名，周始以祠爲春祭之名。”②郭沫若、商承祚等亦從之。

而在 1962 年金祥恆《釋后》一文中，據《粹》430 卜辭，説：

①　中國新聞網：https://www.chinanews.com.cn/cul/2011/11-07/3442493.shtml。

②　羅振玉：《殷虚書契考釋》下，第五十三頁下。

"'司'當若《説文》'后，繼體君也，從人口'之後，後引申爲皇后。"在文獻中"后"爲"皇后"之例較多，如《曲禮》"天子有后"、《白虎通·嫁娶》"天子之妃曰后"、《漢書·外戚傳》上"帝母稱皇太后"，註云"后謂天子之妃"、《獨斷》下"帝嫡妃曰后，帝母曰皇太后，帝祖母曰太皇太后"。金祥恆在文中，從幾個方面分析甲骨文字"司"爲"后"，具體分析如下[①]：

第一，把卜辭中的"龔司"釋爲"龔后"（《續》5.6.6）。"龔后者后繫母家之姓龔，以示所自出也。金文、《左傳》亦然'龔'爲武丁時地名"，就是説"龔后"是"龔"地出身的商王之王后之義。接著説"'后母戊'者與甲文'后母'（《佚》466 等）、'后辛'（《甲》824）例同。爲'后母戊'而作之鼎也。此器當出於'后母戊'之陵墓。考盤庚之后，王后名'戊'者凡三：一爲武丁后；二爲祖甲后；三爲武乙后。稱母戊者，一在祖甲之世，二在康丁之世，三在文丁之世"。還舉個例子"己酉，貞：王其令火后我舌"（《掇》1.43.1），説"火后者后之母姓火也。火之地望不詳"，他認爲"火"也是商王的王后之一。

第二，"后"爲"石"之異文。"后所從尸口是否從口人實可懷疑后爲石之異文。《説文》磬之古文作'𥐚'，從厃從巠聲。甲文磬作𥐕，象以殳擊懸磬也，磬爲樂石，故從厂。厂即古文磬之厃所從之尸。……故厃爲后之異文而后石爲一字。《尚書·堯典》：'擊石拊石'，釋文：'石古文作石磬'謂古文作后，下有磬字，蓋后爲石之證也。至於石音禪紐，后匣紐，同爲次濁摩擦音，故石后得通假，后非繼體君之本義矣。借后爲皇王帝后之稱。"

第三，"后"假爲"祀"。"后與祀同爲匣紐，故又得假借爲'祀'"，"丁酉卜，兄貞：其品后，在丝"（《後》下 913），"品爲籩豆之祭"爲"王以籩豆品物祭祀也"，他還據《金璋所藏甲骨卜辭》124 中'品祀'一辭，説"其品后與品祀同，蓋后假借爲祀之證"。

第四，把"司室"釋爲"后室"。"過去均釋爲司室，以爲司及祠，祠即祀，其實假后爲祀也。……《説文》：'司，臣事於外者。從反后'，從反后，其實爲一字。……因甲骨文求左右對稱，常常正反書之其

---

① 金祥恆：《釋后》，《中國文字》第十册，臺北藝文印書館 1962 年版。

實爲一字。故‘司之説解爲臣事於外者’與‘后發號者君后也’，其義一之與二也。許氏不見真古文，不知爲一字，強分爲二。”即“后”與“司”原本一個字，“后”爲本字，“司”爲假借字。

1969 年甲骨學家丁驌在《説后》①一文中，從甲骨文字的左右對稱和不同時代的角度分析“后”字，説：“按契文‘又’字，右方也。無論何辭，左或右行，右字不能反寫，不然變成左字矣。凡‘后’爲‘司’之‘司’字，意義爲‘司’、爲‘祀’，亦可爲另一字也。由武丁時代之辭研究，便知原來之‘后’字，確因對稱關係，右起左行之辭，便作‘司’字之形，故此時‘后’‘司’二形均是‘后’字。”，而到了祖甲時“‘后’字仍寫爲‘后’，但可作爲祀義。契字則不分辭之左右行，均一律作‘后’字形，‘王品后’應解爲‘王品祀’。但爲有別於后妃之后起見，凡用后爲人者均作合文”。“祖甲以後各期卜辭，后字一律寫爲司形，與金文同。不論辭之左右行均作司，其意則仍爲后。在一辭中如用爲‘司’，假爲‘祀’者，必係單文，用爲‘后’者，一律爲合文。……其用爲有司之司，作名詞或動詞用，亦係單文。”

按他的看法，“后”“司”字在武丁時期原本是一個字，在二期全部寫作“后”，到了三期以後全部寫“司”。因此，他懷疑“司爲本字，后爲其假”。

金祥恆、丁驌等兩位學者的基本看法相同，衹是“司”和“后”的本字的意見不同。

（2）甲骨文“ ”爲“司”之考釋

羅振玉、郭沫若、王襄、商承祚、于省吾等學者“ ”釋爲“司”，或者讚成此種説之後，仍然有不少學者堅持甲骨文“ ”釋爲“司”字的。如，朱芳圃説：“字從 ，從 。 即甌，盛食之器； 爲 之倒文，報食之具，二者皆所設食，即司之本義”②；徐中舒説：“ 字，從 從 （口）， 象倒置之柶，柶所以取食。以倒柶覆於口上會意爲進食，自食爲司，食人、食神亦稱司，故祭祀時獻食於神衹亦稱司，後起字爲‘祠’”③；葛英會指出，“ 象兩種食器的組合，即司字，義

---

① 丁驌：《説后》，《中國文字》第三十一册，臺北藝文印書館 1969 年版。
② 朱芳圃：《殷周文字釋叢》卷中，中華書局 1962 年版，第 101 頁。
③ 徐中舒：《甲骨文字典》，四川辭書出版社 2014 年版，第 998 頁。

爲侍奉、享獻……享獻已故的長者、尊者稱祠"①。

①"司"字的形義

考古學家曹定雲在《論殷周時代"司"、"后"二字形義及其區分——兼論"司母戊鼎"不可改名爲"后母戊鼎"》指出："他們的論述有某些可取之處，但都存在一些問題，尤其是金（筆者註：金祥恆）的觀點，問題更多一些。……由於內地學者尚未對金、丁之説做過剖析，又傳入較晚，大家無法顧及，這就造成了一種'錯覺'，似乎'司母戊'之'司'就應該是讀爲'后'了。這是後來學術界對'司'、'后'二字解釋混亂的主要原因，也是有些人欲將'司母戊'改爲'后母戊'的主要理由。"②

曹定雲在此文中指出不同時代"司"字的字形，如下③：

第一，甲骨文中的"司"字雖有兩種形體（筆者註："司"和"𠚼"形），但字義是完全一樣的，都應釋爲"司"。

第二，殷代金文見"司"字有《司母戊鼎》《司母辛鼎》《司母辛甗》《司婞觚》《司婞癸方尊》等禮器，其形多是正書（筆者註：司形），祇有"司婞癸"是反書（筆者註：𠚼形），但該件銘文是整個的鑄反了，故不應作爲"反書"對待。

第三，周代金文有兩種"司"：一作"司"，其形都正書，見於《毛公鼎》《𪠌鐘》《揚簋》《大櫟鼎》等；二作"𤔲"，隸作"䣊"其義通"司"。一直到西周時代，"司"不論是正書還是反書，其意義都是一樣的。

第四，在戰國文字中的"司"，包括金文、璽印、陶文、簡牘和帛書。此時期"司"字形體呈現多樣化，基本爲"正書"，也有"反書"者。

在文中還分析，甲骨文中"司"字的字義，如下：

第一，假爲"祀"，"王廿司"（《前》2.14.4），一般讀爲"王廿祀"。

---

① 葛英會：《商代大鼎的"司"、"后"之爭》，《殷都學刊》2012 年第 1 期。

② 曹定雲：《論殷周時代"司"、"后"二字形義及其區分——兼論"司母戊鼎"不可改名爲"后母戊鼎"》，《殷都學刊》2012 年第 4 期。

③ 曹定雲：《論殷周時代"司"、"后"二字形義及其區分——兼論"司母戊鼎"不可改名爲"后母戊鼎"》，《殷都學刊》2012 年第 4 期。

　　第二，假爲"祠"，"祠"與"祀"意義相近，都與祭祀有關。《爾雅》："春祭曰祠"，有卜辭爲證"乙卯卜，陷用，尹司於父乙，亡禍，尹"（《乙》1336），即"尹祠於父乙"之義。這與《書·尹訓》"伊尹祠於先王"是同一語法結構。

　　第三，假爲"嗣"，《説文》："嗣，諸侯嗣國也"，《玉篇》："嗣，續也，繼也"，《書·舜典》："舜讓於德，弗嗣"。故"嗣"對一般人而言，是表示嫡系子孫，對王朝和諸侯國而言，是表示王位的繼承人，即所謂的"王儲"。卜辭中的"司母"不能釋爲"祠母"而釋爲"嗣母"即"王儲生母"。"'嗣母'是一種特殊身份的稱呼，祗其子可以繼承王位的'妃'纔能稱'嗣母'。其他妃（妻妾）是不能享有的。"

　　第四，甲骨文中"司"有"管理"之義，通常謂職官名。"己酉，貞：王其令火司我工"（《掇》1.43.1），義爲"王命令火（人名）管理我工"，"司工"則爲職官之名，西周以後爲"司空"。

　　第五，西周初期青銅銘文中的"帝司"，陝西周原考古隊在 1976 年 12 月，陝西扶風縣法門公社莊白大隊白家生產隊平整土地時發現青銅器，其中有商尊、商卣，其商尊的銘文，其釋文曰：

　　　　隹（惟）五月，辰才（在）丁亥，帝司[1]賣（賞）庚姬貝三十朋，迖絲廿爰，商用乍（作）文辟日丁寶陣彝，𤔲。[2]（參見圖5-34）

　　其銘文中有"帝司"之辭，唐蘭在《略論西周微史家族窖藏銅器群的重要意義——陝西扶風新出墙盤銘文解釋》[3]一文中，把"帝司"釋爲"帝嗣"就是"墙盤中的上帝嗣"，接著説："過去稱爲愙鼎的眉能王鼎説：'兄（祝）人眉能王爲周客'，'其用享於厥帝考'。此人自稱王，顯然是異族君長所以是周的賓客。他稱先人爲帝考，可見是帝嗣。這件鼎銘的字體書法可定爲穆王時，與墙盤時代相接，那末，這個眉能王可能就是帝嗣或上帝嗣，也就是夏祝。他可能是自稱爲夏代的後裔，夏後氏生前稱後，死後都稱爲帝，所以稱帝嗣。"

---

　　① 《簡報》中發掘者釋爲"帝后"，但有的學者釋爲"帝司"，筆者從"帝司"。
　　② 陝西周原考古隊：《陝西扶風莊白一號西周青銅器窖藏發掘簡報》，《文物》1978 年第 3 期。
　　③ 唐蘭：《略論西周微史家族窖藏銅器群的重要意義——陝西扶風新出墙盤銘文解釋》，《文物》1978 年第 3 期。

圖 5-34　"帝司"銘文

（採自《陝西扶風莊白一號西周青銅器窖藏發掘簡報》，［76FZH1：11]商尊的銘文）

　　對此次發掘的商尊、商卣，尹盛平在《"帝司"與"司母"考》[①]一文中，"（1976 年陝西扶風法門鎮莊白一號銅器窖藏中發現的商尊、商卣中）'帝司'一稱初次出現，頗爲費解。帝司原簡報釋爲'帝后'，或釋爲'帝妣'，均係誤解。……'司'字不是'祠'的初文。以爲通'祀'，作祭祀解，對於《司母辛》等銘文雖可勉强解釋通，但是對於'帝司'一稱就解釋不通了。'司'是'嗣'的初文，《尚書·高宗肜日》載祖己說：'王司敬民，罔非天胤'，《史記·殷本紀》引作'王嗣敬民，罔非天繼'，可證'司'通'嗣'。……'司'既然是'嗣'的初文，通'嗣'，那麼所謂'司'是指法定的王位繼承人，也就是指後世的'太子'，外國叫做'王儲'。……'帝司'一稱中的'司'是指儲君……'帝'是指死去的直係先王"。所以他把上述商尊中的"帝司"之

---

　　① 尹盛平：《"帝司"與"司母"考》，《古文字研究》第十三集，中華書局 1997 年版。

"司"認爲是指尚未繼位的成王。"帝"是指已死去的武王。商尊製作年代是成王即位前，周公攝政時期。所以"商尊、商卣銘文中的'庚姬'是西周微氏家族烈祖商的妻子，后姬姓女子。'庚姬'受到儲君成王的賞賜，其夫商用來作器，祭祀其父丁"。此器中的"帝司"就是"帝嗣"，義爲先王或先帝的繼承人。

②"后"字的形義

曹定雲在上述所文章中又分析"后"字的形義，其字形分析，如下：

第一，甲骨文中"司"字，有下例之字可以釋爲"后"："甲戌卜：𡳐龏后，禦子汰"（《續》5.6.6）、"貞：隹（惟）龏后㱿婦好"（《乙》7143）。這二例中的"龏后"，"如文獻中的'夏后'一樣，是龏國國君。有學者認爲'龏司'，'司'同'嗣'，'龏司'即'龏嗣'。而'嗣'是王位繼承人，'龏司（嗣）'顯然不符合這樣的條件，故釋'龏司'不妥。但'龏后'中的'后'並非指女性，更不是指王妃，而是指'君（諸侯）'"。

第二，西周金文中的"司"和"后"不是以字形正反來區分，而是以字義來區分。西周金文中的"夏后"即"夏侯"。"后"指諸侯國君，與女子稱謂無涉。

第三，春秋戰國時期的"后"字，在春秋時期祇一見，戰國時期所見者共7件8例，都是在左向右，即"𠂋"之形，沒有在右向左者（𠂤）。

"后"字的字義，有以下幾種：其一，指先王，《詩·商頌·玄鳥》"商之先后"，"先后"，即"先王"；其二，指君，既可指"王"，亦可指"諸侯"；其三，指正嫡妃，《禮·曲禮》"天子有后"，《白虎通》"商以前皆曰妃，周始立后，正嫡曰王后，秦漢曰皇后，漢祖母稱太皇太后，母稱皇太后"，《漢書·外戚傳》"帝母稱皇太后"。在文獻中可指帝王之配偶曰"后"是從周代開始，周以前均稱爲"妃"而不稱"后"。

總之，曹定雲認爲從商代到春秋以前，"司"與"后"字的"區分不是在字形上，而是在其義上"[1]。如下：

---

① 　曹定雲：《論殷周時代"司"、"后"二字形義及其區分——兼論"司母戊鼎"不可改名爲"后母戊鼎"》，《殷都學刊》2012 年第 4 期。

227

釋"司"者，其一，假爲"年祀"之"祀"，在"司"前一定有數目字。其二，假爲祭祀的"祀"或"祠"，一定置於祖先稱謂之前，多情況下介詞"於"相連接。其三，假爲"嗣"，有兩種情況，一是後面與"母"字相接連"司母"即"嗣母"，"王儲之母"；二是前面與"帝"字相連，"帝嗣"，即"先帝之王位繼承人"。其四，作爲"管理"之"司"，其後面一定有具體的事物名稱，如"司土""司工"等。

釋"后"者，其一，"君后"之"后"一般是跟在"國名""朝代"之後，如"夏后""商之先后""龔后"等；其二，"正嫡妃"稱"后"者，是從西周開始，在前面一定有"王""母""太"等字來作修飾詞。

春秋以後二字開始在字形上分化，但這一過程是"漸進式的，而非突變式的。它表現在'司'字雖然大多數情況下是作'ㄉ'，可一直到戰國後期，仍然有反向作'ㄈ'者，而'后'字者不然，在春秋之後，基本作'ㄈ'形，再無反向作'ㄉ'。從戰國末期到秦漢，'司'、'后'二字已基本完成分化，司作'ㄉ'，后作'ㄈ'，二字不再同形①。

常玉芝亦在《是"司母戊鼎"還是"后母戊鼎"——論卜辭中的"司"與"毓"》②一文中，反駁金祥恆、丁驌的分析。她與曹定雲一樣從"司"字的字形分析開始，在造字的本義和甲骨卜辭中的用法進行討論：一是作爲"祭祀"解；二是作爲"人名""官名"解。

曹定雲和常玉芝的分析雖然有些區別，但兩位學者的基本觀點是一致的，即"司母戊鼎"不可更名爲"后母戊鼎"。

③ "后土"之解

有些人提出了"皇天后土"之句，把"司母戊"改爲"后母戊"，其義爲"偉大、了不起、受人尊敬"③，但是我們在研究關於"后"字的意

---

① 曹定雲：《論殷周時代"司"、"后"二字形義及其區分——兼論"司母戊鼎"不可改名爲"后母戊鼎"》，《殷都學刊》2012年第4期。

② 常玉芝：《是"司母戊鼎"還是"后母戊鼎"——論卜辭中的"司"與"毓"》，《中原文化研究》2013年第1期。

③ 參見《"司母戊鼎"更名之思》，記者楊雪梅，在新聞中寫道："大部分專家認爲'后母戊'的命名要優於'司母戊'，其意義相當於'偉大、了不起、受人尊敬'。"《人民日報》2011年3月21日，https://www.chinanews.com.cn/cul/2011/03-21/2919014.shtml。

義過程中，卻没有發現"偉大、了不起、受人尊敬"之義。

在《尚書·武成》載："告於皇天后土"，《傳》載："后土，社也"，"社"即指古代的地祇，即"土地神"。《禮記·月令》載："季夏之月……中央土，其日戊己，其帝黄帝，其神后土"，"后土"，即傳説中的共工氏的二兒子，曾作管理土地之官，官名后土，因爲他治水有功，所以死後被祀爲土地之神。"后土"實際上是"地祇"即"社神"。爲何叫"后"呢？《左傳·昭公二十九年》載："土正曰后土"，杜預註："正，官長也"，共工之子句龍曾爲后土，能平九州之土，死後被尊爲社神。

然而，在文獻中的"后土"指男性，而不是女性。如果説"共工之子句龍，死後被尊爲社神"，從之引申爲"偉大、了不起、受人尊敬"的話，雖然勉強但是可通，不過將"后"字安到"母戊"的頭上，實乃牽強附會。

對於此問題，早在 1976 年 M5 即所謂"婦好墓"的發掘爲機，1977 年7 月在北京召開了"殷墟五號墓座談會"，在會上開展較激烈的"司"與"后"之爭。（參看本章第三節）

總之，在學術界上爭論的"司母戊鼎"更名問題，雖然幾乎定爲"后母戊鼎"，但是有的學者仍然用"司母戊鼎"之名，包括筆者在内。名字本身概括了物質的本質，又對古遺物賦予正確的名字纔能夠發揮其歷史上、學術上的作用。相信總有一天在學術界對"司（后）母戊鼎"的命名會達成共識。

10. 甲骨學發展時期的各種成果

在這一時期對甲骨學殷商史方面的成果頗多。如，郭沫若應用歷史唯物主義史觀，根據甲骨材料，對中國古代社會作了嶄新的研究，在學術界產生了重大影響。唐蘭使用偏旁部首分類法，考釋甲骨文字；孫海波的《甲骨文編》，朱芳圃的《甲骨學文字編》《甲骨學商史編》等非常有成就的工具書；陳夢家從甲骨文字研究商代的祭祀、王名、神話和巫術等；胡厚宣在《甲骨學商史論叢》中綜合所有甲骨，作一全面而徹底的整理，以解決不少甲骨文中的、殷商史中的問題；于省吾作有《殷契駢枝》三編等，都是這一時期的重要研究成果。

胡厚宣在 1951 年出版的《五十年甲骨文發現的總結》中，統計了殷墟科學發掘以後的甲骨文著錄的情況，如表 5-13^①：

表 5-13　　　　　　　　甲骨學發展時期的主要甲骨著錄書名

作者	著錄書名	出版年度/年	著錄數/片
董作賓	《新獲卜辭寫本》	1928	381
董作賓	《大龜四版考釋》	1931	4
關百益	《殷虛文字存真》（一至八集）	1931	800
原田淑人	《周漢遺寶》	1932	2
商承祚	《福氏所藏甲骨文字及釋文》	1933	37
容庚	《殷契卜辭及釋文》	1933	874
郭沫若	《卜辭通纂及考釋》	1933	929
董作賓	《帚矛説》	1933	99
董作賓	《釋后崗出土之一片卜辭》	1933	1
羅振玉	《殷虛書契續編》	1933	2016
商承祚	《殷契佚存及考釋》	1933	1000
王子玉	《甲骨文》	1933	172
吉卜生	《上海亞洲文會博物館所藏甲骨文字》	1934	89
黃濬	《鄴中片羽初集》	1935	245
金祖同	《鄴齋所藏甲骨拓本》	1935	26
方法斂	《庫方二氏藏甲骨卜辭》	1935	1687
黃濬	《衡齋金石識小錄》	1935	2
白瑞華	《殷虛甲骨相片》	1935	104
明義士	《柏根氏舊藏甲骨文字及考釋》	1935	74
董作賓	《安陽侯家莊出土之甲骨文字》	1935	42
孫海波	《甲骨文錄及考釋》	1937	930
郭沫若	《殷契粹編及考釋》	1937	1595
黃濬	《鄴中片羽二集》	1937	93
白瑞華	《殷虛甲骨搨片》	1937	22

---

① 胡厚宣：《五十年甲骨文發現的總結》，載於《古代研究的史料問題、五十年甲骨文發現的總結、五十年甲骨學論著目、殷墟發掘》合本版，復旦大學出版社 2015 年版，第 85—87 頁。

作者	著錄書名	出版年度/年	著錄數/片
明義士	《殷虛卜辭後編》	1937	2700
方法斂	《甲骨卜辭七集》	1938	527
唐蘭	《天壤閣甲骨文存及考釋》	1939	108
李旦丘	《鐵雲藏龜零拾及考釋》	1939	93
金祖同	《殷契遺珠》	1939	1459
方法斂	《金璋所藏甲骨卜辭》	1939	484
黃濬	《鄴中片羽三集》	1939	215
胡厚宣	《卜辭雜例》	1939	71
曾毅公	《甲骨叕存》	1939	75
孫海波	《誠齋殷虛文字及考釋》	1940	500
于省吾	《雙劍誃古器物圖錄》	1940	4
白瑞華	《甲骨五十片》	1940	50
梅原末治	《河南安陽遺寶》	1940	149
胡厚宣	《卜辭同文例》	1940	273
胡厚宣	《卜辭記事文字史官簽名例》	1940	37
李孝定	《中央大學史學係所藏甲骨文字》	1941	250
李旦丘	《殷契摭佚及考釋》	1941	118
何遂	《敍團甲骨釋要》	1941	22
于省吾	《殷契駢枝三編》	1943	2
董作賓	《殷文丁時卜辭中一旬間之氣象紀錄》	1943	1
胡厚宣	《甲骨學商史論叢初集》	1944	8
胡厚宣	《廈門大學所藏甲骨文字》	1944	29
胡厚宣	《甲骨六錄及釋文》	1945	659
董作賓	《殷曆譜》	1945	15
董作賓	《武丁日譜》	1945	237
懷履光	《骨的文化》	1945	24
胡厚宣	《元嘉造像室所藏甲骨文字》	1946	270

續表

作者	著錄書名	出版年度/年	著錄數/片
胡厚宣	《頌齋所藏甲骨文字》	1946	13
胡厚宣	《雙劍以所藏甲骨文字》	1946	254
胡厚宣	《戰後殷墟出土的新大龜（七版）》	1947	7
金祖同	《龜卜》	1948	125
董作賓	《殷虛文字甲編》	1948①	3942
董作賓	《殷虛文字乙編》上冊 《殷虛文字乙編》中冊 《殷虛文字乙編》下冊	1948 1949 1953	9105
胡厚宣	《戰後京滬新獲甲骨集》	1949	854

在甲骨學發展時期發表的甲骨學有關主要成果，如表 5-14②：

表 5-14 　　　　　　　甲骨學發展時期發表的甲骨學有關主要成果

作者	報告類	年度③/年
史語所	《安陽發掘報告》第一期 《安陽發掘報告》第二期 《安陽發掘報告》第三期 《安陽發掘報告》第四期	1929 1930 1931 1933
明義士	《殷墟龜甲文字發掘的經過》，載於《殷墟卜辭·自序》④	1928
石璋如	《小屯後五次發掘的重要發現》，載於《六同別錄》上冊	1945
	專著類	
鮑鼎	《鐵雲藏龜釋文》，上海蟬隱盧石印本	1931
葉玉森	《殷虛書契前編集釋》，大東書局石印本	1933
許敬參	《殷虛文字存真第一至三集考釋》，河南博物館石印本	1933

---

① 在《五十年甲骨文發現的總結》中，《殷虛文字甲編》出版時間爲 1940 年，筆者改爲 1948 年。

② 參見胡厚宣《五十年甲骨學論著目》，在這一時期，由於研究成果頗多，所以其中選擇一些有一定影響力的成果。

③ 一個成果收入學刊多的，是最後收入學刊的時間爲主。

④ 此文爲明義士在 1928 年 2 月《東方雜誌》二十五卷三號發表的。《殷墟卜辭》原是於 1917 年出版的，後來 1972 年由臺灣藝文印書館再出版時，此文作爲《自序》。

續表

作者	報告類	年度/年
吳其昌	《殷虛書契解詁》，在 1934 年起在武漢大學《文哲季刊》第 3 卷 2、3、4 號；4 卷 2、4 號；5 卷 1、4 號；6 卷 3 號連載。在 1959 年由藝文印書館影印本出版，在 2008 年編入《武漢大學百年名典》	1934
唐蘭	《天壤閣甲骨文存考釋》，北京輔仁大學	1939
李旦丘	《鐵雲藏龜零拾》，編爲《孔德圖書館叢書》第二種	1939
金祖同	《殷契遺珠》，編爲《孔德圖書館叢書》第一種	1939
文字研究類		
聞宥	《殷虛文字孳乳研究》，《東方雜誌》第 25 卷 3 號	1928
葉玉森	《説契》，北京富晉書社放大影印本，與《挈契枝譚》合本	1929
陳幫扶	《殷契辨疑》	1929
聞宥	《中國文字本質的研究》	1930
郭沫若	《甲骨文字研究二卷》，大東書局石印本	1931
商承祚	《甲骨文字研究二卷》，北京師範大學講義石印本	1932
黃永鎮	《中國原始文字考》，《東方雜誌》第 31 卷 19 號	1934
吉卜生	《商代象形文字》，《中國雜誌》	1934
曹銓	《殷商甲骨刻文考》，《國專月刊》1 卷 2 號	1935
孫海波	《甲金文中説文之逸文》，《師大月刊》26 號	1936
唐蘭	《釋四方之名》，《考古社刊》第 4 期	1936
吉卜生	《從商代象形文字看中國文字之進化》，《亞洲文會雜誌》	1939
于省吾	《雙劍誃殷契駢枝》	1940
于省吾	《雙劍誃殷契駢枝續編》	1941
于省吾	《雙劍誃殷契駢枝三編》	1943
楊樹達	《積微居字説》，《復旦學報》第 3 期	1947
文法研究類		
李星可	《易經與卜辭的比較研究》，《中法大學月刊》第 5 期	1934
楊樹達	《甲骨文中之先置賓詞》，湖南大學《古文字學研究》講義本	1945
歷史研究類		
蕭炳實	《以甲骨文證商代歷史》，《廈大學報》	1932
顧莉雅	《商代》，美國顧莉雅所著《中國之生成》第二章	1936
丁山	《新殷本紀》，《史董》第一冊	1940

作者	報告類	年度/年
顧頡剛	《商王國的始末》，《文史雜誌》第1卷第2期	1941
紀穌宣	《商史徵》，《真知學報》2卷6期	1943
	地理研究類	
柯昌齊	《殷金文卜辭所見國名考》，《國學叢刊》第14期	
林泰輔	《甲骨文地名考》，中山大學《語言歷史研究所週刊》九集104、105期	1929
丁山	《辨殷商》，山東大學《文史叢刊》第1期	1934
陳夢家	《商代地理小記》，《禹貢半月刊》七卷6、7期《古代地理專號》	1937
胡厚宣	《殷代舌方考》，《甲骨學商史論叢》初集第2冊	1944
胡厚宣	《卜辭地名與古人居丘說》，《甲骨學商史論叢》初集第4冊	1944
饒頤	《殷因民國考》，《文理學報》1卷1期	1946
	國家、社會、禮制、天象等研究類	
陳夢家	《商王名號考》，《燕京學報》第27期	1940
胡厚宣	《卜辭下乙說》，《甲骨學商史論叢》初集第3冊	1944
李得賢	《殷周制度新論》，成都齊魯大學《學史叢刊》第1期	1944
束世澂	《殷商制度考》，《中央大學半月刊》2卷4期	1930
胡厚宣	《殷代封建制度考》，《甲骨學商史論叢》初集第1冊	1944
陳夢家	《祖廟與神主之起源》，燕京大學《文學年報》第3期	1937
陳夢家	《古文字中之商周祭祀》，《燕京學報》第19期	1936
丁山	《宗法考源》，《史語所集刊》第4本4分	1934
徐中舒	《商代兄終弟及即選舉制說》，《文史雜誌》5卷5、6期合刊	1945
胡厚宣	《殷代婚姻家族宗法生育制度考》，《甲骨學商史論叢》初集第1冊	1944
林義光	《論殷人祖妣之稱》，《國學叢刊》第2期第1冊	1932
郭沫若	《卜辭中之古代社會》，《中國古代社會》所收	1930
束世澂	《殷商之社會組織》，《國立四川大學集刊》第1期	1935
丁迪豪	《商代母係制的諸形態》，《歷史科學》1卷3、4期	1933
呂振羽	《殷代奴隸制度研究》，《勞動集刊》1卷2期	1934
鄧初民	《夏殷時代的中國奴隸社會》，《文化雜誌》2卷2號	1942
胡厚宣	《殷非奴隸社會論》，《甲骨學商史論叢》初集第1冊	1944
白雪樵	《殷代婦女地位的推測》，成都齊魯大學《學史叢刊》第1期	1944

續表

作者	報告類	年度/年
侯外廬	《殷代社會的特性》，《中國古代社會史》2 章 2 節	1949
徐中舒	《耒耜考》，《史語所集刊》第 2 本 1 分	1930
胡厚宣	《殷代焚田説》，《甲骨學商史論叢》初集第 1 冊	1944
胡厚宣	《殷商文化叢考》，北京大學《新夢》1 卷 5、6 期	1933
丁山	《由三代都邑論其民族文化》，《史語所集刊》第 5 本 1 分	1935
黎徽賦	《由甲骨文窺見殷商社會的宗教生活》，香港《南星雜誌》2 卷 7 期	1933
明義士	《商代的文化與宗教思想》，《亞洲文會雜誌》67 期	1936
陳夢家	《商代的神話與巫術》，《燕京學報》20 期	1936
胡厚宣	《甲骨文所見殷代之天神》，成都齊魯大學《責善半月刊》2 卷 16 期	1941
胡厚宣	《甲骨文四方風名考》，《甲骨學商史論叢》初集第 2 冊	1944
董作賓	《卜辭中所見之殷曆》，《安陽發掘報告》第 3 期	1931
劉朝陽	《殷曆質疑》，《燕京學報》第 10 期	1931
孫海波	《卜辭歷法小記》，《燕京學報》第 17 期	1935
董作賓	《殷曆譜》，《史語所專刊》4 冊	1945
商承祚	《殷商無四時考》，《清華週刊》37 卷 9、10 期《文史專號》	1932
孫海波	《説十三月》，《學文》1 卷 5 期	1932
唐蘭	《關於歲星》，重慶《中央日報·讀書》第 2 號	1939
董作賓	《中康日食》，徐炳昶《中國古史的傳説時代》	1943
飯島忠夫	《干支之起源》，《東洋學報》16 卷 4 期及 17 卷 1 期	1928
	考古研究類	
董作賓	《殷墟沿革》，《史語所集刊》第 2 本 2 分	1930
陳邦福	《商代失國彊卜考》，中山大學《語言歷史學研究所週刊》3 集 30 期	1928
李濟	《小屯地面下情形分析初步》，《安陽發掘報告》第 1 期	1929
李濟	《現代考古學與殷墟發掘》，《安陽發掘報告》第 2 期	1930
張蔚然	《殷墟地層研究》，《安陽發掘報告》第 2 期	1930
郭沫若	《殷墟之發掘》，《中國古代社會研究》附錄	1930
霍潤緗	《骨卜考》，《燕大月刊》8 卷 1 期	1931
梁啟超	《中國考古之過去與將來》，《重華月刊》1 期	1931
董作賓	《殷人之書與契》，《中國美術論叢》，商務印書館	1937

續表

作者	報告類	年度/年
白瑞華	《卜辭中之顏料》，《哈佛亞洲學報》2卷1期	1937
皮其來 Benedetti-Pichler	《中國卜骨塗色之顯微分析》"Microchemical Analysis of Pigments Used in the Fossae of Incisions of Chinese Oracle Bones", *Industrial and Engineering Chemistry*, Vol.9, No.3	1937
沈啟無	《龜卜通考》，《華北編譯館館刊》1卷1至3期	1942
胡厚宣	《商代卜龜之來源》，《甲骨學商史論叢》初集第4冊	1944
石璋如	《小屯的文化層》，《中國考古學報》第2期	1947

在這一時期各方面的研究成果頗多，尤其是考古學研究成果中，有些國外的學者已經開始關注甲骨文中使用顏料的問題。關於甲骨文中顏料的問題，到現在仍然受到學者們的關注，如陳光宇[①]、美國艾蘭等。

11. 小結

在清末民初時期的國學大師章太炎，在《國故論衡》中寫了一篇文章《理惑論》。他在文中斷然斥責甲骨文爲"僞作"，如下[②]：

> 近有掊得龜甲者，文如鳥蟲，又與彝器小異。其人蓋欺世豫賈之徒，國土可鬻，何有文字？而一二賢儒，信以爲質，斯亦通人之蔽。按《周禮》有釁龜之典，未聞銘勒。其餘見於《龜策列傳》者，乃有白雉之灌、酒脯之禮、梁卵之祓、黃絹之裹，而刻劃書契無傳焉。假令灼龜以卜，理兆錯迎，釁裂自見，則誤以爲文章，然非所論於二千年之舊藏也。夫骸骨入土，未有千年不壞，積歲少久，故當化爲灰塵。龜甲蜃珧，其質同耳。古者隨侯之珠，照乘之寶，珕珌之削，餘蚳之貝今無有見世者矣。足明堊質白盛，其化非遠，龜甲何靈，而能長久若是哉！鼎彝銅器，傳者非一，猶疑其僞，況於速朽之質，易薶之器。作僞有須臾之便，得者非貞信之人，而羣相信以爲法物，不其僨歟？

① 陳光宇：《甲骨刻辭填色的拉曼光譜分析》，紀念甲骨文發現120週年國際學術研討會上選讀的論文，安陽，2019年10月17日至20日。

② 章太炎：《國故論衡·理惑論》，商務印書館2012年版，第64—65頁。

就是説，章太炎不信甲骨文的原因是：其一，流傳之人“非貞信”，
“須臾之便”作僞文；其二，龜甲刻文不見經史記載；其三，龜甲本身
“速朽之物”，不可傳這麼長久；其四，甲骨“作僞有須臾之便”，非常
容易。

章太炎一直到 1936 年逝世，反對甲骨文爲真。但是，從 1928 年 10
月開始的殷墟大規模科學發掘工作開始，章太炎的這些看法一個一個都被
否定了。在學術界普遍接受甲骨文字的真實性。

殷墟科學發掘，除了爲甲骨學研究提供了大量的科學資料和非常豐富
的遺跡現象等實物方面的發掘成果之外，隨著在甲骨學研究中由於近代考
古學方法的引入，甲骨學研究得到了巨大的進步和成就，以使中國人文社
會科學學科進一步發展。

第三節　甲骨的後期
——甲骨學的歷史時期的後期（1949 年至今）

1937 年 7 月全面抗日戰爭開始，之後進入解放戰爭時期，在這長達十
多年的戰爭年代中，全國的重要文物受到了嚴重的破壞和損失，而且在國
內外流散的珍貴文物是不可勝數的。1949 年 10 月 1 日，新中國成立之後
爲了避免文物損失，就出台了相關的文物保護和考古發掘政策。

在文物保護方面，首先積極研究如何保存、保護古代的文物。由此，
爲了保護文化遺產、防止有關革命的、歷史的、文化的、藝術的珍貴文物
及古籍圖書流出國外，1950 年 5 月政務院制定頒布《禁止珍貴文物圖書出
口暫行辦法》，規定了“革命古文獻及實物、古生物、史前遺物、建築
物、繪畫、雕塑、銘刻、圖書、貨幣、輿服、器具”等一律禁止出口，同
時發佈《規定古跡珍貴文物圖書及稀有生物保護辦法》。之後，繼續加強
文物管理工作，在 1964 年 9 月，又根據《文物保護管理暫行條例》頒布
《古遺址古墓葬調查發掘暫行管理辦法》。《管理辦法》第三條中規定了
古遺址、古墓葬的發掘工作，必須是“爲解決學術問題進行的考古發掘和
在工業、農業、水利、交通、國防、城市建設等基本建設工程範圍內，配

合工程進行的考古發掘”。規定了民間不可隨便買賣文物，即便公家機關亦不可隨便開展考古發掘工作。爲了改善在清末民初時期民間隨便盜掘文物、買賣文物的不良情況，文化部建設了網絡式的管理方案，即文化部爲了領導全國的文物工作，成立了“文物局”，各省市的文物局下設有“文物處”。各省市都成立了“文物管理委員會”，還有重要的古跡地區，如安陽殷墟、洛陽龍門等地成立了“文物保管所”。

在考古發掘方面，1949 年 11 月正式成立中國科學院，1950 年 5 月經籌建，同年 8 月正式成立中國科學院考古研究所（現爲中國社會科學院中國歷史研究院考古研究所，以下不再一一説明），以便進行考古學的專門研究及領導全國的考古研究和考古技術以及發掘。

1950 年 4 月，中國科學院考古研究所正式成立之前，因戰爭中斷十多年的殷墟科學考古發掘工作重新開始（1950 年 4 月 12 日至 6 月 10 日）。1958 年在安陽小屯村附近設立中國科學院考古研究所安陽考古工作站，專門負責安陽殷墟科學發掘工作至今。

由於殷墟科學發掘工作的不斷開展，在甲骨文方面有不少新的發現，如，小屯南地出土的甲骨、花園莊東地出土的甲骨、小屯村中南出土的甲骨等。這些新發現和之前發掘的甲骨文在一起，形成了研究甲骨文字的嶄新方向。

董作賓曾經提出過以後甲骨文研究的方向。當年的甲骨文研究隊伍與非科學發掘時期比起來，雖然研究甲骨文字的學者多、有關研究成果亦多，但還是遠遠不夠，甲骨文字的研究祇是處於初步階段而已。認爲甲骨文字研究的前程是遠大的，提出了以下幾個甲骨文字研究的方法[1]：第一，把材料集中，把所得十萬片甲骨，匯爲一編；第二，用分派、分期、分王的方法，整理全部材料；第三，盡量拼合復原的功夫，把全部材料，化零爲整；第四，做成字典、辭典、類典等索引，以便從事各方面的研究；第五，要應用隅反的原則，從一鱗一爪中去推測殷代的文化。

董作賓提出的這些方法，就是甲骨學發展的方向。他提出的這五種方法實際上關係到幾個方面：一爲甲骨文著錄書；二爲甲骨文分期斷代研究；三爲甲骨文字綴合工作；四爲甲骨文字工具書；五爲從甲骨文字著手

---

① 董作賓：《殷虛文字甲編·自序》，“中研院”歷史語言研究所，1948 年。

研究商代歷史、社會、經濟、政治、軍事、文化等。這些研究方向，正確地指出了甲骨學發展的方向。

自 1950 年至今，甲骨文新材料不斷出土，甲骨學研究方面亦取得了不少成就：其一，甲骨材料的整理與公佈，即大型著錄書的出版，如《甲骨文合集》13 冊收錄 41956 片拓本和摹寫本；其二，基於新甲骨材料的公佈和出版，取得了商代社會性質、階級結構、宗教思想、經濟等方面，有不少研究成果；其三，在文字的考釋、分期斷代研究方面也取得了更多的研究成果；其四，隨著甲骨材料的公佈和大型著錄書的出版，在甲骨文綴合方面亦取得了非常豐碩的成果；其五，從甲骨文字分析商代歷史的大型研究成果的陸續出版，如《商代史》十一卷本等。

一　甲骨學的深入發展時期（1949 年至 1978 年）

1945 年 8 月抗日戰爭結束之後，中國又進入內戰狀態，1948 年底，遼沈、淮海、平津三大戰役結束之後，國民黨失敗大局已定，決定去臺灣。國民黨政府要求，科學、教育界能搬遷的人、財、物盡量遷臺，並把故宮博物院、中央博物院、中央圖書館、中央研究院等四家所藏的珍貴文物、圖書、歷史檔案等全部裝箱搬運臺灣。因此，當年在殷墟科學考古發掘出來的甲骨文等文物大部分被運走。

雖然不少文物被運走，但是這一時期在甲骨學研究方面所取得的成就不少，主要是一方面尋找在大陸留下甲骨材料的集中、整理、公佈，另一方面繼續進行考古發掘，以尋找新甲骨材料，並取得了一定的成功。同時利用甲骨文字研究成果對商代社會發展階段、階級結構及醫學、農業等社會經濟科學方面的研究也有一定的成就。隨著甲骨材料的不斷公佈，在文字考釋方面、殷墟文化分期等方面研究亦有進一步的深入發展。

（一）甲骨學的深入發展時期重要的研究成果

胡厚宣在 1940 年離開史語所之後，開始著手收集甲骨新材料，1945年抗日戰爭結束之後，他從成都飛往北京、天津等地，調查和搜集戰後出土的甲骨。"聽說在抗戰時間，安陽出了一大坑甲骨，片大字多，有兩綱籃被上海的古董商葉叔重買去了"，1946 年，胡厚宣從成都隨齊魯大學返還濟南時，路過南京、上海，探訪戰後甲骨出土情形，"這次到了上海之後，首先打聽這個人（筆者註：指葉叔重），結果甲骨還在，被我買成

了。共約一千片，都是廩辛、康丁、武乙、文丁時的東西。大約出在小屯
村中，材料相當重要。又從中國古玩社買到了一百多片，多武丁、祖庚、
祖甲、帝乙、帝辛時的東西……從郭墨林、金貴男那裏也先後買了幾批，
共有四五百片。在上海因爲朋友們的幫忙，我有鈔錄了上海市博物館所藏
的一千多片……又鈔了誠明文學院所藏沒有著錄過的八十幾片……在南京
曾鈔錄了王伯沅舊藏的六百多片甲骨。又鈔了溥心畬舊藏的甲骨拓本四百
多片"[①]。胡厚宣所得的這批甲骨，在新中國成立以後，胡厚宣以《戰後
寧滬新獲甲骨集》（1951 年）、《戰後南北所見甲骨錄》（1951 年）、
《戰後京津新獲甲骨集》（1954 年）等書名爲出版甲骨著錄書，在各種條
件很困難的情況下把甲骨文材料集中整理和公佈，在甲骨學研究領域拉開
了新時代的序幕。在這一時期，海外學者加強對各國收藏甲骨文的追訪、
整理並著錄出版。

    1. 在這一時期國內外出版的甲骨著錄書，如表 5-15[②]：

表 5-15　　　　　　　　　甲骨學的深入發展時期甲骨著錄書

作者	著錄書名，收入甲骨片數目	出版單位	年度/年
李亞農	《殷契摭佚續編》，343 片	中國科學院	1950
曾毅公	《甲骨綴合編》，396 片	北京修文堂書局	1950
胡厚宣	《戰後寧滬新獲甲骨集》，1145 片	來熏閣書店	1951
胡厚宣	《戰後南北所見甲骨錄》，3276 片	來熏閣書店	1951
郭若愚	《殷契拾掇》，550 片	上海出版公司	1951
郭若愚	《殷契拾掇二編》，495 片	上海出版公司	1953
胡厚宣	《戰後京津新獲甲骨集》，5642 片	群聯出版社	1954
胡厚宣	《甲骨續存》，3753 片	群聯出版社	1955
郭若愚等	《殷虛文字綴合》，482 片	科學出版社	1955
董作賓等	《殷虛文字外編》，464 片	藝文印書館	1956
饒宗頤	《巴黎所見甲骨錄》，26 片	香港大宏雕刻印刷公司	1956

---

    ① 胡厚宣：《五十年甲骨文發現的總結》，載於《古代研究的史料問題、五十年甲骨文發現的總
結、五十年甲骨學論著目、殷墟發掘》合本版，復旦大學出版社 2015 年版，第 83—84 頁。
    ② 參見郭旭東、張源心、張堅主編《殷墟甲骨學大辭典》，中國社會科學出版社 2020 年版，第
三編。

續表

作者	著錄書名，收入甲骨片數目	出版單位	年度/年
張秉權	《殷虛文字丙編》上輯一冊，95 片 《殷虛文字丙編》二冊，101 片 《殷虛文字丙編》中輯一冊，105 片 《殷虛文字丙編》二冊，109 片 《殷虛文字丙編》下輯一冊，102 片 《殷虛文字丙編》二冊，120 片	《史語所》	1957 1959 1962 1965 1967 1972
嚴一萍	《中國書譜殷商編》，88 片	藝文印書館	1958
青木木菟哉	《書道博物館藏甲骨文字》，65 片 《書道博物館藏甲骨文字》，35 片 《書道博物館藏甲骨文字》，100 片 《書道博物館藏甲骨文字》，100 片 《書道博物館藏甲骨文字》，100 片	《甲骨學》6 號 《甲骨學》7 號 《甲骨學》8 號 《甲骨學》9 號 《甲骨學》10 號	1958 1959 1960 1961 1964
松丸道雄	《日本散件甲骨文字蒐匯》，600 片	《甲骨學》7 號至 12 號	1959
貝塚茂樹	《京都大學人文科學研究所藏甲骨文字》，3246 片	京都大學認爲科學研究所	1959
陳邦懷	《甲骨文零拾》，160 片	天津人民出版社	1959
屈萬里	《殷虛文字甲編考釋附圖》	史語所	1961
白瑞華校	《方法斂摹甲骨卜辭三種》，庫方（2178號）、金璋（743 號）、七集（527 號）	藝文印書館	1966
許進雄	《殷虛卜辭後編》，2805 片	藝文印書館	1972
嚴一萍	《美國納爾森美術館藏甲骨刻辭考釋》	藝文印書館	1973
嚴一萍	《甲骨綴合新編》，684 片	藝文印書館	1975
嚴一萍	《鐵雲藏龜新編》，1043 片	藝文印書館	1975
周鴻翔	《美國所藏甲骨錄》，700 片	美國加利福尼亞大學	1976
嚴一萍	《甲骨綴合新編補》	藝文印書館	1976
許進雄	《明義士所藏甲骨》，3176 片	加拿大皇家博物館影印本	1977
伊藤道治	《日本所見甲骨錄》，97 片	日本東京朋友書店	1977

在這一時期，不少甲骨著錄書陸續出版，而對甲骨文學術價值的"再發現"工作，即"甲骨綴合"方面的工作，如曾毅公《甲骨綴合編》、郭若愚等《殷虛文字綴合》、嚴一萍《甲骨綴合新編》《甲骨綴合新編補》等，取得了一定的成果。這一時期甲骨著錄書出版的另一個特點是，在國

外所藏甲骨著錄書出版較活躍。

2.在這一時期國內外出版的甲骨學研究、考釋等方面的成就有，如表
5-16：

表 5-16　　　甲骨學的深入發展時期甲骨學研究、考釋等方面成就

作者	成果書名	出版單位	出版年度/年
楊樹達	《積微居甲文説·卜辭瑣記》	中國科學院	1954
楊樹達	《耐林廎甲文説·卜辭求義》	群聯出版社	1954
屈萬里	《殷虛文字甲編考釋》	史語所	1961
朱芳圃	《殷周文字釋叢》	中華書局	1962
李孝定	《甲骨文字集釋》	史語所	1965
張秉權	《殷虛文字丙編考釋》上輯一冊 《殷虛文字丙編考釋》二冊 《殷虛文字丙編考釋》中輯一冊 《殷虛文字丙編考釋》二冊 《殷虛文字丙編考釋》下輯一冊 《殷虛文字丙編考釋》二冊	史語所	1957 1959 1962 1965 1967 1972
許進雄	《明義士收藏甲骨釋文篇》	加拿大皇家安大略博物館	1972
許進雄	《殷虛卜辭後編釋文》	藝文印書館	1973
嚴一萍	《甲骨古文字研究》	藝文印書館	1976
陳夢家	《殷虛卜辭綜述》	科學出版社	1956
島邦男	《殷墟卜辭研究》	日本汲古書院 （中譯本）臺灣鼎文書局	1958 1975
饒宗頤	《殷代貞卜人物通考》	香港大學	1959
董作賓	《甲骨學六十年》	藝文印書館	1965
張秉權	《甲骨文的發現與骨卜習俗的考證》	《史語所集刊》37 本下冊	1967
島邦男	《殷墟卜辭綜類》	日本汲古書院	1967
董作賓	《骨臼刻辭再考》	"中央研究院"《院刊》第 1 輯	1954
李達良	《龜版文例研究》	香港中文大學《文史叢刊》	1972

除此之外，還有商代社會發展階段方面的研究，有孫海波的《從卜

辭試論商代社會性質》（《河南師院學報》1956 年 11 月創刊號）、徐喜辰的《商殷奴隸制特徵的探討》[《東北師範科學集刊》（歷史）1956 年第 1 期]、王玉哲的《試述殷代的奴隸制度和國家的形成》（《歷史教學》1959 年第 9 期）、束世澂的《夏代和商代的奴隸制》（《歷史研究》1956 年第 1 期）、李亞農的《殷代社會生活》（上海人民出版社 1955 年版）、唐蘭的《關於商代社會性質的討論》（《歷史研究》1959 年第 1 期）、朱本源的《論殷代生產資料的所有制形式》（《歷史研究》1956 年第 6 期）、于省吾的《從甲骨文看商代社會性質》（《東北人民大學人文社會科學學報》1957 年第 2、3 期合刊）、趙錫元的《試論中國奴隸制形成和消亡的具體途徑》（《吉林大學社會科學學報》1979 年第 1 期）等。

在商代社會階級矛盾方面的研究成果，有胡厚宣的《甲骨文所見殷代奴隸的反壓迫鬥爭》（《考古學報》1976 年第 1 期）、齊文心的《殷代的奴隸監獄和奴隸暴動》（《中國史研究》創刊號）。地理疆域方面研究成果有，李學勤的《商代地理簡論》（科學出版社 1959 年版）。從考古發掘角度劃出商代疆域問題的有，遼寧省博物館發表的《遼寧喀左縣北洞村發現殷代青銅器》（《考古》1973 年第 4 期）、山東省博物館發表的《山東益都蘇埠屯第一號奴隸殉葬墓》（《文物》1972 年第 8 期）、湖北省博物館盤龍城發掘隊的《盤龍城 1974 年度田野考古紀要》（《文物》1976 年第 2 期）、彭適凡的《江西清江吳城商代遺址發掘簡報》（《文物》1975 年第 7 期）等。

其他農業、鑄銅、天文等方面的研究成果，有朱培仁的《甲骨文所反映的上古植物水分生理學知識》（《南京農學院學報》1957 年第 2 期）、張政烺的《卜辭裒田及其相關諸問題》（《考古學報》1973 年第 1 期）、燕耘的《商代卜辭中的冶鑄史料》（《考古》1973 年第 5 期）、趙卻民的《甲骨文中的日、月食》[《南京大學學報》（天文學）1963 年第 1 期]、馬漢麟的《關於甲骨卜旬的問題》[《南開學報》（人文科學版）1956 年第 1 期]、平心的《商代的彗星》（《文匯報》1962 年 8 月 7 日）等。

在這一時期甲骨著錄書陸續出版，但是並沒有大型、綜合性的甲骨著錄書。不過在學者們的努力之下取得了非常豐富的成果並完成了甲骨學發展時期的任務。

（二）殷墟考古研究中的新認識

自 1928 年 10 月至 1937 年 6 月，史語所在殷墟進行的先後 15 次殷墟科學考古發掘工作，不僅出土了大批有科學考古記錄的甲骨文，而且還有數以萬計的青銅器、玉石器、骨器、陶器等各種遺物。

殷墟科學考古發掘的成果，不僅在出土文物方面，而且在研究方面的成果同樣重要。董作賓在殷墟地下發掘出來的甲骨文的基礎上，提出了"甲骨文分期斷代"法（參見本書第六章）。這是殷墟科學考古發掘所做出的最重要的成果之一。不僅如此，更重要的是中國近代田野考古學從殷墟誕生、成熟，並經過 1950 年中國科學院考古研究所成立之後持續不斷地對殷墟考古發掘和研究，拉開了當今中國考古學的"黃金時代"。

1. 以考古學爲主研究殷墟文化分期

（1）鄒衡的《試論殷墟文化分期》。

史語所主持殷墟科學考古發掘以來，有些學者提出殷墟文化的分期問題，但是缺乏全面、系統的論述。

鄒衡於 1964 年發表的《試論殷墟文化分期》[①]一文，是對殷墟文化開創性、全面性的研究成果。其殷墟文化序列的絕對年代的推斷，是以甲骨文分期斷代爲主的。其所依據的材料，是在殷墟發現的探溝、探方、房基、窖穴、墓葬等典型單位的材料所得出的殷墟遺址代表的不同時期典型層位順序，並分析了有顯著變化的銅器和陶器的形制，結合典型地層與器物的共存關係，確定了遺址和墓葬的分期。鄒氏在文中把殷墟文化分爲四期。

各文化所屬的絕對年代，"殷墟文化第一期，是武丁以前，即盤庚、小辛、小乙等三王時代；第二期屬於武丁、祖庚、祖甲時代；第三期屬於廩辛、康丁、武乙、文丁時代；第四期屬於帝乙、帝辛時代"。但是這些分期的絕對年代當然不會絕然分開的。這一點鄒衡自己也説："關於第一期的年代，這裏祇限於殷墟文化第一期可能包括的年代；至於相當於殷墟文化第一期的其他地區（如濟南、邯鄲、邢臺等）遺址，其年代當另作具體分析。關於第四期的年代，主要根據甲骨第五期可能包括的年代，即終於帝辛。實際上，殷墟文化第四期有個別的單位的具體年代也有可能延續

---

① 鄒衡：《試論殷墟文化分期》，《北京大學學報》（人文科學）1964 年第 4、5 期。

到西周初年。"①

（2）中國社會科學院考古研究所的殷墟文化分期研究。

中國社會科學院考古研究所，根據 20 世紀 50 年代以來殷墟科學發掘的材料，尤其是 1962 年安陽大司空村和 1973 年小屯南地所發掘出土的甲骨文的地層關係和伴隨出土陶器的綜合研究，提出了對殷墟文化分期的意見。②

他們根據殷墟發掘的典型地層出土的陶器與甲骨的共存關係進行分析研究，與鄒衡一樣把殷墟文化分爲四個時期，但是具體所屬時代略有不同，即第一期相當於武丁時期；第二期相當於祖庚、祖甲、廪辛時期；第三期相當於康丁、武乙、文丁時期；第四期相當於帝乙、帝辛時期。

雖然考古所分析的所屬時代與鄒衡分析的所屬時代有所不同，但是陶器的演變序列基本上是一致的。

目前，關於殷墟文化分期的問題，基本上按考古所分析的考古學文化序列，對新發現的殷墟遺跡進行時代的推斷，如表 5-17：

表 5-17　　　　　　　　甲骨文分期與殷墟文化分期對照表

王名	甲骨文分期		殷墟文化分期	
	董作賓	胡厚宣	鄒衡	考古所
盤庚	第一期	第一期	第一期	第一期
小辛				
小乙				
武丁			第二期	
祖庚	第二期	第二期		第二期
祖甲				
廪辛	第三期	第三期	第三期	第三期
康丁				
武乙	第四期			
文丁				
帝乙	第五期	第四期	第四期	第四期
帝辛				

---

① 鄒衡：《試論殷墟文化分期》，《北京大學學報》（人文科學）1964 年第 4、5 期。

② 參見中國科學院考古研究所安陽發掘隊《1962 年安陽大司空村發掘簡報》，《考古》1964 年第 8 期和《1973 年安陽小屯南地發掘簡報》，《考古》1975 年第 1 期。

2. 殷墟西北崗王陵區的祭祀場

史語所殷墟科學考古發掘的第二大階段，即 1934 年 10 月至 1935 年 12 月的第十次至第十二次對王陵區的發掘。在這個過程中，發現了 11 座大墓（其中一座沒有完成的，編號 1567；參見圖 5-35）和 1228 座的小墓（筆者註：大部分爲祭祀坑和陪葬坑），2000 多個"犧牲"個體。這些"一千多個成叢的小墓，都埋在大墓的附近，又往往成排，或單埋人頭，或僅葬肢體，人頭肢體又常是多具，此外又有車馬鳥獸器物葬坑，知其必爲大墓的附屬無疑"①。然而，這裏出現了一個難解的問題，即大墓主要集中在西區，西區的大墓多而大，但大墓附近的祭祀坑卻很少，而東區的大墓少且相對小，但大墓附近的祭祀坑卻很多。因此我們不能認爲，在東區接近 2500 座（筆者註：目前在東區發現的小墓的數目）的祭祀坑都是屬於東區大墓的，而西區大墓葬禮時很少舉行殺人祭祀的儀式。如果説，小墓爲"大墓附屬無疑"的話，王陵區小墓的分佈情況不合情理。在西區小墓葬有一百多座，而在東區的小墓葬比西區的多得多。

這些小墓葬，除少數是陪葬墓外，絕大部分是祭祀坑。它們都集中而有規律地排列在東區幾個大墓的南部和西部，然而，西區大墓填土中既有許多人頭骨，其數量又比東區大墓的要多，因而如果説這些東區的祭祀坑都是分屬於幾座東區大墓的小墓葬，不一定是合理的。郭寶鈞在《一九五〇年春殷墟發掘報告》②一文中説："1950 年春發掘武官大墓時（筆者註：參見圖 5-35 中編號 WKGM1 號墓），墓室填土中清理到 34 個人頭骨，同時在大墓南邊發掘出來的四排祭祀坑中，有許多無頭骨架，因此發掘者推測，在武官大墓舉行下葬儀式時，殺人祭祀，砍下的人頭在大墓填土內，軀體則埋在這幾排小墓中。"發掘者認爲，這些小墓應是屬於武官大墓的。以此，我們也要承認東區小墓中"有些部分祭祀坑的確是與大墓埋葬時殺人祭祀有關的"③。那麼，在王陵區的東區那麼多的小墓，即祭祀坑，該怎麼理解呢？

---

① 胡厚宣：《殷墟發掘》，學習生活出版社 1955 年版，第 95—96 頁。
② 中國社會科學院考古研究所編著：《殷墟的發現與研究》，科學出版社 1994 年版，第 120 頁。
③ 郭寶鈞：《一九五〇年春殷墟發掘報告》，《考古學報》1951 年 12 月。

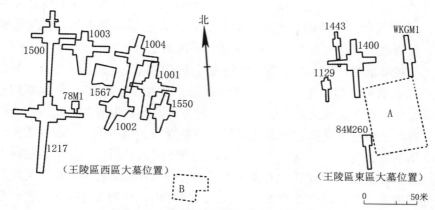

圖 5-35　殷墟西北崗王陵區大墓位置圖

　　據甲骨文記錄，商王的祭祀活動是頻繁的，尤其是對祖先神靈的祭祀頗多。被祭的祖先神，有時祇有一位，有時幾位甚至十幾位，如下：

　　　　庚寅，貞，酒升伐自上甲六示三羌三牛，六示二羌二牛，小示一羌一牛。《合集》32099（參見圖 5-36）

圖 5-36　"合祭"之例（《合集》32099）

　　"上甲六示"，即上甲、報乙、報丙、報丁、示壬、示癸等六位先

247

公，"六示"，即大乙、大丁、大甲、大庚、大戊、中丁等六位直系先王，"小示"，即外丙、小甲、雍己、外壬、戔甲、羌甲等六位旁系先王。即這條卜辭是向共 18 位祖先神舉行祭祀的記錄。

一般情況下，所祭的對象有的是屬於先王後期的祖先神，也有的是先王前期的祖先神乃至先公近祖，甚至有先公遠祖的祖先神。[①]每次祭祀所用的犧牲，有的是牲畜，有的是人，犧牲方法爲其數不等的"伐人""用人"等，而且按理來説在甲骨文所記的祭祀對象的祖先神中，起碼盤庚遷殷之前的先公先王，其埋葬之處不會在殷墟王陵區。所以，商王祭祖時不一定要在某個祖先神埋葬的大墓前進行，而是"在一個特定的專門用於祭祀的場所進行"，從西北崗大量的祭祀坑的分佈、排列和分組情況看，祭祀是不同時期進行的，祭祀坑也並不全是分屬於某些大墓的，當然有些祭祀坑是對某個大墓的墓主人舉行下葬儀式時或祭祀某座大墓的墓主時遺留下來的。由此我們推測，王陵區的東區"可能就是當日商王室專門用於祭祀祖先的一個公共祭祀場所"[②]。

（三）小屯南地甲骨的出土

因爲抗日戰爭被迫停止發掘的殷墟考古發掘，從 1950 年春重新開始。1950 年春殷墟考古發掘主要工作地點爲侯家莊西北崗王陵區東側發掘武官大墓（編號 50WGM1，筆者註：圖 5-35 中的 WKGM1）和洹南的四盤磨、五道溝、花園莊西北地，發掘時間從 1950 年 4 月 12 日至 6 月 10 日，共 60 天。[③]之後，在殷墟不斷進行考古發掘工作。

1950 年之後，在殷墟，除了小屯村以外還有花園莊、四盤磨、薛家莊、後崗、苗圃北地、劉家莊、王裕口、白家墳、孝民屯、大司空村、洹北商城等地陸續發現甲骨文。

甲骨學深入發展時期，最重要的甲骨文發現是 1973 年在小屯南地出土的。這批甲骨文不僅數量多、内容豐富，而且有准確的科學地層關係，是從 1928 年殷墟科學大規模發掘以來又一次重要的發現。

---

① 從甲骨學殷商史的角度來分析商朝先公先王的世系，即始祖契至王亥屬於先公遠祖時期，上甲至示癸爲先公近祖時期，建國之君成湯（或叫"唐"，或叫"大乙"）至陽甲爲先王前期，自盤庚以後爲先王後期。

② 楊錫璋、楊寶成：《從商代祭祀坑看商代奴隸社會的人牲》，《考古》1977 年第 1 期。

③ 郭寶鈞：《一九五〇年殷墟發掘報告》，《中國考古學報》第 5 冊，1951 年。

其甲骨出土發掘之經過，如下[①]：

1972 年 12 月下旬，小屯村民張五元在村南公路旁的小溝取土，發現黃土中有六小片刻辭卜骨，他立即報告考古研究所安陽工作隊。當時正值隆冬，不便發掘，安陽隊便對出甲骨地點採取了一些保護措施。1973 年 3 月下旬，安陽隊在小屯南地進行鑽探，確定發掘範圍。從 1973 年 3 月下旬至 8 月 10 日，10 月 4 日至 12 月 4 日，先後進行了兩次發掘，共開探方 21 個，發掘面積 430 平方米。……這次發掘最重要的收穫是發現了甲骨上萬片，其中有刻辭的 5335 片[②]（綴合前數字）……考古研究所成立了小屯南地甲骨整理小組，對所獲的甲骨進行整理，於 1980 年和 1983 年先後出版了《小屯南地甲骨》上冊（一、二分冊，1980 年出版）、下冊（一、二、三分冊，1983 年出版）。在上冊發表了甲骨拓本 4589 片（筆者註：加上 1975 年至 1979 年在小屯村一帶採集所得甲骨 23 片，實爲 4612 片），下冊發表了釋文、字詞索引、部分摹本，甲骨的鑽鑿形態等。……小屯南地發掘的 21 個探方中，文化層堆積及保存情況是有差別的。

其甲骨出土概況，如下[③]：

小屯南地刻辭甲骨的出土情況，如下幾種：其一，出在近代擾亂層，共出 1847 片甲骨，佔甲骨出土總數的 36.6%；其二，出在殷代文化層及房子基址夯土中，共出 150 片甲骨，佔甲骨出土總數的 3%；其三，出在殷代的灰坑中，這次發掘共發現殷代灰坑 123 個，其中 58 片刻辭甲骨，少者一片，多者數百片乃至上千片，共出 3044 片甲骨，佔甲骨出土總數的 60.4%。

其甲骨埋藏情況，如下[④]：

甲骨在灰坑中埋藏，又可分爲以下幾種情況：第一，可能是有意識的儲存。在 H17、24、57、103 等灰坑中出土大量的甲骨，其他的文化遺物如陶片、獸骨等則較少；第二，把廢棄的卜骨、卜甲碎片和日常生活殘餘物一起倒入灰坑中。按照出土情況可分兩類，一類是把數量較多的卜骨、

---

① 中國社會科學院考古研究所安陽工作隊：《1973 年小屯南地發掘報告》，《考古學集刊》第九集，科學出版社 1995 年版，第 45—137 頁。

② 有刻辭甲骨數量，在 1980 年出版的《小屯南地甲骨》上冊《前言》中記錄爲 "5041 片（綴合前數字）"，而在 1995 年發表的《1973 年小屯南地發掘報告》中記錄爲 "5335 片（綴合前數字）"。

③ 中國社會科學院考古研究所：《小屯南地甲骨》上冊《前言》，中華書局 1980 年版。

④ 中國社會科學院考古研究所：《小屯南地甲骨》上冊《前言》，中華書局 1980 年版。

卜甲和大量的陶器碎片、牛骨、豬骨、灰燼等集中地傾入坑內。另一類是多次把零星卜骨、卜甲棄入坑內，屬於這種情況的較多；第三，發現一些以放置骨料爲主的窖穴。如 H99，坑底距地表深 2.52 米，坑內堆積厚 2.12 米。坑中填土淺灰色，在距坑口 1.63—1.75 米處，出未經加工的牛肩胛骨 33 片、牛肋條骨 1 片、卜骨 6 片、卜甲 2 片……這個坑所出的未經加工的牛肩胛骨，保留有緣的骨臼，骨版背面有骨脊、其上沒有鑽、鑿、灼痕。這些發現，說明此坑主要是存放卜骨骨料的窖穴。

小屯南地出土甲骨的學術性的價值非常大，小屯南地甲骨"資料是完整的、出土的坑位及地層是明確的"[①]。爲研究甲骨文字提供了科學性很強的非常重要的原始資料。在小屯南地出土甲骨，其時代包括甲骨文第一期、第三期、第四期、第五期。其中第三期、第四期甲骨爲多，其内容涉及晚商時期的祭祀、社會生產、田獵、戰爭、天象、王事等各方面。其中有一些重要的内容，比如貞人名、方國名、軍旅編制、天文、百工等，"是過去不見或少見的。還有一些新的字、詞以及新的人名、地名等，也是過去沒見過的。如此等等，給甲骨學和殷商史研究提供了大量新鮮材料"[②]。

（四）殷墟婦好墓（M5）的發現

在安陽殷墟"宮殿"遺址西南側，即小屯村北略偏西北約 100 米處，有一片高於周圍地面約 80 釐米的"崗地"，總面積 1 萬多平方米。"1975 年冬，在全國農業學大寨會議精神的鼓舞下，我隊對這一遺址進行了勘察，並在遺址東南隅開挖 5×10 米的探方六個，揭露出殷代房基數座。……1976 年，我們繼續在此發掘。總面積 1000 平方米。……五號墓（編號 76AXTM5）是這次發掘中的主要收穫……五號墓位於遺址的東南隅，東距解放前發掘的 C 區基址南部邊緣約 200 米。它的規模不算太大，但墓室未遭破壞，隨葬品物極其豐富精美，是殷王室墓中最完整的一批資料；對於研究殷代的歷史、考古，尤其是武丁時期的社會經濟、手工業、方國、文化藝術、禮制，以及銅器斷代、殷墟佈局等問題，都具有重要價值。根據墓中所出的大部分銅器銘文，參照甲骨卜辭中的有關記載，我們

---

① 姚孝遂、肖丁：《小屯南地甲骨考釋·序言》，中華書局 1985 年版，第 1 頁。
② 王宇信：《甲骨學通論》，中國社會科學出版社 1993 年版，第 94 頁。

認爲，五號墓墓主應是殷王武丁的配偶‘婦好’，廟號‘妣辛’，死於武丁時期。”[①]婦好墓的最重要價值，是與甲骨文字記錄相結合，可以確定墓主人。既能確定墓主人，又能確定其年代，這種墓葬在殷墟考古發掘史上還是第一次的。

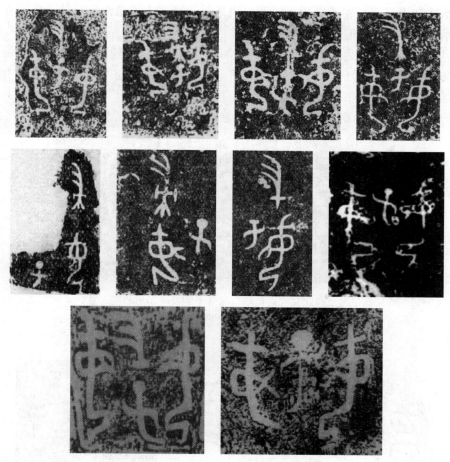

圖 5-37　婦好墓中出土有銘文“婦好”的各種銅器：豆、鉞、
偶方彝、長方扁足鼎、觚、小方鼎、瓿、簋、甗、甑
（採自《安陽殷墟五號墓的發掘》）

---

① 中國社會科學院考古研究所安陽工作隊：《安陽殷墟五號墓的發掘》，《考古學報》1977 年第 2 期。

據發掘記錄，墓穴作長方豎井形，在距墓口深 6.2 米的東、西兩壁中部各挖有長條形壁龕一個，兩龕內都埋有殉人。墓底距墓口深 7.5 米，已深入水面之下 1.3 米，詳細情況不明，但發現有較厚的漆皮。在墓底偏南處發現腰坑一個，有殉人一具、殉狗一隻。有木槨和木棺，棺、槨均在潛水面之下，在棺木範圍內，沒有發現人骨，墓主人的遺骸已無法確定。在墓穴中，至少埋有殉人 16 個個體。

出土隨葬物品 1600 餘件，其中銅器 440 多件，玉器 500 餘件，骨器 560 多件，石器 70 餘件。銅器中有銘文的 110 多件，其中 60 多件銅器中有銘文"婦好"二字（參見圖 5-37），也有銘文"司母辛"（參見圖 5-38）的兩件大方鼎，還有一件石牛頸部有銘文"司辛"（參見圖 5-39）。

圖 5-38　婦好墓中出土有銘文"司母辛"的各種銅器：四足觥底、蓋、大方鼎之銘文
（採自《安陽殷墟五號墓的發掘》）

圖 5-39　石牛圖和"司辛"銘文拓本
（採自《安陽殷墟五號墓的發掘》）

1.甲骨文中的"婦好"

從甲骨文記錄來看，在武丁諸婦當中，婦好的行蹤軌跡最爲突出，在甲骨文中反復出現，引人注目。流傳的甲骨文中，有關婦好的卜辭有 200多條，其涉及的範圍較廣，如下：

（1）分封、貢納。武丁時代，爲了加強對奴隸的鎮壓、對各方國的控制。經常把諸子、功臣分封在外地。被封的貴族，有爲商王朝貢納、服役、從征、戍邊等義務。所以商王對他們的情況非常關心，不斷爲之求神保佑。婦好則也可能是在外地被封，"婦好其來"（《合集》2654）、"貞：婦好不至☐"（《合集》2655）、"貞：今五月婦好不☐"（《合集》2662）、"癸酉卜，亙，貞：生十三月婦好來/貞：生十三月婦好不其來"（《合集》2653）等卜辭看來，婦好因被分封常在外地，並時常回到王都覲見商王武丁，而且向商王室貢納，"婦好入五十"（《乙編》7782），是婦好向商王室一次貢入龜甲五十，以實行被分封者的義務。

（2）參與戰役。從甲骨卜辭看，婦好多次作爲遠征軍的統帥，率領軍隊，屢立戰功。

"辛未卜，爭，貞：婦好其從沚𢧢伐巴方，王自東𠦪（罙）伐戎陷於婦好立"（《合集》6480）、"壬申卜，爭，貞：令婦好從沚𢧢伐巴方，受有祐"（《合集》6479 正）。"罙伐"之"罙"，爲文獻中的"深入"之義。

婦好參與和沚𢧢（戛）聯合攻打巴方的戰役。《合集》6480 卜辭表明，在商王武丁親自出兵攻打巴方戰役上，婦好配合商王武丁完成了目前有文字記載最早的伏擊戰，把敵軍殲滅。

辛巳卜，貞：登婦好三千，登旅萬，呼伐羌。（《英藏》150 正）

羌族（或叫羌方）是商王朝西北的一個方國，商朝與羌雙方戰事非常多。卜辭中的"登"爲"徵集"之義，"呼"爲命令之義，即命令婦好徵集三千兵力，旅（是一位方國首領或某一個族的族長）徵集一萬兵力，攻打羌方。

"甲申卜，𣪊，貞：呼婦好先共人於龐"（《合集》7283），"共"

與“登”同義，商王命令婦好先入於龐地徵集兵員。

婦好還參與了討伐“夷方”（《合集》6459）、“土方”（《合集》6412）等戰役。在甲骨文中婦好出現在西方、北方、東方以及西南方等地的戰場上，而且她在屢次戰役中，作爲先頭部隊的將領，並曾統率諸如“沚威”“侯告”等將領。爲促進商代晚期國家的發展和奴隸社會的繁榮，起了一定的作用。

（3）主持祭祀。《禮記·表記》載：“殷人尊神，率民以事神，先鬼而後禮”，尊神、事神、先鬼等神靈崇拜、神靈優先的行爲，表明商代人相信有特殊的神明主持人間世界。所以商代統治階級爲了保持自己的統治權力、經濟權利，大力渲染神明的存在和作用並很隆重的崇拜神靈，由此祭祀活動成爲商王朝統治階級最重要政治活動之一。據甲骨文記錄，晚商時代王室的祭祀原則上是由商王主持舉行的，然而婦好在商王的命令下主持過一係列的祭祀典禮。如“己卯卜，㱿，貞：禦婦好於父乙𡥧羊又豕晢十牢”（《合集》271 正）、“☐好侑㞢於父乙”，即向武丁之父小乙舉行“禦”“侑”祭。又主持向先妣舉行的祭祀，如“己卯卜，賓，貞：呼婦好侑㞢於妣癸”（《合集》94 正）、“貞：婦好侑冊於㱿妣酒”（《合集》2607）、“貞：翌丁巳呼婦好往於☐”（《合集》2642）、“甲戌卜，貞：婦好不往於妣庚”（《合集》2643）、“貞：禦婦好於妣甲”（《合集》2616）等。

從這些甲骨卜辭看，婦好經常受商王的命令主持祭祀活動，説明她是商王朝統治階級集團中的重要成員。

（4）生育。婦好雖然身爲將領，有時主持祭祀等又爲統治階級的重要成員，但其最重要的身份還是商王武丁之妃。所以武丁很關心她的生育，並爲她能否生兒子進行占卜，如“丁酉卜，賓，貞：婦好有受生”（《合集》13925 正）“受生”，即“能生育”，就占問“婦好有能夠生育麼？”“辛丑卜，㱿，貞：婦好有子，二月/辛丑卜，亘，貞。王占曰：好其有子，禦。”（《合集》94 正）卜問婦好能否懷孕子息，商王占問之後判斷，婦好懷孕了子息，所以要舉行除災殃之禦祭，以預防不測之禍。婦好懷孕時，商王武丁還“擔心先妣作𡦑於胎兒”[①]，占問“貞：妣己𡦑婦

① 王宇信、張永山、楊升南：《試論殷墟五號墓的“婦好”》，《考古學報》1977 年第 2 期。

好子？”（《合集》2675）説明武丁迫切希望婦好爲他生育能夠繼承王位的子息。

到了分娩之時，商王還卜問，“甲申卜，殸，貞：婦好娩，嘉。王占曰：其惟丁娩，嘉。其惟庚娩，弘吉。三旬又一日甲寅娩，不嘉，惟女/甲申卜，殸，貞：婦好娩，不其嘉。三旬又一日甲寅娩，允不嘉惟女”（《合集》14002 正），這是正反兩面卜問的卜辭。正面卜問，甲申這一天卜問，婦好要生孩子，嘉嗎？商王看了卜兆後判斷，若丁日分娩，嘉，若庚日分娩，弘吉。反面卜問，甲申這一天卜問，婦好要生孩子，不嘉嗎？其結果是三十一天後的“甲寅”那天分娩了，生了女兒，不嘉。

那麼，婦好到底有沒有生過兒子？學者們已經考證婦好是武丁的三個法定配偶中的“妣辛”。在周祭祀譜中也看到武丁配偶“妣辛”的名字。衆所周知，能夠被列入周祭祀譜的先妣，都是自己所生的兒子爲王位繼承者，所以我們可以肯定婦好曾經生過繼承王位的兒子。下面看兩條卜辭：

“壬寅卜，殸，貞：婦好娩，嘉/貞：婦好娩，不其嘉”（《合集》6948 正），其正問卜辭接著記錄“壬辰☐癸巳娩惟女”，是一條占辭，就説“壬辰至癸巳生育，該生女兒”，所以“不嘉”。

“戊辰卜，殸，貞：婦好娩，嘉/戊辰卜，殸，貞：婦好娩，不其嘉”（《丙編》245）此條卜辭，占卜正反問婦好分娩的結果如何？其正問卜辭接著記錄，“丙子夕☐丁丑娩，嘉”，這是同一片甲骨上的一條占辭，就説“丙子夕至丁丑生育，能生兒子”，所以“嘉”。

再根據周祭祀譜中有“妣辛”的名字，我們認爲婦好曾經生過兒子，即《丙編》245 的甲骨占卜記錄是婦好生了兒子的記錄。

關於“☐”字，甲骨文用法爲二，其一，用牲之法，“貞，拜於丁，☐黎牛，冊三十黎牛”（《續》1.45.4：筆者註，“黎牛”指黑色的牛）；其二，介於兩個相連的干支日名之間者，這種用法又分爲兩類，一類是☐字之前加一個夕字，如“甲子夕☐乙丑”，“戊辰卜，殸貞，婦好娩嘉？丙子夕☐丁丑娩，嘉”（《丙編》245、《乙編》743）；另一類則不加夕字，如“甲子☐乙丑”，“丙辰卜，賓貞，乙卯☐丙辰王夢自西”（《外編》2）等。可能爲“夜半”或“連續至”之義，所以認爲指前一天半夜至第二天早上的一段時間。

但是于省吾在《釋𣊤》①中説："爲天氣陰蔽之義"，據此，王宇信師等説："（《丙編》245 卜辭是）戊辰日占卜，問婦好生育吉利麽？驗辭是過了八天，丙子那天晚上天氣陰蔽了，第九天丁丑娩，吉利。"②

我們將"𣊤"字視爲"時間詞"？還是"天氣陰蔽"？尚不定論，但是從上述兩條卜辭來看作爲"時間詞"更爲適合，待考。反正，武丁王很關心她的生育，是因爲武丁盼望婦好爲他生育能夠繼承王位的子嗣。結果婦好生了子嗣，所以後來她能夠被列入周祭祀譜中，稱爲"妣辛"，與"妣戊""妣癸"一起成爲武丁的法定配偶。

（5）疾病。"貞：婦好骨凡有疾"（《合集》709 正）、"貞：婦好其延有疾"（《合集》13713 正）、"貞：婦好有疾惟有壱"（《合集》13714 正）等一些卜辭來看，商王武丁高度重視婦好的身體狀態。

總之，我們在古文獻中看到的殷商時代女性在社會上的地位和作用並不是很高，如《尚書·牧野》載："牝雞之晨，惟家之索"，但是能記載在甲骨文中的女人地位相對是比較高的。在武丁時期，包括婦好等商王的諸婦爲商王室做出了不少貢獻，除婦好之外，參與對外戰爭的有，婦妌（《合集》6585 正）；主持祭祀活動的有，婦妌（《合集》2725）、婦媒（《合集》2777）、婦石（《屯南》2118）；參加甲骨的整治者有，婦利（《合集》1853 臼）、婦寵（《合集》17393 臼）；承擔王事的有，婦葉（《合集》5495）等。雖然不能説在晚商時代所有女人的地位都這麼被重視，但是也不能説所有女人都是被輕視的。

2. 婦好墓的年代問題

我們一般認爲 1976 年發掘的 M5 的墓主人是"婦好"，所以把它命名爲"婦好墓"。其主要原因是在墓中出土的 110 多件有銘文銅器中有銘文"婦好"字樣的有 60 多件，所以學者們認爲這座墓葬的墓主人爲甲骨文中武丁的配偶——"婦好"。

然而，第四期甲骨文，即所謂的"歷組"卜辭中也有名叫"婦好"的甲骨卜辭。而且裘錫圭根據在墓中出土的玉戈中的"盧方劋入戈（？）

---

① 參見于省吾《釋𣊤》，載於《雙劍誃殷契駢枝續編》，于省吾著作集《雙劍誃殷契駢枝》《續編》《三編》合本，中華書局 2009 年版，第 195—201 頁。

② 王宇信、張永山、楊升南：《試論殷墟五號墓的"婦好"》，《考古學報》1977 年第 2 期。

五"之銘文，認爲該墓應該是第三期或第四期的墓葬①等，婦好墓的年代分歧較大。

1977 年 7 月 22 日，在北京召開了歷史、考古學家參加的一場座談會，"安陽殷墟五號墓座談會"。參加的學者在會議上的發言整理出《安陽殷墟五號墓座談紀要》，學者們提出的主張大體内容，如下②：

（1）鄭振香——安陽殷墟五號墓是殷墟發掘以來，唯一保存完整，並能確定墓主與墓葬年代的殷王室墓；銅器銘文和玉石刻文，很多可與甲骨卜辭相對應；從遺物觀察，這墓較解放前在小屯發掘的 M232、M333 要晚，與 M238、M188、M066 及在侯家莊發掘的 1001 號墓和解放後發掘的武官大墓時代比較接近。有多種遺物與 1001 號墓、武官大墓近似。

目前已發現銘文中，"婦好"和"司母辛"是斷定墓主身份與年代的關鍵。"婦好"銘文的銅器數量最多，共六十餘件，並有不少大型銅器，如偶方彝、三聯甗、圓甗、鴞尊等。從銅器的數量與質量觀察，婦好應是墓主人，她就是武丁的配偶。

"司母辛"銘文的銅器有大方鼎兩件，四足觥兩件。刻"司母"銘文的石牛一件。大方鼎無疑是主要祭器。卜辭記載武丁的三個法定配偶中，有廟號"妣辛"的，祖庚、祖甲時卜辭稱爲"母辛"。銘文"母辛"當指武丁配偶"妣辛"。我們認爲"婦好"與"妣辛"是同一個人。"婦好"爲生稱，"妣辛"和"母辛"是其廟號。至於"婦好"死的年代，從有關祭祀"婦好"的卜辭分析，當死於武丁在世時。

（2）楊升南、張永山——墓中出土的銅器上，不少鑄有銘文"婦好"二字。在甲骨文中保存了不少關於婦好的史料，據不完全統計，在武丁時期，有關婦好的卜辭就達二百多條。

她曾統率軍隊對北方的土方、西方的羌方、東方的夷和西南的巴方作戰。據記載，婦好一次就率領一萬三千人對羌方作戰。這是目前所能知道的商朝參加人數最多的一次戰爭。

婦好曾在商王的命令下主持過一係列的祭祀典禮。在一次由婦好主持的祭典上，就殺死十個俘奴作爲犧牲。

---

① 看下文《安陽殷墟五號墓座談紀要》中第 4 "裘錫圭"的發言内容。
② 《安陽殷墟五號墓座談紀要》，《考古》1977 年第 5 期。

　　婦好也曾作爲一個商朝重要人物被封在外地。武丁時期，爲了加強對奴隸的鎮壓和對各方國的控制，經常把諸婦、諸子以及功臣等封在外地。這些被封者除爲商王朝徵收貢賦、戍守邊防外，還常到王都安陽來覲見商王武丁。所以卜辭中常有某人貢入多少和占卜來不來的記載。甲骨文中記有婦好一次貢入五十隻龜，以作爲祭祀占卜之用。

　　在甲骨文中還有不少武丁爲婦好占卜生育和她的健康狀態方面的卜辭。武丁向商王室祖先卜問婦好是否有生育能力。當她懷孕以後，又多次卜問婦好何時分娩，是生男孩，還是生女孩。武丁對婦好的健康狀況和她的吉凶禍福也格外關心，常常爲之占卜。從武丁對婦好生育能力和健康狀況的特別關心上，反映出武丁與婦好的特殊關係。這祇有婦好是武丁的配偶，纔能合理地解釋這些現象。

　　婦好死於何時，這對判斷該墓年代至關重要。從甲骨文的材料看，她在武丁時期就去世了。在武丁時期的甲骨文中，有直接卜問婦好死不死的卜辭。在甲骨文中，呼、令等一般是對還活著的人而發出，出、賓等一般是對已死者的祭祀。既然婦好在武丁時期已經去世，我們認爲五號墓的年代應不會晚於武丁時期。

　　（3）王宇信——甲骨文中第一期武丁時期和第四期武乙、文丁時期都有名字叫婦好的人物。那麽五號墓的墓主婦好究竟是誰呢？五號墓屬殷墟前期。第一期甲骨文裏，關於婦好的記載，據不完全統計，達二百四五十條之多，而且她與武丁關係密切，地位也較爲重要。第四期的婦好，總計不超過五六條卜辭，而且多是卜問婦好之禍的卜辭。其身份和地位較一期的婦好差得多。因此，祇有第一期的婦好纔能與此墓墓主的地位相當。那麽第一期的婦好是否與第四期的婦好爲一個人呢？如果第一期的婦好活到第四期，要歷經武丁（59 年）、祖庚（7 年）、祖甲（33 年）、廩辛（6 年）、康丁（8 年）、武乙（4 年）、文丁（13 年）各期，這就差不多相隔一百二三十年，這是不大可能的。所以，我們認爲第一期的婦好與第四期的婦好不是一個人。

　　第一期的婦好死在武丁時期，這在甲骨文裏有明確記載：其一，一期甲骨卜問婦好死葬的材料；其二，武丁把她列入祖先岳、河、王亥、上甲、報乙、示壬、唐、大丁、大甲、祖乙的行列中，舉行祈求之祭；其三，有一次武丁向死去的婦好舉行勾求之祭，冀求婦好的靈魂鎮懾來犯的舌方；其四，武丁時常祭祀婦好，祭名有哭祭、侑祭、燒燎之祭、酒祭、嬪祭等。

婦好既然在武丁時死了，而武丁在位長達 59 年，這就有必要弄清楚婦好死於武丁的哪個時期。大量爲婦好卜問生育以及婦好主持祭祀、參加征戰的卜辭，說明婦好不會死於武丁早期。婦好生前曾參加征伐羌方、巴方、夷方、土方的戰鬥。而在商王朝與舌方這場較其他各方持續時間長的激烈戰鬥中，不僅沒有婦好參加征戰，而且她曾受到如同死去的祖先一樣的匄求之祭。這說明婦好大概死於舌方平定之前。根據甲骨文的材料推斷，舌方被滅於武丁的最晚葉，那麼婦好自應死於武丁晚葉的前期。

甲骨文中有"后婦好"（《合集》2672），可能因爲曾被立爲小王的孝己是婦好之子，在稱謂上與其他諸婦有別。后母辛、后辛的稱謂身份上與婦好相同，同爲武丁之後。我們認爲婦好死後，其廟號爲辛，武丁祭祀她時稱"后辛"，石牛應是武丁爲婦好所做；后母辛是其子小王對其母婦好的稱謂，五號墓中"后母辛"諸器爲主要祭器，當爲小王爲其母所做。

五號墓中出現的弜、盧、啟等這些方國，在武丁時甲骨文中就已出現。弜與婦好還有這一定的關係。"入石""入戈"這些記事銘文，與僅流行於武丁一代的"記事刻辭"作風極爲接近。這也從側面證明瞭五號墓應爲武丁時期。

1001 號大墓之中，曾出一件骨笄帽，上面有"昜入二"字樣，與五號墓的記事銘文字體，文例相近。1001 號大墓是屬於早期的，這也可以說明婦好墓不會在第四期武乙、文丁時期。

（4）裘錫圭——甲骨卜辭裏所見的人名，絕大多數是這個人的族氏，因此在相隔一二百年甚至更久的卜辭裏，可以看到很多相同的人名。

婦的名字也同樣是族氏，祇是婦名常常加上"女"旁，如井族的婦井在卜辭裏就常常寫作婦妌。卜辭的婦好，丁山認爲是與商王同姓的子姓女子[①]，李學勤認爲是保族女子（《文史哲》1957 年第 11 期。"保"古作"仔"，改"人"爲"女"，即成"好"字）。不管怎樣，婦好的"好"總應該是一個族的氏姓而不是私名。祇要是這個族嫁給殷王的婦都可稱"婦好"。因此，不但第一期有婦好，其他期也可以有婦好。

① 丁山：《甲骨文所見氏族及其制度》，中華書局 1988 年版，第 56 頁。

"□於司辛"（《甲編》824）

這個司辛大概是見於周祭祀譜的康丁之配偶妣辛。上舉的三期、四期婦好卜辭，根據甲骨卜辭各期字體的一般情況看，似乎可以歸入第四期。但是康丁卜辭和四期卜辭的字體往往很難區別。我們按照胡厚宣的分期辦法，對那些無法根據卜辭内容判斷其確切時代的三期、四期甲骨卜辭不再加以區分。如果上舉的三期、四期婦好卜辭是屬於康丁時代的話，這個婦好便很有可能是這次發掘的大墓的墓主。她是康丁的配偶，私有稱爲司辛，後來又被稱爲妣辛，並被排入《周祭祀譜》之中。婦好就有可能是康丁死後纔死去的。

這座墓還出了一把有銘玉戈，在戈内的邊緣刻了"盧方帶入戈（？）五"幾個字，與甲骨文字體作風類似，可以進行比較。根據初步觀察，戈銘的字體跟武丁卜辭顯然有別，而跟三期、四期卜辭則相當接近。第一期卜辭中没有找到"盧"方，但三期、四期卜辭裏則既有"盧方"，又有"盧伯"。所以，從戈銘内容看，也以定作三四期爲宜。

（5）鄒衡——（五號墓出土的）青銅禮器，可分爲三組：第一組，約相當於"殷墟文化第二期第三組"，數量較少；第二組，約相當於"殷墟文化第三期第四組"，數量較多；第三組，或相當於"殷墟文化第三期第五組"，數量亦不太多。其大致估計絕對年代，最早的可到武丁時代（晚期），最晚的可到武乙、文丁時代。若僅以銅禮器來定，則此墓下葬的年代不會早到武丁時代，但也不會晚於武乙、文丁時代。甲骨文第一期和第四期均見"婦好"。在金文中也有此類銅器《婦好卣》（《錄遺》256），但因爲小屯五號墓未被盜掘，該卣決非出自此墓。可見所謂"婦好"至少也不是一人。

（6）李學勤——仔細觀察，各件器物的形制和紋飾，不難發現較多的早期因素。在殷墟前期，究竟有没有五號墓這種滿裝複層花紋的青銅器呢？

①小屯 331 號墓：相當早的一座銅器墓。墓中出有《乙編》9099 卜骨，字體極近於武丁時期的"自組卜辭"。

②小屯 H21 窖穴，疊壓在乙五基址之下。蓋基層中包涵的甲骨不晚於祖庚、祖甲時期。

③1001 號大墓出有"亞雀"鹿角器,而"亞雀"見於武丁時期有卜人子和殸的兩種卜辭。值得注意的是,卜辭和鹿角器上"亞雀"的"亞"字寫作"✛",和較晚青銅器銘文的"亞"迥乎不同,而五號墓青銅器上的"亞"字,恰恰是"✛"形的。

④小屯 066 號墓,有人認爲這座墓爲乙五基址的"奠基墓",和它成對的 18.4 號(筆者註:18.4 號應爲 18 號,可能爲李文寫錯)墓所出陶器與 1001 號大墓屬於同期。

從這幾個例子看,李學勤傾向於五號墓現已修復的青銅器標本,年代是較早的。但是不能簡單地由於武丁卜辭裏有婦好,就得出五號墓時代屬於武丁的推論。因爲在卜辭裏不是衹有一種婦好,而是兩種卜辭都有婦好。一種是傳統上稱爲一期的賓組卜辭,一種是稱爲四期的有卜人歷的卜辭,可稱爲"歷組"卜辭。尤其是《甲編》668"辛丑獻,婦好祀",以辛日祭婦好,更與五號墓青銅器既有"婦好",又有"后母辛"銘文相應。但也不是武乙、文丁時期的。因爲歷組卜辭,很有可能是武丁晚期到祖庚時期的東西。這也就是説,兩種卜辭的婦好可能是同一個人。因此,當前的問題不是用殷墟卜辭的分期去確定五號墓的年代,相反的,倒是五號墓的發現有助於解決卜辭斷代研究中長期懸而未決的問題。

(7)胡厚宣——五號墓中出土的兩件大方鼎,通高 80 釐米,重 235 斤,比西北崗 1004 號墓的牛鼎、鹿鼎器形大,時代早,是目前所知僅次於"司母戊鼎"的青銅重器。

大量的精美石、玉、牙、骨器物,則與西北崗 1001 墓所出是同一個類型。婦好墓出土的器物,既與 1001 墓大體相似,那麽,把它的時代定爲殷代的早期,不是没有理由。

除大量的武丁時關於婦好的卜辭之外,間或有少量的幾條像是武乙、文丁時的字體。但相隔一百年以上,婦好不會是一個人。

婦好明明是一個婦人之名,卜辭還經常占卜她生育子女吉利不吉利,如何能説它是族名呢?

婦好如果真是武丁的配偶,武丁時卜辭又還有不少關於婦好疾病死亡的記載,那麽,把這座墓葬定在殷代早期武丁時較後,胡先生認爲可以信從的。

(8)高明——婦好是生活在武丁時代的人物。銘文"司母辛"或謂"司辛"，它是婦好的廟號，即武丁的配偶"妣辛"。看來偏晚的器型與銘文内容發生了矛盾。因而有同志提出四期卜辭也有"婦好"，商王配偶稱妣辛的也不祇此一人，康丁配偶也稱"妣辛"。所以有同志推測該墓當屬廩辛、康丁以後。

目前對商代銅器早晚時代的瞭解，還不能達到十分準確無誤的程度。"婦好"墓之所以重要，在於它是目前所見唯一一座保存完好的商王朝貴族墓葬。如果確切地考訂出該墓的年代，對研究商代青銅工藝的生產和青銅禮器的發展變化都有重要意義。同時，也可爲商代的考古學建立一個標準尺度。

關於卜辭分期，其中也存在問題，尤其是第四期卜辭問題最多，它同一期卜辭有許多共同的作風和相同的人名，"婦好"僅是其中一例。如時代與該墓相當的第 18 號墓，在出土銅器中有銘作"子漁"者，"漁"字用兩條水四條魚寫成，正同第一期卜辭（《前編》6.50.7、《京津》1516）中的寫法相同。而"子漁"一名，在第一期、第四期中也皆有記載。又可說明第一期、第四期卜辭重名者不少。如何唯獨在第四期卜辭中出現同第一期有若干重名而其他期沒有？這是沒有解決的問題，同時也反應出第四期卜辭時代不是很清楚，還需要認真的研究。

（9）唐蘭——支持后辛即婦好，死在武丁生前的意見。從書法判斷，也有別與後期。有后辛墓銅器作爲武丁時代的標準，又有邟其三器等商紂時代的標準，對殷墟銅器的斷代已比較有把握了。

"后辛"二字見於"石牛"頸下，后字寫司如同，有人就讀爲司辛是錯了。春秋時叔夷鎛講成湯伐夏后，后字也寫成司。司、后本爲一字，《說文》把左向的讀爲司，右向的讀爲后，古文字沒有左右向的區別，或讀爲后，或讀爲司，我懷疑祇是方言問題。

后字或加女旁作姤，是女性后的專字。后辛墓的大銅方鼎和觥觥都有姤辛二字，由於古代書法不規整，后旁常偏高，因而往往被誤認爲三個字，后母辛或司母辛；過去出土的姤戊大方鼎，也被誤認爲司母戊三字。周穆王時有些銅器說到王姤，也就是王后。

后字和姤字的釋定，很重要。如果釋成司母辛或后母辛，這個墓則屬於祖庚、祖甲時代了；中國古代奴隸主統治者自稱爲帝，從炎帝、黃帝直到帝舜都如此，帝是代表上帝的。但從夏代起卻稱后，唐蘭稱它爲群后時代。后是管理國家事務的君長：如后益、后稷、后羿等。夏代君主，生稱后，死後纔稱帝。商人先世是遊移民族，從王亥起就自稱爲王，繼承夏朝以後，還保存很多母係社會的遺留，婦女還掌握很大權力，從卜辭來看，武丁時的婦好是參與軍事的，婦妌是掌農業的，婦好被稱爲後，大概由於這個原故。據説武丁在位五十九年，他的法定配偶有三人，即後來所稱的妣辛、妣癸與妣戊。杜廼松同志説：后辛是妣辛，那麼，過去所謂晚期的司母戊鼎也應提前了，唐蘭認爲這値得考慮。后戊就是妣戊，唐蘭很懷疑她就是卜辭常見的婦妌，當然，這還有待於進一步的研究。

　　殷代君主生前稱王，死後也稱帝，如帝乙。由於后辛和后戊是殷王的配偶，帝與后相對，於是本來是管理國家事務的男性君主的稱號，現在改變爲管理國家事務的女性君主的稱號，而逐漸轉化爲王的配偶的專稱，即使並未見過問國事，也稱爲王后了。后字何以有兩種意義，即男性君長與王后，過去是無法瞭解的，由於后辛墓的發現，纔能對這種轉化有確切的解釋。后字就專屬於王后，管理國家事務的人就改稱爲有司。

　　（10）杜廼松——從一些青銅器的基本特徵來看，墓葬是屬於殷墟文化前期的。銅器雖然厚重，但具有商代前期的一些主要特徵。

　　從銘文上看，我們知道商代金文和甲骨文雖有鑄與刻之别，然文字的組織結構，字體的特點，在每一相應發展階段基本上是相同的。“司母辛”三字的書法屬於卜辭第一期武丁時代字體雄健宏偉的特點，婦好墓中出土的銅器銘文，最多的祇有幾字，這也符合殷墟前期的特點。

　　（11）石志廉——第一，婦好大銅鉞上面作兩虎吞噬一人頭形花紋與司母戊大鼎耳部花紋完全相同。司母辛方鼎的形態、紋飾也與司母戊大鼎的風格一致；第二，玉馬和四件銅鏡也値得注意。商代銅器沒有作馬形紋飾的，盡在一些銘文中具有作象形馬字的。商代玉馬還是第一次發現。銅鏡上有扁平長鈕和簡略直條紋飾是唯一經科學發掘出土的商代銅鏡，把銅鏡的歷史從春秋又向前提早了數百年；第三，“盧方□入戈五”玉戈和“妊竹入石”石磬都是方國向商王朝貢納之器。和商骨竿上的“昷入二”納貢骨器的例子是相同的；第四，玉人對研究商代的服飾和髮型十分重要；第五，“婦好”墓出土的文物有很多都是成對、成組的，如司母辛方鼎、婦好鴞尊、婦好銅鉞、玉象、嵌松石象牙雕杯等都是成對的。銅鐃五件一組説明早在商代已經五音俱備，在我國古代樂器發展史上是一個大的進步。

（12）高英——"婦好"墓的銅器群，應該屬於"早殷"時代。理由是：造型厚重，大件器物多，花紋佈局雖然嚴謹，但迴紋粗略。更重要的一點是冶金技術沒有達到晚殷時代的高度，含錫量偏低，可能還有個別的紅銅或含錫低於 8%的器物。該墓沒有一件花紋精細如絲、玲瓏剔透的晚殷時代的器物。因此，斷定該墓爲武丁時代是可取的。銅鏡的發現，把我國銅鏡的歷史往前推進了五百多年，對比戰國銅鏡那樣精美就不足爲怪了。然而從該墓銅鏡的腐蝕現象看，估計它們的含錫量可能偏低，因此它們的光潔度和反光強度必然不如戰國同類器物。但是晚殷銅器中卻常常有含錫量很高的器物。這一點説明當時人們還沒有認識含錫量可以決定青銅硬度和光潔度的自然規律，因此也就證明該墓青銅器的時代較早。

（13）王世民——至於商代銅器的分期，資料條件遠不如西周，主要是有銘文內證作根據的標準器太少，而且限於乙辛時期。許多同志指出，婦好墓的東西與 1001 號墓、武官大墓最爲接近。它同 238 號墓也有不少相似之處。整個説來，婦好墓缺少侈口雙耳簋、直筒形尊、寬體卣和帶穿戈一類典型的晚期器物，早期因素卻不少，頗有承先啟後的味道。武丁是盤庚遷殷後在位時間最長的王，也是殷代的極盛時期，隨後就走下坡路了。因此，武丁及其後一段時間的文物，似可作爲殷墟文化的典型代表。將婦好墓定爲武丁晚期，上距盤庚遷殷已有一百年以上的歷史，屬早晚交替的殷墟中期，同當時的歷史背景是符合的。如果認爲婦好墓與甲骨四期相當，未免太晚。

從上所述，我們可以看到，有的學者從銅器的類型或者墓中出土其他文物或其他墓葬所處的文物的器形來分析其墓葬的時代；有的學者按照文獻、甲骨文字的字體、青銅銘文的字體等因素來分析其墓葬的時代；有學者從甲骨文中"婦好"的問題出發聯繫到分期斷代問題，即把傳統的第四期"歷組卜辭"前移到武丁晚期到祖庚時期時代，各有各的道理。學者們的這些爭論，像兩條鐵軌一樣，保持平行線。我們祇能再等到出現更有説服力的證據來解決問題。

總之，殷商時代已經成爲父系社會，而且從殷墟甲骨文記錄看還存在著女性在社會上的地位附於男性的現象，但是商王在政治活動中在一定程度或範圍上卻依靠諸婦，其中最有影響力的人就是"婦好"。所以我們可以說，以婦好爲代表的殷商時代的諸婦是商王的"重要的政治夥伴"①。

二　甲骨學的全面深入發展時期（1978 年至今）

1978 年改革開放以來，中國學術界也迎來了百花齊放的春天，取得了較廣、較深、較快的發展。這一時期"甲骨學研究新秀也脫穎而出，走向甲骨學研究的最前沿"②。甲骨學研究與殷商考古學及科技文明一道蓬勃發展，進入甲骨學的全面深入發展時期。

在這一時期，甲骨文的集大成之《甲骨文合集》出版和 1949 年以來在殷墟科學發掘所得一大批小屯南地甲骨的著錄書《小屯南地甲骨》的出版，爲新時代甲骨學研究的全面深入發展奠定了基礎。

甲骨學研究的全面深入發展主要有以下幾個方面的進展：其一，甲骨文的新發現；其二，甲骨文的著錄和綴合；其三，甲骨文分期斷代研究的深入；其四，文字考釋方面研究；其五，不斷進行殷墟考古發掘；其六，商代史研究的深入；其七，加強與國外學者學術交流。

（一）新出土的甲骨文

這一時期，重要科學發掘所得的有幾批甲骨文，如在殷墟花園莊東地發現甲骨文和 1986 年、1989 年在小屯村中發現甲骨文及 2002 年、2004 年在小屯村南發現甲骨文等。

1.殷墟花園莊東地甲骨

1991 年 10 月，中國社會科學院考古研究所安陽工作隊在殷墟花園莊東地發掘了一個甲骨坑，編號 91 花東 H3。坑內出土甲骨 1583 片，其中有刻辭的 689 片，以大塊的和完整的卜甲居多。這是 1936 年史語所第十三次殷墟科學發掘所得 YH127 坑、1973 年中國社會科學院考古研究所安陽工作隊發掘所得小屯南地甲骨發現以來殷墟科學發掘所得甲骨文的第三次重大發現。

其發掘之經過，如下③：

1991 年秋，安陽市修建殷墟博物苑至安崗大道的公路，爲配合這一築

---

① 具隆會：《從殷墟甲骨文談商王的政治夥伴諸婦》，《中原文化研究》2017 年第 3 期。
② 王宇信、具隆會：《甲骨學發展 120 年》，中國社會科學出版社 2019 年版，第 433 頁。
③ 中國社會科學院考古研究所編著：《殷墟花園莊東地甲骨·前言》，雲南出版社 2003 年版。

路工程，安陽工作隊組織人力前往該地鑽探。於花園莊東 100 多米處，在距地表 2.9—3.1 米的深度，在三個相鄰的探眼中發現了許多龜甲碎片……初步判斷是個甲骨坑。

10 月 18 日發掘工作開始，在探出甲骨的地段開了一個南北長 6 米，東西寬 4 米的探方，編號 91 花東 T4。……10 月 20 日，H3 坑的全貌顯現出來，十分規整的長方形窖穴，長 2 米，寬 1 米。下午，開始發掘 H3。21 日上午十點鐘，挖之坑口以下 1.7 米（距地表 2.9 米），發現了密密麻麻的甲骨片，絕大多數是卜甲……在探方旁邊搭起帳篷，安排工人日夜值班看坑。（因爲坑中發掘甲骨的環境和甲骨容易破碎和前來參觀、看寶的人絡繹不絕，出現甲骨的安全等問題）決定終止在工地的清理工作，將整個甲骨坑來一個大搬遷，搬回考古站再清理。

10 月 27 日，套箱工作開始（用了一天半時間裝完），29 日下午，工作隊租了起重機，將重約 4 噸的甲骨箱緩緩吊起，放在一輛大卡車上，運回考古工作站。（因爲甲骨箱太大）祇得把它放在院子中。

10 月 30 日，爲了搞清甲骨坑與周邊遺跡的關係，在 T4 的北面，再開一個長 5.5 米、寬 4 米的探方（編號 T5），六天以後，T5 發掘完畢，田野工作告一段落。

從 10 月 31 日開始在考古站內開箱取甲骨。由於甲骨堆積較厚，逐層清理，每剔剝出一層，先照相、畫圖，然後按其疊壓的先後，一片片編號取出[1]……至 11 月 26 日，取出甲骨 856 片……1992 年 5 月 3 日至 6 月 1 日，清至坑底，甲骨全部取完。從 H3 坑的發掘，到取完最後一片甲骨，前後費時兩個多月。

花園莊東地 H3 坑，共發現甲骨 1583 片，卜甲 1558 片（腹甲 1468 片，背甲 90 片），卜骨 25 片。有刻辭的甲骨 689 片，其中刻辭卜甲 684 片（腹甲 659 片，背甲 25 片），刻辭卜骨 5 片。此坑甲骨，以大版的卜甲居多，其中完整的卜甲 700 多版，半甲、大半甲的數量亦很多，特別珍貴的是有刻辭的完整卜甲達 300 多版，佔有字甲骨的一半。

據發掘者報告，花園莊東地考古遺址的時代，早期相當於大司空村一期（或稱殷墟文化一期晚段），中期相當於殷墟文化第三期，晚期相當於

---

① 參見《殷墟花園莊東地甲骨·前言》圖二至圖十七。

殷墟文化第四期早段。花東 H3 坑的時代相當於殷墟文化第一期晚段，即大體上相當於武丁前期。

殷墟花園莊東地甲骨的發現，爲學術界提供了非常重要的內容：其一，花東甲骨文中出現不少新字和字形、字體上與以往不同的現象，促使研究者重新認識字體分類的標準；其二，對非王卜辭和“子”卜辭以及“子”的身份、在商王朝所處的地位等方面的研究，提供了新材料；其三，爲研究商代家族制度和商代社會結構提供了新材料；其四，爲商代社會、歷史、地理等方面研究提供了不少重要材料。

自從 1991 年殷墟花園莊東地甲骨的發現以後發掘者陸續發表了有關發掘報告和重要成果。如，劉一曼在 1993 年發表了《1991 年安陽花園莊東地、南地發掘簡報》①一文，於 1998 年在《殷墟花園莊東地甲骨坑的發現及主要收穫》②一文中公佈了 8 版花園莊東地發掘甲骨刻辭摹寫本、1999 年在《殷墟花園莊東地甲骨卜辭選釋與初步研究》③一文中又公佈了 23 版花園莊東地發掘甲骨刻辭摹寫本。從此，吸引了不少甲骨學者的關注並展開研究探索。尤其是 2003 年《殷墟花園莊東地甲骨》將 689 版甲骨公佈以後，在甲骨學界出現了研究花園莊東地甲骨的熱潮，其研究論題之廣泛和深入，其持續時間之長，已取得研究成果之豐富④，可以説前所無有。

2. 殷墟小屯村中、村南甲骨

1986 年和 1989 年中國社會科學院考古研究所安陽工作隊在安陽小屯村進行發掘，獲刻辭甲骨 305 片，2002 年與 2004 年安陽工作隊又在小屯村南進行發掘，獲刻辭甲骨 233 片。“因爲小屯村中、村南出甲骨的探方相距不足百米，所以我們決定將這兩處所獲的刻辭甲骨一起整理”，其發掘經過，如下⑤：

（1）小屯村中。1986 年春，小屯村計劃修村中的道路，考古所安陽工

---

① 劉一曼：《1991 年安陽花園莊東地、南地發掘簡報》，《考古》1993 年第 6 期。

② 劉一曼：《殷墟花園莊東地甲骨坑的發現及主要收穫》，載於臺灣師範大學國文係、史語所編輯：《甲骨文發現一百周年學術研討會論文集》，1998 年。

③ 劉一曼、曹定雲：《殷墟花園莊東地甲骨卜辭選釋與初步研究》，《考古學報》1999 年第 3 期。

④ 參見孫亞冰《殷墟花園莊東地甲骨文例研究》，上海古籍出版社 2014 年版，第 18—31 頁，有 130 多種。

⑤ 中國社會科學院考古研究所編著：《殷墟小屯村中、村南甲骨·前言》，雲南人民出版社 2012 年版，第 1—60 頁。

作隊進行考古工作。發掘工作於 4 月 7 日至 4 月 22 日進行，由鄭振香、劉一曼負責。在馬王廟的西邊開探方發掘，在馬王廟南邊開探方一個（編號 86AXTT2）。三個探方的面積 56 平方米。其中 T2 與 T3 兩個探方發現了刻辭甲骨。

①86AXTT2。探方地層關係：東西長 5 米，南北寬 2 米：第 1 層，路面墊土，深 0.15—0.2 米；第 1A 層，現代路土，深 0.35—0.45 米，在此層下探方東部發現一近代擾亂層，編號 1B，在 1B 擾亂坑中出土 4 片刻辭卜骨；第 2 層，隋唐層，深 0.35—1.05 米；第 3 層，殷代層，深 1.3—1.65 米；第 3A 層，深 1.3—1.65 米，出刻辭卜骨 1 片；第 3B 層，深 1.3—1.8 米，在 3A 之東側；第 3C 層，深 1.05—1.65 米，在 3A 之西側；第 4 層，分佈在探方西部，深 1.35—1.85 米；第 4A 層，在探方的最西部，深 1.6—2.6 米；第 4B 層，4A 之東側，深 1.8—2.65 米，出刻辭卜骨 1 片；第 4C 層，在探方西部 4A 層、4B 層之下，深 2.5—3.3 米；第 4D 層，在探方中南部，深 1.8—2.1 米；第 5 層，在 4D 層之下，深 2—2.8 米；第 5A 層，在探方北部，深 1.55—2.1 米，在此層下，在探方的東北角，發現殷代灰坑 H4，坑口距地表 2.1 米，坑底據地表 2.7—2.9 米；第 5B 層，在 5A 層之下，深 2.1—2.65 米。

②86AXTT3。探方地層關係，探方長 4 米，寬 4 米：第 1 層，現代墊土，深 0.2—0.25 米；第 1A 層，在第 1 層之下，現代擾亂坑，坑底距地表深 3.7 米；第 1B 層，現代路土，深 0.2—0.65 米；第 1C 層，在 1B 層之下，坑底距地表深 3.2 米；第 2 層，近代擾亂層，深 0.5—1.6 米，在此層下發現 H5，坑口距地表深 0.9—1 米，坑底距地表深 3.1 米，出 2 片刻辭卜骨，在 H5 之下，發現了 H6，坑口距地表深 2.6 米，坑口距地表深 4.5 米；第 3 層，在探方西北部，深 0.9—2.55 米；第 4 層，在探方西北部，深 2.55—4 米。

86AXTT2 和 T3 共出 8 片刻辭卜骨，其中出於現代擾亂坑的有 4 片，出於殷代文化層，即灰坑的有 4 片。"出於擾亂坑的 4 片卜骨，1 片[T2（1B）：3]屬'歷組卜辭'，餘 3 片[T2（1B）：1、2、4]屬'無名組卜辭'。出於殷代文化層即灰坑的 4 片卜骨[T2（3A）：5、T2（4B）：6、H5：3]屬於'無名組卜辭'。學術界認爲'無名組卜辭'的時代大體相當於廩辛、康丁、武乙前期，而他們所處的地層，相當於殷墟文化三期晚段或四期初，約當文丁、帝乙時期，比卜骨之時代略晚。"①

（2）小屯村中。1989 年，小屯村民計劃在馬王廟西南至村南大路以北蓋住宅，該處在 20 世紀二三十年代，是張學獻家的菜園及麥場，村民曾四次在那裏私掘甲骨，史語所在此地段發掘過三次（1928 年、1929 年、1931 年），共七次發掘，發現了幾千片刻辭甲骨。因此，安陽工作隊決定在那裏再度進行發掘。春季自 1989 年 4 月 14 日至 5 月 27 日，開探方 4 個（T4—T7），秋季自 11 月 2 日至 25 日，開探方一個（T8）。共 68 天工作，劉一曼負責發掘。T4、T7 各處幾片刻辭卜骨，T6 和 T8 刻辭卜骨出土數量較多。

①89AXTT6。探方南北長 9 米，東西寬 3.5 米：第 1 層，墊土，深 0.1—0.25 米；第 2 層，現代擾亂層，深 0.15—0.8 米，在此層下發現盜坑 7 個；第 3 層，在探方中部、北部，深 2.7—2.2 米，在探方西部偏中，發現灰坑 H7；第 3A 層，在探方北部第 3 層下，深 2.2—3.1 米；第 3B 層，深 0.8—3.1 米，出刻辭卜骨 4 片；第 3C 層，深 0.9—2.95 米，出刻辭卜骨 2 片；第 3D 層，深 1—2.7 米，出刻辭卜骨 27 片；第 4 層，分佈在 3C、3D 層之下，深 2.65—3.15 米；第 5 層，分佈在探方中部和南部，深 1.05—3.15 米；第 6 層，分佈在探方南部，深 1.7—2.7 米。

②89AXTT8。T8 開始發掘時爲南北長 5 米、東西寬 5 米的方坑，發掘數天後，在探方東部發現了較多的刻辭卜骨，且有向外延伸之勢，便決定向東外擴 3 米，但因探方東北角有村民的臨時住房，地下又有水管，故探方北部向東擴出 1 米之後，便往南收縮 1 米，而探方南部則向外東擴 3 米，南擴 1 米，最後 T8 的面積爲 41 平方米：第 1 層，現代墊土，深 0.2—0.55 米；第 2 層，現代擾亂層，深 0.45—1.7 米，出刻辭卜骨 137 片，在此層下發現殷代灰坑 H8；第 3 層，在探方東南及西北部，深 1.25—2.3 米，自此層以下爲殷代文化層，出刻辭卜骨 91 片；第 3A 層，分佈於探方中部，深 0.8—1.8 米，出刻辭卜骨 8 片（卜甲 1 片、卜骨 7 片）；第 3B 層，在 3A 層之下，深 1.2—2.2 米；第 3C 層，在 3B 層之下，深 2.2—3.2 米；第 4 層，分佈在探方東部，深 1.3—3.2 米。

---

① 中國社會科學院考古研究所編著：《殷墟小屯村中、村南甲骨·前言》，雲南人民出版社 2012 年版，第 7 頁。

1989 年小屯村中的考古發掘，共出刻辭甲骨 283 片（筆者註：這是綴合後的數字，原發掘出甲骨的數字爲 297 片），除 1 片爲卜甲外，其餘全部爲卜骨。出於晚期坑層的有 151 片，出於殷代文化層及灰坑的有 132 片。所出甲骨文組別，如表 5-18：

表 5-18　　　　　　　　1989 年小屯村中發掘甲骨文組別表

遺跡單位	殷墟文化分期	甲骨卜辭的組別
89T4（4）	三期	無名組
89T6（3B）	四期早段	歷組
89T6（3C）	四期早段	歷組
89T6（3D）	四期早段	無名組、歷組
89HT	四期早段	無名組、歷組
89T7（3A）	四期早段	無名組
89T8（3）	三期（或三期晚段）	無名組、歷組
89T8（3A）	三期（或三期晚段）	無名組、歷組、𠂤組

出於殷代遺址的 132 片甲骨卜辭，祇有 1 片[78（3A）：230，筆者註：著錄號 288]屬𠂤組卜辭，出於殷墟三期文化層中。其餘均屬無名組和歷組卜辭，出於殷墟文化三期和四期早段的文化層和灰坑中，“它們和殷墟文化分期的對應關係與 1973 年小屯南地發掘的情況近似”。

（3）小屯村南。2002 年春，作爲殷墟申報世界文化遺產的一項配套工作，安陽市擬對原小屯南路進行擴建，要在道路中間約 2.5 米處鋪設地下排水管道。管道經過地段曾發現過許多刻辭甲骨，所以安陽工作隊前往對管道區進行考古工作。發掘時間爲 2002 年 4 月 19 日至 8 月 16 日，由岳洪彬、岳占偉負責發掘。開挖東西長 10 米，南北寬 5 米的探方 22 個，發掘總面積爲 1150 平方米。共清理殷代房基 18 座、灰坑（含窖穴）63 個、灰溝 3 條、墓葬 20 座、祭祀坑 10 座以及唐宋時期墓葬 3 座。

（4）小屯村南。2004 年 3 月 25 日至 4 月 28 日，發掘小屯南路西段，由岳洪彬、岳占偉負責發掘。開挖東西長 10 米，南北寬 4 米的探方 9 個，東西長 10 米。南北寬 9 米的 1 個，發掘總面積爲 480 平方米。共清理殷代道路 2 條、灰坑（含窖穴）17 個、墓葬 25 座、祭祀坑 1 座，以及唐宋時期墓葬 9 座。

兩次發掘所獲刻辭甲骨 233 片（綴合後 207 片），刻辭甲骨集中出於 2002 年發掘區的 T3、T4 及 T4A 內。所出甲骨文組別，如表 5-19：

表 5-19　　　　　　2002 年、2004 年小屯村中發掘甲骨文組別表

遺跡單位	殷墟文化分期	甲骨卜辭的組別或其別
02H4	一期	午組、𠂤組、一期卜辭
02H6 下	二期早段	𠂤組、一期卜辭
02H57	三期	午組、賓組、一期、歷組
02H6 上	三晚	午組、賓組、一期、歷組
02F1	三晚	歷組
02H9	四期	午組、𠂤組、一期、歷組
02H55	四期	午組、無名組、歷組、黃組
02G1	四期	歷組
02H24	四期	無名組
02H47	四期	一期、無名組、歷組
02H54	四期	午組
02H23	四期	午組、無名組
02T4A（3）	四期	午組、無名組、歷組
04T5（10）	四期	無名組

殷墟小屯村中、村南甲骨包括午組、𠂤組、賓組、無名組、歷組、黃組等組別。其中賓組（2 片）、黃組（1 片）卜辭數量很少，其他四組數量較多。

此次發掘所得甲骨的特點，有以下兩點[①]：其一，據村中、村南甲骨整理者的統計，此次發掘出的刻辭甲骨中新出現的字有 45 個字；其二，

---

① 中國社會科學院考古研究所編著：《殷墟小屯村中、村南甲骨·前言》，第 57—60 頁。

發現"灼刻"的甲骨文。

關於"灼刻"甲骨文，2005 年春和 2008 年秋，中國科學院院士及中國科技大學校長朱清時到安陽工作站參觀站內所藏的甲骨文。他運用數碼光線顯微鏡對甲骨實物進行仔細觀察，發現在某些甲骨文（《殷墟小屯村中、村南甲骨》第 461 片、第 477 片）上的文字發黑，但又並非字中填墨，而是由於當年"灼燒"文字時產生的鈣化部分和碳化部分的殘存物所致。據此他認爲晚商甲骨文字並非全部由刀子刻成，其中有一些是運用"灼燒"（灼燒過的金屬針契刻）技術而成。之後，河南安陽的甲骨文愛好者康睿元，按朱清時的方法做了實驗，並寫了《小義"灼燒而成的甲骨文"》[1]一文，在文中指出，大多數甲骨文均是直接用刀刻的，少數甲骨文有"灼燒"現象，"這些甲骨文字都是在刀刻的基礎上又'灼燒'的"，即並非直接運用"灼燒"技術而成。[2]

一直以來，學者們認爲甲骨文除了少數爲毛筆書寫之外，絕大多數文字都是用刀契刻出來的。因此，朱清時的發現和康睿元的實驗是很有意義的，但是我們爲了確定朱、康二人提出的觀點，不僅需要對甲骨文字中的殘存物進行化驗、分析等程式，而且必須要考慮"灼燒"是在十五萬片甲骨文中"少數的特例"？還是在甲骨文中佔有"相當的比例"？晚商時代甲骨刻字時"直接在甲骨上灼刻文字"？還是"先刻後灼"？或者"兩者兼而有之"等問題。我們要等待更多標本實驗結果。不過目前來看，沒有人作這方面的研究，是因爲要做這方面的研究必須直接對甲骨實物取樣本，但是現實情況並不是那麼容易接觸大量甲骨實物。

（二）甲骨文著錄方面的新成就

1949 年至 1978 年近三十年時間，不少學者把自己收藏的甲骨著錄陸續出版，爲甲骨學研究提供了大批新材料，對甲骨學發展做出了非常重要的貢獻。但是這批甲骨著錄書實際上都是分散的材料，少者數十片，多者三千多片，沒有甲骨文匯集在一起的大型著錄書（參見表 5-15 "甲骨學的深入發展時期甲骨著錄書"），但是 1978 年以後《甲骨文合集》的出版就改變了甲骨文資料匱乏現象。

---

[1] 康睿元：《小義"灼燒而成的甲骨文"》，轉引自《殷墟小屯村中、村南甲骨·前言》，第60 頁。

[2] "灼刻"之例，參見《殷墟小屯村中、村南甲骨·前言》彩色圖版八之 1、2、3 片。

改革開放以來，隨著國家經濟實力越來越強和科技水準的提高，甲骨著錄書的出版水準明顯提高，從前祇單一的拓本或摹寫本爲主的甲骨著錄書，以"二位一體"或"三位一體"甚至有"四位一體"①式的甲骨著錄書的陸續出版。

1. 《甲骨文合集》出版及其歷程（以下稱《合集》）

新中國成立初期，爲了集傳世甲骨之大成，1956 年"史無前例"的《合集》立項，並於 1959 年正式啟動。其課題成果的立項至完成之路，大體如下：

（1）1956 年，中國科學院歷史研究所（現爲中國社會科學院中國歷史研究院：以下稱"歷史所"）"甲骨文集"項目，列入國家十二年科學發展遠景規劃。在 1958 年歷史所先秦史研究室將課題分成集體科研項目（"甲骨文資料彙編"）和個人科研項目（"甲骨續存"，承擔人胡厚宣；"甲骨文綴合彙編"，承擔人桂瓊英）。

（2）1959 年，因時任歷史所所長郭沫若的建議，集體科研項目"甲骨文資料彙編"定名爲《甲骨文合集》，成立了以郭沫若主編、胡厚宣編輯組長、歷史所先秦史研究人員爲編輯員的編輯組，並開始課題啟動。

（3）1960 年至 1973 年，因爲"下放"勞動鍛煉、"四清"等原因，祇好暫停了《合集》編輯工作。其中，1965 年 7 月，山東"四清"結束後，工作再啟動，編輯組爲了收集甲骨資料，兵分兩路，一路在北京，一路赴山東、江蘇等地墨拓甲骨。

（4）1973 年 5 月，《合集》編輯人員回京，《合集》編輯工作在郭沫若的關心之下再啟動。

（5）1974 年 4 月至 5 月，編輯組又分南北兩路重拓甲骨，1975 年開始編排《合集》圖版。

（6）1977 年 2 月 11 日，負責《合集》綴合工作的桂瓊英研究員逝世，她的全部綴合成果貢獻在《合集》之中。

（7）1977 年 5 月 12 日，中國社會科學院成立，胡喬木任院長，科研秩序走上正軌，《合集》工作加快進行。

① "四位一體"指拓本、摹本、照片以及片形部位釋文爲一體。

（8）1978 年 10 月，開始出版，第一個出版的是《合集》第二冊，全 13 冊陸續出版，1982 年 3 月第十三冊出版爲止，全部出齊。

《合集》的第 1—12 冊爲甲骨拓本，第 13 冊爲摹本影印，全書所收甲骨拓本及摹本統編 41956 號，是目前最大的甲骨著錄書。第 13 冊摹本爲 2480 片，其餘的 39476 片是拓本。因爲在 1978 年《合集》項目結稿時，不少國内外甲骨還没有以拓本形式公佈。所以第 13 冊的 2480 片甲骨衹好以摹本形式完成了課題。但是總編輯胡厚宣囑託當年參加《合集》編輯工作的年輕學者王宇信和楊升南等二位學者"創造條件把第十三冊的甲骨摹本換成拓本！"[①]後來王宇信師組織策事組（成員王宇信、楊升南、常玉芝、馬季凡、韓江蘇、具隆會），把《合集》第 13 冊 2480 片摹本中換成拓本 1500 多片，2019 年 10 月，由文物出版社出版《甲骨文合集第十三冊拓本搜聚》一冊。剩下的 900 多片還没有完成換成拓本，以後還要繼續尋找拓本並完成老前輩學者的囑託。

《合集》從立項到結項，雖然經過種種磨難，但是學者們經過 20 多年的刻苦用心，終於完成了《合集》出版的時代任務。《合集》的出版，是對 1899 年甲骨文被鑒定以來甲骨文著錄的第一次總結，並滿足了甲骨學殷商史研究資料的需要，並"推動研究進入了全面深入發展新階段，成爲甲骨學發展史上里程碑式的著作"[②]。

2.《小屯南地甲骨》（以下簡稱《屯南》）

中國社會科學院考古研究所編輯，上、下冊，上冊分二冊，由中華書局 1980 年出版，下冊分三冊，1983 年出版。在上冊發表了 1973 年發掘所得甲骨拓本 4589 片（筆者註：加上 1975 年至 1979 年在小屯村一帶採集所得甲骨 23 片，實爲 4612 片），下冊發表了釋文、字詞索引、部分摹本，甲骨的鑽鑿形態等。

《屯南》有以下幾個特點：其一，第一次爲研究者公佈了與地層及其它遺物相聯繫的甲骨資料，方便查出甲骨與地層及相關單位的關係，進而爲分期斷代的深入研究提供了重要依據；其二，有準確的釋文和索引，爲研究提供了方便；其三，《屯南》在整理甲骨過程中，對鑽鑿形態製作工藝有了突破性的認識，爲鑽鑿形態研究提供了新的材料和依據；其四，

---

① 王宇信等：《甲骨文合集第十三冊拓本搜聚·代前言》，文物出版社 2019 年版。
② 王宇信、具隆會：《甲骨學發展 120 年》，中國社會科學出版社 2019 年版，第 434 頁。

《屯南》一書中的甲骨鑽鑿圖版，爲學者深入研究甲骨背面的鑽鑿形態並進行分期探索提供了一批完整的資料。

總之，《屯南》所著錄的甲骨，與地層、鑽鑿形態、釋文、索引渾然一體，是科學發掘所得甲骨的最科學的第一套甲骨著錄書。

3.《甲骨文合集補編》（以下簡稱《合補》）

彭邦炯、謝濟、馬季凡編輯，由語文出版社 1999 年出版。共七冊，收錄甲骨 13450 號。其中 13170 號爲甲骨拓本，280 號爲甲骨摹寫本，《合補》一書由甲骨拓本、摹寫本、釋文、來源表、綴合表、索引，另外附錄"殷墟以外遺址出土甲骨"摹寫本 316 號構成。

《合補》是《合集》工作的繼續，其編纂體制與《合集》體例之緒。附錄"殷墟以外遺址出土甲骨"，包括周原鳳雛 H11、H31 所出的西周甲骨以及齊家和西安的豐鎬遺址、山西洪趙遺址、北京白浮、琉璃河、鎮江營和河北邢臺等遺址出土的西周甲骨。此外，還有早於殷墟甲骨的河南鄭州商城出的甲骨及山東桓臺史家、河南舞陽賈湖出土的甲骨等。

《合集》與《合補》兩套甲骨著錄書互爲補充，共著錄甲骨 55406 片，推動了甲骨學殷商史研究的前進。特別是公佈了許多碎片，對綴合研究起到非常關鍵性的作用。

4.《殷虛文字乙編補遺》（以下簡稱《乙補》）

鐘柏生纂輯，1995 年由史語所出版。全書共著錄 9390 版甲骨，其中有殷墟科學發掘第三大階段，即第 13、14、15 次發掘所得甲骨 18405 片中選 9105 片，包括 YH127 坑所出甲骨 17096 片中未被收錄《乙編》的大部分甲骨。每一片甲骨文編號由四個部分號碼組成：最前的數字爲書中著錄號，其後的數字爲該甲骨文第幾次殷墟科學發掘所得，再後的數字表示質料（0 爲龜甲，2 爲獸骨），最後的數字爲甲骨出土登記號。

《乙補》的出版，可以算是把殷墟科學發掘第三大階段發掘所得甲骨的原始材料全部公佈完畢。爲甲骨綴合研究和甲骨學殷商史提供了大量的新材料。因此，《甲編》《乙編》《丙編》和《乙補》的出版，完成了史語所從 1928 年 10 月至 1937 年 6 月對殷墟科學發掘所得的全部甲骨材料。

5. 《殷墟花園莊東地甲骨》①（以下簡稱《花東》）

中國社會科學院考古研究所編輯，由雲南出版社 2003 年出版。全書六冊，共著錄甲骨 689 片。《花東》是甲骨學史上"第一部以甲骨拓本、摹本、照相'三位一體'出版的科學發掘所得甲骨的著錄書，是百年來著錄甲骨的首創"②。關於"三位一體"的甲骨著錄方式，胡厚宣曾説："著錄甲骨，當然是以拓本爲最好，但有時遇到特別纖細的筆畫，就拓不出來。照片比較真實，但一些刻劃的字體，就不容易看得清楚。摹寫本雖然筆畫容易失真，但是根據原骨摹錄，字跡筆畫，就比較看得清晰。三者各有短長。"③《花東》就是最完美的一部甲骨著錄書，成爲"此後科學著錄甲骨的範例"④。

《花東》是對甲骨文進行考古學考察、整理和探索的結集，是 1903 年《鐵雲藏龜》出版以後一百二十年來甲骨著錄史上第一部以"三位一體"著錄甲骨的典範。

6. 《殷墟小屯村中村南甲骨》（以下簡稱《村中南》）

中國社會科學院考古研究所編輯，由雲南人民出版社 2012 年出版。該書所收 1986 年、1989 年、2002 年、2004 年村中南發掘所得刻辭甲骨 538 片，經過綴合後爲 498 片，其中有 16 片爲正反面均有文字，所以著錄編號爲 514 號。加上在小屯村北 1985 年和 2005 年出土甲骨 12 片、在花園莊東地 2001 年出土甲骨 3 片、在苗圃北地 2002 年出土甲骨 1 片、在大司空村 2004 年出土甲骨 1 片，共 17 片等，共收錄 531 號。

《村中南》是繼《花東》出版以後第二部集拓本、摹本、照片爲一體的"三位一體"式著錄甲骨的著作，也是前輩學者們期待多年的一部完美的甲骨著錄專著。

除此之外，在這一時期的甲骨著錄方面的成果，如表 5-20：

① 原中國社會科學院考古研究所安陽工作隊在 1993 年發表的《1991 年安陽花園莊東地、南地發掘簡報》（《考古》1993 年第 6 期）中，記錄 H3 刻辭甲骨爲 579 片，但是後來整理過程中又發現有字甲骨 110 片，所以《花東》著錄書中共著錄甲骨 689 片。
② 王宇信：《中國甲骨學》，上海人民出版社 2009 年版，第 302 頁。
③ 胡厚宣：《蘇德美日所見甲骨集》，四川辭書出版社 1988 年版，第 3 頁。
④ 王宇信：《中國甲骨學》，上海人民出版社 2009 年版，第 265 頁。

表 5-20　　甲骨學全面深入發展時期甲骨著錄成果（包括民間所藏和國外所藏）

編著者	著錄書名及片數	出版單位	年度/年
徐進雄	《懷特氏等所藏甲骨文集》，1915 片	多倫多安大略博物館	1979
松丸道雄	《東京大學東洋文化研究所藏甲骨文字》，1315 片	東京大學東洋文化研究所	1983
雷煥章	《法國所藏甲骨錄》，59 片	臺北利氏學社	1985
李學勤、艾蘭	《英國所藏甲骨集》，2674 片	中華書局	1985
伊藤道治	《天理大學附屬天理參考館藏品》，692 片	天理教道友社	1987
胡厚宣	《蘇德美日所見甲骨集》，582 片	四川辭書出版社	1988
胡厚宣	《甲骨續存補編》，4340 片	天津古籍出版社	1996
荒木日呂子	《中島玉振舊藏甲骨》，56 片	創榮出版社	1996
雷煥章	《德瑞荷比所藏一些甲骨錄》，228 片	臺北光啟出版社	1997
李學勤、艾蘭	《瑞典斯德哥爾摩遠東古物博物館藏甲骨文字》，108 片	中華書局	1999
郭青萍	《洹寶齋所藏甲骨》，302 片	內蒙古人民出版社	2006
段振美、黨相魁	《殷墟甲骨輯佚——安陽民間藏甲骨》，1008 片	文物出版社	2008
宋鎮豪	《張世放所藏殷墟甲骨集》，384 片	線裝書局	2009
宋鎮豪、朱德天	雲間朱孔陽藏《戩壽堂殷虛文字》舊拓，639 片	線裝書局	2009
劉一曼、馮時	《商周甲文（中國書法全集）》，231 片	榮寶齋出版社	2009
宋鎮豪、瑪麗婭	《俄羅斯國立愛米塔什博物館藏殷墟甲骨》，197 片	上海古籍出版社	2013
宋鎮豪、郭富純	《旅順博物館所藏甲骨》，2211 片	上海古籍出版社	2014
周忠兵	《卡内基博物館所藏甲骨研究》，406 片	上海人民出版社	2015
宋鎮豪、趙鵬	《笏之甲骨拓本集》，1867 片	上海古籍出版社	2016
宋鎮豪、黎小龍	《重慶三峽博物館藏甲骨集》，208 片	上海古籍出版社	2016

（三）中國各單位所藏甲骨再整理和著錄書的編纂

《合集》《合補》的出版和國外流散甲骨文的陸續著錄公佈，可以說對傳世甲骨的大規模整理工作基本完成，從而爲甲骨學殷商史研究提供了較爲完善的資料，推動了甲骨學殷商史研究全面深入發展。

甲骨學發展 120 年來，對傳世的甲骨的追索、整理和著錄的過程中，雖然所藏單位的甲骨已經公佈了不少，但祇是部分，而非全部，仍有一些甲骨文没有能夠發揮其價值。過去整理、著錄甲骨時主要是注意正面有文字的部分，卻忽略了背面的鑽鑿形態、有字與無字殘塊甲骨的綴合，因此需要從"觀其全體"的觀點編纂甲骨著錄。隨著經濟能力的支援和印刷技術、數碼技術的進步，學者們不再祇從單一的拓本或摹寫本著錄甲骨，而是追求拓本、摹寫本、照片合爲一體的"三位一體"式著錄甲骨，甚至加上片形部位釋文的"四位一體"式的著錄甲骨，以便全方位、多角度對甲骨進行研究。

1. 《中國國家博物館館藏文物研究叢書：甲骨卷》（以下簡稱《國博》）

中國國家博物館編，2007 年由上海古籍出版社出版，共收錄甲骨 268 號。甲骨圖錄分爲十類：一、𠂤組卜辭；二、賓組卜辭；三、子、午組、非王卜辭；四、歷組卜辭；五、出組卜辭；六、無名組卜辭；七、何組卜辭；八、黃組卜辭；九、非卜辭類；十、無字甲骨。每一版甲骨都製成"彩色圖板"，一般略放大，以便更清楚觀察甲骨。這次公佈甲骨文中有 6 片，即編號 25、28、45、60、62、68 等六版大龜是與 1936 年殷墟第 13 次科學發掘所得的 YH127 坑甲骨有關的。（參見圖 5-40 至圖 5-45）

圖 5-40　《國博》25　　　　　　　　圖 5-41　《國博》28

圖 5-42　《國博》45

圖 5-43　《國博》60 正

圖 5-44　《國博》62

圖 5-45　《國博》68

2. 《北京大學珍藏甲骨文字》（以下簡稱《北珍》）

李鐘淑〔韓〕、葛英會編纂，2008 年由上海古籍出版社出版。共收錄甲骨 2929 號。每一號甲骨都是原大的彩色照片，色澤頗近原骨，可顯骨裏，文字字口清晰。甲骨按十二類分組，每類內甲骨再按五期分法類次：一、農事；二、田獵；三、祭祀；四、戰爭；五、巡狩；六、刑獄；七、征調、貢納；八、王事；九、天氣氣象；十、干支曆數；十一、卜法；十二、其他。

《北珍》著錄甲骨，是把拓片、彩照、摹本、釋文（實即片形部位釋文）等集合"四位元一體"著錄的甲骨。

3.《上海博物館藏甲骨文字》上、下（以下簡稱《上博》）

濮茅左輯，上海辭書出版社 2009 年出版。共收錄甲骨 5002 號。

此書雖然採用了彩色照片、拓本、摹本、片形部位釋文等"四位一體"式的著錄甲骨，但是採用的編號爲館藏號，缺乏統號，不便研究者引用。又"釋文"部分不是真正意義上的釋文，可謂一部未做完的書，下一步需要繼續完成。

4.《史語所購藏甲骨集》（以下簡稱《史購》）

史語所編，2009 年出版，共收錄甲骨 380 號。每號甲骨均是彩色照片和拓本、摹本等"三位一體"式的著錄甲骨，編纂科學，釋文準確。

5.《中國社會科學院歷史研究所藏甲骨集》（以下簡稱《所藏》）

宋鎮豪、趙鵬、馬季凡編纂，2011 年由上海古籍出版社出版。共收錄甲骨 1920 號。

《所藏》所收的甲骨，是 1956 年提出《甲骨文合集》項目以後，歷史所歷年所收的甲骨實物，其捐贈者有郭沫若、胡厚宣、容庚、康生等學者，亦有海外收藏家所捐贈的，或陸續購藏的，在《所藏》下冊附錄"來源表"中全部反映。不少甲骨層被著錄，在附錄"《合集》重見表""《補編》重見表""綴合表"中有所反映，但也有不少從未著錄過的新材料在書中公佈。

據不完全統計，"甲骨學全面深入發展"時期出版的甲骨著錄書中公佈的甲骨文，共 31 部著錄 100264 號。其中有重複的，亦有過去著錄的，也有從未公佈的。《合集》出版以後，隨著經濟水準、印刷技術水準、科技水準的提高，著錄甲骨書的質和量都提高了。

（四）碎片中的"新發現"

——甲骨文綴合成果

甲骨新材料的不斷公佈，尤其《合集》的出版，改變了甲骨學研究資料不足的現象。但是甲骨文本身埋藏在地下三千多年，很容易破碎，而且由於其背面佈滿了鑽鑿灼，出土後容易斷裂成碎片，加上收藏家之間流傳過程中，祇重視有字部分，破碎的無字部分多被忽略，因此"使已著錄的甲骨卜辭有彼此本爲一片之折而分散各處；使可以互相拼合者分散在不同著錄書中，同一片甲骨之上完整的卜辭語句；甚至一個文字，都被分的支離破碎而不成文字難以句讀，這是出土後甲骨所常見的。從而看到了卜辭字句的釋讀難度，不光是古今語言的差別使然，更是甲骨本身的破碎使原本完整的卜辭語句難以句讀；自然也就影響了對辭義和卜辭內容的理解"①。

容庚在《甲骨綴合編·序》②中說："甲骨脆弱易碎，加以鑽鑿燋灼，斷裂隨之，辭句不完，難於索解，故欲訂古時之譌闕。審文法之變遷，必先將此分散殘存之材料，使其聯綴可讀，綜合整理，而後考證之功始有所施。"

陳夢家在《解放後甲骨的新資料和整理研究》③中也提出甲骨文綴合工作的重要性，說："這種拼合的工作，需要許多人不斷的留意拼合，逐漸的積累起來，纔可以慢慢地使分散了的碎片重行復原。甲骨經復原後，原有的辭句便完整了，款式便清楚了，兆序與左右對貞的情況也明顯起來，對於通讀卜辭有很大的幫助。否則的話，卜辭祇是些斷爛朝報，容易被人斷章取義，加以曲解。"

各位前輩學者的這些話，就是爲了更多地瞭解甲骨文，甲骨綴合是必不可少的一項工作。利用甲骨文來研究甲骨學殷商史、古文字學，綴合甲骨是必經之路。在《合集》編纂過程中也已經做過一些甲骨綴合工作並取得兩千餘版綴合成果，"在前人已經做過的基礎上，盡量繼續加以拼合，總計兩千餘版，單《甲編》和《乙編》就拼合了一千版以上。而 1955 年出版的《殷虛文字綴合》，曾綴合《甲編》《乙編》482 版。臺灣學者據甲骨實物綴合，1961 年出版的《甲編考釋·附圖版》綴合《甲編》共計210 版，1957 年至 1972 年出齊的《殷虛文字丙編》綴合《乙編》632 版，可見《甲骨文合集》綴合工作的巨大成功"④。不過《合集》的出版已經

---

① 彭邦炯：《默默奉獻的甲骨綴合大家——我所知道的〈甲骨文合集〉與桂瓊英先生》，《中國社會科學報》2010 年 7 月 27 日和 29 日；又先秦史研究室網站，網址：https://www.xianqin.org/blog/archives/2014.html/comment-page-1。
② 曾毅公：《甲骨綴合編》，北京修文堂書局 1950 年版。
③ 陳夢家：《解放後甲骨的新資料和整理研究》，《文物參考資料》1954 年第 5 期。
④ 王宇信、具隆會：《甲骨學發展 120 年》，中國社會科學出版社 2019 年版，第 471 頁。

過了 40 多年時間，隨著甲骨文研究的深入和數碼技術的發展，學者們對分散的甲骨文不斷進行綴合研究，已有顯著的成果。

1. 有代表性的甲骨綴合研究

（1）蔡哲茂的綴合成果：《甲骨綴合集》《甲骨綴合續集》《甲骨綴合彙編——釋文與考釋》《甲骨綴合彙編》（圖版編）。

自《合集》出版以後，這些甲骨綴合專著是，甲骨學家蔡哲茂多年刻苦鑽研的甲骨綴合成果。

①《甲骨綴合集》（簡稱《綴合集》）：1999 年由臺北樂學書局出版。共甲骨綴合版 361 組。是把蔡氏多年所得集中，並把摹本重新影印，再做摹本、釋文、考釋而成。而各家對蔡氏成果有所加綴或蔡氏對於各家綴合有所加綴者，皆於考釋中加以註明。書中還做有各家綴合情況的《〈甲骨文合集〉綴合號碼表》，以便讀者掌握《合集》各片的綴合情況。

該書爲甲骨文綴合方面取得豐碩成果的集大成之作，爲甲骨學殷商史研究提供了一批更完整而科學的甲骨資料。

②《甲骨綴合續集》（簡稱《綴合續集》）：臺北文津出版社 2004 年出版。此書所收的綴合版 185 組，與《甲骨綴合集》相接，因此編號爲 362—546 號。

蔡氏的綴合研究，有兩方面的成果，一是對《合補》的綴合研究，二是對史語所殷墟科學發掘所得的《甲編》《乙編》再整理過程中在被多家反復綴合過的甲骨中沙裏淘金，不斷獲得新的綴合成果。《綴合續集》是蔡氏集《合補》《甲編》《乙編》綴合所取得新成果的大成。書末收錄《〈甲骨文合集〉綴合號碼表》。

該書所作的《綴合續集》組別號碼表、《合集》綴合號碼表、《合集》重片號碼表、《合集》誤綴號碼表、《〈合集〉組別號碼及發表出處表》《綴合續編》各組發表出處表、《屯南》綴合號碼表、《綴合集》號碼表，是對百年來幾代學者綴合成就的總結。

③《甲骨綴合彙編》（圖版編）：臺北花木蘭出版社 2011 年出版。此書所收的綴合版爲 1036 號。該書收入 200 多家共 600 多組綴合，以及蔡氏本人的新綴合成果及林宏明等年輕學者的綴合成果。

④《甲骨綴合彙編——釋文與考釋》：臺北花木蘭出版社 2013 年出

版。按《甲骨綴合彙編》1036 組統一編號，各組甲骨作有釋文和考釋。與
《甲骨綴合彙編》（圖版編）所收圖版互爲表裏。

（2）黃天樹及其團隊的綴合成果——《甲骨拼合集》《甲骨拼合續
集》《甲骨拼合三集》《甲骨拼合四集》《甲骨拼合五集》。

黃天樹主編，由學苑出版社分別於 2010 年、2011 年、2013 年、2016
年、2019 年陸續出版，共甲骨綴合版 1206 號，可稱黃天樹及其學生團隊
獲得的“甲骨綴合係列成果”。

①《甲骨拼合集》（簡稱《拼合集》）：共收錄甲骨綴合 326 則，蔡
哲茂《甲骨綴合續集》（2004 年）出版以後，第一部甲骨綴合專著。黃天
樹利用甲骨形態學的理論進行甲骨綴合，推向了甲骨形態學整理綴合甲骨
的新階段。附錄中收錄“2004 年—2010 年甲骨新綴號碼表”統計（莫柏
峰、王子楊），是蔡哲茂《甲骨綴合續集》出版至《拼合集》出版的七年
來，各家綴合甲骨的總計表，共 2337 例。

②《甲骨拼合續集》（簡稱《拼合續集》）：共收錄甲骨綴合 296 則
（綴合編號與《拼合集》相接，第 327 則至第 595 則），附錄中收錄
“2004—2011 年甲骨新綴號碼表”（莫柏峰、王子楊）。

③《甲骨拼合三集》（簡稱《拼合三集》）：共收錄甲骨綴合 291 則
（綴合編號與《拼合續集》相接，第 596 則至第 814 則），附錄中收錄
“2004—2012 年甲骨新綴號碼表”（莫柏峰、王子楊）。

④《甲骨拼合四集》（簡稱《拼合四集》）：共收錄甲骨綴合 201 則
（綴合編號與《拼合三集》相接，第 815 則至第 1015 則），附錄中收錄
“2004—2014 年甲骨新綴號碼表”（莫柏峰、王子楊、吳麗婉）。

⑤《甲骨拼合五集》（簡稱《拼合五集》）：共收錄甲骨綴合 191 則
（綴合編號與《拼合四集》相接，第 1016 則至第 1206 則），附錄中收錄
“2004—2017 年甲骨新綴號碼表”（整理者：莫柏峰、王子楊、吳麗婉、
耿佳雋），此表所收的綴合成果，主要見於八種甲骨著錄書：《合集》
（1978—1982 年）、《懷特》（1979 年）、《屯南》（1980 年）、《英
藏》（1985 年）、《天理》（1987 年）、《合補》（1999 年）、《花
東》（2003 年）、《輯佚》（2008 年）等。

（3）林宏明的綴合成果——《醉古集——甲骨的綴合與研究》《契合集》。

①《醉古集——甲骨的綴合與研究》：臺灣書房出版社 2008 年出版，

此書再版由臺灣萬卷樓 2011 年出版，共收入綴合甲骨 382 組。此書中有《醉古集》與《合集》《合補》《乙編》《乙補》《丙編》《殷虚文字綴合》《第 13 次發掘所得卜骨綴合》對照表，釋文和考釋，與《醉古集》有關的釋文刊定表等。作者因爲沉醉於"在拼綴的三千年前的史實中，這有我駐足的兆璺"的快樂中，因此把書命名爲《醉古集》。

②《契合集》：臺灣萬卷樓 2013 年出版，共收入綴合甲骨 382 組。林宏明在《前言》中追述"筆者的另一本甲骨綴合專著（筆者註：指《醉古集》），兩部書各收錄綴合 382 組。《醉古集》原有 561 例新綴合，出版時依審查及其他意見，刪去 2 例；而本書新綴 431 例。兩書合計，筆者新綴共有 990 例"。綴合方法上，他認爲"在無法以實物驗證的情況下，數碼彩色正反面照片，往往能夠對於綴合對錯判斷提供關鍵證據"，就是説數碼技術的提高能夠幫助甲骨學家的綴合工作。

2. 百年來甲骨綴合研究的總結

自王國維在 1917 年發表的《殷卜辭中所見先公先王考》一文中公佈第一個綴合甲骨（筆者註：《殷虚書契後編》卷上 8.14＋《戬壽堂所藏殷虚文字》1.10，證明瞭上甲以後諸先公之次爲報乙、報丙、報丁、主壬、主癸）至 2019 年《甲骨拼合五集》的出版，百多年來甲骨綴合方面取得了很大發展。

王國維之後，郭沫若在《卜辭通纂》《殷契粹編》《斷片綴合八例》[1]中有意識地綴合甲骨；曾毅公的成果《甲骨綴存》（1939 年）和《甲骨綴合編》（1950 年）是甲骨的全面綴合整理專著；曾毅公、郭若愚、李學勤開啟了科學發掘甲骨著錄《甲編》《乙編》綴合的《殷虚文字綴合》（1955 年）和屈萬里的《甲編考釋》（1961 年）以及張秉權的《丙編》甲骨著錄與甲骨實物的全面綴合；《合集》與蔡哲茂的《綴合集》《綴合續集》，是對傳世甲骨文和科學發掘所得甲骨的全面綴合，爲傳統的甲骨綴合整理作了總集成；黃天樹在《拼合集》中開啟了"甲骨形態學"綴合整理甲骨的新時期，陸續公佈綴合成果《拼合續集》《拼合三集》《拼合四集》《拼合五集》。

---

① 郭沫若：《斷片綴合八例》，載於《殷契餘論》1933 年，又載於《古代銘刻匯考續編》1934 年，又載於《甲骨文字研究》，《郭沫若全集·考古編》第一卷，科學出版社 1982 年版，第 360—372 頁。

除了上述所學者之外，還有不少青年學者專心研究甲骨綴和方面的工作：如，李愛輝（中國社會科學院歷史研究院）；劉影（首都師範大學甲骨文研究中心）；李延彥（首都師範大學甲骨文研究中心）；何會（首都師範大學甲骨文研究中心）；李發（西南大學漢語言文獻研究所）；蔣玉斌（南開大學文學院、香港中文大學劉殿爵中國古籍研究中心）；王紅（首都師範大學甲骨文研究中心）；宋雅萍（臺灣政治大學）；莫伯峰（首都師範大學甲骨文研究中心）；王子揚（首都師範大學甲骨文研究中心）；杜鋒（首都師範大學甲骨文研究中心）；趙鵬（中國社會科學院歷史研究院）；連佳鵬（首都師範大學甲骨文研究中心）；門藝（河南大學黃河文明與可持續發展研究中心）；孫亞冰（中國社會科學院歷史研究院）；張宇衛（臺灣大學中文系）等。

在此，介紹早期專門從事甲骨綴合工作的一位老前輩學者——桂瓊英。

桂瓊英，1917 年生，於 1977 年逝世，享年 60 歲。1943 年金陵女子文理學院畢業後，就從事甲骨文的研究事業。《合集》的甲骨文綴合取得了超越前人的成就，與桂瓊英幾十年對甲骨文破碎片的悉心追索，精心拼合是分不開的。

早在《合集》立項以前，她就對甲骨中的破碎片進行了大量的綴合工作，多年的創造性勞動，已經積累了數百版的綴合初稿。特別是《甲編》和《乙編》出版以後，她又在近 2 萬版甲骨的斷爛苑地上細心耕耘，並屢有綴合新獲。原計劃出版一部《甲骨綴合》專書，但《合集》立項並正式啟動後，作為課題組成員之一，便把自己多年刻苦努力所取得的綴合成果兩千多版融入於《合集》。此外，她多年來尋回分散的甲骨反面與骨臼，2500 版左右，也全部貢獻給《合集》，從而使《合集》的科學性大大增強。以綴合成果的數量之巨而言，"桂瓊英堪稱甲骨綴合第一人！"[1]

作為她的學生，彭邦炯懷念自己的恩師，說："《合集》的拼綴是非常龐大而繁瑣的工程，做到如此地步確屬不易！不難想見桂先生要付出多麼大的心血！沒有特別的毅力和耐心細緻，沒有高度的敬業精神和科學責任心是難以做到的。我敢說，在整個《合集》編輯組裏，除桂瓊英先生

---

[1] 王宇信、具隆會：《甲骨學發展 120 年》，中國社會科學出版社 2019 年版，第 471 頁。

外，別人是很難勝任的！"[①]

（五）關於"甲骨形態學"[②]

"甲骨形態學"是黃天樹在《甲骨拼合集》"附錄三，甲骨形態學"中提出的。"甲骨形態學"研究内容，歸納爲如下幾個方面：其一，研究完整的牛肩胛骨構造；其二，研究完整的龜腹甲、背甲和甲橋的外層和内層的構造；其三，研究骨縫片外形輪廓及其盾紋、齒紋形態；其四，研究鑽鑿、殘片的綴合和卜辭的釋讀。

其對甲骨文的研究，從甲骨表面的文字，深入文字所依附的材質（即龜甲和獸骨）的生物學考察領域，使傳統研究祗從文字和表面形態的歷史考古學綴合研究與生物學對卜材結構的進一步研究相結合，從而推動了甲骨斷片綴合研究的新發展。

1. 龜甲的生物形態學考察與綴合應用

龜腹甲是由外層半透明角質（筆者註：即鱗片），並由其下以盾溝相連而成的盾片組成。而腹甲的内層爲骨質，骨版由齒縫相連而成。

腹甲的外層：由十二塊盾片，以盾溝相連而成。内層由九塊骨版以齒縫相連而成。龜腹甲從上到下有橫向的五道盾紋（五橫）和縱向的三道盾紋（三縱），分腹甲爲十二塊盾片。

腹甲的内層：由九塊"龜縫片"組成。每塊周邊有齒縫，其上分佈有形態不同的盾紋。九塊龜縫片係由完整腹甲上分解所得，因而又可方便地將形態各異（齒縫輪廓及其上盾紋走向）的齒縫片復位爲完整的腹甲。

認真觀察生物學意義上的龜腹甲九片齒縫片結構及其上盾紋的分佈及走向，並能準確地將其歸位於整版龜腹甲上，對判斷拓本的斷片（或殘碎小甲）在整版甲骨上的位置很有意義，可大大增強甲骨綴合成功的機率。（參見圖 3-1、3-2）

2. 龜背甲的生物形態學考察與綴合應用

龜背甲亦由背甲外層，即爲盾溝相連的盾片和其下爲背甲的内層，由"齒縫片"齒紋咬合，接連爲一體而成。在龜背甲各"龜縫片"的齒縫輪

---

① 彭邦炯：《默默奉獻的甲骨綴合大家——我所知道的〈甲骨文合集〉與桂瓊英先生》，《中國社會科學報》2010 年 7 月 27 日和 29 日。又先秦史研究室網站，網址：https://www.xianqin.org/blog/archives/2014.html/comment-page-1。

② 參見黃天樹《甲骨拼合集》，學苑出版社 2010 年版，附錄三"甲骨形態學"，第 514—538 頁。

廓和其上的盾紋形態均各不相同。

　　"齒縫片"在龜背甲上的名稱爲：（1）頸甲（又名"頸板"）左、右各一；（2）脊甲（又名"椎板"），從背甲中間剖開，左右兩邊連各有八塊脊甲；（3）尻甲（又名"臀板"），脊甲之後中央的三塊骨板，形態不一；（4）肋甲（又名"肋板"），左、右背甲各有八塊肋甲，其四周皆爲齒邊；（5）邊甲（又名"緣板"），位於肋甲最外側，是背甲邊緣的骨板，左右背甲的邊甲各有十一片，各片靠近肋甲一側有直行的盾紋。總計龜背甲剖開後，共有"齒縫片"62塊，各"齒縫片"的外形輪廓、其上盾紋、迴紋溝及其邊緣的形態是各不相同的。熟練地掌握 62 塊龜背甲的"齒縫片"特徵，並能準確地將各"齒縫片"復原在龜背原位置上，是很有意義的。

　　以對龜背甲生物學形態"齒縫片"的認識，就可判斷甲骨龜背甲殘片或背甲殘碎拓本爲龜背甲的哪一部分及應在甲骨全板上的位置，從而可將其與相鄰位置的"齒縫片"綴合，增加綴合的準確機率。（參見圖 3-3、圖 3-4）

　　3.牛肩胛骨的生物形態學考察與綴合應用

　　牛有左右肩胛骨共一對，左右肩胛骨形態、構造基本相同，現僅舉牛左肩胛骨爲例（右肩胛骨與其相反）即可。牛肩胛骨從上至下依次名稱爲骨臼和臼角、骨首、骨頸、骨扇、臼邊（上端有臼角爲臼邊，又稱"內緣"。臼邊邊緣較薄）和對角（對邊和底邊的夾角）和對邊（又稱"外緣"）。

　　沒有骨脊的一面稱爲正面，兆坼、卜辭多在正面。有骨脊的一面爲反面，反面多製作鑽、鑿，並有施灼痕。（參見圖 3-5）

　　熟練地掌握生物學形態牛胛骨各部位的特點，對判斷卜骨拓本，或殘卜骨在整板牛卜骨上的位置，並將其與相鄰部位綴合是很有意義的。

　　（六）文字考釋方面新成果

　　這一時期主要甲骨文字考釋方面的成果是于省吾的《甲骨文字釋林》《甲骨文字詁林》和何景成編撰的《甲骨文字詁林補編》等。

　　1.《甲骨文字釋林》（以下簡稱《釋林》），于省吾著，於 1979 年由中華書局出版。

　　將 1949 年前于省吾所寫的甲骨文字考釋經過刪訂和解放後所寫的甲

骨文字考釋，彙集在一起共 190 篇的甲骨文字考釋和有關的文章。

甲骨文的研究是多方面的工作，其中甲骨文字的考釋是最基本的一項工作。于省吾在"序"中從唯物辯證法的角度強調，"研究古文字，既應注意每一字本身的形、音、義三方面的相互關係，又應注意每一字和同時代其它字的橫的關係，以及它們在不同時代的發生、發展和變化的縱的關係"。指出了甲骨文字考釋工作的基本方向。他在談古文字資料在古代史研究中的地位中，還強調"要以地下發掘的文字資料爲主，以古典文獻爲補"，因爲甲骨文"保存在地下的文字資料，是三千多年來原封不動的。而古典文獻則有許多人爲的演繹說法和轉輾傳訛之處"，但是必須要用"古典文獻來補充地下發掘的文字資料的不足，特別還需要用地下發掘的實物資料"。

王宇信師說："于老每考證出一個新字，還要放到大量的卜辭辭例中去加以驗證，這就是他在《雙劍誃殷契駢枝續集·序》中所説的'覈諸文理與辭例，自能訴合無閒矣'。"[①]這就是于省吾的治學方法。《釋林》就是在這些宗旨之下完成的，是于省吾自己一生研究甲骨文的總結性的一部著作。

2.《甲骨文字詁林》（以下簡稱《詁林》），于省吾主編，於 1996年由中華書局出版。此書原定名爲《甲骨文考釋類編》，後來改名爲《甲骨文字詁林》，共考釋 3691 個單字。

《詁林》是 1914 年羅振玉的《殷虚書契考釋》之後，有關甲骨文字考釋方面的最重要的成果，分類條列，彙纂於各甲骨文字頭下並在每字撰寫總結性的按語，是甲骨文字考釋方面最有系統的、最龐大的甲骨文字工具書。

姚孝遂在"序"中説："早在 1973 年，思泊師（筆者註：指于省吾）與肖丁同志即籌劃醖釀《甲骨文考釋類編》的編輯工作。1974 年，有關資料的蒐集整理工作即已著手進行。1975 年，我剛剛結束大安漢書遺址發掘不久，即匆匆趕往北京，參加由思泊師主持召集的《甲骨文考釋類編》編寫工作會議。當時參加會議的還有肖丁、王貴民、王宇信、謝濟諸同志。……當時決定以李孝定的《甲骨文字集釋》爲基礎，進一

---

① 王宇信、具隆會：《甲骨學發展 120 年》，中國社會科學出版社 2019 年版，第 395 頁。

步加以訂正和增補。增補的原則是：嚴格要求，凡是缺乏參考價值的説解一概不錄。”由此，我們可以看到《詁林》在學術上的價值和于省吾治學的風格。

此書的完成，有不可忘掉的背景故事①：李孝定編著的《甲骨文字集釋》於 1965 年在臺灣出版。于省吾在 1973 年 8 月 7 日至商承祚的信中説：“《甲骨文字集釋》係李孝定所編，臺灣出版，在香港能買到。以上二書（筆者註：原來還有于省吾向商承祚委託日本學者島邦男所編的《殷虚卜辭綜類》），我所必須，請您在公忙之中，設法辦到”，11 月 28日，又一次給商承祚寫信説：“此書臺灣出版，比《綜類》易買。此書期在必得，惟您是賴，千萬不要等閑視之。”

于省吾“期在必得”的《甲骨文字集釋》是他編著一部能全面反映八十年來文字考釋集大成工程的準備工作。遺憾的是 1984 年 4 月于老駕鶴西歸，之後“姚孝遂又力挽狂瀾，與何琳儀、吳振武、湯余惠、劉釗等繼續收集、補充 1978 年至 1989 年的資料”，在 1996 年終於完成出版《詁林》，“爲 20 世紀甲骨文字研究的發展奠定了基礎。商承祚教授雪中送炭，急朋友之急，保障了這部學術史上名著的順利運作和完成”。

3.《甲骨文字詁林補編》（以下簡稱《詁林補編》），何景成編撰，於 2017 年由中華書局出版。《詁林》收集和整理的甲骨文考釋成果的時間範圍爲 1989 年爲止。《詁林補編》收集和整理的甲骨文考釋成果的時間範圍爲 1990 年至 2013 年間，在學術界正式發表的甲骨文字考釋方面的研究成果爲主。

此書的特點是：第一，書中反映了《花東》《合補》《北珍》《上博》等甲骨著錄書所出的新成果，提供了更多的甲骨文字資料；第二，書中反映了利用竹簡、簡帛等古文字資料考釋甲骨文字的成果；第三，反映了以字體分類方法進行甲骨分期的成果；第四，反映了甲骨綴合所取得的考釋成果；第五，爲了展現《詁林》中的某個字體認識的發展變化，不再另立新編號，而是採用《詁林》的編號下“××××-×”（如，“老”《詁林》編號爲“0039”，其第二個字形體應該是“耆”字。其編號爲“0039-2”）等方式，保持與原有認識之間的聯繫；第六，《詁林》所没

---

① 王宇信、具隆會：《甲骨學發展 120 年》，中國社會科學出版社 2019 年版，第 396—397 頁。

有收錄的新字，採用了新編號加以收錄。

　　此書所收甲骨文字考釋的新成果，使學者們在前輩學者已取得成就的基礎上使研究範圍更廣更深，從而創造和前進速度更快。

第六章 甲骨文分期斷代研究

　　現在我們所見的殷墟發掘甲骨文，是自盤庚遷殷至紂（帝辛）之滅，約有 273 年間晚商時代王室的占卜文字和與占卜有關的記事文字，其中亦有少數與占卜無關的記事文字。但是晚商時代社會的政治、經濟、典章制度（主要是祭祀制度）、軍事、文化等各種社會現象並不是一成不變的，而是處在不斷的演變過程之中，甲骨文字形也是如此。所以不同時期的甲骨文所記錄的內容和字形都有不同的特色。這些特色就是我們將要學習的甲骨文分期斷代的最重要的基礎因素。即通過甲骨文分期斷代研究，我們尋找不同時期的不同特色，進而把握晚商時代不同時期的歷史面貌。董作賓說："把每一時代的卜辭，還它原有的時代，那麼卜辭的價值便更要增加，由籠統的殷人二百多年間的卜辭，一躍而某帝王時代的直接史料了。"[1]即每個時代不同特色的甲骨文就成爲商代史研究中作爲直接史料的一把鑰匙。即找到這些特色的方法，就是分期斷代研究的核心內容。

　　甲骨文被鑒定之後，最緊要的問題就是判斷它的原有時代，包括兩個方面的內容：第一，它的大時代——相當於哪個階段或王朝（即爲平面性的問題）。這個問題是經過羅振玉等早期研究甲骨文的學者探索，甲骨文爲晚商遺物，確定無疑；第二，它的具體時代——晚商時期的商王朝又分爲不同的王時代。即每一片甲骨文究竟屬於哪一位商王時期呢？（即爲立體性的問題）

　　我們祇有考證出每一片甲骨文的具體時代，纔能夠十五萬片甲骨文中鉤稽出晚商社會不同時期不同的歷史面貌。過去一百多年來，學者們爲了更準確地把握晚商時代社會發展變化的各種現象，將所有的甲骨文材料進

---

① 董作賓：《大龜四版考釋》，《安陽發掘報告》1931 年第 3 期。

行區分時代的處理，即把十五萬片甲骨文分別歸屬於它所原有不同的商王時代，不過這些工作尚未完成的。

我們不能説現在我們所看到的甲骨文是晚商時代甲骨文的全部。我們現在不能掌握"破壞"時期被破壞的有多少？經過幾千年的時間有意無意被扔掉的有多少？在"藥材"時期作爲"龍骨"被人們吃掉的又有多少……所以現有的甲骨文並不是晚商時代甲骨文的全部。加上由於有些内容過於簡單，而且現代社會與晚商時代有不同的語言環境，因此有些甲骨文字義尚不能完全把握，並且有些甲骨文所見的商代禮制在古文獻中也没有記錄。由此，不太理解晚商時代各種禮制的具體環節等，造成了分期斷代研究所面臨的種種困難。

第一節　非科學發掘時期的甲骨文分期斷代研究

"非科學發掘時期"指自 1899—1928 年殷墟科學考古發掘之前大約有 30 年時間。在這時期，研究甲骨文分期斷代問題的學者，主要是有羅振玉、王國維、明義士。他們以甲骨文中的"稱謂"和不同"字體"來進行分期斷代研究，爲後世學者們研究分期斷代開了先河。

一　以"稱謂"進行研究

羅振玉在《殷虛書契考釋》中，於卜辭中發現"王亥"之名，又考證了卜辭中的"季"爲先公"冥"等。可以説最早關注在卜辭中"稱謂"問題的，是羅振玉。但是真正開始以甲骨卜辭中的稱謂定其時代者是王國維。

他在 1917 年發表的兩篇文章《殷卜辭中所見先公先王考》《續考》中，將卜辭中的商朝先公、先王等名字與文獻記錄比較考證他們之間的先後關係，並論證卜辭的所屬時代，如：

第一，"父甲—牡、父庚—牡、父辛—牡"《合集》2131（《後編》上 25.9，參見圖 6-1）。王國維説："此當爲武丁時所卜，父甲、父庚、父辛，即陽甲、盤庚、小辛，皆小乙之兄，而武丁之諸父。"這個考證頗有見地，此一片甲骨文，的確是武丁時期的卜辭，即我們現在所説的甲骨文第一期的卜辭。

　　第二，"癸亥卜，貞：兄庚☒眔兄己☒"《合集》23477 下半部分（《後邊》上 7.7，參見圖 6-2）和"癸酉卜，貞王賓父丁歲三牛眔兄己一牛，兄庚☒，亡憂"《合集》23187 下半部分（《後邊》上 19.14，參見圖 6-3）。"考商時諸帝中，凡丁之子，無己、庚二人相繼在位者，惟武丁之子有孝己、有祖庚、有祖甲……父丁即武丁，兄己、兄庚即孝己及祖庚也。孝己未立，故不見於《世本》及《史記》，而其祀典與祖庚同。然則上所舉（筆者註：在文獻中看不到而在卜辭中看到的）祖丙、小丁諸人名與禮視先王無異者，非諸帝之異名，必諸帝兄弟之未立者矣。周初之制猶與之同。《逸周書·克殷解》曰：'王烈祖太王、太伯、王季、虞公、文王、邑考以列升。'蓋周公未制禮以前殷禮固如斯矣。"①這些甲骨卜辭，爲祖甲時期的甲骨文，即我們現在所說的第二期甲骨文。

圖 6-1　《合集》2131　　圖 6-2　《合集》23477 部分　　圖 6-3　《合集》23187 部分

　　"卜辭凡單稱'父某'者，有父甲、有父乙、有父丁、有父己、有父庚、有父辛。今於盤庚以後諸帝之父及諸父中求之，則武丁之於陽甲，康丁之於祖甲，皆得稱父甲；武丁之於小乙，文丁之於武乙，帝辛之於帝乙，皆得稱父乙；廩辛、康丁之於孝己，皆得稱父己。余如父庚當爲盤庚或祖庚，父辛當爲小辛或廩辛，他皆放此。其稱兄某者亦然。"②

　　王國維在《續考》中，甲骨卜辭與文獻記載比較，作了"殷世數異同表"，如表 6-1：

　　①　王國維：《殷卜辭中所見先公先王考》，《觀堂集林》卷第九，史林一，第 220—221 頁。
　　②　王國維：《殷卜辭中所見先公先王考》，《觀堂集林》卷第九，史林一，第 222 頁。

表 6-1 殷世數異同表

帝名	殷本紀	三代世表	古今人表	卜辭
湯	主癸（示癸）子	主癸（示癸）子	主癸（示癸）子	一世
大丁	湯子	湯子	湯子	湯子二世
外丙	大丁弟	大丁弟	大丁弟	
中壬	外丙弟	外丙弟	外丙弟	
大甲	大丁子	大丁子	大丁子	大丁子三世
沃丁	大甲子	大甲子	大甲子	
大庚	沃丁弟	沃丁弟	沃丁弟	沃丁弟四世
小甲	大庚子	大庚弟	大庚子	
雍己	小甲弟	小甲弟	小甲弟	
大戊	雍己弟	雍己弟	雍己弟	大庚子五世
中丁	大戊子	大戊子	大戊弟	大戊子六世
外壬	中丁弟	中丁弟	中丁弟	
河亶甲	外壬弟	外壬弟	外壬弟	
祖乙	河亶甲子	河亶甲子	河亶甲子	中丁子七世
祖辛	祖乙子	祖乙子	祖乙子	祖乙子八世
沃甲	祖辛弟	祖辛弟	祖辛弟	
祖丁	祖辛子	祖辛子	祖辛子	祖辛子九世
南庚	沃甲子	沃甲子	沃甲子	
陽甲	祖丁子	祖丁子	祖丁子	祖丁子十世
盤庚	陽甲弟	陽甲弟	陽甲弟	陽甲弟
小辛	盤庚弟	盤庚弟	盤庚子	盤庚弟
小乙	小辛弟	小辛弟	小辛弟	小辛弟
武丁	小乙子	小乙子	小乙子	小乙子十一世
祖庚	武丁子	武丁子	武丁子	武丁子十二世
祖甲	祖庚弟	祖庚弟	祖庚弟	祖庚弟十二世
廩辛	祖甲子	祖甲子	祖甲子	祖甲子十三世
康丁	廩辛弟	廩辛弟	廩辛弟	廩辛弟十三世
武乙	康丁子	康丁子	康丁子	康丁子十四世
文丁[註]	武乙子	武乙子	武乙子	（武乙子十五世）
帝乙	文丁子	文丁子	文丁子	（文丁子十六世）
帝辛	帝乙子	帝乙子	帝乙子	（帝乙子十七世）

（註："文丁"，王國維的原文寫"大丁"，筆者改爲"文丁"）

我們可以説，早在 1917 年前後，羅振玉、王國維就開了以"稱謂"定甲骨卜辭時代的先河，這是非常難能可貴的。因爲在這個時候，尚未開始殷墟科學考古發掘，所以"完成甲骨文分期斷代並使之系統化的使命，是不可能由他們完成的。但他們在探索時閃耀的有關'稱謂'的思想火花，無疑對後輩學者鑿破甲骨文二百七十三年的'鴻濛'是有很大啟示的"①。即他們以"稱謂"定甲骨文時代的分期斷代方法，也開啟了研究甲骨學殷商史的基本鑰匙——甲骨文分期斷代研究的新旅程。

二　以"稱謂"和"字體"進行研究

羅王之後，明義士也曾嘗試根據"稱謂"對甲骨文進行分期斷代研究。他所編輯的《殷墟卜辭後編》②一書中所錄的一批甲骨，是在 1924 年"小屯村人因築墻，發現一坑甲骨文字，爲明義士所得"③的一批甲骨文。

明義士在當年作"序"④中説：

一坑（筆者註：指 1924 年在小屯村一個坑裏出土的甲骨）之集合，此扉之整理，先分二部分，一部分爲田獵、遊行之事；一部分爲祭祀之事。此卷之所著錄者，則爲關於祭祀部分者也。

此一部分之已整理者，按時代之先後，區之爲二，即甲扉與丙扉是也。其殘餘不連讀之卜文，加在小四方孔中。

甲扉二（即《明後》3051—3076 片），武丁時期。武丁稱小乙爲父乙，母爲母庚；羊甲（筆者註：指陽甲）爲父甲，盤庚爲父庚，小辛爲父辛。此扉諸骨，爲武丁後半期所卜者。此時代以前之字體，在獸骨重要部分所得者，在一、二集中。

甲扉三（即《明後》3077—3095 片）與甲扉二同，但無直接提及父乙及字形之整理。

甲扉四（即《明後》3096—3126 片）與甲扉二及三同。

甲扉五（即《明後》3127—3145 片），祖庚稱武丁爲父丁。

在此時代中之獸骨，未有稱祖己爲兄己者，其字形爲大。小乙之所以

---

① 王宇信：《甲骨學通論》，中國社會科學出版社 1993 年版，第 157 頁。

② 筆者註：此書在 1972 年由徐進雄整理爲上、下二冊出版，藝文印書館出版。

③ 董作賓、胡厚宣：《甲骨年表》1924 年條。

④ 明義士的此"序"未發表。此文轉引自李學勤《小屯南地甲骨與甲骨分期》所附錄《明義士〈殷墟卜辭後編〉序》，《文物》1981 年第 5 期。

稱爲小乙者，乃其孫之所稱，因其先祖中已有祖乙之稱在祖廟中也。予曾以長時間，疑此大字諸獸骨，或屬於盤庚、小辛及小乙之時代，彼等之稱及祖丁，但此骨之有父丁及小乙者較之，可決屬於祖庚時代。

甲厎六（即《明後》3146—3161 片）與甲厎五同時，並不在祖庚時代以前，且無祖甲時王賓字體之特點。其字形大而粗草。

甲厎七（即《明後》3162—3187 片）與甲厎五、六同。

丙厎二（即《明後》3220—3239 片），祖甲稱武丁爲父丁，孝己爲兄己，祖庚爲兄己。此時代之字體，變爲小而細整，尤以王賓等字，特用一種橫筆。

丙厎三（即《明後》3240—3263 片），祖甲時。

丙厎四（即《明後》3264—3293 片），康祖丁時。

丙厎五（即《明後》3294—3329 片），康祖丁時。

丙厎六（即《明後》3330—3354 片），武祖乙時。

丙厎七（即《明後》3355—3381 片），武祖乙時。（下略）

從上引明義士的《殷墟卜辭後編·序》中可以得知，當時他也是以甲骨文中的“稱謂”爲研究甲骨文斷代，但更重要的是他注意到不同時期不同的“字體”，以此將甲骨文字進行分期處理。

衆所周知，小屯村中、村南所出的甲骨多爲第三期和第四期之物，即所謂“康丁、武乙、文丁”時期的。陳夢家說：“（明義士）曾將 1924 年小屯村中一坑所出三百餘片加以分類，企圖以稱謂與字體決定甲骨年代。此坑所出我（筆者註：指陳夢家）定爲康丁、武乙、文丁三王卜辭，而明氏誤認‘父丁’爲‘武丁（其實武乙稱康丁）’，‘父乙’爲‘小乙（其實文丁稱武乙）’，因此他的斷代不免全錯了。”[1]陳夢家所說的“錯誤”主要是“甲厎五”“甲厎六”“甲厎七”的一批甲骨。這一批甲骨文是董作賓 1933 年發表《甲骨文分期斷代研究例》之後，較多的學者認爲是甲骨文三期、四期之物，即所謂的“歷組卜辭”，而不是明義士所判斷的武丁晚期至祖庚時期。不過，從 1977 年李學勤提出了“歷組卜辭其實武丁晚期到祖庚時期的卜辭”[2]的意見，

---

① 陳夢家：《殷虛卜辭綜述》，中華書局 1988 年版，第 135—136 頁。

② 李學勤：《論“婦好”墓的年代及有關問題》，《文物》1977 年第 11 期。

在學術界展開了熱烈的討論。“應該説，明義士的意見得到了不少學者支持，並向前大大進一步，已發展爲甲骨文字演化的‘二係’説了。”①李學勤所提出的問題是學界仍未解決的熱門話題。（參見第七章第二節和第三節）

　　無論如何，明義士所進行的甲骨文分期斷代的研究方法是非常有意義的實踐。他在《殷墟卜辭後編》中提出的以甲骨文“字體”變化爲判斷分期斷代之研究方法，比董作賓《甲骨文分期斷代研究例》所提出的“字形”“書體”方法要早八九年。無疑對後來分期斷代研究是非常有意義的。

第二節　甲骨文分期斷代研究的奠基者
——董作賓

　　真正周密系統地研究甲骨文分期斷代的，是 1928 年 10 月開始殷墟科學考古發掘以後，由董作賓進行的。他在《殷虛文字甲編·自序》中談甲骨文的研究在考古學上的貢獻，第一個就是“斷代研究法的啟示”②。

一　在小屯村三個坑中出土不同字形的甲骨

　　第一次殷墟科學發掘的第二天，即 1928 年 10 月 14 日，董作賓就依照村中工人的經驗，在村北靠近洹水南岸的朱姓地内（筆者註：朱家十四畝地），翻挖曾經挖過多次的舊坑，找到了許多破碎腐朽的甲骨文字（第一區，第九坑）。接著在朱地的西南，劉姓地内（筆者註：劉家二十畝地），也找到了舊坑（第二區，第二十六坑）。在小屯村張姓菜園裏（筆者註：張家七畝地），又找到了一個未經挖過的新坑（第三區，第二十四坑）。（參見圖 6-4）

　　這三個坑中出土甲骨的情況，如表 6-2：

---

① 王宇信、楊升南主編：《甲骨學一百年》，社會科學文獻出版社 1999 年版，第 133 頁。
② 參見董作賓《殷虛文字甲編·自序》，“中研院”歷史語言研究所，1948 年。

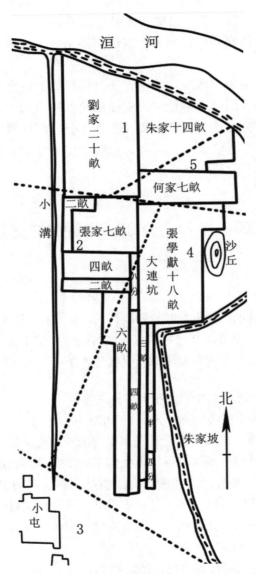

圖 6-4　殷墟科學發掘時期甲骨出土區域圖
（採自王宇信《中國甲骨學》）

表 6-2　　　　　　　　　　第一次發掘中三個坑所出甲骨之情況

《殷虛文字甲編》拓本號	登記號	坑位
1—109	1.0.0001—1.0.0151（甲）	第 1 區，第 9 坑，朱姓地
297—352	1.2.0001—1.2.0102（骨）	
110—178	1.0.0152—1.0.0384（甲）	第 2 區，第 26 坑，劉姓地
368—375	1.2.0118—1.2.0125（骨）	
391	1.2.0143（骨）	
353—367	1.2.0103—1.2.0117（骨）	第 3 區，第 24 坑，張姓地
378—387	1.2.0128—1.2.0139（骨）	
390	1.2.0142	

（註：登記號，如 1.0.0001 之第一序數爲發掘次數，1 爲第一次殷墟科學發掘；第二序數爲龜甲和胛骨之區別，其中 "0" 爲有字龜甲、"1" 爲無字龜甲、"2" 爲有字胛骨、"3" 爲無字胛骨；第三序數爲發掘序號。以下在 1928 年 10 月至 1937 年 6 月殷墟科學發掘所得甲骨編號之例相同）

董作賓在這三個坑中出土的甲骨中發現，各個坑中出土甲骨文字是不同的，"是三區各自成一組，各有特異之點，比方説：在 1 區第 9 坑，有許多規整的小字（筆者註：1.2.0001、2、28、45、92，及 1.0.0012、17、34、74、89 等片，皆登記號，以下同，如《合集》37774；《甲編》318，參見圖 6-5：1）；有雄偉的大字（筆者註：1.0.0001、8、70、87 及 1.2.0005、25、93 等片，如《合集》5557：《甲編》68，圖 6-5：2）；在 2 區第 26 坑，無一塊小字的片，而又有一種細弱的書體（筆者註：1.0.0235、240、295 等片，如《合集》21431：《甲編》142，圖 6-5：3）；在 3 區第 24 坑，'亡戈' 的辭五見（筆者註：1.2.0107、108、110、142、187 等片，如《合集》29098：《甲編》357，圖 6-5：4）；又有 '癸某，貞旬亡囚'（筆者註：卜旬卜辭）的卜辭文例（筆者註：1.2.0106、137 等片，如《合集》34799；《甲編》385，圖 6-5：5），並且書體和 1、2 兩區的卜辭，大不相同。……現在我們明白，1 區 9 坑的卜辭，包含著第一期的武丁時代，如上面所舉的大字及有貞人 '殼'、'賓'、'史' 的各版（筆者註：1.0.0052、77、120 及 1.2.0003、22 等片，如《合集》3563：《甲編》89，圖 6-5：6）；第五期帝乙、帝辛時規整的小字各版。我們須注意的是，在朱姓地內同附近一帶出土的甲骨文字，它們的時代祇有第一、二期和第五期。……第 2 區 26 坑，這一組卜

辭，有第一期武丁時物，貞人殼、⻊及大字可證（筆者註：1.0.0172、
232、242 等片，如《甲編》120，圖 6-5：7），有第二期祖甲時物，貞人
'出'可證（筆者註：1.0.0202、271 等片，如《合集》26041；《甲編》
131，圖 6-5：8）；第四期文武丁時物，上舉的細弱書體，即貞人'天'
可證。我們也要注意的是絕無一片第五期的卜辭。至於 3 區，包括所有在
小屯村中出土的甲骨文字，是祇有三、四期而絕無一片是一、二、五期
的"。①董作賓正是因爲"三個地方出土的甲骨文字的不同"，得到了很
大的啟示，正如自己所說的"使我時時刻刻在苦思冥索，要找出一個可以
判別卜辭時代的方法"。即因爲不同坑位元中出土了不同字形的甲骨文，
董作賓認爲"坑位"是可以作爲分期斷代的重要標準，所以"坑位"一項
成爲在 1933 年發表的《甲骨文斷代研究例》所提出的分期斷代"十項標
準"之一。

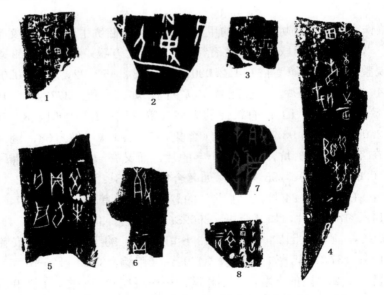

圖 6-5 "不同坑出甲骨文字不相同"之例

1《合集》37774；2《合集》5557；3《合集》21431；4《合集》29098；5《合集》34799；6《合
集》3563；7《甲編》120；8《合集》26041

---

① 參見董作賓《殷虛文字甲編·自序》，"中研院"歷史語言研究所，1948 年。

二　《大龜四版考釋》[①]及 "八項標準"

1929 年第三次殷墟科學發掘中所謂 "大連坑" 的南段長方形坑內發現較完整的四版龜甲，即 "大龜四版"。董作賓在 1931 年發表的《大龜四版考釋》一文中，説："因爲這四塊大龜版是同時同地出土，又比較完全，所以同時來研究它們，就稱它們爲'大龜四版'。" 大龜四版之一，編號爲 3.0.1863；大龜四版之二，編號爲 3.0.1860；大龜四版之三，編號爲 3.0.1862；大龜四版之四，編號爲 3.0.1861。大龜四版：大龜四版之一，編號爲《甲編》2124（3.0.1863：《合集》339，參見圖 6-6）；大龜四版之二，編號爲《甲編》2121（3.0.1860，《合集》9560，參見圖 6-7）；大龜四版之三，編號爲《甲編》2123（3.0.1862，參見圖 6-8）；大龜四版之四，編號爲《甲編》2122（3.0.1861，參見圖 6-9）

圖 6-6　"大龜四版之一"
《合集》339

圖 6-7　"大龜四版之二"
《合集》9560

該文又説："當民國十七年（筆者註：1928 年）試掘殷墟得到甲骨之時，因'字形之演變，契刻方法與材料之更易'，我就疑心'絕非短時期內所能有的'" 在這時候關注並認識到字體之變化能夠成爲甲骨文斷代研究的重要因素。因此設想了 "斷代之法，應從各方面觀察而求其會通，大要不外下列的數種：一、地層；二、同出器物；

---

① 董作賓：《大龜四版考釋》，《安陽發掘報告》1931 年第 3 期。

三、貞卜事類；四、所祀帝王；五、貞人；六、文體；七、用字；八、書法。"董作賓就是在大龜四版中整理出，所謂分期斷代的"八項標準"。

圖 6-8　"大龜四版之三"
《甲編》2123

圖 6-9　"大龜四版之四"
《甲編》2122

　　其中"貞人"一項，是最重大發現，也是早期甲骨學者當中第一個提出"貞人"説的。"在四版中，這八項標準，都同樣的可以證明他們的時代。這裏單單提出'貞人'一項，因爲貞人之説是全靠這四版啟示而成立的"。所謂"貞人"即"貞卜命龜之人"，它在卜辭中的位置，是敘辭中"干支卜"之後，命辭"貞"字之前。對於這一個字，早期甲骨學者，或疑爲官名，或疑爲地名，或疑爲占卜事類等衆説紛紜。若爲"地名"，其前要加"在"字，所以董作賓斷定"祇言

'某某卜某貞'者，絕非地名。又第四版全爲卜旬之辭，若爲卜貞事類，或職官之名，應全版一致，今卜旬之版，貞上一字不同者六，則非事與官可知。又可知其決爲卜問命龜之人，有時此人名甚似官名，則因古人多有以官爲名者。又卜辭多'某某卜王貞'及'王卜貞'之例，可知貞卜名龜之辭，有時王親爲之，有時使史臣爲之，其爲書貞卜的人名，則無足疑。"①

　　董作賓確定了"貞人"說之後，又提出以貞人爲定其時代之方法。"凡見於同一版上的貞人，他們差不多可以説是同時。如上列第 4 版（筆者註：指大龜四版之四），貞人共有六個（筆者註：指賓、爭、㕘、㗊、㗊、允），在九個月中，他們輪流著去貞旬……因此，可由貞人以定時代。"雖然董作賓沒有説"貞人組"，但是他所説的同版上的"貞人共有六個"，這六個貞人可以成爲"貞人組"，衹是董氏在文中沒有確立"貞人組"的概念②而已，實際上與後來陳夢家所説的"卜人組"同樣的概念。所以陳夢家提出的"卜人組"概念源於董作賓的"同版上的貞人"説，衹是陳夢家的"卜人組"是所有同版關係上的貞人中最具有代表性的人物之名作爲其組名而已。

　　董作賓發現甲骨卜辭上的"貞人"，是把羅振玉、王國維、明義士等學者所未能分開的混沌一團的晚商時代的原始史料歸屬於各個時代，提供了非常重要的一把鑰匙。不過"大龜四版"研究中涉及的"八項標準"，並沒有使它在斷代研究中應用到全部卜辭的斷代實踐中去。因此，王宇信、楊升南師曾説："首先，董作賓衹是解決了武丁時的貞人，而沒有涉及其他王世也存有的貞人。因此這個方案是不完全的；其次，在董作賓開始斷代探索時，對於羅振玉的殷墟時代爲'徙於武乙，去於帝乙'之説，和王國維的'説殷'爲盤庚遷殷至紂之滅國 273 年的都城説還猶豫不決。因此他曾在第 1 次發掘時，就提出第三十六坑爲'商代前世之物'，懷疑羅氏之説的可靠性。（經過 2 次、3 次發掘後）'纔知殷墟時代，非僅自武乙至帝乙三世，而以王靜安盤庚遷殷之説不可易'，'今若以盤庚十四年遷殷，至帝乙之末，亦當有二百餘年。此二百年間，經過了七世十一王，這七世十一王的卜辭，必

① 董作賓：《大龜四版考釋》，《安陽發掘報告》1931 年第 3 期。
② 雖然 1931 年發表的《大龜四版考釋》中沒有確立"貞人組"的概念，但是在 1933 年發表的《甲骨文斷代研究例》中提出"貞人集團"的概念。

有許多不同之處。'……'八項標準'祗是爲其發明者所掌握，尚缺乏供更多研究者在斷代實踐時的規律性和系統性。"①就是説"八項標準"應用到全部卜辭的斷代研究中還是不夠全面的。

三 《甲骨文斷代研究例》與"五期分法"及"十項標準"

董作賓在 1931 年發表《大龜四版考釋》之後，於 1933 年在此文的基礎上又發表了《甲骨文斷代研究例》。"在殷墟科學發掘以後，被董作賓劃分爲井然有序的五個不同時期。在一定意義上，正是有了近代田野考古學的科學方法，董作賓纔有可能鑿破鴻濛，把甲骨學商史研究推向一個新高峰。"②

董作賓在《甲骨文斷代研究例》中，把甲骨文分爲五個時期八世十二王時代，如表 6-3：

表 6-3　　　　　　　　　董作賓的"五期分法"③

時期	所屬時代商王
第一期	武丁及以前（盤庚、小辛、小乙）：二世四王
第二期	祖庚、祖甲：一世二王
第三期	廩辛、康丁：一世二王
第四期	武乙、文丁：二世二王
第五期	帝乙、帝辛：二世二王

這五個不同時期的分類，是以"十項標準"爲基礎研究甲骨文所得出來的。所謂的"十項標準"：一、世系；二、稱謂；三、貞人；四、坑位；五、方國；六、人物；七、事類；八、文法；九、字形；十、書體。

上述的"十項標準"是基於 1931 年《大龜四版考釋》中提出來的

---

① 王宇信、楊升南主編：《甲骨學一百年》，社會科學文獻出版社 1999 年版，第 141 頁。
② 王宇信：《甲骨學通論》，中國社會科學出版社 1993 年版，第 162 頁。
③ 董作賓在 1955 年出版的《甲骨學五十年》（臺北藝文印書館）中說："第一期應包括祖庚，不能祗限於武丁"。改了在 1933 年《甲骨文斷代研究例》中的一些看法。

"八項標準"演變而來的，但是比"八項標準"具有更完善的規律性和系統性。

對於這十項標準，王宇信師説："爲我們打開了看來似是'渾沌'一團的十五萬片甲骨時代先後的大門，使其'各歸其主'，有條不紊地劃歸五個不同時期，隸屬八世十二王的名下。因此，熟練地掌握上述分期斷代的'十項標準'，不僅是初學甲骨文的基礎訓練，在甲骨學和商史研究工作中也將受益無窮。"①

（一）"十項標準"之"第一標準"

1．"世系"

指商人祖先的世次，包括直系和旁系。由此可以知道先王之間的遠近親屬關係，董作賓曾説："斷代研究的第一步工作，即是殷人的世系，世系定了，然後纔有分劃時期的可言。"②

"世系"是等於"八項標準"的"所祀帝王"一項。這個標準是非常重要的，我們根據《史記·殷本紀》及甲骨文記錄等，可以看到商代上甲以下的先公先王均以天干日爲名（筆者註：但是這天干日名重複者多），如名"甲"者有 7 人（上甲、大甲、小甲、河亶甲、沃甲、陽甲、祖甲），名"乙"者有 6 人（報乙、大乙、祖乙、小乙、武乙、帝乙），名"丙"者有 2 人（報丙、外丙），名"丁"者有 8 人（報丁、大丁、沃丁、中丁、祖丁、武丁、康丁、文丁），名"戊"者有 1 人（大戊），名"己"者有 2 人（雍己、祖己），名"庚"者有 4 人（大庚、南庚、盤庚、祖庚），名"辛"者有 4 人（祖辛、小辛、廩辛、祖辛），名"壬"者有 3 人（示壬或叫主壬和中壬、外壬），名"癸"者有 1 人（示癸或叫主癸）。不過"八項標準"之"所祀帝王"，祇知其名，卻不知其在整個商代歷史發展上之位置。因此，"對甲骨斷代來説，仍是'橫向處理'而不知其早晚"。然而有了"世系"這一項標準，"纔能將甲骨文橫向的靜止觀察，變爲縱向的發展時段，從而綱舉目張，使甲骨文斷代研究有了各王在位早晚不同的依據"③。雖然我們

①　王宇信：《甲骨學通論》，中國社會科學出版社 1993 年版，第 163 頁。
②　董作賓：《甲骨文斷代研究例》，載於《董作賓全集甲編》，臺北藝文印書館 1978 年版，第 365 頁。
③　王宇信、楊升南主編：《甲骨學一百年》，社會科學文獻出版社 1999 年版，第 142 頁。

在甲骨文斷代研究中慎重使用"世系"一項，是因爲先公先王之名重複者很多，但是"世次、世系爲斷代研究之基礎。世數既有定序，其他分期之標準，便可得而言"①。

2."稱謂"

指遠近、親疏的稱謂。占卜時由時王自問，或者由貞人受王命代王卜問，自然卜辭中對所祭祖先之稱謂，應以時王與其關係的親疏、遠近而定。"以致祭之時王爲主，兄稱兄某、父稱父某、母稱母某，祖父、祖母以上稱祖某、妣某；輩次更遠則稱名謚；如此以主祭之王本身關係定稱謂，秩然有序，絲毫不紊。由各種稱謂，定此卜辭應在某王時代，這是斷代研究的絕好標準。"②

"稱謂"雖然與"八項標準"的"稱謂"相同，但是由於"十項標準"之"稱謂"是依據"世系"的，所以可以縱橫的先後處理，更加準確。

3."貞人"

指"史官"，這一項與"八項標準"之"貞人"同項。甲骨卜辭中出現的貞人定每一個卜辭的所屬時代，更由他們所祀先祖時的稱謂來定這些貞人是屬於某個帝王的時代。這樣我們就可以指出某貞人是某帝王時代的貞人或史官。如果能夠把同一版上的貞人聯繫起來，他們可以成爲一個集團，即所謂的"貞人組"。但是這並不足以包括所有的貞人，因爲有些貞人與其他貞人沒有聯絡，而且"武乙時代（筆者註：第四期）已完全没有了，有時，貞卜之人就是帝王的自身，憑貞人以定時期的方法，也至此而窮"③。若我們研究甲骨文中遇到了無貞人的甲骨卜辭，便從書體、文法等多方面考慮定其時代。因此單憑貞人研究斷代也有一定的局限性。董作賓在《甲骨文斷代研究例》中指出，甲骨文中在同一版上繫聯關係的貞人稱爲"貞人集團"④，並列各期貞人表：第一

---

① 董作賓：《甲骨文斷代研究例》，載於《董作賓全集甲編》，臺北藝文印書館 1978 年版，第376 頁。

② 董作賓：《甲骨文斷代研究例》，載於《董作賓全集甲編》，臺北藝文印書館 1978 年版，第376 頁。

③ 董作賓：《甲骨文斷代研究例》，載於《董作賓全集甲編》，臺北藝文印書館 1978 年版，第384 頁。

④ 董作賓：《甲骨文斷代研究例》，載於《董作賓全集甲編》，臺北藝文印書館 1978 年版，第385—389 頁。

期，有爭、殼、亙、永、韋等 11 人；第二期，有大、旅、即等 6 人；第三期，有口、彭、寧等 8 人；不見於同版關係或不能確定時期的有逐、喜、尹等 8 人。共有發現貞人 33 名。這 33 名貞人都是同版關係或繫聯關係者，但是所整理的材料有限，提出的"貞人"不算多，後來他在 1965 年出版的《甲骨學六十年》中，把貞人加以補充[①]：第一期爲 25 人；第二期爲 18 人；第三期爲 12 人；第四期爲 14 人；第五期爲 4 人等，共整理出 73 名貞人。

陳夢家對殷墟甲骨卜辭進一步整理後得出每一個時期貞人的人數：第一期爲 73 人；第二期爲 22 人；第三期爲 18 人；第四期爲 1 人；第五期爲 6 人，共整理出 120 名貞人。[②]

島邦男在《殷墟卜辭研究》"貞人補正"[③]中，對董作賓、陳夢家所定貞人進行補充、考訂，指出了第一期貞人爲 36 人；第二期爲 24 人；第三期爲 24 人；第四期武乙時有 5 人，文丁時有 19 人；第五期 6 人等，共列出了 115 人。其中除去武乙、文丁相同者 3 人及帝乙、帝辛相同者 2 人，實爲 110 人。

饒宗頤在《殷代貞卜人物通考》[④]中，共得貞人 142 人，其中有"附" 4 人，"備考" 20 人。他的分類特點是把貞人所參與的事類分項加以論述，最多參與者爲"爭"。"爭"參與的事類有 18 項，即卜雨、卜晴、卜風、卜雲氣、卜水、卜月食、卜旬、卜年、卜狩、卜往來、卜夢、卜疾病、卜邑、卜祭祀（又分別"甲"爲山川社、"乙"爲祭先公先王先妣、"丙"爲祭舊臣與雜祀）、卜征伐與方國、"爭"卜所見人物（侯、伯、諸子、諸婦、卜人、其他）、雜卜、成語等。其他的貞人所參與的事類都在這 18 項範圍之內。

孟世凱在《殷墟甲骨文簡述》中整理了董作賓、島邦男、陳夢家、貝塚茂樹、饒宗頤等學者整理的貞人名，共整理出 128 名。[⑤]

在甲骨文中常見的貞人名，如表 6-4：

---

① 參見董作賓《甲骨學六十年》，臺北藝文印書館 1965 年版，第 79—86 頁。
② 參見陳夢家《殷虛卜辭綜述》，中華書局 1988 年版，第 205 頁，表四《卜人斷代總表》。
③ 參見島邦男《殷墟卜辭研究》，上海古籍出版社 2006 年版，第 11—32 頁。
④ 饒宗頤：《殷代貞卜人物通考》，香港大學出版社 1959 年版，第 345—443 頁。
⑤ 參見孟世凱《殷墟甲骨文簡述》，文物出版社 1980 年版，第 123—126 頁。

表 6-4　　　　　　　　　　　　各期常見貞人名

期別	貞人名
第一期	殻、亘、永、賓、爭、韋、𤔽、𠂤、𦣞、兊、𢀛、史、内、旬、𠈌
第二期	大、旅、即、行、兄、出、先、喜、尹、逐、涿、洋、卣、㚔
第三期	何、寧、口、彭、𪟛、定、專、狀、𤞷、𠨍、𤔲、𧵜、寸
第四期	歷
第五期	黃、派、𫜦

（筆者註：常見貞人名，來源於王宇信《中國甲骨學》，第 172—173 頁）

　　以上世系、稱謂、貞人，《三位一體》，是甲骨文分期斷代中最重要的基礎。陳夢家也稱此三者爲分期斷代的“第一標準”，而在三者之中，“貞人”尤爲重要。這是因爲“卜辭占卜者不外乎時王與卜人。時王在卜辭祇署一‘王’字，故無從定其爲何王，祇有從其對祖先的稱謂而定。‘卜人’即董氏所謂‘貞人’，於卜辭署其私名。占卜者之所以重要，是因爲僅僅依靠稱謂斷代，其材料究屬有限。並且，單獨的稱謂不足以爲斷代的標準，如‘父乙’可以是武丁稱小乙，也可以是文丁稱武乙。占卜者是最好的斷代標準，因爲（1）同一卜人可以在不同卜辭中記載若干稱謂，如卜人‘行’於某片稱‘兄己、兄庚’，於另片稱‘父丁’，則必須是‘祖甲’時人；（2）在同版甲骨上往往載有若干卜人，他們是同時的人，因此將同時卜人見於不同版的諸種稱謂彙聚起來，可以得到某一時代整個的稱謂系統。……同一版甲骨上出現的卜人必定是同時代的，就是沒有一版甲骨刻著兩個世代的卜辭。這種假定是可成立的，因爲事實上由同版卜人的各自在別版上的稱謂看來，凡屬同版卜人的各自稱謂是一致的。如，卜人‘何’與‘彭’是同版卜人，‘何’和‘彭’在若干不同版的卜辭中都有‘父甲、父庚’的稱謂，都是‘廩辛’時代卜人所以稱‘祖甲、祖庚’者。在他們的卜辭中是不允許有‘父乙’這稱謂的”[1]。

　　我們依據“第一標準”，就可以定出其時代明確的標準甲骨片。“這些標準片，包括沒有貞人而由稱謂決定時代的甲骨（但不很多），還包括較多的由貞人可定時代的甲骨。再通過對這些標準甲骨片的整理

_____

[1]　陳夢家：《殷虛卜辭綜述》，中華書局 1988 年版，第 137 頁。

和歸納，還可以派生出其他的各項標準，諸如方國、人物、事類、文法、字形、書體等。"①除"第一標準"之外的這些標準就是我們所説的"第二標準"。

（二）"十項標準"之"第二標準"

1. "坑位"②

董作賓在《甲骨學六十年》中，把"世系、稱謂、貞人、坑位"作爲"直接標準"。③現在我們所説的考古學的"坑位"是以地層學爲基的，所以甲骨文出土的坑位，應該是指出土甲骨文的窖穴（即灰坑）和窖穴開口所處的"地層"的層位。無論是"灰坑"還是"地層"，都是自然的堆積，而不是指發掘者人爲劃定的區域，更不可指深多少釐米出什麽遺物的"層"位。但是董作賓在《甲骨文斷代研究例》中提出的"坑位"並不是以地層學爲基的概念，説："甲骨文字時期的包涵乃延展至於帝辛，有二百五十餘年之久，經過如此的長期，各坑出土的甲骨文字，時期就不能毫無分别了。"他所説的"坑位"，實際上指出土甲骨的地點，即指灰坑所在發掘區域的區位，這是與現在考古學所説的"坑位"是指灰坑在地層中的縱向位置不同。史語所在當年殷墟科學發掘時，小屯村及其北地曾被劃分爲五個區域。董作賓列出了第一次到第五次發掘在五個區域發現的甲骨文的期别隸屬表：第一區，包括小屯村北濱臨著洹河南岸附近的一塊地方，有朱姓的十四畝地和張姓的七畝地的北半。這一區出土的甲骨文字甚少，又非常的破碎，但實際上是非常重要的，有第五期帝乙、帝辛時的卜辭。又有第一、二期的卜辭；第二區在西，第四區在東，是相連接的，出土物的時期也相差不遠，似乎可以不分，不過第二區爲村人挖掘最早、最多之處，第四區大連坑附近都沒有挖過，劉鶚所藏的是第二區出土的甲骨文字，衹有第一、二期卜辭；第三區，就是小屯村中及村前，出土的卜辭和村北地各區（包括一、二、四、五各區）大有不同。村中甲骨文字的發現，最初是清宣統元年（1909），所以早期收藏甲骨文字的劉鶚、羅振玉、明義士等著錄書中，都很少有村中出土的卜辭。村中大舉挖掘，在民國十二年（1923）以後，大部分歸於明義士。這

---

① 王宇信：《甲骨學通論》，中國社會科學出版社 1993 年版，第 170 頁。
② 董作賓：《甲骨文斷代研究例》，載於《董作賓全集甲編》，臺北藝文印書館 1978 年版，第 391—400 頁。
③ 董作賓：《甲骨學六十年》，臺北藝文印書館 1965 年版。

一區卜辭的特色，少量的第三期卜辭之外，大部分屬於第四期武乙、文丁時的卜辭；第四區，出土甲骨文字的中心，爲張姓十八畝地中部的大連坑，這坑及其附近，很明顯包含著三個時期的卜辭，即第一、二、三期。其中第三期廩辛、康丁時的卜辭爲最多；第五區範圍很小，祇有一個圓井，一個圓坑，一所坑位很簡單，這一坑位雖小，出土的卜辭卻很重要，因爲多是早期之物（第一、二期卜辭），可以證明許多同出的器物的時代。（參見圖 6-4 和圖 6-10）

由此，我們可以知道《甲骨文斷代研究例》中《甲骨出土區域圖》所示的區域，並不是嚴格的考古學意義上的"層位"和"灰坑"。

陳夢家在《殷虛卜辭綜述》中對董作賓的"坑位"一項提出了一些意見，説："不可能以某坑的甲骨年代來拘束同坑的其它實物的年代，反之其它實物的花紋形制足以決定此坑堆積中實物的最晚時期，而不是堆積的最晚時期"，而且"某坑出土的甲骨屬於某某期，必須根據了卜辭本身的斷代標準，如卜人、稱謂、字體、文例等等；這些斷代標準必須嚴格而準確，纔能定出某坑甲骨的時期……坑位祇能供給我們以有限度的斷代啟示，而在應用它斷代時需要十分的謹慎"。[①]

王宇信師在《甲骨學通論》中説："（董作賓所説的）'坑位'作爲斷定甲骨文時代的標準，祇能起一定的旁證作用，而不能象其它標準那樣起決定作用。……地層關係較爲明確，如 1973 年安陽小屯南地出土甲骨，但依坑位斷代仍很困難。例如，一個灰坑出土甲骨時代單純，祇有武丁一世物，但也有可能此坑武丁以後還在使用，灰坑的時代不一定與甲骨同期。"[②]王師的基本觀點與陳夢家相同。

2. "方國"

指甲骨文上所記商王朝各個不同時期與周邊方國的關係。商王朝"武功極盛的時代，要推武丁，所以在武丁的時代，所征伐的方國也特別多，其次各時期與各國的關係也都有不同"[③]。各不同時期的方國關係，也是能夠由"第一標準"所確定的時代明確的甲骨文中歸納出來的。所以，可

---

① 參見陳夢家《殷虛卜辭綜述》，中華書局 1988 年版，第 140—141 頁。
② 參見王宇信《甲骨學通論》，中國社會科學出版社 1993 年版，第 176—177 頁。
③ 董作賓：《甲骨文斷代研究例》，載於《董作賓全集甲編》，臺北藝文印書館 1978 年版，第 403 頁。

以用每一個時期的甲骨上經常出現的方國作爲斷代標準，判斷一些甲骨的時代。

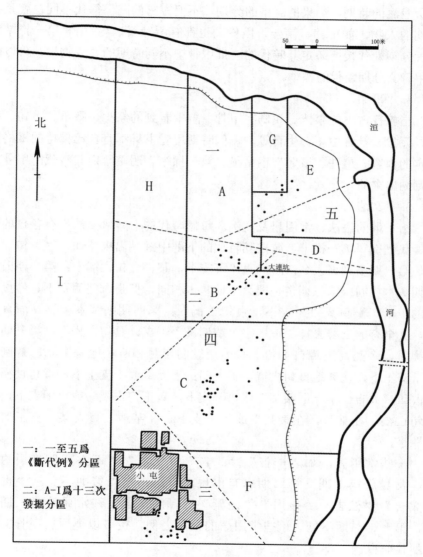

圖 6-10　"殷墟出土甲骨文字坑位"略圖

（採自劉一曼《殷墟考古與甲骨學研究》）

3. "人物"

指甲骨文中出現的史官、諸侯、臣屬、諸子、諸婦等人名。"殷墟卜辭所包涵的時期，如果能詳密的分期，不但方國的關係每代不同，就是各時期的人物，如史官、諸侯、臣僚，也都有所隸屬。"①由"第一標準"進行分期斷代後所確定其時代的一批甲骨中不同時期的"人物"，可以作爲甲骨文分期斷代的標準。

4. "事類"

指施行占卜的事情。我們在甲骨卜辭中看到的祭祀、戰爭、卜旬、打獵、氣象、社會生產、生育等，每個時期甲骨卜辭都有自己獨特的風格和特定的內容。這些"事類"也是從"第一標準"明確確定其時代的甲骨文中歸納出來的。

5. "文法"

指卜辭的語法、常用語及文例。每個時代的卜辭"文法"有各自的特色。我們從"第一標準"確定其時代的卜辭中歸納出來。如，"卜旬"卜辭，第一期多列貞人名，辭例爲"干支卜，某，貞旬亡禍"；第二期與第一期基本相同；第三期也是與第一期基本相同，但是有些個別不具備貞人名的卜辭，辭例爲"干支卜，貞旬亡禍"；第四期則基本上不具備貞人名，甚至有的卜辭去掉"卜"字，辭例爲"干支，貞旬亡禍"；第五期比較複雜，多爲商王親自卜旬，有的還註明年月和所在地等資訊，辭例爲"干支王卜，在某地貞旬亡禍。王占曰：吉"或"干支王卜，貞旬亡禍。王占曰：大吉。干支肜某某"或"干支卜，貞王旬亡禍"或"干支卜，貞王旬亡禍。在某月，在某某"或"干支卜，在某地，貞人某，貞王旬亡禍"等。

一些常用語，如"一告""二告""三告""不玄冥"等類的兆辭，常見於第一期，第二期也有出現，但第三期以後則不見；"吉""大吉""弘吉""茲用""茲禦"等類的兆辭，較常見於第三期以後，第一、二期不見。這些常用語的使用之例，也可以運用於甲骨文分期斷代研究。

---

① 董作賓：《甲骨文斷代研究例》，載於《董作賓全集甲編》，臺北藝文印書館 1978 年版，第413頁。

6. "字形"

學者根據"第一標準"確定了後，自然可以看出似乎相同的一些常用字，而且在各不同時期又有所不同。如，"干支"字，干支字幾乎每片甲骨中都有出現，在甲骨文中最富有時代的變化，所以這些干支字的變化成爲了甲骨文分期斷代研究中較爲常用的重要手段（參見表 6-5）。除了干支字之外，還有一些常見的常用字，如"王""貞""侑"字等，也是時代變化較強的常用字（參見表 6-6）。因此，能夠把握好這些干支字和常用字的演變字形，若遇到沒有"稱謂""貞人""世系"的甲骨時，就可以用這些干支字和常用字的"字形"來進行分期斷代。

表 6-5　　　　　　　　甲骨文 "天干地支字" 演化表

干支 字形 變化 期別	甲	乙	丙	丁	戊	己	庚	辛	壬	癸
第一期 武丁										
第二期 祖甲										
第三期 廩辛、康丁										
第四期 武乙										
文丁										
第五期 帝乙　帝辛										

干支 字形 變化 期別	子	丑	寅	卯	辰	巳	午	未	申	酉	戌	亥
第一期 武丁												
第二期 祖甲												
第三期 廩辛、康丁												
第四期 武乙												
文丁												
第五期 帝乙　帝辛												

本表採自王宇信《中國甲骨學》。

表 6-6　　　　　　　　　　甲骨文"常用字"演化表

一期	
二期	
三期	
四期	
五期	

本表採自王宇信《中國甲骨學》。

314

7. "書體"

指甲骨文契刻、書寫的風格。隨著甲骨時代和貞人的不同，每個時期甲骨文字的契刻、書寫風格也是不相同的。即使同一個時期內的甲骨文字也有自身的細微不同，何況每一不同時代書體應該有大不相同的風格[1]，如：第一期爲"雄偉"，有的字形體較大，筆力道勁，也有的字形體較小，但剛勁，如《合集》10229（《甲編》3339，參見圖 6-11）；第二期爲"謹飭"，文字大小適中，行款均勻整齊，疏密適度，如《合集》23187（《通》75，參見圖 6-12）；第三期爲"頹廢"，常見文字錯訛，行款散亂，如《合集》31553（《甲》2605，參見圖 6-13），但亦有文字整齊"清秀"者，如《合集》27419（《粹》313，參見圖 6-14）；第四期爲"勁峭"，文字峭拔聳立，粗狂豪放，被人稱爲"銅筋鐵骨"，如《合集》32054（《甲編》635，參見圖 6-15）；第五期爲"嚴整"，行款排列整齊，多有方正段落，文字雖細小，但其結構嚴整渾厚，如《合集》36497（《通》571，參見圖 6-16）。

圖 6-11　　《合集》10229　　圖 6-12　　《合集》23187　　圖 6-13　　《合集》31553

從書體上看，第一期和第五期的區別很明顯，但第一期和第四期較難區分，第一期和第二期較容易區分。這些"書體"在甲骨文分期斷代研究中不可忽略的重要一項標準。這是因爲研究甲骨文分期斷代問題時，會經常遇到沒有稱謂、貞人，又不具備時代性特點的一些獨特的常用字，如，

---

[1]　參見王宇信《甲骨學通論》，中國社會科學出版社 1993 年版，第 173—174 頁。

王、貞、干支字等，亦未有方國、人物、事類者的甲骨卜辭，在這種情況下我們可以根據書體作風來判斷其時代。

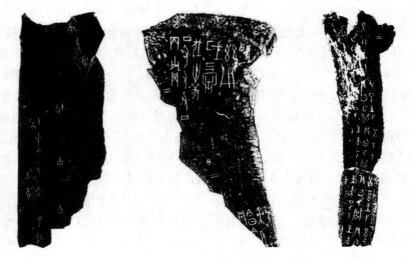

圖 6-14　《合集》27419　　圖 6-15　《合集》32054　　圖 6-16　《合集》36497

　　值得我們注意的是，若祇記得書面上各期不同的"書體"風格特點，是不能立刻就能進行正確的分期斷代研究，這裏需要在學習和經驗的過程中反復體會和總結，纔能夠把握以書體斷代的方法。

　　上述所説的各項標準，其實是在"第一標準"所確定的時代明確的甲骨基礎上綜合、歸納出來的。其中"字形"和"書體"是"在斷代分期實踐中是不可忽視並行之有效的十分方便的標準。許多既無貞人又無稱謂的殘辭或意義不明的卜辭，據此二項，就可以很快判定其時代"①。

　　總之，1899 年甲骨文被王懿榮鑒定後至 1928 年 10 月殷墟科學考古發掘之前大約 30 年時間，甲骨學祇能是處於"識文字，斷句讀"的草創時期，而從 1928 年 10 月殷墟科學考古發掘開始以後，甲骨學發展的速度、研究範圍及方法等都迅速地發展起來。"從民國十七年的秋天（筆者註：1928 年 10 月），國立中央研究院發掘殷墟以來，甲骨文的研究範圍，有自然而然要擴大的趨勢，於是漸漸地有拓片上文字的研究，進而注意到實

_____

①　王宇信：《甲骨學通論》，中國社會科學出版社 1993 年版，第 178 頁。

物（甲與骨）的觀察；由實物而又注意到地層；注意到參證其他遺物；注意到比較國外的材料。換句話說，就是從文字學、古史學的研究，進而至考古學的研究了。"[1]

董作賓所說的甲骨學研究範圍的擴大，細緻的分類[2]，如表 6-7：

表 6-7　　　　　　　　　　　甲骨文研究的擴大

甲骨文研究的擴大方向	細緻的分類
文字的研究	1.拓印；2.考釋；3.分類；4.文例；5.禮制；6.地理；7.世系；8.歷法；9.文法；10.書法。1至7爲過去的研究
實物的觀察	1.書契體勢；2.卜兆；3.卜法；4.龜；5.骨
地層的關係	1.區域；2.層次；3.時代；4.互證他器物
同出器物的論證	1.象形字與古器物；2.器用與禮制；3.動物骨骼
他國古學的參考	1.象形文字的比較；2.骨卜之俗；3.古生物學與龜骨

從此，原來金石學範疇的甲骨文字的研究納入考古學的領域，學術上的意義更擴大了。正是董作賓在《甲骨文斷代研究例》中提出的"五期分法"和"十項標準"，就把殷墟甲骨文由一團混沌，一目了然地分爲五個不同時期，以此"爲甲骨學已經提出或正在解決的一係列課題準備了時代明晰的研究資料。學者們通過對時代明確的甲骨文資料分門別類的整理研究，不僅可使《斷代例》提出的嚴密規律得到補充和修正，又可使甲骨學所面臨的課題得到論證，並繼續在研究過程中發現新問題"[3]。

應該說董作賓提出的"甲骨文研究的擴大"中之 25 個細緻的分類，是經緯了甲骨學研究的各個方面。其中"一些問題已經解決，或又有補充和豐富；有的問題還正在探索，直到目前尚未取得較爲一致的意見；也有的問題雖然董作賓時就已經提出，但至今仍較少有人涉及，成爲甲骨學研究薄弱的環節"[4]。

總之，我們認爲董作賓《甲骨文斷代研究例》的發表，是甲骨學發展

---

① 董作賓：《甲骨文研究的擴大》，《安陽發掘報告》1930 年第二冊。
② 參見董作賓《甲骨文研究的擴大》，《安陽發掘報告》1930 年第二冊。
③ 王宇信、楊升南主編：《甲骨學一百年》，社會科學文獻出版社 1999 年版，第 149 頁。
④ 王宇信、楊升南主編：《甲骨學一百年》，社會科學文獻出版社 1999 年版，第 149 頁。

非常重要的標誌。從此以後，甲骨學研究進入一個新的階段，甲骨學成爲擁有豐富而可靠的專門研究資料的學科。現在看來，董氏此文的發表雖然已經過了九十年了，但是對甲骨文分期斷代研究方面仍然發揮了關鍵性的作用。

　　董作賓於 1933 年《甲骨文斷代研究例》中提出的"十項標準"和"五期分法"，鑿破晚商時代甲骨文 273 年間的"一團混沌"。其成果基於考古學研究方法，把金石、文字學的甲骨文研究推進到歷史、考古學範疇的"甲骨學發展時期"，但這個成果並不是一個完善的結論。雖然説這是甲骨學發展過程中的一個非常重要的成果，不過還是處於階段性成果而已，誠如董作賓所説：《甲骨文斷代研究例》並"不是斷代研究成功後的一篇結論"。學者們使用此方法的同時，也發現部分甲骨分期有所不太精確，仍有再深入研究和加以調整的需要。目前，學者們仍然對甲骨文斷代之方法進行了深入探索，使董作賓斷代學説更爲精確和方便使用。

第三節　甲骨文分期斷代的"四期分法"
——胡厚宣

　　胡厚宣從 1945 年《甲骨六錄》出版起，其後在《南北》《寧滬》《京津》《續存》等著錄書中都使用"四期分法"：第一期，盤庚、小辛、小乙、武丁；第二期，祖庚、祖甲；第三期，廩辛、康丁、武乙、文丁；第四期，帝乙、帝辛。

　　胡厚宣的此分期法，實則是將董作賓"五期分法"中第三、第四期合併爲一個期而已。之所以如此，是因爲"五期分法"中第三期和第四期的甲骨文，除有一部分甲骨有貞人和稱謂可以直接分在第三期或第四期之外，還有一批甲骨，出土在小屯村中和所謂第三次科學發掘所發掘的"大連坑"附近的甲骨，字體嚴整，筆畫首尾尖而中間粗，既不同於第三期有貞人甲骨的"頹廢"，亦不同於第四期甲骨的"勁峭"。有些甲骨雖然根據貞人、稱謂可分在第三期、第四期，但也有部分甲骨文字雖作風相同，但無貞人、稱謂可供判斷其所屬時代，祇能根據字體判斷，所以產生了這部分甲骨屬於第三期還是屬於第四期的分類困難。因此，胡厚宣把董作賓的"五期分法"中的第三期和第四期合併在一起，就解決了這些困難：如，《通別二》東京大學 6（摹本，參見圖 6-17），父甲卜辭，屬第三期；《合集》30524，第三、四期難辨（《粹》544，參見圖 6-18）；《合集》32718，父丁卜辭，屬第四期（《甲編》840，參見圖 6-19）。

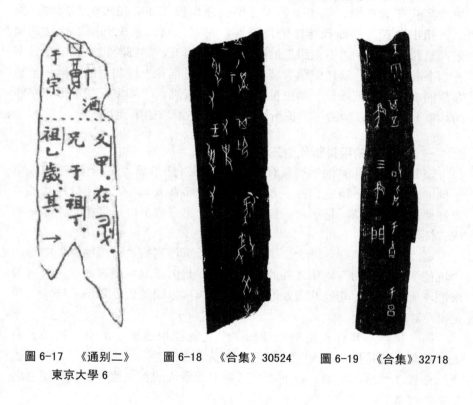

圖 6-17 　《通別二》　　圖 6-18 　《合集》30524　　圖 6-19 　《合集》32718
東京大學 6

第四節　甲骨文分期斷代研究的進一步深化
——陳夢家

董作賓之後，甲骨文斷代方面研究最深的學者是陳夢家。他從 1951

年到 1954 年，陸續發表《甲骨斷代學》係列文章。[①]之後，在 1956 年出版的《殷虛卜辭綜述》的第四、五章中專門談甲骨文斷代的問題。應該說，陳夢家的甲骨斷代研究繼承和發展了董作賓的甲骨文分期斷代學説。

常玉芝在《殷墟甲骨斷代標準評議》中，概括了陳夢家對甲骨斷代研究中的主要貢獻[②]：第一，對董氏十項斷代標準進行了歸納整理，濃縮成甲骨斷代三大標準，論述了各大標準的運作程式和必須遵循的規則；第二，指出董氏一些斷代標準的局限性；第三，指出董氏五期斷代法的缺陷；第四，創立了"卜人組"的斷代方法；第五，詳細論證了武丁至帝辛各組卜辭的時代，論述中蘊含著一個王世不是祇有一種類型的卜辭，一種類型的卜辭也不祇限於一個王世的觀念（筆者註："類型"指字形、字體的類型）；第六，論證了董氏所謂"文武丁卜辭"的斷代錯誤等。

一　陳夢家的甲骨斷代"三個標準"

陳夢家將董作賓的甲骨斷代"十項標準"歸納爲"三個標準"[③]：第一標準，是世系、稱謂、占卜者（筆者註：即貞人），乃是甲骨斷代的首先條件；第二標準，是字體、詞彙、文例；第三標準，是祭祀、天象、年成、征伐、王事、卜旬。

這"三個標準"之"十二項"中採用了董作賓的"十項標準"中除了"坑位"和"人物"兩項之外的其他八項，是因爲此兩項在斷代上具有局限性，所以祇採用其他八項並沿用和擴大。可以説陳氏分類的這些十二項是更爲詳細的。

第一標準　董作賓的"十項標準"之前三項標準（世系、稱謂、貞人）相同，祇是把"貞人"一項之名改爲"占卜者"或"卜人"。陳氏説"此三者（世系、稱謂、占卜者）乃是甲骨斷代的首先條件，我們姑名之爲第一標準"。

其中"占卜者尤爲重要"是因爲"僅僅依靠稱謂斷代，其材料究屬有

---

① 陳夢家的《甲骨斷代學》共四篇：《甲骨斷代學甲編》，《燕京學報》1951 年第 40 期，共三章十二節，第一章爲斷代標準與殷本紀世系、第二章爲卜辭世系、第三章爲周祭制度；《商王廟號考》爲《甲骨斷代學乙編》，《考古學報》1954 年第 8 期，共十節；《殷代卜人篇》爲《甲骨斷代學丙編》，《考古學報》1953 年第 6 期，共三章十節，第一章爲武丁卜人、第二章爲祖庚祖甲卜人、第三章爲廩辛卜人及其他；《甲骨斷代與坑位》爲《甲骨斷代學丁編》，《考古學報》1951 年第 5 期，共九節。

② 常玉芝：《殷墟甲骨斷代標準評議》，中國社會科學出版社 2020 年版，第 10 頁。

③ 陳夢家：《殷虛卜辭綜述》，中華書局 1988 年版，第 137—139 頁。

限。並且單獨的稱謂不足以爲斷代的標準”。這是很正確的看法，因爲商代先王的廟號是以“十干”爲定的，所以重複者甚多。占卜者爲最好的斷代標準，是因爲“（1）同一卜人可以在不同卜辭中記載若干稱謂；（2）在同一版甲骨上往往載有若干卜人，他們是同時的人，因此將同時卜人見於不同版的諸種稱謂彙聚起來，可以得到某一時代整個的稱謂系統。關於後者［筆者註：指（2）］必須先有一假定，即同一版甲骨上出現的卜人必定是同時代的，就是沒有一版甲骨刻著兩個世代的卜辭。這種假定是可成立的，因爲事實上由同版卜人的各自在別版上的稱謂看來，凡屬同版卜人的各自稱謂是一致的”。

第二標準 陳夢家根據第一標準，“我們可以有兩種標準片：一種是不具卜人名而可由稱謂決定年代者，屬於此者不很多；一種是具有可定年代的卜人名字者，屬於此者爲數甚多”。由這兩種標準片列出不同時代的字體、詞彙、文例，即第二標準，説：“如此排列爲表，可知某一時代字體、詞彙與文例的特徵，用此特徵可以判定不具卜人的卜辭的年代，我們姑名之爲第二標準。”陳夢家強調第二標準是從第一標準提供的可定年代的標準片中歸納出來的，祇有在掌握了某一確定時代的第二標準特徵後，纔可以用此特徵去判定不具卜人之卜辭時代。

陳夢家的“第二標準”運作思維比董作賓“十項標準”中的“文法”“字形”“書體”的内容更爲豐富，並且明確地指出了運用這些斷代標準的前提條件。

第三標準 利用了第一、第二標準，可以把甲骨文按其内容分爲不同的事類而加以研究。其卜辭内容爲祭祀、天象、年成、征伐、王事、卜旬。綜合某一時期的祀典、歷法、史實以及其他制度，“各種制度的不同，也可作爲判別時代的一種用處，姑名之爲第三標準”。

第三標準的根據是由“第一標準”和“第二標準”所出的具有確切時代卜辭的分析、總結後纔能列出來的。陳氏的第三標準包括了董作賓“十項標準”的“方國”“事類”等，但是其所包含的内容更廣泛、更深。

陳夢家的“三大標準”給我們提供了甲骨文斷代研究的新思路。他以把董作賓“十項標準”中“坑位”“人物”之外的八項加上自己所定的標準，進行了分析、整理、歸納爲三大標準。“闡述了三大標準之間相互依附的關係，構成了一個環環相扣、條理分明的整體，改變了董氏十項斷代標準的分散情況。"①陳夢家説："上述的三種標準，必須要依照先後次序逐步進行，必須要根據了材料作歸納的工作，必須要在嚴格的管制下尋求條例。"②陳夢家的這些話是強調在運用三大標準進行甲骨文分期斷代研究時，必須要遵循的"程式和規則"，而不可隨便亂起來。

陳夢家將甲骨斷代"三個標準"綜合起來，作了九期分法，如表6-8：

表 6-8　　　　　　　　　　陳夢家的"九期分法"

武丁卜辭	武丁卜辭		1 期	一世
庚、甲卜辭	祖庚卜辭	早期	2 期	二世
	祖甲卜辭		3 期	
廩、康卜辭	廩辛卜辭		4 期	三世
	康丁卜辭		5 期	
武、文卜辭	武乙卜辭	中期	6 期	四世
	文丁卜辭		7 期	五世
乙、辛卜辭	帝乙卜辭	晚期	8 期	六世
	帝辛卜辭		9 期	七世

陳夢家將盤庚、小辛、小乙時代不考慮在分期斷代範圍内，是由於他認爲胡厚宣在《甲骨六録》中對一些武丁以前的甲骨文祇根據筆畫、董作賓由月食而推定武丁以前的甲骨卜辭是没有充分論證的，所以不把武丁以前的三個王列入分期斷代之中。③

從上述九期分法表中我們可以看到，大範圍的早、中、晚三期分法，亦有董作賓的五期分法，甚至每個王時期的九期分法。他採用的分期斷代方式是從巨集觀到微觀的方法，説："實際分辨時，常有困難，所以我們一則提出早、中、晚三期大概的分期，同時也保留了董氏五期分法。在可以細分時，我們盡量的用九期分法；在不容易細分别時則用五期甚至於三期的分法。"④

---

① 常玉芝：《殷墟甲骨斷代標準評議》，中國社會科學出版社 2020 年版，第 13 頁。
② 陳夢家：《殷虚卜辭綜述》，中華書局 1988 年版，第 138 頁。
③ 參見陳夢家《殷虚卜辭綜述》，中華書局 1988 年版，第 139 頁。
④ 陳夢家：《殷虚卜辭綜述》，中華書局 1988 年版，第 138 頁。

二 "坑位"的局限性

陳夢家在《殷虛卜辭綜述》進行分期斷代研究中沒有涉及董作賓的"十項標準"中的"坑位",是因爲其"在斷代上祇能作有限的指示"。不過他並沒有否定董作賓提出的"坑位"爲斷代標準中的作用,反而承認了坑位與甲骨斷代之間的關係,説:"董作賓氏在《大龜四版考釋》中最先發表貞人斷代的學説,同時並提到坑層爲斷代方法之一。後來在《甲骨文斷代研究例》特立坑位一章,加以發揮。……董氏在《甲編》自序中説:'本來既列登記號,就應該有詳細的坑位層次……恕我不能同時發表'。在《乙編》卷首董氏也有一篇很長的自序,幸而在末了附載了'本編登記號與坑位對照表',對於讀者是很有便利的。……以上這些,是我們現在僅僅可得的坑位資料。因爲坑位對於甲骨斷代有相當重要的關係,所以不得不暫就有限的資料加以研究。"①

董作賓在《甲骨文斷代研究例》中,認爲某區某些坑祇出某期卜辭,在文中劃分的一、二、三、四、五等五個區域(即五期分法中,一爲武丁,二爲祖庚、祖甲,三爲廩辛、康丁,四爲武乙、文丁,五爲帝乙、帝辛,參見圖 6-4),相當於殷墟科學發掘第四次發掘時劃定的 E、A、F、B、D(參見圖 6-10)。這是在地面上人爲的劃分,而不是地層關係的劃分。因此,陳夢家對董作賓的"十項標準"中的"坑位"一項,提出了若干問題,如下②:

第一,所謂坑位應該和"區"分別,A、B、C、D、E 等區是爲發掘與記錄方便起見在地面上所作人爲的分界,並非根據地下遺物的構成年代而劃分的。必須是某些獨立的儲積甲骨的窖穴纔有可能定這個坑包含某個或某些朝代的卜辭;或者某一鄰近地帶所發掘出來的甲骨,可能同屬於某一段時期的卜辭。

第二,即使如上所述,那些坑穴必須是屬於有意的儲藏或堆積甲骨所用的,纔有作爲斷代的可能;然而也有限度,一個祇包含武丁卜辭的坑穴最早是武丁時代的儲積,也一樣可能是武丁以後的儲積。

第三,某坑若祇出武丁卜辭,則同坑出土的其他實物不一定是武丁時代的,可能是以後的。因此,不可以某坑的甲骨年代來拘束同坑的其他實

① 陳夢家:《殷虛卜辭綜述》,中華書局 1988 年版,第 139 頁。
② 參見陳夢家《殷虛卜辭綜述》,中華書局 1988 年版,第 140—141 頁。

物的年代，反之其他實物的花紋形制足以決定此坑堆積中的實物的最晚時期，而不是堆積的最晚時限。

第四，坑以外我們自得注意層次。

第五，我們説某坑出土的甲骨屬於某某期，必須根據卜辭本身的斷代標準，如卜人、稱謂、字體、文例等；這些斷代標準必須嚴格而準確，纔能定出某坑甲骨的時期。

陳夢家認爲董作賓所作的"坑位"是地面上劃分的"人爲的分界"，並不是現在考古學所説的"地層關係"而定的。其結論是"（《甲骨文斷代研究例》中的）坑位祇能供給我們以有限度的斷代啟示，而在應用它斷代時需要十分的謹慎"。

三 "卜人組"的建立

董作賓在 1931 年發表的《大龜四版考釋》一文中提出了在卜辭中"卜"之下"貞"之上的一個字爲"貞人"的名字，並且利用這個"貞人"可以推定其卜辭的時代，把"貞人"列入"八項標準"中之第五項。後來在 1933 年發表的《甲骨文斷代研究例》一文中將"貞人"列入"十項標準"的第三項，比原來更重視。文中指出武丁在位時間爲"五十九年"，此時"貞人也特別的多，可以成立一個集團"，列出了第一期武丁，第二期祖庚、祖甲，第三期廩辛、康丁時期的貞人集團，有 30 多人。

陳夢家在《殷虛卜辭綜述》中第四、第五章專門安排關於"斷代"的內容，如前文所述，在書中把董作賓的"十項標準"歸納成"三個標準"，其中"第一標準"爲董作賓"十項標準"的前三項，即"世系、稱謂、貞人"。陳夢家認爲"三者之中，占卜者尤爲重要"，是因爲占卜者爲最好的斷代標準。"（1）同一卜人可以在不同卜辭中記載若干稱謂；（2）在同一版甲骨上往往載有若干卜人，他們是同時的人，因此將同時卜人見於不同版的諸種稱謂彙聚起來，可以得到某一時代整個的稱謂系統。"①基於這些認識，對卜人（即貞人）進行了全面、系統的整理，提出了"卜人組"的建立並以此進行甲骨斷代的研究。

然而這些所謂"卜人組"亦有一定的限度，他説："將安陽出土甲骨

---

① 陳夢家：《殷虛卜辭綜述》，中華書局 1988 年版，第 137 頁。

分爲九期，這是一個可能的斷代分期法，在應用上是有困難的。就卜人而言，有些王朝並不記卜人，有些王朝的卜人不容易與上下朝代的分別。兹將大概的情況先記述於下：武丁卜辭，卜人記名（延至祖甲）；祖庚卜辭，卜人記名（上承武丁，延至祖甲）；祖甲卜辭，卜人記名（上承祖庚）；廩辛卜辭，卜人記名；康丁卜辭，卜人不記名；武乙卜辭，卜人不記名（有例外）；文丁卜辭，卜人不記名；帝乙卜辭，卜人記名（與帝辛卜辭難分）；帝辛卜辭，卜人記名（與帝乙卜辭難分）。就全部九朝的卜辭而言，武丁到廩辛的卜辭記卜人名的最多；廩辛以後卜人不記名，到了乙、辛又出現了少數記名的。因此，用卜人斷代，也是有一定的限度的”，接著提出了決定卜人時代的四個方法，“第一，由同組卜人的稱謂定其時代；第二，由特殊刻辭的簽署定其時代；第三，由卜辭内所記述的人物、事類定其時代；第四，由字體、文例等定其時代”，其中最爲重要的是第一種，也是最爲周密的。所謂的“同組卜人組”是指某些卜人在同版上出現的“同版卜人”和在同版同一卜辭内兩個卜人同卜一件事的“並卜卜人”，還有在不同版上不同卜人在同一日同卜一事的“異卜同辭”（筆者註：即所謂“同文異史”之例）。“由以上各法組成了某些卜人組，彙合某一組卜人見於不同版的稱謂便成爲某組卜人的稱謂關係，由此系統可決定其時代。但有些卜人，與任何一組都沒有聯繫，則我們祇可用其他三法來個別解決他們。”[1]他還強調的是“不聯繫的卜人，需要等待各組卜辭的字形、文例、制度整理出系統後，方可以著手分別確定那些不聯繫卜人應列於那個時代”[2]。

陳夢家由上述的原則，建立了六個“卜人組”，即“賓組”“子組”“午組”“𠂤組”“出組”“何組”等。各組以一個常見的卜人名作爲其“組”代表名字。列出了卜人共 120 人，說：“武乙、文丁兩世的卜辭，很少有記卜人的。我們祇找到一個卜人‘歷’，他的字體似當屬於武乙。……我們現在尚無法分別帝乙、帝辛的卜辭。這時期的卜辭也有一些卜人，並無見於同版的。此期共有六個卜人。”[3]就是說對祇有一個卜人“歷”和沒有同版聯繫的帝乙、帝辛時代卜人以及沒有卜人的康丁卜辭，

---

① 陳夢家：《殷虛卜辭綜述》，中華書局 1988 年版，第 173—174 頁。
② 陳夢家：《殷虛卜辭綜述》，中華書局 1988 年版，第 202 頁。
③ 陳夢家：《殷虛卜辭綜述》，中華書局 1988 年版，第 202 頁。

沒有建立"卜人組"，可見陳夢家的"卜人組"必須要兩個或兩個以上可以聯繫的纔能建立"卜人組"。

第五節　提出甲骨文分期斷代研究方法的新視覺
——李學勤

陳夢家在 1956 年出版《殷虛卜辭綜述》，第二年李學勤發表了《評陳夢家〈殷虛卜辭綜述〉》一文，在文中關於甲骨卜辭的分期斷代研究提出了一些意見，如下[①]：

第一，卜辭的分類。卜辭的分類與斷代是兩個不同的步驟，我們應先根據字體、字形等特徵分卜辭爲若干類，然後分別判定各類的所屬時代。同一王世不見得祇有一類卜辭，同一類卜辭也不見得屬於一個王世。（筆者註：關於此問題，陳夢家説根據第一標準，先找出可以定時代的標準片。確定了這些標準片之後，從中歸納出各時代字體的特徵，然後根據這些字體、文例等特徵來判定其他不具卜人名的卜辭的時代。因此，字體在陳氏的"三個標準"中祇能成爲"第二標準"。據此，李學勤的這些方法，實際上顛倒陳夢家的斷代方法的次序）

第二，斷代標準和卜人。卜辭斷代標準應以稱謂系統爲主，祖先世系則係其根據。卜人雖是一個有效的標準，但因很多類卜辭不記卜人，所以並非通用的標準。《綜述》以祖先世系與卜人爲斷代的第一標準，是不恰當的。

第三，卜辭的斷代。《綜述》對卜辭的斷代有些錯誤的。我們在上面已指出所謂"康丁卜辭"實是祖甲晚期至康丁的，可能還延至武乙初年。《綜述》以爲侯家莊 HS57 坑所出卜辭近於"午組"，我們曾在別處指出它們屬於廩辛時代。

李學勤還説，把所謂的"文武丁卜辭"（即所謂的"𠂤組""午組""子組"卜辭）列於武丁晚期的是不妥的。這些卜辭中王卜辭仍是文武丁

---

① 李學勤：《評陳夢家〈殷虛卜辭綜述〉》，《考古學報》1957 年第 3 期。

時代的，其理由是：（1）其字體、字形都是晚期的；（2）與公認的武乙
至文丁初的大字卜辭（有卜人"歷"）和另一類有"自上甲廿示"的卜辭
聯繫；（3）沒有武丁至祖庚初與舌方戰爭的記載；（4）"𠂤組"的稱謂
系統不同於武丁，而近於文丁初的大字卜辭。即所謂的"𠂤組"和"午
組""子組"等非王卜辭是屬於"文武丁時代"的（筆者註：李學勤的這
些看法，後來改爲屬於"武丁時代"）。

　　李學勤的方法是先按字體分類卜辭，然後進行斷代。這些方法當年
在學術界並沒有產生大的影響。但是 1976 年婦好墓出土後，李學勤又提
出了上述所的問題，纔開始受到學術界的關注。關於此問題，在第七章
中詳述。

　　總之，羅振玉、王國維、明義士首先提出了"稱謂""世系""字
體"等因素進行甲骨文分期斷代研究，之後董作賓的《大龜四版考釋》
《甲骨文斷代研究例》《殷曆譜》奠定了甲骨文分期斷代研究的基礎和發
展。胡厚宣將難辨的第三、第四期卜辭合併在一起提出了"四期分法"。
陳夢家提出了分期斷代的"三個標準"，並把分期斷代研究方法推上更高
的水準。李學勤則提出了利用字體、字形的特徵進行"卜辭分類"的方
法，爲學術界提供了新的分期斷代的研究方法。通過幾十年學者們的刻苦
研究，甲骨文分期斷代的框架基本上已經確立並爲以後進行分期斷代研究
提供了非常重要的根據。

第七章 甲骨文分期斷代
研究的新階段

早在 20 世紀 30 年代，董作賓就開始研究甲骨文分期斷代的問題。之後，隨著出土材料的不斷增加和研究的逐步深入，董氏的分期斷代方法經過很多學者的研究，得到補充、修正，越來越完善。有的學者提出傳統的分期斷代研究法以外新的方法，創造了新的分期斷代研究理論。由此，開展甲骨文分期斷代研究方法論和實踐論的爭辯，將甲骨學研究的發展推上了新的階段。

第一節 文武丁時代卜辭之謎
——"子、午、自組"卜辭時代問題

學術界將這類卜辭叫"文武丁卜辭"[①]"非王卜辭"和"婦女卜辭"[②]及"多子族""王族卜辭"[③]等，雖然各名稱有所複雜，但是實際上陳夢家在《殷虛卜辭綜述》所概括的"子、午、自組"等三組卜辭而已。這三組卜辭又在《甲骨文合集》第 7 冊中，分爲"甲、乙、丙"三組處理了。

---

① 董作賓：《殷虛文字乙編·序》，"中研院"歷史語言研究所，1948 年。
② 李學勤：《評陳夢家〈殷虛卜辭綜述〉》，《考古學報》1957 年第 3 期；《帝乙時代的"非王卜辭"》，《考古學報》1958 年第 1 期。
③ 伊藤道治、貝塚茂樹：《甲骨文斷代研究法の再檢討—董氏の文武丁時代卜辭を中心として》（《甲骨文研究的再討論——以董氏的文武丁時代之卜辭爲中心》），《東方學報》（京都）第 23 冊，1953 年；載於《甲骨文獻集成》第 15 冊。

　　所謂的"文武丁時代卜辭之謎"是出現在 1945 年董作賓出版《殷曆譜》以前，將甲骨卜辭中分期斷代處理較困難的一批甲骨分爲第一期，另一批甲骨分爲第四期卜辭。董作賓在《殷虛文字乙編·序》中説："十八年前，曾把武乙、文武丁，列爲第四期，那時以小屯村中出土的甲骨爲標準，我的意見是：丙，不錄貞人的時期。在前三期，也有許多卜辭是不錄貞人的，到了第四期，武乙、文武丁之世，便整個不錄貞人了。小屯村裏所出的卜辭，就屬此期，無貞人是它特點。……在當時很呆板的祇認定貞字上的一個字是人名，是貞人；沒有注意到那些在卜字之下記有貞人而省去貞字之例。又因當時注意的祇限於武乙時代的卜辭，所舉第四期之例，也只限於武乙之世。其實，村中出土的，以前著錄的，都有'文武丁'時代之物，都被我們大部分送給武丁了。……寫《殷曆譜》時，因爲新舊派祀典的不同，我曾理清楚一件事，就是舊派中，武丁、祖庚時代，稱大乙爲唐，絕無例外，至祖甲時代，改革祀典，纔把唐定名爲大乙，以後各王，便都稱大乙，不再稱唐。文武丁是主張復古的，從紀日法、月名、祀典各方面看，他恢復了舊派的制度，祇有一個唐的名稱沒有復活，仍然叫大乙，這是一個堅強的，惟一的證據。"[1]

　　董氏在 20 世紀 30 年代開始甲骨文分期斷代研究時，因爲當時看到的第一、二、三期甲骨卜辭中有許多"不錄貞人"的，武乙、文丁（筆者註：即文武丁）時期卜辭也"不錄貞人"，而且"在當時很呆板的祇認定貞字上的一個字是人名，是貞人；沒有注意到那些在卜字之下記有貞人而省去'貞'字之例"等原因，便把這類卜辭分爲"武丁"時代的。但是後來撰寫《殷曆譜》時，根據這類卜辭的"紀日法、月名、祀典"等各種因素的分析，原劃爲"武丁"時代的這類卜辭再分到"文武丁"時代。

　　對此問題，王宇信師説："因爲他（筆者註：指董作賓）當時還沒有認出這類卜辭的'卜'字之下還記有貞人名，或有時將'貞'字省略。此外，有的貞人，如'扶'的卜辭，貞卜祭祀的是父乙、母庚（如《甲編》2907），自應劃爲第一期武丁時（筆者註：在此時，董氏認爲父乙爲武丁之父'小乙'，母庚爲小乙之配偶'妣庚'）。但在進一步處理的過程中，他發現這類卜辭的書法、字體、文法、事類、方國、人物等方面與武

---

① 董作賓：《殷虛文字乙編·序》，"中研院"歷史語言研究所，1948 年。

丁時期的卜辭多有不同，這一矛盾現象成了解釋不通的'謎'。"①

董作賓爲了解決這些"謎"，就在《殷曆譜》中提出了所謂的"新舊派祀典不同"的說法，説："由本書分期分類整理卜辭的結果，乃得一新之方法，即所謂分派之研究。此一方法須打破餘舊日分爲五期之説，即別分殷代禮制爲新舊兩派。"②在文中，董氏把武丁、祖庚、文丁分爲舊派，把祖甲、廩辛、康丁、武乙、帝乙、帝辛分爲新派。就這樣，董氏在甲骨文分期斷代的五期分法之外，又提出"新舊派"的分派研究法。

對董氏"新舊派"的分派研究法，陳夢家在《殷虛卜辭綜述》中批評説："字體文例如一切制度是逐漸向前演化的，不能機械的武斷的用朝代來分割。因此，董氏《殷曆譜》所標的新舊派，不但是不需要的，也是不正確的。"③

不過陳氏也有所誤解，因爲無論董氏的分派方法是對是錯，董氏也提出了分派的理論根據，董氏在 1948 年出版的《殷虛文字乙編·序》中説：（由於）"一，文武丁（筆者註：即文丁）在文字、歷法、祀典等方面屬於舊派，復武丁之古；二，文武丁時代有一批貞人（共 17 名），雖然有不少貞人前已見於著錄，但因這種卜辭大多不書'貞'字，所以從前沒能認出'卜'下一字就是貞人名；三，文武丁時代卜辭詞例很複雜；四，文武丁時代卜貞的事類，也大體上恢復了武丁時代的各種舊制；五，文武丁時代卜辭的稱謂與商代傳統的大、小字稱謂不合"等因素，所以董氏把原劃分爲第一期武丁時代的這類卜辭，重新劃分爲第四期文丁時代，"從而也就避免了這類卜辭既出現在第一期，也出現在第四期的矛盾現象"。董氏就這樣解決了這類卜辭所形成的"謎"，稱爲"揭穿了文武丁時代卜辭之謎"。由此我們可以說，現在來看董氏的這些分類的分析是錯誤的，已經被學術界糾正了，但也並不是陳氏所説的那樣機械的、武斷的劃分。

1955 年，董作賓在《甲骨學五十年》中，提出了"第一期應包括祖庚，不能衹限於武丁"④的意見。對以往的甲骨文分期斷代研究法提出了

---

① 王宇信：《甲骨學通論》，中國社會科學出版社 1993 年版，第 188 頁。
② 董作賓：《殷曆譜》上編卷，"中研院"歷史語言研究所，1945 年。
③ 陳夢家：《殷虛卜辭綜述》，中華書局 1988 年版，第 155 頁。
④ 董作賓：《甲骨學五十年》，臺灣藝文印書館 1955 年版。筆者註，按原分期斷代法，祖庚是屬於第二期的。

修訂意見。自 1928 年殷墟科學考古發掘以來，由董作賓開始的甲骨文分期斷代研究，是利用當年科學的考古學方法發掘所得的甲骨材料進行的。董氏在研究過程（筆者註：《大龜四版考釋》）中發現甲骨卜辭中的“貞人”一項，以此劃分甲骨卜辭的時代，繼而在《甲骨文斷代研究例》中提出“十項標準”，並利用這十項標準把殷墟出土甲骨卜辭按世王分爲五個時期，無疑是在甲骨學術史上非常重要的一個研究成果。這些研究成果又提升了甲骨文的史料價值。但現在看來董氏的方法有不夠科學、不夠充分之處，正如常玉芝所説：“（董作賓的十項標準中的）‘坑位’標準，所指的是不夠科學的；‘人物’作爲斷代標準也是不合適的特别是後來他提出的‘新派’‘舊派’説，基本上是不被學界接受的；而所謂‘揭穿了文武丁時代卜辭之謎’，更是被學界指出是錯誤的。”①

　　董作賓引出了這個“文武丁時代卜辭之謎”之後，隨著甲骨文分期斷代研究的深入，學術界對這個“謎”，提出了不同意見，展開了熱烈的爭論，如下：

　　第一，日本學者貝塚茂樹、伊藤道治在 1953 年發表的《甲骨文斷代研究法の再檢討—董氏の文武丁時代卜辭を中心として》②一文中，首先提出了“多子族”（筆者註：按貝塚茂樹、伊藤道治的分析，子組、午組隸屬於此組）和“王族”（筆者註：按貝塚茂樹、伊藤道治的分析，自組隸屬於此組）卜辭的問題。所謂的“多子族”是商王朝強有力的部族，與商王室關係密切，能參加祖先的祭祀，但不能對商王室的直係祖先祭祀。所謂的“王族”是隸屬於歷代殷王的強族，這一家族所占的卜辭，就是“王族”卜辭。“這兩種卜辭從内容、形式、書體方面看，具有一定晚期特徵。但又與第一期武丁時代卜辭有許多共同點。根據稱謂研究，更與第一期接近。”③胡厚宣則認爲，這些“筆畫或纖細、或扁寬、或勁挺”字體的卜辭，“因見這期卜辭有父丁、子庚的稱謂，父丁即祖丁，子庚即盤庚，疑當屬於武丁以前，即盤庚、小辛、小乙時之物”④。

　　① 常玉芝：《殷墟甲骨斷代標準評議》，中國社會科學出版社 2020 年版，第 9 頁。
　　② 伊藤道治、貝塚茂樹：《甲骨文斷代研究法の再檢討—董氏の文武丁時代卜辭を中心として》（《甲骨文研究的再討論——以董氏的文武丁時代之卜辭爲中心》），《東方學報》第 23 號；載於《甲骨文獻集成》第 15 册。
　　③ 王宇信：《甲骨學通論》，中國社會科學出版社 1993 年版，第 189 頁。
　　④ 胡厚宣：《甲骨續存·序》，群聯出版社 1955 年版。

第二，陳夢家於 1951 年起陸續發表的《甲骨斷代學》[①]中，據發掘坑位和甲骨卜辭等大量的材料，證明"子、午、𠂤"組卜辭屬於武丁時代。之後，這些成果收錄於《殷虛卜辭綜述》一書中的第四章（斷代上）、五章（斷代下）。

陳夢家認爲："𠂤組的卜人，在第一、二、三、四、五、八、十三等次發掘中都有出土的。這一組的主要卜人有三：𠂤、扶、勺……由於稱謂，可知𠂤組和賓組很多相同的……由於字體，可知𠂤組一方面遵守賓組的舊法，一方面已產生了新形式。𠂤組的紀時法和賓組也是大同而小異。𠂤組某種卜辭形式，或同於賓組，或爲𠂤組所特有，或下接祖甲卜辭，與字體的情形一樣，足以表示𠂤組當武丁之晚葉，開下代的新式。'𠂤組'祭法見於賓組，而'㞢''又'通用亦顯示交替之際。至其稱號中，或守武丁舊制，或開新例，如大乙、上甲諸例。凡此可見𠂤組大部分和賓組發生重疊的關係，小部分下一代重疊，它正是武丁和祖庚卜辭的過渡。"[②]

"子組"卜辭的卜人有"子、余、我、𢓊、𢓊是同時的，而後二者可能是一個名字的兩種寫法，就是後來的巡字……另外一個卜人帚，雖不知和子組繫聯，然而其字體文例內容與子組是極一致的"，其字體、文例的特色爲"（1）'貞'字一例作平腳的（筆者註：𤴓，《乙編》5985）；（2）常作小字；（3）'於'字亦作'𢏗（《乙編》4577）'、'丁'字亦作圓潤（筆者註：●，《乙編》1175），同於𠂤組，又'隹'字寫得很像鳥；（4）干支如子醜未午庚等亦有作晚期的，同於𠂤組；（5）卜辭內容習見'又史''某歸''至某（地）'等；（6）祭法常用'禦''酒'偶亦用'又'"，其前辭形式有賓、𠂤兩組相同的，亦有子組獨有的，"子組"的稱謂主要"同於賓、𠂤兩組，然而和午組'子丁'羣所獨有的幾種稱謂也相同"，而且"子組、𠂤組和賓組常常出於一坑，而同坑中很少武丁以後（可能有祖庚）的卜辭，則子組、𠂤組應該是武丁時代的"[③]。

---

① 陳夢家發表的《甲骨斷代學》共四篇：《甲骨斷代學甲編》，《燕京學報》1951 年第 40 期；《商王廟號考》爲《甲骨斷代學乙編》，《考古學報》1954 年第 8 期；《殷代卜人篇》爲《甲骨斷代學丙編》，《考古學報》1953 年第 6 期，《甲骨斷代與坑位》爲《甲骨斷代學丁編》，《考古學報》1951 年第 5 期。

② 陳夢家：《殷虛卜辭綜述》，中華書局 1988 年版，第 145—153 頁。

③ 陳夢家：《殷虛卜辭綜述》，中華書局 1988 年版，第 158—161 頁。

　　“午組”卜辭祇有兩個不繫聯的卜人，即“午”和“兊”，陳夢家認爲午組卜辭的字體用尖銳的斜筆，“字體自成一系，不與賓、自、子三組相同”，其稱謂有同於賓組、自組、子組的，但亦有自己獨有的。“此組的稱謂約有半數與賓、自、子三組相同，而其中‘下乙’一稱尤足證午組屬於武丁時代”[①]。陳夢家全面地搜集材料並整理“子、午、自”三組卜辭，定其時代爲武丁時代之晚段。

　　第三，李學勤在《評陳夢家〈殷虛卜辭綜述〉》[②]中，子組、午組卜辭“是殷代晚期貴族、貴婦的卜辭，其稱謂和殷銅器銘文中種種稱謂一樣，不在王世系之內”，即提出所謂“非王卜辭”。後來在《帝乙時代的“非王卜辭”》[③]一文中，概括了所謂的“非王卜辭”特點：其一，YH251坑、YH330坑的婦女卜辭。這種卜辭所卜問均爲有關婦女的事項，這表明問疑者是一個婦女，她的親屬系統不合於商王係，所以她不是商王的後妃或直係親屬；其二，YH127坑的子卜辭，“YH127坑出土了大量腹甲和極少數背甲和胛骨。這些甲骨是傾入該坑的，所以使混雜的、無秩序的堆積。其中除大多數是武丁前期卜辭外，還存在五種非王卜辭”；其三，YH127坑的“兊”卜辭（筆者註：李學勤將陳夢家所説的“午”組卜辭稱爲“兊”卜辭），從稱謂來看，問疑者應當是一個男子，在這種卜辭中也提到一些婦女，所涉及的女人“都不佔重要的地位”。

　　這些卜辭的總體特徵：其一，問疑者不是商王；其二，没有王卜；其三，没有先王名號，而有另一套先祖名號；其四，没有符合商王係的親屬稱謂系統，而有另一套親屬稱謂系統。

　　其問疑者至少有三個人：其一，某甲，女性爲YH251坑、YH330坑卜辭；其二，子，女性爲YH127坑子卜辭和E16坑卜辭；其三，某乙，男性爲YH127坑兊卜辭。“這三個人是同時的，而且互相有親屬關係。某甲和子有共同的妣、母和子，她們可能是姐妹行。某乙和子有共同的先祖。從卜辭內容看來，某甲祇是一位有封地的貴婦，不參加政治和軍事活動；某乙是一位高崇的貴族，而且率有軍隊；子雖然是一個婦女，她的地位卻和某乙不相上下，她也率有軍隊，參加政治和軍事活動。”

　　①　陳夢家：《殷虛卜辭綜述》，中華書局1988年版，第162—164頁。
　　②　李學勤：《評陳夢家〈殷虛卜辭綜述〉》，《考古學報》1957年第3期。
　　③　李學勤：《帝乙時代的“非王卜辭”》，《考古學報》1958年第1期。

但李氏後來逐步改變了原來的看法，在《小屯南地甲骨與甲骨分期》[①]一文中提出，“自 1960 年後，我們逐漸改正了這個錯誤的意見”，並把原劃分爲帝乙時代的這類卜辭改分爲第一期武丁時代之物，又指出𠂤組、午組“都不是武丁最晚的卜辭”。他在“兩系”説中提出“𠂤組”卜辭爲村南、村北系列的起源。（參見本章第三節）

第四，姚孝遂在《吉林大學所藏甲骨選釋》[②]中，分析了吉林大學歷史系文物陳列室於 1961 年收購羅振玉舊藏的一百餘片甲骨。其中一片曾著錄於《前編》3.14.2 的拓本，是工作人員在著錄拓本時，剪裁了上端有貞人“爭”的殘辭部分。姚孝遂説：“實際上骨的上端尚有一部分殘辭，有貞人‘爭’的名字。根據這片‘干支表’的字體——尤其是其‘子’字作‘𢀖’、‘丁’字作‘○’來看，可以毫無疑問地確定它是所謂‘子組’刻辭。其上端的刻辭雖已殘缺不全，但我們可以依據卜辭的通例補足爲‘□□卜，爭[貞]，[旬][亡]𡆥（禍）’。同時，就其字體來看，也和我們所常見的貞人‘爭’的字體完全相同。據此，則這類刻辭也應當肯定其爲屬於武丁時期，因爲貞人‘爭’無可懷疑地是武丁時人。”（參見圖 7-1）

姚氏在文中描述一些現象：其一，這類刻辭與武丁時期的刻辭曾經同坑出土；其二，這類刻辭所記載的人名與武丁時期刻辭所提到的人名有很多相同；其三，這類刻辭所占卜的內容與武丁時期所占卜的內容有很多相同；其四，這類刻辭的文字形體與武丁時期的文字形體在某些地方有相類似之處。據這些現象，再加上貞人“爭”的名字，“我們衹能斷定這類刻辭是屬於武丁時期，而否定其它的一切説法”。

第五，中國社會科學院考古研究所，於 1973 年在小屯村南甲骨發掘爲機，再探討“自組”卜辭的時代問題。發掘者根據出土甲骨的地層關係和陶器共存關係等因素，認爲“陶器分期與卜骨、卜甲的時代是一致的。……從小屯南地早期到小屯南地中期之間，從陶器形制發展變化和卜骨、卜甲的時代上觀察，時間並不是緊密連接的，中間尚存在缺環（筆者註：發掘者所説的缺環是祖庚、祖甲、廩辛時期，即大司空村二

① 李學勤：《小屯南地甲骨與甲骨分期》，《文物》1981 年第 5 期。
② 姚孝遂：《吉林大學所藏甲骨選釋》，《吉林大學社會科學學報》1963 年第 4 期。

期）"①。這些時間上的"缺環"是今後繼續研究的一個重要問題。

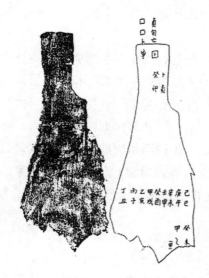

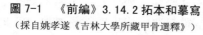

圖 7-1　《前編》3.14.2 拓本和摹寫
（採自姚孝遂《吉林大學所藏甲骨選釋》）

圖 7-2　《屯南》4517

　　1976 年，蕭楠②在發表《安陽小屯南地發現的"𠂤組卜甲"——兼論"𠂤組卜辭"的時代及其相關問題》③一文中，較詳細地介紹了 1973 年在小屯南地發掘 T53（4A）探方中發現的八片整齊疊壓在一起的卜甲。這八片卜甲都是龜腹甲，其背面均有鑽、鑿、灼痕。其中七片刻有卜辭：其一，T53（4A）：140（《屯南》4511）；其二，T53（4A）：141（《屯南》4512）；其三，T53（4A）：143（《屯南》4513）；其四，T53（4A）：144（《屯南》4514）；其五，T53（4A）：145+H91：1+4（《屯南》4516）；其六，T53（4A）：146（《屯南》4517）；其七，T53（4A）：147（《屯南》4518）。在這七片卜甲中 T53（4A）：146（《屯南》4517，參見圖 7-2）卜辭中有貞人"扶"的名字。該片隸屬於"𠂤組

---

① 中國社會科學院考古研究所：《1973 年安陽小屯南地發掘簡報》，《考古》1975 年第 1 期。
② 蕭楠為劉一曼、曹定雲、郭振祿、溫明榮等四位當年發掘小屯南地甲骨小組的筆名。
③ 蕭楠：《安陽小屯南地發現的"𠂤組卜甲"——兼論"𠂤組卜辭"的時代及其相關問題》，《考古》1976 年第 4 期。

卜辭", 其他六片没有貞人。然而, 按其字體、文例與鑽、鑿、灼的風格等, 發掘者認爲"T53 (4A) 所出七片刻辭卜甲是同一時代的, 它們都可以稱爲'自組卜辭'"。

發掘者又按此七片卜甲出土的地層、稱謂、人物、字體與鑽鑿灼特徵來判斷, "'自組卜辭'在字體上既有許多地方與'賓組'相似, 但又出現了二期以後的新形式。還有在《庫方》1248 中見到'自組'卜人'扶'與卜人'中'同版等。卜人'中'是屬於第一期和第二期前半葉的人, 亦説明'自組卜辭'的時代是具有承上 (武丁) 啟下祖庚的作用"。就是説"自組卜辭"是屬於武丁晚期到祖庚早期的過渡期的卜辭, 這與陳夢家的結論是一樣的。20 世紀 50 年代陳夢家提出的論證, 過了 20 年後得到了考古學的證實。

1980 年《小屯南地甲骨》上册出版時, 又對小屯南地早、中、晚期所出甲骨作了論證。"自組"卜辭與賓組卜辭在地層關係、稱謂、文例、字體等方面有許多共同之處, 但二者之間也有差别。如, 賓組卜辭的許多重要人物與事件, 不見於"自組"卜辭。這説明這兩組卜辭雖然都是武丁時期的卜辭, 但在時間上不一定是平行關係, 而可能是先後關係。

第六, 謝濟在《武丁時另種類型卜辭分期研究》[①]一文中, 將這些卜辭稱爲"另種類型卜辭"即"不同於所謂賓組正統派王室卜辭。主要是它的字形書體特别, 與武丁賓組以及與别的期的字形書體有明顯的不同, 或者寬扁笨拙, 或者十分纖細, 或者勁峭有力, 大多數與武丁賓組容易辨認出來"。

他在文中從稱謂、世系、貞人、兆辭和成語、序辭、書體、坑位、事類等因素考察了這類卜辭的特點, 判斷武丁另類卜辭的時代不會晚到武乙、文丁時代。其原因有如下幾方面:

其一, 稱謂和世系。武丁卜辭稱其諸父陽甲、盤庚、小辛、小乙爲"父甲、父庚、父辛、父乙, 在武丁另類卜辭裏也常見到稱諸父的情況"。甲骨卜辭中還有"四父" (《安明》2266) 和"父甲至父乙" (《掇二》170、《續存》下 206), 他認爲"'四父'的集合稱謂, 從見

---

① 謝濟: 《武丁時另種類型卜辭分期研究》, 《古文字研究》第六輯, 中華書局 1981 年版, 第 322—344 頁。

於殷代世系的先王來説，祇能是武丁卜辭纔相當"，"'父甲至父乙'這必然是父甲、父庚、父辛、父乙，不會是別的什麽"，接著説："武丁另類卜辭有這樣的集合稱謂是難得的，武丁賓組還没有這樣對分期斷代有意義的集合稱謂。"這類卜辭中的"母庚"是指小乙的法定配偶，"卜辭中稱母庚的應該祇是武丁卜辭纔有"。謝氏據這類卜辭中"下乙"和"小王"的稱謂，認爲這類卜辭不會是武丁以後的。

其二，貞人。謝氏認爲"大量的貞人出現在第一、二期，尤其是第一期多，第三期的廩辛有些貞人，以後康丁、武乙、文丁時祇有一個'歷'貞人，'歷'貞人所有的卜辭也就是近二十條。第五期也祇有三四個貞人，而武丁另類卜辭貞人不少，有貞人的卜辭也是很多，這種情况也能説明一些規律性的問題，即武丁另類卜辭不應晚到武乙、文丁時代"。

其三，兆辭、成語。根據這類卜辭中的"二告""三告""葉朕事""葉我事""回凡有疾""有疾回凡""回凡"等的兆辭、成語，判斷"武丁賓組是常見的，並不出現在第四期武乙、文丁甲骨上。這也就從這方面排除了武丁另類卜辭爲武乙、文丁卜辭的可能性"。

其四，序辭、書體。武丁賓組卜辭的序辭的形式多樣，另類卜辭的序辭形式比武丁賓組還多，"這反映了早期卜辭的一個特點"。而且有時武丁賓組和武丁另類卜辭的字體同見於一版上，如《鐵》542、《契》141、《前編》7.10.2、《甲編》3045、3485、《合集》21643 等，"這也可證明兩種卜辭是同時期的"。

其五，坑位。"武丁賓組卜辭和武丁另類卜辭同坑出土，説明它們是同時期的。"YH127 坑中出土一萬七千多片的甲骨中"絕大多數爲武丁賓組卜辭，少數武丁另類卜辭，還有同坑出土器物也可證明武丁賓組和武丁另類卜辭的時代，如 YH127、小屯南地早期的 H102"。

其六，事類。謝氏在文中將事類分爲七個方面進行分析：歷法、天象；侯、伯、子；地名和方國名；人物與史官；獵、牧、貨貝；祭祀、疾病、生育；其他。説："可見武丁賓組卜辭和武丁另類卜辭有許多相同之處，這些内容又是武乙文丁時所没有的，或有也是極少見的説明武丁賓組卜辭和武丁另類卜辭時代相一致。"

如此，隨著不少學者研究的不斷深入和新材料的增多，目前國内外學術界對這批甲骨的分期斷代意見已漸趨一致。基本上都認爲，所謂的"文武丁時代卜辭""非王卜辭""王族卜辭""多子族卜辭""自組、子組、午組卜辭"等名目繁多的甲骨，我們從上述學者們的分析和研究結果中可以判定其時代不是第四期文武丁時代，而是應該提前到第一期武丁偏晚到祖庚偏早時期。

董作賓所造成的"文武丁卜辭之謎"，過了五十多年之後，經過學者們不斷探索並提出新的意見和努力之下，真正地"揭穿了文武丁時代卜辭之謎"。

第二節　婦好墓和小屯南地甲骨的發現
引起"歷組"卜辭時代問題爭論

近幾十年來，在甲骨學界和殷商考古學界圍繞著"歷組"卜辭時代所展開的爭論，令人矚目。陳煒湛在 1985 年發表的《"歷組卜辭"的討論與甲骨文斷代研究》[①]一文的摘要中，説："這類卜辭的時代若有更改，必將殷契連鎖反應，一些成説也得隨之改易。而且關於'歷組卜辭'的討論，實際上已遠遠超出了'歷組'的範圍，它幾乎涉及甲骨斷代的各個方面。這一問題不辨明，其他的一些研究工作，如卜辭的分類整理、文字的歷史演變等等也都無法著手。"

陳氏提出的這個問題，已經過了三十多年，但是此問題仍然進行著激烈的爭論當中。於 1976 年殷墟婦好墓的發現爲契機，李學勤在《論"婦好"墓的年代及有關問題》一文中，提出了拆穿分期斷代的另一個"謎團"。在文中，李學勤主張所謂"歷組"卜辭不是第四期武乙、文丁時代之物，而應該是武丁晚期到祖庚早期的卜辭。李氏提出了"歷組卜辭的謎團"之後，學術界又展開激烈的論戰，在學術界明顯的分成讚成和反對兩派，如表 7-1、表 7-2：

---

① 陳煒湛：《"歷組卜辭"的討論與甲骨文斷代研究》，《出土文獻研究》1985 年。

表 7-1　　　主張歷組卜辭爲"第一期晚段至第二期"卜辭的學者及其成果

李學勤	《論"婦好"墓的年代及有關問題》	《文物》1977 年第 11 期
李學勤	《小屯南地甲骨與甲骨分期》	《文物》1981 年第 5 期
裘錫圭	《論歷組卜辭的時代》	《古文字研究》6 輯，中華書局 1981 年版
李先登	《關於小屯南地甲骨分期的一點意見》	《中原文物》1982 年第 2 期
彭裕商	《也論歷組卜辭的時代》	《四川大學學報》（哲社）1983 年第 1 期
林澐	《小屯南地發掘與殷墟甲骨斷代》	《古文字研究》第 9 輯，中華書局 1984 年版

表 7-2　　　　　主張歷組卜辭爲"第四期"卜辭的學者及其成果

蕭楠	《論武乙、文丁卜辭》	《古文字研究》第 3 輯，中華書局 1980 年版
羅昆、張永山	《論歷組卜辭的年代》	《古文字研究》第 3 輯，中華書局 1980 年版
謝濟	《論歷組卜辭的分期》	《甲骨探史錄》生活·讀書·新知三聯書店 1982 年版
蕭楠	《論武乙、文丁卜辭》	《考古》1981 年第 3 期
蕭楠	《再論武乙、文丁卜辭》	《古文字研究》第 9 輯，中華書局 1984 年版
陳煒湛	《"歷組卜辭"的討論與甲骨文分期斷代》	《出土文物研究》文物出版社 1985 年版
林小安	《武乙、文丁卜辭補證》	《古文字研究》第 13 輯，中華書局 1986 年版
林小安	《再論歷組卜辭的年代》	《故宮博物院院刊》2000 年第 1 期
劉一曼、曹定雲	《三論武乙、文丁卜辭》	《考古學報》2011 年第 4 期
曹定雲、劉一曼	《四論武乙、文丁卜辭——無名組與歷組卜辭早晚關係》	《考古學報》2019 年第 2 期

除此之外，尚有不少學者參與這場論戰，不再一一贅述。

李學勤在《論"婦好"墓的年代及有關問題》[①]一文中，關於婦好墓的年代，分析如下：

第一，從青銅器的特徵考察，不僅推定婦好墓的年代爲武丁晚年至祖庚、祖甲時期，而且據數量達到幾十件的"婦好"銘文，判斷"充分證明墓主最可能就是婦好本人"。

第二，殷墟卜辭中以"婦某"爲形式的人名很多，其本意是子婦，與"姑"對稱，"婦"字的引申義則是妻子。"婦好"的"婦"爲親屬稱

---

① 李學勤：《論"婦好"墓的年代及有關問題》，《文物》1977 年第 11 期。

謂，"好"是名，不是姓。若"婦"下一字爲姓，"那麼'婦某'一定要有不少重複即同姓的，事實上重複的例子很難找到"。因此，在文中推論兩個論點：其一，"婦好"既是冠以稱謂的名，它祇能是指具體的個人；其二，"婦好"是王的配偶的稱謂，所以銘有"婦好"的青銅器應該是她生前使用的器物，多數是她所使用的祭器。

第三，墓中出土青銅器銘文中有"婦好""后龺母"兩樣銘文，"一墓所出幾件青銅器，可以有的稱名，有的稱字，甚至一篇銘文中前後也有名、字的不同，容易誤解爲兩人"。因而他主張銘文"婦好"和"后龺母""后母辛"實爲一個人。

第四，"婦好"墓有"后母辛"銘的青銅器，祇有方鼎、兕觥各一對，其作風與"婦好"銘文器沒有多大差別。這四件器物可能是墓主死後專門鑄作，以供隨葬。在卜辭中，武丁的妃偶受祭的有妣辛、妣癸、妣戊三人。祖庚時期的出組卜辭祇有母辛，沒有母癸、母戊，所以母辛是武丁三妃中死得最早的。"己亥卜，辛丑獻婦好祀"（《甲編》668），是以辛日祭祀婦好，所以婦好非常可能就是武丁之妃"妣辛"。銘文"后母辛"是武丁的子輩對婦好的稱謂。

由以上的原因，判斷"婦好"墓是武丁晚期的王室墓葬。即使關於婦好墓的年代上李學勤與其他甲骨學、考古學的學者之間沒有太大的異見，但是以婦好墓的發現爲機，他所提出的一些殷墟甲骨卜辭的分期斷代問題上有很大的分歧，即所謂的"歷組"卜辭的前移問題。傳統的甲骨文分期斷代上"歷組"卜辭是屬於第四期武乙、文丁時代的，但是李學勤主張把歷組卜辭前移到武丁晚期。

李學勤在文中説："離'婦好'墓不遠的地方，發掘了時代相近的墓葬（筆者註：李氏所説的墓葬是指 M17、M18，其中 M18 出有銘文'子漁'），所出銅器銘文，也是武丁卜辭中常出現的人物（筆者註：指'子漁'）。這些墓的發現，不僅爲殷墟文化分期提供重要標尺，而且給殷墟卜辭分期久懸未決的問題投射了新的曙光。"接著分析其原因，他認爲殷墟甲骨不止是武丁時期的賓組卜辭有婦好這個人物，多出自小屯村中的一種卜骨中也有婦好。這種卜骨字較大而細勁，祇有一個卜人"歷"，稱之爲"歷組"卜辭。新出土的各墓青銅器及玉石器上的文字，其字體更接近於歷組卜辭。但是，如果把墓葬的時代後移到武乙、文丁，又是和所出陶器、青銅器的早期特徵無法相容的。這個矛盾怎麼解決？他認爲"傳統的五期分法把歷組卜辭的時代斷錯了"，説："過去，我們由於看到其第四期中自組、子組、兒組（筆者註：兒組實爲指午組卜辭，因爲午組祇有兩個貞人'兒'和'午'，李學勤以'兒'之名表示此組）等卜辭有與歷組聯繫的證據，也把它們列爲晚期的。從近年發表的各種材料看，自組等必須列於早期。"因此，李學勤主張，歷組卜辭也該前移到早期（筆者註：他原來主張自組卜辭屬於"文武丁時代"，參見第六章第五節，後來李氏改變主意，主張這些卜辭屬於武丁時期的），其原因如下：

其一，從字體的演變考察：如"王"字、干支字、貞字等，歷組都近於武丁時期。

其二，從卜辭的文例考察：武丁時甲骨多有記錄甲骨貢納攻治的署辭，在祖庚時的出組卜辭上還有子遺的例子。其文例與武丁至祖庚甲骨相近；武丁時甲骨在卜兆旁除記有一、二、三等兆序外，有的還有"二告""小告""不玄冥"之類兆辭。歷組也有"二告""弱玄"（《寧滬》1.349）等兆辭。"我們知道。廩辛、康丁卜辭的兆辭已經改爲'吉'、'大吉'、'弘吉'、'習一卜'等新的内容了。"

其三，歷組卜辭出現的人名，許多與武丁、祖庚卜辭相同：歷組卜辭中不僅有婦好，還有子漁、子畫、子戠、婦井、婦女，都見於武丁卜辭。歷組卜辭中的重要人物望乘、沚或，應該就是武丁賓組卜辭中的望乘、沚戜（筆者註：沚戜）。還有禽、夫、並、由、師般、犬征，這些人物大都也見於武丁甲骨。

其四，歷組卜辭有些與武丁時期的賓組或祖庚時期的出組卜辭所占卜事項相同。

其五，歷組卜辭中的稱謂，明確表示了它的時代：這類卜辭的稱謂有兩套，一套爲"父乙"爲中心，父乙與母庚同版（《南明》613），與兄丁、子戠同版（《佚存》194、《甲編》611），子戠見於武丁卜辭（《續編》4.12.5、《乙編》4856），很明顯是武丁時稱謂。父乙指小乙，母庚爲小乙之妃。另一套爲以"父丁"爲中心，爲數較多。"……大乙、大丁、大甲、祖乙、小乙、父丁"（《合》15），"甲午貞，乙未酒，高祖亥……大乙羌五牛三，祖乙羌……小乙羌三牛二，父丁羌五牛三，亡尤"
（《南明》477）。"父丁排在小乙之後，顯然是武丁。如把'父丁'理解
爲'康丁'，那麼在祀典中竟略去了稱爲高宗的武丁及祖甲兩位名王，那
就很難想像了。"

因此，他主張"歷組卜辭其實是武丁晚年到祖庚時期的卜辭，歷組
和賓組的婦好，實際是同一個人"。因此，要把"歷組"卜辭前移到武
丁晚期。

除此之外，李學勤在《小屯南地甲骨與甲骨分期》[1]一文中，對"歷
組"卜辭更進一步作了補充，主張"單純以王世來分期，實際是認爲一個
王世祇能有一種類型的卜辭。一旦發現同一個王世有不同種類的卜辭時，
便很難納入五期的框架"。他在文中據 YH127 坑的甲骨，認爲"董作賓本
人遇到這種困難。YH127 坑和其他若干坑位蘊含著後來稱爲𠂤組、子組、兀
組等卜辭，與武丁時期的賓組卜辭共存，而字體、文例及卜人與賓組不
同。董作賓在《乙編》序言中把它們排到文丁時期，特稱爲'文武丁卜
辭'。但是這些卜辭有關人物、事項和所反映的制度風習，又是和賓組卜
辭相接近的，因此他主張文丁'復古'"。

雖然現在已經完全得到證明董作賓所說的"文武丁卜辭"所屬時代爲
武丁晚期至祖庚早期，而不是"文武丁復古"的，但是董作賓也沒有認爲
一個王世祇有一種類型的卜辭。董氏在 1945 年的《殷曆譜》和 1948 年的
《乙編·序》中把這些原劃爲第一期的卜辭改劃爲第四期的原因並不是
"一個王世祇能有一種類型卜辭"的原因。董氏在《乙編·序》中説：
"斷代的十項標準，主要的法寶不過是'稱謂'同'貞人'，其餘八項，
除了'世系'之外，都是由稱謂、貞人推演出來的。貞人靠著稱謂、世
系，例如一個貞人叫作犾的，他所卜的祭禮有父乙、母庚（《甲編》
2907[2]），於是我們毫不遲疑的説犾是武丁時的史官。即如犾所寫的字不
類第一期，可是我們無理由不承認母庚是小乙的配偶妣庚，而在武丁時稱
'母庚'……因此把貞人犾列入第一期許多他的同僚，也都馬馬虎虎提早
了八九十年，同時也不能不承認武丁時代有各種書體、字形、文法、事

---

① 李學勤：《小屯南地甲骨與甲骨分期》，《文物》1981 年第 5 期。
② 《甲編》2907、2908 爲《合集》19946 正/反，正反面都有刻辭，但祇有在正面刻有"父
乙"，而正反面都沒有"母庚"之稱。

類、方國與人物了。"①

　　雖然李學勤有所誤會，但是他在文章所提出的"歷組"卜辭有關的五個問題，還是值得討論的，如下：

　　其一，"歷組"和"出組"的共版關係。據小屯南地 H57 坑所出的一版胛骨（《屯南》2384：參見圖 7-3）中刻有出組和歷組等兩個不同類型的卜辭。此版下方有"歷組"卜辭三行十五個字，其上有排列很整齊的七條"出組"的"卜王"卜辭。屬於歷組的三行卜辭，"字大而挺勁，是有父丁的那種歷組卜辭的典型作風"。他還考慮了歷組三行卜辭是否後來加刻的？他判斷是不可能的，"因爲這條卜辭上右方有與之相關的卜兆，附記有兆序'一'，整條卜辭格式齊備，字跡嚴飭，絕非習刻。同樣的，屬於出組的各辭都有相應的卜兆，記著由'一'到'六'的兆序，也不能是習刻。字體分數歷組、出組的八條卜辭的卜日都是庚辰，其爲同一天占卜的正式卜辭，沒有疑義"。

圖 7-3　"歷組"和"出組"的共版關係之例（《屯南》2384）

　　其二，"自上甲廿示"卜辭時代。李學勤説："過去大家一般認爲卜辭的'自上甲廿示'是從上甲數直系先王二十人，恰好到武乙，因此是確鑿無疑的文丁卜辭。"但是他據《屯南》4516 片卜甲與《粹》221、222 和《京都》2997 以及《戠壽》1.9 等片聯繫起來，説："有'自上甲廿示'的甲骨實應劃歸'自組'"，是因爲《屯南》4516 卜甲，出於 T53（4A）層，係當地早期地層，同出腹甲有卜人𢀛（《屯南》4517），有人名子妥（《屯南》4514），均爲武丁時的卜辭。"由此可見，儘管我們還不懂得自上甲二十示該怎樣數，上述幾片甲骨肯定是武丁時代的東西。"

---

① 董作賓：《殷虚文字乙編·序》，"中研院"歷史語言研究所，1948 年。

其三，"無名組"卜辭。李學勤把歷組和自組卜辭移到武丁時代後，認爲"第四期的卜辭便抽空"，因而提出了"無名組"卜辭，説："按照文化遺物演變的原則，武乙、文丁時甲骨應當是介於廩辛、康丁與帝乙時期之間，也就是何組、無名組與黃組之間的類型。真正的武乙、文丁時卜辭，祇能求之於此。"據《屯南》2281 版卜辭"□辰卜，翌日其酒，其祝自仲宗祖丁、祖甲［至］於父辛"，所祭的先王是武丁、祖甲到廩辛，"又一次證明無名組的一部分下延到武乙時代"。

其四，"黃組"卜辭的上限應該提前。他根據《屯南》中有些甲骨中"王""災"和干支字的寫法，向黃組趨近，説："細察《南地》（筆者註：即《屯南》）2172、2323 等版，可以看出文字演變的軌跡。這類卜辭也有早有晚……總的説來，越早的越近於無名組，越晚的越近於黃組。"又此類卜辭的稱謂是以"父乙"爲中心（筆者註：這裏的父乙指文丁對其父武乙的稱謂），因而他説："考慮到出層位等方面，很可能亦屬文丁時期（筆者註：即文丁對其父武乙的稱謂'父乙'）。再仔細分析各種著錄中一直認爲限於帝乙、帝辛的黃組甲骨，有一些線索表明其中一部分的時代似乎應該提前。"

其五，甲骨的斷代與考古資料互相符合。小屯南地甲骨發掘的考古學家把該地區的地層分爲三期：早期（相當於大司空村第一期，武丁時期）、中期（相當於大司空村第三期，康丁、武乙、文丁時期）、晚期（相當於大司空村第四期，帝乙、帝辛時期）。"自組""𠂤組"卜辭所出土的地層是早期地層。因此，李學勤認爲"'自組''𠂤組'都不是武丁最晚的卜辭"[①]。他還説："《南地》（筆者註：《屯南》）前言認爲中期二組特有的是我們稱爲歷組的一部分，其中有父乙的稱謂，屬文丁卜辭"，不過這類甲骨祇有一版（《屯南》751），"歷組中以父乙爲中心的卜辭有多種作風，有些和父丁的卜辭無法分開。……實際上，中期二組各坑最晚的甲骨並不是這一種"，《屯南》2172 的"王（王）"字、《屯南》2178、2182、2219 的"災（𤆥）"字等，"都是接近於黃組的"。李

---

① 據蕭楠《安陽小屯南地發現的"自組卜甲"——兼論"自組卜辭"的時代及其相關問題》《考古》1976 年第 4 期，小屯南地地層中沒有相當於大司空村第二期的，但是"自組"卜辭所出的 T53（4A）層是早期的晚段。

學勤所説的"接近黄組"的卜辭實際上是所爲的"無名組"卜辭。所以，他認爲"小屯南地的地層有缺環，缺乏相當大司空村二期的部分（筆者註：這是 1973 年小屯南地發掘時，發掘者所提出的時間的缺環部分，即祖庚、祖甲、廪辛時期）。可以推想，如果有相當大司空村二期的坑位，有的可能祇出歷組卜辭而没有無名組卜辭，因爲照我們的意見，無名組是從歷組發展而來的"。李學勤的這兩篇文章引起了有關甲骨文分期斷代方面的新的争論。

一　讚成將"歷組卜辭"時代前移的學者看法

裘錫圭在李學勤論點的基礎上，提出"歷組"卜辭時代爲武丁晚期到祖庚早期的看法。他在《論"歷組卜辭"的時代》[①]一文中，對所謂的"父丁"類和"父乙"類[②]卜辭認爲"（雖然是）在字體上各有一些特點，但是在很多方面都有共同點，字體上的區别也並非總是很明確的。事實上，有不少歷組卜辭，很難確定它們究竟屬於父丁類，還是父乙類"，裘氏繼續從人名、字形、書體、文例、文體以及"歷組"卜辭考古出土地層等因素進行詳細的論證，並主張"歷組"卜辭時代定爲武丁、祖庚時期的卜辭。關於反對者提出的"異代同名"現象的問題，他列出了賓組、出組和歷組卜辭中共同出現的"婦好""婦姘""子漁"等 50 個人名，説："主張歷組卜辭屬於武乙、文丁時代的甲骨學者，都用'異代同名'説來解釋上述現象。他們指出甲骨卜辭中的人名往往同時又是地名、國族名，這些人名實際上是族氏而不是私名，所以相隔很遠的兩個時期可以有不少同樣的人名。這種説法雖然就甲骨卜辭的一般情况來看，大體上符合事實，但是卻不能用來解釋賓組、出組卜辭和歷組卜辭之間的同名現象。"裘氏所提出的理由是：其一，歷組卜辭與賓組、出組卜辭見的同名現象，其數量遠遠超過其他各個時期或其他各組卜辭；其二，歷組卜辭中所見的這些人的情况，也與賓組、出組卜辭中的同名者非常相似；其三，同名者有關的事項也往往是相類或相同的。

---

① 裘錫圭：《論"歷組卜辭"的時代》，《古文字研究》第 6 輯，中華書局 1981 年版，第 263—321 頁。

② 蕭楠《論武乙、文丁卜辭》一文中，提出父丁稱謂的一類（即武乙對其父康丁的稱謂）稱"父丁"類，父乙稱謂的一類（即文丁對其父武乙的稱謂）稱"父乙"類。

　　裘氏在文中又做了一個賓組、出組卜辭和歷組卜辭的事項對比表，說："跟卜辭裏一般的異代同名現象有顯著的不同。我們不能相信相隔幾朝的武丁、祖庚時期和武乙、文丁時期，在人事上竟會存在這麼多如此相似的現象，不能相信商王朝各個重要的族在這樣長的時間裏，竟能全部始終保持他們的地位而没有任何比較顯著的變化。"他還提出在以廩辛、康丁爲主體的三、四期卜辭裏，"沚貳""望乘""矢"等幾個常見於賓組和歷組卜辭的重要人名一次也没有出現過，"真如主張歷組卜辭屬於武乙、文丁時期的學者所想像的那樣，代表著異代的同族人的話，爲什麼武丁、祖庚時期和武乙、文丁時期起重要作用的族如此一致，而介於這兩個時期之間的廩辛、康丁時期的情況卻截然不同呢？"他還提出，"沚貳""望乘"這樣的人名顯然是由一個族氏和一個私名構成的，説："即使不承認'沚貳''沚或'是一名，望乘的例子總是無法否定的。這種人名爲什麼也重複出現於不同時期呢？立足於人名爲族氏這一基點上的異代同名説，對此也無法作出完滿的解釋"等，從歷組卜辭和賓組、出組卜辭所卜事項相同的實例看，"除了承認歷組與賓組和出組早期時代相同以外，是没有其他辦法的"。

　　林澐在《小屯南地發掘與殷墟甲骨斷代》^①一文中，支持李學勤、裘錫圭，説："對賓組、出組、何組的研究表明，字體是隨著時代而演變的，它既有連續過度的性質，又呈現一定的階段性。據我推想，當時卜人雖很多，但在甲骨上刻字這一種專門技術工作，恐怕不是很多卜人同時進行的……所以，甲骨刻辭之字體的連續過渡性的演變，很可能祇是同一刻手早晚期書法和刀法的變化；演變又呈現的階段性，則多半是因爲一位新手在刻意摹仿其業師的字跡時又不能不表現出自己的風格和特點。由於字體演變比較快而呈現一定的階段性，所以從形式學觀點來看無疑是分類的最好標準。其他如獨立於卜辭内容之外的鑽鑿形式、甲骨整治形式、記事刻辭形式等等，當然在形式學上也有分類的意義，但都不如字體所能分的類細緻。而且在多數人祇能據拓本來分類的情況下，字體最便於使用。"林澐主張甲骨字體是分類的最好、最有用的方法。

---

① 林澐：《小屯南地發掘與殷墟甲骨斷代》，《古文字研究》第 9 輯，中華書局 1984 年版，第111—154 頁。

二　反對將"歷組卜辭"時代前移的學者看法

由於反對學者和讚成學者之間對字體分類的觀點不同，所以得出的結論是截然不同的，讓初學者陷入困惑。下面我們看，主張"歷組"卜辭爲武乙、文丁時期卜辭的學者的觀點：

第一，陳煒湛在《"歷組卜辭"的討論與甲骨文斷代研究》[①]一文中指出，讚成一方和反對一方都很少具體討論"歷組卜辭"的核心，應該"具體地分析一下歷貞的卜辭，以期先在'小範圍'內取得較爲一致的意見"。還指出"歷組卜辭"名稱是不夠科學的觀點，因爲"某組"卜辭是"根據貞人同版關係歸納出來的同時期的貞人集團，不過以某貞人之名命名罷了……所謂的'歷組卜辭'，卻祇有一個貞人歷，與其他貞人毫無同版關係。一人何稱'組'？"還說"由於是根據字體風格來確定'歷組卜辭'的範圍，這範圍便因人而異，大小不同，有些明顯不屬此'組'的卜辭也混雜其間了。於是有些同志又創造出一些祇有自己纔能確知其義的新名詞，如'歷自間組'、'歷組一類'、'歷組二類'等等，令讀者眼花繚亂，頗有玄之又玄、機深莫測之感"。

他在文中對貞人"歷"有關的二十三版甲骨片，幾個方面進行了分析：其一，前辭形式；其二，卜辭內容；其三，稱謂（不涉及任何先公先王和任何個人）；其四，地層或坑位；其五，鑽鑿形態；其六，字形和書體。

他提出了兩個理由，把"歷組"卜辭定爲武乙、文丁時物：其一，字形、書體風格及文例明顯屬於晚期，而與早期卜辭不類；其二，這二十餘片卜骨沒有武丁卜辭（特別是賓組）的特徵。既沒有"王占曰"云云的卜辭，也無道地的驗辭，也不見兆側刻辭如"二告""不玄冥"之類。陳氏祇考慮直接與貞人"歷"有關的甲骨片而不考慮類似"歷組"卜辭字體的甲骨片，最後判斷"歷組卜辭與武丁、祖庚卜辭相異者多而相同者少，説它們是武丁至祖庚時物，委實令人難以置信；説它們是武乙或文丁時物倒較易爲人接受"。

第二，蕭楠則更詳細地論述"歷組"卜辭爲武乙、文丁時代的理由，

---

① 陳煒湛：《"歷組卜辭"的討論與甲骨文斷代研究》，《出土文獻研究》1985 年。

在《論武乙、文丁卜辭》^①一文中，列出武乙、文丁卜辭的特點，如下：

其一，貞人方面。武乙、文丁卜辭基本上没有貞人，祇有一個貞人"歷"，與廩辛以前大量附有貞人的卜辭是不同的。

其二，前辭形式。武乙卜辭與康丁卜辭有共同之處，前辭形式比較簡單，主要形式是"干支貞"，少數"干支卜""干支卜貞"，附有貞人"歷"的形式作"干支歷貞""干支貞，歷"，内容多是"旬亡禍"或"今夕亡禍"；文丁卜辭特定同於武乙卜辭，基本形式是"干支卜""干支貞"，二者並重。

其三，兆辭方面。武乙、文丁卜辭都常用"兹用""不用"。

其四，字體方面。武乙卜辭字體較大，筆風剛勁有力。第一種，以《屯南》647 爲例，字體秀麗，與康丁卜辭風格一致（參見圖 7-4）；第二種，以《屯南》1116、4331 爲例，字體粗大，剛勁有力，此乃武乙卜辭的主流（參見圖 7-5）；第三種，以《屯南》503 爲例，字體也較秀麗，但與康丁字體不同，風格較柔和（參見圖 7-6）。有些字體時間可能較晚，與文丁卜辭較接近。武乙卜辭在字體結構上與康丁卜辭相似之處較多，與早期卜辭區別較大；文丁卜辭字體也較複雜，共有四種類型。具有武乙特點的字體與具有文丁特點的字體有時會出現交錯現象，即某些武乙卜辭中曾出現具有文丁時期特點的字體，一些文丁卜辭字體具有武乙字體的特點，是由於二者時代相鄰所形成的。

其五，稱謂方面。武乙卜辭中所見的稱謂很多，如"中宗祖丁""高祖上甲"、父丁、父辛（筆者註：指武乙對父輩康丁、廩辛的稱謂）等；文丁卜辭中所見的也不少，但父輩稱謂祇有父乙（筆者註：指文丁對其父武乙的稱謂）一個，所見甚少，如：

"壬午卜，𢆷又伐父乙"

"乙酉卜，十伐自上甲次示"

"甲午卜，又𢎤伐乙未"

"乙巳卜，重𠂤伐"

"己亥卜，又伐於大乙"

"己亥卜，又十牢"

---

① 蕭楠：《論武乙、文丁卜辭》，《考古》1981 年第 3 期。

圖 7-4　康丁卜辭的字體風格之例
（《屯南》647）

　　"戊戌卜，又十牢"
　　"乙酉卜，又伐自上甲次示叀乙巳"
　　"己亥卜，先又大乙廿牢"
　　"己亥卜，又十牢祖乙"
　　"己□先□祖□十[牢]"
　　"己亥卜，先又大甲十牢"
　　"乙酉卜，又伐乙巳"
　　"戊戌卜，又宰伐五大乙"
　　"乙未卜，令長以垦人秋於鄴"
　　"乙酉卜，又伐自上甲次示叀乙未"《屯南》751（參見圖 7-7）
　　其六，常見的方國。武乙卜辭中有"召"方。
　　其七，人名方面。由於武乙、文丁卜辭時代相鄰，故見於武乙卜辭中的一些人名，也見於文丁卜辭，如雀、𠭥、沚戓等，應該是同一個人。尤其是沚或是武乙、文丁卜辭裏最常見的人物之一。

圖 7-5　武乙卜辭的字體　圖 7-6　與康丁卜辭的字體　圖 7-7　《屯南》751
　　　　風格之例　　　　　　　　不同風格之例
　　（《屯南》4331）　　　　　（《屯南》503）

　　之後，劉一曼和曹定雲在《再論武乙、文丁卜辭》一文中，從"稱謂""人名""事類""坑位和地層關係"進行論述；在《三論武乙、文丁卜辭》一文中，繼續深入研究《再論》中提到的問題，以及從有些甲骨的綴合問題、武乙、文丁卜辭的同版問題、異代同名問題、字體變化在斷代中的作用等方面問題討論；在《四論武乙、文丁卜辭——無名組與歷組卜辭早晚關係》一文中，從無名組與歷組卜辭的類型、稱謂、時代、所出地層以及地層學與類型學的關係等多方面探索兩組卜辭的時代問題。

　　劉、曹兩位考古學家近些年陸續發表的幾篇文章中多方面討論"歷組"卜辭所屬時代問題，進而從考古學、甲骨學、文字學等多角度論證武乙、文丁卜辭的時代。①

---

① 《再論武乙、文丁卜辭》，《古文字研究》第 9 輯，中華書局 1984 年版；《三論武乙、文丁卜辭》，《考古學報》2011 年第 4 期；《四輪武乙、文丁卜辭——無名組與歷組卜辭早晚關係》，《考古學報》2019 年第 2 期。

　　第三，於 2000 年，林小安發表《再論歷組卜辭的年代》①一文中，以"伐舌方"的戰事爲主討論"歷組"卜辭所屬時代的問題。在文中指出殷墟甲骨卜辭中占問"伐舌方"的貞人爲"殼""亘""賓""爭""古""永""㫄""韋""出"等，他們都是賓組、出組時代的，所以"凡有貞卜'伐舌方'的卜官必是武丁晚期或祖庚時的卜官；反之，凡無貞卜'伐舌方'的卜官，很可能不是武丁晚期或祖庚時的卜官。例如：𠂤組、子組、午組、何組、歷組、黄組均無貞卜'伐舌方'卜辭，故他們均非武丁晚期或祖庚時的卜官"，所謂的"歷組"卜辭，"没有一片辭貞卜過'伐舌方'。這説明有三種可能：或者歷組卜官不是'武丁晚期或祖庚時期'之卜官；或者歷組卜官無卜占之責；或者'伐舌方'之戰不需經歷組卜官貞問即可定其吉凶"。林氏在文中判斷，唯一的可能是"歷組卜官不是'武丁晚期或祖庚時期'之卜官"。之所以如此，是因爲"對於像'伐舌方'這樣發生在武丁晚期和祖庚時期的重大戰事，如果歷組卜官是武丁晚期或祖庚卜官是不可能不占卜貞問的"，在殷墟甲骨文中有將近 500 版占卜"伐舌方"的甲骨卜辭，説明對商王室來説"伐舌方"的戰事是非常重要的，所以不斷反復的占卜其吉凶。"□辰卜，殼，貞：翌辛未令伐舌方，受有佑"（《合集》540）、"壬子卜，殼，貞：舌方出不惟我有作禍。五月"（《合集》6087）、"己卯卜，爭，貞：於令丐舌方☑。八月"（《合集》6156）等，而且亦有商王禦駕親征的卜辭，"貞：叀王往伐舌"（《合集》6211），還調集武丁晚期的重臣，如師殼、望乘、子畫、子、沚馘等，則表明"伐舌方"之戰事的緊急。林氏認爲，如此重要的戰事，没有歷組卜人進行占卜的記錄，是不可能的。因此，他主張"'歷組'卜辭根本不是武丁晚期至祖庚時期的卜辭"。

　　目前"歷組"卜辭的所屬時代問題，學者之間仍然尖鋭對立，堅持相反觀點的兩派學者依然各自認爲自己研究的方法是正確的，繼續進行背道而馳的研究下去。這就造成了長期以來甲骨文斷代研究陷入混亂，對同一個問題，各用相反的觀點來論述，將討論的問題變得越來越混亂。因此，我們認爲，必須要提出一個較適當的甲骨文分期斷代的研究方法。

---

① 林小安：《再論歷組卜辭的年代》，《故宫博物院院刊》2000 年第 1 期。

第三節　殷墟甲骨文由兩個系統發展
——"兩系"説

李學勤在《評陳夢家〈殷虛卜辭綜述〉》（1957 年）、《小屯南地甲骨與甲骨分期》（1981 年）發表字體分類和甲骨斷代是"兩個不同的步驟"及"一個王世不僅有一種卜辭，一種卜辭未必限於一個王世"[①]的觀點。之後，他在王宇信師的專著《西周甲骨探論·序》[②]中説："以發現地點而言，有的組類衹出於或主要出於小屯村北，有的組類衹出於或主要出於小屯村中和村南。在王卜辭中，衹有𠂤組村北、村南都出，其他可分爲村北、村南兩系。"李學勤明確地指出所謂"兩系説"是根據各組甲骨文出土地點來建立的。後來裘錫圭、林澐、彭裕商等學者接受了這種觀點並發表自己的論點。[③]

一　"兩系"説

李學勤於 1986 年發表的《殷墟甲骨分期的兩系説》[④]一文中，提出了"殷墟甲骨的發展可劃爲兩個系統"即所謂的"兩系説"。他提出兩系説的基礎是"一個王世不僅有一種卜辭，一種卜辭未必限於一個王世"的論點。他認爲，如果把殷墟甲骨看成一系，即按王世來分期，就出現了"復古（筆者註：指董作賓所説的文武丁復古）"的現象，所以爲了克服這類困難，"必須徹底採取類型學的方法，並充分運用考古發掘提供的坑位和層位的依據，其結果勢必放棄一系説"，基於此觀點，指出"一個系統是

① 李學勤的此觀點見於各類文章中，如《評陳夢家〈殷虛卜辭綜述〉》，《考古學報》1957 年第 3 期；《小屯南地甲骨與甲骨分期》，《文物》1981 年第 5 期；《小屯南地甲骨與甲骨分期》，《文物》1981 年第 5 期；《建國以來甲骨文研究·序》，中國社會科學出版社 1981 年版，第 6 頁。

② 王宇信：《西周甲骨探論》，中國社會科學出版社 1984 年版。

③ 裘錫圭：《論"歷組卜辭"的時代》，《古文字研究》第 6 輯，中華書局 1981 年版，第 263—321 頁；林澐：《小屯南地發掘與殷墟甲骨斷代》，《古文字研究》第 9 輯，中華書局 1984 年版，第 111—154 頁。

④ 李學勤：《殷墟甲骨分期的兩系説》，《中國古文字研究會第六屆年會論文》，中國社會科學院歷史研究所 1986 年；又載於《古文字研究》第十八輯，中華書局 1992 年版，第 26—30 頁。

由賓組發展到出組、何組、黃組，另一個系統是由自組發展到歷組、無名組"。即以賓組爲主的卜辭是在小屯村北地發展，自組等在小屯村中南地發展。

隨後，李學勤、彭裕商在 1990 年發表的《殷墟甲骨分期新論》[①]一文中，關於甲骨的類型學，説："原則上應兼及甲骨的質料、形制、卜法以及文字等方面。可是由於現有著錄大多祇限於卜辭的拓本、摹本，對甲骨本身的各方面研究目前還不很充分（祇對鑽鑿形態等作過有限的考察），所以甲骨的類型學研究局限於卜辭方面。卜辭的類型學分析就是按照文字的字體，包括字的結構特點與書寫風格，劃分爲若干類。這一過程，我們稱之爲'分類'。""字體分類"方法一開始就在研究環境方面被限制，但在文中還説"字體是分類的唯一的標準。在依字體分類後，可以確定出某一組類卜辭在內容方面具有那些特點，作爲推斷具體卜辭是否屬於該組類的根據。經驗證明，卜辭內容之一的卜人是這種根據中最有效的，在這個意義上不妨視爲分類的又一'標準'"。即他們認爲"字體"是首要的標準，"卜人（即貞人）"是次要的標準。接著説"將來加對甲骨質料、形制等方面有了更多的研究，可能在卜辭之外建立分類的其他標準，祇是現在仍做不到"。

他們在文中將殷墟甲骨文分爲王卜辭和非王卜辭等兩種卜辭，再按自己所分的各類字體將王卜辭再分三類，如下：

王卜辭：其一，自組；其二，村北係——賓組、出組、何組、黃組；其三，村南系——歷組、無名組。

非王卜辭：午組、子組、非王無名組等三類。

將整個殷墟甲骨文分爲兩種、三類、十個組，這十個組下還有"自賓間組""大字類"等小組類。到了 1996 年李學勤、彭裕商合著出版《殷墟甲骨分期研究》中説："自組卜辭村南、村北均有出土，是兩系共同的起源，自賓間組祇出村北，自歷間組祇出村南，纔開始分兩系發展，往後賓組、出組、何組、黃組爲村北係列，歷組、無名組、無名黃間類爲村南係列，無名黃間類以後，村南係列又融合於村北係列之中，黃組成爲兩系共同的歸宿。"[②]"兩系説"的組成，如下：

---

①　李學勤、彭裕商：《殷墟甲骨分期新論》，《中原文物》1990 年第 3 期。
②　李學勤、彭裕商：《殷墟甲骨分期研究》，上海古籍出版社 1996 年版，第 305—306 頁。

（村北）　　　　　自賓間類——賓組——出組——何組——黃組
　　　　自組　　　　　　　　　　　　　　　　　　　　　　↑
（村南）　　　　　自曆間類——曆組——無名組——無名黃間類

第一，"自組"①。是村北、村南兩系共同的起源，村北、村南均有出土，村北所出較多。此組又分爲大字類、小字類，小字類再分兩種類，如下：

其一，大字類，字體圓潤，近於手寫，如《合集》19777、19829、19844、19945 等，前辭（筆者註：序辭）形式作"干支卜""干支卜，某"，卜人除了"王"之外還有"扶"，出現的敵國僅稱"方"（參見圖7-8）。

其二，小字類，風格與大字類迥異，多見甲尾署辭，有時於辭末加疑問助詞乎、抑、執等，方國仍多稱"方"，分爲兩種類，如下：

小字一類，字形稍長而規整，用背甲較多，前辭作"干支卜""干支卜，貞""干支卜，某"，卜人有"扶""自"。

小字二類，字形規整，多折筆，前辭多作"干支卜，某貞"，少數作"干支卜，某"，王親卜較多，卜人有扶、自、由、勺等，字形多近於賓組，重要人物有雀、弜、白更、婦鼠、子商等，均見賓組。還有林澐把《合集》106、1022、6905、8311 等甲骨稱爲"自賓間組"。②（參見圖7-9）

李學勤、彭裕商由於"自賓間組"卜辭保存自組特點尚多，所以把此類卜辭分爲附於小字二類之下。自組與時代有關的稱謂有父甲、父乙、父庚、父辛、陽甲、盤庚、兄丁等，顯屬武丁時代。

村北、村南所出"自組"卜辭，有一些區別。大字類兩地均出，而村北偏多；小字一類主要出於村北，村南很少；小字二類則祇出村北。村北的小字二類直接聯繫到賓組；村南則有些可附屬於此組的卜辭，裘錫圭稱之爲"自曆間類"③，都直接聯繫到曆組。李、彭兩位認爲"村北、村南兩系在這時已有萌芽了。考慮到與其他組的關係，'自組'應在武丁較早的時期。"

---

① 李學勤、彭裕商：《殷墟甲骨分期新論》，《中原文物》1990 年第 3 期。
② 林澐：《小屯南地發掘與殷墟甲骨斷代》，《古文字研究》第 9 輯，中華書局 1984 年版，第 111—154 頁。
③ 裘錫圭：《論"曆組卜辭"的時代》，《古文字研究》第 6 輯，中華書局 1981 年版，第 263—321 頁。

圖 7-8　"𠂤組"大字類之例

（《合集》19777）

圖 7-9　"𠂤賓間類"之例

（《合集》6905）

第二，"賓組"[①]。賓組卜辭基本出於村北，村南祇有零星發現。此組卜辭可分兩類：

其一，賓組一類，再進一步分成兩個小類。前辭多作"干支卜，某貞"，少數爲"干支卜，某"或"干支卜，貞"，比較熟悉的賓組卜人均已出現，占辭也多見。重要人物"弜"已少見，有雀、子商、婦好、望乘、沚戠（戛）、卓等，主要敵方有缶、𢀛方、土方、下危等。

其二，賓組二類，卜人有賓、爭、吏（筆者註：史）、古等，前辭作"干支卜，某貞""干支卜，貞"，兆辭"不𢆶黽"和占辭"王占曰"消失。人物有卓、屮、子吕常見，還有望乘、沚戠（戛）、咬、邑竝、犬征等，多見於出組一類。

賓組與時代有關的稱謂有父甲、父庚、父辛、父乙、母庚、兄丁，是武丁時稱謂。賓組二類與出組一類相聯繫，不僅字體類似，而且有同卜之例，如《合集》6049（參見圖 7-10：1）與 23534（參見圖 7-10：2）、18793 與 26631 等。賓組還與村南的歷組相聯繫，李學勤、彭裕商等論證

① 李學勤、彭裕商：《殷墟甲骨分期新論》，《中原文物》1990 年第 3 期。

同類同卜辭的例子①，賓組下限可延至祖庚時期。

圖 7-10　1. 賓組二類之例　　　　　2. 出組一類之例

（《合集》6049）　　　　　　　（《合集》23534）

第三，"出組"②。全出村北，村南祇有 1973 年發掘 H57 胛骨上與歷組二類同版。此組可分兩類：

其一，出組一類，如《合集》23534、23711、23717、26631 等，前辭作"干支卜，某貞""干支卜，貞"，卜人有出、兄、大、逐等，字體和骨背署辭似賓組二類，有時竟不可分，人物多見於賓組二類。

其二，出組二類，如《合集》22539、22648、23106、23148（參見圖 7-11）等，是出組的主體，前辭作"干支卜，某貞""干支卜，貞"，卜人有中、洋、喜、即、旅、尹、行、冎等，卜辭內容的特色是具有眾多的所謂"卜王"辭，此組中出現"周祭"系統。

出組一類的稱謂有父丁、母辛。不見兄庚，大致是祖庚時稱謂，少數可能上及武丁末年，出組二類主要有毓祖乙、父丁、母辛、兄己、兄庚，係祖甲時稱謂。出組二類與村南歷組二類有橫向關係。出組的時代大致屬

---

① 參見李學勤《論"婦好"墓的年代及有關問題》，《文物》1997 年第 1 期；彭裕商《也論歷組卜辭的時代》，《四川大學學報》1983 年第 1 期。

② 李學勤、彭裕商：《殷墟甲骨分期新論》，《中原文物》1990 年第 3 期。

於祖庚、祖甲時期，其上限可至武丁晚期。

第四，"何組"[①]。基本出於村北，村南 1949 年前 F3 出土一片（《甲編》3638），1973 年小屯南地發掘出兩片（《屯南》4327、4447），此類卜辭可分爲三類：

其一，何組一類，如《合集》27150、27153、27830、27861 等。前辭作"干支卜，某貞"，卜人有何、龏、叩、彭、口等，多折筆，字形有早期作風，如"王"字多不帶上橫，"有"作"虫"等，接近賓組卜辭（參見圖 7-12）。

其二，何組二類，如《合集》26975、27221、27321、27424 等，前辭作"干支卜，某貞"，卜人有何、寧而以何爲多，字體類同出組二類一些卜辭（參見圖 7-13）。

圖 7-11　出組二類之例　　圖 7-12　何組一類之例　　圖 7-13　何組二類之例
（《合集》23148）　　　　（《合集》27150）　　　　　（《合集》27221）

其三，何組三類，如《合集》26899、26907、28011、28466 等，前辭作"干支卜，某貞""干支卜，貞"，卜人有狄、彭、𡧛、口、大等，筆畫中粗端尖，自成一體，一部分卜辭的字形已接近黃組。（參見圖 7-14）

[①] 李學勤、彭裕商：《殷墟甲骨分期新論》，《中原文物》1990 年第 3 期。

何組一類顯然較早，許進雄指出何的卜甲有"第一期"的鑽鑿形態[①]，黃天樹指出叩、口、彭的卜辭較晚，與出組二類有同版之例，故此類時代約上及武丁晚期，下至祖甲時期。何組二類有關稱謂有毓祖丁、父己、父庚、父甲，未見兄辛，字體與出組二類密接，大致屬廩辛時期。何組三類，稱謂有父甲，屬廩辛、康丁時期，其中一部分的字體接近黃組。何組與無名組並存的證據較多，如《合集》26879、26880，無名組卜辭卜五族戍事，何組三類的《合集》26881、26882 也有相同占卜。李、彭二位由此推測，何組三類上及廩辛、康丁，下限可能延至武乙甚至文丁時。

第五，"黃組"[②]。幾乎全出村北，村南惟出兩片（《甲編》470、512，參見圖 7-15），文字多較細小，前辭作"干支卜，某貞""干支卜，貞"，卜人黃、派、遄、立等，王親卜時，前辭或作"干支王卜，貞"，往往在前辭中加記所在地名。重要稱謂有康丁、武乙、文丁三王的稱呼，其中武祖乙、父丁說明本組有帝乙時卜辭。

第六，"歷組"[③]。基本出於村南，村北衹有零星發現，常與無名組同出，1973 年村南發掘有大量例子。前辭作"干支卜""干支貞"，少數作"干支，某貞""干支，貞某"，卜人僅歷一人，可分兩類：

其一，歷組一類，如《屯南》751、771、2534、2601、2605 等，筆畫較細，文字多較小，"貞"字方耳（㠺《屯南》2605），"王"字無上橫，稱謂以父乙爲主，並與母庚同見。（參見圖 7-16）

其二，歷組二類，如《合集》32057、32064、33296、33298 等，文字較大，筆畫粗勁，"貞"字多尖耳，"王"字多無上橫（少數有）。稱謂以父丁爲主，少數有父乙，暫且與兄丁同見，常見小乙、父丁相聯。（參見圖 7-17）

歷組一類與附屬於自組的"自歷間類"有同卜之例。由《屯南》鑽鑿形態看，歷組適居自組、午組、自歷間類和無名組之間。歷組一類屬武丁時，二類少數上及武丁晚期，主要是祖庚的，亦有少數下延至祖甲。

---

① 許進雄：《談貞人荷的時代》，《中國文字》第 43 冊，1972 年。
② 李學勤、彭裕商：《殷墟甲骨分期新論》，《中原文物》1990 年第 3 期。
③ 李學勤、彭裕商：《殷墟甲骨分期新論》，《中原文物》1990 年第 3 期。

圖 7-14　何組三類之例　　圖 7-15　黃組卜辭之例　　圖 7-16　歷組一類之例

（《合集》28466）　　　（《合集》38879）（《甲編》470）　　（《屯南》2534）

　　第七，"無名組"[①]。主要出於村南，村北祇有零星發現，專用胛骨，尚有個別肋骨，前辭作"干支卜"，不見貞人，字體較早的接近歷組二類，"王"字有上橫，此組晚期字體已與黃組非常接近，如《屯南》648、2157、2405、《粹》965、《京津》4518 等（參見圖 7-18）。重要稱謂屬幾個王世，如兄己、兄庚屬祖甲卜辭（《合集》27615、27616、27617，參見圖 7-19），從而一部分父丁也屬祖甲卜辭；父己、父庚、父甲屬廩辛、康丁卜辭，其中有兄辛者屬康丁卜辭。

　　第八，非王卜辭"午組"[②]。村北、村南均出，多折筆，前辭作"干支卜""干支卜，貞"，"未見可確定的卜人"，稱謂大多是特有的，見於王卜辭的有外丙、下乙、南庚或以爲有盤庚。YH127、YH448 出有此組，兩坑約屬殷墟一期，據蕭楠發表的《略論"午組卜辭"》[③]一文，小屯南地發掘殷墟一期灰坑 H102、H107 亦有此類卜辭（《屯南》2698、2770、2771）。由此，李學勤、彭裕商斷定此組卜辭屬於武丁時期的。（參見圖 7-20）

　　①　李學勤、彭裕商：《殷墟甲骨分期新論》，《中原文物》1990 年第 3 期。
　　②　李學勤、彭裕商：《殷墟甲骨分期新論》，《中原文物》1990 年第 3 期。
　　③　蕭楠：《略論"午組卜辭"》，《考古》1979 年第 6 期。

圖 7-17 歷組二類之例
（《合集》32057）

圖 7-18 無名組之例
（《屯南》2405 部分）

圖 7-19 無名組之例
（《合集》27615 部分）

圖 7-20 非王卜辭"午組"之例
（《屯南》2770）

然而，李、彭兩位説的"未見可確定的卜人"這句話，是似乎有些不妥當，其理由有二：

其一，李學勤在 1977 年發表的《論"婦好"墓的年代及有關問題》中將陳夢家分爲"午組"卜辭稱爲"允"組卜辭。[①]雖然此組的卜人祇有兩個人"午"和"允"，但是"未見可確定的卜人"是前後相矛盾的論點。

其二，蕭楠在 1979 年發表的《略論"午組卜辭"》中分析，午組卜辭貞人有午、允、令，增加了一個"令"，在文中説"值得注意的是《屯南》4177（T31：80）見到'丙辰[卜]，令貞'，從字體上看，此片屬'午組卜辭'。……令在過去的著録中是第五期的貞人，但在武丁'賓組卜辭'中又作爲人名

---

① 筆者註：李學勤在 1959 年出版的《殷代地理簡論》第三章六節中，已經明確以"自組""子組""允組"命名。

出現。而異代同名的現象在卜辭中是常見的，武丁時的‘令’與帝乙、帝辛時的‘令’不是指同一個人。所以《屯南》4177 的‘令’是‘午組卜辭’的貞人。”

其三，如果實在沒有可確定的卜人，李學勤、彭裕商在文中怎麽會以“午組”爲命名。

第九，非王卜辭“子組”①。祇出村北，字形較小，筆畫柔弱秀潤，前辭作“干支卜”“干支卜，貞”“干支卜，某”“干支卜，某貞”“干支某卜”“干支，某貞”，卜人有子、余、我、巡、𩁁，或疑爲有的是爵稱或代名詞，稱謂多特殊，見於王卜辭的有盤庚、小辛、並有父甲、父庚、父辛、父乙，且父甲與盤庚同卜，父庚與小辛同卜，故作爲此組占卜中心者雖非王，但與商王有著密切關係，其時代爲武丁時期。

第十，非王卜辭“無名組”②。祇出村北，集中於 YH251 坑、YH330 坑。前辭作“干支卜”“干支，貞”“干支卜，貞”，未見卜人，稱謂特殊，對妣丁、妣己、妣庚的祭祀最多見，亦屬於武丁時期的卜辭。

非王卜辭還有見於 YH127 坑的兩類，均與子組卜辭有聯繫，見於 E16 等的所謂“刀”卜辭和“亞”卜辭，片數不多，大致也屬於武丁時期。

到了 2008 年，李學勤發表的《帝辛征夷方卜辭的擴大》③一文中，對“村南”係列卜辭作了幾個方面改動，其内容，如下：

其一，“村南”係列改爲“村中南”係列，即把在村中發現的甲骨也拉進去。

其二，“村南”係列的“無名黃間類”卜辭改稱爲“無名組晚期”，説：“在甲骨分期研究上，無名組晚期卜辭可以下延到帝辛即商末的證明，支持了黃天樹教授所説這種卜辭‘兼有無名類和黃類字體的現象，不一定解釋爲是因時代推移而逐漸演進的産物，也可能是無名類和黃類同時並存、互相影響而産生的一種字體類別’④。其實，從所謂‘𠂤歷間類’到歷組，再到無名組和無名組晚期，構成了小屯村中、南甲骨的一貫係列，與村北的係列平行並存。”

---

① 李學勤、彭裕商：《殷墟甲骨分期新論》，《中原文物》1990 年第 3 期。
② 李學勤、彭裕商：《殷墟甲骨分期新論》，《中原文物》1990 年第 3 期。
③ 李學勤：《帝辛征夷方卜辭的擴大》，《中國史研究》2008 年第 1 期。
④ 參見黃天樹《殷墟王卜辭的分類與斷代》，科學出版社 2007 年版，第 269 頁。

　　李氏在文中又對宋鎮豪、劉源在《甲骨學殷商史研究》[①]一書中提出的"無名黃間類"卜辭時代下限爲"文丁"時代的看法，説："我（筆者註：李學勤自稱）在《商代夷方的名號和地望》[②]文中誤認這些卜辭（筆者註：指李氏在該文中列舉的一些卜辭）爲文丁時卜，就是因襲著這樣的觀念。"即承認自己曾經分爲"無名黃組類"的分類和其時代的錯誤，並同意黃天樹所提出的由於字體並不是"因時代推移而逐漸演進"，因此提出了"無名類和黃類同時並存"的觀點。

　　他在《帝辛征夷方卜辭的擴大》中通過比較"無名組晚期"卜辭的征夷方與黃組卜辭，説："無名組卜辭同黃組卜辭的彼此銜接聯繫關係是清楚的，具有共同的時間、地點和人物"，論證兩組卜辭所提的"征夷方"爲同一戰役。以此，原劃爲"無名黃間類"卜辭改爲"無名組晚期"卜辭，其下限是帝辛時代，即村中、南係列的卜辭不與村北係列的黃組卜辭繫聯。

　　李學勤於 1996 年出版的《殷墟甲骨分期研究》中提出的"兩系"説，是殷墟甲骨卜辭起源於"𠂤組"，然後"村北"和"村中南"兩個系統發展，最後融合於"黃組"的論點，到現在改爲，殷墟甲骨卜辭從"𠂤組"卜辭開始以"村北"和"村中南"並列發展，原劃爲"無名黃間類"卜辭是根本不存在的，反而"無名組晚期"卜辭從來沒有"融合於村北系的黃組"卜辭中，從而提出了新組成的"兩系説"關係，如下：

```
（村北）      𠂤賓間類──────賓組──────出組──────何組 ──→ 黃組
        𠂤組
（村中、南）   𠂤曆間類──────曆組──────無名組──────無名組晚期
```

　　我們應該承認李學勤提出的"兩系説"和"字體分類"方法對學術界注入了一個新的科研活力，目前不少研究團隊跟從李學勤的這些觀點進行研究甲骨卜辭分類問題。不過這些論點，關係到"曆組"卜辭時代前移的問題和"𠂤組"卜辭隸屬於武丁時代早晚哪個階段的問題，所以又在學術界引起了非常激烈的爭論。

---

① 宋鎮豪、劉源：《甲骨學殷商史研究》，福建人民出版社 2006 年版，第 203—207 頁。
② 李學勤：《商代夷方的名號和地望》，《中國史研究》2006 年第 4 期。

二　對"兩系"説的不同意見

關於"兩系説"，常玉芝在《殷墟甲骨斷代標準評議》中説："（李學勤）改稱'無名黄間類'卜辭爲'無名組晚期'卜辭，明顯是爲了切斷無名組卜辭和黄組卜辭之間的連繫，使無名組卜辭與黄組卜辭脱離干係，也即使'村南系'與'村北系'脱離干係。他這樣做，證明了所謂'間類'、'間組'卜辭的劃分，是隨心所欲的，並没有什麽標準可言。這樣，他的'兩系'路綫圖就變成了（筆者註：與原來兩系不同發展路綫：參見上圖兩系路綫圖）。"[①]並對兩系説進行了詳細的分析，提出爲了"兩系説"的成立，需要解決六個問題，如下[②]：

其一，自組卜辭是否爲兩系的共同起源。

其二，何組與黄組卜辭的字體是否密接。

其三，關於"自歷間組"卜辭。

其四，無名組與歷組卜辭的出土情況。

其五，無名組與歷組卜辭時代的先後。

其六，無名組晚期卜辭是否延伸至帝辛時期。

她在書中對每個問題提出分析的結論，如下[③]：

其一，"自組"卜辭的時代不早於賓組卜辭，所以"自組"卜辭不是"兩系"的共同起源。

其二，"村北系"的何組卜辭與黄組卜辭字體不能密接。

其三，所謂"自歷間組"卜辭不存在，"自組"卜辭在小屯村北出土的數量比在小屯村中南出土的數量多得多，按"兩系説"者的分配原則本應劃到"村北系"，而不應是跨在兩系之首。

其四，無名組卜辭、歷組卜辭在村北、村中、村南都有出現，將其祇列在"村中、南系"與事實不合。

其五，無名組卜辭與歷組卜辭的出土地層證明，無名組卜辭的時代早於歷組卜辭，而不是相反。

其六，無名組晚期卜辭並没有延伸至帝辛時期。

由此，她説："所謂的'兩系説'，一是違背了考古發掘中各組卜辭

---

① 常玉芝：《殷墟甲骨斷代標準評議》，中國社會科學出版社 2020 年版，第 157 頁。
② 常玉芝：《殷墟甲骨斷代標準評議》，中國社會科學出版社 2020 年版，第 159 頁。
③ 常玉芝：《殷墟甲骨斷代標準評議》，中國社會科學出版社 2020 年版，第 159—207 頁。

出土的層位和坑位關係；二是違背了各組卜辭所反映的内在特徵。所以，所謂‘兩系’是根本不存在的臆造。”提出殷墟甲骨卜辭的發展軌跡是“賓組（包括𠂤組、子組、午組）—出組—何組—無名組—歷組—黄組，是一系一脈相承發展起來的”①。

關於各組卜辭的地層關係，劉一曼、曹定雲在《三論武乙、文丁卜辭》中説：“提出‘兩系説’的學者，大概是難以解釋歷組卜辭與賓組、出組之間的差異，以及歷組與他組之間的地層關係，因而將之從何組、黄組的鏈條中抽出，並放在無名組之前，以擺脱歷組卜辭在地層上遇到的困難。”②

三 “卜辭的類型學”

李學勤在《殷墟甲骨分期新論》③一文中，又提出“卜辭的類型學”，説：“卜辭的類型學分析就是按照文字的字體，包括字的結構特點與書寫風格，劃分爲若干類”，即“字體分類”是基於考古學的“類型學”④。關於考古學的“類型學”，亦稱作“標型學”或稱“型式學”或稱“器物形態學”等，蘇秉琦曾説：“運用器物形態學進行分期斷代，必須以地層疊壓關係或遺跡的打破關係爲依據。”⑤劉一曼、曹定雲也強調“類型學中地層學”的作用，説：“在甲骨分期斷代的研究中，人們通常會將卜辭字體進行分類，以便整理與研究。這種方法在考古學上稱作類型

① 常玉芝：《殷墟甲骨斷代標準評議》，中國社會科學出版社 2020 年版，第 207—208 頁。
② 劉一曼、曹定雲：《三論武乙、文丁卜辭》，《考古學報》2011 年第 4 期。
③ 李學勤、彭裕商：《殷墟甲骨分期新論》，《中原文物》1990 年第 3 期。
④ 李學勤雖然在《殷墟甲骨分期的兩系説》《殷墟甲骨分期新論》中屢次提出了“類型學”“卜辭的類型學”等，但是没有説明其與“考古的類型學”有什麼不同。因爲“類型學”概念畢竟是屬於考古學的範疇，所以在概念上説清楚這兩者的不同之處，是非常重要的。恐怕李學勤没有考慮清楚兩者之間的差別，或者可能自己很清楚，衹是没有説清楚具體的不同之處，所以造成了這些概念上的混亂。由於甲骨文是從地下發掘出來的考古遺物，所以我們必須要重視出土地層關係，又可以按照傳統的“考古的類型學”區分其特點。然而如果僅依靠“考古的類型學”，我們衹能是甲骨的外形來判斷其類型。因爲“考古的類型學”重視的是器物的外形和地層及其打破關係，但是目前我們没有把握區分不同時代甲骨的外形特點。因此，筆者認爲現在根本不可能利用“考古的類型學”來判斷甲骨卜辭的時代。實際上，李學勤所説的“卜辭的類型學”是按照甲骨文字的“字體”“每個字的結構”“書寫風格”等因素來區分其“類型”的方法而已。因此，從考古學的類型學概念來判斷“卜辭的類型學”是不甚妥當的，所以筆者認爲不應該説“卜辭的類型學”。目前在甲骨學界已經普遍使用“文字分類”之辭，因此，筆者提出我們把這個概念再擴大一些，即爲“甲骨卜辭的分類學”。這樣的話，既説明強調的是甲骨卜辭的各種因素，包括“字體”“每個字的結構”“書寫風格”等字體因素，又能夠解決其與“考古的類型學”概念上衝突的矛盾。
⑤ 蘇秉琦、殷瑋璋：《地層學與器物形態學》，《文物》1982 年第 4 期。

學。但甲骨卜辭本身是地下遺物，是通過考古學方法發掘出來的，所以人們又必須運用考古地層學的方法，對出土甲骨進行整理。……（類型學與地層學的關係中）地層學是基礎，是根本，地層學決定著類型學。所謂類型學，就是按遺物（器物）的外部特徵與內涵進行分類，將具有相同或相近特徵的器物歸納在一起進行分析與研究，以便考查它們的變化與發展。這是考古學中經常運用的方法，也是一種有效的方法，但它的前提是必須建立在地層學的基礎之上。類型學本身有其局限性，不同的時代，事物的外形有時會有相似與雷同之處。如果離開地層學，單純憑器物的外部形態進行分類，並斷定器物的時代，那就非常危險，甚至有誤入歧途的可能。此外還應指出，文字的形態會受師承關係的影響……僅憑某些個別‘字’的寫法變化，就去斷定卜辭的時代，是不可取的，也是非常危險的。判斷卜辭的時代，一定要看卜辭的群體特徵，要根據地層關係，要看稱謂組合、世系、事類等各種因素。”①劉、曹兩位考古學家明確指出運用類型學的前提條件是“必須建立在地層學的基礎之上”，之所以如此，是因爲類型學離不開地層學，而且“考古的類型學”是看“群體特徵”，卜辭也是一樣看群體特徵等各種因素綜合起來判斷其時代。如此等等，反對李學勤的“兩系説”“文字分類”方法學者的論點也是非常強烈的。

常玉芝在《殷墟甲骨斷代標準評議》一書中，提出了甲骨斷代的方法論，説：“今後的甲骨斷代研究，仍然需要利用董作賓十項斷代標準中的九項（其中第四項‘坑位’標準的含義已作修正；將第六項‘人物’標準剔出），嚴格地遵循陳夢家整理、分類、歸納董先生斷代標準後提出的三大標準的運作步驟和程式。以世系、稱謂、貞人、坑層四大客觀標準爲主，以分‘卜人組’的方法，結合方國、事類等其他標準，推定甲骨的時代；然後再探究各個時代字體的特徵及其演變情況，再利用這些字體特徵去解決那些客觀標準，如稱謂、貞人、坑層不甚明確的甲骨的時代。而決不能本末顛倒地將字體作爲斷代的首要標準，以杜絕在字體分類中不可避免地加進主觀臆測的成分，從而導致斷代的錯誤。”②

常玉芝所説的“本末顛倒”的原因是，李學勤提出了“先根據字體、

---

① 劉一曼、曹定雲：《三論武乙、文丁卜辭》，《考古學報》2011 年第 4 期。
② 常玉芝：《殷墟甲骨斷代標準評議》，中國社會科學出版社 2020 年版，第 326 頁。

字形等特徵分卜辭爲若干類，然後分別判定各類的所屬時代"①。李學勤的主張是分期斷代中，首先做的是字體、字形的分類，換句話説，這是以刻手爲分類的方式而不是以貞人或時王爲主分類的。我們在十五萬片甲骨中，卻找不到有關刻手的具體信息，没有名字，亦没有分期斷代所用的其它資訊。再説這些字體分類方式，是按照字體尋找在甲骨中没有的刻手資訊。這種方式實際上没有可靠的根據，所以李學勤等採取的"某組"的概念是，由於他們也找不到刻手的資訊，因此借用貞人的名字來取代各類組的名字，如"賓類""自賓間類""出類""何類""自歷間類""歷類"等，即所採用的是陳夢家所定的卜人組，即每組代表性貞人的名字來取字體分類的各甲骨卜辭字體類的名。而以貞人爲斷代的方式，是起碼在甲骨文中能夠找到有關確鑿的資訊。因此，筆者認爲還是要以貞人（包括世系、稱謂等董作賓、陳夢家提出的第一標準）爲主是較可靠的分期斷代的基礎。

對於李學勤提出的觀點，學者們展開了激烈的討論。雖未得到圓滿的結論，但大家都是爲了尋找更好的甲骨文分期斷代的方案，以此得到更完善的甲骨文分期斷代研究成果。

字體分類既是分期斷代研究中很重要的一部分，也是不可忽略的重要研究方法，但是也有不可靠的一面，即有些字體分類不同的學者群會得到不同的結果。甲骨文分期斷代研究最重要的基礎是找到具有確鑿根據的因素。在此基礎上建立分期斷代研究的標準，這樣纔能圓滿地完成此項工作。字體分類法實際上不能作爲甲骨文分期斷代的首要基礎，而是在分期斷代研究中的最後階段的研究工作，即在被確定的各類組群甲骨卜辭内做其先後的工作和研究完全没有隸屬於任何組群卜辭所屬時代的工作。由此，筆者以董作賓、陳夢家、常玉芝等學者提出的分期斷方法爲主，在次序和方法上提出分期斷代研究的新思路②：第一階段，先區分從稱謂、世系、貞人、坑層等因素能被確定其時代的甲骨（筆者註：如果在稱謂問題上有爭論的卜辭暫不要劃定）；第二階段，按第一階段所區分的甲骨組，再區分同版關係的甲骨（建立貞人組）；第三階段，按貞人組進行戰爭、方國、人物等較特殊的事項卜辭分類（建立貞人、戰爭、方國、人物組：

---

① 李學勤：《評陳夢家〈殷虚卜辭綜述〉》，《考古學報》1957 年第 3 期。
② 這些思路存在還不夠成熟的，敬請各位學者、同仁批評指正。

按不同貞人組區別不同的戰爭、方國、人物）；第四階段，按第三階段甲骨組，進行祭祀卜辭分類（建立貞人、戰爭、方國、人物、祭祀組：在此階段，原第一階段中沒有劃定的稱謂上有爭論的卜辭就可以確定其貞人組或其時代）；第五階段，按第四階段甲骨組，進行文例、文法分類（建立貞人、戰爭、方國、人物、祭祀、文例組）；第六階段，按第五階段甲骨組，進行字體分類（建立貞人、戰爭、方國、人物、祭祀、文例、字體組）；第七階段，對屬於第六階段的各類卜辭進行在各組內的先後劃分；第八階段，再深入研究沒有被安排到上述所説的甲骨卜辭的處理，主要是按其字體、書體等因素來進行分類。

　　這些甲骨分期斷代的思路，主要是從董作賓、陳夢家的第一標準開始一步一步擴大其分類的範圍的。此思路的可行性，還需要多方面再思考。不過爲了得到甲骨分期斷代研究的可行性方法，這些思考確實是非常值得的。

第八章　中華人民共和國成立之後
殷墟考古的重要成就

　　從 1928 年 10 月開始的殷墟科學考古發掘工作，爲甲骨學、中國田野考古學的發展，尤其是殷商考古學的發展，提供了非常珍貴的地下資料。但是由於戰爭的原因，1937 年 6 月以後十多年時間，祇好暫停殷墟科學考古發掘工作。

第一節　1950 年以後殷墟考古主要發掘概況

　　1949 年 10 月 1 日中華人民共和國成立，同年 11 月正式成立中國科學院。隨後，國家針對重要文物和遺址的保護和研究需要，於 1950 年 8 月 1 日成立了中國科學院考古研究所，以便進行考古學的專門研究及領導全國的考古研究和考古技術以及考古發掘。1950 年 4 月，中國科學院考古研究所正式成立之前，因戰爭中斷十多年的殷墟科學考古發掘工作重新開始（自 1950 年 4 月 12 日至 6 月 10 日）。之後，1958 年在安陽小屯村附近設立中國科學院考古研究所安陽考古工作站，專門從事殷墟田野勘探與發掘工作至今。

　　在此簡單地介紹 1950 年至 2015 年對殷墟考古發掘的主要概況，如表 8-1 至表 8-9：

表 8-1　　　　　　　1950 年以後小屯村遺址及附近考古發掘主要概況

序號	發掘遺址名稱	時間	發掘單位	資料出處
1	四盤磨村西北隅發掘	1950 年	中科院考古所	《一九五〇年春殷墟發掘報告》（《考古學報》1951 年）
2	四盤磨村西地發掘	1950 年	中科院考古所	《一九五〇年春殷墟發掘報告》
3	萬金渠口兩岸發掘	1950 年	中科院考古所	《一九五〇年春殷墟發掘報告》
4	五道溝西南岸發掘	1950 年	中科院考古所	《一九五〇年春殷墟發掘報告》
5	花園莊西北地發掘	1950 年	中科院考古所	《一九五〇年春殷墟發掘報告》
6	小屯殷代遺址發掘	1955 年	河南省文化局文物工作隊	《一九五五年秋安陽小屯殷墟的發掘》（《考古學報》1958 年第 3 期）
7	小屯西地發掘	1958—1959 年	安陽工作隊	《1958—1959 年殷墟發掘簡報》（《考古》1961 年第 2 期）
8	小屯南地發掘	1973 年	安陽工作隊	《1973 年安陽小屯南地發掘簡報》（《考古》1975 年第 1 期）
9	小屯村北殷代制玉作坊發掘	1975	安陽工作隊	《殷墟文化大典·考古卷》（安徽人民出版社 2016 年版）
10	婦好墓發掘	1975 年	安陽工作隊	《殷墟婦好墓》（文物出版社 1980 年版）
11	小屯村北兩座殷墓發掘：M17　　　M18	1976 年　1977 年	安陽工作隊	《安陽小屯村北地的兩座殷代墓》（《考古學報》1981 年第 4 期）
12	小屯村西北地發掘	1976 年	安陽工作隊	《1976 年安陽小屯西北地發掘簡報》（《考古》1987 年第 4 期）
13	小屯花園莊南地發掘	1986—1987 年	安陽工作隊	《1986—1987 年安陽花園莊南地發掘報告》（《考古學報》1992 年第 1 期）
14	小屯村東北地發掘	1987 年	安陽工作隊	《1987 年安陽小屯村北地的發掘》（《考古》1989 年第 10 期）
15	小屯花園莊東南地發掘	1991 年	安陽工作隊	《1991 年安陽花園莊東地、南地發掘簡報》（《考古》1993 年第 6 期）
16	小屯花園莊東地發掘	1992—2002 年	安陽工作隊	《殷墟花園莊東地甲骨》（雲南人民出版社 2003 年版）
17	小屯西地商代大墓發掘	2003—2004 年	安陽工作隊	《河南安陽市殷墟小屯西地商代大墓發掘簡報》（《考古》2009 年第 9 期）
18	小屯宮殿宗廟區發掘	2004—2005 年	安陽工作隊	《2004—2005 年殷墟小屯宮殿宗廟區的勘探和發掘》（《考古學報》2009 年第 2 期）

表 8-2 1950 年以後王陵區遺址及附近考古發掘主要概況

序號	發掘遺址名稱	時間	發掘單位	資料出處
1	武官村大墓發掘	1950 年	中科院考古所	《一九五〇年春殷墟發掘報告》（《考古學報》1951 年）
2	武官村北墓 M1 發掘	1959 年	安陽工作隊	《安陽武官村北的一座殷墓》（《考古》1979 年第 3 期）
3	西北崗王陵區祭祀場發掘	1976 年	安陽工作隊	《從商代祭祀坑看商代奴隸社會的人牲》（《考古》1977 年第 1 期）
4	安陽侯家莊北地一號墓發掘（78M1）	1978 年	安陽工作隊	《1978 年安陽殷墟王陵區侯家莊北地一號墓發掘報告》（《江漢考古》2017 年第 3 期）
5	武官村北商代祭祀坑發掘	1978 年	安陽工作隊	《安陽武官村北地商代祭祀坑的發掘》（《考古》1987 年第 12 期）
6	武官村北 259 號、260 號墓發掘	1984 年	安陽工作隊	《殷墟 259、260 號墓發掘報告》（《考古學報》1987 年第 1 期）

表 8-3 1950 年以後後崗遺址及附近考古發掘主要概況

序號	發掘遺址名稱	時間	發掘單位	資料出處
1	後崗遺址發掘	1957 年	河南省文化局文物工作隊	《河南安陽薛家莊殷代遺址、墓葬和唐墓發掘簡報》（《考古》1958 年第 8 期）
		1971 年	安陽工作隊	《1971 年安陽後崗發掘簡報》（《考古》1972 年第 3 期）
		1972 年	安陽工作隊	《1972 年春安陽後崗發掘簡報》（《考古》1972 年第 5 期）
2	高樓莊遺址發掘	1957 年	河南省文化局文物工作隊	《1957 年安陽高樓莊殷代遺址發掘》（《考古》1963 年第 4 期）
		1991 年	安陽工作隊	《河南安陽高樓莊南發現一座殷墓》（《考古》1994 年第 5 期）
3	安陽苗圃北地殷代遺址發掘	1958—1959 年	安陽工作隊	《1958—1959 年殷墟發掘簡報》（《考古》1961 年第 2 期）
		1980—1982 年	安陽工作隊	《1982—1982 年安陽苗圃北地遺址發掘簡報》（《考古》1986 年第 2 期）
		1982—1984 年	安陽工作隊	《1982—1984 年安陽苗圃北地殷代遺址的發掘》《考古學報》1991 年第 1 期；《1984 年秋安陽苗圃北地殷墓發掘簡報》（《考古》1989 年第 2 期）

續表

序號	發掘遺址名稱	時間	發掘單位	資料出處
4	後崗圓形祭祀坑發掘	1959 年	安陽工作隊	《安陽圓坑中鼎銘考釋》（《考古學報》1960 年第 1 期）
		1960 年	安陽工作隊	《1958—1959 年殷墟發掘簡報》（《考古》1961 年第 2 期）
		1977 年	安陽工作隊	《殷墟發掘報告 1958-1961》（文物出版社 1987 年版）
5	郭家莊商代墓地發掘	1982—1992 年	安陽工作隊	《安陽殷墟郭家莊商代墓葬：1982—1992 年考古發掘報告》（中國大百科全書出版社 1998 年版）；《1987 年夏安陽郭家莊東南殷墓的發掘》（《考古》1988 年第 10 期）；《安陽郭家莊西南的殷代車馬坑》（《考古》1988 年第 10 期）；《河南安陽市郭家莊東南 27 號墓》（《考古》1998 年第 10 期）；《殷墟郭家莊 160 號墓的發現及主要收穫》（《考古》1998 年第 9 期）
		1995 年	安陽工作隊	《河南安陽市郭家莊東南 26 號墓》（《考古》1998 年第 10 期）
		2005 年	安陽市文物考古研究所	《河南安陽市殷墟郭家莊東南無號商代墓葬》（《考古》2008 年第 8 期）

表 8-4　　　　1950 年以後大司空村遺址及附近考古發掘主要概況

序號	發掘遺址名稱	時間	發掘單位	資料出處
1	大司空村發掘	1953 年	中科院考古所	《一九五三年安陽大司空村發掘報告》（《考古學報》1955 年第 1 期）
		1962 年	安陽工作隊	《1962 年安陽大司空村發掘簡報》（《考古》1964 年第 8 期）
2	大司空村商代墓葬發掘	1958 年	河南省文化局文物工作隊	《1958 年春河南安陽市大司空村殷代墓葬發掘簡報》（《考古》1958 年第 10 期）
		1983 年	安陽工作隊	《安陽大司空村東南的一座殷墓》（《考古》1988 年第 10 期）
		1986 年	安陽工作隊	《1986 年安陽大司空村南地的兩座殷墓》（《考古》1989 年第 7 期）
		2004 年	安陽工作隊	《殷墟大司空 M303 發掘報告》（《考古學報》2008 年第 3 期）

序號	發掘遺址名稱	時間	發掘單位	資料出處
3	大司空村商代殺殉坑發掘	1971 年	安陽市博物館	《安陽大司空村殷代殺殉坑》（《考古》1978 年第 1 期）
4	大司空村車馬坑發掘	1966 年	安陽工作隊	《殷代車子的發現與復原》（《考古》1984 年第 6 期）
5	大司空村東地商代遺存	2012—2015 年	安陽工作隊	《河南安陽市大司空村東地商代遺存 2012—2015 年的發掘》（《考古》2015 年第 12 期）

表 8-5　　　　1950 年以後孝民屯遺址及附近考古發掘主要概況

序號	發掘遺址名稱	時間	發掘單位	資料出處
1	孝民屯村西和村北遺址發掘	1958—1961 年	安陽工作隊	《殷墟發掘報告（1958—1961）》（文物出版社 1987 年版）
2	孝民屯商代墓葬發掘	1969—1977 年	安陽工作隊	《1969—1977 年殷墟西區墓葬發掘報告》（《考古學報》1979 年第 1 期）
		1984 年	安陽工作隊	《安陽殷墟西區一七一三號墓的發掘》（《考古》1986 年第 8 期）
		1989—1990 年	安陽工作隊	《河南安陽市殷墟孝民屯東南地商代墓葬 1989—1990 年的發掘》（《考古》2009 年第 9 期）
		2003—2004 年	安陽工作隊	《河南安陽市孝民屯商代墓葬 2003—2004 年發掘簡報》（《考古》2007 年第 1 期）
3	孝民屯鑄銅遺址發掘	2000—2001 年	安陽工作隊	《2000—2001 年安陽孝民屯東南地殷代鑄銅遺址發掘報告》（《考古學報》2006 年第 3 期）
		2003—2004 年	殷墟孝民屯考古隊[①]	《河南安陽市孝民屯商代鑄銅遺址 2003—2004 年的發掘》（《考古》2007 年第 1 期）
4	孝民屯遺址發掘	2003	殷墟孝民屯考古隊	《殷墟孝民屯大面積發掘的重要收穫》（《中國文物報》2005 年 6 月 15 日）

---

① 筆者註：殷墟孝民屯考古隊是由河南省文物局組織，中國社會科學院考古研究所和河南省文物考古研究所聯合組成的考古隊。

續表

序號	發掘遺址名稱	時間	發掘單位	資料出處
5	孝民屯商代房址發掘	2003—2004 年	殷墟孝民屯考古隊	《安陽殷墟孝民屯遺址的考古新發現及相關認識》（《考古》2007 年第 1 期）
6	孝民屯車馬坑發掘	1958—1959 年	安陽工作隊	《1958—1959 年殷墟發掘簡報》（《考古》1961 年第 2 期）
		1972 年	安陽工作隊	《安陽新發現的殷代車馬坑》（《考古》1972 年第 4 期）
		1977 年	安陽工作隊	《安陽殷墟孝民屯的兩座車馬坑》（《考古》1977 年第 1 期）
		1981 年	安陽工作隊	《殷代車子的發現與復原》（《考古》1984 年第 6 期）
7	白家墳車馬坑發掘	1972 年	安陽工作隊	《1969—1977 年殷墟西區墓葬發掘報告》（《考古學報》1979 年第 1 期）
8	范家莊商代墓葬發掘	2005 年	安陽工作隊	《河南安陽市殷墟范家莊東北地的兩座商墓》（《考古》2009 年第 9 期）

表 8-6　　　　　　　　1950 年以後梅園莊遺址及附近考古發掘主要概況

序號	發掘遺址名稱	時間	發掘單位	資料出處
1	梅園莊遺址發掘	1958 年	安陽工作隊	《1958—1959 年殷墟發掘簡報》（《考古》1961 年第 2 期）
2	梅園莊商代墓葬發掘	1980—1981 年	安陽市博物館	《殷墟梅園莊幾座殉人墓葬的發掘》（《中原文物》1986 年第 3 期）
		1987 年	安陽工作隊	《1987 年秋安陽梅園莊南地墓葬的發掘》（《考古》1991 年第 2 期）
3	梅園莊車馬坑發掘	1993 年	安陽市文物工作隊	《安陽梅園莊殷代車馬坑發掘簡報》（《華夏考古》1997 年第 2 期）
		1995 年	安陽工作隊	《河南安陽市梅園莊東南的殷代車馬坑》（《考古》1998 年第 10 期）
4	戚家莊東商代墓葬發掘	1984 年	安陽市博物館	《殷墟戚家莊 269 號墓發掘簡報》（《中原文物》1986 年第 3 期）
5	郭莊村北商代墓葬發掘	1986 年	安陽市文物工作隊	《河南安陽市郭莊村北發現一座殷墓》（《考古》1991 年第 10 期）

表 8-7　　　　　　　1950 年以後劉家莊遺址及附近考古發掘主要概況

序號	發掘遺址名稱	時間	發掘單位	資料出處
1	劉家莊殷代遺址發掘	1995—1996 年	安陽市文物工作隊	《1995—1996 年安陽劉家莊殷代遺址發掘報告》（《華夏考古》1997 年第 2 期）
		2010—2011 年	安陽工作隊	《河南安陽市殷墟劉家莊北地 2010—2011 年發掘簡報》（《考古》2012 年第 12 期）
2	劉家莊商代墓葬發掘	1985 年	安陽市博物館	《安陽鐵西劉家莊殷代墓葬發掘簡報》（《中原文物》1986 年第 3 期）
		1983—1986 年	安陽市文物工作隊	《1983—1986 年安陽劉家莊殷代墓葬發掘報告》（《華夏考古》1997 年第 2 期）
3	劉家莊出土朱書玉璋	1985 年	安陽市博物館	《殷墟出土的玉璋朱書文字》（《華夏考古》1997 年第 2 期）
		1997 年	安陽工作隊	《安陽殷墟劉家莊北 1046 號墓》（《考古學集刊》第 15 期）
4	劉家莊北制陶作坊遺址發掘	2008 年、2010 年	安陽工作隊	《河南安陽市殷墟劉家莊北地制陶作坊遺址的發掘》（《考古》2012 年第 12 期）
5	王裕口發掘	1997 年	安陽工作隊	《河南安陽市王裕口南地殷代遺址的發掘》（《考古》2004 年第 5 期）
		2009 年	安陽工作隊	《河南安陽市殷墟王裕口村南地 2009 年發掘簡報》（《考古》2012 年第 12 期）
6	四合院式建築基址發掘	2001—2002 年	安陽市文物工作隊	《2002 年安陽北徐家橋村北商代遺址發掘簡報》（《中原文物》2017 年第 5 期）；孟憲武、李貴昌：《殷墟北徐家橋村四合院式建築基址考察》（《夏商周文明研究·六：2004 年安陽殷商文明國際學術研討會論文集》，社會科學文獻出版社 2004 年），又《安陽北徐家橋村北商代四合院建築基址分類》（《三代考古》2021 年）

表 8-8　　　　　　　1950 年以後邵家棚遺址考古發掘概況

序號	發掘遺址名稱	時間	發掘單位	資料出處
1	梯家口村殷墓發掘	1985—1987 年	安陽市博物館	《安陽市梯家口村殷墓的發掘》（《華夏考古》1992 年第 1 期）

表 8-9　　　　　　　　1950 年以後洹北商城遺址考古發掘主要概況

序號	發掘遺址名稱	時間	發掘單位	資料出處
1	洹北商城發掘	1960 年	安陽工作隊	《河南安陽洹河流域的考古調查》（《考古學集刊》第 3 集）
		1980 年	安陽工作隊	《安陽殷墟三家莊東的發掘》（《考古》1983 年第 2 期）
		1997 年	安陽工作隊	《河南安陽市洹北花園莊遺址 1997 年發掘簡報》（《考古》1998 年第 10 期）
		1999 年	安陽工作隊	《從百年甲骨到新發現的商城——安陽洹北商城發現記》（《文物天地》2004 年第 4 期）
		2000—2001 年	安陽工作隊	《河南安陽市洹北商城的勘察與試掘》（《考古》2003 年第 5 期）
		2005—2007 年	安陽工作隊	《河南安陽洹北商城遺址 2005—2007 年勘察簡報》（《考古》2010 年第 1 期）
2	洹北商城宮殿區一號基址發掘	2001—2002 年	安陽工作隊	《河南安陽市洹北商城宮殿區一號基址發掘簡報》（《考古》2003 年第 5 期）
3	洹北商城宮殿區二號基址發掘	2008 年	安陽工作隊	《河南安陽市洹北商城宮殿區二號基址發掘簡報》（《考古》2010 年第 1 期）
4	洹北三家莊商代銅器窖藏發掘	1964 年	安陽市博物館	《安陽三家莊發現商代窖藏青銅器》（《考古》1985 年第 12 期）
5	洹北董王度村商代銅器發掘	1979 年	安陽市博物館	《安陽三家莊、董王度村發現的商代青銅器及其年代推定》（《考古》1991 年第 10 期）
6	洹北花園莊發掘	1997 年	安陽工作隊	《河南安陽市洹北花園莊遺址 1997 年發掘簡報》（《考古》1998 年第 10 期）

除此之外，數以萬計的各種研究成果不能一一介紹，請讀者諒解。

第二節　1950 年以後殷墟考古的重要收穫

一　墓葬的發掘

（一）小屯西地商代大墓的發掘[①]

2003 年冬至 2004 年春，小屯西地。共清理出殷代墓葬 31 座，其中 M1 是一座帶兩條墓道的大墓，編號爲 2003AXTT2M1。

該墓由南北墓道和墓室組成。墓室內共有 8 個殉人，分別位於南、北二層臺上和槨室內。南二層臺上有 2 個殉人，仰身直肢，頭向東，骨骼保存完好。西邊的殉人從牙齒判斷爲十四五歲的青少年，北二層臺上有 2 個殉人，但均被盜擾，槨室內共有 5 個頭骨和部分散亂肢骨。其中有 1 個應爲墓主人，另外 4 個應是殉人，殉牲共有 6 條狗。

（二）郭家莊 M160 發掘：1990 年[②]

墓的形制爲長方形豎穴，方向 105°，墓口距地表 2.3 米，墓室長 4.5 米、寬約 2.9 米，墓地距地表 8 米。墓室四周有熟土二層臺，墓地中部有一長方形腰坑。葬具有棺有槨，已全部腐朽，從殘存的板灰與漆皮觀察，槨長 3.26 米、寬 1.52 米、高 0.88 米，棺長 2.5 米、寬 0.88 米。棺、槨上塗有數層黑、紅、白漆。墓主人位於棺中部，直肢，頭向東，已朽成粉末狀。墓內發現殉葬人四個，一人埋於墓室西部二層臺上，頭南足北，俯身直肢，二人在槨內棺外，位於棺的南北二側，頭西足東，直肢，人骨架保存不太好。還有一人埋於腰坑的底部，人身蜷曲，作掙扎狀，大概原來是將人捆綁起來，活埋於坑中。

此墓是一座未經擾亂，保存完整的中型墓葬，隨葬品的放置有一定規律。墓中出土的隨葬器物共 349 件，包括青銅、玉、陶、石、骨、牙、竹、漆等器類。其中青銅器 288 件，武器爲主。有一件大鉞，長 34 釐米、刀寬 29 釐米，重 3.5 公斤。在殷墟發掘所出的銅鉞中，僅次於婦好

---

①　中國社會科學院考古研究所安陽工作隊：《河南安陽市殷墟小屯西地商代大墓發掘簡報》，《考古》2009 年第 9 期。

②　楊錫璋、劉一曼：《安陽郭家莊 160 號墓》，《考古》1991 年第 5 期。

墓所出 2 件大鉞。青銅禮器有 40 件，大部分有銘文，都以“亞”形爲框廓。據甲骨文記載“亞”爲武官，地位較高。而此墓出土的器物中，武器佔了大多數。單是銅鉞、玉鉞就有 4 件，而且銅鉞形體較大。“鉞”是軍事統帥權的象徵，以此證明，墓主人生前是一位元等級較高的武將。

墓中出土的陶豆、觚、爵、簋的形式屬於殷墟文化第三期常見的器物，由此可以推測，此墓的時代屬於殷墟文化第三期。

（三）郭家莊 M26 發掘：1995 年[1]

此墓爲中型長方形豎穴墓，棺外槨内有兩個殉人。從墓葬所出陶器、銅器的主要特徵來分析，具有殷墟文化第二期的特徵。所出的青銅禮器有圓鼎、分襠鼎（註：鬲與鼎的混合體）、甗、方彝、方罍、簋、鍑形器、箕形器以及兩套觚、爵等共 12 件。有銘文的銅器共 7 件，其中 5 件刻有相同的“旖”字，估計是墓主的族徽。另外，一件大型銅鉞，在殷墟出土的銅鉞中，僅小於婦好墓和郭家莊 M160 中的大銅鉞。銅鉞是軍事統率權的象徵，因此發掘者認爲 M26 墓主可能是“旖”族的軍事首長。另外銅小圓鼎（M26：29）腹内壁有銘文“憂”一字和方彝（M26：35、23）圓足有象紋。（參見圖 8-1）

圖 8-1　郭家莊 M26 中出土“旖”“憂”字銘文和象紋拓本

1. 方彝 M26：35；2. 觚 M26：16；3. 小圓鼎 M26：29；4. 方彝 26：35（採自徐廣德《河南安陽郭家莊東南 26 號墓》）

（四）安陽殷墟西區 M1713 發掘：1984 年[2]

1978 年以來該地區清理了大量中小型墓葬和少數帶墓道的大墓，其中

---

[1]　徐廣德：《河南安陽郭家莊東南 26 號墓》，《考古》1998 年第 10 期。

[2]　中國社會科學院考古研究所安陽工作隊：《安陽殷墟西區一七一三號墓的發掘》，《考古》1986 年第 8 期。

1984 年 6 月發掘的 M1713，是未遭盜擾的墓葬。該墓位於孝民屯南、白家墳西，在七墓區北區墓葬的西南部。

M1713 爲長方豎穴墓，長 3 米、寬 1.56 米，墓口距地表 1.8 米、墓底距地表 6.5 米、墓室深 4.7 米，方向 177°。墓底有腰坑，長 0.9 米、寬 0.32 米、深 0.35 米，坑内有狗骨架一，頭向南。葬具有一棺一槨，都已朽，根據板灰及漆痕實測，槨室長 2.66 米、寬 1.26 米、高 0.6 米。墓主骨架在棺室正中，已成粉末狀，頭向南，左手垂腰旁，右手放腹上，兩足緊貼在一起。室内有三個殉人，其中一人在北二層臺上，另外兩人在棺室東側槨室内，都是少年，身高在 1.3—1.4 米之間。

隨葬物品可分爲陶、銅、玉石、蚌及骨器等五類。其中青銅器有禮器、武器、工具、樂器及附件等 91 件。有幾件銅器銘文，如銅鼎Ⅰ式（標本 27），分襠鼎，内壁有三行二十一字，"壬申王易（賜）亞魚貝/用作兄癸障才/六月佳（惟）王七祀翌日"（參見圖 8-2：1）；銅簋Ⅰ式（標本 33），器底有銘文兩行十二字，"辛卯王易（賜）帚魚/貝用作父丁彝"（參見圖 8-2：2）；銅爵Ⅰ式（標本 50），在蓋内有土星過銘文"亞魚"二字，尾部有兩行十二字銘文"辛卯王易（賜）帚魚貝/用作父丁彝"（參見圖 8-2：3），Ⅱ式兩件（標本 43、44），二器鋬内都有"亞魚父丁"四字（參見圖 8-2：4）。

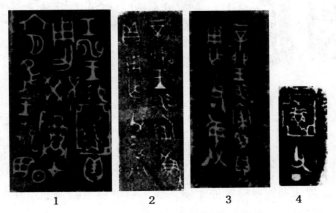

圖 8-2　殷墟西區 1713 號墓出土銘文

1.銅鼎Ⅰ式銘文；2.銅簋Ⅰ式銘文；3.銅爵Ⅰ式銘文；4.銅爵Ⅱ式銘文（採自《安陽殷墟西區一七一三號墓的發掘》）

發掘者根據墓中出土的陶器、銅器的器型和組合特徵判斷，該墓屬於殷墟文化四期晚段，具體年代爲帝辛時期。從銅器銘文上看，"亞魚"或"帝魚"二字是墓主人生前的稱謂。"魚"爲墓主人之族名，亦即氏族的徽號，"帝"可能是墓主人生前擔任的職務，"亞"可能是墓主人生前的貴族爵稱。

發掘者判斷將該墓屬帝辛時代的根據是，在歷代著錄的商代傳世銅器中，有紀年銘文可能指爲帝辛之器的，大概不下十件。但是，迄今爲止，屬科學發掘的帝辛時代之紀年銘文銅器，此墓實屬首次。此墓中不但出土了一組五件帶銘文的銅禮器，而且還有大量其他共生器物，特別是陶器，這就爲確定該墓的年代及墓主人的身份，提供了科學的依據。因此，該墓的發現爲研究帝辛時期的銅器進而研究帝辛時期的祀周，提供了珍貴的科學資料。

（五）安陽大司空村 M539 發掘：1980 年[①]

墓的形制爲長方形土坑竪穴墓，墓口距地面深 1.4 米、墓底距地面深 3.65 米，口小底大，口長 3.3 米、寬 1.45 米，墓底長 3.66 米、頭端寬 1.63 米、足端寬 1.52 米，方向 97°。墓穴内填五花土，經夯打。棺木已成粉狀，由於與槨室的板灰混在一起，其大小已不可知。墓底中部有腰坑，長 1.2 米、寬 0.48 米、深 0.2 米。腰坑内有一條狗，捲曲狀，頭向西。

槨室西端有一殉人，頭向南，仰身，上體向東扭曲，爲一少年。墓主的骨架在槨室正中，已朽成粉狀，俯身直肢。墓中隨葬品有銅、陶、玉、豕、骨脊蚌等器，以青銅器數量爲多。

青銅器可分禮器、兵器、工具等三類，其中禮器 14 件，兵器 68 件，工具 4 件。禮器有鼎、甗、簋、盤、罍、卣、斝、觚、爵、觶、斗和箕形器等。其中簋（M539：30）、盤（M539：20）、斝（M539：35）、爵兩個（M539：24、33）有銘文。簋、盤及一個爵上有銘文"帝"，其中簋、爵的"帝"字下麵還有一個"出"字，斝的底内有銘文"亞"字。發掘者根據 M539 的簋、爵上有"帝出"二字與大司空村南發掘的 M25、M29 兩墓中的 4 件爵上的"帝印"和 M1713 中銅器上銘文"帝魚"形式相似，判斷"帝"

---

① 中國社會科學院考古研究所安陽工作隊：《1980 年河南安陽大司空村 M539 發掘簡報》，《考古》1992 年第 6 期。

爲墓主人生前擔任的職務，"出"爲族徽號，斝上的銘文"亞"是指其爵位。（參見圖 8-3）

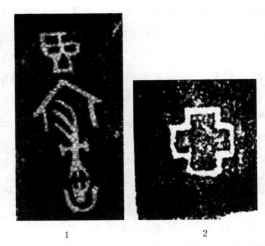

1　　　　　　　　2

圖 8-3　大司空村 539 號墓出土簋和斝銘文拓本

1.M539：30；2.M539：35（採自《1980 年河南安陽大司空村 M539 發掘簡報》）

（六）安陽武官村北 M260、M259 發掘：1984 年[①]

1.M260

1984 年 9 月至 12 月，安陽工作隊在武官村北、西北崗王陵區發掘一座帶一條墓道的甲字形的大墓，編號爲 84AWBM260。

該墓位於王陵區東區，北距 M1400 約 40 米，東北距 1950 年發掘的武官大墓 80 餘米處（筆者註：傳說"司母戊鼎"出於此墓）。墓道口上殷代層内埋一人骨架，頭向南，俯身直肢，係男性少年，爲一祭祀遺跡。（參見圖 8-4）

墓室呈長方斗形，口大底小，墓室南部有一條墓道，墓道南半部爲斜坡狀，坡長 20 米，其下爲一方殉葬坑。墓室底部有槨室，四壁各用九根直徑 23 釐米左右的圓木構成，四角交接處用榫頭卯合。槨底係用 14 塊寬 22 釐米、厚 8 釐米的木板東西向鋪成，槨室已被古代盗坑破壞。槨四壁及

---

① 中國社會科學院考古研究所安陽工作隊：《殷墟 259、260 號墓發掘報告》，《考古學報》1987 年第 1 期。

底部髹紅漆，墓底鋪一層朱砂。槨室內有棺。在墓底中央，有一座方形腰坑，內填黃色淤土。在深 0.8 米處埋一殉葬人，頭向東南，頭被砍，位於坑的東南，與頸椎遠離，仰身屈肢，係成年男性。在殉葬人下麵埋 1 條狗，狗頭向北。狗骨下埋大玉戈 1 件、貝 3 枚。

墓中所發現的人牲、人殉總計 38 具，在墓道底部和墓室填土中還發現馬、牛、羊、豬、狗等動物骨架，但因遭嚴重破壞和擾亂，難以統計數目。（參見圖 8-4）

1   2

圖 8-4 "84M260" 墓照片
（1.M260 槨室照片；2.M260 墓道填土中人頭骨）

2.M259

位於 M260 東側約 40 米處，墓室爲長方形竪穴，口小底大，墓室南部有一東西向的長方形近代盜坑，深及墓底，破壞了棺槨。

墓主骨架已被擾亂，墓內二層臺上埋有人頭骨 14 個，兒童骨架一具。M259 東西兩側各有祭祀坑 1 座，兩座祭祀坑中共埋無頭人骨架 14 具，與 M259 二層臺上所埋人頭骨數相等，説明這兩座祭祀坑中的犧牲，是專爲 M259 墓主下葬使用的。出土銅器有甗、鼎、盤、鉞、鏟等，其中甗（M259：6）內有一人頭。

（七）花園莊東地的墓葬發掘[①]

1992 年 4 月至 2002 年 3 月，共發掘 138 平方米殷代文化遺址，清理

---

① 筆者註：關於 1991 年花園莊東地甲骨的發現，是參見第五章第三節。中國社會科學院考古研究所：《殷墟花園莊東地甲骨》第六冊，雲南人民出版社 2003 年版。

了 13 個灰坑和一座房基及 42 座墓葬。主要墓葬概況，如下：

第一，M48。長方形竪穴墓，内填五花夯土，墓内有椁、棺。墓主仰身直肢，骨架已朽成粉末狀。墓地中部有腰坑，坑内有一條狗骨架。隨葬品有銅器、陶器、玉器、石器等。銅鼎、銅觚、銅爵、銅簋、銅鏃、陶尊、陶簋放在墓主頭前椁内，玉璜、玉飾放在胸前，銅戈放在東側棺和椁之間，石戈放在上臂，陶觚、陶爵、陶盤放在二層臺西北角，在填土中有銅鈴一個。銅器中有一個銘文的銅爵，“子▼爵”（M48：2）。

第二，M42。長方形竪穴墓，内填五花夯土，墓内有棺室，墓主骨架已朽成粉末狀。墓底中部靠東側有腰坑，坑内有一條狗骨架。隨葬品有銅器、陶器。銅鼎、銅方彝、銅觚、銅爵、銅簋、銅鏃放在墓主頭頂及兩側，銅瓿放在足下端，銅戈 7 件，其中 5 件置於兩肩，2 件放在頭東側，銅刀放置在東側肩上，陶爵放在頭前端。有銘文的銅器，“馬子方彝”（M42：2）、“子古爵”（M42：12）。

第三，M54[①]。長方形竪穴土坑墓，墓穴整體口小底大。墓内填土爲紅褐色夾雜黄白斑點的五花土。在填土内分不同層次有殉人、殉狗等隨葬品。其中殉狗有全肢，也有零散的骨架，一些殉狗頸部有銅鈴，而殉人衹見頭骨部分。墓室底部中央有腰坑，底部不平，北部放置一條東西向的殉狗，狗頭朝東。有一個特殊的是，在腰坑東部，有一東西向淺溝與東二層臺底部放置殉人的小坑相連。這種現象在殷墟墓葬中首次見到，但其作用尚不清楚。

墓主的骨架保存的有頭骨殘片、肢骨殘段，年齡 35 歲左右。肌肉組織中粘有碳化的植物種子，其在墓内出土也較多。經鑒定，此爲芳香科花椒的蓇葖果，現在常用的花椒。以此，有學者推測，大量花椒的存在，可能與墓主生前多次受傷，及死後的防腐措施有一定的關係。這種葬俗在殷代屬於首次發現。

在墓中的殉人，共 15 人，其中 5 人是男性，4 人是女性，其他無法準確判斷；殉狗，共 15 條；隨葬品，共出 577 件，分別放置於填土中、二層臺上、二層臺内、二層臺下、椁室内、棺室内。隨葬的銅器主

---

① 徐廣德、何毓靈：《安陽花園莊東 54 號墓》，《中國社會科學院古代文明研究中心通訊》2001 年第 2 期。

要有兩部分，在槨室的南頭，放置有方尊、方斝、甗、盂、方彝、觥、平底爵、圓底爵、A 型觚、B 型觚等；在槨室的北部，放置有 6 件圓鼎、2 件方鼎、2 件簋、3 件鉞、10 件袋蓋陶鬲和 1 件陶盔形器等。在棺室内隨葬品主要以玉器爲主。隨葬銅器中不少帶有銘文的，如“亞長方鼎”（M54：191）、“亞長鼎”（M54：181、240）、“亞長甗”（M54：154）、“亞長觚”（M54：190、194）、“亞長爵”（M54：138）、“亞長斝”（M54：43）、“亞長尊”（M54：84）、“亞長彝”（M54：183）、“亞長觥”（M54：195）、“亞長牛尊”（M54：475+146）、“亞長盂”（M54：169）、“亞長勺”（M54：149）、“亞長饒”（M54：108、119、199）、“亞長鉞”（M54：86、131、581、582）、“亞長矛”（M54：2、6、8、12、117）、“亞長戈”（M54：262）、“亞長卷首刀”（M54：87）等。

第四，M60[①]。長方形竪穴土坑墓，墓内填五花夯土，没有二層臺與腰坑。該墓屬於合葬墓，棺内有兩具人骨架，其中北側人骨俯身直肢，發掘者判斷該人是女性，年齡爲 35—40 歲。南側人骨架仰身直肢，兩臂上曲，年齡大約 16 歲，肢骨纖細，爲女性。M60 共出器物 40 件，有陶器、銅器、骨器、蚌器、玉器、石器及卜骨等。

上述所述墓葬之外還有很多墓葬也出土有銘文的青銅器。這些銘文中有不少“族徽”銘文。從中我們可以窺見晚商時代各族氏的大體情況。每一個氏族至少有一個“族徽”。那麽，晚商時代到底有多少氏族？根據丁山的統計[②]，氏族約有 158 個，諸婦的氏族約有 27 個，其他卜辭所見的諸氏 26 個，共 211 個氏族。孟憲武曾經在安陽殷墟出土墓葬考古發掘中整理出“族徽”的大體情況[③]：一是，1986—1987 年在郭家莊北地發掘晚商時代墓葬 167 座，其中有“羊”“單”“光”等不同族的徽號 7 種；二是，劉家莊南地發現晚商時代墓葬 62 座，出土有“享”“史”“夕”三個族徽符號；三是，劉家莊北地，1985 年以來先後發掘了晚商時代墓葬 195 座，其中 M9 是這批墓葬中最大的一座，出土 16 件銅器有 4 件鑄銘

---

① 中國社會科學院考古研究所安陽工作隊：《河南安陽殷墟花園莊東地 60 號墓》，《考古》2006 年第 1 期。

② 參見丁山《甲骨文所見氏族及其制度》，中華書局 1988 年版，第 16—32 頁

③ 參見孟憲武《安陽殷墟考古研究》，中州古籍出版社 2003 年版，第 4—9 頁。

"舉父癸"，"舉"是族的徽號；四是，梯家口村西，1985 年以來發掘晚商時代墓葬 30 座，其中 M3 所出銅鼎內有銘文"羊旅"，這是"旅"族的一個人——"羊"的墓葬；五是，東八裏莊村東和苗圃南地等兩處墓葬中都發現"人"族徽；六是，郭家莊村南墓葬中發現"寧"族的徽號；七是，戚家莊村東墓葬中發現，鑄銘"寧旅""鉞旅"等銅器，這些墓葬應該是"旅"族人的墓葬；八是，范家莊村南墓葬中發現，青銅禮器上有銘文"光"，應該是"光"族的徽號。這些墓葬中出土的各種徽號，應該是不同氏族的象徵。目前，殷墟墓葬發掘過程中發現的各種族徽亦不少。這些"族徽"銘文爲我們研究在晚商時代居住於殷墟周邊各氏族的大體情況，也是非常重要的資料。

二　數字符號和人骨卜骨的發掘

（一）數字符號[①]

安陽工作隊 1980—1982 年在苗圃北地進行發掘過程中清理了 84 座殷代墓葬和灰坑 12 個以及陶窯 2 座。其中 M54 出土瓿（M54：3）中有銘文"鬻"字，爵（M54：4）中有銘文"目子丁"三個字。M80 中發現一塊青灰色細砂岩作的長方形殘缺的"刻數磨石"，殘長 8-9.5 釐米、寬 7 釐米、厚 2 釐米（M80：7）（參見圖 8-5）。磨石三面刻有數字元號，可以辨認的有六組[②]：第一組，刻在側面刻道清晰，其形爲"六六七六六八"；第二組，刻在正面右側，刻道較淺且有花劃，其形爲"七六七六六七"；第三組，刻在正面中部，刻道很淺，其形爲"七六八七六七"；第四組，刻在正面左側，刻寫方向與前兩組相反，刻道甚淺，其形作"𡿺"，是"六六五七六八"；第五組，刻在反面右側，刻道甚淺，其形爲"𡿺"，是"六一一一六六"；第六組，刻在反面左側，刻道甚淺，並分上下兩部分，上部形作"𡿺"，下部形作"𡿺"，是"八一一一一六"，"這類刻數符號應是卦象"。

---

① 中國社會科學院考古研究所安陽工作隊：《1980—1982 年安陽苗圃北地遺址發掘簡報》，《考古》1986 年第 2 期。

② 這些數字符號按《周易》64 卦來看，第一組爲"䷏"坤下震上，豫卦；第二組爲"䷔"震下離上，噬嗑卦；第三組爲"䷕"離下艮上，賁卦；第四組爲"䷽"艮下震上，小過卦；第五組爲"䷞"艮下兌上，鹹卦；第六組爲"䷛"巽下兌上，大過卦。但是我們尚未能夠確定這些數字符號與《周易》卦象之間的直接關係。

（二）人骨卜骨發掘[①]

安陽工作隊在苗圃北地於 1982 年發掘灰坑 12 個、陶窰 2 座，1984 年發掘灰坑 8 個、水井 1 口。出土遺物很豐富，有陶片、卜甲、卜骨、獸骨、骨料、骨器、角器、蚌器、石器等。

有 450 餘件的卜用甲骨，其中卜甲，400 件，多爲龜腹甲，少量龜背甲。龜版上多件鑽鑿和施灼痕跡。其中有一塊完整的龜腹甲（84H16：4），鑽鑿灼痕共 60 多組，長 22.2 釐米、最寬部 14.2 釐米。卜骨有 50 餘件，分牛胛骨和人髖骨兩類。人髖骨有 6 件，係骨盆部，上施灼、鑽、鑿，有一塊人髖骨（84H19：10），殘塊長 9.5 釐米。（參見圖 8-6）

圖 8-5　"M80：7" 刻數磨石側面和正面

（採自《1980—1982 年安陽苗圃北地遺址發掘簡報》）

圖 8-6　苗圃北地出土人骨卜骨：人髖骨（84H19：10）

（採自《1982—1984 年安陽苗圃北地殷代遺址的發掘》）

三　孝民屯鑄銅遺址的發掘

孝民屯商代鑄銅遺址可分爲東、西兩區，孝民屯村西南爲西區，村東南爲東區。總面積達 6 萬多平方米，是殷墟迄今發現的最大一處商代鑄銅作坊遺址。

[①] 中國社會科學院考古研究所安陽工作隊：《1982—1984 年安陽苗圃北地殷代遺址的發掘》，《考古學報》1991 年第 1 期。

（一）安陽孝民屯東南地（東區）商代鑄銅遺址的發掘：2000—2001 年[1]

據發掘報告，兩次發掘面積 5000 多平方米，清理了龍山時期灰坑 1 座，先商時期灰坑 1 座，殷代灰坑 55 座、墓葬 241 座（其中一座爲帶一條墓道的甲字形大墓）、房基 13 座、車馬坑 2 座和祭祀坑 1 座以及殷代鑄銅作坊遺存。

鑄銅作坊遺址位於孝民屯村東南約 200 米，緊鄰洹河拐彎處。該遺址的地層關係：第一層爲擾土層；第二層爲唐宋文化層；第三層爲殷代文化層，淺灰色土，土質較鬆，出土殷代陶片、陶範、融爐壁殘塊和獸骨等，該層下發現殷代灰坑一座（H16）和殷代墓葬一座（M5443）；第四層爲殷代文化層，灰色土，土質疏鬆，出土較多殷代陶片、陶範、融爐壁殘塊、獸骨和木炭等遺物。

鑄銅作坊遺址使用年代較長，出現於殷墟文化第二期，發展於殷墟文化第三期，繁榮於殷墟文化第四期，消亡於商周更替之際。它是一處規模大、規格高的，以禮器爲主生產的殷代鑄銅作坊遺址。

熔銅器具，衹有熔爐一種，草泥爐共 3000 餘件、夾砂爐 100 餘件：爐壁殘塊。

陶模，出土較少，不足一百件，有全模和分模（組合模）兩類：簋模、泡模、牛首模。

陶範，超過 3 萬件，絕大多數爲禮器範：鼎範、簋範、爵範、卣範、觚範、觶範、獸首範、魚紋範。

刻字模範芯 13 件，或刻在模上，或刻在範上，或刻在芯上，可分爲數字範、文字範、銘文芯三種。文字范多在陶範的側面，較潦草，爲習刻。銘文芯多爲單獨芯，與器物主體芯組成復合芯。數字範，又稱易卦範，一般三個或六個數字爲一組，多刻在陶範或模的背面或側面，具體情況，如下：

第一，數字範，4 件——2001AGH23：3，可能爲鼎耳範，殘。一面刻一組筮數易卦"五八七七"，發掘者判斷是"離卦（☲）"。（參見圖 8-7：1）

2000AGT14①：1，面刻筮數易卦"八六一六六六"，坤下震上，豫卦（䷏）。（參見圖 8-7：2）

2000AGM5049：1，刻兩組筮數易卦，左爲"□□七六七六"，右爲"□

---

① 中國社會科學院考古研究所安陽工作隊：《2000—2001 年安陽孝民屯東南地殷代鑄銅遺址發掘報告》，《考古學報》2006 年第 3 期。

□六六六七”，兩組都上缺。（參見圖8-7：3）

2000AGT14③：16，背脊左側刻兩組籤數易卦，左爲“一一六六一六”，坎下巽上，渙卦（☵）䷲，右爲“六一一六□□”，下缺。（參見圖8-7：4）

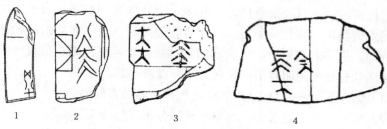

圖 8-7　數字範

（採自《2000—2001 年安陽孝民屯東南地殷代鑄銅遺址發掘報告》）

第二，文字範，8 件——2000AGT14③：15，面刻“鉞”字。（參見圖 8-8：1）2001AGH1：3，爵（角）鋬範，字體較模糊，祇“丁酉”兩字較清晰。（參見圖 8-8：2）

第三，銘文芯，1 件——2001AGH2：2，完整，面刻“舌工萬（丐）敦辟，作父辛尊彝□”，陽文。（參見圖 8-9）

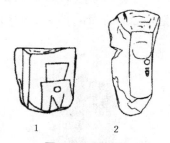

圖 8-8　文字範

（採自《2000—2001 年安陽孝民屯東南地殷
代鑄銅遺址發掘報告》）

圖 8-9　銘文範

（採自《2000—2001 年安陽孝民屯東南地殷
代鑄銅遺址發掘報告》）

（二）安陽孝民屯西南地（西區）商代鑄銅遺址的發掘：2003—2004 年[1]

發掘面積約達 6 萬平方米，發現了新石器時期至明清時期的文化遺

---

[1]　殷墟孝民屯考古隊：《河南安陽市孝民屯商代鑄銅遺址 2003—2004 年的發掘》《考古》2007年第 1 期。

存。其中商代晚期鑄銅遺址的發掘是重要收穫之一。

該鑄銅遺址的主要使用和興盛時期爲殷墟文化第三、四期，主要生產以禮器爲主，應是一處商王室控制下的鑄銅手工業作坊。這次發掘的位於孝民屯村南的鑄銅遺址東西長約 380 米、南北寬約 100 米，發現的主要遺存有範土備料坑、陶範陰乾坑、大型青銅器鑄造場所、與鑄銅活動有關的祭祀坑等。最多者爲原料取土坑和鑄銅遺物廢棄堆積，還有發現一些可能與鑄銅活動有關的地面建築、窖穴、水井以及墓葬。

（1）熔銅器具——草泥爐 3000 餘塊和夾砂爐百餘件。

（2）模——出土百餘件，有整體模和分模（組合模）兩種。

（3）範——出土將近 7 萬塊：鼎範、方彝範、觚範、刀範、鏃範、數字範等。

（4）芯——有明芯和盲芯之分。明芯發現較多，盲芯由於燒鑄後留在銅器內不取出，故發現極少，可辨認的芯有 2000 餘塊。銅容器芯佔絕大多數，可辨器類有鼎、罍、卣、觚、爵、盤等，也有少量兵器芯，主要爲矛：卣芯、矛芯。

將近 7 萬塊的“範”中有“字範”10 塊和“數字範”幾塊，發掘者認爲“字刻在範面或分型面上，非銅器銘文，可能爲習刻。數字範發現數塊，均爲六個數字一組[①]，非銅器銘文，當時筮數易卦，即工匠在鑄造時的占卜，算卦”（參見圖 8-10）。

1.“字範” 2.“數字範”

圖 8-10 範

（採自《河南安陽市孝民屯商代鑄銅遺址 2003—2004 年的發掘》）

---

① 此數字爲“一五一一六六”，卦象爲“䷠”，乾上艮下，遯（遁）卦。

四 朱書文字的發掘：1985 年[①]

在晚商時代用朱、墨書寫的簡單文辭，是在 1936 年史語所殷墟科學考古第十三次發掘 YH127 坑中最早發現。1973 年中國科學院考古研究所在安陽小屯南地甲骨上也發現了朱書文字。據統計，甲骨上有書辭的共計 74 片，其中卜甲上書辭的有 48 片，卜骨上書辭的有 28 片。[②]（參見圖 8-11）除了甲骨書辭外，在殷墟出土的玉、石、骨、陶器等遺物上也發現了有些朱、墨書寫文字。[③]

近年來陸續發表有關朱書文字的考古發掘，如，1977 年在安陽小屯村北發掘的"朱書玉戈"（M18：46）[④]（參見圖 8-12），1991 年在安陽後崗發掘的"朱書柄"六件[⑤]（參見圖 8-13）等。

圖 8-11　朱書卜骨
（《屯南》4163）

圖 8-12　小屯村北 M18：46 朱書玉戈，
銘文爲"在沘執夏𤔲在入"
（採自《安陽小屯村北的兩座殷墓》）

安陽博物館於 1985 年 5 月至 6 月間，在殷墟劉家莊發掘商代墓葬 62 座，其中 10 多座墓内擾土中發現玉器，上有朱書文字。[⑥]由於長期埋在地下，朱書文字多模糊不清。能辨識文字的玉璋殘片共有 17 片：其中 M42 出 1 片；M54 出 7 片；M57 出 4 片；M64 出 5 片。發掘者認爲這些墓葬從共出陶器的特徵看，皆屬於殷墟文化第四期偏晚的墓葬。

---

① 孟憲武、李貴昌：《殷墟出土的玉璋朱書文字》，《華夏考古》1997 年第 2 期；又連劭名《安陽劉家莊商代墓葬所出朱書玉銘考》，《華夏考古》2001 年第 1 期。

② 劉一曼：《試論殷墟甲骨書辭》，《考古》1991 年第 6 期。

③ 陳夢家：《殷虛卜辭綜述》，中華書局 1988 年版，第 45 頁。

④ 中國社會科學院考古研究所安陽工作隊：《安陽小屯村北的兩座殷墓》，《考古學報》1981 年第 4 期。

⑤ 中國社會科學院考古研究所安陽工作隊：《1991 年安陽後崗殷墓的發掘》，《考古》1993 年 10 期。

⑥ 孟憲武、李貴昌：《殷墟出土的玉璋朱書文字》《華夏考古》1997 年第 2 期。

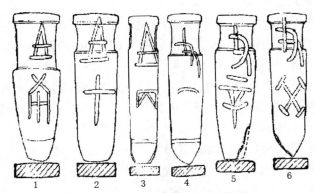

圖 8-13　後崗 M3 出土朱書柄銘文

　1."祖庚"（M3：01）；2."祖甲"（M3：02）；3."祖丙"（M3：03）；4."父□"（M3：04）；5."父辛"（M3：05）；6."父癸"（M3：06）（採自《1991年安陽後崗殷墓的發掘》）

圖 8-14 朱書玉璋 M42：1

　　（1）M42 出土朱書玉璋。銘文爲"□公□室一"（M42：1），此片爲玉璋的下半部，上半部不存。（參見圖 8-14，筆者註：以下朱書玉璋圖片採自孟憲武、李貴昌《殷墟出土的玉璋朱書文字》）

　　（2）M54 出土朱書玉璋。各銘文分別爲"八人人[①]於室一"（M54：1）、"白"（M54：2）、"羲於□辛室一"（M54：3）、"羲於☒"（M54：5）、"於□室"（M54：6）、"室一"（M54：7）、"室"（M54：8）。（參見圖 8-15）

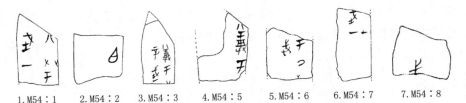

　1.M54：1　　2.M54：2　　3.M54：3　　4.M54：5　　5.M54：6　　6.M54：7　　7.M54：8

圖 8-15　M54 出土朱書玉璋

---

　　① 筆者註：孟憲武、李貴昌《殷墟出土的玉璋朱書文字》一文中摹寫的"八人人"，從字體結構看，是"羲"字。

（3）M57 出土朱書玉璋。各銘文分別爲"□於小史（事），圣一"
（M57：1）、"義□"（M57：2）、"□於祖□圣一"（M57：3）、"義於史
（事）公"（M57：4）。（參見圖 8-16）

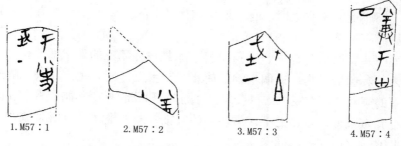

圖 8-16　M57 出土朱書玉璋

（4）M64 出土朱書玉璋。各銘文分別爲"義於𠂤"（M64：1）、"圭一
（筆者註：可能圣字上半部缺）"（M64：2）、"義於公"（M64：3）、
"圣一"（M64：4）、"祖甲［圣一］"（M64：5）。（參見圖 8-17）

圖 8-17　M64 出土朱書玉璋

從上述的銘文看，"於"以下的應是祭祀對象，"圣"雖不識字義，
但基本上"圣一"的形式，即記載某件物品的件數，可以斷定爲某件祭
品。"義"字上部的形意不清，但發掘者認爲"其字下部爲兩手供托之
狀，應解爲'貢奉'之義"，從字體上看，可從。

五　石璋文書的發掘（劉家莊村北 M1046：1999 年[①]）
該墓爲長方形竪穴墓，方向 100°，墓口距地表 1.6 米、長 4.25 米、

① 徐廣德：《安陽殷墟劉家莊北 1046 號墓》，《考古學集刊》第 15 集，2004 年第 2 期。

寬 2.16 米、墓底略小於墓口，距地表約 10.2 米、長 4.05 米、東寬 2.05 米、西寬 2 米。墓地四周有經過夯打的熟土二層臺，臺高 0.9—1 米、東臺寬 0.55 米、西臺寬 0.45 米、南北臺均寬 0.4 米。墓底中部略偏東有一腰坑，口呈長方形，東西長 1.35 米、南北寬 0.75 米、深 0.4 米，底略小於口。槨底板與腰坑之間，有一層厚約 0.35 米的墊土，未經夯打，此種現象爲殷墟罕見。

墓內共發現殉人 6 人、殉狗 1 條。祭牲放在墓室的東南部，有的放在器物內，具體情況是：1 個牛頭置於北二層臺上，面向北；1 只牛腿放在二層臺的東北角；在東二層臺發現 1 個豬頭和豬肋骨；羊頭和腿放在南二層臺；墓室東部，器物之下，發現豬的脊椎骨及數根肋骨；雞骨放在一圓鼎（M1046：71）內。

隨葬器物的大體概況：其一，陶器，共 14 件，有觚、爵、盤、罍、罐等——觚、爵、盤放在東二層臺上，罐放在棺槨之間的東北處，硬陶罐置於棺槨間的東南角；其二，青銅器有 123 件，分爲容器、兵器、工具及其他類：（1）銅容器共 33 件，位於槨室的東部，大部分集中在槨室的東南角；（2）兵器 240 件，銅戈、銅矛等主要分佈在二層臺上和墓室周邊填土中，填土中、二層臺上、棺槨間均發現銅鏃，成堆出現；（3）工具 7 件，有小刀、錛、鑿等三種；（4）其他 20 件，有鈴 19 件和箍 1 件，銅鈴置於填土中、棺槨間和一銅分檔圓鼎（M1046：27）內；其三，石器 60 件，其中玉璋 55 件，石璋部分放在墓主人頭部銅簋（M1046：61）內，部分置於簋的右側，18 件石璋有墨書文字，字跡清晰；其四，玉器 6 件，有環、戚、鳥、小玉飾等，位於墓主人的腰部右側，環表面塗有硃砂，玉兔置於北槨壁下；其五，骨、蚌器，共 99 件，其中骨器 6 件，蚌器 93 件。

此墓中出土的"墨書石璋"18 件，按其形式可分爲五組（以下石璋文字圖片，採自徐廣德《安陽殷墟劉家莊北 1046 號墓》），如下：

第一，石璋文字Ⅰ式：共 12 件，有內有穿，其銘文爲"𤝔於𤔲子癸"（M1046：103）；"𤝔於三辛"（104）；"𤝔於𤔲君乙"（105）；"𤝔[於]𤔲"（106）；"𤝔[於]𤔲"（110），"𤝔"字應爲"𤝔"字；"𤝔於大子丁"（111）；"𤝔於祖乙"（113）；"𤝔於祖丁"（114）；"𤝔於𤔲子癸"（115）；"𤝔[於]三辛"（117）；"𤝔於長子癸"（118）；"𤝔於"（166）。（參見圖 8-18）

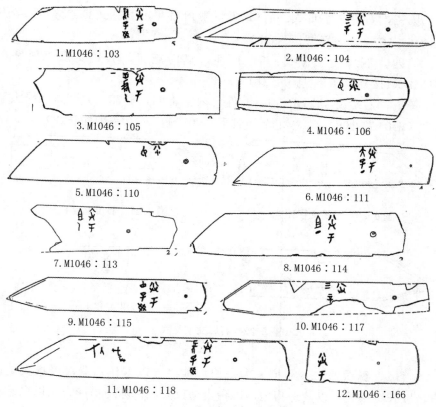

1. M1046：103　　　　　　　2. M1046：104

3. M1046：105　　　　　　　4. M1046：106

5. M1046：110　　　　　　　6. M1046：111

7. M1046：113　　　　　　　8. M1046：114

9. M1046：115　　　　　　　10. M1046：117

11. M1046：118　　　　　　　12. M1046：166

圖 8-18　石璋文字Ⅰ式

第二，石璋文字Ⅱ式：共 2 件，有内無穿，其銘文爲"公"（M1046：107）；"公於亞辛"（116），其反面有"屮"字。（參見圖 8-19）

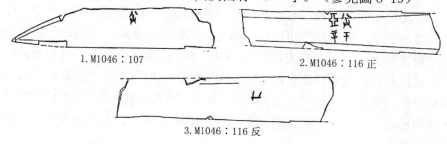

1. M1046：107　　　　　　　2. M1046：116 正

3. M1046：116 反

圖 8-19　石璋文字Ⅱ式

第三，石璋文字Ⅲ式：有 1 件，無内有穿，其銘文爲“火於□辛”（M1046：167）。（參見圖 8-20）

第四，石璋文字Ⅳ式：有 1 件，無内無穿，其銘文爲“於癸”（M1046：112）。（參見圖 8-21）

第五，石璋文字Ⅴ式：共 2 件，内穿不明，其銘文爲“宂[於]大子丁”（M1046：108）；“宂[於]西君丁”（109）。（參見圖 8-22）

M1046：167

圖 8-20　石璋文字Ⅲ式

M1046：112

圖 8-21　石璋文字Ⅳ式

1. M1046：108　　2. M1046：109

圖 8-22　石璋文字Ⅴ式

“璋”爲禮器，《周禮・大宗伯》載：“以玉作六器，以禮天地四方，以蒼璧禮天，以黄琮禮地，以青圭禮東方，以赤璋禮南方，以白琥禮西方，以弦璜禮北方”，故“璋”屬於“六器”之一。M1046 出土帶字石璋 18 件，是殷墟發現墨書文字最多的一次。石璋的第一個字爲“宂”，此字基本結構與在劉家莊南地 M64 中發現的朱書玉璋的“羙”字同，應是祭祀有關的動詞，意思應爲“奉送”“貢奉”。

該墓出土的銅容器，從整體觀察，器壁薄，質地較差，滿花器少，帶狀紋多，弦紋、獸頭佔一定比例，而且許多器物無地紋，以疏朗的雲雷紋構成饕餮的身尾。又紋飾線條舒展流暢，給人以簡練明快、不落舊套的感覺。這正是殷墟文化四期青銅容器的主要特徵，但有少部分的銅容器具有偏早特徵，如方彝形制“與戚家莊東 84M269 所出近似，而與後崗 91M9 所出差别明顯”，因此，發掘者判斷墓中一部分器物可能是“殷墟文化三期傳世下來”的。

該墓出土銅容器銘文“亞”，上下兩横外伸、有的與左右兩端竪相

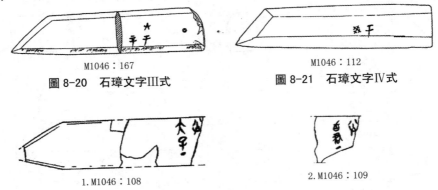

接，族名或私名被框架在“亞”内，辭中寫法是殷墟晚期的特徵等原因，推斷該墓爲“殷墟文化四期偏晚段，其具體年代爲帝辛時期”。

發掘者根據出土隨葬品認爲墓主人爲有一定武職的殷代高級貴族。還有出土石璋上所書的墨書文字推測墓主人生前與“丮君”是有關係的。出土青銅容器中，發現有銘文者 24 件，銘文的位置或在器内口沿下，或在器底中部，或在圈足内壁，或在鋬和蓋内，其中三字銘文者 3 件，銘文爲“亞亡冊”；二字銘文的有 16 件，銘文衹有一種“亞冊”；一字銘文的有 5 件，其銘文爲“亞”。從這些銘文看，此組銅容器均爲墓主一人之器，“亞亡冊”應是墓主人生前的稱謂，“亞”是墓主人職官名，代表其身份和地位，“冊”爲其族名，“亡”很可能是器主人的支族名或私名。

六　建築基址的發掘

（一）小屯村東北地甲十二基址的再發掘[①]

1987 年春，安陽工作隊在小屯村東北進行了鑽探發掘工作。發掘地點主要在史語所殷墟科學發掘時期所發掘的甲組基址的範圍内，也鑽探了乙組基址中的乙二十基址。

甲十二基址，已於 1933 年發掘過，但未完成。此次發掘時開四個探方，面積 400 平方米，編號爲 87AXTIT1-4。甲十二基址爲長方形，房基南北長 20.5 米、東西寬 8.2 米。這次揭露的主要收穫，一是找到東邊的一排 6 個墻柱，二是在房基西邊線外找到 4 個擎簷柱。（筆者註：史語所殷墟考古發掘時期建築遺存的發掘情況，參見本章第四節，表 8-10，“殷墟宮殿區建築基址發掘時間和範圍”）

分佈在房基周圍的墻柱共發現 22 個，在房基中間有柱基 3 個，共 25 個。此房基的簷柱，以西邊的 4 個保存較好，與墻柱相對應，東邊的柱基較密集，可能修復過。至於在殷代各基址是否四面都有擎簷柱，還需要通過發掘弄清。此房基無明顯的門道，房基東邊線外的紫褐色土上曾發現路土，東北部也有路土，門向東的可能性較大。在基址上層回填土中所出的陶片，有一部分是屬於龍山文化的，發掘者認爲甲十二基址的修建年代下限不晚於武丁。

---

①　中國社會科學院考古研究所安陽工作隊：《1987 年安陽小屯村北地的發掘》《考古》1989 年第 10 期。

（二）“四合院式”建築基址的發掘

1. 安陽北徐家橋村北商代四合院式建築基址[1]

據初步統計，自 1928 年殷墟科學考古發掘以來，在殷墟發現和發掘的建築基址有二十餘處，主要分佈在小屯村一帶、王裕口西地和南地、小莊南地、四盤磨、白家墳東地、孝民屯、侯家莊洹河西岸、薛家莊南地、苗圃北地、大司空村、北徐家橋村北、劉家莊北地等。

在 2001—2002 年安陽市文物工作隊在北徐家橋村北進行了鑽探發掘過程中，發現了一處規模宏大、建築群體密集、建築形式獨特的商代四合院式夯土建築基址群。此建築群的範圍南北長約 170 米、東西寬約 160 米，其中心建築群體分爲 6 排，南北縱橫排列，每排 4—5 組，近 20 組。其中有 16 座四合院式建築基址。此地發現的商代夯土建築基址，形式比較獨特，其時代“早於陝西周原鳳雛發現的‘一顆印’式四合院建築基址年代”[2]。這次發現的四合院式建築可分爲兩種形式：其一，A 式爲 4 座不相連接的夯土基址圍合形式的四合院，包括 3 號、6 號、7 號、8 號、9 號、10 號、11 號、14 號基址；其二，B 式爲四面夯土基址相連爲一體，其外簷四角有共用角柱的“圍屋”四合院，包括 1 號、4 號、5 號、12 號、13 號、15 號、16 號基址。這兩種不同形式的四合院式建築基址在中心建築群體中交錯分佈。

北徐家橋村北四合院式建築基址中的 4 號、13 號基址呈“回”字形，構造由門、塾、廳、堂、階、廂幾個部分組成。這與“鳳雛宗廟建築基址以及洹北商城 1 號建築基址的結構基本相符，但規格和等級明顯偏下”。

後來，孟憲武等當年發掘北徐家橋村北商代“四合院式”建築基址的考古學家再進一步整理發表《安陽北徐家橋村北商代四合院建築基址分類》[3]一文中，將原來此地“四合院式”建築基址兩種形狀細分爲四種：

第一種爲以三號爲代表，南北朝向的四合院基址，四座臺基均不相連

---

① 安陽市文物考古研究所：《2002 年安陽北徐家橋村北商代遺址發掘簡報》，《中原文物》2017年第 5 期；孟憲武、李貴昌：《殷墟北徐家橋村四合院式建築基址考察》，《夏商周文明研究·六：2004 年安陽殷商文明國際學術研討會論文集》，社會科學文獻出版社 2004 年版。

② 孟憲武、李貴昌：《殷墟北徐家橋村四合院式建築基址考察》，《夏商周文明研究·六：2004年安陽殷商文明國際學術研討會論文集》，社會科學文獻出版社 2004 年版。

③ 孟憲武、李貴昌、胡玉君：《安陽北徐家橋村北商代四合院建築基址分類》，《三代考古》2021 年。

接，南廡爲堂屋，整個臺基爲"凸"字形狀。四合院的院門應在北廡，没有被揭露出來，院庭呈長方形。（參見圖8-23）

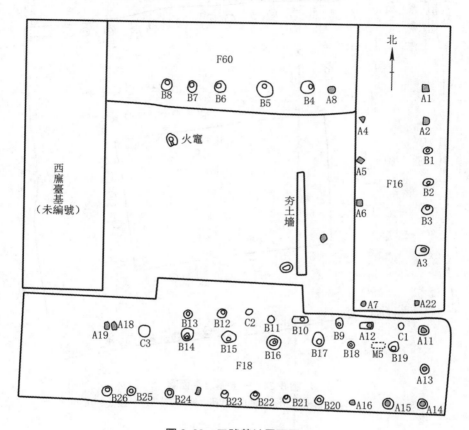

圖8-23　三號基址平面圖

（採自孟憲武、李貴昌、胡玉君《安陽北徐家橋村北商代四合院建築基址分類》）

第二種爲"圍屋式"四合院基址，即院内四座房屋的夯土臺基相互連接在一起，四角均有"公共角柱"的存在，將四面房基聯合成一體，以一號基址爲代表，其基址平面呈"回"字形狀，由院門、角門、庭院、北廡、西廡、南廡、東廡及北廡的前廊和西廡的後廊以及北廡的前門庭等部分構成，屬於此形"四合院"基址爲一、二、四、五等房基。（參見圖8-24）

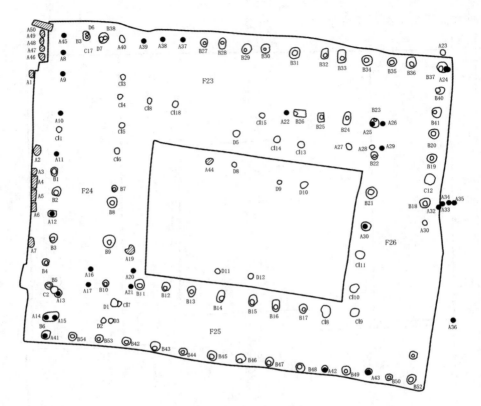

圖 8-24　一號基址平面圖

（採自《安陽北徐家橋村北商代四合院建築基址分類》）

第三種是以六號四合院爲代表，它的特點是四合院建築基址中都有一個夾道作爲四合院通衢外界的門道。（參見圖 8-25）

第四種是僅七號四合院基址一座，它的特點是四合院建築基址的南廡是由互不相連接的兩座房基組成的。七號四合院基址很可能是一座坐西朝東的四合院建築基址。（參見圖 8-26）

這些北徐家橋村北的"四合院式"建築基址，起始年代在殷墟文化第四期偏早階段，毀棄時間應在殷墟文化第四期晚段，即武王滅商及其以後時期。

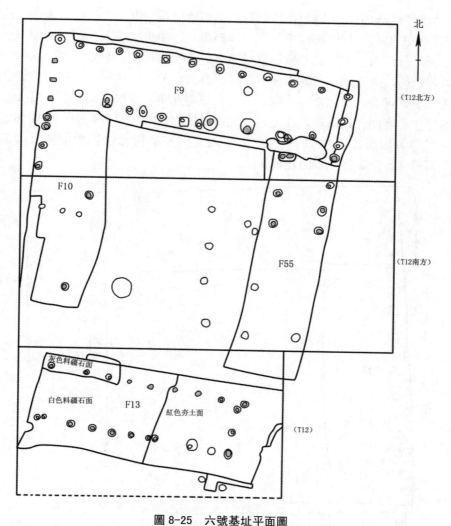

北

（T12北方）

F9

F10

F55

（T12南方）

灰色料疆石面

白色料疆石面　　F13　　紅色夯土面

（T12）

圖 8-25　六號基址平面圖

（採自《安陽北徐家橋村北商代四合院建築基址分類》）

　　對北徐家橋村北商代四合院夯土建築基址的性質，孟憲武等認爲"可能是殷商時期某一階段某個族的核心的建築遺存"又認爲"很可能是商王室下屬的一處重要官邸"。[1]後來又根據《安陽北徐家橋——2001—2002

---

① 孟憲武、李貴昌：《殷墟四合院建築基址考察》，《中原文物》2004 年第 5 期。

年發掘報告》中"安陽北徐家橋村北這組建築基址群，在當時，應該是國家政府下屬的一個中層政府部門管理機構。即中央設在下面的一個衙署所在地"等的內容和自己的發掘成果結合，進一步推測"應是一個'石作'管理部門，即國家下屬的一個管理玉石器製作的政府中層的管理衙門。之所以這樣推測，原因祇有一個，就是在這座建築基址群的周圍分佈有大量的製作石器的匠人墓葬，而這片墓地所屬的'酋'族，多數成員生前都應是從事石器製作工作的"①。主張安陽北徐家橋村北建築基址群爲國家"石作"管理衙門性質的建築基址。

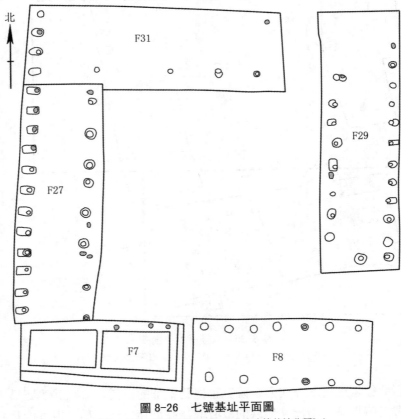

圖 8-26　七號基址平面圖

（採自《安陽北徐家橋村北商代四合院建築基址分類》）

---

① 孟憲武、李貴昌、胡玉君：《安陽北徐家橋村北商代四合院建築基址分類》，《三代考古》2021 年。

2. 劉家莊 "F79" 號商代四合院式建築基址[①]

中國社會科學院考古研究所安陽工作隊在 2012 年發表的《河南安陽市殷墟劉家莊北地 2010—2011 年發掘簡報》一文中，報告一座商代 "四合院" 建築基址 "F79"，其形制屬於安陽北徐家橋村北商代四合院的第二種類型，即 "圍屋式" 四合院基址。蓋房基整體呈方形四合院狀，坐北朝南，面積 450 平方米。整個房基被中部過廊分爲東西兩部分，南廡部分過廊下埋有陶水管道。庭院部分的過廊把庭院分成東西兩部分，南部有兩處碳化木門檻痕跡。

院落中部偏南有一近圓形窖穴 H2479，口徑 3.3 米、底徑 2.64 米，内填紅燒土，土質鬆軟，包含陶罐、鬲等陶片。在窖穴底部有一具人骨架，頭北腳南，頭部方向的位置有 1 塊石頭，上面附有紅漆，在人骨架的腳部放置一件繩紋陶罐。發掘者結合 F79 院内的出土陶器和 H2479 出土青銅器（銅尊 2 件、銅罍 1 件），判定 F79 的年代爲殷墟文化第四期偏晚階段。（參見圖 8-27）

3. 大司空村商代四合院式建築基址[②]

據《安陽大司空——2004 年發掘報告》，於 2004 年在大司空村發掘過程中，清理出夯土基址 15 座，組成一組建築群，可分爲東西兩院。

東院有前後六排東西向建築，形成前、中、後三進院落；西院有前後三排基址，形成前後兩進院落。這是新發現的兩組南北向 "多進院落的四合院建築基址" 的建築資料。這些多進院落式的建築基址列爲第五種 "四合院式" 建築基址。（參見圖 8-28）

東院是以房基 F22 爲中心的一組三進四合院落。三進四合院均南北朝向，中間有相互通衢的門道，它們之間南北是相通連的，是一體的。進出院落的大門是朝南的。

中國社會科學院考古研究所安陽工作隊於 2015 年 11 月至 2016 年 11 月，在豫北紗廠廠區西北部（殷墟 NE0201：大司空村東南地）進行了考古發掘。據發掘報告，此次發掘 43 座房址，其年代屬於殷墟文化二期早段至殷墟文化第四期。在發掘區東中部有三組四合院建築基址，從空間佈局

---

① 中國社會科學院考古研究所安陽工作隊：《河南安陽市殷墟劉家莊北地 2010—2011 年發掘簡報》，《考古》2012 年第 12 期。

② 中國社會科學院考古研究所：《安陽大司空村——2004 年發掘報告》，文物出版社 2014 年版。

看，與 2004 年發掘的 C 區建築群應爲一組建築群，大體概況，如下①：

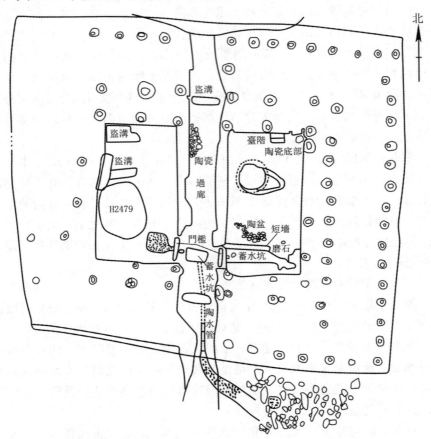

圖 8-27　"劉家莊四合院式"建築基址，F79 基址平面圖

（採自《河南安陽市殷墟劉家莊北地 2010—2011 年發掘簡報》）

第一，一號四合院。位於發掘區東部中間，分佈於 T0713—T0715、T0813—T0815、T0913—T0915 內。整個建築東西寬 20 米、南北長 22 米，中間庭院東西長 10.1 米、南北寬 9.5 米，平面基本呈正方形。一號四合院保存狀況較好，平面佈局基本清楚，F10 和 F1 之間，留有一個向西通向

①　岳洪彬、岳占偉：《安陽殷墟大司空村東南地 2015—2016 年發掘報告》，《考古學報》2019年第 4 期。

院外的通道，與此對稱的庭院的東南
隅，設置排水管道。結合出土遺物判斷
一號四合院屬於殷墟文化第四期。

　　第二，二號四合院。位於一號四合
院 西 北。分 佈 於 T0615、T0616、
T0714—T0716 和 T0816 內。東西長不
少於 19 米、南北寬 16.6 米，中部庭院
東西長 10.3 米、南北寬 7.7 米。根據
建築的空間佈局及出土遺物判斷，二號
四合院屬於殷墟文化第四期。

　　第三，三號四合院。位於二號四合
院東側，兩者相距約 13 米，主要分佈
於 T0915—T0917、T1015—T1017 中。
整體南北 16.8 米、東西不少於 10.3
米，中部庭院南北 6.3 米、東西不少於
7 米。結合出土遺物判斷，應屬於殷墟
文化第四期。

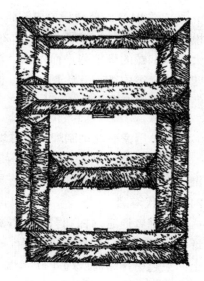

圖 8-28　三進院式俯瞰模擬圖
（採自《安陽北徐家橋村北商代四合院建築基
址分類》）

　　第四，四號四合院。位於發掘區西南部，分佈於 T0311、T0312、
T0411、T0412、T0511 和 T0512 內。整個建築群東西長 18 米、南北寬 16
米。結合庭院地面出土遺物判斷，該建築群應屬於殷墟文化第四期。

　　從族邑的發展演變角度來看，發掘者認爲，大司空村是“僅次於小屯
宮殿宗廟區的一處重要晚商族邑……在殷墟一期時，該區域主要爲商人居
住區的邊緣，分佈著較大的灰坑、窖穴及零星的墓葬……到殷墟第二期
早、晚段時，出現單體的夯土建築，以及同時期的灰坑、窖穴、水井和墓
葬。灰坑規模普遍較小，窖穴增多，明確屬於殷墟第二期的墓葬有十餘
座。結合 2004 年的發掘資料看，殷墟第二期遺存明顯多於第一期，分佈
密度也相對增大。殷墟第三、第四期時，尤其第四期時，該區域出現大規
模的灰坑，應是與房基配套的蓄水坑；同時期的生活垃圾坑，都分佈在建
築群的北部和西北部，此處幾乎不見同時期的墓葬。推測在殷墟第三、四
期，該區域應是一處高級貴族居住區。與 2004 年大司空村發掘資料相
同，墓葬位於同時期建築基址周圍，有些墓葬竟在庭院中，甚至在房基夯

土中（如 M1）。這種現象再次證明晚商時期存在'居葬合一'的族邑佈局模式"，從空間的佈局來看，"2004 年發掘的 C 區建築群夯土層中埋藏有大量奠基類的甕棺葬，而本次（筆者註：指 2015—2016 年發掘）發掘的四合院建築中卻少有此類遺存，後者更具生活氣息，前者中的某些建築可能爲宗族宗廟遺存"①。

七　劉家莊北地制陶作坊遺址的發掘：2008 年、2010 年②

中國社會科學院考古研究所安陽工作隊於 2008 年在劉家莊北地（安鋼大道北人行道）和 2010 年在劉家莊北地（安鋼大道南人行道）清理了 24 座商代陶窯。

發掘者通過鑽探和發掘，並結合以前在殷墟發掘資料，初步找出該遺址的大致範圍，"南起芳林街，北至安林鐵路南側，南北長達 300 米以上；東起中州路向西約 100 米處，再向西延伸約 200 米結束。這樣推算該遺址的面積達 6 萬平方米以上，是殷墟迄今發現最大、最重要的制陶作坊遺址"。發掘者通過遺址內出土的器物形制判斷，該遺址使用時間，始自殷墟文化第一期，至少延續到殷墟文化第三期，主要生產盛食器。

以前在殷墟的發掘中，出土最多的商代遺物爲陶器，但是考古發掘中卻很少有商代的陶窯。因此，這 24 座陶窯的發現和發掘，使學者對商代晚期的陶窯結構有了基本的瞭解，是非常重要的遺址。

第三節　洹北商城的發現與發掘

洹北商城發現於 1999 年，該城址位於安陽市北郊，南鄰洹河，往西約 19 公里即進入太行山東麓，北面爲低丘，東面和南面是開闊的衝積平原。據發掘報告③，洹北商城平面略呈方形，方向北偏東 13°，與殷墟遺

---

① 岳洪彬、岳占偉：《安陽殷墟大司空村東南地 2015—2016 年發掘報告》，《考古學報》2019 年第 4 期。

② 岳占偉：《河南安陽市殷墟劉家莊北地製陶作坊遺址的發掘》，《考古》2012 年第 12 期。

③ 中國社會科學院考古研究所安陽工作隊：《河南安陽市洹北商城的勘察與試掘》，《考古》2003 年第 5 期。

址略有重疊，其南北向城墙基槽長約 2200 米，東西向城墙基槽長約 2150
米，佔地面積約 4.7 平方公里。

一　洹北商城發現與發掘的經過[①]

1960 年中國科學院考古研究所安陽工作隊（以下稱"安陽工作隊"）
在安陽洹河流域考古調查時，在洹北商城所在範圍內發現商代遺址[②]；1964
年，在洹北三家莊村東南地發現一座青銅器窖藏，出土青銅器 8 件[③]；1979
年，安陽市博物館在洹北董王度村發掘一座墓葬，出土青銅器 1 件[④]；1980
年，安陽工作隊在三家莊發掘了一批墓葬[⑤]；1996 年，夏商周斷代工程啟
動，中國社會科學院考古研究所承擔殷墟文化分期與年代測定專項工作，尋
找殷墟文化第一期，尤其是偏早階段的文化遺跡；1997 年，安陽工作隊在
洹北花園莊村西進行發掘。在此時，中國社會科學院考古研究所與美國明尼
蘇達大學合作進行的"洹河流域區域考古調查"課題啟動，也是在此範圍內
進行了考古學調查，發現該遺址的面積約 150 萬平方米[⑥]；1999 年 11 月，
洹北花園莊東地的發掘時，調查隊發現了城墙，爲了確認城墙，安陽工作
隊隨即對之進行解剖，至 2001 年，在四周城墙共進行了 7 處解剖，基本
認定了城墙及其建築方式，在城址的中部進行調查、解剖，發現了 30 餘
處夯土基址[⑦]；2000 年 11 月，在洹北商城南墙、東墙外，還發現與城墙走
向一致的道路；2001 年 10 月至 2002 年 8 月，揭露了洹北商城的宮殿區一
號基址[⑧]；2005 年夏天，在洹北商城的西南隅發現一座方形小城[⑨]；2007

① 何毓靈、岳洪彬：《洹北商城十年之回顧》，《中國國家博物館館刊》2011 年第 12 期。
② 中國社會科學院考古研究所安陽工作隊：《河南安陽洹河流域的考古調查》，《考古學集刊》
3，中國社會科學出版社 1983 年版。
③ 孟憲武：《安陽三家莊發現商代窖藏青銅器》，《考古》1985 年第 12 期。
④ 孟憲武：《安陽三家莊、董王度村發現的商代青銅器及其年代推定》，《考古》1991 年第
10 期。
⑤ 中國社會科學院考古研究所安陽工作隊：《安陽殷墟三家莊東的發掘》，《考古》1983 年
第 2 期。
⑥ 唐際根、徐廣德：《洹北花園莊遺址與盤庚遷殷問題》，《中國文物報》1999 年 4 月 14 日。
⑦ 中國社會科學院考古研究所安陽工作隊：《河南安陽市洹北商城的勘察與試掘》，《考古》
2003 年第 5 期。
⑧ 中國社會科學院考古研究所安陽工作隊：《河南安陽市洹北商城宮殿區一號基址發掘簡報》，
《考古》2003 年第 5 期。
⑨ 中國社會科學院考古研究所安陽工作隊、中加洹河流域考古調查課題組：《河南安陽洹北商城
遺址 2005—2007 年勘察簡報》，《考古》2010 年第 1 期。

年，重點在洹北商城宮殿區内進行鑽探，發現了洹北商城宮城墙遺跡，並對北墙進行了試掘[1]；2008 年 10 月至 12 月，發掘洹北商城宮殿區二號基址[2]。

雖然從 20 世紀 60 年代開始發現和發掘洹北商城所在的區域，但是到了1997 年纔有突破性進展。1997 年的調查"以 20 世紀 60 年代安陽工作隊沿洹河流域開展的文物普查爲基礎，勘察了自仰紹文化至戰國時期沿洹河流域分佈的近百處古遺址。……課題組決定選擇其中 4 處進行重點勘察。洹北花園莊遺址被作爲重點勘察的首選"，其主要原因是"根據調查掌握的資料，早於殷墟文化（大司空村一至四期）的商遺址在洹河流域呈現出極有意義的空間分佈規律"[3]。就是説，考古學家已注意到洹北商城所在區域的商代遺址與傳統的殷墟文化之間時間的先後關係。1999 年發現洹北商城的城墙爲機，開始積極地開展洹北商城發掘工作。安陽工作隊已發掘和試掘洹北商城的四面城墙基槽，基本上認定了其規模和性質。經過調查，城内遺跡分佈基本清楚，其中位於城址中心區域的宮城已被發現。宮城内分佈有 30 多座的大、中、小型宮殿夯土基址，目前對 1 號、2 號基址進行了發掘，基本已經清楚其規模等，其成果不少。尤其是，洹北商城的發現和發掘彌補了商代中期和晚期之間階段的空白。這是考古學對甲骨學殷商史研究提供了對商代早、中、晚期時代分析非常重要的依據。（參見圖 8-29）

二　洹北商城的宮城與宮殿區

洹北商城的宮城位於城内的中部偏南，呈長方形，方向北偏東 13°，與城址方向一致，南北長 795 米、東西寬 515 米，面積大約 40 萬平方米。墙體基槽寬 7—8 米、墙體寬 5—6 米。基槽呈不規則倒梯形，基槽之上的城墙主體，殘留了兩層夯土。

宮殿區位於宮城中部偏北，發現了 30 多處的夯土基址，夯土基址方向都很一致北偏東 13° 左右，與宮城方向一致。宮殿區内的一號、二號基址均呈"回"字形，屬四合院式建築。（參見圖 8-30）

---

①　中國社會科學院考古研究所安陽工作隊、中加洹河流域考古調查課題組：《河南安陽洹北商城遺址 2005—2007 年勘察簡報》，《考古》2010 年第 1 期。
②　中國社會科學院考古研究所安陽工作隊：《河南安陽市洹北商城宮殿區二號基址發掘簡報》，《考古》2010 年第 1 期。
③　中國社會科學院考古研究所安陽工作隊：《河南安陽市洹北商城的勘察與試掘》，《考古》2003 年第 5 期。

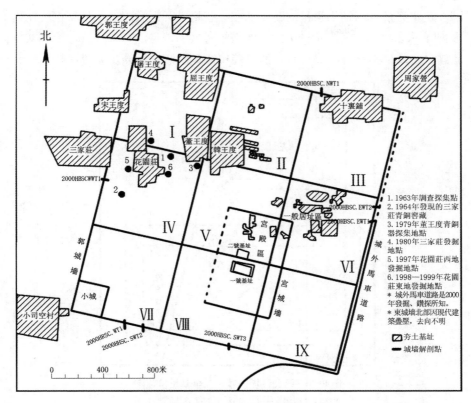

圖 8-29　洹北商城區域圖
（採自何毓靈、岳洪彬《洹北商城十年之回顧》）

　　第一，一號基址，東西長約 173 米、南北寬 85—91.5 米，總面積約達 1.6 萬平方米，方向北偏東 13°，目前發現的商代建築基址中，單體面積最大的一座基址。整個基址由門墊（包括兩個門道）、主殿、主殿旁的耳廡、西配殿、東配殿等部分組成（筆者註：何毓靈等發掘者説"由於東配殿尚未發掘，情況不明"，但因爲有"西配殿"所以猜測到有"東配殿"。從一號基址的平面圖來看，應該有東配殿，是没有問題）。主殿位於基址北部正中，現存的殿基高出當時地面 0.6 米，主殿之上發掘了 9 間正室。（參見圖 8-31）

　　正室向南開門，與門對應部位是通向庭院的木質踏步臺階。在主殿的臺階、正室發現有用動物祭祀的跡象。在一些臺階旁，發現有小型祭祀坑，內多埋 1 人。門塾附近共有 20 餘處與祭祀有關的現象。有人葬坑、空坑（筆者註：關於這些空坑，發掘者推測可能用酒類液體舉行祭祀）等。

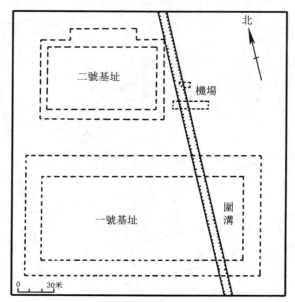

圖 8-30 洹北商城一號、二號基址位置圖
（採自《河南安陽市洹北商城的勘察與試掘》）

　　第二，二號基址，規模相對較小。其平面呈“回”字形，東、南、西面是廊廡建築形式，北部正中爲主殿，主殿兩側有“耳廡”。東西面闊 92米、南北跨度 68.5—62.1 米，總面積 5992 平方米，方向北偏東 13°。主殿上部的柱礎石絕大部分都被晚期地層破壞丟失，但發掘者推算整個主殿應有四個臺階，即主殿應是四座單間房屋相連而成。從相對位置及建築方式分析，發掘者認爲“一、二號殿應屬同一組建築，二者距離很近，有門道相同。……從鑽探到的夯土基址分析，基址間少有打破關係，可見，即使各基址的建築時間有早有晚，但在建築之前應有統一的規劃、設計”[1]（參見圖 8-32）。

---

　　① 何毓靈、岳洪彬：《洹北商城十年之回顧》，《中國國家博物館館刊》2011 年第 12 期。

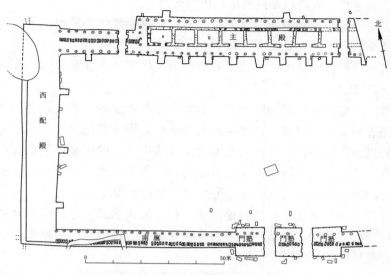

圖 8-31　洹北商城一號基址平面圖

[採自唐際根《河南安陽市洹北商城宮殿區一號基址發掘簡報》（不含東部未清理部分）]

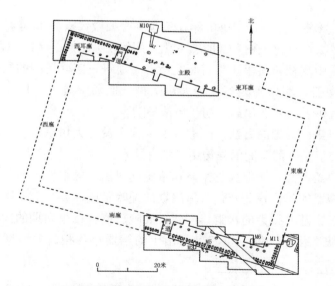

圖 8-32　洹北商城二號基址平面圖

（採自何毓靈《河南安陽市洹北商城宮殿區二號基址發掘簡報》）

三　洹北商城的始建與廢棄年代的分析

考古學家認爲，判斷洹北商城的始建與廢棄年代的確定，還很難給出令人滿意的答案，主要原因，如下[①]：

第一，到目前爲止，洹北商城的發掘工作還是十分有限的，資料還有待進一步豐富。

第二，從目前發掘的情況看，洹北商城基本建於生土層之上，被打破的文化層基本没有發現。城墻、宫殿基址均選用純淨的黑土、黄土夯打，裏面的包含物極少，這給判斷其始建年代帶來不少的困難，同時其本身使用年限不是很長，宫殿區内相互打破的遺跡很少，尚未發現相互打破的夯土基址，周圍發現的灰坑也未發現打破夯土基址的現象。

第三，洹北商城因火燒毁廢棄後，似乎被人們遺忘了。與其緊密相連的殷墟時期的遺物，在這一區域内也極難發現。從幾次的發掘來看，直接疊壓宫殿基址的是戰國文化層。

由於這些的原因，考古學家難以給出準確的年代判斷，但是他們通過洹北商城所在範圍内的周邊遺址的發掘成果，進行討論洹北商城年代的問題。

第一，楊錫璋——於 1980 年在三家莊發掘殷代墓葬 8 座，判斷其時代爲“早於大司空村一期”（殷墟文化一期偏晚）。[②]

第二，中國社會科學院考古研究所——通過三家莊發掘的殷代早期墓中出土的陶器、銅器等觀察，較大司空村一期類型要早。目前因資料尚少，故暫且併入殷墟文化第一期，但偏早階段。[③]

第一、第二兩者的看法，三家莊的時代早於在大司空村一期，是基本上一致的，但是具體時間的先後還是稍有區别。

第三，孟憲武——根據三家莊和董王度村出土的銅器特徵，判斷三家莊窖藏青銅器的年代晚於商代二里崗期的偏晚階段，要早於安陽殷墟文化第一期；三家莊村徵集的青銅器年代，要晚於商代二里崗期的同類器物，要早於殷墟文化第一期；董王度村出土的銅器年代相當於殷墟文化第一

---

① 何毓靈、岳洪彬：《洹北商城十年之回顧》，《中國國家博物館館刊》2011 年第 12 期。
② 中國社會科學院考古研究所安陽工作隊：《安陽殷墟三家莊東的發掘》，《考古》1983 年第 2 期。
③ 中國社會科學院考古研究所編著：《殷墟的發掘與研究》，科學出版社 1994 年版，第 32 頁。

期。認爲三家莊出土的銅器年代爲屬於鄭州二里崗期青銅器向殷墟青銅器演變過程中的一個過渡階段。①

第四，唐際根、徐廣德——1997 年調查發掘時，認爲洹北花園莊遺址的年代，整體上早於殷墟大司空村一期，上限接近二里崗商文化白家莊階段。但是由於發掘面積較小，出土完整的陶器也較少，所以有關遺址的文化分期尚待進一步的資料積累。②後來，根據 1998 年、1999 年兩次在洹北花園莊東地的發掘，把該地分出早期和晚期，並指出洹北花園莊早期不僅晚於二里崗白家莊階段，而且很可能還有一定時期的缺環，而洹北花園莊晚期則與大司空一期相銜接；洹北花園莊晚期則早於大司空一期，並與大司空一期前後相接無缺，大司空一期相當於武丁早期。因此，花園莊晚期應相當於 "盤庚、小辛、小乙" 階段。該地早期的年代則應早於 "盤庚、小辛、小乙" 時期，至於能早到何時，具體跨年能涵蓋幾個王世，還有待作進一步探討。③

上述所的分析，雖然祇能成爲考證洹北商城年代的旁證而不是直接的證據，但是學者們的基本認識是作爲這些分析對象的遺跡、遺物的年代，應該與洹北商城是同時的。

從 1999 年以後，洹北商城發掘中對城墻基槽進行了七次解剖，但由於在城墻內、外槽發現的碎小陶片和卜骨不足以判定城墻的始建年代，所以籠統地説 "中商時期" 或者 "晚於（洹北商城）宮殿區大部分基址" 等，但是，岳洪彬、何毓靈、岳占偉等參加洹北商城發掘的考古學家根據夯土內出土的陶片及卜骨判斷，"（洹北商城的）西、北和東三面城墻基槽的內、外槽的形成均不早於洹北花園莊晚期，或者説是在洹北花園莊晚期填墊或夯築起來的。……在早期時洹北商城的四面城墻基槽實際上就是壕溝，呈環壕狀，根本就沒有城墻"④。按他們的判斷，洹北商城的城墻夯填時間大概是洹北花園莊晚期，在洹北花園莊早期時祇有壕溝。據此，我們可以判斷洹北商城築城墻的大體時間爲 "洹北花園莊晚期"，即唐際

①　孟憲武：《安陽三家莊、董王度村發現的商代青銅器即其年代推定》，《考古》1991 年第10 期。

②　中國社會科學院考古研究所：《河南安陽市洹北花園莊遺址 1997 年發掘簡報》，《考古》1998 年第 10 期。

③　中國社會科學院考古研究所安陽工作隊：《1998 年—1999 年安陽洹北商城花園莊東地發掘報告》，《考古學集刊》2004 年第 2 期。

④　岳洪彬、何毓靈、岳占偉：《殷墟都邑佈局研究中的幾個問題》，《三代考古》2011 年。

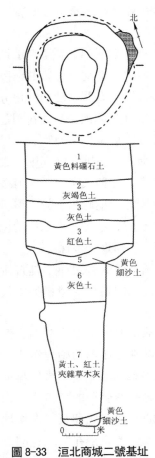

圖 8-33　洹北商城二號基址
水井平面、剖面圖

（採自《河南安陽市洹北商城宮殿區二號
基址發掘簡報》）

根等所説的"盤庚、小辛、小乙階段"。

唐際根、岳洪彬、何毓靈、岳占偉等，對洹北商城的一號、二號基址，進行了發掘。

一號基址的主體建築大都直接壓在耕土下，但倒塌在建築周圍的燒土塊和庭院内的地面上則疊壓有商代文化層（第 4 層），該層内出土的陶器"（如大口尊、圓底罐等）多屬中商二期或洹北花園莊早期（筆者註：即早於盤庚、小辛、小乙時期），也有部分屬中商三期或洹北花園莊晚期……一號基址的廢棄年代當是中商三期，其始建年代比較複雜，不排除是中商二期"[①]。

二號基址與一號基址相同，基本上不見商代遺跡間的疊壓與打破關係，且基址内十分純淨，基本不見商代遺物。這給二號基址的年代判斷帶來了較大的困難，但從二號基址中發現的水井的時代分析看，水井的使用年代和廢棄年代與二號基址的使用年代和廢棄年代大體一致。發掘者認爲"（水井的）第 6—8 層出土的陶器年代與洹北花園莊晚期相當，但似乎又略微偏早，即相當於中商三期偏早階段；至於第 1—3 層出土的陶片，由於數量極少，還難以據此給出準確的年代判斷，但總體來説不會超出中商三期。據此，二號基址的使用年代也屬洹北花園莊晚期或中商三期偏早階段，其廢棄年代可能也在中商三期"[②]（參見圖 8-33）。

①　中國社會科學院考古研究所安陽工作隊：《河南安陽市洹北商城宮殿區一號基址發掘簡報》，《考古》2003 年第 5 期。
②　中國社會科學院考古研究所安陽工作隊：《河南安陽市洹北商城宮殿區二號基址發掘簡報》，《考古》2010 年第 1 期。

四　洹北商城的發現引起商代考古編年框架的問題

中國歷史上第二個王朝，即商王朝的歷史，是因爲甲骨文的發現和殷墟科學考古發掘，纔得到了證實，而王國維於 1917 年《殷卜辭中所見先公先王考》《續考》中已證明《史記·殷本紀》中商王的世系基本上與甲骨文一致。由此，司馬遷的《史記·殷本紀》也得到了記錄的真實性。但是在文獻中的商代歷史和考古發掘所復原的商代歷史尚未吻合的情況下，歷史、考古學家不斷地探索商代歷史文化的編年體系。

從甲骨學殷商史的角度來分析商朝先公先王的世系，即始祖契至王亥屬於先公遠祖時期，上甲至示癸爲先公近祖時期，建國之君成湯（或叫"唐"，或叫"大乙"）至陽甲爲先王前期，自盤庚以後各王爲先王後期。不過以往考古學界的普遍認識是以盤庚遷殷前後爲基把商朝時代分爲早商、晚商時期，但是 20 世紀 90 年代隨著小雙橋遺址和洹北商城的發現和發掘，一些學者提出了洹北商城屬於"中商文化"的論點。這些問題正是與商王朝的考古學編年框架有著密切的關係。

（一）商代考古編年框架的演變

20 世紀 50 年代，在河南偃師縣境內發現二里頭遺址。那時安金槐提出商代時期的考古文化劃分爲早、中、晚期的三期階段説："湯居亳應屬於商代早期，盤庚遷殷應屬商代晚期，而仲丁遷隞，河亶甲遷相和祖乙遷耿，都應該是屬於商代中期。"[1]這是在考古學界中較早提出"中商文化"的論點。但是那個時候考古學界認爲偃師二里頭文化屬於早商文化，鄭州二里崗期文化爲中商文化，安陽殷墟文化爲晚商文化。

雖然現在很明確的認識二里頭文化在整體上看與二里崗文化不同，但是在 20 世紀 60、70 年代因爲參考資料不足，二者之間被認爲有直接繼承關係。"經常被研究者們列舉的例子是二里頭遺址的三、四期大量發現陶鬲，而陶鬲被認爲是最能代表商文化特徵的器物。更受到研究者重視的是，二里頭遺址的第三期遺存中，包括兩處大型建築基址。其中 1 號基址長 108 米、寬 100 米，這樣的大型基址的發現，使得部分學者將其與《漢書·地理志》等典籍中有關第一位商王'湯'曾在伊、洛河流域建立商王朝的第一個都邑'西亳'的記載聯繫起來。於是二里頭文化的第三、四期順理成章地被視爲

---

① 安金槐：《試論鄭州商代城址——隞都》，《文物》1961 年第 4、5 期。

'西亳'的遺存，而二里頭文化也就成爲'早商文化'。"①

鄒衡在 1978 年於《鄭州商城即湯都亳説》②一文中，據《左氏春秋經·襄公十一年》等文獻所見鄭地之亳、鄭州商城出土東周時期陶文、文獻中湯都亳的鄰國及其地望、商文化遺址發現的情況等，提出鄭州商文化遺址可分爲先商期、早商期和晚商期。並認爲鄭州商城祇有殷墟能與之相比。殷墟是商代後期的王都，鄭州商城作爲商代前期最主要的王都。

鄒衡在探討夏文化時提出，以二里頭遺址爲代表的二里頭文化屬於夏文化，鄭州商城爲代表的二里崗文化爲"前期"商文化，把安陽殷墟爲"後期"商文化。從而把原劃分爲早、中、晚三期的商代文化改爲前後的二期説。

不過在 1965 年秋，河北藁城臺西地區社員在"西臺"南側取土時，發現了成組青銅器和一件長達 39 釐米的玉戈。之後到了 70 年代陸續考古發掘藁城臺西商代遺址。③藁城臺西遺址的發現，使鄒衡意識到鄭州二里崗文化和安陽殷墟文化之間有一段時間的缺環。所以鄒衡在《試論夏文化》中提出商文化編年框架爲：商前期爲南關外期——二里崗下層——二里崗上層——河北藁城遺存——殷墟一期的遺存；商後期爲殷墟二期至四期的遺存。④

鄒衡的前後二期説，將殷墟文化第一期遺存看作是商代前期文化，但不少學者依然認爲殷墟文化第一期至第四期爲商代後期文化，即晚商文化。不過鄒衡的商王朝編年體系被不少學者接受。然而，也有些學者仍然把二里頭三、四期視爲早商文化。⑤

1983 年發現偃師商城，城址內出土的文化遺存與鄭州二里崗遺址很相似。考古學界已經證明偃師商城與鄭州商城在存廢年代大致並行。因此，"偃師商城所代表的物質文化當然是早商文化。這就支持了鄭州二里崗文化爲早商文化的認識"⑥。這樣幾乎定了偃師商城和鄭州商城屬於早商文

① 唐際根：《商王朝考古學編年的建立》，《中原文物》2002 年第 6 期。
② 鄒衡：《鄭州商城即湯都亳説》，《文物》1978 年第 2 期。
③ 河北省博物館：《藁城臺西商代遺址》，文物出版社 1977 年版。
④ 鄒衡：《試論夏文化》，《夏商周考古論文集》，文物出版社 1980 年版。
⑤ 殷瑋璋：《早商文化的推定與相關問題》，《中國商文化國際學術討論會論文集》，中國大百科全書出版社 1998 年版。
⑥ 唐際根：《商王朝考古學編年的建立》，《中原文物》2002 年第 6 期。

化的城址。

　　以往考古學界論證，二里頭與偃師、鄭州商城遺存的區別時，主要是以“陶器”和“城墻”的年代來討論的。這可以説是一種考古學典型的方式。不過一些考古學家提出了不同的角度來分析二里頭與偃師、鄭州商城遺存之間的差別。高煒、楊錫璋在 1998 年發表的《偃師商城與夏商文化分界》一文中，注意到二里頭文化與鄭州商城、偃師商城的宮殿、墓葬等重要基址的朝向：其一，二里頭遺址，宮殿和其他建築基址及墓葬的朝向爲南偏東（筆者註：等於是向北偏西）；其二，偃師商城無論城垣或宮殿朝向都南偏西（筆者註：等於是向北偏東，與洹北商城的方向同）。即偃師商城“恰與鄭州商城、湖北盤龍城城垣、殿址方向一致，其角度大致在南偏西數度至 20° 之間。同時期的夏縣東下馮城址，從殘存的東西兩面城墻南段來看走向類似。甚至到商代晚期安陽殷墟的宮殿宗廟基址、王陵、大多數墓葬、祭祀坑的縱軸也呈現如是偏角，凡坐北朝南的建築基址，朝向都略成偏西（筆者註：即向南偏西，等於是向北偏東）。……偃師和鄭州的兩座商城也驚人的相似。以上現象已不能簡單視爲一種偶然巧合，而應看作建築物主人，即商統治集團的某種觀念，或即所謂‘殷人尊東北位’觀念的反映”[①]。

　　1996 年以來的偃師商城發掘成果表明，該城址包括大城、小城、宮城等三種城垣。小城位於大城西南部，大致呈長方形，南北長 1100 米、東西寬 740 米，面積約有 80 萬平方米。宮城在小城內縱向軸線偏南部。宮殿建築密集分佈於宮城中、南部。以往所知的偃師商城大城是在小城的基礎上擴建而成。根據地層疊壓關係，宮殿可分成三四個階段，其年代，小城爲“修建時間與初始使用時間應不晚於偃師商城商文化第一期晚段（相當於鄭州二里崗 H9 所代表的的時期）”、小城城墻爲“修築與初始使用時間應不晚於偃師商城商文化第一期晚段”，小城城墻廢棄時間“與大城的修建有密切聯繫，廢棄時間始於偃師商城商文化第二期早段”[②]。

　　偃師商城一期的年代大致與二里崗下層文化一期和二里頭文化四期晚段相當，“因此偃師商城早期宮殿所標示的年代，揭示出在二里頭文化四

---

　　①　高煒、楊錫璋：《偃師商城與夏商文化分界》，《考古》1998 年第 10 期。
　　②　中國社會科學院考古研究所河南第二工作隊：《河南偃師商城小城發掘簡報》，《考古》1999年第 2 期。

期晚段已經完成了王朝的更替。……夏、商王朝交替考古學年代坐標的建立，使以偃師商城第一期爲代表的最早的商文化得以認定"①。

從安金槐將商代文化分爲早中晚三個階段説以後，經過鄒衡的前後兩個階段説，對商代考古的編年框架研究日益發展、完善，但是仍然解決不了二里崗與殷墟階段之間的時間缺環，不過那時因爲限於考古資料，無法更加深入研究、討論。

（二）以洹北商城爲定中商時期

20 世紀 90 年代，隨著處於鄭州西北 20 公里處小雙橋遺址的發現與發掘，學術界對於二里崗與殷墟之間的商代考古文化的編年框架開始有了新的認識，學者們對鄒衡的前後兩個階段的分期法提出了修訂意見。1997 年孫華、孫慶偉指出，二里崗晚期和殷墟早期之間有一個文化風格自有特色的時期。因此，商史編年可採用三個階段的分期法更爲合適。②1999 年唐際根在《中商文化研究》一文中，以河北藁城臺西、鄭州小雙橋遺址、安陽洹北花園莊遺址及山東濟南大辛莊遺址爲例，論證把"中商文化"在商代遺存中獨立出來，並把"中商文化"分爲三期：第一期，以鄭州小雙橋遺址及白家莊遺址上層爲代表；第二期，以安陽洹北花園莊早期遺存及河北藁城臺西早期墓葬爲代表；第三期，以安陽洹北花園莊遺址晚期及河北藁城臺西晚期居址與晚期墓葬爲代表。③

在 2002 年，隨著關於洹北商城遺址考古研究的深入，唐際根又提出較完整的商王朝歷史、考古編年的框架④：早商時期爲二里崗/偃師（可細分爲早商 1-2-3 期）；中商時期爲小雙橋⑤—洹北商城（可細分爲中商 1-2-3 期）；晚商時期爲殷墟（可細分爲晚商 1-2-3-4 期）。

唐際根認爲，這樣就没有二里崗與殷墟之間的時間缺環，説："今發現的陶器看，中商三期與晚商文化之間也已不再有時間缺環。安陽洹北花園莊遺址出土的中商三期陶鬲、陶豆等主要日用陶器，形制已非常接近殷

---

① 唐際根：《商王朝考古學編年的建立》，《中原文物》2002 年第 6 期。

② 孫華、孫慶偉：《夏商周考古》，《中國考古學年鑒（1997 年）》，文物出版社 1999 年版，第 31—32 頁。

③ 唐際根：《中商文化研究》，《考古學報》1999 年第 4 期。

④ 唐際根：《商王朝考古學編年的建立》，《中原文物》2002 年第 6 期。

⑤ 參見宋國定、曾曉敏《1995 年鄭州小雙橋遺址的發掘》，《華夏考古》1996 年第 3 期，發掘者把該遺址分爲早晚兩個階段，但總體上説該遺址略晚於二里崗文化，明顯早於安陽殷墟文化。

墟大司空村一期同類器。因此，中商文化與鄭州二里崗爲代表的早商文化（不包括白家莊階段）和以安陽殷墟爲代表的晚商文化共同構成了完整的商文化。"[1]

經過 50 多年的時間，學者們的不斷地努力與探索，將二里崗、偃師、小雙橋、洹北商城以及殷墟遺址串聯起來，對於商代時期考古學文化面貌更加完善地認識並完成了一個較完整的商代考古編年框架的建立。

五　從洹北商城移到殷墟宮殿區的原因分析

綜上所述，我們基本認識到洹北商城屬於"中商"文化時期，而且是盤庚遷殷的地方。目前，考古學家的發掘研究成果表明，武丁初期廢棄了洹北商城，又遷移到現在我們所説的殷墟宮殿宗廟區域。武丁到底爲什麼放棄父輩（盤庚、小辛、小乙）經營幾十年的洹北商城而再遷移到小屯村呢？這個答案在古文獻中找不到，因此我們祇能是從考古發掘的結果去討論。

2003 年安陽工作隊發表了《河南安陽市洹北商城宮殿區一號基址發掘簡報》（以下稱《一號簡報》）[2]。《一號簡報》中，洹北商城一號宮殿基址地層關係：第一層是耕土即原軍用機場渣土；第二層是擾土；第三層是黃褐土，破壞建築倒塌之燒土塊而形成的。有少量商代中期和戰國時期的陶片，爲戰國文化層；第四層是燒土，可能是建築倒塌土塊的風化層，出土陶片均屬中商時期，爲商代文化層；第五層是燒土，燒土塊較大，在倒塌後似未擾動過，出有少量中商時期的陶片，爲商代文化層；第六層是黑灰土，被第五層的大塊燒土直接疊壓，似爲一號基址使用過程中形成的堆積，出有中商時期的陶片和碎骨，爲商代文化層；第七層是黑土，土質極純淨，可能是開挖一號基址的基槽而形成的堆積，未見遺物，此層代表基址的建築年代，爲商代文化層；第七層以下爲生土。

我們要注意看，第四層的燒土是建築倒塌土塊的風化層，第五層的燒土是在倒塌後未擾動過。再説，第五層是由於發生了大火，建築物倒塌而成的，第四層是第五層所形成的火災殘骸的風化而成的，而且第六層的黑灰土直接被第五層燒土塊疊壓。從第四、五、六層的地層關係看，是因火

---

[1]　唐際根：《中商文化研究》，《考古學報》1999 年第 4 期。
[2]　中國社會科學院考古研究所安陽工作隊：《河南安陽市洹北商城宮殿區一號基址發掘簡報》，《考古》2003 年第 5 期。

災而成的地層。

除了地層關係之外，考古發掘中也發現了火災的痕跡。在南廡的中段偏東部有門塾。門塾中間有兩條南北向門道（筆者註：發掘者把門道自西向東編號爲一號和二號門道），將門塾分爲左、中、右三部分。從二號門道的清理情況看，門道"由兩側的墙、方形塾柱、墻體内圓柱、門檻、臺階等構成。……門檻位於整個門道的中部，由於遭受大火，現僅存埋門檻的溝槽"（參見圖 8-31，洹北商城一號基址平面圖）。

我們從地層關係和基址遺存中的火燒痕跡來看，洹北商城一號宫殿曾經遭受一場大火。因此《一號簡報》中發掘者所下的結論是"一號基址的主體建築大都直接壓在耕土下，但倒塌在建築周圍的燒土塊和庭院内的地面上則疊壓有商代文化層（第 4 層），該遺址内出土的陶器（如，大口尊、圜底罐）多屬於中商二期或洹北花園莊早期，也有部分（如，鬲足）屬中商三期或洹北花園莊晚期。一號基址倒塌堆積主要是棱角分明的大塊燒土（第 5 層），包括完整的土坯、帶葦束的燒土、抹有白灰的墻面殘塊"，因此判斷"一號基址的廢棄年代相當於中商三期，其始建年代比較複雜，不排除是中商二期"。

從洹北商城的平面看，宫殿區二號基址位於一號基址北邊約 29 米處。2010 年安陽工作隊發表了《河南安陽市洹北商城宫殿區二號基址發掘簡報》（以下簡稱《二號簡報》）[1]。《二號簡報》中，洹北商城二號宫殿基址地層關係：第一層是耕土層，爲黃棕色土；第二層是路土，爲棕黃色土；第三層是燒土，爲紅棕色土，土質較鬆軟，包含大量的燒土小顆粒，出土有少量繩紋陶片、素面陶片及少量骨頭；第四層是護坡土，爲黃色土，土質較純淨；第四層以下爲生土，未見明顯地層堆積。主殿前後兩側都有紅燒土堆積但與一號基址相比，這裏的紅燒土堆積較薄，也未形成連在一起的大面積堆積。主殿後側紅燒土堆積更少。這種情況可能與"後期破壞有關，但在主殿前部發現有數處不規則的坑，坑底有細膩的沙土淤積，坑内是倒塌的紅燒土，坑内堆積的紅燒土塊較大"。

在庭院靠近南部的一側，有廊柱礎石，從保留的柱礎來看，"柱洞中部

---

① 中國社會科學院考古研究所安陽工作隊：《河南安陽市洹北商城宫殿區二號基址發掘簡報》，《考古》2010 年第 1 期。

多有毀燒後的紅燒土，推測可能是木柱毀燒後形成的燒土”，主殿與西耳廡之間有一個門道，“與木柱墙對應處有門檻……在門檻底部有四個柱洞痕跡，柱洞内竪向木柱被燒後形成的木炭十分明顯”，在南廡有一處門道，“由於後期破壞，門道地面已與南廡臺基相平。門檻位於偏南的木骨泥墙一側，寬 0.3、深 0.1 米，内有焚燒過的柏木木炭”，在東廡南段東部 5.2 米處有兩個小型柱礎痕跡，東廡與該遺址之間發現一口水井（筆者註：發掘者把水井編號爲 2008HBSCF2J1，簡稱 J1，參見圖 8-32、圖 8-33）。

　　據《二號簡報》，J1 開口於第 4 層，距地表深 1.1 米、直徑約 3 米、井深約 8.5 米。井口近圓形，西側被一座晚期墓葬略打破，水位線位於井口向下 3—3.5 米處，井内堆積可分爲 8 層。第 1 至 5 層出土陶器片較少，第 6—8 層出土陶器片較多，而且多以汲水用的圜底罐爲主。其中第 3 層爲灰色土，在距井口 2 米處東部有大塊燒土。燒土由東向西傾斜，落差約 0.25 米，至井中部消失。發掘者推測“燒土應是由東部傾倒至井内的”，“值得注意的是第 3 層内發現的紅燒土堆積，則反映出二號基址的廢棄年代與水井的廢棄年代大體是一致的”，“第 6—8 層出土的陶器年代與洹北花園莊晚期相當，但似乎又略微偏早，即相當於中商三期偏早階段；至於第 1—3 層出土的陶片，由於數量極少，還難以據此給出準確的年代判斷，但總體來説，不會超出中商三期”。

　　發掘者從洹北商城宮殿區平面上分析一號與二號基址的關係，“一號基址主殿的北部有臺階，主殿西側的耳廡爲兩面破的廊，且有門道通向二號基址。更爲重要的是，一號基址主殿東部的門道，從門樞分析，門衹能在北面可以打開。這些現象表明，一號基址相對於二號基址來説是敞開的，所以説二者是緊密聯繫的一組建築群”。

　　有的學者根據在一號基址主殿中有 9 間的正室，二號基址可能有 4 間的正室，主張一號基址主殿的 9 間爲奉祀九位先王的神主的正室，即武丁時期卜辭中的所謂“九示”，如：

　　“辛酉卜，賓，貞：勿於九示桒。”（《合集》6257）

　　“乙丑▢桒自大乙至丁祖九示。”（《合集》14881）

　　據《合集》14881 卜辭，“九示”應指“大乙至丁祖”，“丁祖”應該是“祖丁”的倒文。“大乙”又叫“成湯”或叫“唐”，即滅夏桀而建商的開國之君，也就是商王朝第一位王。自大乙至祖丁，應該是指大乙、大丁、大甲、大庚、大戊、中丁、祖乙、祖辛、祖丁等九位的直系祖先。

二號基址主殿的 4 間正室爲奉祀四位先王的正室，即武丁時期卜辭中的所謂"四父"，如：

"[辛]酉[卜]，王勿祝於四父。"（《合集》2331）

武丁時期所説的"四父"，應指陽甲、盤庚、小辛、小乙等四位父輩先王。

"癸未卜，酉父甲至父乙酒一牛。"（《合集》20530）

父甲至父乙，也指陽甲、盤庚、小辛、小乙。由此，王恩田認爲："一號基址是盤庚爲大乙成湯至祖丁等殷人 9 位直係先王'九示'所興建的宗廟；證明洹北商城始建年代是盤庚時期，洹北商城是'盤庚遷殷'的都城'殷'，而不是河亶甲所居的'相'。二號基址是武丁爲陽甲、盤庚、小辛、小乙等'四父'所的宗廟，證明洹北商城的年代下限是武丁早期。正是由於洹北商城的一場大火，纔迫使武丁放棄了洹北商城，而把都城遷於洹河以南的'殷墟'。"①

據《一號簡報》，9 間正室是僅統計已清理的間數，而不是完整的發掘清理的間數，所以關於"九示"與一號基址之間的關係的判斷我們尚不斷定，但是王恩田的分析確實破有道理。因爲按照商王世系看，祖丁是陽甲、盤庚、小辛、小乙等兄弟之父，對武丁來説，祖輩以上直係祖先的最下限爲祖丁。成湯，即大乙至祖丁的直係祖先，正好是共九位，與一號基址 9 間正室一致。武丁的父輩，包括其父小乙，還有陽甲、盤庚、小辛，正是二號基址主殿的 4 間正室一致。由此，我們可以推測，晚商時代父輩的崇拜和祖輩以上的崇拜有所差距。父輩的宗廟，無論直系、旁系都設在一個地方，而祖輩以上的宗廟是有直系和旁系的區別。然而，這些推測祇好再等到洹北商城發掘清理完畢纔能得到準確的結論。

由以上考古發掘的情況和甲骨卜辭所見的關係及洹北商城宮殿區一號、二號基址之間的關係來看，洹北商城廢棄年代大體是洹北花園莊晚期，即相當於中商三期階段，其主要原因是他們遭受了一場大火，祇好放棄洹北商城。

以前考古發掘中，在洹南小屯村殷墟中没有發現相當於盤庚、小辛、

---

① 王恩田：《武丁卜辭於洹北商城一號、二號宗廟基址復原》，《中國國家博物館館刊》2015 年第 1 期。

小乙時期與都城相配的遺跡，所以有些學者認爲洹南小屯村殷墟爲晚商時代都城始於武丁時期。洹北商城的發現和發掘，正是彌補了盤庚遷殷的歷史上的問題，而且該城址的發現解決了在學術界一直爭論不休的一個問題，即殷墟是否存在城牆的問題。有些學者認爲，由於殷墟沒有城牆，所以其性質可能不是都城，而是晚商時期的墓地和祭祀場所。[1]然而洹北商城考古發掘者認爲，"洹北商城的發現，使我們認識到，盤庚遷都洹北商城之時，還是嚴格依祖制，選擇了開闊平坦的地帶建造規模巨大的都城。其佈局方式與前期的都城也有很大的相似性。但在都城尚未建成的情況下，遭受到毀滅性的毀壞。不得已，又移至洹南建立新都。正是吸取了疏於防火的深刻教訓，小屯宮殿都纔臨河而建，並精心設計，處處防火。而由於洹河邊特殊的地理位置，已無法滿足在建城牆的需要。這可能是殷墟沒有城牆最主要的原因"[2]。

洹北商城於 2006 年與殷墟一起被列入世界文化遺產。洹北商城遺址發掘還在進行，期待總有一天發掘完畢，爲我們提供更多的與中商時期有關的歷史考古的資料。

第四節　殷墟宮殿宗廟區 "丁組" 基址的發掘及各組基址的性質

當年史語所殷墟科學考古發掘過程中又一個重要的收穫，是建築基址的發現。衆所周知，殷墟宮殿區主要是指以大規模晚商時代夯土建築基址的小屯村東北地爲核心的區域。但是當年史語所剛開始發掘時沒有認識到建築基址，因爲那時殷墟科學發掘的主要目的就是尋找甲骨文。最早意識到發掘遺物與建築聯繫起來的是李濟。他在所謂的大連坑中發掘的一件其背面有紅土與石灰印 "半截抱腿而坐的人像" 用處的判斷，説："背有紅

---

① 秦文生：《殷墟非殷都考》，《鄭州大學學報》（哲學社會科學版）1985 年第 1 期和《殷墟非殷都再考》，《中原文物》1997 年第 2 期；胡方恕：《小屯並非殷都辨析》，《東北師大學報》（哲學社會科學版）1987 年第 1 期。

② 何毓靈、岳洪彬：《洹北商城十年之回顧》，《中國國家博物館館刊》2011 年第 12 期。

土與石灰印，大約是嵌在墻內的遺痕；身後有槽是預備別種立方形的柱子插進去的；抱腿而坐是一種托東西的姿勢。綜合在一起可以説極像一塊塞在墻內托柱的人像柱礎。……大連坑的基址界線極爲整齊；帶很顯然的建築的遺留。這幾塊殘石恰在這地方找出，更可證明它與建築的關係。"[1]

據殷墟發掘報告，當年史語所在殷墟宮殿宗廟區域的發掘中揭露出晚商時代夯土建築基址，首見於 1931 年的第四次發掘，隨後連續發掘。其具體情況，如表 8-10[2]：

表 8-10　　　　　　　　殷墟宮殿區建築基址發掘時間和範圍

基址編號	發掘次數	發掘時間	基址所在探方編號	基址揭露範圍
甲一	第七次	1932 年 11 月至 12 月	E161、168、171、173	基址西部
甲二	第七次	1932 年 11 月至 12 月	E37、42、43、45、46、48、49、50、51、53	揭露大部分，東端可能未到頭
甲三	第六次	1932 年 4 月	E40、103、104、106、107、109、D96、97	全部揭露
甲四	第四次至第六次	1931 年 4 月至 1932 年 4 月	E6、54、68、69、71、73、74、76、78、79、81、83、85、86、87	全部揭露
甲五	第六次	1932 年 4 月	E112、113、163	全部揭露
甲六	第五次至第六次	1931 年 12 月至 1932 年 4 月	E56、61、62、64、65、66、67、70、75、80、84、89、90、91、119、120	全部揭露
甲七	第七次	1932 年 11 月	E139、150	全部揭露
甲八	第九次	1934 年 3 月	E186	揭露一部分
甲九	第八次	1932 年 11 月	E34、154、155、158、164、180	全部揭露
甲十	第五次至第七次	1931 年 11 月至 1932 年 12 月	E35、184、185	揭露局部
甲十一	第八次	1933 年 12 月	D6、44-49、64-69、83-89、109-114、118、119	基本揭露完整

---

① 李濟：《民國十八年秋季發掘殷墟之經過及其重要發現》，《安陽發掘報告》1930 年第 2 期。

② 參見杜金鵬《殷墟宮殿區建築基址研究》，科學出版社 2010 年版，第 8—10 頁：筆者註，此表杜金鵬在石璋如的《殷墟建築遺存》表一、表三中摘要鈔錄的，"發掘次數"是按發掘時間筆者整理補記。

續表

基址編號	發掘次數	發掘時間	基址所在探方編號	基址揭露範圍
甲十二	第八次	1933 年 10 月	D39-42、59-62、78-81	全部揭露
甲十三	第八次	1933 年 10 月	D31-35、51-54、71-74	全部揭露
甲十四	第五次	1931 年 12 月	B78	局部揭露
甲十五	第四次	1931 年 4 月	A22、23	揭露東北部
乙一	第四次至第六次	1931 年 3 月至 1932 年 4 月	BB10、31、34、47、53、81、82、83、110、111	全部揭露
乙二	第四次至第六次	1931 年 4 月至 1932 年 5 月	B34、37、40、43、50、58-61	局部揭露
乙三	第七次	1932 年 12 月	B45、46、70、99、100、128	全部揭露
乙四	第四次	1931 年 4 月	B9、20	全部揭露
乙五	第十三次	1936 年 3 月	B120-122、124-126、129、130、132-134	局部揭露
乙六	第十三次	1936 年 3 月	B131	全部揭露
乙七	第十三次	1936 年 3 月	C75-86	揭露不完整
乙八	第十三次	1936 年 3 月	C48、51-54、56、58、71、75、78、83、122、135、136、B49、72	揭露南半部
乙九	第十四次	1936 年 10 月	C34、35、135、136-138	局部揭露
乙十	第十四次	1936 年 10 月	C72、73、76、77	全部揭露
乙十一	第十四次	1936 年 10 月	C66-69、120-122、124-134、168-170	揭露西半部
乙十二	第十四次	1936 年 10 月	C90、114、118、119、123、127、131、154、167	全部揭露
乙十三	第十五次	1937 年 3 月	C154、167-174	揭露西半部
乙十四	第十四次	1936 年 10 月	C152	全部揭露
乙十五	第十五次	1937 年 3 月	C174、178	輪廓不清
乙十六	第十五次	1937 年 4 月	C158、162、171、175	全部揭露

續表

基址編號	發掘次數	發掘時間	基址所在探方編號	基址揭露範圍
乙十七	第十四次	1936 年 11 月	C157、161	全部揭露
乙十八	第十四次至 第十五次	1936 年 12 月至 1937 年 4 月	C161、162、165、166、175、179	揭露北部
乙十九	第十五次	1937 年 4 月	C175、179	全部揭露
乙二十	第十五次	1937 年 5 月	C176-182	揭露西半部
乙二十一	第十五次	1937 年 5 月	C178、182	全部揭露
丙一	第十五次	1937 年 4 月	C321、322、325、326、329、330	大部揭露
丙二	第十五次	1937 年 4 月	C325、326	全部揭露
丙三	第十五次	1937 年 5 月	C321	全部揭露
丙四	第十五次	1937 年 5 月	C322	全部揭露
丙五	第十五次	1937 年 6 月	C317	大部揭露
丙六	第十五次	1937 年 3 月	C164	全部揭露
丙七	第十五次	1937 年 5 月	C329	全部揭露
丙八	第十五次	1937 年 5 月	C330	全部揭露
丙九	第十五次	1937 年 5 月	C329、333	大部揭露
丙十	第十五次	1937 年 5 月	C329、333	全部揭露
丙十一	第十五次	1937 年 5 月	C329、330、333、334	全部揭露
丙十二	第十五次	1937 年 5 月	C330、334	全部揭露
丙十三	第十五次	1937 年 5 月	C330、334	全部揭露
丙十四	第十五次	1937 年 5 月	C333	全部揭露
丙十五	第十五次	1937 年 5 月	C334	全部揭露
丙十六	第十五次	1937 年 5 月	C329、333	全部揭露
丙十七	第十五次	1937 年 5 月	C330、334	全部揭露

　　石璋如是第一位研究殷墟宮殿宗廟區建築遺存的學者。他早年提出了各種建築基址的論點，雖然因爲近幾十年田野考古學科的發展、研究方法更科學、不斷新出材料、對殷墟的瞭解更爲全面等因素，被否定了不少，但他還是被學界稱謂“殷墟宮殿宗廟區建築遺存研究第一人”。是因爲當年在中國開始不久的田野考古學水準並不高、對考古學的認識也不夠全面、田野考古發掘所收集的資料亦不夠充分，而且建築遺址有關的資料更缺乏的情況下，僅僅依靠手頭的資料進行研究並得到不少成果，這是值得後學敬仰的。

　　他留下的關於殷墟宮殿宗廟區建築遺存的研究成果有《殷墟建築遺存》《小屯殷代的建築遺跡》《殷代的夯土、版築與一般建築》《殷代祭壇遺跡》等，著作、論文等有數十篇。這些成果中對各組基址群的分析，說：“甲組基址可能是住人的，乙組基址可能是宗廟所在，丙組基址可能是祭祀場所。”[1]

　　文獻中古代王都的社壇、宗廟建築方位是有定制的，《周禮·小宗伯》載：“小宗伯之職，掌建國之神位。右社稷，左宗廟”，又《周禮·冬官考工記·匠人》載（王都的佈局）“左祖右社”。王都的宮城應該是坐北朝南，宗廟在其左即東，社稷在其右即西。石璋如亦指出殷墟建築基址的佈局“左祖右社之可能性”[2]。因此，他認爲“乙組”基址爲宗廟，“丙組”基址爲舉行祭祀的社壇，即乙組、丙組基址是後來所謂的“宗廟、社稷”的建築基址。

　　基於石璋如的研究成果，陳志達概括關於殷墟宮殿宗廟區各組建築基址的性質，“甲組某些基址可能屬殷王和宗室所居之寢室；乙組中的某些基址似爲神主所在之宗廟；丙組中的某些基址像是祭壇一類的建築，它與宗廟有聯繫。甲、乙兩組基址的排列和周代寢在廟後有相似之處”[3]。然而這些分析也衹是部分而不是全體的分析。實際上殷墟宮殿宗廟區的 53 座建築基址的性質和建築年代都各不相同。（參見圖 8-34）

---

　　① 石璋如：《殷墟建築遺存》，《小屯·第一本·遺址的發現與發掘》，“中研院”歷史語言研究所，1959 年，第 332 頁。
　　② 石璋如：《殷墟建築遺存》自序，第 9 頁。
　　③ 陳志達：《安陽小屯殷代宮殿宗廟遺址探討》，《文物資料叢刊》第 10 輯，文物出版社 1987年版。

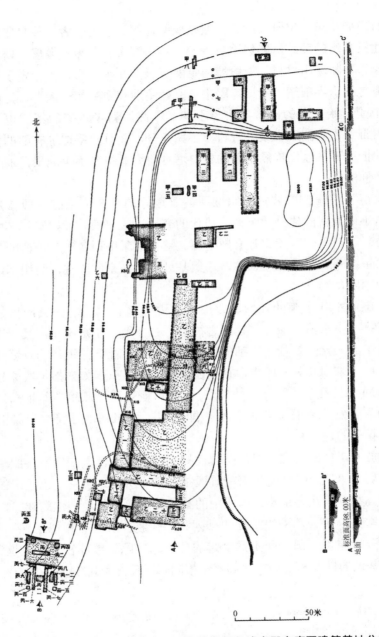

圖 8-34　史語所殷墟科學考古發掘時期發掘的殷墟宮殿宗廟區建築基址分佈圖

（採自杜金鵬《殷墟宮殿區建築基址研究》）

一　"甲組"基址

位於殷墟宮殿宗廟區域最北端，當年史語所發掘的 15 座建築基址，近些年探出的 13 塊夯土基址，其中一塊是與原發掘的甲十四、十五重合，所以甲組群總計 27 個建築遺跡。佔地面積"南北約 145 米、東西約 150 米。夯土基址建築有 20 多座，其平面形狀有長方形（長條形）、方形、拐尺形、凸字形（甲四）、凹字形（甲六）等"①。其建築年代，杜金鵬認爲大約是武丁時期始建，沿用到帝乙、帝辛時期，並説："甲組基址中目前尚未發現早於武丁的大型夯土建築遺存。"②杜氏的這些分析與洹北商城廢棄年代相比很有道理。

學者們對"甲組"建築基址的性質分析大約有以下四點，如下：

第一，寢宮説。這是石璋如首先發表的，説："甲組基址看不出有宗教意味的痕跡，可能是住人的"，並從其規模、房間數、有無柱礎石等方面考察分析：甲四、甲十一、甲十二、甲十三等可能是"寢殿"和饗宴之所，而甲一、甲三、甲五、甲十五等可能是附屬建築。③此後，陳志達、朱鳳瀚、宋鎮豪等基本上接受石璋如的這種觀點。④

第二，廟堂説。這也是石璋如提出的。他原本説甲組基址是"寢宮説"，但後來把甲組基址中大部分主體建築群歸爲宗廟建築，推翻了先前的論點。1980 年提出"甲十二基址應爲'大乙九示'的宗廟"、甲四基址定爲"上甲元示"、甲六基址定爲"三報三示"、甲十二基址定爲"大乙九示"、甲十三基址定爲"秙示（盤庚）"、乙二基址定爲"丁示"。⑤後來陸續發表的文章中以甲組基址建築群的位置與結構更具體的分析，甲組基址爲宗廟建築。⑥但石璋如的這些觀點，隨著在殷墟陸續出土考古新材

---

① 杜金鵬：《殷墟宮殿區建築基址研究》，科學出版社 2010 年版，第 76 頁。

② 杜金鵬：《殷墟宮殿區建築基址研究》，科學出版社 2010 年版，第 84 頁。

③ 石璋如：《殷墟建築遺存》，《小屯·第一本·遺址的發現與發掘》，"中研院"歷史語言研究所，1959 年，第 332—336 頁。

④ 參見陳志達《安陽小屯殷代宮殿宗廟遺址探討》，《文物資料叢刊》第 10 輯，文物出版社 1987 年；朱鳳瀚《殷墟卜辭所見商王室宗廟制度》，《歷史研究》1990 年第 6 期；宋鎮豪《夏商社會生活史》，中國社會科學出版社 2005 年版，第 116—120 頁。

⑤ 石璋如：《殷墟建築遺存的新認識》，《中央研究院國際漢學會議論文集（歷史與考古組）》上冊，"中研院" 1981 年。

⑥ 參見石璋如《殷墟地上建築復原第五例——兼論甲十二基址與大乙九示及中宗》，《中央研究院歷史語言研究所集刊》64 本 3 分冊，1993 年；石璋如《殷墟地上建築復原第六例——兼論甲十三基址與秙示》，《中央研究院歷史語言研究所集刊》65 本 3 分冊，1994 年。

料，沒有被學界接受。

第三，離宮說。這是一位古建築學家楊鴻勛從甲組基址的平面佈局所分析的，說："小屯'殷墟'無論從它的規模、佈局以及文化內涵來看，都不可能是一座都城，而應該是殷晚期王國都城近畿地方的一處苑囿離宮的遺址。"[①]

楊氏所說的"殷墟"，祇有指殷墟宮殿宗廟區而不是晚商時期的都城。目前殷墟的範圍，最保守的觀點也超過 30 平方公里的，若包括洹北商城的話，其面積大約 36 平方公里，或更大。估計是他祇看到建築遺址的佈局，而對殷墟考古資料的認識不夠全面。

第四，民居說。這是唐際根提出的論點。他在《安陽殷墟宮廟區簡論》一文中提出，"甲組基址（至少其中大部分）不是殷墟時期的宮廟建築，而是年代早於殷墟都邑時期的普通居民遺存或族邑"。他這樣主張的根據是，甲組基址與乙組、丙組基址之間存在顯著差別：第一，甲組基址規模普遍較小；第二，甲組基址結構比較簡單；第三，甲組基址中的大多數建築的形製都是南北長、東西寬，門道通常向東開設，明顯不同於乙、丙組中的基址。而且洹北商城的發掘也提供了一定的證據，"洹北商城是一座商代都城已成單定論。地層關係以及多年來從洹北商城範圍內的收集到的豐富考古資料表明，洹北商城的年代（包括其宮殿區內已發現的建築遺存）總體上早於殷墟。……洹北商城特別是商城內宮殿基址有關的實物標本，可以作爲判定其他遺址是否也有中商時期考古遺存的標尺。……殷墟宮廟區內曾經分佈有大量中商時期遺存。而以所謂'甲組基址（至少其中的大部分）'爲代表的建築遺存，實際上是洹北商城外圍的一個居民點。"並在 87AXTH1 灰坑中出土的陶器與史語所發掘的一些灰坑（如 YH158、358、027、103、259 及 YE358、E16 和 B25 等）中出土的陶器比較，說："均可確認是洹北商城階段最常見的陶器……可證甲組基址，至少其中大部分是中商時期的建築，因爲與作爲都邑的殷墟宮廟區建築無關。"[②]唐氏的這些論點是根據洹北商城和宮殿宗廟區考古發掘結果來定論的。

關於"甲組基址"建築時間的問題，杜金鵬和唐際根二位考古學家的

---

① 楊鴻勛：《宮殿考古通論》，紫禁城出版社 2001 年版，第 63—65 頁。
② 唐際根：《安陽殷墟宮廟區簡論》，《三代考古（一）》，科學出版社 2004 年版，第 291—297 頁。

分析，都值得商榷。

二　"乙組"基址

杜金鵬把"乙組"共有 21 個建築基址再分六大基址群[①]，本書爲了說明方便採用了杜氏的分類：其一，"乙一"組基址；其二，"乙五"組基址；其三，"乙七"組基址；其四，"乙八"組基址；其五，"乙十一"組基址；其六，"乙二十"組基址。

（一）"乙一"組基址

"乙一"組基址，是指乙一基址爲主，包括乙二基址在内的兩座基址。乙一基址的年代，朱鳳瀚根據該基址附近出土甲骨判斷，"乙組中的乙一基址鄰近各地點出土的甲骨最早可早到武丁早期"[②]。關於乙二基址的年代，杜金鵬認爲"不早於乙一基址"。

關於"乙一"基址建築性質，有"宗廟説""神廟神壇、祭壇説""測影臺説"及"臬臺説"等。[③]

（二）"乙五"組基址

"乙五"組基址，包括乙三、乙四、乙五、乙六四座基址。其建築年代，大約是武丁至祖庚、祖甲時期。[④]其建築基址的性質，石璋如判斷"在未建成基址之前這裏是一處殷代的鑄銅場所"，陳志達認爲"乙五基址大概是一處鑄銅的場所……乙七、乙八等大型基址可能是宗廟……乙四、乙六、乙十四、乙十七等小型建築，可能是住人的"[⑤]。杜金鵬推斷爲"乙

---

① 參見杜金鵬《殷墟宮殿區建築基址研究》，科學出版社 2010 年版，第 99—297 頁；筆者註，杜金鵬的這些分類，基本上採用了石璋如的《殷墟建築遺存》中的乙組建築基址分類的方式，但有所不同，如"乙二十組"。

② 朱鳳瀚：《論小屯東北地諸建築基址的始建年代及其與基址範圍内出土甲骨的關係》，《古代文明》第 3 卷，文物出版社 2004 年版。

③ 參見杜金鵬《殷墟宮殿區建築基址研究》，科學出版社 2010 年版，第 107—110 頁。

④ 關於乙五基址的建築年代問題：鄒衡推定爲"不超出（殷墟文化）第二期"，即"武丁、祖庚、祖甲時代"（《試論殷墟文化分期》）；陳志達推定爲"不會晚於殷墟第二期或更早"（《殷墟的發現與研究》，科學出版社 1994 年版，第 59 頁）；劉一曼推定爲"祖庚、祖甲時期的遺存"（《考古發掘與卜辭斷代》，《考古》1986 年第 6 期）；朱鳳瀚推定爲"乙五基址至早不早於祖庚時期，又不晚於祖甲時期"（《論小屯東北地諸建築基址的始建年代及其與基址範圍内出土甲骨的關係》）；杜金鵬推測爲"武丁時期"（《殷墟乙三、乙四、乙五基址研究》，《夏商周考古研究》，科學出版社 2007 年版）等。

⑤ 分別參見石璋如《乙區基址上下的墓葬》，《小屯·第一本·遺址的發現與研究》，"中研院"1976 年，第 19—20 頁；陳志達：《殷墟的發現與研究》，第 58—59 頁。

三、乙四、乙五、乙六，是殷墟最早的一組屬於‘朝’的建築，它坐北朝南，主體建築爲四合院式，還有門屏和門闕等附屬建築”①。

（三）“乙七”基址

其面積大體上東西 45 米，南北 40 米，約 1800 平方米。其建築年代，石璋如推測爲“可能爲祖甲時候的建築”。

朱鳳瀚也認爲“乙七基址的修建時期當定在武丁晚期至祖甲時期這一時段內”，杜金鵬則認爲“（與乙五基址一樣）乙七基址建造年代亦屬武丁時期”②。

關於其建築基址的性質，石璋如、李濟、鄒衡、陳志達、唐際根等基本上認爲“宗廟”，學者對乙七基址爲“宗廟建築”基本達成共識。③

（四）“乙八”組基址

包括乙八、乙九、乙十等三個建築基址。

1976 年，石璋如對乙八基址進行復原研究，指出“（乙八基址）乃係中間爲五件樓房，兩側爲三件平房，成爲三五相組合，樓平相主從，南北長達 54 公尺，一連十一間一座建築物”④。

對“乙八”組基址的性質，杜金鵬認爲：“乙八基址爲一座坐西朝東的高臺殿堂，懸山式兩面坡屋頂，前有長廊，後有 9 室，廊下 3 階，殿前有月臺。其建造年代，不早於武丁前期，屬於乙五組宮殿前面的配屬建築，推測可能是協助商王處理日常政務的公卿們的辦公處所即中央官署；乙十基址，坐北朝南，面闊 5 間，進深 2 間，四面封閉，懸山式兩面坡屋頂。其興建不早於武丁前期，其廢棄不晚於帝乙時候。它與乙八建築連爲一體，推測可能是乙七建築的後繼者，具有祭祀特殊神祇的功能。”由於乙九基址資料甚少，難以推測其建築組合、形制、功能等。⑤

---

① 杜金鵬：《殷墟宮殿區建築基址研究》，科學出版社 2010 年版，第 150 頁。

② 分別參見石璋如《殷墟建築遺存》《小屯·第一本·遺址的發現與發掘》，“中研院”歷史語言研究所，1959 年，第 332 頁；朱鳳瀚《論小屯東北地諸建築基址的始建年代及其與基址範圍內出土甲骨的關係》《古代文明》第 3 卷，文物出版社 2004 年版；杜金鵬《殷墟宮殿區建築基址研究》，科學出版社 2010 年版，第 175 頁。

③ 分別參見李濟《殷墟建築遺存·序》，北京大學歷史係考古教研室商周組《商周考古》，第 68 頁；陳志達《殷墟的發現與研究》，第 57—64 頁。

④ 杜金鵬：《殷墟宮殿區建築基址研究》，科學出版社 2010 年版，第 210 頁。

⑤ 杜金鵬：《殷墟宮殿區建築基址研究》，科學出版社 2010 年版，第 211 頁。

（五）"乙十一"組基址

包括乙十一、乙十二、乙十三、乙十四、乙十五、乙十七、乙二十一等 7 個單體建築基址。在乙組基址中"乙十一"組基址是發掘面積最大、遺跡最完善的遺存。

該組基址，至少有三個階段的建築遺跡：第一階段，爲乙十一早期基址；第二階段，爲乙十一晚期，包括乙十二前期基址、乙十三前期基址；第三階段，爲乙十二後期基址、乙十三西端補築基址。其建築年代大體上"既不早於殷墟二期早段，也不晚於殷墟二期早段。就是說，乙十一組宮殿建築的始建、重建和補建，都是在武丁晚期完成的"①。

其建築組的性質，杜金鵬説："（該組）單體建築構成先後建成的兩個封閉的四合院式建築群，它們坐北朝南，規模宏大，主次分明，周圍閉合，四面向心。外圍又有禮儀性建築和衛戍建築。……推定乙十一組宮殿建築很可能是商王理政的處所，即所謂'朝'。如果它與'乙五'宮殿同時並存了一個階段，則它可稱之爲'外朝'；如果'乙二十組'宮殿建成之後它還在使用中，則變而爲'中朝'。"②

（六）"乙二十"組基址

包括乙十八、乙十九、乙二十基址，乙十六基址附屬於此組。

其建築年代：乙二十基址，始建年代不早於武丁早期，改建年代不晚於武丁晚期；乙十九基址，上限年代不早於乙二十基址；乙十八基址，不早於武丁前期；乙十六基址，建造年代不早於武丁前期。

其建築性質，石璋如認爲乙十一、十二、十三、十五、十六、十八、十九、二十、二十一等基址屬於同一個建築群體，但杜金鵬則不然，應該分爲不同的建築群。其原因是"每組建築都是一個完整的四合院。乙十五大概是溝通前後兩個院落的路徑，乙十六則是前後兩進院落間的連接體和橫向通道"。所以判斷"乙二十組宮殿建築的性質，首先得承認它們是規模宏大的殿堂，這等巍峨寬大的房子不宜作爲寢室使用。……乙二十組基址是一個四合院式宮殿建築的部分遺址，其中乙二十是主殿，乙十八是西廂建築，乙十九爲耳廡，乙十六則是乙二十一組

① 杜金鵬：《殷墟宮殿區建築基址研究》，科學出版社 2010 年版，第 262 頁。
② 杜金鵬：《殷墟宮殿區建築基址研究》，科學出版社 2010 年版，第 263 頁。

與乙二十組宮殿之間的連接建築和橫向通道”。從乙二十等基址的建築組合、規模、形制和其佈局等方面考慮“推定爲商王處理國務的‘朝’比較合理”①。

三 “丙組”基址

“丙組”基址共有 17 座的基址遺存，以“丙一”基址爲中心，杜金鵬根據考古發現，認爲“殷墟丙組基址比較符合‘社’的建築特徵”。並分析②：丙一基址爲墠，是祭祀場；丙二基址是祭壇，主祭者立身處；丙三、丙四基址是神壇，爲神主安置處；丙七、丙八位於丙一南面，左右對峙，頗似門檻建築；丙十一、丙十六、丙十七組成一個院落，丙十一是門墊，丙十六、丙十七是廂房，丙十一是整個社壇的南大門，祭社必經此登壇。丙十六、丙十七可能是社壇官署和儀仗器具存放處；丙九、丙十、丙十二人、丙十三則是廩臺，祭社所用物品的儲存處；丙五、丙六、丙十五，可能是起警衛和表彰祭壇的設施。

關於“丙組”基址建築年代，石璋如説：“丙組基址規模較小，但組織非常規律，可能爲帝乙晚年或帝辛早年的建築”③，而杜金鵬的分析更詳細，如“丙一基址年代上限爲殷墟一期晚段”“丙四基址打破丙一而建，其年代上限爲殷墟一期晚段”“丙五基址大約不早於殷墟四期，或曰不早於帝乙時期”“丙九基址不早於殷墟二期（武丁晚期、祖庚、祖甲）”“丙十基址年代上限爲武丁早期”“丙十三基址年代上限爲武丁早期”“丙十五基址始建年代不早於武丁早期”“丙十七基址年代不早於武丁早期”等，“綜上所述，丙一與丙四基址爲關聯遺址，雖然丙四打破丙一，但二者年代應相同。故此，由基址疊壓的遺跡和打破基址的遺跡可卡定丙一、丙二、丙三、丙四等基址的始建應在殷墟一期晚段，即武丁早期。……丙五不早於殷墟四期即帝乙時期。丙六、丙十、丙十一、丙十三、丙十五、丙十七等的年代上限爲殷墟一期晚段即武丁早期。考慮到丙六與丙五爲對稱構築物，則丙六的建造年代亦應不早於帝乙時代。丙九可

---

① 杜金鵬：《殷墟宮殿區建築基址研究》，科學出版社 2010 年版，第 295—296 頁。
② 杜金鵬：《殷墟宮殿區建築基址研究》，科學出版社 2010 年版，第 366 頁。
③ 石璋如：《殷墟建築遺存》，《小屯·第一本·遺址的發現與發掘》，“中研院”歷史語言研究所，1959 年，第 332 頁。

能不早於殷墟二期即武丁晚期至祖庚、祖甲時期"。還有"丙一"基址北面窖穴中出土 4 片甲骨的"字體均接近於𠂤組卜辭……這也許是丙組基址的始建不晚於武丁早期之旁證"[①]。

四　"丁組"基址

據發掘報告，"丁組"基址是 1981 年勘探發現的，於 1989 年正式開始發掘。當時發掘處有臨時性建築物，不便全面揭露，祇是對基址的形制有了初步認識。1990 年至 1991 年繼續發掘，將南排基址（F2）和西排基址（F3）全部揭露。北排基址（F1）因被壓在 5 間平房下面，所以 1995 年平房拆除後，1996 年春該基址的發掘工作結束。

學術界把建築基址群分爲甲、乙、丙、丁等四個群，但是又由於 30 年代史語所發掘建築基址共有 53 座，所以把丁組基址定爲"54 號基址"。

"丁組"基址位於乙組基址東南方向，距乙二十基址約 80 米處。該基址是 F1（北排）、F2（南排）、F3（西排）三座單體建築基址組合而成一體，平面上呈現"凹"字形，朝東開放，即"E"形。（參見圖 8-35）

發掘者認爲"南北兩座排房都是西北—東南走向，大概 F2 修建較早，F1 修建較晚，西面的 F3 可能是在 F1、F2 建起之後過了一段時間纔修建的。F1 是主要建築，南邊至少有 6 處門道，北邊也有一出入門。F2 在偏東部有寬約 3 米的通道，可通向內外。西排房基門向東。3 排房基呈半封閉式建築群，基址之間有活動場地，東面臨洹水，河岸邊當也有廣闊的活動空間。……關於 F1 的年代，從祭祀坑內所出陶盆、罍的形制觀察，與殷墟一期的同類器接近。銅盂頸部的斜角目雲紋與屬於殷墟第一期晚段的 59WGM1 所出銅鼎花紋相似，各坑所見的大三棱式骨鏃也爲殷墟第一期所常見，故此房基的修建年代約相當於殷墟第一期晚段，屬於武丁早期。銅盂上'武父乙'銘文中的'父乙'當是武丁對小乙的稱謂"[②]。

---

① 杜金鵬：《殷墟宮殿區建築基址研究》，科學出版社 2010 年版，第 331—334 頁。
② 中國社會科學院考古研究所安陽工作隊：《河南安陽殷墟大型建築基址的發掘》，《考古》2001 年第 5 期。

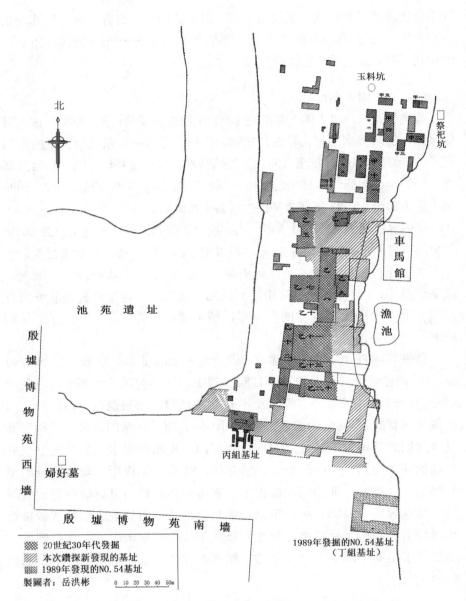

北

玉料坑

祭祀坑

車馬館

漁池

池　苑　遺　址

殷墟博物苑西墙

婦好墓

殷　墟　博　物　苑　南　墻

丙組基址

1989年發掘的NO.54基址
（丁組基址）

▨ 20世紀30年代發掘
▨ 本次鑽探新發現的基址
▨ 1989年發現的NO.54基址
製圖者：岳洪彬　　0 10 20 30 40 50m

圖 8-35　殷墟宮殿宗廟區 2004 年鑽探的建築基址群位置圖
（中國社會科學院歷史研究院考古研究所岳洪彬研究員提供）

　　關於"丁組"基址的性質，大體有兩個看法，一爲鄭振香的"宗廟性的建築"①説，另一爲唐際根的"可能是宫殿"②説。

　　杜金鵬從方位關係、祭祀遺存、建築形制等方面入手分析，大體上得到宗廟建築的結論，並分析了整個宫殿宗廟區域建築基址的性質，"乙組基址規模最大，位置居中，呈多進四合院式，建築宏偉而封閉；甲組基址位在乙組基址北面，建築組合散漫，體量相對偏小；丙組基址在乙組基址西南，組合雖緊密但規模較小，且多爲壇臺類基址而少見房基。本組（筆者註：丁組）建築基址，位在乙組基址東南，雖是四合院但建築規格不高。可見，殷墟宫殿區建築基址，不同形式的建築物，其方位的確有别。……把殷墟乙組、甲組、丙組基址而分别推定爲朝、寢、社，把丁組基址推定爲宗"③。

　　杜氏的這些分析，筆者認爲是可取的。其理由是，我們在甲組基址中基本不見祭祀遺存，乙組基址中屬於"朝"的建築基址裏較少見祭祀遺存，丙組基址有大量的祭祀遺存，丁祖基址的祭祀遺存比較多見。

　　以上簡單瞭解殷墟宫殿宗廟區的建築基址的簡況。各群建築基址的性質學者之間雖有所分歧，但基本上我們可以接受杜金鵬的分析。

　　近一百年的殷墟科學考古發掘，爲我們復原了中國歷史上第二個奴隸制王朝商代晚期都城的面貌。在殷墟出土了 15 萬片的中國歷史上最早的國家檔案，即甲骨文，亦出土了 6000 多件的青銅器，其中不少有銘文，爲我們提供了"族徽"等商王朝社會階級結構研究中不可缺少的資料。在王陵區發掘了帶有墓道的大墓（四條墓道的大墓 8 座；兩條墓道的大墓 3 座，包括 1950 年發掘的武官大墓；一條墓道的大墓 2 座，1978 年和 1984 年發掘的；未建成的大墓 1 座）和 2500 多個祭祀坑和陪葬坑等墓葬方面的規模和隨葬品中，我們可以看到商王朝統治階級政治權力和經濟富有以及國家層面財力的雄厚和當年手工業水準等。在殷墟範圍內發現的"四合院"式的建築基址、大型鑄銅遺址、手工作坊遺址、制骨作坊遺址等表明晚商時代人們的生活方式和水準。

---

　　①　中國社會科學院考古研究所安陽工作隊：《河南安陽殷墟大型建築基址的發掘》，《考古》2001 年第 5 期。

　　②　唐際根：《中國考古學·夏商卷》，中國社會科學出版社 2003 年版，第 298 頁。

　　③　參見杜金鵬《殷墟宫殿區建築基址研究》，科學出版社 2010 年版，第 392—396 頁。

經過近百年的殷墟科學考古發掘，能夠保證甲骨文的真實性和學術價值，以即甲骨學研究得到了更可靠的地下資料，又晚商時代歷史研究得到了更有力的實物資料。由此，提高了甲骨學和商代歷史研究的水準並擴大了其研究的領域。這些成果不僅是幾代前輩學者們不怕吃苦而努力得到的結果，又爲我們指明了將來甲骨學殷商史和殷商考古學研究的方向。

結　語

——甲骨學發展新百年的展望

甲骨學是從 1899 年王懿榮鑒定甲骨文以後形成而發展的，之後自 1928 年 10 月至 1937 年 6 月史語所對殷墟科學考古發掘促進了中國田野考古學的發展。自 1937 年 7 月至 1945 年 8 月抗戰時期，學者們雖然不能對殷墟進行考古發掘，但是學者們在"八千里路雲和月"的顛沛流離中，在日軍飛機轟炸中，在艱難困苦中，仍然堅持科學研究、保護文物並完成手中的課題研究。史語所的學者們避亂到哪裏，安頓好後便開始科研工作，這種不怕吃苦、不懈怠的敬業精神是生活於和平年代的我們必須繼承做學問的態度。

1949 年 10 月中華人民共和國成立之後，國家支持文物保護和考古發掘方面的工作，1949 年 11 月正式成立中國科學院，1950 年 5 月經籌建，同年 8 月正式成立中國科學院考古研究所，積極準備開展殷墟科學考古發掘工作。七十多年來，在殷墟不斷有重大考古發現和甲骨文出土，推動了甲骨學的"深入發展時期（1949—1978 年）"和"全面深入發展時期（1978 年至今）"。

過去一百二十多年來，甲骨學研究取得了輝煌的成就，但是仍然需要解決的問題亦不少，正如李學勤所說的"甲骨學的研究不是已經完成，而是剛剛開始。有些人看到這門學科有了這麼多論著，僅目錄索引便有厚厚的一本，以爲重大課題都被前人做盡，今後不會有較大的突破，這並不符合學科發展的實際。真正深入於甲骨研究的人會感到這片園地雖然經過很多人開闢，仍然是滿目叢莽，有好多很基本、很重要的問題尚待解決"[①]。他還

[①]　李學勤：《序》，王宇信：《甲骨學通論》，中國社會科學出版社 1993 年版，第 8 頁。

說："甲骨學的研究儘管已有相當長期的歷史，非常多的成果，但仍然有好多工作要做，許多疑難沒有解決，實際上，甲骨的奧蘊大部分還不曾掘發，用以探究古代歷史文化也大有可爲。以爲甲骨研究得差不多了的止步自畫的觀點，是不可取的。……這裏想特別說的，是甲骨學今後的發展一定要進一步以考古學爲基礎。甲骨本身是一種考古遺物，考古學的理論和方法同樣適用於甲骨的研究，隨著考古學與現代科技的界河，甲骨的鑒定研究也會引進新的手段"①。

於 1999 年，在甲骨學研究一百年之際，王宇信、楊升南兩位師主編《甲骨學一百年》的第十五章"新世紀甲骨學研究的展望"②中提出"甲骨新材料的繼續發現和全面科學的整理""甲骨學研究的繼續深入與開拓""甲骨學研究方法和研究手段的現代化""人才培養是甲骨學研究長盛不衰的保障"等四個方面的展望。

進入 21 世紀之後，甲骨學研究的發展方向，正如《甲骨學一百年》所揭示的方向發展，如下：

第一，"甲骨新材料的繼續發現和全面科學的整理方面"。甲骨新材料著錄方面成果有《殷墟花園莊東地甲骨》（2003 年）、《洹寶齋所藏甲骨》（2006 年）、《中國國家博物館館藏文物研究叢書·甲骨卷》（2007 年）、《北京大學珍藏甲骨文字》（2008 年）、《殷墟甲骨輯佚——安陽民間藏甲骨》（2008 年）、《上海博物館藏甲骨文字》（2009 年）、《史語所購藏甲骨集》（2009 年）、《張世放所藏殷墟甲骨集》（2009 年）、《中國社會科學院歷史研究所藏甲骨集》（2011 年）、《殷墟小屯村中村南甲骨》（2012 年）、《俄羅斯國立愛米塔什博物館藏殷墟甲骨》（2013 年）、《旅順博物館所藏甲骨》（2014 年）、《卡內基博物館所藏甲骨研究》（2015 年）、《重慶三峽博物館藏甲骨集》（2016 年）等；甲骨綴合方面成果有《甲骨綴合集》（1999 年）、《甲骨綴合續集》（2004 年）、《甲骨綴合彙編》（圖版編：2011 年）、《甲骨綴合彙編——釋文與考釋》（2013 年）、《甲骨拼合集》（2010 年）、《甲骨拼合續集》（2011 年）、《甲骨拼合三集》（2013 年）、《甲骨拼合四集》（2016 年）、《甲骨拼合五集》（2019 年）、《醉古集——甲骨的綴合與研究》（2008 年）、

① 李學勤：《甲骨學易百年的回顧與前瞻》，《文物》1998 年第 1 期。
② 王宇信、楊升南主編：《甲骨學一百年》，社會科學文獻出版社 1999 年版，第 691—699 頁。

《契合集》（2013 年）等。

第二，"甲骨學研究的繼續深入與開拓"。甲骨文字考釋方面的成果有《甲骨文字詁林補編》（2017 年），甲骨文字整理方面的成果有《古文字類編·增訂本》（2008 年）、《甲骨文字編》（2012 年）、《新甲骨文編》（2014 年）、《殷墟甲骨文編》（2017 年）等，商代史研究方面的成果有宋鎮豪主編的 11 卷本 680 多萬字的大型研究著作《商代史》（2010 年 10 月至 2011 年 7 月），如表 1：

表 1　　　　　　　　　《商代史》各卷書名、作者及出版時間

卷數	書名	作者	出版年月	字數
卷一	《商代史論綱》	宋鎮豪主筆	2011 年 7 月	590 千字
卷二	《〈殷本紀〉訂補與商史人物徵》	韓江蘇、江林昌	2010 年 12 月	750 千字
卷三	《商族起源與先商社會變遷》	王震中	2010 年 11 月	190 千字
卷四	《商代社會與國家》	王宇信、徐義華	2011 年 7 月	720 千字
卷五	《商代都邑》	王震中	2010 年 10 月	590 千字
卷六	《商代經濟與科技》	楊升南、馬季凡	2010 年 10 月	915 千字
卷七	《商代社會生活與禮俗》	宋鎮豪	2010 年 10 月	731 千字
卷八	《商代宗教祭祀》	常玉芝	2010 年 10 月	636 千字
卷九	《商代戰爭與軍制》	羅琨	2010 年 11 月	645 千字
卷十	《商代地理與方國》	孫亞冰、林歡	2010 年 10 月	567 千字
卷十一	《殷遺與鑒賞》	宮長爲、徐義華	2011 年 7 月	550 千字

第三，"甲骨學研究方法和研究手段的現代化"。隨著科技文明的發達，甲骨學研究方面也利用科技並創造出網絡上的甲骨文數據庫，提出了"大數據、雲計算支持下的甲骨文字研究"的工程。此項工程的快速發展，已有顯著的成果，其中較有影響力和重要的甲骨文數據庫，有如下：

其一，"殷契文淵"（http：//jgw. aynu. edu. cn/ajaxpage/home 2.0/index. html：河南安陽師範學院創造）。

其二，"殷墟甲骨文數據庫"（http：//obid. ancientbooks. cn/：古聯（北京）數字傳媒科技有限公司）。

其三，"甲骨世界"（http：//read.nlc.cn/specialResourse/jiaguIndex：中國國家圖書館資源庫甲骨世界）。

第四，"人才培養是甲骨學研究長盛不衰的保障"。爲了一門學科的發展，最要緊的是人才。21世紀的今天科技文明再發達，若沒有人去研究甲骨文、甲骨學殷商史、殷商考古學等學科，這就等於是沒有學科發展的希望。目前甲骨學研究的水準能夠達到這樣較高的水準，是因爲過去一百二十多年來基於老前輩學者的努力和新進人才不斷加入甲骨學研究的隊伍。然而，隨著在社會上重視經濟發展，而甲骨學、古文字等所謂"冷門學科"的新進人才越來越少。在這種情況下，2016年5月17日，習近平《在哲學社會科學工作座談會上的講話》中指出，"要重視發展具有重要文化價值和傳承意義的'絕學'、冷門學科。這些學科看上去同現實距離較遠，但養兵千日、用兵一時，需要時也要拿得出來、用得上。還有一些學科事關文化傳承的問題，如甲骨文等古文字研究等，要重視這些學科，確保有人做、有傳承"。之後，學術界高度重視甲骨文、古文字方面的研究和傳承，以此甲骨學研究迎接新時代的再輝煌。2016年10月，國家社科基金重大委託項目"大數據、雲平臺支持下的甲骨文字考釋研究"正式開展，包括10個子課題。這些課題由中國社會科學院、國家圖書館、清華大學、北京大學、復旦大學、華東師範大學、首都師範大學、河南大學、鄭州大學、安陽師範學院、中國文字博物館等國家級機構、院校的專家學者，綜合運用歷史、考古、藝術、計算機等多學科手段尋找三千幾百年前中國歷史上第二個王朝歷史的真面貌。因此，王宇信師把2016年5月17日以後的甲骨學研究階段劃爲"政府推動下的甲骨學全面深入發展與弘揚新階段"[①]。

目前，不少大學或開設甲骨、金文、篆書等古文字學科，或培養古文字、甲骨學殷商史、殷商考古學的研究生和博士生，從而這門"冷門學科"研究隊伍充滿活力，在國外研究甲骨文、甲骨學、古文字學、殷商考古學的學者亦不少。不同層次的、不同國籍的研究人才，就是甲骨學殷商史研究在新百年取得更大發展的希望和保障。

今後甲骨學殷商史研究的發展，我們背負的任務"重"而要走的路

---

① 王宇信、具隆會：《甲骨學發展120年》，中國社會科學出版社2019年版，第675頁。

"遠"，不過作爲甲骨學殷商史研究的學者來説，這是既必須要承擔的任務，又該走的路。王宇信師説："我們有前一個百年較爲齊備的甲骨文資料的積累，前輩學者給我們留下的寶貴學術遺產和可資借鑒的治學經驗。我們有多學科聯合攻關的成功實踐和時代優勢。因此我們相信，在新的一百年裏，通過甲骨學堅韌不拔的努力和創造性地探索，一定會把甲骨學研究推向一個新高峰，再創新世紀甲骨學研究一片繁榮的大好局面！"①

---

①　王宇信、楊升南主編：《甲骨學一百年》，社會科學文獻出版社 1999 年版，第 699 頁。

附錄一

殷墟以外全國各地歷年所出不同時期的卜骨和卜甲情況[①]：表一，新石器時期卜骨簡表；表二，安陽以外商人甲骨簡表；表三，商周時期南北方其他青銅文化出土卜骨簡表

表一 **新石器時期卜骨簡表**

出土地點	類別和數量	灼、鑽、鑿及整治情況	資料來源	備註
陝西灃西客省莊	羊/六	灼，無鑽鑿，未整治	《灃西發掘報告》第 68 頁	
河北唐山大城山	牛/三、鹿/一	灼，無鑽鑿，削刮磨光	《文物參考資料》1956 年第 7 期	
邯鄲澗溝村 龜台村	羊/二 卜骨/一	灼，無鑽鑿，未整治 灼，無鑽鑿，未整治	《考古》1959 年第 10 期	
永年台口村	卜骨/一	灼，無鑽鑿，未整治	《考古》1962 年 12 期	
蔚縣莊窠、三關，篩子綾羅	牛羊卜骨/多件	灼，無鑽鑿，有的整治	《考古》1981 年第 2 期	
磁縣下潘王村	卜骨/一	灼，無鑽鑿，未整治	《考古學報》第 1 冊，1975 年	
内蒙昭烏盟巴林左旗富河溝村	卜骨/？	灼，無鑽鑿，未整治	《考古》1964 年第 1 期	
河南濬縣大賚店	卜骨/一	灼，無鑽鑿，未整治	《田野考古報告》1983 年	
新鄉劉莊營	牛、羊/三	灼，無鑽鑿，未整治	《考古》1966 年第 3 期	
安陽同樂寨 侯家莊 後崗	卜骨/？ 卜骨/？ 卜骨/？	灼，無鑽鑿，未整治	《商史論叢》1:4:1 《安陽發掘報告》4:631 《梁思永考古論集》	安陽出土卜骨地點甚多，地層有早晚之分，此處從略

---

① 蕭良瓊：《周原卜辭和殷墟卜辭之異同初談》附表一、二、三，載於胡厚宣主編《甲骨文與殷商史》上海古籍出版社 1983 年版，第 276—280 頁。

出土地點	類別和數量	灼、鑽、鑿及整治情況	資料來源	備註
洛陽東干溝	牛、羊/？	灼，無鑽鑿，未整治	《考古》1959 年第 10 期	
山東曹縣莘冢集	牛/？	灼，有鑽，未整治	《考古》1985 年第 5 期	
章丘城子崖	牛/六 牛/三 牛/三 鹿/一 牛/一 ？/一	灼，有鑽，刮治 灼，有鑽及未鑽，未治 灼，有鑽，刮治上光 灼，無鑽，未整治 灼，無鑽，未整治 灼，無鑽，未整治	《城子崖》第 85 頁	遺址上層 中層 下層 下層 下層
甘肅臨夏大河莊 秦魏家	羊/九 羊/三	灼，無鑽鑿，未整治 灼，無鑽鑿，未整治	《考古》1960 年第 3 期	
武威皇娘娘台	牛/一 羊/二一 豬/四	灼，有鑽鑿，刮治 灼，無鑽鑿 灼，無鑽鑿	《考古》1960 年第 2 期	
山西太原光社	牛/八 牛/四 豬/？	灼，有鑽，刮治 灼，無鑽，刮治 灼，無鑽，未整治	《文物》1962 年第 45 期	龍山晚期或 殷
襄汾陶寺	豬/？	灼，無鑽，未整治	《考古》1980 年第 1 期	
夏縣東下馮	羊、豬/多件	灼，無鑽	《考古》1980 年第 2 期	早於二裏頭 晚於龍山
永濟東馬鋪頭	羊/一二	三件有灼，均未整治	《考古》1980 年第 3 期	
翼縣感軍	羊/一	灼，無鑽鑿，未整治	《考古》1980 年第 3 期	
四川忠縣䢖井溝	骨/三	灼，有鑽	《文物》1959 年第 5 期	
江蘇南京北陰陽營	骨/三 黿/三	灼，圓鑽 灼	《考古學報》第 1 冊， 1958 年	青蓮崗文化

表二   安陽以外商人甲骨簡表

出土地點	類別和數量	灼、鑽、鑿及政治情況	資料來源	備註
河南鄭州二里崗 1）1952 年發掘	牛 牛頭骨 羊 鹿（共三五三）	灼或正反均有鑽鑿，單 鑽爲主，少數雙聯鑽。 牛肩胛骨均整治；牛頭 骨有鑽穴，灼痕	《考古學報》第 8 冊， 1954 年 《文物參考資料》1954 年第 12 期	
2）1953—1954 年 發掘	牛肋骨/一 牛肱骨/一 有孔骨/一 牛羊胛骨/？ 黿腹甲/？	羊、鹿不攻治	《文物參考資料》1954 年第 4 期 《文物參考資料》1956 年第 5 期	有 11 個字 有 "屮" 字 有一字

出土地點	類別和數量	灼、鑽、鑿及政治情況	資料來源	備註
鄭州上街	牛/一 豬/一	灼，無鑽鑿，未整治 灼，無鑽鑿，未整治	《考古》1966 年第 1 期	
南關外	牛/九 豬/一 龜/一	灼，無鑽鑿，略整治 灼，無鑽鑿，略整治 灼，無鑽鑿，略整治	《考古學報》第 1 冊， 1973 年	早商文化
	牛 豬 羊（共六九）	灼，無鑽鑿，少量整治 灼，無鑽鑿，未整治		
	龜/少量 牛/四四 豬/三 羊/六 龜/二	灼，鑽 灼，部分有鑽 灼 灼 灼，鑽		
彭公祠	龜腹甲/? 卜骨/?	攻治法與小屯同 灼，鑽	《文物參考資料》1954 年第 4 期	
白家莊	卜骨/?	灼，鑽	同上 1955 年第 10 期	
旭旮（kēlá）王村	卜骨/二〇	灼，有的無鑽，亦有單 鑽或雙聯鑽，均整治	《考古學報》第 3 冊， 1958 年	
洛達廟	豬羊/三	灼，未整治	《文物參考資料》1957 年第 10 期	
紫金山	卜骨/?	形製與二里崗上層同	同上 1956 年第 4 期	
永城黑孤堆	卜甲	灼	《田野考古發掘》 2:117~118	
輝縣琉璃閣	牛/一七 豬/三	灼，鑽，整治	《輝縣發掘報告》 第 13—15 頁	攻治法與二 里崗相近
褚丘	卜骨/一八	灼	《輝縣發掘報告》 第 125 頁	
洛陽澗西孫旗村 中州路 澗河兩岸	豬/? 卜骨/? 卜骨/?	灼 灼 僅有棗核形鑿	《文物參考資料》1955 年第 9 期	
河南澠池鹿寺	牛、羊/九	灼，長形方鑿	《考古》1964 年第 9 期	
陝縣七里鋪	牛/四 羊/一一 豬/九 龜/?	灼，鑽 灼 灼 未灼	《考古學報》第 1 冊， 1960 年	
新鄉潞王墳	羊/三 豬/一	灼 灼	《考古學報》第 1 冊， 1960 年 同上：59	上層 下層

續表

出土地點	類別和數量	灼、鑽、鑿及政治情況	資料來源	備註
偃師灰嘴	牛/二 豬/一	灼	《文物》1959年 第12期	
二裏頭（一） 二裏頭（二）	牛豬羊/？	灼，無鑽	《考古》1961年第2期	
	羊/六	灼，無鑽，未整治	《考古》1974年第4期	
淮濱沙塚	牛肩胛骨卜骨 /？ 鱉甲、龜甲/？		《考古》1981年第1期	
湯陰白營	牛/？	灼	《考古》1980年第3期	相當於二里頭 文化早中期
河北邢臺曹演莊	牛羊鹿/？ 牛頭/？ 龜/？	早期祇有灼或鑽灼 晚期，灼，鑽，鑿	《考古學報》第4冊， 1958年	
賈村	牛/七 甲/三	灼，及灼，鑽鑿 灼，鑽鑿	《文物》1958年 第10期	
西關	牛/二	灼，鑽	《文物》1960年第7期	
先賢村 尹郭村	牛/二	灼，鑽及整治	《考古》1959年第2期	
糧庫	卜骨/一六 龜腹甲/五	灼，鑽，個別有鑿 灼，鑽，鑿	《文物》1960年第4期	
	卜甲/？ 豬/？		《文物參考資料》1956 年第9期	
藁城台西村	牛/一一 龜腹甲/二 牛/九	灼，鑽 灼，鑽鑿 灼，鑽	《考古》1973年第5期	鑽孔用刀挖 個別用鑽 出於墓葬
磁縣下七垣	牛/三		《考古學報》第2冊， 1979年	二裏頭文化
	牛、羊/一二 龜腹甲/一	灼，鑽，整治 灼，鑽鑿	《考古學報》第2冊， 1979年	牛骨多羊骨 少，商早期
	卜骨/三九	灼，鑽鑿四塊 灼，鑿三三塊 鑽二塊	《考古學報》第2冊， 1979年	商代中期， 三塊有孔似 爲穿繩之用
	卜骨/四	灼，鑽鑿二塊 灼，鑿二塊	《考古學報》第2冊， 1979年	商代晚期
江蘇徐州高皇廟	牛 龜腹甲	灼，三聯鑽，削治	《考古學報》第4冊， 1958年	出於遺址中 層，屬商文 化
銅山丘灣	牛 龜	灼，方鑿，刮削，個別 有鑽 灼，鑽鑿	《考古》1973年第2期	

續表

出土地點	類別和數量	灼、鑽、鑿及政治情況	資料來源	備註
安徽亳縣牛市鎮	卜骨/？ 卜甲/？		《文物考古工作三十年》第 229 頁	
山東濟南大辛莊	卜骨/五六 卜甲/二九	灼，鑽 灼鑽鑿，個別無鑽	《文物》1959 年第 11 期	大辛莊一帶出甲骨甚多
平陰朱家橋	卜骨碎片	灼，鑿	《考古》1961 年第 2 期	
陝西華縣	卜骨/一	灼，圓鑽，鑽孔有尖	《文物參考資料》1957 年第 3 期	早於小屯

表三　　商周時期南北方其他青銅文化出土卜骨簡表

出土地點	類別和數量	灼，鑽，鑿及整治情況	資料來源	備註
內蒙寧城	卜骨/七 卜骨/六	灼，圓鑽 灼，鑽	《考古》1965 年第 12 期	長條骨片種屬不清
赤峰藥王廟（1） 夏家店（2） 小榆樹林子（3）	豬/？	灼，鑽	《考古》1961 年第 2 期	
	豬/？	灼，鑽	《考古》1961 年第 2 期	
	骨/二	灼，鑽	《考古》1965 年第 12 期	不晚於西周
吉林汪清、百草溝	羊/？	灼，無鑽鑿，略整治	《文物參考資料》1957 年第 7 期	
南京西善橋大崗寺	龜腹甲/三	灼，有鑽鑿，一件上端有小孔	《考古》1962 年第 3 期	屬湖熟文化

表四　　殷墟沿革表（參照董作賓《殷墟沿革》）

朝代	地名沿革	年分	西元	所屬	備註
商	北蒙				《竹書記年》
	殷	盤庚十四年	約前 1388 年	京師	《竹書記年》
	殷墟	紂時		畿內	
周	殷墟	春秋時		衛地	
				晉地，東陽	《左傳》
		戰國時		魏地，寧新中	《括地誌》
				趙地，東陽	《戰國策》
				商任	《春秋地名考》

朝代	地名沿革	年分	西元	所屬	備註
秦	殷墟	始皇二十六年	前 221 年	上黨郡，安陽	《元和郡縣誌》
漢	殷墟	高祖時		河內郡，蕩陰	《太平寰宇記》
魏	殷墟			鄴	《河朔訪古記》
晉	殷墟			魏郡，安陽	《晉書地理誌》
北魏	殷墟			蕩陰	《元和郡縣誌》
北周	殷墟	大象二年	580 年	鄴	《舊唐書地理誌》
隋	殷墟	開皇十年	590 年	相州，相縣	
	（安延鄉）	（仁壽三年）	603 年	（相州，相縣）	《卜仁墓誌》
唐	殷墟	武德五年	622 年	相州總管府，安陽	《舊唐書地理誌》
五代	殷墟			河北道相州，安陽	《太平寰宇記》
宋	河亶甲城	元祐七年	1092 年	相州，安陽	《自考古圖書成時起宋史地理誌》
金	河亶甲城			彰德府，安陽	《金史地理誌》
元	河亶甲城			彰德路，安陽	《元史地理誌》
明	河亶甲城			彰德府，安陽	《明史地理誌》
	（小屯村）	明萬曆四年	1576 年		《蔡玉葛朱書契磚》
	（高樓莊）	明末清初			《傳說》
清	河亶甲城			彰德府，安陽	《安陽縣誌》
	（高樓莊）	乾隆二年	1737 年		《小屯五聖祠碑記》
	（崔家小屯）	嘉慶間	1796—1820 年		《傳說》
	（後先屯）	道光二十七年	1847 年		《小屯碑記》
	（小屯村）	同治十二年	1873 年		《重修龍喜寺碑記》
	殷墟	宣統二年	1910 年		《自殷商貞卜文字考發表時起》
民國	殷墟			河北道，安陽縣	
	（小屯村）				

表五　　　　　　　古文獻與甲骨卜辭殷世數異同表（參照王國維
　　　　　　　　　　《殷卜辭所見先公先王續考》）

帝名	《殷本紀》	《三代世表》	《古今人表》	甲骨卜辭
湯	主癸子	主癸子	主癸子	一世
大丁	湯子	湯子	湯子	湯子二世
外丙	大丁弟	大丁弟	大丁弟	
中壬	外丙弟	外丙弟	外丙弟	
大甲	大丁子	大丁子	大丁子	大丁子三世
沃丁	大甲子	大甲子	大甲子	
大庚	沃丁弟	沃丁弟	沃丁弟	大甲子四世
小甲	大庚子	大庚弟	大庚子	
雍己	小甲弟	小甲弟	小甲弟	
大戊	雍己弟	雍己弟	雍己弟	大庚子五世
中丁	大戊子	大戊子	大戊弟	大戊子六世
外壬	中丁弟	中丁弟	中丁弟	
河亶甲	外壬弟	外壬弟	外壬弟	
祖乙	河亶甲子	河亶甲子	河亶甲弟	中丁子七世
祖辛	祖乙子	祖乙子	祖乙子	祖乙子八世
沃甲	祖辛弟	祖辛弟	祖辛弟	
祖丁	祖辛子	祖辛子	祖辛子	祖辛子九世
南庚	沃甲子	沃甲子	沃甲子	
陽甲	祖丁子	祖丁子	祖丁子	祖丁子十世
盤庚	陽甲弟	陽甲弟	陽甲弟	陽甲弟十世
小辛	盤庚弟	盤庚弟	盤庚子	盤庚弟十世
小乙	小辛弟	小辛弟	小辛弟	小辛弟十世
武丁	小乙子	小乙子	小乙子	小乙子十一世
祖庚	武丁子	武丁子	武丁子	武丁子十二世
祖甲	祖庚弟	祖庚弟	祖庚弟	祖庚弟十二世
廩辛	祖甲子	祖甲子	祖甲子	
庚丁*	廩辛弟	廩辛弟	廩辛弟	祖甲子十三世
武乙	庚丁子*	庚丁子*	庚丁子*	庚丁子*十四世
大丁**	武乙子	武乙子	武乙子	
帝乙	大丁子**	大丁子**	大丁子**	
帝辛	帝乙子	帝乙子	帝乙子	

　　筆者註：王國維在《續考》中有些商王的名字記錯，如＊"庚丁"，應爲是"康丁"，"庚丁子"
應爲"康丁子"；＊＊"大丁"應爲是"文丁"，"大丁子"應爲"文丁子"。

附錄二

胡厚宣、于省吾先生對"家譜刻辭"真僞問題論點整理

胡厚宣《甲骨文"家譜刻辭"真僞問題再商榷》,《古文字研究》第四輯,中華書局 1980 年版,第 115—138 頁。胡厚宣先生的論斷爲所謂的"家譜刻辭"爲僞片。以下內容是筆者將胡先生的文章再整理的。

一 "家譜刻辭"的來歷和保存的經過

英國倫敦不列顛博物院(British Museum)收藏甲骨文字一批,龜甲 202 片,獸骨 282 片,鹿角 1 片,總計 485 片。係 1903—1908 年間,庫壽齡和方法斂收購的甲骨,1911 年庫壽齡出售於不列顛博物院。

方法斂蒐購甲骨,凡購得一批,必先畫其圖形,摹其文字。後來,凡見到別人收藏的甲骨,也都摹寫下來,完成了《甲骨卜辭》(*Bone Inscriptions*)。方氏在 1914 年 1 月 23 日去世。遺稿由自然歷史博物院,其友人 B. Loufer 代爲保管。Loufer 曾與卡內基博物院 W. J. Holland 共同商議,擬送到英國,託 Lionel C. Hopkins(金璋)主持出版,後因歐戰而停頓。1934 年 Loufer 去世,原稿改歸紐約大學教授白瑞華(Roswell S. Britton)保存。

自 1935 年,白瑞華由《甲骨卜辭》一書,423 頁摹寫手稿中,選印了三部書:《庫方二氏藏甲骨卜辭》,132 頁,1687 片,1935 年在上海出版;《甲骨卜辭七集》,32 頁,527 片,1938 年在紐約出版;《金璋所藏甲骨卜辭》,66 頁,448 片,1939 年在紐約出版。三部書共 229 頁,2698 片甲骨摹寫。

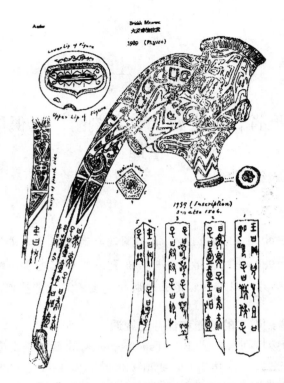

附圖 1　　《庫方》1989 原印本（採自胡厚宣《甲骨文 "家譜刻辭"
真偽問題再商榷》，《古文字研究》第四輯）

　　其中《庫方二氏》，共有四個部分：一，《蘇格蘭皇家博物院藏》，37
頁，760 片；二，《卡内基博物院藏》，29 頁，438 片；三，《不列顛博物院
藏》，1 頁，4 片……

　　不列顛博物院藏的這批甲骨中，一片大骨和一隻雕花的鹿角，上面刻
著一片殷代的所謂 "家譜刻辭"。大骨刻辭是一片牛胛骨，上下長 22 公
分，左右寬 22.5 厘米，編號《庫方》1506 號。上端有一橫條界劃，右上
方領先刻一 "貞" 字，然後從右到左，刻字十三短行，除第一行爲五字
外，其餘十二行都是四字。刻著兒先祖曰某，某子曰某，某弟曰某。除稱
先祖者一外，稱子者十，稱弟者二，凡十三人，傳十一世。（參見附圖 2）

　　另外編號《庫方》1989 號，爲一雕花鹿角，除 "貞" 字前加 "王曰"

二字外，以後也刻著同樣的文字，環繞鹿角，刻字八行，每行七字者三行，每行八字者四行，最末一行三字。（參見附圖1）

二　學者們的判斷

郭沫若在 1930 年《中國古代社會研究》中指出，"荷普金斯（Hopkins）的蒐集，大約多有高林替他幫忙，我看見他著的一篇文章，《骨上所雕之一首葬歌與一家系圖》，那所根據的材料，完全是偽刻"。

明義士在 1933 年《甲骨研究》中評論金璋的《中國古代皇家遺物》一文，說："器真，刻文疑偽"，又說"《骨上所刻一吊喪文與一家譜》，1912 年 10 月金璋著，此文根據一塊頗大的偽造甲骨，刻文爲曰此曰彼等多行"。

1935 年《庫方二氏藏甲骨卜辭》出版，白瑞華在序文中說："此集所刊之各片，均可爲河南安陽縣所發掘之代表品。然亦須甚慎分辨，因此等均係購自商人也。如鹿角刻文即聚訟紛紜。大獸骨片中，亦頗多令人懷疑者。"據郭沫若鑒定，白氏把兩片甲骨判斷，骨角爲真，所刻"家譜"則爲偽作。

胡光煒在 1935 年《庫方二氏藏甲骨卜辭印本》中，對於書中偽刻，亦加以鑒別，作一表。兩篇"家譜刻辭"都以爲是偽刻，說"如1506、1989 諸方，多書子曰云云，稽之卜辭，絕無其例，此斷出村夫俗子之手"。

陳夢家在 1936 年《庫方二氏藏甲骨卜辭》書評中說："開首數片及最後鹿角刻辭顯然偽刻"，在 1940 年《述方法斂所摹甲骨卜辭》《述方法斂所摹甲骨卜辭補》，亦認爲是偽刻。

董作賓在 1940 年《方法斂博士對於甲骨文字之貢獻》，亦認爲是偽刻。

容庚在 1947 年《甲骨學概况》中認爲是偽刻。

不過陳夢家在 1956 年出版的《殷虛卜辭綜述》中，改變了想法，認爲《庫方》1506 片是真片。陳夢家的這些主張遭到了學者們的反對，如唐蘭在 1957 年《中國語文》、金祥恆在 1962 年《庫方二氏藏甲骨卜辭第一五〇六片辯偽兼論陳氏兒家譜》、嚴一萍在 1978 年《甲骨學》等書都提出了异议。

附圖 2 《庫方》1506 照片（採自胡厚宣《甲骨文"家譜刻辭"
真偽問題再商榷》，《古文字研究》第四輯）

　　也有些學者是讚成陳氏的，如饒宗頤在 1959 年《殷代貞卜人物通
考》中，相信陳說，以《庫方》1506 片大骨，並非偽刻。在書中徵引第
740、1173 頁，所引大英博物院所藏的骨譜刻辭，即是這片所謂的"家譜
刻辭"。1970 年，他又編印《歐美亞所見甲骨錄存》中收錄了《庫方》
1506 之完整的全拓片。
　　白川靜在 1963 年《甲骨文集》中轉載《殷虛卜辭綜述》中《庫方》
1506 的拓本（照片參見附圖 2），認爲，因中國科學院考古研究所藏一拓

本，知其必非偽作，它是武丁以前三百年間十一世十三代的最古的家譜。乃以直系相繼爲主，間亦兄弟相及，而且記有名字的一條寶貴資料。

孫海波在 1965 年《甲骨文編》中，一些甲骨片採用了《庫方》1506 的文字。

島邦男在 1967 年《殷墟卜辭種類》中採用的陳夢家之說，信以爲真。

儀真在 1974 年《從考古發現談儒法鬥爭的幾個問題》註 16 中說："《庫方》1506 胛骨刻有兒的世系，自先祖歂共十一代。此骨過去有人懷疑，實際在清末要偽造這樣字體文句的刻辭是不可能的。"

于省吾在 1978 年《略論甲骨文"自上甲六示"的廟號以及我國成文歷史的開始》中說："武丁時期的獸骨刻辭，記載了一個貴族十一世祖先的私名。這是一個從商代初年開始，以男子爲世系的傳記私名的譜牒。"

各位學者之間的意見也不一致，仍需要進一步討論。

三　胡厚宣先生提出的"家譜刻辭"爲偽片的根據

《庫方》1506 大牛胛骨"家譜刻辭"與《庫方》1989 鹿角刻辭同文。只是鹿角刻辭"貞"上多"王曰"二字。《庫方》1989 之不可信，大家無異。但鹿角的照片看來，刻辭雖偽，鹿角及花紋都顯然是真的。《庫方》1506 之胛骨亦真，所刻顯然是偽。其原因有如下幾方面：

第一，這一大骨沒有鑽鑿灼兆的痕跡，既爲"家譜"，本非卜辭，即不能稱"貞"。"貞"是卜辭問卦的專用字眼，不能用於記事刻辭。

第二，甲骨文字，凡用界劃，所以分割兩辭，避免相混。這一大骨只一"家譜"，別無他辭，頂上就不應該有一橫劃。

第三，原骨"家譜"，"子"字是武乙文丁時的寫法，㲋爲武丁的子名，拼湊在一起，不倫不類。

第四，"兒"字"臼"內多一橫筆，古文字中，從甲金至小篆，都沒有這樣的字體。

第五，"家譜"刻辭，"兒"字除了"兒族"之外，又似用爲兒子之兒。但在甲骨卜辭中，兒字皆用爲地名，從無用作兒子之兒者。

第六，"弟"字在甲骨卜辭中亦絕無用作兄弟或兄終弟及之義者。

第七，"家譜"裏的人名，或抄襲成文，或出於杜撰，有的也見於《庫方》1576、1598、1604、1621、1624 等片，殆出於偽刻者一人之手。

　　第八，至於"家譜刻辭"，行款弔板，字跡惡劣，由於反復描刻，筆畫顯然毛糙粗澀。與一般甲骨文字規律整齊，寫刻熟練，藝術之精美，絕不相同。

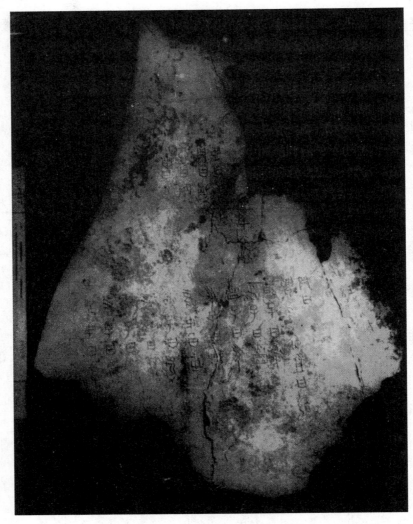

附圖3　Hopkins1110（採自胡厚宣《甲骨文"家譜刻辭"真偽問題再商榷》，
《古文字研究》第四輯）

第九，"家譜刻辭"，稱兒先祖曰某，某子曰某，某弟曰某，曰下係一奇異之人名，這些人名都不見於殷代世系之中，又皆無十幹字樣，則與卜辭全然不類。

第十，上甲以前，殷人傳說時代的遠祖先公，見於甲骨卜辭的有夒、兕、蔑、土、蚰、皀、河、岳、王恆、王亥等，雖然不以十干爲名，但也都和"家譜刻辭"的人名毫不相干。這些人名一般也不大見於其他的卜辭。

第十一，在英國劍橋大學圖書館所藏金璋舊藏的甲骨卜辭中，有一片大骨。長 25 釐米，寬 19 釐米，編號爲 Hopkins1110，所謂的一片"家譜刻辭"（參見附圖 3）。先在右方領先刻"貞曰"二字，然後自右而左，刻字十三短行，除第一行爲六個字外，其餘十二行，都是每行四字。略成某某祖曰某，某子曰某，某弟曰某。除一稱祖外，稱子者十，稱弟者二。祇有一個叫斁的人名，與《庫方》大骨相同，其餘人名，全部一樣。子與子之間，有一條世系，亦不相連屬。大體說來，這片大骨於《庫方》大骨，當是同一類樣的刻辭。人名不與《庫方》大骨全同，也都不見於殷代先公先王的卜辭中。所以知其必爲僞刻者，因其上部還有另外的刻辭四行，每行三字，自右而左，說"弟曰南，貞曰靜，心曰安，舌曰止"，完全是杜撰，好沒有意義。再有顯然的是，右下方還有兩條卜辭，說"癸巳卜，貞，王旬亡禍。□□卜，貞，王旬亡禍"，乃是標準的帝乙或帝辛時的甲骨文字。相比之下，子曰、弟曰之辭，就絕對不真。

第十二，《殷契卜辭》209 片，雖稱"子曰"，但是上下文俱已殘缺；《甲骨文零拾》145 片，乃稱"耳曰"，《殷虛文字乙編》4856 片，雖稱某子曰某，但明明說的是婦鼎之子，《粹》1240 即《京人》3013 亦稱"婦敏子曰魯"，皆非世系，更非家譜。也能以此作爲"家譜刻辭"的證據。

四　胡厚宣先生的結論

在 1935 年，吳金鼎先生自英國回來，帶回不列顛博物院所藏甲骨的全部照片，胡先生曾經根據照片對照摹本，做過一次校勘。後來又在董作賓先生那裏，看到過美國盧氏商行（C. T. Loo）所拍攝的這一批甲骨的全部影本。見《庫方二氏藏甲骨卜辭》第 1506 號大骨及 1989 號鹿角上所刻的"家譜刻辭"。骨角爲真，鹿角上所刻花紋亦象不假，但所刻的"家譜"文字，則不像是真刻。

于省吾：《甲骨文“家譜刻辭”真僞辨》，《古文字研究》第四輯，中華書局1980年版，第139—146頁。

于省吾先生的論斷爲所謂的“家譜刻辭”爲真片。如下的内容是筆者將于先生的文章再整理的。

一 于省吾先生提出的“家譜刻辭”爲真片的根據

于先生曾經在《社會科學戰線》創刊號發表的《略論“自上甲六示”的廟號以及我國成文歷史的開始》中，引用了“家譜刻辭”。當時因爲庫方摹寫本過於粗獷，不大可信。後來，翻閲《殷虚卜辭綜述》所附圖版和他自己舊藏的拓本照片後，反復琢磨，其文字姿勢遒硬調協，其行款屈曲自然，皆非作僞者所能企及，於是才信之不疑。因爲，甲骨文著錄最早的一部書爲1903年的《鐵雲藏龜》。它距離甲骨文的初發現衹有四年，而“家譜刻辭”的出現，也不過在四年之後的數年間而已。

于先生在文中從文字問題、行款問題、十干名問題、殘缺家譜刻辭問題等多方面，一個個反駁胡先生的論據。

附圖4 《佚》860

（一）文字問題

第一，關於“兒字‘臼’内多一横筆，古文字中，從甲金至小篆，都没有這樣的字體”和“‘家譜’刻辭，‘兒’字除了‘兒族’之外，又似用爲兒子之兒。但在甲骨卜辭中，兒字皆用爲地名，從無用作兒子之兒者”的問題。

于省吾先生認爲，按卜辭和商代晚期金文的兒字均作“𠀐”周代金文作“𠈃”或“𠈃”。“家譜刻辭”作“𠀐”，其中間的一横乃羨劃。甲骨卜辭的“貝”字作“𪉟”，在偏旁中也作“𩇓”，或“𩇓”，“酉”作“𠙼”或“𠙼”，“自”作“𠙶”或“𠙶”。其中間有的八形變爲一横，有的一横變爲兩横，有的本無横而加上一横，其變動不居，均可爲“𠀐”字多加一横的佐證。甲骨文中人名也做地名用者常見，“家譜刻辭”的“兒”字應作人名用，因爲對祖先而言，不應自稱爲兒子之兒。

第二，關於"先祖"。"家譜刻辭"的"兒先祖曰吹"，先祖二字在卜辭中極爲罕見。卜辭的"其祀多先祖"（《佚》860，參見附圖 4），是作僞者不可能見到的。

第三，關於家譜刻辭中的"𦥑""𦥯"兩字。甲骨文稱："辛未卜，於乙亥𦥑，辛未……𦥑"（《乙編》69）。又甲骨文有"𦥯"字（《乙編》1584：原辭已殘：筆者按，此字應爲"𦥯"字）。以上所引的𦥑和𦥯字只見於《乙編》。這部書出版於 1940 年之際，如果"家譜刻辭"是僞造，怎麼能在 30 年前杜撰"𦥑"和"𦥯"字與之恰好相符呢？

第四，關於"弟"字。"家譜刻辭"中弟字見兩次，均作"𢎨"，此乃未曾見過的弟字初文。弟爲從己、弋聲的形聲字。甲骨文"弋"作"丨"或"丨"。"弟"字，甲骨文第三期作"弟"，周代金文作"弟"者屢見。古鉢（筆者註：同璽）文作"弟"，《說文》作"弟"。以上說明弟字源流遞嬗的規律。但是"弟"爲從己、弋聲的形聲字以及弋字初文之作"丨"或"丨"，連現在的古文字學家還不知道。如果，"家譜刻辭"是僞造，那麼，作僞者有什麼依據把弟字寫刻作"𢎨"呢？

第五，關於"𢾭"（𢾭）字。乃"圣（墾）𢾭"之"𢾭"的初文。不見於《鐵雲藏龜》，這能說作僞者有先見之明嗎？

第六，關於"子𤔁"（筆者註：此字爲胡厚宣先生寫的"子𤔁"）。二字見於《鐵雲藏龜》151.1，但"家譜刻辭"爲什麼改𤔁爲"𤔁"，乃舊所不知。其實卜辭中的𤔁字上部作"𢆶"或"𢆶"者習見，其作"𢆶"乃"𢆶"形的變體。至於"𢆶子曰𤔁"的"𢆶子"二字應連讀，則"𤔁"非武丁之子的"子𤔁"是肯定的。

第七，"某子曰某"的下一某字，均與下一行的首字重複，但其重文的構形，並不完全雷同。（參見附圖 2、參見圖 4-43）這類重文的變動，現在看來，不過是常識而已；但在甲骨文初發現時，如果造僞者故意加以改動，而都能合拍，當然是不可能的。

（二）行款問題

第一，在十三行前一行的上端刻劃一個"貞"字，甲骨文從無此例。影印拓本的貞字，刻劃偪促纖細，與正文頗不相類。由於甲骨文初發現時，人們只知道有貞卜刻辭，而不知道有紀事刻辭之不用貞卜。又由於正文十三行的第一行並無空隙，所以後人在十三行之前加刻一個"貞"字。至於鹿角刻辭，不僅改貞字爲"王曰貞"而又和正文相連接，其爲僞造，毫無疑問。（筆者註：于先生亦認爲"鹿角刻辭"是僞造的）

第二，"家譜刻辭"的行款。十三行豎行，除第一行爲五字外，其他都每行四字。自第二行起，雖然其構形的高低寬窄，參差不齊，都向左方傾斜，但皆出諸自然，伸縮自如，絕非作僞者所能隨意安排的。在甲骨文初發現之後，不過幾年之間，當時的作僞者，如果想要獨出心裁，作出新的刻辭，以欺人騙財，盡力模仿成文行款，而絕不會故意恣肆，使行款傾斜，有的令人無法順行而讀，是不難設想的。

（三）十干名和其本名有別問題

按胡同志（筆者註：指胡厚宣）以十幹的"忌日"名和其本人的原名混同不分，因而以"大可懷疑"爲言。其實先公中的一些遠祖的稱名和上甲名微，都是他們的本名。（據古文獻記載）是論證殷之先公先王都有本名，和卜辭祭祀祖先以日干爲名絕不相同。商代晚期金文之言某作某器者，作器者往往稱名，而被作器的祖先或尊長，則無不以日干爲名，西周金文猶沿用之。以上所述，皆爲生稱名、死稱日干，兩者從不混同而又無可辯駁的通例。

胡厚宣所引的《粹》1240、《乙編》4856 等所記的"子曰某"，是貞卜婦女生育，古以"子曰哉""子曰曹""子曰裒"爲言。"哉""曹""裒"皆其本名，並不是後世所謂"乳名"。

（四）殘缺的家譜刻辭

《殷契卜辭》209 片，文已殘缺，但字體頗大，行款寬舒，估計《乙編》4856 判然有別。其爲家譜一類的刻辭是肯定的。其第一行爲"子曰某（某字已缺）"，其第二行爲"子（上半缺）曰𤔈"。由此可見"家譜刻辭"不僅一見，而且這類刻辭，將來可能仍有發現。

四　于省吾先生的結論

第一，甲骨文"家譜刻辭"的發現，是我們現在僅此一見的我國三千多年前的寶貴譜牒史料。但其真僞方面，一個大疑案，聚訟不休，迄無定論。

第二，其文字構形頗多變化，不僅有它的變化原委，並且在脗合無間；有些重文的構形，頗有出入，但均合乎變化規律。

第三，其行款問題，前一行的"貞"字，爲後人所補刻。至於各行款下部，雖然多傾斜恣肆，參差不齊，但皆從容自然，絕無生排硬擠的現象。

第四，商人以十干爲名是商人廟號的神主，和商人的本名迥不相同。

第五，據殘缺"家譜刻辭"，證明了這類家譜刻辭不只是一件，而且今後還會有發現的可能。

總之，兩位先生的看法，頗有見識，但是其分歧非常大，各有各自的理論根據，需要繼續深入研究。

附錄三

自 1950 年至 2016 年殷墟出土有字甲骨總匯表[1]

發掘地點	發掘單位	發掘時間	字甲	字骨	總數	資料來源
小屯村東南	河南省文物工作隊	1955 年		1	1	《1955 年秋安陽小屯殷墟的發掘》[2]
	同上	1957 年		1	1	《安陽市西郊的殷代文化遺址》[3]
小屯村中	中國社會科學院考古研究所[4]	1986 年		8	8	《殷墟小屯村中村南甲骨•前言》[5]
		1989 年	1	296	297	
小屯村北地	同上	1985 年		2	2	《殷墟小屯村中村南甲骨•附錄一》圖版 194，編號 85H150：1、2
		2005 年	10		10	《殷墟小屯村中村南甲骨•附錄一》圖版 194
小屯村西地	同上	1958 年	1		1	《殷墟發掘報告：1959~1961》[6]
		1971 年		10	10	《安陽新出土的牛胛骨及其刻辭》[7]
		1972 年	1	3	4	考古研究所安陽工作隊資料[8]

---

① 參見劉一曼《殷墟考古與甲骨學研究》，雲南出版社 2019 年版，第 21—22 頁。

② 河南省文物工作隊：《1955 年秋安陽小屯殷墟的發掘》，《考古學報》第 3 冊，1958 年。

③ 趙霞光：《安陽市西郊的殷代文化遺址》，《文物》1958 年 第 12 期。

④ 中國科學院考古研究所在 1950 年 8 月成立後，中國社會科學院 1977 年 5 月建立同時，改爲中國社會科學院考古研究所。在此表上不再標註，統一稱"中國社會科學院考古研究所"。

⑤ 中國社會科學院考古研究所：《殷墟小屯村中村南甲骨》，文物出版社 2012 年版。

⑥ 中國社會科學院考古研究所：《殷墟發掘報告：1959—1961》，文物出版社 1987 年版，第 200—201 頁。

⑦ 郭沫若：《安陽新出土的牛胛骨及其刻辭》，《考古》1972 年第 2 期。

⑧ 筆者註：資料來源欄中"考古研究所安陽工作隊資料"轉自於劉一曼《殷墟考古與甲骨學研究》，雲南人民出版社 2019 年版，第 21—22 頁。

發掘地點	發掘單位	發掘時間	字甲	字骨	總數	資料來源
小屯村南地	同上	1972 年		6	6	張五元村南公路旁，發現有字骨，以此爲機，1973 年在小屯南地進行兩次發掘
		1973 年	75	5260	5335	《1973 年年小屯南地發掘報告》①
		2002 年	107	125	232	《殷墟小屯村中村南甲骨·前言》
		2004 年		1	1	
花園莊南地	同上	1991 年		5	5	《1991 年安陽花園莊東地、南地發掘簡報》②
花園莊東地	同上	1991 年	684	5	689	《花園莊東地甲骨·前言》③
		2001 年	1	2	3	《殷墟小屯村中村南甲骨·附錄二》
四盤磨	考古所（籌備組）	1950 年		1	1	《1950 年春殷墟發掘報告》④
薛家莊南地	河南省文物工作隊	1957 年	1		1	《1957 年秋安陽高樓莊殷代遺址的發掘》⑤
後崗 ·	中國社會科學院考古研究所	1971 年		1	1	《1971 年安陽後崗發掘簡報》⑥
苗圃北地	同上	1959~1961	1	1	2	《殷墟發掘報告：1959~1961》
		1962~1964		2	2	
		1974 年	1		1	考古研究所安陽工作隊資料
		1985 年		1	1	
		2002 年	1		1	《殷墟小屯村中村南甲骨·附錄三》

①　中國社會科學院考古研究所：《1973 年年小屯南地發掘報告》，《考古學集刊》第 9 集，科學出版社 1995 年。

②　中國社會科學院考古研究所：《1991 年安陽花園莊東地、南地發掘簡報》，《考古》1993 年第 6 期。

③　中國社會科學院考古研究所：《花園莊東地甲骨》，雲南人民出版社 2003 年。

④　郭寶钧：《1950 年春殷墟發掘報告》，《考古學報》第五冊，1951 年。

⑤　周到、劉東亞：《1957 年秋安陽高樓莊殷代遺址的發掘》，《考古》1963 年第 4 期。

⑥　中國科學院考古所安陽工作隊：《1971 年安陽後崗發掘簡報》，《考古》1972 年第 3 期。

續表

發掘地點	發掘單位	發掘時間	字甲	字骨	總數	資料來源
劉家莊北地	安陽市文物工作隊	1995 年		1	1	《1995—1996 年安陽劉家莊殷代遺址發掘報告》①
		2011 年		3	3	考古研究所安陽工作隊資料
王裕口南	中國社會科學院考古研究所	2010 年		3	3	考古研究所安陽工作隊資料
白家墳	同上	1997 年		3	3	考古研究所安陽工作隊資料
		1999 年	1	2	3	
孝民屯西南	同上	2005 年		1	1	《安陽殷墟殷代大墓及車馬坑》②
大司空村	同上	1953 年	2		2	《一九五三年安陽大司空村發掘報告》
		1959 年		2	2	《殷墟發掘報告：1959—1961》
		2004 年		2	2	《安陽大司空村——2004 年發掘報告》③
		2010 年		2	2	《河南安陽市殷墟大司空村出土刻辭牛骨》④
		2016 年	7		7	考古研究所安陽工作隊資料
綠化處	同上	1994 年		1	1	考古研究所安陽工作隊資料
洹北商城	同上	1999 年		1	1	《1998 年—1999 年安陽洹北商城花園莊東地發掘報告》⑤
總計			894	5752	6646	

---

① 安陽市文物工作隊：《1995—1996 年安陽劉家莊殷代遺址發掘報告》，《華夏考古》1997 年第 2 期。

② 國家文物局：《安陽殷墟殷代大墓及車馬坑》，《2005 年中國重要考古發現》，文物出版社 2006 年版。

③ 中國社會科學院考古研究所：《安陽大司空村——2004 年發掘報告》（上），文物出版社 2014 年版，第 204—207 頁。

④ 何毓靈：《河南安陽市殷墟大司空村出土刻辭牛骨》，《考古》2018 年第 3 期。

⑤ 中國社會科學院考古研究所：《1998 年—1999 年安陽洹北商城花園莊東地發掘報告》，《考古學集刊》第 15 集，文物出版社 2004 年版。

參考文獻

[甲骨著錄書]

劉鶚：《鐵雲藏龜》1903 年，劉鶚藏包鼎釋，載於《甲骨文研究資料匯編》，北京圖書館出版社 2000 年版。

羅振玉撰：《殷虛書契前編》1912 年上虞羅振玉永慕園日本影印本，載於《甲骨文研究資料匯編》，北京圖書館出版社 2000 年版。

羅振玉撰：《殷虛書契續編》1933 年上虞羅振玉殷禮在斯堂影印本，載於《甲骨文研究資料彙編》，北京圖書館出版社 2000 年版。

羅振玉：《鐵雲藏龜之餘》1931 年羅振常石印本，載於《甲骨文研究資料彙編》，北京圖書館出版社 2000 年版。

董作賓：《殷虛文字甲編》，商務印書館 1948 年版。

董作賓：《殷虛文字乙編》，中央研究院歷史語言研究所，於 1948 年上集出版，於 1949 年中集出版，而下集 1953 年在臺灣出版；1956 年科學出版社將《乙編》下集重印。

鐘柏生纂輯：《殷虛文字乙編補遺》，"中央研究院"歷史語言研究所 1995 年版。

張秉權：《殷虛文字丙編》，臺灣"中研院"史語所，上輯一，1957 年 8 月版：上輯二，1959 年 10 月；中輯一，1962 年；中輯二，1965 年；下輯一，1967 年；下輯二，1972 年。

郭沫若：《卜辭通纂》1933 年東京文求堂石印影印本，載於《甲骨文研究資料匯編》，北京圖書館出版社 2000 年版。

郭沫若：《殷契粹編》1937 年東京文求堂影印本，載於《甲骨文研究資料匯編》，北京圖書館出版社 2000 年版。

胡厚宣：《甲骨續存》，群聯出版社 1955 年版。

胡厚宣輯，王宏、胡振宇整理：《甲骨續存補編》甲編（上冊、中冊、下冊），天津古籍出版社 1996 年版。

胡厚宣：《戰後寧滬新獲甲骨集》1951 年來薰閣書店石印本，載於《甲骨文研究資料彙編》，北京圖書館出版社 2000 年版。

胡厚宣：《戰後南北所見甲骨錄》1951 年來薰閣書店石印本，載於《甲骨文研究資料彙編》，北京圖書館出版社 2000 年版。

胡厚宣：《戰後京津新獲甲骨集》1954 年上海群聯出版社影印本，載於《甲骨文研究資料彙編》，北京圖書館出版社 2000 年版。

胡厚宣：《甲骨六錄》，成都齊魯大學國學研究所石印本，1945 年。

胡厚宣編纂：《蘇德美日所見甲骨集》，四川辭書出版社 1988 年版。

容庚等撰：《殷墟卜辭》北平哈佛燕京學社石印本，《甲骨文研究資料彙編》，北京圖書館出版社 2000 年版。

唐蘭：《天壤閣甲骨文存》1939 年輔仁大學北平影印本，載於《甲骨文研究資料彙編》，北京圖書館出版社 2000 年版。

朱芳圃：《殷周文字釋叢》，中華書局 1962 年版。

中國社會科學院歷史研究所編：《甲骨文合集》13 冊，中華書局 1978 年至 1982 年版。

彭邦炯、謝濟、馬季凡：《甲骨文合集補編》，語文出版社 1999 年版。

中國社會科學院考古研究所：《小屯南地甲骨》上冊，中華書局 1980 年出版，下冊，中華書局 1983 年出版。

李學勤、齊文心、[美]艾蘭主編：《英國所藏甲骨集》，中華書局 1985 年版。

李學勤、齊文心、[美]艾蘭編纂：《瑞典斯德哥爾摩遠東古物博物館藏甲骨文字》，中華書局 1999 年版。

周鴻翔編纂：《美國所藏甲骨錄》，美國加州大學，1976 年拓本影印出版。

許進雄纂輯：《懷特氏等所藏甲骨文集》，加拿大多倫多安大略博物館，1979 年。

胡厚宣：《蘇德美日所見甲骨集》，四川辭書出版社 1988 年版。

孫海波：《甲骨文編》，中華書局 1996 年版。

中國社會科學院考古研究所編著：《殷墟花園莊東地甲骨》，雲南出版社 2003 年版。

中國國家博物館編：《中國國家博物館館藏文物研究叢書·甲骨卷》，上海古籍出版社 2007 年版。

濮茅左輯：《上海博物館藏甲骨文字》，上海辭書出版社 2009 年版。

"中央研究院"歷史語言研究所編：《史語所購藏甲骨集》，2009 年版。

宋鎮豪、趙鵬、馬季凡編纂：《中國社會科學院歷史研究所藏甲骨集》，上海古籍出版社 2011 年版。

宋鎮豪、郭富純主編：《旅順博物館所藏甲骨》，上海古籍出版社 2014 年版。

宋鎮豪、趙鵬編纂：《笏之甲骨拓本集》，上海古籍出版 2016 年版。

宋鎮豪、黎小龍主編，宮長為副主編：《重慶三峽博物館藏甲骨集》，上海古籍出版社 2016 年版。

宋鎮豪、[俄]瑪麗婭主編：《俄羅斯國立愛米塔什博物館藏殷墟甲骨》，上海古籍出版社 2013 年版。

宋鎮豪主編：《張世放所藏殷墟甲骨集》，線裝書局 2009 年版。

宋鎮豪、朱德天編輯：《雲間朱孔陽藏<戩壽堂殷虛文字>舊拓》，線裝書局 2009 年版。

中國社會科學院考古研究所編著：《殷墟小屯村中、村南甲骨》，雲南人民出版社 2012 年版。

周忠兵：《卡内基博物館所藏甲骨研究》（上、下），上海人民出版社出版 2015 年版。

王宇信、楊升南、常玉芝、馬季凡、韓江蘇、[韓]具隆會：《甲骨文合集第十三冊拓本搜聚》，文物出版社 2019 年版。

[加]明義士：《殷虛卜辭》，藝文印書館 1972 年版（原於 1917 年上海別發洋行石印摹本）。

[日]貝塚茂樹纂輯：《京都大學人文科學研究所藏甲骨文字》（圖版篇二冊），京都大學人文科學研究所 1959 年版。

[日]松丸道雄編纂：《東京大學東洋文化研究所藏甲骨文字》（圖版篇），東京大學東洋文化研究所 1983 年版。

[日]東洋文庫古代史研究委員會編著：《東洋文庫所藏甲骨文字》，東京株式會社 1979 年版。

[日]伊藤道治編纂：《天理大學附屬天理參考館藏品：甲骨文字》，天理

教道友社 1987 年版。

[日]荒木日呂子編輯：《中島玉振舊藏甲骨》，創榮出版社 1996 年版。

[法]雷煥章編纂：《德瑞荷比所藏一些甲骨錄》，臺北光啟出版社 1997 年版。

[法]雷煥章纂輯：《法國所藏甲骨錄》，臺北利氏學社 1985 年版。

[美]方法斂、白瑞華：《金璋所藏甲骨卜辭》，美國紐約 1939 年影印摹本。

[美]方法斂、白瑞華：《甲骨卜辭七集》，美國紐約 1938 年影印摹本。

[韓]李鐘淑、葛英會編纂：《北京大學珍藏甲骨文字》，上海古籍出版社 2008 年版。

[工具書]

孫詒讓：《契文舉例》，1917 年影印孫詒讓稿本，載於《甲骨文研究資料彙編》，北京圖書館出版社 2000 年版。

羅振玉：《殷商貞卜文字考》，1910 年上虞羅振玉石印本，載於《甲骨文研究資料彙編》，北京圖書館出版社 2000 年版。

羅振玉：《殷虛書契考釋》1914 年永慕園影印本，載於《甲骨文研究資料匯編》，北京圖書館出版社 2000 年版。

王襄：《簠室殷契類纂》1920 年天津博物館石印本，載於《甲骨文研究資料匯編》，北京圖書館出版社 2000 年版。

王襄：《簠室殷契徵文考釋》1925 年天津博物院影印本，載於《甲骨文研究資料匯編》，北京圖書館出版社 2000 年版。

容庚、霍潤緡撰：《殷契卜辭附釋文及文編》1933 年北平哈佛燕京學社石印本，載於《甲骨文研究資料匯編》，北京圖書館出版社 2000 年版。

郭沫若：《卜辭通纂考釋》，1933 年東京文求堂石印影印本；載於《甲骨文研究資料彙編》，北京圖書館出版社 2000 年版。

郭沫若：《殷契粹編考釋》，1937 年東京文求堂影印本；載於《甲骨文研究資料彙編》，北京圖書館出版社 2000 年版。

姚孝遂、肖丁：《小屯南地甲骨考釋》，中華書局 1985 年版。

王襄：《題所錄貞卜文冊》，《河北文物院半月刊》1933 年第 32 至 33 期。

王襄：《題易穭園殷契拓冊》，《河北文物院半月刊》1935 年第 85 期。

王襄：《殷代貞史待征錄》，1953 年稿本，載於《甲骨文研究資料匯編》，北京圖書館出版社 2000 年版。

唐蘭：《天壤閣甲骨文存考釋》1939 年輔仁大學北平影印本，載於《甲骨文研究資料彙編》，北京圖書館出版社 2000 年版。

楊樹達撰：《積微居甲文說・卜辭瑣記》，中國科學院 1954 年版。

楊樹達著：《耐林廎甲文說・卜辭求義》，群聯出版社 1954 年版。

屈萬里：《殷虛文字甲編考釋》，臺灣"中研院"史語所 1961 年版。

李孝定編：《甲骨文字集釋》（臺北版），臺灣"中研院"史語所 1965 年版。

許進雄：《明義士收藏甲骨釋文篇》，加拿大皇家安大略博物館 1972 年版。

許進雄：《殷虛卜辭後編釋文》，臺灣藝文印書館 1973 年版。

于省吾：《甲骨文字釋林》，中華書局 1979 年版。

于省吾主編：《甲骨文字詁林》，中華書局 1996 年版。

于省吾：《雙劍誃殷契駢枝》《雙劍誃殷契駢枝續編》《雙劍誃殷契駢枝三編》合本版，中華書局 2009 年版。

何景成編撰：《甲骨文字詁林補編》，中華書局 2017 年版。

朱歧祥：《殷墟花園莊東地甲骨校釋》，臺中東海大學中文系語言文字學研究室 1996 年版。

徐中舒：《甲骨文字典》，四川辭書出版社 2014 年版。

王宇信、楊升南、聶玉海主編：《甲骨文精粹釋譯》，雲南人民出版社 2003 年版。

[甲骨文綴合類]

曾毅公：《甲骨綴合編》，北京修文堂書局 1950 年版。

嚴一萍編纂：《甲骨綴合新編》，臺灣藝文印書館 1975 年版。

蔡哲茂：《甲骨綴合集》，臺北樂學書局 1999 年版。

蔡哲茂：《甲骨綴合續集》，臺北文津出版社 2004 年版。

蔡哲茂：《甲骨綴合彙編》，臺北花木蘭出版社 2011 年版。

蔡哲茂：《甲骨綴合彙編——釋文與考釋》，臺北花木蘭出版社 2013 年版。

黃天樹：《甲骨拼合集》，學苑出版社 2010 年版。

黃天樹：《甲骨拼合續集》，學苑出版社 2011 年版。

黃天樹：《甲骨拼合三集》，學苑出版社 2013 年版。

黃天樹：《甲骨拼合四集》，學苑出版社 2016 年版。

黃天樹：《甲骨拼合五集》，學苑出版社 2019 年版。

林宏明：《醉古集——甲骨的綴合與研究》，臺灣書房出版社 2008 年版。

林宏明：《契合集》，臺灣萬卷樓 2013 年版。

[專著類]

董作賓、胡厚宣：《甲骨年表》，商務印書館 1937 年版。

董作賓：《甲骨學五十年》，藝文印書館 1955 年版。

董作賓：《甲骨學六十年》，臺灣藝文印書館 1965 年版。

董作賓：《殷曆譜》，中研院史語所專刊版，1945 年版：1963 年日本影印出版：1977 年收入《董作賓先生全集》（乙編一、二冊），1981 年中國書店影印出版。

容庚：《卜辭研究》1942 年燕京大學文學院鉛印及石印本，載於《甲骨文研究資料匯編》，北京圖書館出版社 2000 年版。

饒宗頤：《殷代貞卜人物通考》，香港大學出版社 1959 年版。

郭沫若：《中國古代社會研究》，上海聯合書局 1930 年出版：群益出版社重印 1947 年《郭沫若全集》本，又人民出版社 1954 年版：又收入《郭沫若全集·歷史編》第一卷，人民出版社 1982 年版。

郭沫若：《奴隸制時代》初版於 1952 年，上海新文藝出版社印行；1954 年，人民出版社改排出版；1956 年，科學出版社印行新一版；1973 年，人民出版社出版改編本；1984 年，人民出版社《郭沫若全集·歷史編》第三卷。

郭沫若：《十批判書》，人民出版社 1954 年版：1945 年重慶群益出版社出版：1956 年科學出版社第一版：收入《郭沫若全集·歷史編》第二卷。

郭沫若：《出土文物二三事·安陽新出土的牛胛骨及其刻辭》，人民出版社 1972 年版。

李亞農：《殷代社會生活》，上海人民出版社 1955 年版。

王國維：《古史新證》，清華大學出版社 1994 年版。

唐蘭：《殷虛文字記》，北京大學講義 1934 年版，中華書局 1981 年版。

唐蘭：《中國文字學》，上海古籍出版社 1979 年版。

唐蘭：《古文字學導論》，來薰閣 1935 年石印本四冊；又齊魯書社 1981
年增訂本。

羅振常：《洹洛訪古遊記》，河南人民出版社 1987 年版。

胡厚宣：《甲骨學商史論叢初集》，成都齊魯大學國學研究所石印本，
1944 年。

胡厚宣：《甲骨學商史論叢二集》，成都齊魯大學國學研究所石印本，
1945 年。

胡厚宣：《五十年甲骨學論著目》，中華書局 1952 年版。

胡厚宣：《殷墟發掘》，學習生活出版社 1955 年版。

胡厚宣：《五十年甲骨文發現的總結》，復旦大學出版社 2015 年版。

侯外廬：《中國思想通史》，人民出版社 1957 年版。

李學勤：《殷代地理簡論》，科學出版社 1959 年版。

李學勤、彭裕商：《殷墟甲骨分期研究》，上海古籍出版社 1994 年版。

彭裕商：《殷墟甲骨斷代》，中國社會科學出版社 1994 年版。

許進雄：《殷卜辭中五種祭祀的研究》，臺灣大學 1968 年版。

李達良：《龜版文例研究》，香港中文大學聯合書院 1972 年版。

陳夢家：《殷虛卜辭綜述》，中華書局 1988 年版。

王宇信：《建國以來甲骨文研究》，中國社會科學出版社 1981 年版；

王宇信：《西周甲骨探論》，中國社會科學出版社 1984 年版。

王宇信：《甲骨學通論》，中國社會科學出版社 1993 年版。

王宇信、楊升南主編：《甲骨學一百年》，社會科學文獻出版社 1999
年版。

王宇信：《中國甲骨學》，上海人民出版社 2009 年版。

王宇信、魏建震：《甲骨學導論》，中國社會科學出版社 2010 年版。

王宇信主編：《殷墟文化大典·考古卷》，安徽人民出版社 2016 年版。

王宇信、[韓]具隆會：《甲骨學發展 120 年》，中國社會科學出版社 2019
年版。

丁山：《甲骨文所見氏族及其制度》，中華書局 1988 年版。

孟世凱：《殷墟甲骨文簡述》，文物出版社 1980 年版。

張秉權：《甲骨文與甲骨學》，臺北"國立"編譯館 1988 年版。

宋鎮豪：《夏商時期的飲食》，華夏出版社 1999 年版。

宋鎮豪：《夏商社會生活史》，中國社會科學出版社 2005 年版。

宋鎮豪、劉源：《甲骨學殷商史研究》，福建人民出版社 2006 年版。

常玉芝：《殷商曆法研究》，吉林文史出版社 1998 年版。

常玉芝：《商代周祭制度》，線裝書局 2009 年版。

常玉芝：《殷墟甲骨斷代標準評議》，中國社會科學出版社 2020 年版。

劉一曼：《殷墟考古與甲骨學研究》，雲南人民出版社 2019 年。

黃天樹：《殷墟王卜辭的分類與斷代》，科學出版社 2007 年版。

中國社會科學院考古研究所編著：《殷墟婦好墓》，文物出版社 1980
　　年版。

中國社會科學院考古研究所編：《新中國的考古發現和研究》，文物出版
　　社 1984 年版。

中國社會科學院考古研究所編著：《殷墟的發掘與研究》，科學出版社
　　1994 年版。

中國社會科學院考古研究所：《中國考古學·夏商卷》，中國社會科學出
　　版社 2003 年版。

中央研究院歷史語言研究所大事記編輯小組編：《中央研究院歷史語言研
　　究所七十年大事記》，1998 年。

李宗焜：《當甲骨遇上考古——導覽 YH127 坑》，"中央研究院"历史语
　　言研究所 2006 年。

杜金鵬：《殷墟宮殿區建築基址研究》，科學出版社 2010 年版。

孫亞冰：《殷墟花園莊東地甲骨文例研究》，上海古籍出版社 2014 年版。

郭勝強：《董作賓傳》，江蘇文藝出版社 2010 年版。

郭旭東、張源心、張堅主編：《殷墟甲骨學大辭典》，中國社會科學出版
　　社 2020 年版。

胡振宇整理：《殷商史》，上海人民出版社 2003 年版。

王獻唐：《那羅延室稽古文字》，齊魯書社 1985 年版。

韋心瀅：《殷代商王國政治地理結構研究》，上海古籍出版社 2013 年版。

方稚松：《殷墟甲骨文五種外記事刻辭研究》，上海古籍出版社 2021
　　年版。

周自強主編：《中國經濟通史》，經濟日報出版社 2000 年版。

章太炎：《國故論衡》，商務印書館 2012 年版。

沈雲龍編：《端忠敏公奏稿》，臺灣文海出版社 1973 年版。

王子今：《中國盜墓史》，中國廣播電視出版社 2000 年版。

呂偉達主編：《王懿榮集》，齊魯書社 1999 年版。

陳重遠：《骨董說奇珍》，北京出版社 1998 年版。

陳重遠：《文物話春秋》，北京出版社 1996 年版。

陳存恭、陳仲玉、任育德：《石璋如口述歷史》九州出版社 2013 年版。

[日]島邦男：《殷虛卜辭研究》，溫天河、李壽林譯，臺灣鼎文書局 1975
年版。

[法]雷煥章（Jean A.Lefeuvre），《甲骨文集書林》，馬向陽譯，臺北
利氏學社 2008 年版。

[法]雷煥章：《庫思藏・藏品來源》，《法藏》，利氏學社 1997 年版。

[論文類]

王國維：《殷卜辭中所見先公先王考》，《觀堂集林》卷第九，史林一，
河北教育出版社 2003 年版。

王國維：《殷卜辭中所見先公先王續考》，《觀堂集林》卷第九，史林
一，河北教育出版社 2003 年版。

王國維：《最近二三十年中中國新發見之學問》，《學衡》1925 年第 45
期；又在《甲骨文獻集成》第 37 冊，四川大學出版社 2001 年版；又在
《靜安文集續編》，載於《王國維遺書》第三冊，上海書店出版社 1983
年版。

王國維：《沈乙庵七十壽序》，《觀堂集林・第二十三卷・綴林一》，河
北教育出版社 2003 年版。

王國維：《說殷》，《觀堂集林・第十二卷・史林四》，河北教育出版社
2003 年版。

羅振玉撰：《殷虛書契前編・序》1912 年，載於《甲骨文研究資料匯
編》，北京圖書館出版社 2000 年版。

羅振玉：《殷虛古器物圖錄》，載於《羅雪堂先生全集續編・冊六》，大
通書局 1976 年版。

董作賓：《殷墟沿革》，《中央研究院歷史語言研究所集刊》第 2 本 2

分，1930 年；又載於《甲骨文獻集成》第 28 冊；又載於《董作賓全集甲編》，臺灣藝文印書館 1977 年版。

董作賓：《甲骨文斷代研究例》，載於《慶祝蔡元培先生六十五歲論文集》，見《中央研究院歷史語言研究所集刊外編》第一種上冊，1935年；又收入《董作賓學術論著》，臺灣世界書局，1962 年版；又單行本，中央研究院歷史語言研究所專刊五十號之附冊，又收入《董作賓先生全集》甲編第 2 冊，臺北藝文印書館 1977 年版；又收入《中國現代學術經典・董作賓卷》，河北教育出版社 1996 年版。

董作賓：《商代龜卜之推測》，《安陽發掘報告》第一期，1929 年。

董作賓：《新獲卜辭寫本後記》，《安陽發掘報告》第一期，1929 年。

董作賓：《民國十七年十月試掘安陽小屯報告書》，《安陽發掘報告》第一期，1929 年。

董作賓：《大龜四版考釋》，《安陽發掘報告》第三期，1930 年。

董作賓：《甲骨文研究的擴大》，《安陽發掘報告》第二期，1930 年。

董作賓：《帚矛說》，《安陽發掘報告》第四期，1933 年。

董作賓：《骨文例》，載於《董作賓先生全集甲編》，藝文印書館 1977年版。

董作賓《帝乙帝辛時五種祀典祖妣祭日表》，載於《殷曆譜》上編卷三，中央研究院歷史語言研究所 1945 年。

董作賓：《殷曆譜的自我檢討》，《大陸雜誌》第九卷第四期，1954 年。

董作賓：《殷虛文字乙編・序》，中央研究院歷史語言研究所 1948 年版；《中國考古學報》第四冊，1949 年。

董作賓：《殷虛文字甲編・自序》，商務印書館 1948 年版；又載於《中國考古學報》第四冊，1949 年。

董作賓：《漢城大學所藏大胛骨刻辭考釋》，載於《董作賓先生全集甲編》，藝文印書館 1977 年版。

唐蘭：《關於“尾右甲”卜辭》，《國學季刊》第五卷 3 期，1935 年；又載於《甲骨文獻集成》第 17 冊。

唐蘭：《卜辭時代的文學和卜辭文學》，《清華學報》十一卷第五期，1936 年。

唐蘭：《略論西周微史家族窖藏銅器群的重要意義——陝西扶風新出墙盤

銘文解釋》，《文物》1978 年第 3 期。

唐蘭：《關於商代社會性質的討論》，《歷史研究》1959 年第 1 期。

朱本源：《論殷代生產資料的所有制形式》，《歷史研究》1956 年第 6 期。

胡厚宣：《卜辭雜例》，《歷史語言研究所集刊》第 8 本 3 分 1939 年；
又載於《甲骨文獻集成》第 17 冊。

胡厚宣：《甲骨學緒論》，《甲骨學商史論叢》二集下冊 1940 年齊魯大
學國學研究所專刊，載於《甲骨文研究資料匯編》，北京圖書館出版社
2000 年版。

胡厚宣：《武丁時五種記事刻辭考》，《甲骨學商史論叢初集》第三冊，
1944 年；載於《甲骨文研究資料匯編》，北京圖書館出版社 2000 年版。

胡厚宣：《卜辭同文例》，《中央研究院歷史語言研究所集刊》第 9 本
1947 年；又載於《甲骨文獻集成》第 18 冊。

胡厚宣：《卜辭記事文字史官簽名例》，《中央研究院歷史語言研究所集
刊》第 12 本，1948 年；又載於《甲骨文獻集成》第 18 冊。

胡厚宣：《再論甲骨文發現問題》，《中國文化》1997 年第 15、16 期。

胡厚宣：《甲骨學提綱》，載於《上海大公報》1947 年 1 月 15 日。

胡厚宣：《郭沫若同志在甲骨學上的巨大貢獻》，《考古學報》1978 年第
4 期。

胡厚宣：《殷代卜龜之來源》，《甲骨學商史論叢》初級第 4 冊，載於
《甲骨文研究資料匯編》，北京圖書館出版社 2000 年版。

胡厚宣：《甲骨六錄·釋雙劍誃所藏龜甲文字》1945 年成都齊魯大學國學
研究所石印本，載於《甲骨文研究資料匯編》，北京圖書館出版社 2000
年版。

胡厚宣：《記日本京都大學考古研究室所藏一片牛胛骨卜辭》，《文物與
考古》1985 年第 6 期。

胡厚宣：《中國奴隸社會的人殉和人祭》下篇，《文物》1974 年第 8 期。

胡厚宣：《甲骨文所見殷代奴隸的反壓迫鬥爭》，《考古學報》1976 年第
1 期。

胡厚宣：《論殷人治療病之方法》，《中原文物》1984 年第 4 期。

胡厚宣：《殷人疾病考》，《甲骨學商史論叢初集》第三冊，1944 年成都
齊魯大學國學研究所石印本，載於《甲骨文研究資料彙編》，北京圖書

館出版社 2000 年版。

郭沫若：《骨臼刻辭之一考察》，載於《殷契餘論》1933 年，又載於《古代銘刻彙考續編》1934 年，又載於《甲骨文字研究》，《郭沫若全集•考古編》第一卷，科學出版社 1982 年版。

郭沫若：《斷片綴合八例》，載於《殷契餘論》1933 年，又載於《古代銘刻彙考續編》1934 年，又載於《甲骨文字研究》，《郭沫若全集•考古編》第一卷，科學出版社 1982 年版。

郭沫若：《戊辰彝考釋》，《殷周青銅器銘文研究》，人民出版社 1954 年版。

郭沫若：《古代文字之辯證的發展》，《考古》1972 年第 3 期。

郭沫若：《宰丰骨刻辭》，載於《郭沫若全集•考古編》第一卷，科學出版社 1982 年版。

郭沫若：《骨臼刻辭之一考察》，《殷契餘論》，載於《郭沫若全集•考古編》第一冊，科學出版社 1982 年版。

楊向奎：《釋不玄冥》，《歷史研究》1955 年第 1 期，又載於《甲骨文獻集成》第 18 冊。

陳夢家：《殷代銅器三篇》，《考古學報》第七冊，1954 年。

陳夢家：《甲骨斷代學甲編》，《燕京學報》1951 年第 40 期。

陳夢家：《商王廟號考》（《甲骨斷代學乙編》），《考古學報》1954 年第 8 期。

陳夢家：《殷代卜人篇》（《甲骨斷代學丙編》），《考古學報》1953 年第 6 期。

陳夢家：《甲骨斷代與坑位》（《甲骨斷代學丁編》），《考古學報》1951 年第 5 期。

陳夢家：《解放後甲骨的新資料和整理研究》，《文物參考資料》1954 年第 5 期。

張秉權：《殷虛卜龜之卜兆及其有關問題》，《中央研究院院刊》第 1 輯，1954 年。

張秉權：《卜龜腹甲的序數》，《中央研究院歷史語言研究所集刊》第 28 本 1956 年，載於《甲骨文獻集成》第 17 冊。

張秉權：《論成套卜辭》，《中央研究院歷史語言研究所集刊》外編第 4

種上冊，《慶祝董作賓六十五歲論文集》1960 年 7 月；又載於《甲骨文獻集成》第 18 冊。

戴家祥：《甲骨文的發現及其學術意義》，《歷史教學問題》1957 年第 3 期，載於《甲骨文獻集成》第 34 冊，四川大學出版社 2001 年版。

許進雄：《談貞人荷的時代》，《中國文字》第 43 冊，1972 年。

于省吾：《關於古文字研究的若干問題》，《文物》1973 年第 2 期。

于省吾：《從甲骨文看商代社會性質》，《東北人民大學人文社會科學學報》1957 年第 2、3 期合刊。

趙錫元：《試論中國奴隸制形成和消亡的具體途徑》，《吉林大學社會科學學報》1979 年第 1 期。

張政烺：《卜辭裒田及其相關諸問題》，《考古學報》1973 年第 1 期。

燕耘：《商代卜辭中的冶鑄史料》，《考古》1973 年第 5 期。

趙卻民：《甲骨文中的日、月食》，《南京大學學報》（天文學）1963 年第 1 期。

邵望平：《遠古文明的火花——陶尊上的文字》，《文物》1978 年第 9 期。

鄒衡：《試論殷墟文化分期》，《北京大學學報》（人文科學），1964 年第 4、5 期。

鄒衡：《鄭州商城即湯都亳說》，《文物》1978 年第 2 期。

鄒衡：《試論夏文化》載於《夏商周考古論文集》，文物出版社 1980 年版。

李棪：《殷墟斫頭坑髑髏與人頭骨刻辭》，《中國語文研究》1986 年第 8 期。

王宇信：《甲骨學研究九十年》，《史學月刊》1989 年第 4 期。

王宇信、張永山、楊升南：《試論殷墟五號墓的“婦好”》，《考古學報》1977 年第 2 期。

《安陽殷墟五號墓座談紀要》，《考古》1977 年第 5 期。

彭邦炯：《書契缺刻筆畫再探索》，《甲骨文發現一百週年學術研討會論文集》，臺灣師範大學、“中研院”史語所 1998 年 5 月；又載於《甲骨文獻集成》第 18 冊，四川大學出版社 2001 年版。

蕭楠：《1973 年安陽小屯南地發掘簡報》，《考古》1975 年第 1 期；又載於蕭楠：《甲骨學論文集》，中華書局 2010 年版。

蕭楠：《安陽小屯南地發現的"𠂤組卜甲"——兼論"𠂤組卜辭"的時代及其相關問題》，《考古》1976 年第 4 期。

蕭楠：《略論"午組卜辭"》，《考古》1979 年第 6 期。

蕭楠：《論武乙、文丁卜辭》，《考古》1981 年第 3 期。

蕭楠：《再論武乙、文丁卜辭》，《古文字研究》第 9 輯，中華書局 1984 年版。

蕭楠：《三論武乙、文丁卜辭》，《考古學報》2011 年第 4 期。

蕭楠：《四輪武乙、文丁卜辭——無名組與歷組卜辭早晚關係》，《考古學報》2019 年第 2 期。

劉一曼：《考古發掘與卜辭斷代》，《考古》1986 年第 6 期。

劉一曼：《殷墟花園莊東地甲骨坑的發現及主要收穫》，載於臺灣師範大學國文系、史語所編輯：《甲骨文發現一百周年學術研討會論文集》，1998 年。

劉一曼：《試論殷墟甲骨書辭》，《考古》1991 年第 6 期。

劉一曼、曹定雲：《殷墟花園莊東地甲骨卜辭選釋與初步研究》，《考古學報》1999 年第 3 期。

曹定雲：《論殷周時代"司"、"后"二字形義及其區分——兼論"司母戊鼎"不可改名爲"后母戊鼎"》，《殷都學刊》2012 年第 4 期。

姚孝遂：《吉林大學所藏甲骨選釋》，《吉林大學社會科學學報》1963 年第 4 期。

陳煒湛：《"歷組卜辭"的討論與甲骨文斷代研究》，《出土文獻研究》1985 年。

蘇秉琦、殷瑋璋：《地層學與器物形態學》，《文物》1982 年第 4 期。

安金槐：《試論鄭州商代城址——隞都》，《文物》1961 年第 4、5 期。

陳志達：《安陽小屯殷代宮殿宗廟遺址探討》，《文物資料叢刊》第 10 輯，文物出版社 1987 年版。

馬漢麟：《論武丁時代的祭典刻辭》，《南開大學學報（人文科學）》1956 年第 2 期。

馬漢麟：《關於甲骨卜旬的問題》，《南開學報》（人文科學版）1956 年第 1 期。

平心：《商代的彗星》，《文匯報》1962 年 8 月 7 日。

宋鎮豪：《論古代甲骨占卜的"三卜"制》，《殷墟博物苑苑刊（創刊號）》，中國社會科學出版社 1989 年版。

朱鳳瀚：《殷墟卜辭所見商王室宗廟制度》，《歷史研究》1990 年第 6 期。

朱鳳瀚：《論小屯東北地諸建築基址的始建年代及其與基址範圍內出土甲骨的關係》，《古代文明》第 3 卷，文物出版社 2004 年版。

謝濟：《武丁時另種類型卜辭分期研究》，《古文字研究》第六輯，中華書局 1981 年版。

田濤：《談朝歌爲殷紂帝都》，載於胡厚宣主編《全國商史學術討論會論文集》，《殷都學刊》1985 年增刊。

胡光煒：《胡小石論文集三編・甲骨文例》，上海古籍出版社 1995 年版。

李學勤：《評陳夢家<殷虛卜辭綜述>》，《考古學報》1957 年第 3 期。

李學勤：《帝乙時代的"非王卜辭"》，《考古學報》1958 年第 1 期。

李學勤：《論"婦好"墓的年代及有關問題》，《文物》1977 年第 11 期。

李學勤：《小屯南地甲骨與甲骨分期》，《文物》1981 年，第 5 期。

李學勤：《論賓組胛骨的幾種記事刻辭》，《英國所藏甲骨集》下編上冊，中華書局 1985 年版。

李學勤：《殷墟甲骨分期的兩系說》，《中國古文字研究會第六屆年會論文》，中國社會科學院歷史研究所，1986 年。

李學勤、彭裕商：《殷墟甲骨分期新論》，《中原文物》1990 年第 3 期。

李學勤：《王懿榮集・序》，齊魯書社 1999 年版。

李學勤、唐雲明：《河北藁城台西甲骨的初步考察》，《考古與文物》1982 年第 3 期。

李學勤：《甲骨學易百年的回顧與前瞻》，《文物》1998 年第 1 期。

李學勤：《商代夷方的名號和地望》，《中國史研究》2006 年第 4 期。

李學勤：《汐翁<龜甲文>與甲骨文的發現》，《殷都學刊》2007 年第 3 期。

李學勤：《帝辛征夷方卜辭的擴大》，《中國史研究》2008 年第 1 期。

孫海波：《從卜辭試論商代社會性質》，《河南師院學報》1956 年 11 月創刊號。

徐西振：《商殷奴隸制特徵的探討》，《東北師範科學集刊》（歷史）1956 年第 1 期。

王玉哲：《試述殷代的奴隸制度和國家的形成》，《歷史教學》1959 年第

9 期。

束世澂：《夏代和商代的奴隸制》，《歷史研究》1956 年第 1 期。

彭裕商：《也論歷組卜辭的時代》，《四川大學學報》1983 年第 1 期。

裘錫圭：《漢字形成問題的初步探索》，《中國語文》1978 年第 3 期。

裘錫圭：《論"歷組卜辭"的時代》，《古文字研究》第 6 輯，中華書局 1981 年。

齊文心：《殷代的奴隸監獄和奴隸暴動》，《中國史研究》1979 年創刊號。

林澐：《小屯南地發掘與殷墟甲骨斷代》，《古文字研究》第 9 輯，中華書局 1984 年版。

河北省博物館等編：《藁城台西商代遺址》，文物出版社 1977 年版。

金祥恆：《釋后》，《中國文字》第十冊，1962 年 12 月。

丁驌：《說后》，《中國文字》第三十一冊，1969 年 3 月。

尹盛平：《"帝司"與"司母"考》，《古文字研究》第十三集，中華書局 1997 年。

常玉芝：《是"司母戊鼎"還是"后母戊鼎"——論卜辭中的"司"與"毓"》，《中原文化研究》2013 年第 1 期。

趙銓、鐘少林、白榮金：《甲骨文字契刻初探》，《考古》1982 年第 1 期。

秦文生：《殷墟非殷都考》，《鄭州大學學報（哲學社會科學版）》1985 年第 1 期。

秦文生：《殷墟非殷都再考》，《中原文物》1997 年第 2 期。

胡方恕：《小屯並非殷都辨析》，《東北師大學報（哲學社會科學版）》1987 年第 1 期。

汪寧生：《從原始記事到文字發明》，《考古學報》1981 年第 1 期。

李先登：《孟廣慧舊藏甲骨選介》，《古文字研究》第八輯 1983 年 2 月。

李先登：《也談甲骨文的發現》，《光明日報》1983 年 11 月 15 日。

李先登：《關於甲骨文最早發現情況之辯證》，《天津師大學報》1984 年第五期。

殷瑋璋：《早商文化的推定與相關問題》，載於《中國商文化國際學術討論會論文集》，中國大百科全書出版社 1998 年。

高煒、楊錫璋：《偃師商城與夏商文化分界》，《考古》1998 年第 10 期。

林小安：《再論歷組卜辭的年代》，《故宮博物院院刊》2000 年第 1 期。

鄧華：《甲骨文發現史上的另一樁公案》，《尋根》2002 年第 5 期。

馮時：《"文邑"考》，《考古學報》2008 年第 3 期。

彭邦炯：《默默奉獻的甲骨綴合大家——我所知道的〈甲骨文合集〉與桂瓊英先生》，《中國社会科学報》2010 年 7 月 27 日和 29 日。

齊思和：《近百年來中國史學的發展》，《二十世紀中國史學史論》北京大學出版社 2010 年版。

康睿元：《小義"灼燒而成的甲骨文"》，載於《殷墟小屯村中、村南甲骨·前言》，雲南人民出版社 2012 年版。

劉源：《所謂卜辭犯兆是守兆的特殊形式》，先秦史研究室網站，2018 年 1 月 1 日。

孫華、孫慶偉：《中國考古學年鑒 1997 年》，文物出版社 1999 年版。

姚小鷗：《誰是甲骨文的最早發現者》，《中國社會科學報》2020 年 7 月 16 日第 1968 期。

朱彥民：《近代學術史上的一大公案——關於甲骨文發現研究諸說的概括與評議》，《邯鄲學院學報》2008 年第 2 期。

趙鵬：《甲骨刻辭"又"及相關之字補說》，《古文字研究》第 30 輯，中華書局 2014 年。

蕭良瓊：《周原卜辭和殷墟卜辭之異同初談》附表一、二、三，載於胡厚宣主編《甲骨文與殷商史》，上海古籍出版社 1983 年版。

陳光宇：《甲骨刻辭填色的拉曼光譜分析》，紀念甲骨文發現 120 週年國際學術研討會上選讀的論文，安陽，2019 年 10 月 17 日至 20 日。

具隆會：《從殷墟甲骨文談商王的政治夥伴諸婦》，《中原文化研究》2017 年第 3 期。

許丹陽：《李濟與西陰村遺址的發掘》，《中國考古百年》2021 年 4 月 9 日。

楊鴻勛：《宮殿考古通論》，紫禁城出版社 2001 年版。

龔作家、劉炎臣《殷墟文字專家王襄事略》，《天津文史資料選輯》第二十五期，天津人民出版社 1983 年版。

王巨儒：《記父親王襄二三事》，《天津文史叢刊》第一期，天津市文史研究館，1983。

李世瑜、王翁如：《懷念王襄老人》，《天津文史叢刊》第一期，天津市文史研究館，1983 年。

王巨儒編輯，卜慧新、唐石父、王翁如校：《王襄年譜》，《天津文史叢刊》第七期，天津市文史研究館 1987 年版。

卜美年：《河南安陽遺龜》，《中國地質學會會志》十七卷一號，1937 年。

王漢章：《古董錄》，《河北第一博物院畫報》1933 年第 50 期。

汐翁：《龜甲文》，北平《華北日報》《華北畫刊》1931 年第 89 期。

[美]方法斂：《中國原始文字考》，載於《卡內基博物院報告》1906 年第 4 期。

[日]松丸道雄，劉明輝譯：《散見於日本各地的甲骨文字》，《古文字研究》第三輯，中華書局 1980 年版。

[日]松丸道雄：《日本蒐儲殷墟出土甲骨》，《東洋文化研究所紀要》第 86 冊，1981 年；又宋鎮豪譯文《日本收藏的殷墟出土甲骨》，《人文雜誌》1988 年第 9 期。

[日]伊藤道治、貝冢茂樹：《甲骨文斷代研究法の再檢討—董氏の文武丁時代卜辭を中心として》（《甲骨文研究的再討論——以董氏的文武丁時代之卜辭爲中心》），《東方學報》（京都）第 23 冊，1953 年；載於《甲骨文獻集成》第 15 冊。

[殷墟考古發掘報告類]

李濟：《小屯地下情形分析初步》，《殷墟發掘報告》第一期，1929 年。

李濟：《現代考古學與殷墟發掘》，《安陽發掘報告》第二期，1930 年。

李濟：《民國十八年秋季發掘殷墟之經過及其重要發現》，《安陽發掘報告》第二期，1930 年。

李濟：《安陽最近發掘報告及六次工作之總估計》，《安陽發掘報告》第四期，1933 年。

傅斯年：《本所發掘安陽殷墟之經過》，《安陽發掘報告》第二期，1930 年。

梁思永：《後岡發掘小記》，《安陽發掘報告》第四期，1933 年。

吳金鼎：《摘記小屯迆西之三處小發掘》，《安陽發掘報告》第四期，1933 年。

石璋如：《河南安陽後崗的殷墓》，《六同別錄》上冊 1945 年，載於

《歷史語言研究所集刊》第十三本，1948 年。

石璋如：《殷墟建築遺存》，《小屯·第一本·遺址的發現於發掘》，"中央研究院"歷史語言研究所，1959 年。

石璋如：《殷墟建築遺存的新認識》，《中央研究院國際漢學會議論文集（歷史與考古組）》上冊，"中央研究院"，1981 年。

石璋如《殷墟地上建築復原第五例——兼論甲十二基址與大乙九示及中宗》，《中央研究院歷史語言研究所集刊》64 本 3 分冊，1993 年。

石璋如《殷墟地上建築復原第六例——兼論甲十三基址與秅示》，《中央研究院歷史語言研究所集刊》65 本 3 分冊，1994 年。

石璋如：《乙區基址上下的墓葬》，《小屯·第一本·遺址的發現與研究》，"中央研究院"，1976 年。

郭寶鈞：《一九五○年春殷墟發掘報告》，《中國考古學報》1951 年第 5 期。

中國科學院考古研究所安陽發掘隊：《1958—1959 年安陽殷墟發掘簡報》，《考古》1961 年第 2 期。

中國科學院考古研究所安陽發掘隊：《1962 年安陽大司空村發掘簡報》，《考古》1964 年第 8 期。

中國科學院考古研究所安陽發掘隊：《1973 年安陽小屯南地發掘簡報》，《考古》1975 年第 1 期。

中國社會科學院考古研究所安陽工作隊：《安陽殷墟五號墓的發掘》，《考古學報》1977 年第 2 期。

中國社會科學院考古研究所：《小屯南地甲骨的鑽鑿形態》，《小屯南地甲骨》下冊第三分冊，中華書局 1983 年版。

中國社會科學院考古研究所安陽工作隊：《安陽武官村北地商代祭祀坑的發掘》，《考古》1987 年第 12 期。

中國社會科學院考古研究所：《殷墟發掘報告（1958-1961）》，文物出版社 1987 年版。

中國社會科學院考古研究所：《1973 年安陽小屯南地發掘簡報》，《考古》1975 年第 1 期。

中國社會科學院考古研究所安陽工作隊：《安陽小屯村北的兩座殷墓》，《考古學報》1981 年第 4 期。

中國社會科學院考古研究所安陽工作隊：《安陽殷墟三家莊東的發掘》，《考古》1983 年第 2 期。

中國社會科學院考古研究所安陽工作隊：《河南安陽洹河流域的考古調查》，《考古學集刊》3，中國社會科學出版社 1983 年版。

中國社會科學院考古研究所安陽工作隊：《1980-1982 年安陽苗圃北地遺址發掘簡報》，《考古》1986 年第 2 期。

中國社會科學院考古研究所安陽工作隊：《安陽殷墟西區一七一三號墓的發掘》，《考古》1986 年第 8 期。

中國社會科學院考古研究所安陽工作隊：《殷墟 259、260 號墓發掘報告》，《考古學報》1987 年第 1 期。

中國社會科學院考古研究所安陽工作隊：《1987 年安陽小屯村北地的發掘》《考古》1989 年第 10 期。

中國社會科學院考古研究所安陽工作隊：《1982-1984 年安陽苗圃北地殷代遺址的發掘》，《考古學報》1991 年第 1 期。

中國社會科學院考古研究所安陽工作隊：《1980 年河南安陽大司空村 M539 發掘簡報》，《考古》1992 年第 6 期。

中國社會科學院考古研究所安陽工作隊：《1991 年安陽後崗殷墓的發掘》，《考古》1993 年 10 期。

中國社會科學院考古研究所安陽工作隊：《1973 年小屯南地發掘報告》，《考古學集刊》九集，科學出版社 1995 年。

中國社會科學院考古研究所：《河南安陽市洹北花園莊遺址 1997 年發掘簡報》，《考古》1998 年第 10 期。

中國社會科學院考古研究所河南第二工作隊：《河南偃師商城小城發掘簡報》，《考古》1999 年第 2 期。

中國社會科學院考古研究所安陽工作隊：《河南安陽殷墟大型建築基址的發掘》，《考古》2001 年第 5 期。

中國社會科學院考古研究所安陽工作隊：《河南安陽市洹北商城的勘察與試掘》，《考古》2003 年第 5 期。

中國社會科學院考古研究所安陽工作隊：《河南安陽市洹北商城宮殿區一號基址發掘簡報》，《考古》2003 年第 5 期。

中國社會科學院考古研究所安陽工作隊：《1998 年-1999 年安陽洹北商城

花園莊東地發掘報告》，《考古學集刊》2004 年第 2 期。

中國社會科學院考古研究所安陽工作隊：《河南安陽殷墟劉家莊北地殷墓與西周墓》，《考古》2005 年第 1 期。

中國社會科學院考古研究所安陽工作隊：《河南安陽殷墟花園莊東地 60 號墓》，《考古》2006 年第 1 期。

中國社會科學院考古研究所安陽工作隊：《2000-2001 年安陽孝民屯東南地殷代鑄銅遺址發掘報告》，《考古學報》2006 年第 3 期。

中國社會科學院考古研究所安陽工作隊：《河南安陽市殷墟小屯西地商代大墓發掘簡報》，《考古》2009 年第 9 期。

中國社會科學院考古研究所安陽工作隊、中加洹河流域考古調查課題組：《河南安陽洹北商城遺址 2005-2007 年勘察簡報》，《考古》2010 年第 1 期。

中國社會科學院考古研究所安陽工作隊：《河南安陽市洹北商城宮殿區二號基址發掘簡報》，《考古》2010 年第 1 期。

中國社會科學院考古研究所安陽工作隊：《河南安陽市殷墟劉家莊北地 2010-2011 年發掘簡報》，《考古》2012 年第 12 期。

中國社會科學院考古研究所：《安陽大司空村——2004 年發掘報告》，文物出版社 2014 年。

楊錫璋、楊寶成：《從商代祭祀坑看商代奴隸社會的人牲》，《考古》1977 年第 1 期。

楊錫璋：《商代的墓地制度》，《考古》1983 年第 10 期。

楊錫璋、劉一曼：《安陽郭家莊 160 號墓》，《考古》1991 年第 5 期。

劉一曼：《1991 年安陽花園莊東地、南地發掘簡報》，《考古》1993 年第 6 期。

劉一曼：《殷墟考古 78 年》，《中國文化遺產》（總第 13 期）2006 年第 3 期。

唐際根：《中商文化研究》，《考古學報》1999 年第 4 期。

唐際根：《商王朝考古學編年的建立》，《中原文物》2002 年第 6 期。

唐際根：《安陽殷墟宮廟區簡論》，《三代考古（一）》，科學出版社 2004 年。

唐際根、何毓靈：《殷墟近十年的考古新收穫》，《甲骨文與殷商史》

2016 年版。

唐際根、徐廣德：《洹北花園莊遺址與盤庚遷殷問題》，《中國文物報》
1999 年 4 月 14 日。

徐廣德：《河南安陽郭家莊東南 26 號墓》，《考古》1998 年第 10 期。

徐廣德：《安陽殷墟劉家莊北 1046 號墓》，《考古學集刊》第 15 集，
2004 年第 2 期。

徐廣德、何毓靈：《安陽花園莊東 54 號墓》，《中國社會科學院古代文
明中心通訊》（第 2 期），2001 年。

杜金鵬：《殷墟乙三、乙四、乙五基址研究》，《夏商周考古研究》科學
出版社 2007 年。

何毓靈、岳洪彬：《洹北商城十年之回顧》，《中國國家博物館館刊》
2011 年第 12 期。

岳洪彬、何毓靈、岳佔偉：《殷墟都邑佈局研究中的幾個問題》，《三代
考古》2011 年。

岳佔偉：《河南安陽市殷墟劉家莊北地製陶作坊遺址的發掘》，《考古》
2012 年第 12 期。

岳洪彬、岳佔偉：《安陽殷墟大司空村東南地 2015—2016 年發掘報
告》，《考古學報》2019 年第 4 期。

牛世山：《殷墟考古三題》，《三代考古》2021 年 9 月。

殷墟孝民屯考古隊：《河南安陽市孝民屯商代鑄銅遺址 2003—2004 年的
發掘》《考古》2007 年第 1 期。

安陽市文物考古研究所：《2002 年安陽北徐家橋村北商代遺址發掘簡
報》，《中原文物》2017 年第 5 期。

任日新：《山東諸城縣前寨遺址調查》，《文物》1974 年第 1 期。

李伯謙：《殷墟的價值》，《中國文化遺產》（總第 13 期）2006 年第 3 期。

河南省文化局文物工作隊：《1955 年秋安陽小屯殷墟的發掘》，《考古學
報》1958 年第 3 期。

南京博物院：《南京北陰陽營第一、第二次的發掘》，《考古學報》1958
年第 1 期。

南京博物院：《江蘇銅山丘灣古遺址的發掘》，《考古》1973 年第 2 期。

遼寧省博物館發表：《遼寧喀左縣北洞村發現殷代青銅器》，《考古》

1973 年第 4 期。

山東省博物館發表：《山東益都蘇埠屯第一號奴隸殉葬墓》，《文物》1972 年第 8 期。

湖北省博物館盤龍城發掘隊：《盤龍城 1974 年度田野考古紀要》，《文物》1976 年第 2 期。

彭適凡：《江西清江吳城商代遺址發掘簡報》，《文物》1975 年第 7 期。

陝西周原考古隊：《陝西扶風莊白一號西周青銅器窖藏發掘簡報》，《文物》1978 年第 3 期。

孟憲武：《安陽三家莊發現商代窖藏青銅器》，《考古》1985 年第 12 期。

孟憲武：《安陽三家莊、董王度村發現的商代青銅器及其年代推定》，《考古》1991 年第 10 期。

孟憲武、李貴昌：《殷墟出土的玉璋朱書文字》，《華夏考古》1997 年第 2 期。

連劭名：《安陽劉家莊商代墓葬所出朱書玉銘考》，《華夏考古》2001 年第 1 期。

孟憲武、李貴昌：《殷墟出土的玉璋朱書文字》《華夏考古》1997 年第 2 期。

孟憲武、李貴昌：《殷墟四合院建築基址考察》，《中原文物》2004 年第 5 期。

孟憲武、李貴昌：《殷墟北徐家橋村四合院式建築基址考察》，《夏商周文明研究·六：2004 年安陽殷商文明國際學術研討會論文集》，社會科學文獻出版社 2004 年版。

孟憲武、李貴昌、胡玉君：《安陽北徐家橋村北商代四合院建築基址分類》，《三代考古》，2021 年。

彭金璋、曉田：《試論河南偃師商城成》，載於胡厚宣主編《全國商史學術討論會論文集》，《殷都學刊》增刊 1985 年版。

宋國定、曾曉敏：《1995 年鄭州小雙橋遺址的發掘》，《華夏考古》1996 年第 3 期。

王恩田：《武丁卜辭於洹北商城一號、二號宗廟基址復原》，《中國國家博物館館刊》2015 年第 1 期。

河北省博物館、河北省文管處台西發掘小組：《河北藁城縣台西村商代遺址 1973 年的重要發現》，《文物》1974 年第 8 期。

［古文獻類］

《周禮》，《十三經注疏本》，中華書局 1980 年影印本。

《周易》，《十三經注疏本》，中華書局 1980 年影印本。

《詩經》，《十三經注疏本》，中華書局 1980 年影印本。

《史記》，中華書局 1982 年版。

《漢書》，中華書局 1962 年版。

《後漢書》，中華書局 2000 年版。

《淮南子》，中華書局 2012 年版。

《世本八種》，中華書局 2008 年版。

劉文典編：《莊子補正》，安徽大學出版社 1999 年版。

諶東飆校譯：《山海經》，廣西民族出版社 1996 年版。

林家麗譯注：《楚辭》，中華書局 2009 年版。

金良年撰：《孟子譯注》，上海古籍出版社 1995 年版。

陸玖譯：《呂氏春秋》，中華書局 2011 年版。

李夢生撰：《左傳譯注》，上海古籍出版社 1998 年版。

尚學鋒、夏德靠編撰：《國語》，中華書局 2007 年版。

（明）李時珍：《本草綱目》。

（元）納新撰：《河朔訪古記》，永樂大典本。

［網絡資料類］

《中國鐵路百年史》https://www.guancha.cn/Science/2013_02_28_128
925.shtml。

瘧疾症狀：https://m.baidu.com/bh/m/detail/vc_153255697922117646
90。

《內閣大庫檔案》：https://baike.baidu.com/item/%E5%86%85%E9%98%8
1%E5%A4%A7%E5%BA%93%E6%A1%A3%E6%A1%88/2522381?fr=aladdin。

張惟捷：《〈殷虛文字丙編〉校訂稿》，中國歷史研究所先秦史研究室網
站，https://www.xianqin.org/blog/archives/1496.html。

中國社會科學院考古研究所網站：《司母戊鼎研究歷程初覽（上）1949 年

以 前 》 ，http://www.kaogu.cn/cn/kaoguyuandi/kaogusuibi/2015/0623/
50632.html。

網絡甲骨文數據庫：

"殷契文淵"（http://jgw.aynu.edu.cn/ajaxpage/home2.0/index.html：
河南安陽師範學院創造）。

"殷墟甲骨文數據庫"（http://obid.ancientbooks.cn/：古聯（北京）數
字傳媒科技有限公司）。

"甲骨世界"（http://read.nlc.cn/specialResourse/jiaguIndex：中國國
家圖書館資源庫甲骨世界）。

後　記

　　2015 年 11 月，筆者來到河南省開封市的河南大學明倫校區。該校區擁有民國時代的建築物，如河南大學建築物中的瑰寶大禮堂、有一百年歷史的歷史文化學院所在的七號樓、四柱三開間牌樓式建築的南門、東十齋和西二齋等建築物及開封古城墙中的一部分爲校園東門，都蘊含著河南大學一百一十年的歲月。河南大學的校園可謂古色蒼然。

　　2016 年 3 月，筆者開始正式工作至今，一眨眼已經過了七年的時間。這七年中，又認識了不少好朋友，俗話說"在家靠父母，在外靠朋友！"身爲一個外國人在異國他鄉工作，總會碰到一些困苦和孤單的時刻，不過有了這些朋友們，我總是能夠克服自己所面臨的磨難，心中非常感謝朋友們。

　　這是我來河南大學之後的第三部著作（第一部是與王宇信師合著的《甲骨學發展 120 年》，第二部是與王宇信、楊升南、常玉芝師、馬季凡、韓江蘇等合編的《〈甲骨文合集〉第十三冊拓本搜聚》），也就是說本書是筆者來河南大學之後的第一部獨著專著。工作期間苗書梅老院長等學院領導和同仁的支持使我堅持到現在。在此，表達我衷心地感謝。

　　在這部書的寫作過程中，我的兩位學生開封博物館館員劉仁慧和河南大學歷史文化學院研究生趙鵬飛，爲這部書的圓滿完成付出了不少辛苦，借此表示感謝。

　　其實《殷墟甲骨學概論》是一本以 2019 年出版的與王宇信師合著的《甲骨學發展 120 年》爲基礎並加以補充和完善的書。若當年沒有與王師合作的經驗，恐怕很難完成這部書。我博士畢業已經 15 年了，但是王師時時刻刻關心我，鼓勵我，支持我，教誨我，可謂"一日爲師終身爲父！"我的師母朱月萍女士，總是鼓勵我，是我"終身不會忘記的母親！"

　　說到王師和師母，想起我的親生爹娘，現在二位都已不在世，平時我也没有特别想念他們二位，不過今晚卻格外思念他們，若他們知道這部書的脱稿，肯定爲我高興。在這個夜晚，我不時地看向東邊的天空。

　　因爲疫情，已經兩年的時間没有跟家人團聚，不過我跟夫人和兩個女兒，常常通過微信視頻電話，互相問候，互相鼓勵，互相支持，也許這就是讓我堅持到現在的家人的力量。

2022 年 10 月 3 日
寫於河南開封勞動路蘋果園寓所“東向齋”